STATIONEN

STATIONEN

Second Edition

Ein Kursbuch für die Mittelstufe

Prisca Augustyn

Florida Atlantic University

Nikolaus Euba

University of California, Berkeley

HEINLE
CENGAGE Learning™

Australia • Brazil • Japan • Korea • Mexico • Singapore • Spain • United Kingdom • United States

Stationen: Ein Kursbuch für die Mittelstufe, Second Edition
Prisca Augustyn, Nikolaus Euba

Editor in Chief: PJ Boardman

Publisher: Beth Kramer

Executive Editor: Lara Semones

Acquiring Sponsoring Editor: Judith Bach

Development Editor: Paul Listen

Assistant Editor: Catherine Mooney

Editorial Assistant: Timothy Deer

Associate Media Editor: Katie Latour

Senior Media Editor: Morgen Murphy

Marketing Director: Lindsey Richardson

Marketing Coordinator: Janine Enos

Marketing Communications Manager:
Glenn McGibbon

Content Project Manager: Tiffany Kayes

Art Director: Linda Jurras

Print Buyer: Susan Spencer

Senior Rights Acquisition Specialist, Image:
Jennifer Meyer Dare

Senior Rights Acquisition Specialist, Text:
Katie Huha

Production Service: PremediaGlobal

Text Designer: Carol Maglitta/
One Visual Mind

Cover Designer: Leonard Massiglia

VP, Director, Advanced and Elective
Products Program: Alison Zetterquist

Editorial Coordinator, Advanced and
Elective Products Program: Jean Woy

Cover Image: Hans-Christian Plambeck/
laif/Redux

Compositor: PremediaGlobal

For product information and technology assistance, contact us at
Cengage Learning Customer & Sales Support, 1-800-354-9706

For permission to use material from this text or product, submit all requests online at **cengage.com/permissions**
Further permissions questions can be emailed to
permissionrequest@cengage.com

Library of Congress Control Number: 2010940791

ISBN-13: 978-1-111-34138-1

ISBN-10: 1-111-34138-9

Heinle
20 Channel Center Street
Boston, MA 02210
USA

Cengage Learning is a leading provider of customized learning solutions with office locations around the globe, including Singapore, the United Kingdom, Australia, Mexico, Brazil, and Japan. Locate your local office at: **international.cengage.com/region**

Cengage Learning products are represented in Canada by Nelson Education, Ltd.

For your course and learning solutions, visit **www.cengage.com**

Purchase any of our products at your local college store or at our preferred online store **www.cengagebrain.com**

Instructors: Please visit **login.cengage.com** and log in to access instructor-specific resources.

Printed in Canada
1 2 3 4 5 6 7 14 13 12 11 10

Brief Contents

Scope and Sequence

	◉ **Station**	◉ **Einblicke**

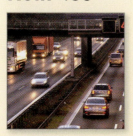

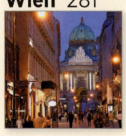

To the Student

WELCOME TO INTERMEDIATE GERMAN!

You've probably already guessed that *Stationen* means "stations." Each chapter of this textbook revolves around a city or region in the German-speaking world. As you study, you can imagine yourself on a trip to these places, traveling from city to city, exploring the variety and the similarities in the places you visit.

You can also think of *Stationen* as referring to the "stations" between the first beginnings of a journey into German life and language and more advanced study and exploration at the intermediate level. *Stationen* is significantly different from the elementary format, because it allows you to practice German by discussing cultural issues and authentic German readings.

Engaging culture topics We believe that the best way you can practice German is if you "have something to say" about the topics that come up in the classroom. Through our own teaching experience, we've learned which cultural issues tend to intrigue students, promote lively discussions, and make meaningful writing exercises both possible and fun. So in *Stationen* we have focused on themes that we think you'll particularly enjoy speaking and writing about.

Authentic readings It's our belief that working with authentic texts—literary texts, magazine and news articles, interviews, and radio reports—will empower you to progress to a more advanced level of German fluency. Therefore, *Stationen* contains authentic readings written for German speakers. We've chosen them because they complement the cultural topics, because they will be relevant to you, and because they are written at a level appropriate for intermediate readers.

Contextualized grammar Even though the broad feeling of *Stationen* comes from its rich cultural contexts, you are still going to be able to strengthen your knowledge of grammar and vocabulary. The advantage of *Stationen*'s approach is that these are integrated throughout each chapter. You'll be reviewing and using basic grammar and vocabulary from your beginning German course, but you'll also be guided toward the practice of more complex structures and more advanced vocabulary. As you progress and work with different types of texts, you will learn to better distinguish different styles and uses of spoken and written German.

Vocabulary building and dictionary practice *Stationen* helps you to build your vocabulary in several ways. Marginal glosses allow you to focus on reading. Vocabulary lists and activities in both the textbook and the Student Activities Manual *(Arbeitsbuch)* help you practice the vocabulary you need to discuss a given topic. Specific dictionary activities help you become a more competent dictionary user. See page xvi, *Vocabulary Building and Working with a Dictionary* of this preface for some strategies on how to more effectively and successfully study vocabulary.

Openness and Flexibility You can learn from your fellow students. If you are open and creative in the classroom and beyond, you can learn from your classmates through group and partner activities and other types of classroom interaction. And don't forget — just as you depend on others, they also depend on *your* active participation, openness, and creativity. *Stationen* accommodates different skill levels, so everybody can learn.

Connections and Comparisons The unifying concept in *Stationen* inherently encourages you to make connections between the places and cultural issues covered in the different chapters of the book. Moreover, since all topics and readings in *Stationen* are anchored in culture, you will find that you can't help comparing your own culture to the issues and cultural aspects you learn about in *Stationen*. Be prepared to learn not only about the foreign culture but also about your own.

 An Invitation to Explore You probably have a wealth of experience using the Internet. *Stationen* gives you an opportunity to start doing your own exploration of German-language websites. The web activities (marked with a globe icon) give you some direction, but they are not meant to be *closed* activities. We've formulated the directions and questions so as to give you an idea of what to expect from a given topic, issue, or website. Think of these activities as a catalyst for further exploration.

Appealing video material Finally, *Stationen* has an accompanying video that consists of videoblogs from eleven cities in Germany, Austria, and Switzerland. This window onto contemporary German culture will enrich your classroom with engaging young video bloggers and images of public spaces, informal interviews with people on the street, and scenes of German life. The *Stationen* video may well be where your trip through German-speaking Europe will *really* come alive for you!

VOCABULARY BUILDING AND WORKING WITH A GERMAN-ENGLISH/ ENGLISH-GERMAN DICTIONARY

Learning vocabulary Your second year of studying German is the time to significantly expand your vocabulary. Toward that goal, *Stationen* will help you refine your vocabulary-building skills.

If you are not already making use of them, the following strategies will help you more effectively and successfully study vocabulary. It is always helpful to

- create a vocabulary notebook or flashcards (see below for hints)
- put the vocabulary into sentences, phrases, or stories that are meaningful to you
- use mnemonics (ways of remembering), such as alliteration, rhyme, rhythm, music
- use associations, such as images, functions of words, parts of speech, classes or categories of words, antonyms, synonyms
- look at prefixes, suffixes, infixes, and word roots
- situate words in various contexts
- systematically review old vocabulary when encountering it in new contexts

In addition, it is extremely important to remember that even though most vocabulary lists suggest otherwise, one-to-one correspondence between words from different languages is rare and cultural connotations need to be taken into account.

Two very useful and time-tested methods for learning vocabulary are *vocabulary notebooks* and *flashcards*. Here are some hints about how to make the most of them.

- In a *vocabulary notebook*, you can list vocabulary in two columns, one for German words and the other for English translations. A notebook is a good way to keep a log of all the vocabulary that comes up in class, as well as items you look up in the dictionary in class or at home.

die Herausforderung	challenge; provocation
die Herausforderungen	
niesen, nieste, hat geniest	to sneeze

- When studying vocabulary in your notebook, you can use a sheet of paper to cover up one column in the notebook and test yourself, moving your sheet of paper down the list.

- *Flashcards* have the advantage that whatever items you feel confident about can be eliminated from the stack. This will give you a sense of accomplishment as you study. Make your cards with German on one side and English on the other. If you make them on small cards, you can even carry a packet of them in your pocket and study them on the bus or while standing in line somewhere. The best way to practice is to go from German to English once and then from English to German the next time. Look at one side and say what you think is on the other side. If you get it right, put a tally mark in the corner. Do this every day. When you get five tally marks, put the card aside for a week and come back to it later to be sure you still remember it. If you don't, start the process again. If you do, that's great!

- Another advantage of flashcards is that you can add additional information later. For instance, you may come across an idiomatic expression that contains a vocabulary item you already have a flashcard for; you can then just add the new information to the card.

> das Schwein, die Schweine
>
> Schwein haben (= Glück haben)

> pig; to be lucky

For both vocabulary notebooks and flashcards, always remember to do the following:

- For nouns, include the definite article, the plural, and if necessary the genitive form.

- For verbs, include not only the infinitive but also the simple past, the past participle, and the appropriate auxiliary (**haben** or **sein**). Make sure you get all the information you need from dictionary entries.

Working with a German-English dictionary If you don't already own a good German-English/English-German dictionary, now is the time to get one. Whenever you look something up in the German-English portion of the dictionary, make sure you take notes (either in your notebook or on a flashcard). That way you keep track of all the items you looked up in the dictionary during the course.

NOUNS

Nouns are easy to recognize in the German dictionary, because they begin with capital letters. The abbreviations *m* (masculine), *f* (feminine), and *n* or *nt* (neuter) tell you the gender of the noun. In your log, you should replace it with the proper definite article. Plurals of nouns are also abbreviated. Write out the plural forms in your log as well. In some dictionaries, the plural forms for compound nouns are not given; they are found at the entry for the root noun. Also, some dictionaries assume that the plural forms for certain common noun endings are known; for example, nouns ending in **-ung** in the singular all have **-en** as the plural ending. Be sure you check your own dictionary for which way it works.

Südwind *m* south wind.	der Südwind, die Südwinde
Herausforderung *f* challenge; (*Provokation*) provocation.	die Herausforderung, die Herausforderungen

Sometimes there is no plural for a noun.

Freiheit *f no pl* freedom.	die Freiheit (no pl)

The abbreviation *pl* means that a noun is already a plural and there is no singular.

Ferien *pl* holidays *pl* (Brit), vacation *sing* (US, Univ);	die Ferien (pl)

Dictionaries often give the genitive ending.

Bewusstsein *nt* **-s,** *no pl* (*Wissen*) awareness, consciousness.	das Bewusstsein, des Bewusstseins
Doktorand *m* **-en, -en, Doktorandin** *f* graduate student studying for a doctorate.	m. der Doktorand, die Doktoranden f. die Doktorandin, die Doktorandinnen

Note that when two translations are separated by a semicolon they represent two somewhat different meanings; whereas two translations separated by a comma mean (near-)synonyms.

Herausforderung *f* challenge; (*Provokation*) provocation.	
Bewusstsein *nt* **-s** *no pl* (*Wissen*) awareness, consciousness.	

Sometimes it's a good idea to take note of idiomatic expressions that are given with a noun. The noun is then replaced by a ~ symbol. Try to record the most useful of these expressions in your vocabulary log.

Umkreis *m* (*Umgebung*) surroundings *pl*; (*Gebiet*) area; (*Nähe*) vicinity; **im näheren ~** in the vicinity; **im ~ von 20 Kilometern** within a radius of 20 kilometers.	der Umkreis im näheren Umkreis im Umkreis von 20 Kilometern

If the word you are looking for is a compound noun, and the first constituent is a very common item, you can probably find it in a list of second constituents in which the first part is replaced with the ~ symbol. For instance, if you are looking for the word **Reisepass**, the dictionary entry may look as follows:

> **Reise-:** ~**andenken** *nt* souvenir;
> ~**apotheke** *f* first aid kit; ~**begleiter** *m*
> travel companion; ~**fieber** *nt (fig)*
> desire to travel; ~**führer** *m (Buch)*
> guidebook; |*(Person) siehe* ~**leiter**;
> ~**leiter** *m* travel guide; ~**lustig** *adj* fond
> of traveling; ~**pass** *m* passport; ~**pläne**
> *pl* travel plans; ~**route** *f* route, itinerary;
> ~**scheck** *m* traveler's check; ~**ziel** *nt*
> travel destination.

To find the plural of each of these compound nouns, you must look up the dictionary entry for the second constituent of the noun. For example, to find the plural form for **Reisepass**, you have to look up **Pass**, where you'll find that the plural of **der Pass** is **die Pässe**.

> **Pass** *m* **Passes, Pässe (a)** passport **(b)**
> (mountain) pass **(c)** pass (ballgames, etc.)

Note in the examples above that when one word has two or more entirely different meanings (in different fields of use), they are often listed either by letters or by numbers — (a), (b), (c) or 1, 2, 3.

VERBS

Depending on how detailed the entries in your dictionary are, you will find information on whether the verb you have looked up is transitive (takes a direct object) or intransitive (takes no direct object) or has variants for both. Typically the abbreviation for transitive is *vt* or *v tr*, and the abbreviation for intransitive is *vi* or *v itr*. For your vocabulary log or flashcard, make up a phrase with an object for a transitive verb and give the perfect tense as well.

buchen *vt* to book, to reserve.	*eine Reise buchen, buchte eine Reise, hat eine Reise gebucht*
niesen *vi* to *sneeze*.	*niesen, nieste, hat geniest*

Strong verbs (irregular verbs) are usually listed with the simple past (preterite), abbreviated by *pr* or *pret*, and the past participle, often abbreviated with *ptp* or *pp*. The auxiliary in the perfect (either **haben** or **sein**) is sometimes abbreviated by *sn* and *hn*; sometimes dictionaries list only the auxiliary when the verb takes **sein**, for instance by *aux sein*, and if the verb takes **haben**, the auxiliary is simply not shown. Remember that transitive verbs usually take **haben** and intransitive verbs usually take **sein**.

nehmen *pret* **nahm**, *ptp* **genommen** *vt* **(a)** *(ergreifen)* to take . . .	*etwas nehmen, nahm etwas, hat etwas genommen*
kọmmen *pret* **kam**, *ptp* **gekommen** *aux sein vi* to come.	*kommen, kam, ist gekommen*

In some dictionaries, participles have separate entries. If you want to know the infinitive for a past participle you're looking up, these dictionaries will tell you where to look. If the dictionary doesn't list past participles separately, you may have to find the infinitive for the verb by making an educated guess as to what it is or by finding it in a chart of strong verbs and their past participles. Many dictionaries have such lists in an appendix.

geflogen *ptp of* **fliegen**	*fliegen, flog, ist geflogen*

Verbs with separable prefixes are indicated either by a separation between the prefix and the verb stem or by the abbreviation *sep*. You will most likely have to refer to the main verb to get the simple past (preterite) and past participle.

ạn·kommen *irreg aux sein vi* to arrive	*ankommen, kommt an, kam an, ist angekommen*
ạnkommen *sep irreg aux sein vi* to arrive	*kommen, kam, ist gekommen*

ADJECTIVES AND ADVERBS

German adjectives *(abbr. adj)* and adverbs *(abbr. adv)* usually have the same form. An item that can be used as both an adjective and an adverb may therefore just be listed as an adjective. In your log or on your flashcard, list your adjective/adverb with phrases that you have encountered it in or that you find in the dictionary entry.

zügig *adj* swift, speedy; brisk; *Handschrift* smooth.	*zügig fahren; Sie hat eine zügige Handschrift.*

Sometimes adjectives are used with certain prepositions for a particular meaning. If the preposition takes a particular case for the following noun, your dictionary may indicate that case.

eifersüchtig *adj* jealous *(auf +acc* of).	*eifersüchtig; Er ist eifersüchtig auf seinen Bruder. (acc.)*

PRONUNCIATION

Dictionaries rely on various conventions of representing pronunciation. Some dictionaries may give you a full or partial transcription in the IPA *(International Phonetic Alphabet)*, usually in square brackets [ ] following the item. Some dictionaries only give IPA transcriptions for foreign words with unusual pronunciation.

> **Friseurin** [fri'zœ:rin] *f* (female) hairdresser, hairstylist

Most dictionaries, however, rely on other ways to indicate stress patterns and vowel length. For instance, short vowels are often indicated by a dot underneath or a hacek above the vowel.

> **Pạss** *m* **Passes**, **Pässe (a)** passport **(b)** (mountain) pass **(c)** pass (ballgames, etc.)
>
> or
>
> **Pǎss** *m* **Passes**, **Pässe (a)** passport **(b)** (mountain) pass **(c)** pass (ballgames, etc.)

Long vowels are often indicated by a line underneath or above the letter:

> **Ferien** *pl* holidays *pl* (Brit), vacation *sing* (US, Univ)
>
> or
>
> **Fērien** *pl* holidays *pl* (Brit), vacation *sing* (US, Univ)

Instead of vowel length, some dictionaries indicate where the stress is by adding a quotation mark (') before the syllable that carries the main stress. This can also suggest to you whether a verb with a prefix is separable or inseparable.

> **'ankommen** *sep irreg aux sein*
> *vi* to arrive
>
> vs.
>
> **wieder'holen** *insep vt* to repeat

ankommen, kommt an, kam an, ist angekommen

wiederholen, wiederholte, hat wiederholt

These are only the most important conventions found in common dictionaries. Spend a little time looking at your own dictionary's introduction and explanation of how the dictionary is set up. Also look at the extra material, if any, that is provided in the front and the back. Knowing your own dictionary's conventions and content should help you organize your vocabulary and help you become more comfortable using any bilingual (or monolingual) dictionary.

Working with an English-German dictionary When looking up words in an English-German dictionary to find a German translation for an English word, make sure you are looking at the same word class. For instance, if you are trying to give someone a recipe that involves *boiling* something, be sure not to look at the <u>noun</u> *boil* in English, but rather at the <u>verb</u> *boil*. Remember that nouns usually have an *n* and verbs have a *v*.

Sometimes German will be more specific than English; in other words, when you look up a word in English, there may be several translations in German. Your dictionary will give you an idea of the context or register of each possible translation (usually in parentheses) and you will have to look at all the possibilities to decide which is the most suitable translation for your purpose. For example, let's imagine that you would like to say in German that *people often travel because they need a change*. You are looking for a good translation for the word *change*.

> **change 1** *n* **(a)** Veränderung *f*; *(modification also)* Änderung *f*. **a ~ in the weather** eine Wetterveränderung; **I need a ~ of scenery** ich brauche Tapetenwechsel; **to make ~ s** (Ver)änderungen vornehmen, etwas ändern
>
> **(b)** *(variety)* Abwechslung *f*; **just for a ~** zur Abwechslung
>
> **(c)** *(of one thing for another)* **Wechsel** *m*; **a ~ in the government** Regierungswechsel *m*, ein Wechsel in der Regierung; **a wheel ~** Radwechsel *m*
>
> **(d)** *no pl (money)* **Kleingeld** *nt*; **I don't have any ~ on me** ich habe kein Kleingeld dabei; . . .

You can immediately eliminate (d), because we are not talking about money. Option (c) doesn't seem too likely, because changing one thing for another is not exactly what you are looking for (i.e., government change and wheel change are a different sort of change).

But (a) and (b) both show interesting possibilities. The phrase *I need a change of scenery* under (a) is translated with "ich brauche Tapetenwechsel." It contains the noun *der Wechsel*, which is given under (c) as a change of one thing for another. If you look up the noun *die Tapete* ("wallpaper"), the phrase *ich brauche Tapetenwechsel* (literally "I need a wallpaper change") will come to life and will definitely present itself as a possibility for saying *people often travel because they need a change*. So you could actually translate your idea as "Viele Leute reisen, weil sie Tapetenwechsel brauchen." There is another possibility, however, under (b)—the noun *die Abwechslung*—for which this dictionary entry gives the context of "variety." You could also translate your idea as "Viele Leute reisen, weil sie Abwechslung brauchen."

As you can see, most of the time when looking something up in a dictionary, you have to consider several possible translations, because only very rarely is there a direct one-to-one equivalent of a word in another language.

ACKNOWLEDGMENTS

We thank the staff at Heinle, Cengage Learning, especially Beth Kramer, Judith Bach, Linda Jurras, Catherine Mooney, Timothy Deer, and Tiffany Kayes, for guiding us through the completion of *Stationen*. We also wish to thank our Developmental Editor, Paul Listen, our Supplements Developer, Renate Wise, and PreMedia Global for their assistance.

In addition, we thank the following people for their valuable contributions to the ancillary program of *Stationen*: Joellyn Palomaki, *University of California, Berkeley*; Peter Richardson, *Linfield College*; Brigitte Rossbacher, *University of Georgia*; Jody Stewart-Strobell, *Eastern Washington University*. And we appreciate the editorial contributions of Ulli Rapp and Kristi Tompkins.

Reviewers

Rita Abercrombie	*Baylor University*
Zsuzsanna Abrams	*University of Texas at Austin*
Catherine Baumann	*University of Chicago*
Shana Bell	*Arizona State University*
John Blair	*University of West Georgia*
Robert Bledsoe	*Augusta State University*
Joshua Bonzo	*Texas Tech University*
Stefanie Borst	*Texas Tech University*
Monika Chavez	*University of Wisconsin — Madison*
Siegfried Christoph	*University of Wisconsin- Parkside*
Christopher Clason	*Oakland University*
Gudrun Clay	*Metropolitan College of Denver*
Joshua M. H. Davis	*University of Montana — Missoula*
Nancy Decker	*Rollins College*
Andrea Dortmann	*New York University*
Glenn Ehrstine	*University of Iowa*
Lee Ferrell	*Clemson University*
Merry Feyock	*College of William and Mary*
Petra Fiero	*Western Washington University*
Monika Fischer	*University of Missouri*
Catherine Clark Fraser	*Indiana University Bloomington*
Helen Frink	*Keene State College*
Sonja Fritzsche	*Illinois Wesleyan University*
Andrea Golato	*University of Illinois at Urbana-Champaign*
Margit Grieb	*University of South Florida*
Catherine Grimm	*Albion College*
Claudia Grossman	*Indiana University Purdue*
Sara Hall	*University of Illinois at Chicago*
Jennifer Ham	*University of Wisconsin - Green Bay*
Susanne Hoelscher	*University of San Francisco*
Robin Huff	*Georgia State University*
Lathrop Johnson	*Ball State University*
Elizabeth Kautz	*University of Minnesota*
Martin Klebes	*University of New Mexico*
Cynthia Klima	*State University of New York Geneseo*
Sigrid Koehler	*Ball State University*
Steve Konopacki	*Palm Beach Community College*
Egila Lex	*Cape Cod Community College*
Hiram Maxim	*Georgetown University*

Laura McLary	*University of Portland*
David Nagle	*Oklahoma Baptist University*
Tom Neiles	*Covenant College*
Guenter Pfister	*University of Maryland*
Hartmut Rastalsky	*The University of Michigan*
Michael Richardson	*Ithaca College*
Dorian Roehrs	*University of North Texas*
Nels Jeff Rogers	*University of Kentucky*
Brigitte Rossbacher	*University of Georgia*
Karin Schestokat	*Oklahoma State University*
Michael Shaughnessy	*Washington and Jefferson College*
Johannes Schmidt	*Clemson University*
Marlene Selker	*Texas Tech University*
Elfriede Smith	*Drew University*
Regina Smith	*Grand Valley State University*
Bruce Spencer	*University of Iowa*
Virginia Steinhagen	*University of Minnesota*
Jody Stewart-Strobelt	*Eastern Washington University*
John Sundquist	*Purdue University*
Geraldine Suter	*James Madison University*
Carmen Taleghani-Nikazm	*Ohio State University*
Johanna Watzinger-Tharp	*University of Utah*
Ann Wilke	*Coe College*
Heide Witthoeft	*Virginia Tech*

Berlin

imagebroker / Alamy

Der Berliner Hauptbahnhof ist einer der größten deutschen Bahnhöfe. Fahren Sie oft mit dem Zug?

⊙ Station

Berlin

STATISTIK

Einwohnerzahl:	3,2 Millionen
Fläche:	892 km²
Besucherzahlkapazität des Techno-Clubs Berghain:	1.500 Personen

Berlin ist seit dem Fall der Mauer° 1989 wieder eine offene Stadt. Das Brandenburger Tor, das einmal das Symbol der deutschen Trennung° war, ist heute das Wahrzeichen der deutschen Hauptstadt. Als westliche Insel im Osten hatte Berlin geographisch und politisch lange Zeit eine Art Sonderstatus°. Erst durch die politischen Veränderungen Ende der 80er Jahre in Deutschland und ganz Europa ist Berlin wieder zum Mittelpunkt geworden.

Nachdem Berlin 1991 wieder Hauptstadt wurde, begann man in der Innenstadt viel zu bauen und zu renovieren. Das Stadtbild Berlins verändert sich seitdem ständig° auf dem Weg zu einer neuen Metropole. Glücklicherweise° gibt es in der Stadt Grünzonen wie den Tiergarten und viele weitere Parkanlagen und Gärten. In den Außenbezirken findet man großräumige Neubausiedlungen° und Villenviertel°, Seen, Flüsse und Wälder. Weiter außerhalb liegt das idyllische Umland des Landes Brandenburg.

Die Wiedervereinigung Deutschlands bedeutet aber nicht, dass Berlin eine einheitliche° Lebenswelt geworden ist. Hier leben Deutsche aus allen Regionen und mehr als 440.000 Ausländer. Wie in jeder Millionenstadt hat jeder Bezirk seinen eigenen Charakter. Durch relativ günstige° Mieten und die Vielfalt der Lebenswelten ist Berlin nach wie vor ein attraktiver Wohnort für Künstler, Kreative und alle, die es werden wollen.

Mauer *wall* • **Trennung** *separation* • **Sonderstatus** *special status* • **ständig** *continuously* **glücklicherweise** *luckily* • **Neubausiedlungen** *housing developments* • **Villenviertel** *old neighborhoods* • **einheitliche** *homogeneous* **günstige** *reasonable, low*

Geschichte

1244	1871	1933	1945	1949	1961
Berlin wird erstmals erwähnt *(mentioned)*.	Verfassung des Deutschen Reiches. Berlin wird Reichshauptstadt.	Die Bezirksversammlungen *(local governments)* werden von den Nationalsozialisten (Nazis) aufgelöst *(dissolved)*.	Vier-Mächte-Verwaltung der alliierten Siegermächte *(Allied Forces)*. Berlin Mitte gehört zum sowjetischen Sektor.	Gründung der Deutschen Demokratischen Republik (DDR). Ostberlin wird die Hauptstadt.	Beginn des Mauerbaus um Westberlin. Shutterstock; Farbzauber Shutterstock; Sur Shutterstock

Wortschatz

Stadtinformation

In dieser Liste finden Sie Wörter, die Sie brauchen, wenn Sie über Städte sprechen. Gibt es noch andere Wörter, die Sie brauchen? Ergänzen Sie die Liste.

die **Altstadt, ¨e**   *old city center*

der **Außenbezirk, -e**   *suburb*

bauen (hat gebaut)   *to build, construct*

die **Bevölkerung**   *population*

der **Bezirk, -e**   *district*

die **Brücke, -n**   *bridge*

das **Bundesland, ¨er**   *federal state*

die **Bundesrepublik Deutschland (BRD)**   *Federal Republic of Germany; West Germany*

der **Einwohner, -** / die **Einwohnerin, -nen**   *resident*

die **Fläche, -n**   *area*

der **Fluss, ¨e**   *river*

das **Gebäude, -**   *building*

die **Geschichte, -n**   *history; story*

die **Grenze, -n**   *border*

die **Gründung, -en**   *founding; foundation*

die **Grünzone, -n**   *green space*

die **Hauptstadt, ¨e**   *capital city*

die **Parkanlage, -n**   *public park*

das **Schloss, ¨er**   *castle*

die **Sehenswürdigkeit, -en**   *sightseeing attraction*

der **Staat, -en**   *state; country*

die **Stadt, ¨e**   *city, town*

das **Stadtbild, -er**   *appearance of the city*

der **Stadtplan, ¨e**   *city map*

der **Stadtteil, -e**   *part of a city, neighborhood*

das **Umland**   *surrounding region*

das **Viertel, -**   *neighborhood (in a city)*

das **Wahrzeichen, -**   *symbol*

die **Wiedervereinigung**   *reunification*

der **Wohnort, -e**   *place of residence, hometown*

zerstört   *destroyed*

der **Zweite Weltkrieg**   *World War II*

1989	1990	1991	2001	Mai 2006	Mai 2010
9. November: Die Grenze zu Westberlin wird nach 28 Jahren geöffnet.	**3. Oktober:** Wiedervereinigung der Bundesrepublik Deutschland (BRD) im Westen und der DDR im Osten.	Berlin wird Bundeshauptstadt und Sitz der Bundesregierung.	Das neue Kanzleramt in Berlin entsteht nach Plänen des Berliner Architekten Axel Schultes.	Eröffnung des neuen Berliner Hauptbahnhofs.	Eröffnung des Dokumentationszentrums *Topographie des Terrors*

1 Fragen zur Station

1. Wann fiel die Berliner Mauer?
2. Was ist heute das Wahrzeichen Berlins?
3. Seit wann ist Berlin die Hauptstadt Deutschlands?
4. Was gibt es im Umland von Berlin?
5. Warum ist Berlin für viele junge Deutsche ein interessanter Wohnort geworden?
6. Wie viele Einwohner hat Berlin? Wie groß ist die Fläche?
7. Wann wurde die DDR gegründet *(founded)*? Wie hieß die Hauptstadt der DDR?
8. Was interessiert Sie an Berlin am meisten? Warum?

Das Brandenburger Tor ist seit 1989 das Symbol der deutschen Wiedervereinigung.

FILMTIPP: *Der Himmel über Berlin* (Wim Wenders, 1987)

Zwei Engel, die für sterbliche *(mortal)* Menschen unsichtbar *(invisible)* sind, helfen den bedrückten Seelen, denen sie in Berlin begegnen. Als einer von ihnen eine Zirkusakrobatin kennen lernt, wird sie zum Objekt seiner Begierde *(desire)* und er möchte ein Sterblicher werden.

Eine berühmte Berlinerin

Marlene Dietrich (1901–1992)

Marlene Dietrich wurde am 27. Dezember 1901 in Berlin-Schöneberg geboren. Als sie 18 Jahre alt war, machte sie eine Ausbildung als Violinistin und studierte dann an der Berliner Hochschule für Musik. Im Alter von 23 Jahren bekam sie ihre erste Theaterrolle, und bald danach begann ihre Filmkarriere. In Josef von Sternbergs Film *Der blaue Engel* wurde Marlene Dietrich weltberühmt°. Sie drehte noch sechs weitere Filme mit Sternberg und arbeitete später mit Billy Wilder, Alfred Hitchcock und Orson Welles. Während der Nazizeit lehnte sie viele deutsche Angebote° ab° und blieb in Amerika. 1939 wurde sie Amerikanerin. Für ihre Auftritte° vor amerikanischen Truppen in Frankreich, Italien und Nordafrika während des Zweiten Weltkrieges bekam sie die amerikanische *Medal of Freedom.* Sie kehrte erst in den 60er Jahren wieder nach Deutschland zurück, aber die Deutschen waren kein freundliches Publikum° für sie; viele nannten sie eine Verräterin°. Ab 1976 lebte sie in Paris. 1983 veröffentlichte° sie ihre Memoiren unter dem Titel *Ich bin, Gott sei Dank, Berlinerin.* Sie starb° 1992 in Paris und wurde in Berlin begraben°.

Marlene Dietrich in *Blonde Venus* (1932)

---

weltberühmt *world-famous* • **Angebote** *offers* • **lehnte . . . ab** *rejected* • **Auftritte** *performances* • **Publikum** *audience* • **Verräterin** *traitor* • **veröffentlichte** *published* • **starb** *died* • **begraben** *buried*

Ich hab' noch einen Koffer in Berlin

Ich hab' noch einen Koffer in Berlin,
deswegen muss ich nächstens wieder hin.
Die Seligkeiten° vergangener Zeiten
sind alle noch in meinem kleinen Koffer drin.

Ich hab' noch einen Koffer in Berlin.
Der bleibt auch dort und das hat seinen Sinn°.
Auf diese Weise lohnt sich° die Reise,
denn, wenn ich Sehnsucht° hab', dann fahr ich wieder hin.

Wunderschön ist's in Paris auf der Rue Madeleine.
Schön ist es, im Mai in Rom durch die Stadt zu gehen,
oder eine Sommernacht still beim Wein in Wien.
Doch ich denk', wenn ihr auch lacht, heut' noch an Berlin.
Denn ich hab' noch einen Koffer in Berlin.

Seligkeiten *blessings* • **hat . . . Sinn** *makes sense* • **lohnt sich** *is worth* • **Sehnsucht** *yearning*

Fragen zu Marlene Dietrich

1. Wo ist Marlene Dietrich geboren? Wo ist sie gestorben?
2. Was hat sie studiert?
3. Wie alt war sie, als sie ihre erste Theaterrolle bekam?
4. Warum ist Marlene Dietrich Amerikanerin geworden?
5. Können Sie sich vorstellen, eine andere Nationalität anzunehmen? Welche? Warum?

Fragen zum Lied

1. Mit welchen Städten wird Berlin verglichen?
2. Kennen Sie andere Sänger oder andere Persönlichkeiten, die sich sehr stark mit einer Stadt identifizieren?
3. Was bedeutete es, noch einen Koffer in Berlin zu haben, wenn man Marlene Dietrichs Biographie kennt?

FILMTIPP: *Marlene* **(Maximilian Schell, 1984)**

Dokumentarfilm über Marlene Dietrich. Maximilian Schell war der einzige, dem Marlene Dietrich erlaubt hat, einen Film über sie zu machen. Sie erzählt in dieser Collage aus ihrem Leben und kommentiert Bilder aus ihren Filmen.

4 Filmquiz

Hier sind ein paar Filme, die Marlene Dietrich berühmt machten. Welcher Filmtitel passt zu welcher Beschreibung?

1. *Der blaue Engel* (1930, Josef von Sternberg)
2. *Shanghai Express* (1932, Josef von Sternberg)
3. *Der große Bluff* (1939, George Marshall)
4. *Kismet* (1944, William Dieterle)
5. *Die rote Lola* (1950, Alfred Hitchcock).

a. Im wilden Westen spielen reiche Männer gerne Poker. Der Salonbesitzer Kent hat eine Freundin namens Frenchy, die gut singen kann und sich auch mit dem Kartenspielen gut auskennt.

b. Im *Blauen Engel*, einem Nachtlokal im Rotlichtmilieu, verliebt sich ein älterer Lehrer in eine Sängerin und geht langsam zugrunde *(is slowly ruined)*.

c. In diesem abenteuerlichen Film fährt eine Frau namens Shanghai Lily mit dem Zug von Peking nach Shanghai.

d. Der Mann einer Sängerin ist ermordet worden *(was murdered)*. Eine Kollegin glaubt, die Sängerin war selbst die Mörderin. War sie es wirklich?

e. Jamilla, eine Haremstänzerin in Baghdad, hat goldene Beine.

Kennen Sie noch andere Filme mit Marlene Dietrich?

5 Andere berühmte Berliner

Suchen Sie Informationen über die folgenden Personen. Wer sind sie? Was haben sie gemacht?

Bertolt Brecht
Rudi Dutschke
Judith Hermann
Udo Lindenberg
Bushido
Die Ärzte
Wir sind Helden
Joy Denalane

Max Reinhardt
Leni Riefenstahl
Kurt Tucholsky
Billy Wilder
Klaus Wowereit
Alpa Gun
Sido
Tony D

FILMTIPP: *Rosenstraße* (Margarethe von Trotta, 2002)

Die New Yorkerin Hannah reist nach Berlin, um die Geschichte ihrer Eltern während der Nazizeit zu erkunden.

6 Suchbegriffe

Forschen Sie mit den folgenden Suchbegriffen im Internet.

Stadt Berlin

1. Welche Konzerte und andere Veranstaltungen *(events)* gibt es im Moment?
2. Suchen Sie Informationen über die Geschichte Berlins und die Berliner Mauer. Was scheint Ihnen am interessantesten?

Berliner Mauer

3. Wie entstand die Mauer? Welche Folgen hatte sie?
4. Suchen Sie nach Fotos von der Berliner Mauer. Wie sieht die Mauer aus?

Das Mauermuseum

5. Was gibt es im Mauermuseum?
6. Welche Rolle spielte der Checkpoint Charlie?

Reichstag

7. Was ist der Berliner Reichstag?
8. Wer darf oben auf die Kuppel gehen?

DDR Museum

9. Was gibt es im DDR Museum?
10. Was ist dort anders als in anderen Museen?

7 Die Berlinale

In Berlin gibt es jedes Jahr ein Filmfestival, die Berlinale. Organisieren Sie ein Filmfestival in Ihrem Kurs. Jeder Student nominiert einen deutschen Film, indem er eine kleine Präsentation über den Film, den Regisseur / die Regisseurin *(director)* oder einen Schauspieler / eine Schauspielerin gibt. Der beliebteste Film wird dann im Kurs gezeigt.

8 Richtig oder falsch?

Forschen Sie weiter in den Internet-Seiten aus Übung 6 und entscheiden Sie, ob die folgenden Aussagen (Sätze) korrekt sind. Wenn sie falsch sind, korrigieren Sie sie.

1. Checkpoint Charlie ist eine berühmte Wurstbude *(hot dog stand)* in Ostberlin.
2. John F. Kennedy sagte in seiner berühmten Rede: „Ich bin ein Berliner."
3. Die Gedächtniskirche ist die Ruine einer zerbombten Kirche.
4. Die Berliner Mauer ist 1961 gebaut worden.
5. Die Berliner Mauer war 155 km lang.
6. Die Straße des 17. Juni führt direkt zum Reichstag.
7. In Berlin gibt es nur eine Universität.
8. Der Tiergarten ist der älteste deutsche Zirkus.
9. Der Reichstag ist der offizielle Berliner Feiertag.
10. Im DDR Museum darf man alles anfassen und ausprobieren.

Lokale Presse

Gehen Sie zu den folgenden Websites im Internet. Was sind die Schlagzeilen *(headlines)*? Wie wirken diese Zeitungen auf Sie? Wie sind Sprache und Präsentation – einfach oder komplex, plakativ *(striking)* oder seriös, modern oder altmodisch? Was ist besonders interessant?

Berliner Kurier

Berliner Morgenpost

Berliner Zeitung

Tagesspiegel

Cro Magnon / Alamy

Das Bundeskanzleramt in Berlin ist Dienstsitz *(office location)* des Bundeskanzlers / der Bundeskanzlerin.

Nachrichtenrunde *(news round)*

Arbeiten Sie in Gruppen oder Paaren. Berichten Sie *(Report)* über einen Aspekt, den Sie beim Surfen im Internet gefunden haben.

Fragen zum Nachdenken und Diskutieren

Bearbeiten Sie diese Fragen in Paaren oder kleinen Gruppen. Machen Sie Notizen und geben Sie im Kurs einen kleinen Bericht. Bringen Sie die Resultate Ihrer Internetsuche dabei ein.

1. Warum ist Berlin ein Symbol für die Wiedervereinigung Deutschlands?
2. Berlin ist Deutschlands größte Stadt, aber Berlin ist nicht das wichtigste Ziel für Touristen. Warum ist das wohl so?
3. Marlene Dietrich ist 1939 amerikanische Staatsbürgerin geworden. Sie wollte zu dieser Zeit keine deutschen Filme drehen. Warum?

Strukturen

Die Wortarten im Deutschen

The total number of German words is estimated to be somewhere between 300,000 and 500,000. They can be grouped in several classes of words, which are basically the same as in English. Approximately 46 % of German words are nouns. About 20 % are verbs. About 30 % are adjectives and adverbs. There are approximately 200 prepositions and conjunctions and fewer than 100 pronouns.

The following introduction to the classes of German words is not meant to be exhaustive. Each section is meant to give you an orientation, help you recall what you already know, and to get you started. *Stationen* will go into more detail about each of these different word types in subsequent chapters. Later in this chapter, you will find more explanation of the declension of nouns and the conjugation of verbs.

- **Nomen** *(Nouns)*: German nouns name a person, a place, a thing, or an idea. Unlike English nouns, they are always capitalized. Also unlike English, each noun has a specific gender (masculine, feminine, neuter), and nouns are often combined with an article that indicates their gender. Nouns are declined[1] to indicate both number and case[2] (nominative, accusative, dative, genitive).

   Ein **Student** und eine **Studentin** aus **Amerika** besuchen **Berlin**. Der **Reichstag** ist eine bekannte **Sehenswürdigkeit**, aber die **Stadtführerin** zeigt den **Studenten** noch viele andere **Sehenswürdigkeiten**.

- **Artikel** *(Articles)*: Articles are used only in conjunction with nouns. There are two kinds—definite articles **(der, die, das)**, which mean *the* in English, and indefinite articles **(ein, eine, ein)**, which mean *a* or *an* in English. Like nouns, articles can be declined.

   Die bekannte Sängerin Marlene Dietrich machte **eine** Ausbildung als Violinistin.

- **Pronomen** *(Pronouns)*: Pronouns help avoid repetition of nouns. Like nouns and articles, most pronouns have different forms depending on person, gender, and case.

   Personal pronouns are used as the subject or object of a verb in most sentences.

   Als Marlene Dietrich 23 Jahre alt war, bekam **sie** ihre erste Theaterrolle.

   John F. Kennedy hat „**Ich** bin ein Berliner" gesagt.

   Interrogative pronouns **(wer, wen, wem, welch-)** are words introducing a question such as *who, whom, what,* or *which one(s)*.

   Wer war die bekannte Berliner Sängerin, die in die USA emigrierte?

   Welche bekannten Filme hat Marlene Dietrich gedreht?

---

[1] See a detailed explanation of noun declension on p. 15.
[2] Case indicates the function of the noun in the sentence.

Possessive pronouns **(mein, dein, sein, ihr, unser, euer, ihr, Ihr)** indicate ownership and other relationships.

> Gehört der Koffer Marlene Dietrich? – Ja, das ist **ihrer**.
>
> **Ihre** markante Stimme war auf der ganzen Welt bekannt.

Indefinite pronouns include **all-, einige, etwas, jed-, jemand, niemand, man, nichts.**

> Fast **alle** Berliner wissen, wer Marlene Dietrich ist.
>
> Es gibt aber auch **einige**, die sie nicht kennen.

Demonstrative pronouns **(der, die, das, dies-, jen-, derjenige, diejenige, dasjenige, derselbe, dieselbe, dasselbe, selbst, selber)** specifically point to a noun.

> Berlin: In **dieser** Stadt hat **jeder** Bezirk einen eigenen Charakter.
>
> Ich bin **selbst** schon viele Male in Berlin gewesen.

Relative pronouns introduce relative clauses and refer to a preceding noun in the main clause.

> In dem Film *Shanghai Express* spielt Marlene Dietrich eine Frau, **die** mit dem Zug von Peking nach Shanghai fährt.

- **Adjektive** *(Adjectives)*: Adjectives describe nouns or pronouns. Predicate adjectives (connected to the noun or pronoun by a linking verb, such as *to be*) remain unchanged from the root, whereas attributive adjectives (preceding a noun) are declined with endings that indicate gender, number, and case.

  > Marlene Dietrich war sehr **berühmt**.
  >
  > Die **berühmte** Sängerin bekam die „Medal of Freedom".

- **Verben** *(Verbs)*: Verbs describe actions, states of being, and so on. German verbs are conjugated[3] to agree with the subject of a sentence in both number (singular or plural) and person (first, second, third).

  > Marlene Dietrich **kommt** aus Berlin.
  >
  > Viele Deutsche **leben** in Berlin.

- **Adverbien** *(Adverbs)*: Adverbs describe verbs, adjectives, or other adverbs. They do not change in form. Many (but not all) German adverbs have the same form as their corresponding adjectives.

  > Das Stadtbild Berlins verändert sich **ständig**.
  >
  > Die neue Hauptstadt Deutschlands wächst **immer schneller**.

- **Präpositionen** *(Prepositions)*: Prepositions are usually combined with a noun or a pronoun to describe how, when, or where things take place or to give further information about people or things.

  > **In** den Außenbezirken Berlins gibt es Gebiete **mit** Seen und Wäldern.

---

[3] See a detailed explanation of the conjugation of verbs on p. 23.

- **Konjunktionen** (*Conjunctions*): Conjunctions link words, phrases, or sentences.

  Coordinating conjunctions (**und**, **aber**, **denn**, **oder**, **sondern**) connect main clauses or equivalent items in a sentence (as in lists).

  Marlene Dietrich drehte noch sechs weitere Filme mit Sternberg **und** arbeitete später mit Billy Wilder, Alfred Hitchcock **und** Orson Welles.

  Subordinating conjunctions (**als**, **dass**, **nachdem**, **ob**, **seit**, **weil**, **wenn**) connect main clauses with subordinate clauses.

  Die Wiedervereinigung Deutschlands bedeutet nicht, **dass** Berlin eine einheitliche Lebenswelt geworden ist.

- **Interjektionen** (*Interjections*): Interjections are used to express emotions or to imitate certain sounds. They do not change in form and are usually syntactically isolated. Curses are interjections.

  au, aua, autsch (pain)

  uff, puh (relief)

  ih, bäh, pfui, igitt (disgust)

  ah, oh, ach, ui (neutral or positive surprise, depending on expression)

  oh je, au weia, au Backe (negative surprise)

  hallo, huhu (call for attention)

  pst, scht (call for silence)

  Achtung, Stop, Hilfe! (warnings)

  los, weg (commands to leave)

  haha, hihi (imitating laughter)

---

12   **Interjektionen**

Wie klingen die folgenden Laute auf Deutsch?

1. Diesen Laut macht ein Mensch, wenn ihm etwas nicht schmeckt.
2. Diesen Laut machen Menschen, wenn sie erleichtert (*relieved*) sind.
3. Diesen Laut machen Menschen, wenn sie negativ überrascht werden.
4. Diesen Laut macht ein Mensch, wenn er lacht.
5. Diesen Laut machen Menschen, wenn sie Ruhe wollen.
6. Diesen Laut machen Menschen, wenn sie Schmerzen haben.

a. haha
b. pst
c. au
d. oh je
e. puh
f. igitt

13

Berlin heute – Wortarten klassifizieren

Bearbeiten Sie gemeinsam mit einem Partner / einer Partnerin den folgenden Absatz *(paragraph)* und klassifizieren Sie die Wörter. Machen Sie möglichst genaue *(as exact as possible)* Angaben zu den einzelnen Wörtern.

 z.B. Heute (Adv.) kann (V., 3. Pers., Sing., Präsens, Aktiv) man (Pron., 3. Pers., Sing., indef.) von (Präp. + Dat.) . . . usw.

> Heute kann man von der Mauer nur noch Reste sehen, und das Brandenburger Tor ist ein Symbol für die Einheit und Freiheit Deutschlands. Aus allen Teilen der Welt kommen die Menschen gerne nach Berlin, weil sie hier Neues und Bewegung spüren können.

 14

Der Wortartenkasten

Ordnen Sie mit Ihrem Partner / Ihrer Partnerin möglichst viele Wörter *(as many words as possible)* aus einem Absatz in diesem Kapitel in den Wortartenkasten. Dann schreiben Sie mit den Wörtern neue Sätze zum Thema Berlin.

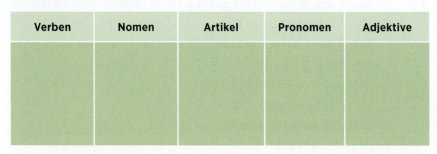

Verben	Nomen	Artikel	Pronomen	Adjektive

Adverbien	Präpositionen	Konjunktionen	Pronomen	Interjektionen

 15

Die Welt der Poesie

Schreiben Sie jetzt ein kleines Gedicht zum Thema Berlin und stellen Sie Ihr Gedicht dann den anderen Kursteilnehmern vor. Ihr Gedicht soll die folgende Form haben:

1. Zeile: Ein Nomen
2. Zeile: Zwei Adjektive
3. Zeile: Ein Verb im Infinitiv
4. Zeile: Eine Präposition, ein Artikel, ein Nomen
5. Zeile: Eine Interjektion
6. Zeile: Ein vollständiger Satz mit mindestens einem Nomen und einem konjugierten Verb

Einblicke

16

Fragen zum Thema

1. Was ist zur Zeit Ihre Lieblingsmusik?
2. Gehen Sie oft zum Tanzen in Clubs? Wie heißt Ihr Lieblingsclub? Wann gehen Sie hin? Wann schließt der Club?
3. Mögen Sie Techno? Warum (nicht)?
4. Wie stellen Sie sich Techno Clubs in Berlin vor?

17

Wörterbucharbeit

Suchen Sie im Wörterbuch nach Übersetzungsmöglichkeiten für die folgenden Begriffe:

Nachtschwärmer – Tagediebe – Brimborium – ravende Gesellschaft – Rave-Schuppen – Partywütige aus dem Ausland

Wie kann man sie in diesem speziellen Kontext am besten übersetzen?

Nachtschwärmer und Tagediebe

In Berlin feiert eine neue Generation von Clubgängern mit einer Ausdauer°, wie man sie seit Jahren nicht mehr erlebt hat. Die Hauptstadt ist im Rave-Fieber – und dabei diskret und eskapistisch zugleich.

Für die eine Hälfte des Publikums, die zu jung ist, um damals dabei gewesen zu sein, ist diese nachmittägliche Party ein aufregendes, neues Ereignis. Für die Älteren ist es eine Wiederholung dessen, was sie in ihrer Jugend erlebten: Das war jene Zeit, als kurz nach dem Mauerfall im Ost-Teil der Stadt die von DJ Westbam postulierte „ravende Gesellschaft" geboren wurde. Mitte der Neunziger feierte man sich mit der Love Parade, bei der die Besucherzahlen zeitweise die Millionengrenze überschritten.

Im Berliner Club „Berghain" im Osten der Stadt kann man die Rehabilitierung des Ravens ohne Massen-Brimborium° ideal beobachten. Eine friedliche Koexistenz zelebrierend, feiern im „Berghain" schwule°, lesbische, bi- und heterosexuelle Berliner, Touristen, Studenten, Künstler und Exzentriker den unerschütterlichen Glauben° an House und Techno als den perfekten Stimmungskatalysator.

Gregor Hohenberg / laif / Redux

Im Berghain ist Platz für 1.500 Personen.

Ausdauer *stamina* • **Massen-Brimborium** *excesses of mass events* • **schwule** *gay*
unerschütterlichen Glauben • *unshakeable faith*

Während in anderen Hauptstadt-Clubs der Stimmungs-Höhepunkt der Nacht zwischen 3 und 4 Uhr morgens erreicht wird, ist die Prime Time in der „Panoramabar", dem kleinen Club des „Berghain", morgens um 9 Uhr und erstreckt sich regelmäßig bis in den Nachmittag hinein.

Die extended Version der Samstagnacht findet viele Anhänger: Freitags und samstags bildet sich vor dem riesigen Club eine lange Schlange, darunter unzählige Partywütige aus dem Ausland. Im Gegensatz zu den Rave-Schuppen der späten Neunziger herrscht im „Berghain" eine eiserne° Türpolitik. Wer dem tätowierten Türsteher° nicht gefällt, kommt nicht rein.

Die Konjunktur von After-Hour- und After-After-Hour-Clubs in Berlin zeigt, dass Rave in der deutschen Hauptstadt – im Gegensatz zu England, wo Clubs um 3 Uhr, spätestens 5 Uhr schließen – kein kurzlebiger Medien-Hype ist. Es ist ein heimlicher Ritus radikal amüsierwilliger Menschen geworden, dem sich Wochenende für Wochenende hingegeben wird°.

source: http://www.spiegel.de/kultur/musik/0,1518,494248-2,00.html vom 14.7.2007

---

eiserne *iron* • **Türsteher** *bouncer* • **dem sich Wochenende für Wochenende hingegeben wird** *that people indulge in weekend after weekend*

18 Fragen zum Text

1. Wie erlebt das junge Publikum das Rave-Fieber in Berlin? Was bedeutet es für die „Älteren"?
2. Wann wurde Berlins „ravende Gesellschaft" geboren?
3. Was kann man im Berliner Club Berghain ideal beobachten?
4. Welche Art Musik wird im Berghain gespielt?
5. Wann ist die Prime Time in der „Panoramabar"?
6. Wer macht die eiserne Türpolitik im Berghain?

19 Fragen zum Nachdenken und Diskutieren

1. Warum ist Techno in Deutschland immer noch so beliebt? Warum speziell in Berlin? Spekulieren Sie!
2. Welche anderen Musikrichtungen sind seit den Neunziger Jahren in Ihrem Land (oder anderen Ländern) populär gewesen?
3. Gibt es in Ihrer Stadt oder Region einen Kultclub? Wer geht dorthin? Warum?

20 Hitparade

Veranstalten Sie eine Hitparade im Kurs. Suchen Sie sich einen Titel aus unserer *Stationen* iTunes® Playlist und stellen Sie das Lied (Video, Künstler usw.) im Kurs vor.

Strukturen

Die Deklination

German nouns are declined to show their gender, number, and case. The case of a noun indicates what function the noun has in a sentence. There are four cases in German.

- **Nominative: Subject**

  Die Hauptstadt ist im Rave-Fieber und dabei diskret und eskapistisch zugleich.

  Die Konjunktur von After-Hour-Clubs zeigt, dass Rave kein kurzlebiger Medien-Hype ist.

- **Accusative: Direct Object**

  Im Berliner Club „Berghain" kann man **die Rehabilitierung** des Ravens beobachten.

  Die extended Version der Samstagnacht findet **viele Anhänger.**

- **Dative: Indirect Object**

  Dem jüngeren Publikum bietet der Club „Berghain" ein aufregendes Erlebnis.

- **Genitive: Equivalent to an English of . . . phrase / Possessive**

  Die extended Version **der Samstagnacht** findet viele Anhänger.

  Es ist ein heimlicher Ritus radikal **amüsierwilliger Menschen** geworden.

The complete declension for most nouns looks as follows. Note that the declension is most evident in the article.

	Singular *(masculine)*	Singular *(neuter)*	Singular *(feminine)*	Plural
Nominativ	der Club ein Club	das Fest ein Fest	die Musik eine Musik	die Besucher keine Besucher
Akkusativ	den Club einen Club	das Fest ein Fest	die Musik eine Musik	die Besucher keine Besucher
Dativ	dem Club einem Club	dem Fest einem Fest	der Musik einer Musik	den Besuchern keinen Besuchern
Genitiv	des Clubs eines Clubs	des Fest(e)s eines Fest(e)s	der Musik einer Musik	der Besucher keiner Besucher

Umzug nach Berlin

Stellen Sie sich vor, Sie ziehen für ein Jahr nach Berlin. Machen Sie gemeinsam mit einem Partner / einer Partnerin eine Liste der Dinge (im Akkusativ!), die Sie mitbringen, und eine Liste der Dinge, die Sie in Berlin kaufen wollen. Diskutieren Sie dann im Kurs, welche die drei wichtigsten Dinge sind, die mitgebracht werden müssen und die gekauft werden müssen.

Das bringe ich mit:

1. *einen Pullover* _____

2. _____

3. _____

Das kaufe ich in Berlin:

1. *eine Kaffeetasse* _____

2. _____

3. _____

Sehenswertes in Berlin

Ergänzen Sie gemeinsam mit einem Partner / einer Partnerin die Sätze mit den passenden Elementen aus der Liste.

Subjekte (Nominativ)	Indirekte Objekte (Dativ)
die Weltzeituhr am Alexanderplatz der Berliner Dom	seinen Besuchern vielen Sehenswürdigkeiten
Direkte Objekte (Akkusativ)	**Genitivobjekte**
ein Denkmal den Zoologischen Garten	der neuen Hauptstadt Berlin politischer und poetischer Wandgemälde

z.B. Die East Side Gallery ist eine Sammlung _____.

Die East Side Gallery ist eine Sammlung *politischer und poetischer Wandgemälde.*

1. Zu DDR-Zeiten war _____ ein beliebter Treff für junge Leute.

2. Das Jüdische Museum präsentiert _____ Bilder und Objekte, die das Alltagsleben der Juden in Deutschland dokumentieren.

3. Drei Millionen Tierfreunde besuchen jährlich _____.

4. Der Reichstag und das Brandenburger Tor sind die Symbole _____.

5. Der New Yorker Architekt Peter Eisenmann entwarf _____ für die ermordeten Juden Europas.

6. _____ auf der Spreeinsel ist die größte protestantische Kirche Deutschlands.

7. Die Berliner haben _____ respektlose Namen gegeben. Zum Beispiel nennen sie die goldene Statue der Victoria auf der Siegessäule „Goldelse".

Souvenirs aus Berlin

Entscheiden Sie gemeinsam mit Ihrem Partner / Ihrer Partnerin, wem Sie die folgenden Geschenke aus Berlin mitbringen wollen. Wenn Sie noch mehr Souvenirs brauchen, suchen Sie im Internet.

z.B. Wir bringen unserer Professorin einen Porzellan-Teller aus Berlin mit.

1. Ein Miniatur-Fernsehturm
2. Ein Berliner Plüschteddybär
3. Ein Stück von der Berliner Mauer
4. Ein Gemälde vom Reichstag
5. Eine Photo-CD mit Stadtplan
6. Ein Berlinbuch auf Englisch

Andi Berger / Used under license from Shutterstock.com

Ein Stück von der Berliner Mauer.

Berliner Luft

Stellen Sie sich vor, Sie arbeiten für das Fremdenverkehrsamt *(tourist information office)* der Stadt Berlin und sollen für eine neue Werbekampagne möglichst viele Beschreibungen für die Stadt finden, die für Touristen attraktiv sind. Schreiben Sie mindestens sechs solcher Beschreibungen nach folgendem Muster auf.

z.B. Berlin ist die Stadt der interessanten Museen!

Wo sagt man was?

Dativ und Akkusativ im Berliner Dialekt

Eine grammatikalische Besonderheit im Berliner Dialekt ist, dass in vielen Fällen zwischen dem Dativ und Akkusativ kein Unterschied gemacht wird, sondern nur eine Form gebräuchlich ist, die man den **Akkudativ** nennt. Meistens stehen die Nomen im Akkusativ, während die Personalpronomen im Dativ stehen. Oft werden auch die Objekte von Präpositionen in den Akkudativ gesetzt. Hier sind ein paar Beispiele.

Wie würde man folgende Sätze auf Hochdeutsch sagen?

Ick liebe dir, ick liebe dich, wie's richtig heißt, det weeß ick nich.
Der Berliner sagt immer mir, ooch wenn's richtig ist.
Nach meine Beene is ja janz Berlin verrückt.
Wir seh'n uns nach die Feiertage!

STATION EINS • BERLIN 17

Wortschatz

der **Anhänger, -** / die **Anhängerin,
-nen** *fan, supporter*

das **Arbeitsangebot, -e** *labor
market, job offerings*

der **Ausländer, -** / die
Ausländerin, -nen *foreigner*

die **Aussage, -n** *statement*

bedeuten (hat bedeutet) *to
mean, signify*

die **Bundeshauptstadt, ̈e**
federal capital (city)

die **Bundesregierung** *federal
government*

die **DDR (Deutsche Demokra-
tische Republik)** *(former)
GDR (German Democratic
Republic); East Germany*

demonstrieren (hat
demonstriert) *to demonstrate*

einheitlich *uniform; uniformly*

entscheiden (entschied, hat
entschieden) *to decide*

das **Ereignis, -se** *event*

der **Fall der Mauer** *fall of the
Berlin Wall*

feiern (hat gefeiert) *to celebrate*

heimlich *secret(ly)*

die **Mauer, -n** *wall*

die **Miete, -n** *rent*

die **Nationalsozialisten** *(pl.)
National Socialists (Nazis)*

die **Nazizeit** *Nazi period*

östlich *eastern, in the east*

passieren (ist passiert) *to
happen*

das **Publikum** *audience*

der **Ritus (die Riten)** *ritual*

seit *since*

die **Siegermächte** *(pl.) Allied
Forces*

ständig *continuous; continuously*

die **Stimmung, -en** *atmosphere,
ambience*

die **Trennung, -en** *separation*

der **Türsteher, -** *bouncer*

die **Umwelt** *environment*

unerwartet *unexpected;
unexpectedly*

sich **verändern** (hat sich
verändert) *to change (oneself)*

die **Veränderung, -en** *change*

die **Veranstaltung, -en** *event*

verdienen (hat verdient) *to earn;
to make a profit*

die **Verfassung, -en** *constitution*

(einen Termin) **verlegen** (hat
verlegt) *to reschedule
(a meeting)*

25 Definitionen

Finden Sie die richtigen Begriffe rechts für die Definitionen links.

1. Park oder Garten in der Stadt.
2. Ein Mann, der entscheidet, wer in einen Club hinein darf und wer nicht.
3. Länder, die nach dem Zweiten Weltkrieg Berlin in vier Teile geteilt und verwaltet haben.
4. Ein wichtiges Symbol.
5. Person, die aus einem anderen Land kommt.
6. Ostdeutschland und Westdeutschland sind dadurch wieder ein Land geworden.
7. Besucher bei einer Veranstaltung.

a. Türsteher
b. Publikum
c. Grünzone
d. Ausländer
e. Wiedervereinigung
f. Siegermächte
g. Wahrzeichen

26 Berlin

Ergänzen Sie die Sätze.

1. Berlin ist seit 1991 die deutsche _____.
2. Nach dem Fall der _____ ist Berlin wieder eine offene Stadt geworden.
3. Seit der _____ 1990 ist Berlin für viele junge Deutsche wieder ein attraktiver Wohnort geworden.
4. Im _____ von Berlin gibt es viele Seen, Flüsse und Wälder.
5. Das Brandenburger Tor ist jetzt das _____ der Wiedervereinigung.
6. Besonders für junge Leute ist Berlin ein attraktiver _____ geworden, denn die _____ sind nicht so hoch wie in anderen deutschen Großstädten.

27 Wörterbucharbeit: Wortbildung

Ergänzen Sie die Liste. Benutzen Sie, wenn nötig, das Wörterbuch.

Verb	Nomen
1. _____	die Feier
2. _____	das Erlebnis
3. rehabilitieren	_____
4. _____	die Beobachtung
5. umziehen	_____

28 Was ist ein Rave?

Ihre Oma fragt Sie, was ein Rave ist. Erklären Sie es ihr. Schreiben Sie einen Dialog und verwenden Sie dabei die folgenden Wörter. Arbeiten Sie in Gruppen oder Paaren und spielen Sie den Dialog im Kurs vor.

feiern – Club – Berlin – Techno – Abend – Morgen – Nachmittag – improvisiert – DJ –Besucher – Stimmung – Ausland – Türsteher – Musik - zwischen 3 Uhr oder 5 Uhr – Wochenende

z.B. Ein Rave ist eine Veranstaltung . . .

der Mensch, die Leute (pl.), *die Person, die Bevölkerung*

Die Begriffe **Mensch(en), Leute, Person(en)** und **Bevölkerung** kommen im Deutschen in verschiedenen *(different)* Kontexten vor. Suchen Sie Definitionen und Beispiele für diese Begriffe in Ihrem Wörterbuch. Entscheiden Sie, welcher Begriff am besten in die folgenden Kontexte passt.

1. Berlin hat eine _____ von 3,4 Millionen. Im Jahr 2000 waren über eine Million _____ bei der Loveparade. Viele junge _____ in Deutschland finden Techno immer noch gut. Ältere _____ wundern sich oft über Techno-Musik und Clubs.

2. Im Hotel Goldener Adler in Berlin arbeiten 250 _____. Im Restaurant gibt es Platz für 150 _____. Das Abendessen kostet mindestens 30 Euro pro _____. Das können sich nur reiche _____ leisten *(afford)*.

3. Ein großer Teil der _____ in Berlin sind Ausländer. Viele kommen aus der Türkei. Sie leben und arbeiten schon seit vielen Jahren in Deutschland. Ihre Kinder sind in Deutschland geboren und aufgewachsen und oft sprechen sie nicht Türkisch. Für diese _____ hat die Regierung *(government)* 2000 ein neues Gesetz erlassen *(passed a law)*, damit sie einen deutschen Pass haben können.

Die Geschichte der Currywurst

Es gibt eine Berliner Spezialität, die man nicht in feinen Restaurants, sondern in den Imbissbuden° auf den Straßen findet: die Berliner Currywurst. Die Currywurst ist eine Bratwurst mit Soße. Die Imbissbudenköche mischen ihre Soßen aus Tomatenmark°, Gewürzen° und weiteren geheimen Zutaten° oft selbst.

Eine Berliner Spezialität: die Currywurst

Franz-Peter Tschauner/DPA/Landov

Die Geschichte der Currywurstsoße begann nach dem Krieg, als die Amerikaner den westlichen Teil Berlins besetzten. Die Deutschen orientierten sich an der amerikanischen Kultur und so auch an den Essgewohnheiten°. Damals beobachtete der Berliner Kurt Heuwer, wie die Amerikaner Steak mit Ketchup aßen. Er erzählte seiner Frau Herta davon und sie kamen auf die Idee, nicht teures Steak, sondern eine Wurst mit Soße zu probieren.

Da man Ketchup nicht kaufen konnte, mischten sie Tomatenmark und Gewürze zu einer interessanten Soße zusammen. Kurt und Herta kauften einen Imbisswagen und verkauften ihre neue Erfindung ab 1949 an der Kaiser-Friedrich Straße in Berlin mit großem Erfolg. Herta meldete die Idee mit der Currysoße 1959 beim Patentamt° an. So ist Herta Heuwer als

Imbissbuden *hot dog stands* • **Tomatenmark** *tomato paste* • **Gewürzen** *spices*
geheimen . . . *secret ingredients* • **Essgewohnheiten** *eating habits* • **Patentamt**
patent office

offizielle Erfinderin der Currywurst-Soße registriert. In den folgenden Jahren schossen° die Currywurst-Buden in Berlin wie Pilze aus dem Boden und die Currywurst wurde zur Berliner Spezialität.

Grundzutaten für die Soße

Tomatenmark	Curry	Paprika edelsüß
Worcester-Soße	Zucker	Salz
Chilipulver		

Kennen Sie andere amerikanische Essgewohnheiten, die in Deutschland populär sind?

---

schossen wie Pilze aus dem Boden *sprouted*

Redemittel zum Diskutieren

Nach Erklärungen fragen

Wenn man andere beim Diskutieren nach Erklärungen fragen möchte, helfen die folgenden Redewendungen.

Wie lässt es sich erklären, dass . . . ?	**Wie lässt es sich erklären, dass** die Currywurst so populär geworden ist?
Ich frage mich, ob . . . ?	**Ich frage mich, ob** Currywurst wirklich so gut schmeckt?
Mich interessiert, warum . . . ?	**Mich interessiert, warum** Herta Heuwer Tomatenmark mit Curry gemischt hat?
Wie kommt es, dass . . . ?	**Wie kommt es, dass** es in Berlin so viele Imbissbuden gibt?
Woran liegt es, dass . . . ?	**Woran liegt es, dass** amerikanische Essgewohnheiten in Deutschland so populär sind?

Erklärungen geben

Wenn man anderen etwas erklären oder Beispiele geben will, sind die folgenden Redewendungen hilfreich.

Zum Beispiel . . . / Beispielsweise . . .	**Zum Beispiel** war die Currysoße nach dem Krieg ein Ersatz *(substitute)* für Ketchup.
Ein Grund dafür ist, dass . . .	**Ein Grund für die Popularität der Currywurst ist, dass** man sie schnell unterwegs essen kann.
Es hat damit zu tun, dass . . .	**Es hat damit zu tun, dass** die Wurst in kleine Stücke geschnitten wird, die man mit einem Zahnstocher *(toothpick)* essen kann.
Das hängt damit zusammen, dass . . .	**Das hängt damit zusammen, dass** die Currywurst immer noch relativ billig ist.

29

Erklärungen

Welche Fragen passen zu den Antworten?

1. Wie lässt es sich erklären, dass Marlene Dietrich in so vielen amerikanischen Filmen auftritt?

2. Ich frage mich, warum Techno in Deutschland so beliebt ist.

3. Wie kommt es, dass Berlin einen Senat hat?

4. Warum ist Berlin nach der Wiedervereinigung Hauptstadt geworden?

5. Woran liegt es, dass in Berlin so viel gebaut wird?

6. Mich interessiert, warum so viele junge Leute nach Berlin ziehen?

7. Kannst du uns erklären, warum die Mieten in Berlin oft billiger sind als in anderen deutschen Städten?

a. Zum Beispiel sind die Mieten nicht so hoch wie in anderen Städten.

b. Ein wichtiger Grund war, dass Berlin die geteilte Stadt war und durch die Wiedervereinigung wieder ganz geworden ist. Berlin ist deshalb ein Symbol für die Wiedervereinigung geworden.

c. Es hat vielleicht damit zu tun, dass elektronische Musik in Deutschland schon lange populär ist.

d. Das hängt damit zusammen, dass Berlin nicht nur Stadt, sondern auch Bundesland ist.

e. Das lässt sich dadurch erklären, dass sie 1939 Amerikanerin geworden ist.

f. Ein Grund dafür ist, dass viele Leute nach der Wende vom Osten in den Westen gezogen sind und das Angebot an Wohnungen sehr groß ist.

g. Es hat damit zu tun, dass Berlin noch nicht so lange Hauptstadt ist, und viele Gebäude im Osten renoviert werden mussten.

30

Fragen zur Diskussion

Diskutieren oder schreiben Sie über eines der folgenden Themen. Verwenden Sie dabei die Redemittel.

1. Warum sind Raves in Berlin so populär?

2. Wie lässt es sich erklären, dass Techno in Deutschland so beliebt ist? Was ist an dieser Art Musik so faszinierend?

3. Was sagen Elemente der Popkultur wie Techno oder die Currywurst über die Atmosphäre einer Stadt?

Der Berliner Tiergarten ist die wichtigste Grünzone Berlins.

Strukturen

Das Verb: Konjugation, Tempus, Modus, Aktiv und Passiv

Konjugation

A German verb agrees with the subject of a sentence in number and person. This is accomplished through conjugation, the use of different endings added to the verb stem.

Number	Person	Present Tense of *machen*
Singular	(*1st*) **ich** (*2nd*) **du** (*3rd*) **er/es/sie**	mach **e** mach **st** mach **t**
Plural	(*1st*) **wir** (*2nd*) **ihr** (*3rd*) **sie**	mach **en** mach **t** mach **en**
Formal Sing. & Pl.	(*2nd*) **Sie**	mach **en**

Die Geschichte der Currywurst **beginnt** nach dem Krieg.

Kurt und Herta kaufen sich einen Imbisswagen.

- In the present tense, an **e** is inserted between the verb stem and the **st** and **t** endings if the verb stem ends in **d** or **t (finden, arbeiten)**, or if the verb stem ends in **m** or **n** preceded by a consonant other than **l** or **r (öffnen)**.

  finden: du find**e**st; er/es/sie find**e**t; ihr find**e**t

  arbeiten: du arbeit**e**st; er/es/sie arbeit**e**t; ihr arbeit**e**t

  öffnen: du öffn**e**st; er/es/sie öffn**e**t; ihr öffn**e**t

- Some verbs change the stem vowel in the second- and third-person singular.

  essen: Kurt Heuwer **isst** gerne Currywurst.

  fahren: Fährst du nach Berlin?

  See the appendix for a complete list of stem-changing verbs.

- The verbs **sein, haben, wissen,** and **werden** are used frequently and are conjugated irregularly.

	sein	haben	wissen	werden
ich	bin	habe	weiß	werde
du	bist	hast	weißt	wirst
er/sie/es	ist	hat	weiß	wird
wir	sind	haben	wissen	werden
ihr	seid	habt	wisst	werdet
sie/Sie	sind	haben	wissen	werden

- The modal verbs **dürfen, können, mögen, müssen, sollen,** and **wollen** are also irregular. See *Station 7* for a detailed look at modal verbs.

- There are two kinds of verbs with prefixes. Although their prefixes are treated differently, both types are conjugated like their root verbs (for example, **kaufen, einkaufen,** and **verkaufen** are conjugated the same way).

  Non-Separable Prefixes: Verbs beginning with **be-, emp-, ent-, er-, ge-, miss-, ver-, zer-** are not separable.

  Ab 1949 **verkauft** Herta ihre neue Erfindung, die Currywurst.

  Separable Prefixes: Verbs beginning with **ab-, an-, auf-, aus-, ein-, mit-, vor-,** and **zusammen-** are separable, which means that when the verb is conjugated in the present tense and the simple past, the prefix is separated from the root verb and placed at the end of the main clause.

  Herta **meldet** die Idee beim Patentamt **an**.

  Note, however, that in a subordinate clause, a separable prefix remains with the root verb.

  Es überrascht ein bisschen, dass Herta die Idee beim Patentamt **anmeldet**.

Tempus

There are six different tenses in which a German verb can be used to express time. In the past and the future, distinct tenses are used for different types of reference to those time frames. A look at the corresponding English forms should help you understand the differences.

Tense	Time Frame	Example
Present Tense (Präsens)	Present	Marlene Dietrich singt und tanzt. *Marlene sings and dances.* *Marlene is singing and dancing.* *Marlene does sing and dance.*
Present Perfect Tense (Perfekt)	Past	Marlene hat gesungen und getanzt.[4] *Marlene sang and danced.* *Marlene has sung and danced.*
Simple Past (Imperfekt)		Marlene sang und tanzte. *Marlene sang and danced.* *Marlene was singing and dancing.*
Past Perfect (Plusquamperfekt)		Marlene hatte gesungen und getanzt. *Marlene had sung and danced.*
Future Tense (Futur)	Future	Marlene wird singen und tanzen. *Marlene will sing and dance.*
Future Perfect (Futur II)		Marlene wird gesungen und getanzt haben. *Marlene will have sung and danced.*

[4] While the German **Perfekt** is similar in form to the present perfect in English, its function is different. The German **Perfekt** is for most German speakers the only conversational past-tense form.

Modus

As in English, German verbs can have three different moods to reflect the attitude of the speaker toward what he or she is expressing. The examples below are in the present tense, but the same three moods are also part of other tenses.

1. To express reality, German uses the indicative **(Indikativ)**.

   Marlene lacht.
   Marlene laughs.
   Marlene does laugh.
   Marlene is laughing.

2. To express hypothesis, wishes, politeness, or distance, German uses the subjunctive **(Konjunktiv)**.

   Marlene würde lachen.   *Marlene would laugh.*
     (Konjunktiv II)

   In einem Interview sagte Marlene   *In an interview, Marlene*
     Dietrich, sie singe gerne.   *Dietrich said that she*
     (Konjunktiv I)   *liked to sing.*

3. To express commands, German uses the Imperative **(Imperativ)**.

   Lach, Marlene!   *Laugh, Marlene!*

Aktiv und Passiv

Like English, German verbs have two voices, depending on the relationship between the subject and the verb.

1. The active **(Aktiv)** voice is used to focus on who or what is performing an action.

   Marlene singt ein Lied über Berlin.   *Marlene sings a song about Berlin.*

2. The passive **(Passiv)** voice is used to focus on the action rather than on who or what is performing it.

   Ein Lied über Berlin wird von   *A song about Berlin is sung by*
     Marlene gesungen.   *Marlene.*

31 Post aus Berlin

Ergänzen Sie gemeinsam mit einem Partner / einer Partnerin diese E-Mail aus Berlin. Ergänzen Sie die Lücken mit dem passenden Verb von der Liste in der richtigen Form. Vergleichen Sie Ihre Ergebnisse im Kurs und schreiben Sie dann eine kurze Antwort.

machen – gehen – sein – treffen – leben – arbeiten – geben – wohnen – studieren – liegen – haben – kommen – fahren

Liebe/r . . . ,

seit drei Tagen _____ ich jetzt in Berlin. Ich _____ bei meinen Freunden, Harald und Saskia, in Friedrichshain, einem Bezirk, der im Osten der Stadt _____. Die zwei _____ eigentlich aus Jena, aber sie _____ jetzt schon seit zehn Jahren in Berlin. Harald _____ in einer Designer-Boutique und Saskia _____ Biologie an der Freien Universität. Heute _____ ich ins Pergamon-Museum. Da _____ es eine tolle Sammlung von Kunstwerken aus der Antike mit einem riesigen Altar. Dann _____ ich mich mit Harald und Saskia und wir _____ zusammen nach Potsdam. Und was _____ du so?

Ich hoffe, du _____ auch ein bisschen Spaß zuhause, aber sicher nicht so viel wie ich ;)

Viele Grüße

Dein/e . . .

32 Studentenleben in Berlin

Sie sind Student/Studentin in Berlin.
1. Schreiben Sie mit vollständigen Sätzen eine Liste von sechs Dingen, die Sie in Berlin machen und fragen Sie dann einen Partner / eine Partnerin, ob er/sie diese Dinge auch macht.
2. Ihr Partner / Ihre Partnerin antwortet.
3. Berichten Sie dann im Kurs über die Unterschiede und Gemeinsamkeiten.

z.B.   S1: Ich gehe in viele Vorlesungen. Gehst du auch in viele Vorlesungen?
S2: Nein, aber ich schreibe E-Mails an meine Freunde in den USA.

_____   _____

_____   _____

_____   _____

Berliner Biographie

Spekulieren Sie gemeinsam mit einem Partner / einer Partnerin über das Leben von Aleks und Sabine Göktürk, basierend auf der Information im Kasten. Bilden Sie vollständige Sätze und benutzen Sie dabei jedes der folgenden Verben mindestens einmal.

Verben: anrufen, arbeiten, essen, fahren, feiern, finden, kochen, nichts tun, reisen, schreiben, wissen

Name: Aleks und Sabine Göktürk
Alter: 31 und 36 Jahre
Beruf: Informatiker (Aleks), Englischlehrerin (Sabine)
Wohnort: Berlin Kreuzberg

Satzjagd

Suchen Sie gemeinsam mit einem Partner / einer Partnerin jeweils einen Satz in diesem Kapitel, der das folgende Kriterium erfüllt, und übersetzen Sie diesen Satz ins Englische. Stellen Sie anschließend Ihre Ergebnisse im Kurs vor.

1. Ein Satz im Präsens
2. Ein Satz im Imperfekt
3. Ein Satz im Perfekt
4. Ein Satz im Futur
5. Ein Satz im Passiv
6. Ein Imperativ
7. Ein Satz im Konjunktiv II

Mauerreste am Potsdamer Platz

Videoblog

Connie

Vor dem Sehen

 A **Kulturelles Leben**

Was wissen Sie über die Kulturszene (Musik, Theater, Kunst, Literatur, Esskultur . . .) in Ihrer Heimatstadt? Was wissen Sie über die Kulturszene in Berlin? Machen Sie eine Liste und vergleichen Sie.

„Ich bin mit meiner Kamera im Café Adler, das ist in der Nähe des Checkpoint Charlie."

© Cengage Learning

Meine Heimatstadt	Berlin

Beim Sehen

 B **Themen und Aussagen**

1. Connie spricht über verschiedene Themen. Bringen Sie die Themen in die richtige Reihenfolge.

   _____ typische Berliner Gerichte

   _____ die Musikszene

   ___*1*___ die Ost-West Problematik

   _____ die Wendegeneneration

   _____ die finanzielle Lage Berlins

   _____ künstlerische Projekte

2. Welche Aussagen passen zu welchem Thema?

   _____ Ich bin kein richtiger Ostberliner und auch kein richtiger Westberliner.

   _____ Die typischen Dinge essen nur die Touristen.

   _____ In Berlin werden viele Clubs geschlossen.

   _____ Wie ihr wisst, ist Berlin früher geteilt gewesen.

   _____ Der Berliner will seine Subkultur erhalten.

   _____ Berlin ist bankrott.

   _____ weil es schon noch einen kleinen Unterschied gibt

   _____ Hier lebt was und hier entsteht was.

   _____ Der Berliner isst alles.

   _____ eine finanzielle Misere

   _____ Döner ist zur Leibspeise geworden.

   _____ Somit hab' ich nur meine Kindheit im Osten erlebt.

Stimmt's?

Kreuzen Sie an, ob die folgenden Aussagen mit dem übereinstimmen, was Connie erzählt. Berichtigen Sie die falschen Aussagen.

	STIMMT	STIMMT NICHT
1. Das Café Adler ist in der Nähe des Checkpoint Charlie.	☐	☐
2. Es gibt keinen Unterschied zwischen Leuten aus dem Osten und aus dem Westen.	☐	☐
3. Connie hat ihre Kindheit im Westen erlebt.	☐	☐
4. Kleine Barracken werden zu Clubs gemacht.	☐	☐
5. Wo wenig Geld ist, entsteht oft große Kunst.	☐	☐
6. Typische Berliner Gerichte sind mit viel Gemüse.	☐	☐

Berliner Küche

1. Welche typischen Berliner Gerichte nennt Connie? Kennen Sie noch mehr?
2. Welche typischen Gerichte gibt es in Ihrer Heimatstadt?

Nach dem Sehen

Reflexionen

Was haben Sie von Connie gelernt?

Worüber möchten Sie gerne noch mehr wissen?

Welche Fragen haben Sie noch an sie?

Lokale Kulturszene

 Machen Sie Ihr eigenes Vlog oder schreiben Sie einen Artikel über die Kulturszene in Ihrem Heimatort und die Gemeinsamkeiten und Unterschiede zu Berlin.

Listen to this chapter's audio segments at www.cengage.com/german/stationen.

◉ Lektüre

Georg Diez

Georg Diez schreibt im Buch *Hier spricht Berlin: Geschichten aus einer barbarischen Stadt* über seine Erfahrungen in der deutschen Hauptstadt. Der 1969 geborene Autor studierte Geschichte und Philosophie und schreibt für die Frankfurter Allgemeine Zeitung, eine der wichtigsten deutschen Tageszeitungen.

Vor dem Lesen

35 **Wortarten und Stil**

Wählen Sie eine der unten angegebenen Wortarten und suchen Sie dann alle Wörter der gleichen Kategorie in einem Abschnitt von 7–8 Zeilen. Vergleichen Sie mit den anderen Kursteilnehmern Ihr Ergebnis mit folgender Standarddistribution.

46,0 %	Nomen
22,6 %	Adjektive
19,3 %	Verben
6,7 %	Adverbien
1,3 %	Konjunktionen
1,2 %	Präpositionen
0,9 %	Eigennamen
0,8 %	Pronomen
0,4 %	Interjektionen

Inwieweit weichen *(deviate)* die Autoren von der Standarddistribution ab? Was sagt das über den Stil der Autoren und den Inhalt der Texte aus? Lassen sich die beiden Texte auf diese Weise vergleichen?

Wann sagt man was?

werden

Das Verb **werden** spielt in der deutschen Sprache diverse Rollen. Hier geht es um das Verb **werden** als Vollverb *(main verb)*.

Werden hat mit Veränderung und Entwicklung *(development)* zu tun. Welche Sätze passen zusammen?

1. Ulrich studiert Publizistik in Berlin.
2. Im Sommer sitzen wir gerne abends lange im Garten.
3. Rosemarie legt ihre Tomaten immer auf den Balkon.
4. Franz und Juliane haben einen kleinen Hund bei sich aufgenommen.
5. Wir wollen am Wochenende am See zelten *(go camping)*.

a. Es wird erst um 10 Uhr dunkel.
b. Hoffentlich wird er nicht so groß, denn sie haben eine sehr kleine Wohnung.
c. Er will Journalist werden.
d. Da werden sie am schnellsten reif *(ripe)*.
e. Ich hoffe, das Wetter wird bis dahin etwas besser.

Partnerinterview

Fragen Sie Ihren Partner / Ihre Partnerin über seine / ihre Zukunft und berichten Sie im Kurs.

 z.B.

S1: Was möchtest du werden?
S2: Ich will Pilot werden.
S1: Warum?
S2: Weil ich gerne reise.

BERICHT: David möchte Pilot werden, weil er gerne reist.

Fragen zum Thema

1. Gehen Sie gern zum Friseur?
2. Sprechen Sie mit dem Friseur / der Friseurin während er / sie Ihnen die Haare schneidet?
3. Was für ein Typ ist Ihr Friseur / Ihre Friseurin?

Beim Lesen

Denken Sie beim Lesen über Ihre eigenen Lebensziele nach und vergleichen Sie sich selbst mit den Figuren in diesem Text. Wie stark werden unsere Lebensziele von der Stadt beeinflusst, in der wir leben?

Partymenschen

Der Erzähler nennt die Leute im Friseursalon Partymenschen. Wie beschreibt er sie? Spricht er mit ihnen oder beobachtet er sie nur? Warum nennt er sie so?

Öffne dein Herz

Georg Diez

Sie gehe mal kurz runter zum Friseur, hatte sie gesagt, sie wolle nur schauen, wie der so sei, sehe ja sehr nett aus, der Laden, stehen immer viele Leute davor, müsse wohl etwas Besonderes sein. Auf der anderen Seite unseres Hauses, an der Ecke gegenüber
5 der Kirche. Headhunter.

Als Corinna vom Friseur Headhunter zurückkkam, da hatte sie blonde Strähnchen° und eine Geschichte zu erzählen. Eine große gutgelaunte Schwarze° mit erstaunlich vielen Metallgegenständen an den verschiedensten sichtbaren und sicher auch unsicht-
10 baren Körperteilen° habe sie in einen Stuhl gezogen, habe einen Witz nach dem anderen gerissen, es sei eine ganz besondere Show gewesen, nur habe Corinna nicht gewußt, für wen diese Show gedacht war – bis sie auf das kleine Schild geschaut habe, das unter dem Spiegel an ihrem Platz angebracht war: Dieser
15 Platz, stand da, wird live ins Internet übertragen°.

highlights

black woman

mit ... with an amazing amount of metal objects in visible and probably invisible parts of her body

broadcast

Ich bin dann natürlich auch einmal hingegangen, Monate später, weil ich auch mal live ins Internet übertragen werden wollte, während mir eine schwarze Schönheit den Kopf rasiert. Ich hatte die Frau schon ein paarmal auf der Straße gesehen, und in

20 unserem »national bereinigten Viertel°«, wie mein Freund, der Schriftsteller, das so hübsch zu sagen pflegt°, ist so etwas schon eine Bereicherung°. Leider war die Schwarze nicht da an diesem trüben° Frühwinternachmittag. Ich zog also erst einmal eine Nummer, wie das alle machen, die sich hier die Haare schneiden

25 oder färben oder was weiß ich was° lassen wollen. Der Raum ist so groß wie ein normales Berliner Wohnzimmer, also groß, mit einem Seitenraum und ein paar Nischen°. An der Decke hängt etwas goldbepinselter Stuck, in die Mitte ist eine Art Strudel° gemalt. Ich setze mich auf einen der alten Stühle, die hier quer

30 verteilt im Raum stehen. Corinna hatte gesagt, man müsse hier manchmal lange warten, aber das machen die Leute hier ja auch gerne, die beim Arbeitsamt° oder beim TÜV° Nummern ziehen. Ich packte mein Notizbuch aus und schaute mich in Ruhe um. Es war nicht besonders voll. Die Jungs trugen Trainingsjacken, die

35 Mädchen Röcke über den Jeans, und alle schienen gestern nacht recht lange auf gewesen zu sein. Madonna sang »Open your heart«, und eine Frau mit schwarzen Haaren schlich herum° und schüttelte ihre Frisur, während sich ein Junge mit Fußballtrikot seine frisch blond gefärbten Haare zerwuschelte°. Eigentlich hatte

40 ich gedacht, daß die beiden auch zum Inventar gehörten, so wie sie aussahen. Es waren aber Kunden. Eines der Phänomene von Berlin ist, wie sich hier alle Linien verwischen°. [. . .] Die Grenze zwischen Käufer und Verkäufer, zwischen Anbieter° und Kunde° ist aufgehoben°; eines der Grundgesetze der kapitalistischen

45 Marktwirtschaft° damit außer Kraft°. Aus einer der Nischen, in denen einem die Haare gewaschen werden, sprang auf einmal ein Mädchen durch den Raum und sang dabei laut das Lied mit, das gerade durch den Lautsprecher kam. Madonna, immer noch. Sind sie das, dachte ich, die Kinder von Madonna und Red Bull mit

50 Jägermeister? Auch meine Friseuse sang mit, während sie mir die Haare rasierte, ohne daß ich dabei ins Internet übertragen wurde, was ja Sinn der Übung° gewesen war – aber Friseuse kann man zu den Mädchen gar nicht sagen, alle hier sind eher Teil der immer-während° Party, als die sich Berlin selbst gerne sieht. [. . .] Und

55 so heben sie auch eine zweite Grundunterscheidung der kapitalistischen Moderne in Berlin sehr locker auf, die zwischen Privatem und Öffentlichem°.

»Wem gehört denn der Zigarettenstummel° hier«, fragte einer der schwarzhaarigen Partymenschen [. . .].

60 »Mir«, sagte das Mädchen, das gerade meinen Nacken sorgfältig ausrasierte°. »Den rauch ich gleich noch zu Ende.«
Wir redeten nichts, das Mädchen und ich, was mir bei anderen Friseuren immer etwas peinlich° ist. Hier war die Sache einfach. Wir hatten uns einfach nichts zu sagen.

65 Daß ich zwölf Euro zahlen mußte, daran mußte ich sie schließlich noch erinnern. Corinna hat gesagt, sie wird wieder hingehen. Ich eher° nicht.

Wortschatz

(lange) **auf sein** (war auf, ist auf gewesen) *to be up, stay up (a long time, late)*

jemanden an etwas **erinnern** (hat erinnert) *to remind s.o. of s.th.*

färben *to dye*

der **Friseur, -e** / die **Friseuse, -n, Friseurin, -nen** *hair stylist*

gehören zu (hat gehört) *to belong to, be part of*

das **Geschäft, -e** *business; store*

gut gelaunt *in a good mood, happy*

der **Käufer** / die **Käuferin, -nen** *buyer*

der **Kunde, -n** / die **Kundin, -nen** *customer, client*

der **Laden, ⸚** *store, business*

leider *unfortunately*

das **Lied, -er** *song*

die **Marktwirtschaft** *market economy*

öffentlich *public(ly)*

rasieren (hat rasiert) *to shave*

rauchen (hat geraucht) *to smoke*

singen (sang, hat gesungen) *to sing*

der **Verkäufer** / die **Verkäuferin, -nen** *seller*

einen **Witz reißen** (riss, hat gerissen) *to crack a joke*

Nach dem Lesen

 Fragen zum Text

1. Was passierte, als Corinna beim Friseur *Headhunter* war?

2. Warum wollte der Erzähler auch zu diesem Friseur gehen?

3. Was trugen die Leute in dem Geschäft?

4. Was sagt der Erzähler über die Gesetze der Marktwirtschaft?

5. Welche Musik lief im Geschäft?

6. Warum nennt der Erzähler Berlin eine immerwährende Party?

7. Warum meint der Erzähler, dass sich in Berlin die Grenze zwischen Privatem und Öffentlichem verwischt?

8. Kennen Sie Leute wie die Friseure und Kunden im *Headhunter*? Kennen Sie ein Geschäft, das auch die Atmosphäre hat, die der Erzähler hier beschreibt? Erklären Sie.

9. Warum nennt der Autor diese Geschichte wohl *Öffne dein Herz*?

Wörterbucharbeit: Adjektive

Ordnen Sie den Figuren *(characters)* der Geschichte mindestens drei der folgenden Adjektive zu. Benutzen Sie dazu das Wörterbuch. Welche Person finden Sie besonders sympatisch *(nice)*?

deprimiert – draufgängerisch – ehrgeizig – eingebildet – fröhlich – großzügig – konservativ – lebensbejahend – lebensmüde – leichtsinnig – orientierungslos – positiv – progressiv – tolerant – intolerant – unbeirrbar – unscheinbar – verträumt – wählerisch – zaghaft – zielstrebig

Öffne dein Herz

die Friseurin	Corinna	der Erzähler
_____	_____	_____
_____	_____	_____
_____	_____	_____

Jetzt finden Sie drei Adjektive, die auf Sie selbst zutreffen *(apply)*.

Fragen zum Nachdenken und Diskutieren

1. Georg Diez beschreibt junge Berliner etwas zynisch. Warum ist das wohl so?
2. Glauben Sie, die Beschreibung der jungen Leute im Friseurgeschäft ist realistisch und objektiv?
3. Wo möchten Sie am liebsten arbeiten? Wie möchten Sie leben? Was sind Ihre Ziele?

Schreibübungen

1. Schreiben Sie den *Headhunter*-Besuch des Erzählers aus der Perspektive der Friseurin. Erzählen Sie, was sie über ihren Kunden denkt. Vielleicht schreibt die Friseurin eine E-Mail an eine Freundin.

   Heute waren wieder einige interessante Leute im Salon. Zum Beispiel kam ein Typ, der sich seinen Nacken rasieren lassen wollte . . .

2. Warum bezeichnet der Erzähler die Leute im *Headhunter* als Partymenschen? Hat er Recht? Wie denken Sie über die Figuren in den beiden Geschichten? Mit wem identifizieren Sie sich am meisten? Geben Sie Gründe dafür!

Wladimir Kaminer

Wladimir Kaminer wurde 1967 in Moskau geboren. Er absolvierte eine Ausbildung zum Toningenieur für Theater und Rundfunk und studierte anschließend Dramaturgie am Moskauer Theaterinstitut. Seit 1990 lebt er mit seiner Frau und seinen beiden Kindern in Berlin. Kaminer veröffentlicht regelmäßig Texte in verschiedenen deutschen Zeitungen und Zeitschriften, hat eine wöchentliche Radiosendung namens „Wladimirs Welt" und organisiert im Kaffee Burger Veranstaltungen wie seine inzwischen berüchtigte° „Russendisko". Mit der gleichnamigen Erzählsammlung avancierte Kaminer zu einem der beliebtesten und gefragtesten Autoren.

Source: www.russentext.de; www.russendisko.de

berüchtigte *infamous*

Vor dem Lesen

Fragen zum Thema

1. Haben Sie ein Lieblingsrestaurant? Kennen Sie die Besitzer?
2. Welche Küche° finden Sie am feinsten? am elegantesten? am kreativsten? am billigsten? am schlechtesten?
3. Haben Sie schon einmal in einem Restaurant gearbeitet?
4. Der englische Titel dieser Erzählung ist *Business Camouflage*. Was erwarten Sie von dieser Geschichte?

cuisine

Beim Lesen

Wo essen wir?

Machen Sie Notizen über die Restaurants, die Kaminer in dieser Erzählung erwähnt. Wie spricht er über die verschiedenen Lokale?

Geschäftstarnungen

Wladimir Kaminer

Einmal verschlug mich das Schicksal nach Wilmersdorf. Ich wollte meinem Freund Ilia Kitup, dem Dichter aus Moskau, die typischen Ecken Berlins zeigen. Es war schon Mitternacht, wir hatten Hunger und landeten in einem türkischen Imbiss. Die beiden
5　Verkäufer hatten augenscheinlich nichts zu tun und tranken in Ruhe ihren Tee. Die Musik aus dem Lautsprecher kam meinem Freund bekannt vor. Er erkannte die Stimme einer berühmten bulgarischen Sängerin und sang ein paar Strophen mit.

„Hören die Türken immer nachts bulgarische Musik?" Ich wandte
10　mich mit dieser Frage an Kitup, der in Moskau Anthropologie studierte und sich in Fragen volkstümlicher Sitten° gut auskennt. Er kam mit den beiden Imbissverkäufern ins Gespräch.
　　„Das sind keine Türken, das sind Bulgaren, die nur so tun°, als wären sie Türken", erklärte mir Kitup, der auch ein wenig bul-
15　garisches Blut in seinen Adern hat. „Das ist wahrscheinlich ihre Geschäftstarnung°." „Aber wieso tun sie das?", fragte ich. „Berlin ist zu vielfältig. Man muss die Lage nicht unnötig verkomplizieren. Der Konsument ist daran gewöhnt, dass er in einem türkischen Imbiss von Türken bedient wird, auch wenn sie in Wirklichkeit
20　Bulgaren sind", erklärten uns die Verkäufer.

Gleich am nächsten Tag ging ich in ein bulgarisches Restaurant, das ich vor kurzem entdeckt hatte. Ich bildete mir ein°, die Bulgaren dort wären in Wirklichkeit Türken. Doch dieses Mal waren die Bulgaren echt. Dafür entpuppten sich die Italiener aus dem
25　italienischen Restaurant nebenan als Griechen. Nachdem sie den Laden übernommen hatten, waren sie zur Volkshochschule gegangen, um dort Italienisch zu lernen, erzählten sie mir. Der

customs

pretend

business camouflage

I had the impression

Gast erwartet in einem italienischen Restaurant, dass mit ihm
wenigstens ein bisschen Italienisch gesprochen wird. Wenig
30 später ging ich zu einem „Griechen", mein Gefühl hatte mich nicht
betrogen. Die Angestellten erwiesen sich als Araber.

■

Berlin ist eine geheimnisvolle Stadt. Nichts ist hier so, wie es
zunächst scheint. In der Sushi-Bar auf der Oranienburger Straße
stand ein Mädchen aus Burjatien hinter dem Tresen. Von ihr
35 erfuhr ich, dass die meisten Sushi-Bars in Berlin in jüdischen
Händen sind und nicht aus Japan, sondern aus Amerika kommen.
Was nicht ungewöhnlich für die Gastronomie-Branche wäre. So
a supermarket chain   wie man ja auch die billigsten Karottenkonserven von Aldi° als
handgeschnitzte Gascogne-Möhren anbietet: Nichts ist hier echt,
40 jeder ist er selbst und gleichzeitig ein anderer.

■

Ich ließ aber nicht locker und untersuchte die Lage weiter.
Von Tag zu Tag erfuhr ich mehr. Die Chinesen aus dem Imbiss
gegenüber von meinem Haus sind Vietnamesen. Der Inder aus
45 der Rykestraße ist in Wirklichkeit ein überzeugter Tunesier aus
Karthago. Und der Chef der afroamerikanischen Kneipe mit lau-
the last bastion of authenticity   ter Voodoo-Zeug an den Wänden – ein Belgier. Selbst das letzte
Bollwerk der Authentizität°, die Zigarettenverkäufer aus Vietnam,
sind nicht viel mehr als ein durch Fernsehen und Polizeieinsätze
50 entstandenes Klischee. Trotzdem wird es von den Beteiligten
bedient, obwohl jeder Polizist weiß, dass die so genannten Vietnamesen mehrheitlich aus der Inneren Mongolei kommen.

■

Ich war von den Ergebnissen meiner Untersuchungen sehr überrascht und lief eifrig weiter durch die Stadt, auf der Suche nach
55 der letzten, unverfälschten Wahrheit. Vor allem beschäftigte mich
die Frage, wer die so genannten Deutschen sind, die diese typisch
einheimischen Läden mit Eisbein und Sauerkraut betreiben. Die
kleinen gemütlichen Kneipen, die oft „Bei Olly" oder „Bei Scholly"
a wall of silence   oder ähnlich heißen, und wo das Bier immer nur die Hälfte kostet.
60 Doch dort stieß ich auf eine Mauer des Schweigens°. Mein Gefühl
sagt mir, dass ich etwas Großem auf der Spur bin. Allein komme
ich jedoch nicht weiter. Wenn jemand wirklich weiß, was sich
hinter den schönen Fassaden einer „Deutschen" Kneipe verbirgt,
der melde sich. Ich bin für jeden Tipp dankbar.

■ ■ ■

Fragen zum Text

1. Wem wollte der Erzähler die typischen Ecken Berlins zeigen?
2. Wo landeten sie, als sie um Mitternacht Hunger hatten?
3. Was machten die beiden Verkäufer im Imbiss? Welche Musik hörten Sie?
4. Was nennt Kitup eine Geschäftstarnung?
5. Warum sagt der Erzähler über Berlin *Nichts ist hier so, wie es zunächst scheint?*
6. Der Erzähler glaubt am Ende etwas *Großem auf der Spur* zu sein. Was ist das?

Wortschatz

sich **auskennen**   *to know a lot about*

bedienen (hat bedient)   *to serve*

betrügen (hat betrogen)   *to betray*

daran gewöhnt sein   *be used to*

echt   *real*

sich **entpuppen** (hat sich entpuppt)   *to reveal oneself*

sich **erweisen** (hat sich erwiesen)   *to turn out to be*

etwas auf der Spur sein   *to be onto something*

geheimnisvoll   *mysterious*

ins Gespräch kommen   *to start a conversation*

der **Imbiss**   *food vendor, small restaurant*

die **Lage untersuchen**   *to examine the situation*

der **Lautsprecher**   *loudspeaker*

nebenan   *next door*

nicht locker lassen   *to be persistent (colloquial)*

der **Tipp**   *hint*

der **Tresen**   *bar*

übernehmen (hat übernommen)   *to take over*

überrascht   *surprised*

es verschlug mich nach . . .   *I ended up in . . .*

vielfältig   *diverse*

in Wirklichkeit   *in fact, in reality*

46

Fragen zum Nachdenken und Diskutieren

1. Kennen Sie auch Restaurants, die „getarnt" sind? Beschreiben und analysieren Sie einige Beispiele in Ihrer Stadt im Kurs.
2. Was sagt diese Geschichte über das „multikulturelle" Berlin?

47

Kaminers Sprache

Kaminers Stil wird oft als „schnörkellos°" beschrieben. Welche „Schnörkel" fehlen wohl in seinem Deutsch? Und wie trägt die Schnörkellosigkeit seiner Sprache zu seinem Humor bei?

unembellished

Sehen Sie sich dazu noch einmal einen kleinen Ausschnitt an:

> Berlin ist eine geheimnisvolle Stadt. Nichts ist hier so, wie es zunächst scheint. In der Sushi-Bar auf der Oranienburger Straße stand ein Mädchen aus Burjatien hinter dem Tresen. Von ihr erfuhr ich, dass die meisten Sushi-Bars in Berlin in jüdischen Händen sind und nicht aus Japan, sondern aus Amerika kommen.

1. Wie lang sind die Sätze? Wie komplex sind sie?
2. Verwendet er viele Adjektive?
3. Wie könnte man diesen Ausschnitt anders schreiben?

48 **Geschäftstarnungen in unserer Stadt**

Schreiben Sie einen Text über Restaurants oder Cafés in Ihrer Stadt und die Leute, die dort arbeiten. Vielleicht können Sie auch einige witzige Beobachtungen machen?

Zum Schluss

49 **Berlin gestern und heute**

Erinnern Sie sich noch einmal an alle Aspekte Berlins oder Deutschlands aus diesem Kapitel, die Sie besonders überraschend *(surprising)* oder interessant fanden. Vielleicht helfen dabei die folgenden Stichwörter.

Architektur	Partymenschen
Berliner Mauer	Rave
Currywurst	Techno
Imbiss	Wiedervereinigung
Marlene Dietrich	

 Das letzte Wort

Haben Sie in diesem Kapitel ein Wort entdeckt, das Sie besonders schön, treffend, praktisch oder kurios fanden? Oder fällt Ihnen ein Wort ein *(comes to mind)*, mit dem man Berlin gut beschreiben kann? Nominieren Sie ein Wort und sagen Sie, warum es Ihnen gefällt. Vielleicht können Sie damit einen Preis gewinnen?

München

○ **Station**
München
• **Ein berühmter Münchner**
Christian Morgenstern

◎ **Einblicke**
Getränkemarkt
• **Strukturen**
Über Vergangenes sprechen: Das Perfekt

Befehle, Wünsche, Anleitungen: Der Imperativ
Videoblog: Stefan

◎ **Lektüre**
Oktoberfestbesuch
Herbert Rosendorfer

Materialien
Arbeitsbuch Seite 13–30
Audioprogramm
www.cengage.com/german/stationen

Toni Anzenberger/Redux

U-Bahnstation Odeonsplatz an der Theatinerkirche. In München gibt es 92 U-Bahn-Stationen. An jedem Werktag fahren fast eine Million Fahrgäste mit der U-Bahn. Bei 1,3 Millionen Münchnern ist das ein beachtlicher *(remarkable)* Prozentsatz an U-Bahnfahrern. Fahren Sie gern U-Bahn?

◉ Station

München

STATISTIK

Einwohnerzahl:	1,3 Millionen
Fläche:	310 km^2
Besucherzahl° **auf dem** **Oktoberfest** **2009:**	5,7 Mio (Rekord 1985: 7,1 Mio)

Besucherzahl *number of visitors*

Wenn man die Deutschen fragt, in welcher Stadt sie gerne leben möchten, dann steht München immer ganz oben in der Statistik. Die Hauptstadt von Bayern ist einer der beliebtesten Wohnorte in Deutschland. Manche nennen München deshalb Deutschlands „heimliche° Hauptstadt". Aber München wird auch oft als „Weltstadt mit Herz" oder „Millionendorf" bezeichnet; das klingt ein bisschen nach einer Großstadt, die gleichzeitig dörflich° oder provinziell ist. Und so treffen sich in dieser Stadt Tradition und modernes Leben, Lederhosen und High-Tech. Die vielen internationalen Firmen, die sich hier angesiedelt haben, haben München zu einer Metropole im Süden gemacht. Und das Bier, welches schon die Mönche° brauten, die vor fast tausend Jahren hier lebten, ist nach wie vor ein wichtiges Element der bayerischen und Münchner Tradition. In den zahlreichen Brauereien, Biergärten, im weltberühmten Hofbräuhaus und natürlich auf dem Oktoberfest kann man die Münchner Bierkultur am besten erleben. Bei blauem Himmel und klarer Sicht sieht man über Münchens Dächern die naheliegenden Alpen.

Ingrid Firmhofer/LOOK/Getty Images

Wenn das Wetter gut ist, kann man über den Dächern von München die Alpen sehen.

---

heimliche *secret* • **dörflich** *pastoral, villagelike* • **Mönche** *monks*

Geschichte

1158	1504	1810	1935–1945	1939	1945
Gründung der Stadt als kleine Siedlung von Mönchen. München heißt also „bei den Mönchen".	München wird Hauptstadt des Herzogtums *(principality)* Bayern.	Das erste Oktoberfest findet statt.	München ist „Hauptstadt der Bewegung" *(capital of the (Nazi) movement)*.	Missglücktes Attentat *(failed assassination attempt)* auf Adolf Hitler.	Die Amerikaner besetzen München. manfredxy Shutterstock; Zyankarlo Shutterstock; Yan Ke Shutterstock; Shutterstock

Ein berühmter Münchner

Christian Morgenstern (1871–1914)

Christian Morgenstern wurde am 6. Mai 1871 in München geboren. Nach abgebrochenem Jurastudium° begann Morgenstern zu schreiben. Zunächst schrieb er Literatur- und Theaterkritiken für diverse Zeitungen und Zeitschriften°. 1905 veröffentlichte° er seine erste Gedichtesammlung, *Galgenlieder*°, aus der auch das folgende Gedicht stammt.

Das Wasser
Ohne Wort, ohne Wort
rinnt das Wasser immer fort;
andernfalls°, andernfalls
spräch'° es doch nichts andres als:

Bier und Brot, Lieb und Treu. –
und das wäre auch nicht neu.
Dieses zeigt, dieses zeigt,
daß das Wasser besser schweigt°.

The Granger Collection

Christian Morgenstern

Jurastudium *law school* • **Zeitschriften** *magazines* • **veröffentlichte** *published* • **Galgenlieder** *Gallows Songs* • **andernfalls** *otherwise* • **spräch'** *would speak* • **schweigt** *is silent*

 Fragen zur Station

1. In welchem Bundesland liegt München? Welche Produkte kommen aus dieser Region?
2. Wie alt ist München? Woher kommt der Name München?
3. Wo liegt München? Was liegt in der Nähe?
4. Wie viele Einwohner hat München? Wie groß ist die Fläche? Kennen Sie eine Stadt die ungefähr so groß ist wie München?
5. Ist München Ihrer Meinung nach eine Großstadt? Warum (nicht)?
6. Warum nennen viele Leute München „die heimliche Hauptstadt" Deutschlands?
7. In München kommen Tradition und modernes Leben zusammen. Was bedeutet *Tradition* für Sie? Was bedeutet *modernes Leben* für Sie?

 Schreibaufgabe: Geschichte

Schreiben Sie, basierend auf den Daten und Fakten in der Zeitlinie, die Geschichte Münchens im Perfekt.

 1504 ist München Haupstadt des Großherzogtum Bayerns geworden.

1957	**1972**	**1974**	**2002**	**2006**	**2009**
München hat eine Million Einwohner.	Bei den Olympischen Sommerspielen werden neun israelische Athleten entführt *(kidnapped)*.	Fußballweltmeisterschaft in München: Deutschland wird zum zweiten Mal nach 1954 Weltmeister.	Eröffnung der Pinakothek der Moderne *(museum of modern art and design)*.	Eröffnung der wiederaufgebauten Synagoge Ohel Jakob im Zentrum der Stadt.	Die neue Verpackungsverordnung verpflichtet alle Händler zur Rücknahme von Verpackungen.

3 Fragen zum Gedicht

1. Welches Wort beschreibt dieses Gedicht am besten: elegant, ernst *(serious)*, grotesk, humoristisch, kurios, melancholisch, modern?

2. Für wen schreibt Morgenstern Ihrer Meinung nach? Für Kinder, für Erwachsene, für deprimierte *(depressed)* Menschen, für sich selbst?

4 Schweigen

Ein Verb wie **schweigen** hat nicht jede Sprache. Schweigen bedeutet „nichts sagen, still sein". Im Deutschen gibt es einige Redensarten, die mit dem Schweigen zu tun haben. Können Sie für die folgenden Sprichwörter *(proverbs)* und Redensarten die passende Definition finden?

1. Reden ist Silber, Schweigen ist Gold.
2. Der Kenner schweigt und genießt *(enjoys)*.
3. Dann ist Schweigen im Walde.
4. das Schweigen brechen
5. jemanden zum Schweigen bringen
6. sich in Schweigen hüllen *(envelop)*

a. so tun *(to pretend)*, als wüsste man nichts, weil man lieber nichts sagen will
b. Wer eine Sache gut kennt, muss nicht viel darüber reden. Er genießt einfach nur.
c. Sprechen ist gut, aber still sein ist besser.
d. Jemanden umbringen *(kill)*, weil man nicht will, dass er die Wahrheit sagt.
e. Etwas, das lange ein Geheimnis *(secret)* war, endlich sagen.
f. Wenn etwas passiert, worauf keiner mehr etwas sagen kann oder will. Dann ist alles still.

5 Andere berühmte Münchner

Suchen Sie Informationen über die folgenden Personen. Wer sind sie? Was haben sie gemacht?

Egid Quirin Asam
Franz von Stuck
Carl Spitzweg
Gabriele Münter
Thomas Mann
Lion Feuchtwanger
Frank Wedekind
Franz von Lenbach
Sophie Scholl

Franz Marc
Werner Heisenberg
Karl Valentin
Ottfried Fischer
Helmut Dietl
Lina van de Mars
Martina Gedeck
Harriet Köhler
Christopher Kloeble

FILMTIPP: *Sophie Scholl* (Marc Rothemund, 2005)

Dieser Film erzählt von der Studentenbewegung „Die weiße Rose". Die Münchner Studentin Sophie Scholl und ihr Bruder Hans haben durch ihre Flugblattaktionen gegen die Nazis ihr Leben verloren.

---

6 Suchbegriffe

Forschen Sie mit den folgenden Suchbegriffen im Internet.

Hofbräuhaus München

1. Was ist das Hofbräuhaus?
2. Wie sieht es im Hofbräuhaus aus?
3. Suchen Sie Informationen über die Gründung der Brauerei. Wann ist sie gebaut worden?

Münchner Oktoberfest

4. Suchen Sie die Geschichte der *Wiesn*. Wie und wann hat das Oktoberfest begonnen?
5. Wann findet das Oktoberfest statt? Wie lange dauert es?
6. Welche interessanten Fakten und Statistiken gibt es im Internet zu finden?

Deutsches Museum

7. Wann wurde das Deutsche Museum gegründet *(founded)*?
8. Was gibt es dort zu sehen? Welche ständigen *(permanent)* Ausstellungen interessieren Sie?
9. Welche Sonderausstellungen gibt es im Moment?

Die Pinakotheken

10. Wie viele Pinakotheken gibt es in München?
11. Was gibt es in der Pinakothek der Moderne?

Die Pinakothek der Moderne wurde 2002 eröffnet und ist eines der wichtigsten Museen für Moderne Kunst und Design.

Robert Fishman/DPA/Landov

7 Oktoberfest

Suchen Sie Informationen über ein Oktoberfest in Ihrem Land oder in Ihrer Region. Finden Sie heraus, was dort anders / genauso ist wie auf dem Oktoberfest in München.

8 Richtig oder falsch?

Forschen Sie weiter und entscheiden Sie, ob die folgenden Aussagen korrekt sind. Wenn sie falsch sind, korrigieren Sie sie.

1. In München begrüßt man sich oft mit *Grüezi*.
2. München liegt im Nordwesten von Deutschland.
3. Im Internet kann man die Bierhalle des Hofbräuhauses sehen.
4. Das Hofbräuhaus ist 1920 gebaut worden.
5. Das erste Oktoberfest war eine Geburtstagsfeier für König Ludwig II.
6. Das Oktoberfest findet jedes Jahr im Oktober statt.
7. Das Oktoberfest dauert einen Monat.
8. Der Festplatz des Oktoberfests heißt Theresienwiese.
9. Das Deutsche Museum ist ein Uhrenmuseum.
10. Das Deutsche Museum ist auf einer Insel im Fluss.

Lokale Presse

Gehen Sie zu den folgenden Websites im Internet. Was sind die Schlagzeilen? Wie wirken diese Zeitungen auf Sie? Wie sind Sprache und Präsentation – einfach oder komplex, plakativ *(striking)* oder seriös, modern oder altmodisch? Was ist besonders interessant?

Münchner Abendzeitung

Münchner Merkur

Süddeutsche Zeitung

TZ

Nachrichtenrunde

Arbeiten Sie in Gruppen oder Paaren. Berichten Sie über einen Aspekt, den Sie beim Surfen im Internet gefunden haben.

Fragen zum Nachdenken und Diskutieren

Bearbeiten Sie diese Fragen in Paaren oder kleinen Gruppen. Machen Sie Notizen und geben Sie im Kurs einen kleinen Bericht. Bringen Sie die Resultate Ihrer Internetsuche dabei ein.

1. Warum nennt man München ein „Millionendorf"? Kann eine Stadt modern und provinziell zugleich *(at the same time)* sein?
2. Was ist in München attraktiv? Was ist wirklich typisch oder einzigartig *(unique)*?
3. Gibt es Feste wie das Oktoberfest in Ihrem Land? Was ist dort ähnlich? Was ist anders? Wie finden Sie das Oktoberfest?
4. Welche Vorurteile *(preconceived notions)* über München hatten Sie vor dem Lesen und Forschen in diesem Kapitel? Sind sie korrekt oder nicht?

Jens Wolf/DPA/Landov

Im Münchner Biergarten

Strukturen

Über Vergangenes sprechen:

Das Perfekt

The present perfect tense **(das Perfekt)** is the conversational way to speak (and write) about past events in German.[1]

	Auxiliary	Past Participle	Examples
Weak Verbs	haben sein	**ge** + stem + **(e)t**	Auf dem Oktoberfest 1948 **hat** Peter Mathes zum ersten Mal seinen Flohzirkus **gezeigt**. In den letzten Jahren **sind** viele Millionen Touristen nach München **gereist**.
Strong Verbs	haben sein	**ge** + stem (often changed) + **en**	Während des Oktoberfests 2008 **haben** die Besucher nicht nur Bier, sondern auch ungefähr 90.000 Liter Wein **getrunken**. Für die Münchner **ist** München schon immer die heimliche Hauptstadt Deutschlands **gewesen**.
Mixed Verbs	haben sein	**ge** + stem (often changed) + **(e)t**	Die Mönche **haben** das Bier nach München **gebracht**. Viele Besucher **haben** nicht **gewusst**, dass es auf dem Oktoberfest einen Flohzirkus gibt.

- *Word order:* In a statement, the auxiliary follows either the subject or some other word or phrase that begins the sentence. The past participle stands at the end of the sentence.

  Christian Morgenstern **hat** viele Gedichte **geschrieben**.

  Später **sind** wir zum Oktoberfest **gegangen**.

- *Auxiliaries:* **Haben** is the auxiliary for most verbs. **Sein** is used for intransitive verbs[2] that indicate movement from one place to another or a change of condition. It is also used for the verbs **sein** and **bleiben**.

- *Past participle endings:* Infinitive stems of weak and mixed verbs that end in **-t** or a consonant cluster (for example, **-rt, -nd, -gn**) add an **-e-** before the past participle ending.

  arbeit-en → gearbeit-**et**   Viele Menschen **haben** schon Monate vor der Eröffnung am Aufbau der Oktoberfestzelte **gearbeitet**.

Note: The Appendix includes a comprehensive list of the most commonly used strong and mixed verbs and their past participles.

---

[1] The other tense used in German to refer to events and actions in the past is the simple past **(das Imperfekt)**, which is most commonly used in written narratives. The simple past will be presented in *Station 3*, the next chapter.

[2] verbs without objects, such as **gehen**

- *Separable and inseparable prefixes:* Verbs with *separable* prefixes insert **-ge-** between the separable prefix and the stem. Verbs with inseparable prefixes do not add **-ge-**.

  ansiedeln → an**ge**siedelt

  In München **haben** sich viele Firmen **angesiedelt**.

  But: besuchen → besucht

  Im Jahr 2008 **haben** über sechs Millionen Menschen das Oktoberfest **besucht**.

  veröffentlichen → veröffentlicht

  1905 **hat** Christian Morgenstern seine erste Gedichtsammlung **veröffentlicht**.

- *-ieren:* Verbs ending in **-ieren** are weak and, in addition, do not take a **ge-** prefix.

  Während des Oktoberfests 2007 **haben** die Besucher 521.872 Brathähnchen **konsumiert**.

Der erste Tag in München

Ergänzen Sie mit Ihrem Partner / Ihrer Partnerin die Lücken mit der richtigen, konjugierten Form von **haben** oder **sein** und bringen Sie dann die Sätze in die richtige Reihenfolge, um die Geschichte zu erzählen.

_____ Nachmittags _____ die Gruppe einen Bummel *(stroll)* durch die Innenstadt gemacht, und anschließend _____ die Professorin ihren Studierenden die Pinakothek der Moderne gezeigt, eines der beliebtesten Museen Europas.

____*1*___ Letzten Sommer _____ eine amerikanische Professorin mit einer Gruppe Studierenden nach München geflogen.

_____ Die Professorin allerdings wollte lieber ihre Ruhe haben. Sie _____ in einem gemütlichen italienischen Lokal Abend gegessen und _____ danach zurück ins Hotel gegangen.

_____ Um 8.00 Uhr morgens _____ sie am Flughafen „Franz-Josef Strauß" angekommen.

_____ Abends _____ die meisten Studierenden in den Biergarten am Chinesischen Turm gegangen, wo sie eine richtige bayerische Brotzeit gegessen _____.

_____ Im Hotel _____ alle erst mal ein paar Stunden geschlafen, weil der Flug ziemlich lang gewesen _____.

_____ Dann _____ die Gruppe mit der S-Bahn direkt vom Terminal in die Innenstadt gefahren.

13 Stadtführung durch München

Ergänzen Sie mit Ihrem Partner / Ihrer Partnerin die Lücken mit dem richtigen Partizip des passenden Verbs aus den Listen.

ankommen – begrüßen – besuchen – essen – gehen – sehen – sein – treffen – trinken – wandern

Am nächsten Tag hat sich die Gruppe schon am frühen Morgen zu einer Stadtführung (guided tour) am Marienplatz _____. Kurz darauf ist auch der Stadtführer _____ und hat die Gruppe mit einem typisch Münchnerischen „Grüß Gott"_____. Dann sind die Studierenden südlich zum Viktualienmarkt _____, wo sie viele Marktstände mit Obst, Gemüse, Fleisch, Brot und – schon wieder! – einen Biergarten _____ haben. Doch diesmal haben sie nichts _____ oder _____, sondern sind weiter in Richtung Peterskirche _____. Während des restlichen Vormittags hat die Gruppe noch viele berühmte Plätze _____ und am Ende sind alle ziemlich erschöpft _____.

14 Noch ein berühmter Münchner

Vervollständigen Sie die Biographie dieses bekannten Münchner Komponisten im Perfekt. Können Sie herausfinden, wie er heißt?

DPA/Landov

Wer ist dieser berühmte Münchner Komponist, der von 1864–1949 gelebt hat?

arbeiten – bringen – kommen – komponieren – sterben – studieren – zurücktreten

Ich ___*bin*___ 1864 in München auf die Welt *gekommen*. 1882 _____ ich Philosophie, Kunstgeschichte und Ästhetik an der Münchner Universität _____. Auf einer Reise nach Ägypten _____ ich meine erste Oper _____, danach die Vertonungen (compositions) „Till Eulenspiegel" und „Also sprach Zarathustra". 1911 _____ Max Reinhard meine musikalische Komödie „Der Rosenkavalier" zum ersten Mal auf die Bühne _____. 1917 habe ich mit anderen die Salzburger Festspiele gegründet. Wegen meiner Zusammenarbeit mit dem jüdischen Autor Stefan Zweig _____ ich 1934 von meinem Posten als Präsident der Reichsmusikkammer _____, seitdem _____ ich als Dirigent (conductor) in Bayreuth _____. 1949 _____ ich in Garmisch-Partenkirchen (südlich von München) _____. Jetzt können Sie vielleicht Ihre eigene kleine Kurzbiographie erzählen.

⊙ Einblicke

15 **Fragen zum Thema**

1. Nennen Sie ein paar Getränke. Was trinken Sie am liebsten?
2. Was trinken Sie zum Frühstück? Was trinken Sie tagsüber *(during the day)* oder abends?
3. Was trinken Sie gern im Restaurant oder auf Partys?
4. Wie viel kostet ein Glas Ihres Lieblingsgetränks im Restaurant?
5. Welche Getränke trinkt man mit Eis?
6. Wenn Sie Wasser trinken: Kaufen Sie Wasser in Flaschen oder trinken Sie Leitungswasser *(tap water)*? Filtern Sie das Leitungswasser?
7. Trinken Sie manchmal auch Mineralwasser mit Kohlensäure *(carbonation)*?

Getränkemarkt

Das Bier ist in deutschen Restaurants meistens eines der billigsten Getränke auf der Speisekarte. Es gibt sogar ein Gesetz°, das verlangt, dass mindestens ein Getränk billiger sein muss als Bier, denn Leitungswasser umsonst° gibt es in deutschen Restaurants selten. Wenn man in Deutschland im Restaurant „Wasser" bestellt, bringt der Kellner ein Mineralwasser. Ohne Eis. Die Idee, Leitungswasser zu trinken, ist den meisten Deutschen fremd°.

Im Getränkemarkt

Sie vertrauen auf die positiven Effekte des natürlichen Mineralwassers auf die Gesundheit. Natürliche Mineralquellen gibt es sehr viele in Deutschland und deshalb gibt es zahlreiche Mineralwasserprodukte. Es gibt „stilles" Wasser (ohne Kohlensäure) und den sogenannten Sprudel (mit Kohlensäure), aber auch das sogenannte sanfte Mineralwasser (mit nur wenig Kohlensäure).

Man kauft Mineralwasser, genau wie alle anderen Getränke, meistens im Getränkemarkt. Besonders in Großstädten spielen die Getränkemärkte eine wichtige Rolle. Man kauft Mineralwasser, Bier, Limo° und andere Getränke im Kasten. Für Kasten, Flaschen und Dosen° bezahlt man Pfand°; wenn sie leer sind, bringt man das Leergut° zum Getränkemarkt zurück und man bekommt das Pfand wieder.

Seit dem 1. Mai 2006 gibt es ein neues Gesetz für die Pfanderhebung auf Einweggetränkeverpackungen° und ein bundesweit° einheitliches Clearing-System. Das bedeutet, dass Geschäfte Einweggetränkeverpackungen der gleichen Materialarten – Plastik, Glas oder Dose – zurücknehmen müssen, die im eigenen Sortiment geführt werden°. Wo das jeweilige Produkt gekauft wurde, spielt keine Rolle. Für alle Getränke in Plastikverpackungen, Glasflaschen oder

---

Gesetz *law* • **umsonst** *free* • **fremd** *foreign* • **Limo** *short for Limonade* • **Dosen** *cans* **Pfand** *deposit* • **Leergut** *empty containers* • **Einweggetränkeverpackungen** *disposable beverage containers* • **bundesweit** *national* • **im eigenen Sortiment geführt werden** *that are stocked in the store*

Dosen zahlt der Verbraucher einheitlich 25 Cent Pfand. Ausgenommen sind Weine, Milch, Säfte, und Verpackungen, die als ökologisch vorteilhaft gelten°.

In einer Stadt wie München sind die Getränkemärkte ein Teil des Alltags. Wer die Kästen nicht in seine Wohnung schleppen will, der kann sich die Getränke auch liefern lassen°. Oft kann man im Getränkemarkt auch Zigaretten, Süßigkeiten oder Lottoscheine kaufen oder ein wenig Klatsch° aus dem Viertel° hören.

---

die als ökologisch vorteilhaft gelten *that are considered ecologically advantageous*
liefern lassen *have delivered* • **Klatsch** *gossip* • **Viertel** *neighborhood*

16   Fragen zum Text

1. Welche Getränke sind in deutschen Restaurants besonders billig?
2. Was wird einem serviert, wenn man in Deutschland Wasser bestellt?
3. Warum trinken die Deutschen nicht gern Leitungswasser?
4. Wo kaufen die Deutschen meistens ihre Getränke?
5. Wie funktioniert das Pfandflaschensystem?
6. Was kann man sonst noch alles im Getränkemarkt kaufen?
7. Was machen Sie mit leeren Flaschen und Dosen? Recyceln Sie Glas, Plastik und Aluminium?

Wo sagt man was?

Die Vergangenheit erzählen

Im süddeutschen Sprachraum ist seit der Zeit des Frühneuhochdeutschen *(early High German)* (ca. 1450 – ca.1650) in der Umgangssprache *(colloquial German)* das Imperfekt kaum mehr zu finden. Mit der Ausnahme von **sein** verwendet man im Süden fast nur das Perfekt, um über die Vergangenheit zu sprechen. Im Norden Deutschlands hingegen benutzt man in der gesprochenen Sprache, vor allem bei Erzählungen, öfter das Imperfekt.

Von Hamburg nach München. Sie lesen, was ein Getränkemarktbesitzer aus dem Norden über seinen Alltag erzählt. Wie würde das ein süddeutscher Getränkemarktbesitzer sagen?

Aus dem Norden: Gestern ging es bei mir wieder drunter und drüber. Ganz früh am Morgen schon kamen die ersten Kunden. Ich verkaufte insgesamt über 100 Kästen Mineralwasser und 200 Kästen Bier. Während der Mittagspause lieferten wir Getränke aus, das war eine ziemliche Schlepperei. Am Nachmittag wurde es zwar etwas ruhiger, aber die alte Frau Hansen von nebenan hörte mal wieder nicht mit dem Quasseln auf. Und dann kamen noch ein paar Amerikaner, denen ich erstmal das Pfandflaschensystem erklärte. Um 19.00 Uhr machte ich dann schließlich Feierabend und ging nach Hause.

Aus dem Süden: Gestern ist es bei mir wieder drunter und drüber gegangen . . .

Wortschatz

ansiedeln (siedelt an, hat angesiedelt) *to settle, colonize*

die Bedienung, -en *service; waiter/waitress*

beliebt *popular*

bestellen (hat bestellt) *to order*

bezahlen (hat bezahlt) *to pay for*

bezeichnen (hat bezeichnet) *to call, refer to as*

das Bier, -e *beer*

der Biergarten, ⸚ *beer garden*

billig *inexpensive, cheap; cheaply*

die Dose, -n *can*

das Eis *ice, ice cream*

fast *almost*

die Flasche, -n *bottle*

die Freizeitmöglichkeit, -en *recreational activity*

fremd *foreign*

ganz *quite; entirely*

das Gedicht, -e *poem*

die Gesundheit *health*

das Getränk, -e *beverage*

der Getränkemarkt, ⸚e *beverage store*

das Glas, ⸚er *glass*

die Großstadt, ⸚e *large city*

heimlich *secret; secretly, in secret*

der Kasten, ⸚ *crate*

der Kellner, - / **die Kellnerin, -nen** *waiter/waitress*

der Klatsch *gossip*

die Kohlensäure, -n *carbonation*

leer *empty*

das Leergut *empty bottles and crates*

das Leitungswasser *tap water*

das Lieblingsgetränk, -e *favorite beverage*

sich liefern lassen (lässt liefern, ließ liefern, hat liefern lassen) *to have (s.th.) delivered*

meistens *mostly, more often than not; for the most part*

mindestens *at least*

das Mineralwasser *mineral water*

das Pfand, ⸚er *deposit*

das Pfandflaschensystem, -e *deposit bottle system*

recyceln (hat recycelt) *to recycle*

der Saft, ⸚e *juice*

sanft *soft, gentle; softly, gently*

schädlich *harmful, detrimental*

schweigen (schwieg, hat geschwiegen) *to be silent, to say nothing*

sonst *otherwise*

die Speisekarte, -n *menu*

teuer *expensive*

sich treffen (trifft, traf, hat getroffen) *to meet*

trinken (trank, hat getrunken) *to drink*

das Trinkgeld *tip (for service)*

umsonst *free, at no cost*

voll *full*

das Vorurteil, -e *prejudice*

zahlreich *numerous*

Trinkgeld

Warum heißt das kleine Extra für die Kellnerin oder den Kellner **Trinkgeld**? Es war ursprünglich *(originally)* so gedacht, dass die Kellnerin oder der Kellner sich damit etwas zu trinken kaufen sollten. Das erklärt, warum man in Deutschland meistens nur den Betrag *(amount)* aufrundet und dann sagt **Der Rest ist für Sie.** *(You can keep the rest.)* Man sagt **Stimmt so!** *(We're even. You don't need to give me any change.)*, wenn man ein paar Euro dazu gibt. Man spricht also mit der Bedienung über das Trinkgeld und lässt es nicht einfach beim Gehen auf dem Tisch liegen.

Wie geben Sie Trinkgeld? Warum? Was halten Sie von den deutschen Trinkgeld-Gewohnheiten *(habits)*?

17 Definitionen

Finden Sie die richtigen Begriffe für die folgenden Definitionen.

1. _____ bringt im Restaurant das Essen und die Getränke.

2. _____ kauft man Getränke in Pfandflaschen und Kästen; man bringt die leeren Flaschen und Kästen dorthin zurück.

3. _____ kann man im Freien sitzen und Bier trinken; man darf auch oft sein eigenes Essen mitbringen.

4. Das Extra für den Kellner oder die Kellnerin nennt man _____.

5. _____ ist das Geld für die leeren Flaschen und Kästen.

a. Im Getränkemarkt
b. Die Bedienung
c. Trinkgeld
d. Im Biergarten
e. Das Pfand

18 Deutsche Trinkgewohnheiten

Ergänzen Sie die Sätze!

1. Die meisten Leute in Deutschland kaufen ihre _____ im Getränkemarkt.

2. Wenn man im Restaurant in Deutschland Wasser bestellt, bekommt man _____.

3. Mindestens ein Getränk in deutschen Restaurants muss _____ sein als Bier.

4. In deutschen Restaurants gibt es selten Leitungswasser _____.

5. Sprudel ist Mineralwasser mit _____.

6. Die leeren Flaschen und Kästen nennt man _____.

Das Pfandflaschensystem

Ein Tourist in München möchte wissen, wie das deutsche Pfandflaschensystem funktioniert. Erklären Sie es ihm. Verwenden Sie dabei die folgenden Wörter Arbeiten Sie in Gruppen oder Paaren und schreiben Sie einen Dialog.

bezahlen – Dosen – Flaschen – Getränke – Getränkemarkt – Glas – Kästen – kaufen – leer – Leergut – Pfand – Pfandflaschensystem – Verpackungsverordnung – Rücknahme – Clearingsystem

Was ist passiert?

Beschreiben Sie die Situation im Bild. Erzählen Sie, wie es zu dieser Szene gekommen ist. Beginnen Sie mit **Ein Amerikaner ist in ein deutsches Restaurant gegangen und . . .** Spielen Sie die Szene. Verwenden Sie dabei die folgenden Wörter.

bestellen – billig – Eis – Flasche – ganz – Getränk – Glas – Kellner/Kellnerin – Kohlensäure – Leitungswasser – Mineralwasser – schweigen – sonst – Speisekarte – trinken – umsonst

© Cengage Learning

Missverständnisse: Rollenspiel

Welche anderen Missverständnisse kann es sonst noch im Restaurant geben? Denken Sie an die folgenden Aspekte. Arbeiten Sie in Paaren oder Gruppen und denken Sie sich Szenen dazu aus.

- Es gibt keine Hostess in deutschen Restaurants. Setzen Sie sich einfach an einen Tisch?
- Ein amerikanischer Gast will dem Kellner ein Trinkgeld geben.
- Eine Amerikanerin sitzt allein am Tisch im Biergarten. Ein Mann und seine Freundin sagen: „Ist hier noch frei?"

Strukturen

Befehle, Wünsche, Anleitungen:
Der Imperativ

- The imperative **(der Imperativ)** is a set of verb forms used to express commands, requests, warnings, suggestions, and instructions.

  There are four forms:

the singular informal **(du)**	**Geh(e)** nach München!
the plural informal **(ihr)**	**Geht** nach München!
the singular and plural formal **(Sie)**	**Gehen Sie** nach München!
the first person plural **(wir),**	**Gehen wir** nach München!
equivalent to the English *let's* . . .	

  Except for the **du-**imperative, the forms are identical to the corresponding forms of regular present tense verbs **(ihr geht, Sie gehen, wir gehen).** The **du-**imperative is formed from the present tense stem, sometimes with an optional **-e** ending **(gehe)**, which is often omitted in colloquial German **(geh).** The **e** is usually not omitted for those verbs that add **-e** in the second- and third-person singular forms **(arbeite)**

- The verb is the first element in the imperative. **Du-** and **ihr-**imperatives are expressed without the subject, whereas **Sie-** and **wir-**imperatives put the subject after the verb.

  Komm(e) her!

  Bringt eure Freunde mit nach München!

  Reisen Sie nach München!

  Fahren wir nach München!

- If the imperative is negative, the word **nicht** follows the imperative form of the verb.

  Geht **nicht** nach München!

- With the exception of **werden,** verbs that change their stem vowel from **e** to **i** or **e** to **ie** also change in the **du-**imperative.

  Iss nicht so viel im Hofbräuhaus!

  Lies doch mal ein Gedicht von Morgenstern!

  But: **Werd(e)** doch nicht gleich sauer, wenn ich dir diese Sachen sage!

- Often, the use of an imperative can be perceived as impolitely direct or even rude. In these instances, **bitte** can be inserted to soften the command.

  Zeigen Sie mir **bitte** den Stadtplan von München!

  Sprich doch **bitte** nicht so viel!

- On signs, in public announcements, and in instructions, directives (especially negative ones) are often expressed in an impersonal tone by just using an infinitive.

  Bitte **nicht rauchen!**

22 Besuchertipps für München

Gestalten Sie mit Ihrem Partner / Ihrer Partnerin kleine Minidialoge, in denen Sie einem Besucher Tipps für den Aufenthalt in München geben. Benutzen Sie dabei Imperative in der **Sie-**Form.

das Deutsche Museum besuchen →

BESUCHER: Was kann ich in München machen?

SIE: Besuchen Sie doch mal das Deutsche Museum.

BESUCHER: Eine prima Idee! (*oder* Ins Museum? Also, ich weiß nicht. Haben Sie noch einen anderen Vorschlag?)

1. auf den Olympiaturm fahren
2. durch den Englischen Garten wandern
3. durch die Kaufinger Straße bummeln
4. in den Augustiner-Biergarten gehen
5. auf dem Viktualienmarkt Brotzeit essen
6. Schloss Nymphenburg besichtigen
7. sich die Pinakothek der Moderne ansehen

23 Verbote und Gebote in München!

Wo sieht man diese Verbote und Gebote (*commands*)? Finden Sie mit Ihrem Partner / Ihrer Partnerin den passenden Kontext für die Phrasen.

im Hofgarten →
Den Rasen nicht betreten!

1. im Hofgarten
2. in der Münchner Straßenbahn
3. in der Münchner U-Bahn vor der Abfahrt
4. in der Neuen Pinakothek
5. im Tierpark Hellabrunn
6. am Kleinhesseloher See
7. im Prinzregententheater

24

Verhaltensregeln für den Besuch in München

Nach der Ankunft in München gibt die Professorin ihren Studierenden noch ein paar Tipps, was sie in München machen und nicht machen sollen. Auf dieser Reise spricht sie mit den Studierenden in den **du-** und **ihr**-Formen. Spielen Sie die Rolle der Professorin und formulieren Sie Imperative.

Lee und Suin rauchen im Hotelzimmer. →

Raucht nicht im Hotelzimmer! (*oder* Geht raus zum Rauchen!)

1. Christian singt immer laut und falsch mit seinem iPod®.
2. Julie und Chantelle stehen jeden Tag so spät auf.
3. Rob will sich unbedingt die Alte Pinakothek ansehen.
4. Dayton und Katra quatschen während der Stadtführung ständig.
5. Sabrina ist zu den anderen Studierenden ziemlich unfreundlich.
6. David und Sarah bleiben jeden Abend ewig in der Disko.
7. Mike fährt mit dem Skateboard in der Fußgängerzone.
8. Alle sprechen nicht genug Deutsch.

Obatzter

Eine bayrische Spezialität
Zutaten°

2 EL° Butter
3 EL Sahne
3 EL reifen° Camembert oder Brie
1 kleine Zwiebel (fein geschnitten)
1 Messerspitze° Pfeffer
2 EL Paprikapulver°

Anleitung
Butter, Sahne und Camembert (oder Brie) mit einer Gabel zerdrücken°. Zwiebel, Pfeffer und Paprika dazugeben. Mit Brot servieren.

Clasen Clasen/Mauritius Die Bildagentur Gmbh/ Photolibrary

Obatzter isst man mit Brot am liebsten zum Abendessen.

Zutaten *ingredients* • **Esslöffel** *tablespoon* • **reifen** *ripe* • **Messerspitze** *pinch* **Paprikapulver** *paprika powder* • **zerdrücken** *mash*

25

Obatzter

Obatzter machen ist nicht schwer. Hier sind die Anweisungen. Sagen Sie Ihrem Partner / Ihrer Partnerin, was er/sie machen soll.

Zwiebeln schälen *(peel)* →

Schäl die Zwiebeln.

1. Butter und Sahne in eine Schüssel *(bowl)* geben
2. Käse in Würfel *(cubes)* schneiden
3. Zwiebeln fein hacken
4. Pfeffer und Paprika darüber streuen *(sprinkle)*
5. alles gut mischen
6. ein paar Minuten vor dem Essen aus dem Kühlschrank nehmen
7. Brot schneiden
8. mit Petersilie *(parsley)* garnieren

26 Was gibt es? Was nehme ich?

Suchen Sie ein deutsches Restaurant in Ihrer Stadt oder im Internet und finden Sie eine Speisekarte. Was gibt es? Was nehmen Sie? Bestellen Sie mit den folgenden Redewendungen.

Jonathan Larsen/
www.Shutterstock.com

Ich hätte gern…   Für mich bitte…
Ich nehme…   Einmal . . ., bitte.

27 Rollenspiel

Spielen Sie kleine Szenen im Restaurant mit der Speisekarte, die Sie in Übung 26 gefunden haben. Spielen Sie nicht sich selbst, sondern eine andere Person; zum Beispiel eine japanische Touristin, einen Münchner Studenten, eine Vegetarierin, einen Restaurantkritiker oder eine Reporterin für ein Gourmetmagazin usw.

Redemittel zum Diskutieren

Meinung äußern

Wenn man bei einer Diskussion seine Meinung sagen will, kann man die folgenden Formeln und Redewendungen verwenden.

Meiner Meinung nach…	**Meiner Meinung nach** wäre es besser, wenn Kinder nur Wasser oder Saft *(juice)* trinken.
Ich meine (Ich meine, dass)…	**Ich meine,** Kinder sollten nicht so viel Cola und Limo trinken.
Ich bin der Meinung (Ich bin der Meinung, dass)…	**Ich bin der Meinung, dass** für Cola und Limo zu viel Werbung *(advertisement)* gemacht wird.
Ich würde sagen (Ich würde sagen, dass)…	**Ich würde sagen, dass** Apfelsaft besser schmeckt als Cola.
Ich finde (Ich finde, dass)…	**Ich finde,** es sollte in Schulen keine Cola-Automaten *(soda vending machines)* geben.

Deiner Meinung nach?

28

Welchen der folgenden Aussagen stimmen Sie (nicht) zu?

1. Ich meine, die Deutschen essen nicht sehr gesund.

2. Ich meine, dass es hier auch ein Pfandflaschensystem geben sollte.

3. Ich bin der Meinung, dass es in allen Restaurants Leitungswasser umsonst geben sollte.

4. Ich bin der Meinung, man sollte überall auch für Aluminiumdosen ein Pfand bezahlen.

5. Meiner Meinung nach sollten die Deutschen weniger Bier trinken.

6. Ich würde sagen, dass das Essen in Deutschland sehr interessant ist.

7. Ich würde sagen, das Oktoberfest ist nur für Kinder wirklich interessant.

8. Ich finde, dass Sauerkraut furchtbar *(terrible)* schmeckt.

9. Ich finde, das Hofbräuhaus ist sehr gemütlich *(cozy)*.

Elegant argumentieren

29

Formulieren Sie die folgenden Sätze eleganter, indem Sie die Redemittel verwenden.

1. Leitungswasser schmeckt gut. Ich finde, dass…

2. Sauerkraut ist eine fantastische Beilage *(side dish)*. Meiner Meinung nach…

3. Der Kaffee ist in Österreich besser als in Deutschland. Ich bin der Meinung, dass…

4. Kinder sollten nicht so viel Cola trinken. Ich finde,…

5. Recycling ist besser als ein Pfandflaschensystem. Ich würde sagen, dass…

6. Die Deutschen sollten nicht so viel Bier trinken. Ich bin der Meinung,…

7. Die Kellner in Deutschland sind nicht sehr freundlich. Ich meine, dass…

Fragen zur Diskussion

30

Diskutieren oder schreiben Sie über eines der folgenden Themen. Verwenden Sie dabei die Redemittel.

1. Gibt es in Ihrem Staat ein Pfandflaschensystem oder ein Recyclingsystem für Glas, Aluminium und Plastik? Wie funktioniert es? Wie sollte es funktionieren?

2. Werfen wir zu viele Flaschen und Dosen in den Müll? Was können wir verbessern? Wie finden Sie das deutsche Pfandflaschensystem; was sind Vor- und Nachteile?

3. In Deutschland gibt es selten kostenloses Leitungswasser im Restaurant. Was denken Sie? Sind die Preise für die Getränke in Deutschland zu hoch? Sollte es im Restaurant immer kostenloses Leitungswasser geben?

Videoblog

Stefan

Vor dem Sehen

Fragen über Fragen

In seinem Vlog erzählt Stefan von seiner Biographie und über München. Formulieren Sie gemeinsam mit einem Partner / einer Partnerin jeweils drei Fragen, die Sie an Stefan haben.

„Wegen dem südlichen Flair bezeichnet man München auch als die nördlichste Stadt Italiens.“

Fragen zur Biographie

1. _____

2. _____

3. _____

Fragen zu München

1. _____

2. _____

3. _____

Beim Sehen

B **Themen und Orte**

Kreuzen Sie an, über welche Themen und Orte Stefan spricht.

- ☐ Schule
- ☐ Kindergarten
- ☐ Beruf
- ☐ Familie
- ☐ Freizeit
- ☐ Sport

- ☐ Literatur
- ☐ Biergarten
- ☐ Starnberger See
- ☐ Englischer Garten
- ☐ Oktoberfest
- ☐ Autoindustrie

- ☐ Brauereien
- ☐ Deutsches Museum
- ☐ High-Tech Standort
- ☐ Glockenspiel
- ☐ Pinakothek
- ☐ Viktualienmarkt

C **Autobiografisches**

Ergänzen Sie die Lücken mit den Wörtern, die Sie hören.

„Ich _____ hier _____, in München, und ich _____ hier auf die Grundschule _____, erstmal. Und danach _____ ich aufs Gymnasium _____, aufs Michaeligymnasium, und _____ dort mein Abitur _____. Ähm, danach _____ ich . . . äh . . . _____ ich Zivildienst _____, das ist ein Dienst anstelle von Militärdienst, statt Wehrdienst *(mandatory military service)*, den hab' ich _____ beim Roten Kreuz, in München, und würde jetzt gerne Medizin studieren und _____ nicht, ob das in München geht, aber würd' auch gern woanders _____.“

Sport

Stefan erzählt, dass er in seiner Freizeit gerne Sport treibt. Welche fünf Sportarten nennt er?

1. _____ 2. _____ 3. _____ 4. _____ 5. _____

 Biergarten und Englischer Garten

Wie beschreibt Stefan den typischen Münchner Biergarten und den Englischen Garten? Arbeiten Sie mit einem Partner / einer Partnerin und notieren Sie Stichwörter für beide Bereiche.

Im Biergarten	Im Englischen Garten
Breze essen	große Parklandschaft

 Stadtrundgang

Nummerieren Sie, welche Reihenfolge Stefan für einen Stadtrundgang vorschlägt.

_____ Viktualienmarkt

_____ Hofbräuhaus

____1____ Marienplatz

_____ Altes Rathaus

_____ Glockenspiel

Nach dem Sehen

 Reflexionen

Schauen Sie jetzt nochmal auf die Fragen, die Sie vor dem Video formuliert haben. Sind sie beantwortet? Was haben Sie Neues erfahren? Worüber möchten Sie noch mehr wissen?

 Autobiographisches

Machen Sie Ihr eigenes Vlog oder schreiben Sie eine E-Mail an einen Partner / eine Partnerin, indem Sie Ihre eigene Biographie erzählen.

 Listen to this chapter's audio segments at www.cengage.com/german/stationen.

◉ **Lektüre**

Herbert Rosendorfer

Herbert Rosendorfer wurde am 19. Februar 1934 in Gries bei Bozen geboren. 1939 zog er mit seinen Eltern nach München. Zuerst studierte Rosendorfer an der Akademie der Bildenden Künste in München, danach wechselte er zum Studium der Rechtswissenschaften°. Von 1966 an war Rosendorfer Amtsrichter° in München. Er ist Autor zahlreicher Romane und Erzählungen.

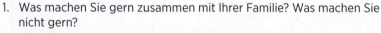

Rechtswissenschaften *law* • **Amtsrichter** *judge*

Vor dem Lesen

Fragen zum Thema

1. Was machen Sie gern zusammen mit Ihrer Familie? Was machen Sie nicht gern?
2. Machen Sie gern Ausflüge *(day trips)*? Wohin?
3. Was für Feste oder Jahrmärkte gibt es in Ihrer Region?
4. Was müssen Sie alles tun, bevor Sie einen Ausflug machen?
5. Glauben Sie, das Münchner Oktoberfest ist ein schönes Ziel für einen Familienausflug?
6. Was bedeutet es, wenn hinter einem Namen *jun.* oder *sen.* steht?

Beim Lesen

Machen Sie beim ersten Durchlesen Notizen, wer jeweils spricht, denn in diesem Lesestück gibt es viele Figuren (Aktivität 32). Da diese Figuren alle zu einer Familie gehören, ist es hilfreich einen Stammbaum *(family tree)* zu zeichnen (Aktivität 33). Nach dem Lesen wird darüber diskutiert, wie die verschiedenen Familienmitglieder das Oktoberfest erlebt haben.

Wer spricht?

Notieren Sie im Text, wer spricht. Später können Sie Szenen aus der Geschichte nachspielen *(act out)*.

Stammbaum

In dieser Geschichte kommen die folgenden Familienmitglieder vor. Zeichnen Sie zusammen mit einem Partner / einer Partnerin einen Stammbaum der Familie Derendinger.

der alte Herr Derendinger (Derendinger sen.) und seine Frau

sein Sohn Eduard Derendinger (Derendinger jun.) und seine Frau Herta

Eduards Bruder Heinz und seine Verlobte Sieglinde

Hertas Mutter (die Oma)

Hertas Kinder Horsti und Tommi

Bayrische Variationen

In diesem Text benutzt der Autor einige regionale Sprachvariationen. Entscheiden Sie, welche der folgenden Varianten das Standarddeutsch und welche den Bayrischen Dialekt repräsentieren. Arbeiten Sie mit einem Partner und, wenn nötig, mit dem Wörterbuch.

		STANDARD	BAYRISCH
1. a.	…daß wir einen Platz gefunden gehabt haben.	☐	X
b.	…daß wir einen Platz gefunden hatten.	X	☐
2. a.	…wo ich mir endlich die Schuh angezogen hab'.	☐	☐
b.	…wo ich mir endlich die Schuh anderzogen hab'.	☐	☐
3. a.	Was hast g'sagt?	☐	☐
b.	Was hast du gesagt?	☐	☐
4. a.	…bei fremden Leuten…	☐	☐
b.	…bei fremde Leut'…	☐	☐
5. a.	Sieglinde, meinst wahrscheinlich…	☐	☐
b.	Sieglinde, meinst du wahrscheinlich…	☐	☐
6. a.	…ich komm ja nimmer mit…	☐	☐
b.	…ich komm ja nicht mehr mit…	☐	☐
7. a.	…geh gleich hinter, die Oma wecken…	☐	☐
b.	…geh gleich nach hinten, die Oma wecken…	☐	☐
8. a.	Man könnte ja jemandem begegnen, der einen kennt.	☐	☐
b.	Man könnt ja jemand begegnen, der ei'm kennt.	☐	☐
9. a.	…und ich kann ihn nicht mehr allein vom Boden aufheben.	☐	☐
b.	und ich derheb' ihn nicht mehr allein vom Boden auf.	☐	☐
10. a.	Au! Du ziehst mich an die Haar!	☐	☐
b.	Au! Du ziehst mich an den Haaren!	☐	☐
11. a.	…jetzt ist's halb sechs…	☐	☐
b.	…jetzt ist's halbe sechse…	☐	☐
12. a.	Da können S' fei nicht stehen bleiben…	☐	☐
b.	Da können Sie aber nicht stehen bleiben…	☐	☐
13. a.	Zu knickert für's Klozehnerl.	☐	☐
b.	Zu geizig für's Toilettengeld.	☐	☐
14. a.	Ich hab' einen Hunger.	☐	☐
b.	Ich hab' Hunger.	☐	☐
15. a.	…mit der karierten Mützen.	☐	☐
b.	… mit der karierten Mütze.	☐	☐

Oktoberfestbesuch
(Eine Momentaufnahme aus dem Jahre 1952)

Herbert Rosendorfer

Die alten Derendingers im vierten Stock, Derendinger sen.
und seine Frau, machen sich fertig für einen Ausflug zum
Oktoberfest…
Es regnete.

»Einmal möcht' ich erleben, daß schönes Wetter ist, wenn ich auf die Wiesen° geh'– «, sagte die alte Frau Derendinger vom vierten Stock.

5 »Voriges Jahr hat's nicht geregnet«, sagte der alte Herr Derendinger und zog ächzend° seine Zugstiefeletten° an.

»Ja, nein«, sagte die alte Derendinger, »wie wir hingegangen sind, hat's allerdings nicht geregnet, aber wie wir dort waren, hat's angefangen. Kaum daß wir einen Platz an einem Tisch vor 10 dem Augustiner-Zelt gefunden gehabt haben°. Du ziehst dir aber gefälligst nicht die alten Hosen an?!«

»Warum nicht?«

»Unmöglich! Die alten Hosen! Diese Hosen, die haben ja schon einen Hintern° wie ein Spiegel. Was täten° da die Leut' denken?«

15 »Übern Hintern von den Hosen geht der Mantel drüber, den sieht man dann nicht.«

»Und wenn du den Mantel vielleicht ausziehst? Ha? Was dann?«

»Den Mantel zieh' ich nicht aus bei dem Sauwetter°.«

»Du ziehst anständige° Hosen an, wenn wir schon einmal im Jahr 20 miteinander aufs Oktoberfest gehen.«

»Mehrmals im Jahr können wir gar nicht aufs Oktoberfest gehen, weil es nur einmal im Jahr stattfindet.«

»Aber wir könnten in den vierzehn Tagen, wo Wiesen ist, mehrmals gehen.«

25 »Ich dank' schön. Reicht mir einmal.«

»Jedenfalls ziehst du andere Hosen an.«

»Ich denk' nicht dran. Jetzt, wo ich mir mit Müh' und Not° endlich die Schuh' anderzogen hab'° – da müßt' ich ja die Schuh' ausziehen und dann wieder anziehen.«

30 »Dann zieh die Hosen über die Schuh' aus.«

»Das geht nicht.«

»Wenn man will, geht alles.«

■

Eduard Derendinger jun. und seine Frau Herta im zweiten Stock
bereiten sich ebenfalls auf den Familienausflug vor …

»Nachdem das Oktoberfest ohnedies nicht im Oktober stattfindet, sondern im September, könnten sie's gleich im August 35 abhalten oder im Juli. Da regnet's nicht so oft«, sagte Eduard Derendinger jun.° im zweiten Stock. Er schaute zum Fenster hinaus. Im Hof stand – neben der Teppichstange° – ein einzelner Baum, von dem das Wasser tropfte. Seine Frau Hertha rannte im Unterrock hin und her.

40 »Mir pressiert's°«, schrie sie, »Was hast g'sagt?° Ich hab' dich nicht verstanden.«

Marginal glosses:

das Münchner Oktoberfest

moaning / short boots

gefunden … *Bavarian use of Plusquamperfekt*

behind / Was … = Was würden … *(Bavarian)*

bad weather
decent

mit … *with much effort*
anderzogen … = angezogen habe *(Bavarian)*

junior
bar to hang carpets for cleaning

Mir … = ich habe es eilig *(Bavarian)* / Was … = Was hast du gesagt? *(Bavarian)*

»Nix«, brummte Derendinger jun.

»Was?« schrie Frau Hertha und rannte in die Küche. Sie rannte aus der Küche wieder heraus und ins Schlafzimmer.

45 »Die Schlegelbergers vom Hinterhaus gehen auch auf die Wiesen«, sagte Derendinger jun., »er, der Schlegelberger, hat schon seinen Trachtenanzug° an.«

»Du sollst nicht immer bei fremde Leut'° in die Fenster hinein-schaun, das tut man nicht.«

50 »Der Schlegelberger schaut auch bei uns in die Fenster hinein, sogar mit dem Fernglas°«, sagte Derendinger jun. Frau Herta schoß aus dem Schlafzimmer: »Was?«

»Habe ich öfters schon beobachtet«, sagte Derendinger jun. »da steht er am Fenster und hat das Licht ausgemacht, daß man ihn

55 nicht sehen soll, und späht herüber. Aber man sieht ihn doch.«

»So ein Schwein«, fauchte Frau Hertha und zog den Vorhang im Schlafzimmer vor.

»Mamma, der Horsti hat mich am Ohr 'zogen°«, schrie Tommi, der jüngere Sohn.

60 »Ja, weil er meinen Socken versteckt hat«, schrie Horsti, der ältere. Horst stammte aus der ersten Ehe von Frau Hertha und hieß nicht Derendinger. Tommi rannte zum Vater, der ihm eine Mark° gab.

■

Die alten Derendingers im vierten Stock warten auf ihren Sohn Heinz . . .

»Wo ist denn der Heinz?« rief Frau Derendinger sen.° im vierten Stock. Heinz war der jüngere Sohn und wohnte noch bei den

65 Eltern. Er war unverheiratet, aber verlobt°. Die Verlobte hieß Sieglinde. Sie war die dritte Verlobte Heinz Derendingers in diesem Jahr.

»Wo wird er schon sein, der Herr Heinz«, brummte Vater Derend-inger, »bei der Gabi halt.«

70 »Sieglinde, meinst° wahrscheinlich«, sagte die alte Derendinger.

»Oder Sieglinde, ich komm ja nimmer° mit, wenn er jeden Hund-schiß eine neue hat°.«

»Hoffentlich kommen's° rechtzeitig. Um viere° müssen wir weg, sonst kriegen wir überhaupt keinen Platz mehr im Bierzelt.«

75 »Herrschaftszeiten«°, fluchte Derendinger sen., »hab' ich jetzt tatsächlich zwei verschiedene Socken an'zogen°. Das kommt von dei'm° Geschrei wegen der Hosen. [. . .] Jetzt kann ich glatt die Schuh' noch einmal ausziehen.«

»Dann kannst gleich auch andere Hosen anziehen.«

80 Es läutete. Heinz und Sieglinde kamen. »Gut, daß d' kommst°, geh' gleich hinter, die Oma wecken.«

»Geht die Oma auch mit?« fragte Heinz.

»Selbstverständlich. Wir können doch die Oma nicht allein las-sen.« Bei der Oma handelte es sich um Frau Philomena Teckler,

85 Mutter der Frau Derendinger sen. Sie war eigentlich ja schon Ur-Oma: des Tommi und Stief-Ur-Oma Horstis. Oma schlief am Nachmittag. Es war immer schwer, die Oma zu wecken. Heinz nahm zwei Pfannendeckel° aus der Küchenschublade und ging nach hinten.

Marginal glosses:

traditional suit

bei . . . = bei fremden Leuten

binoculars

= gezogen (Bavarian)

German currency before the Euro

senior

engaged

= meinst du

= nicht mehr

wenn . . . if he has new girlfriends all the time
= kommen sie / = vier Uhr

Bavarian curse word

= angezogen

= deinem

= daß du kommst (Bavarian)

pot lids

90 »Ich glaub', das sieht man eigentlich gar nicht, daß das zwei verschiedene Socken sind«, sagte der alte Derendinger, nachdem er
lang seine Beine betrachtet hatte.

»Zeig her« sagte Frau Derendinger sen., »aber das ist ja komplett
unmöglich. Ein grüner und ein brauner. Und dazu die Hosen – also

95 so geh' ich nicht mit dir auf die Wiesen. Man könnt' ja jemand
begegnen, der ei'm kennt°.«   *= der einen kennt*

Man hörte, wie hinten der Heinz die Pfannendeckel aneinander-
schlug. Ein Schrei. Heinz kam wieder nach vorn. »Ich glaub die
Oma ist vor Schreck gestorben«, sagte er, mehr sachlich°.   *matter of fact*

100 »Und das ausgerechnet, wo wir auf die Wiesen gehen wollen«,
sagte Frau Derendinger und ging nachschauen. Sieglinde setzte
sich auf einen Stuhl in der Wohnküche und begann in einem
Lesezirkelheft° zu blättern°. [. . .]   *Zeitschrift / leaf through a magazine*

■

Heinz holt seinen Bruder Eduard zu Hilfe, um den alten Deren-
dinger aus seiner prekären Lage zu befreien . . .

Es läutete.

105 »Wer ist denn das schon wieder – «, murmelte Derendinger. Er
machte auf. Heinz stand draußen. »Du sollst sofort heraufkom-
men«, sagte er zu seinem Bruder, »der Pappa hat probiert, die
Hosen über die Schuh' auszuziehen, und ich derheb' ihn nicht
mehr allein vom Boden auf°.«   *= und ich kann ihn nicht mehr allein . . .*

110 »Blutiger Hennendreck«, sagte Derendinger und ging mit hinauf.
»Ich kann nicht helfen«, schrie die alte Derendinger von hinten,
»ich muss die Oma frisieren°.«   *do hair*

»Au!« brüllte die Oma spitz, »du ziehst mich an die Haar!«°   *= an den Haaren*

Der alte Derendinger lag wie der gefesselte Sklave von Michel-

115 angelo am Boden.

»Ich krieg' keine Luft mehr«, stöhnte er.

»So ein Blödsinn°«, sagte Heinz. »Sollen wir dir jetzt die Hosen   *nonsense*
anziehen oder ausziehen?«

»Ich weiß nicht«, röchelte Derendinger sen., »mir ist schon alles

120 gleich.«

Sieglinde blätterte im Lesezirkelheft.

»Ich fürcht'«, sagte Heinz, »wir müssen die Hosenträger
durchschneiden.«

»Nein!«, heulte Derendinger sen., »das sind meine besten.«

125 »Ich seh' schon, wir kriegen wieder keinen Platz im Bierzelt«,
fluchte Derendinger jun. und versuchte, seinen Vater umzu-
drehen, um die Hose von hinten zu fassen.

■

Endlich auf dem Oktoberfest angekommen, finden die Derending-
ers nur schwer einen Platz in einem lauten, überfüllten Bierzelt . . .

»Da können S' Ihre° Brotzeit nicht auspacken. Dort drüben ist es   *= Sie Ihre (Bavarian)*
gestattet°. Hier nicht!«, schrie die Bedienung. Die Musik spielte   *allowed*

130 einen Rheinländer.

»Aber da drüben ist ja alles voll!« sagte Derendinger sen.

»Ja, da kann ich auch nichts machen«, sagte die Bedienung, »da
müssen S' eben früher kommen.«

»Sie reden sich leicht«, sagte die alte Derendinger. [. . .]

large beer mugs	135	Die Bedienung stellte Maßkrüge° hin.
		»Und darf ich gleich kassieren? [. . .]

■

samt . . . including the basket Die Brotzeit war gestohlen worden, samt Korb°. Es musste gewesen sein, als die Musik: Bergkameraden sind wir! gespielt hatte und alle (bis auf die Oma) auf die Tische gestiegen waren.

140 Ein Mensch mit einer karierten Mütze vom Nebentisch hatte Sieglinde geküsst. Sieglinde hatte sich küssen lassen. [. . .] Den nachfolgenden Tumult mußte der Dieb ausgenützt haben, um den Korb unter der Bank hervorzuziehen und zu verschwinden. [. . .] Die Musik spielte *Zu Mantua in Baden.* Heinz putzte sich das Blut

145 von der Nase. Der andere suchte seine karierte Mütze unter dem Tisch. Die Ordnungsmänner entfernten sich und wischten ihre großen Hände an den Lederhosen ab.

»Warum hast du denn nicht aufgepaßt, Oma!« schimpfte Derendinger sen.

150 »Ich hab' ja aufgepaßt«, sagte die Oma, »ich hab' ja nicht gewußt, daß der Korb uns gehört.«

she's getting senile »Langsam wird's verkalkt°«, brummte Frau Derendinger sen. [. . .]
= Schlampe loose woman »Alles wegen dir, du Schlampen!«° fauchte Heinz.

»Das sagst noch einmal« kreischte Sieglinde. »Schlampen!« sagte

155 Heinz. Sieglinde riß ihr Handtäschchen an sich und stackelte hinaus.

»Die kommt schon wieder«, sagte Heinz. Die Musik spielte den *Tölzer Schützenmarsch.* [. . .]

roast chickens (Bavarian expression) »Sieben Hendl°!« bestellte Derendinger jun.

160 »Bist du wahnsinnig?« fauchte Frau Hertha.

»Ich hab' einen Hunger«, sagte Derendinger jun. »Prost!« brüllte er, »und noch eine Maß für jeden. Man ist nur einmal jung!«

metaphor for not having anything »Und vom Zwanzigsten an dürfen wir uns wieder statt dem Essen das Maul ans Tischeck hinhauen°«, Frau Hertha weinte.

good to eat 165 Die Bedienung brachte die sieben Hendl und das Bier. [. . .]

»Darf ich gleich kassieren?« sagte die Bedienung. Die Musik spielte: *Die Mühle im Schwarzwald.* »So kommen wir in unserem

leather sectional sofa Leben nicht zu der Ledersitzgruppe°.«

■

Nach dem Besuch im Bierzelt beginnt die Oma erst richtig, sich zu amüsieren . . .

Die Oma wollte Karussell fahren. Draußen war es schon finster.

vomited 170 Es regnete immer noch. Tommi hinkte. Horsti erbrach° die
cotton candy Zuckerwatte°. [. . .]

»Da drüben geht die Sieglinde!« fauchte Heinz, »mit dem mit der karierten Mützen.« [. . .]

»Ich will auch eine Zuckerwatte«, raunzte Tommi.

Fahrt um den . . . carousel ride 175 Oma fuhr endlich mit der Fahrt um den Tegernsee°. Danach
vomited kotzte° auch die Oma.

■

Wieder zu Hause angekommen . . .
Der Hausmeister schaute zum Fenster heraus.

= 1860 München Munich soccer team »Sechzge° hat verloren«, sagte der Hausmeister. »Null zu vier.«

»Das auch noch«, sagte der alte Derendinger. Von der Maximili-

180 anskirche schlug es halb zwölf. Es regnete immer noch.

Wortschatz

anfangen (fängt an, fing an, hat angefangen)   *to begin*

anziehen (zieht an, zog an, hat angezogen)   *to put on (clothing)*

ausziehen (zieht aus, zog aus, hat ausgezogen)   *to take off (clothing)*

besetzt   *occupied, taken*

das **Bierzelt, -e**   *beer tent*

durchschneiden (schneidet durch, schnitt durch, hat durchgeschnitten)   *to cut through*

endlich   *finally*

frieren (fror, hat gefroren)   *to be cold*

das **Karussell, -e**   *merry-go-round*

kriegen (hat gekriegt)   *to receive, get (colloquial)*

küssen (hat geküsst)   *to kiss*

mitbringen (bringt mit, brachte mit, hat mitgebracht)   *to bring, take along*

die **Oma, -s**   *grandmother*

probieren (hat probiert)   *to try*

reichen (hat gereicht)   *to be enough*

rennen (rannte, ist gerannt)   *to run*

schwitzen (hat geschwitzt)   *to sweat*

selbstverständlich   *of course; obvious*

stattfinden (findet statt, fand statt, hat stattgefunden)   *to take place*

stehlen (stiehlt, stahl, hat gestohlen)   *to steal*

der **Stock, ⸚e**   *floor (in a building)*

umdrehen (hat umgedreht)   *to turn around, turn over*

die **Ur-Oma, -s**   *great-grandmother*

verlieren (verlor, hat verloren)   *to lose*

verlobt   *engaged*

der **Verlobte, -n** / die **Verlobte, -n**   *fiancé*

verschieden   *different*

weinen (hat geweint)   *to cry, weep*

zeigen (hat gezeigt)   *to show, present*

Nach dem Lesen

35 | ### Fragen zum Text

1. Wie ist das Wetter an diesem Tag?
2. Warum soll der alte Derendinger eine andere Hose anziehen?
3. Wer von den Derendingers freut sich auf *(looks forward to)* das Oktoberfest, wer nicht?
4. Wer wohnt im 4. Stock; wer wohnt im 2. Stock?
5. Wie weckt Heinz die Oma?
6. Warum bringt Frau Derendinger einen Brotzeitkorb mit?
7. Wer ist der Mann mit der karierten Mütze?
8. Warum bestellt Herr Derendinger sieben Hendl?
9. Wer von den Derendingers hat am meisten / wenigsten Spaß beim Oktoberfest? Warum?
10. Warum gehen die Derendingers jedes Jahr einmal auf's Oktoberfest?

36 | ### Wörterbucharbeit: Verben des Sprechens

Die folgenden Verben des Sprechens charakterisieren die Personen im Text. Arbeiten Sie mit dem Wörterbuch und entscheiden Sie, wie es klingt, wenn die Personen **schrelen, brummen, fauchen, rufen, fluchen, stöhnen** oder **brüllen**. Was ist passiert? Lesen Sie laut!

1. »Was?« **schrie** Frau Hertha und rannte in die Küche.
   »Nix«, **brummte** Eduard.

2. »Der Schlegelberger schaut auch bei uns in die Fenster hinein, sogar mit dem Fernglas«, **sagte** Derendinger jun.
   »So ein Schwein«, **fauchte** Frau Hertha und zog den Vorhang im Schlafzimmer vor.

3. »Wo ist denn der Heinz?« **rief** Frau Derendinger sen. im vierten Stock.
   »Wo wird er schon sein, der Herr Heinz«, **brummte** Vater Derendinger, »bei der Sieglinde halt.«

4. »Herrschaftszeiten«, **fluchte** der alte Derendinger sen., »hab' ich jetzt tatsächlich zwei verschiedene Socken angezogen.«

5. Der alte Derendinger lag hilflos am Boden.
   »Ich krieg' keine Luft mehr«, **stöhnte** er.

6. »Prost!« **brüllte** er, »und noch eine Maß für jeden. Man ist nur einmal jung!«

37 | ### Zeitformen

Wie Sie sicherlich gemerkt haben, ist dieser Text vorwiegend im Imperfekt *(simple past)* geschrieben. Aber es gibt auch einige Fälle, in denen das Perfekt gebraucht wird. Finden Sie die Abschnitte mit Ihrem Partner / Ihrer Partnerin, identifizieren sie die Perfektformen und versuchen Sie zu erklären, warum hier das Perfekt benutzt wird.

38 Szenen aus dem Text

Wählen Sie mit Ihrem Partner / Ihrer Partnerin eine der Szenen im Text und erzählen Sie sie mündlich oder schriftlich nach. Verwenden Sie dabei das Perfekt und Wörter von dieser Liste.

zuerst	danach
dann	schließlich
später	amSchluss

> *Derendinger sen. hat versucht, die Hose über die Schuhe auszuziehen.*
> *Dann ist er hingefallen und auf dem Boden liegen geblieben . . .*

39 Sauwetter

So ein Sauwetter! ist eine typische Redensart für schlechtes Wetter. Frau Derendinger nennt den Nachbarn mit dem Fernglas ein **Schwein.** Im Deutschen gibt es eine Reihe von Redensarten, die mit Schweinen zu tun haben, positive und negative. Können Sie für die folgenden Redensarten die passenden Definitionen finden?

1. Es ist kein Schwein da!
2. Da hast du aber Schwein gehabt!
3. Ich fühle mich sauwohl!
4. So ein Sauwetter!
5. Er frisst wie ein Schwein.
6. Du hast alles versaut!
7. Hier sieht es aus wie im Schweinestall!

a. Es geht mir gut.
b. Du hast alles ruiniert!
c. Es regnet und ist kalt.
d. Er hat keine Tischmanieren *(table manners)*.
e. Es sind *(fast)* keine Leute da.
f. Hier ist es schmutzig und unordentlich.
g. Du hast Glück gehabt.

Mirenska Olga / www.Shutterstock.com

Fragen zum Nachdenken und Diskutieren

1. Finden Sie, das Oktoberfest ist ein schönes Ziel für einen Familienausflug?

2. Welcher Aspekt in Rosendorfers *Oktoberfestbesuch* hat Sie am meisten überrascht?

3. Glauben Sie, Rosendorfers *Oktoberfestbesuch* ist sehr realistisch?

4. Rosendorfers *Oktoberfestbesuch* ist eine Momentaufnahme aus dem Jahre 1952; glauben Sie, das Oktoberfest ist jetzt anders als 1952? Spekulieren Sie!

5. Möchten Sie auch gerne einmal aufs Oktoberfest gehen? Was würde Ihnen vielleicht gefallen? Was nicht?

Losevsky Pavel / Used under license from Shutterstock.com

Das Riesenrad auf dem Oktoberfest

Rollenspiel

Arbeiten Sie in Gruppen und geben Sie jeder Person eine Rolle. Jeder spielt ein Mitglied der Familie Derendinger. Schreiben Sie Szenen am Tag nach dem Oktoberfestbesuch (die Derendingers sprechen über den Oktoberfestbesuch im Perfekt) und spielen Sie die Szenen im Kurs vor!

Schreibübung

Wählen Sie eine Person im Text und schreiben Sie aus der Perspektive dieser Person einen Brief, in dem Sie von dem Oktoberfestbesuch erzählen. Dabei benutzen Sie das Perfekt. Variieren Sie Ihre Satzstruktur, indem Sie Verbindungswörter verwenden, wie **zuerst**, **dann**, **später**, **am Schluss** usw.

Sieglinde schreibt an eine Freundin →

Liebe Annette,

Am Wochenende bin ich mit meinem Verlobten und seiner ganzen Familie zum Oktoberfest gegangen . . .

Zum Schluss

43

München ist . . .

Diskutieren Sie, welche Bezeichnung Ihrer Meinung nach die Stadt München am besten charakterisiert. Erklären Sie Ihre Wahl *(choice)*!

- Millionendorf
- Weltstadt mit Herz
- Deutschlands heimliche Hauptstadt
- Lederhosenmetropole

Das letzte Wort: *Servus*

Servus ist ein traditioneller, freundschaftlicher Gruß im bayrischen Sprachgebiet. Er kommt aus dem Lateinischen und bedeutet **Ich bin dein Diener** *(I am your servant)*. **Servus** kann man zur Begrüßung und zum Abschied sagen. **Servus** ist auch in Ungarn, Rumänien und Polen gebräuchlich.

Welche anderen Abschiedsworte kennen Sie? Was sagen Sie am liebsten?

Heidelberg

STATION

3

Sigrid Dauth/Colouria / Alamy

Viele Studenten an der Universität Heidelberg fahren mit dem Fahrrad. Wie kommen Sie morgens zur Uni?

⊙ **Station**

Heidelberg

STATISTIK

Einwohnerzahl:	143.000
Fläche:	109 km²
Studenten an der Universität Heidelberg:	ca. 27.000

Heidelberg gilt als eine der schönsten Städte Deutschlands. Jedes Jahr kommen Millionen von Touristen aus der ganzen Welt nach Heidelberg. Die Kulturminister-konferenz hat Heidelbergs Altstadt und das Heidelberger Schloss 1998 in die deutsche Liste für die Anmeldung als UNESCO-Weltkulturerbe° aufgenommen.

Die Universität Heidelberg ist die älteste in Deutschland. Sie wurde vor mehr als sechshundert Jahren gegründet – mit vier Fakultäten°: der theologischen, der juristischen, der philosophischen und der medizinischen Fakultät. Heute hat die Heidelberger Uni 15 Fakultäten.

Bereits Ende des 18. und zu Beginn des 19. Jahrhunderts war Heidelberg ein intellektuelles Zentrum. Dichter wie Josef von Eichendorff, Bettina von Arnim und Clemens Brentano gründeten literarische Zirkel und beeinflussten° von hier aus die Entwicklung° der romantischen Literatur.

Mitte des 19. Jahrhunderts änderte sich das geistige° Klima. Man konzentrierte sich auf Politik, Medizin und die Naturwissenschaften. Der Fachbereich Medizin ist seit der Gründung der Heidelberger Universität ein Schwerpunkt der Hochschule. Forschungseinrichtungen° wie das Europäische Laboratorium für Molekularbiologie und das Deutsche Krebsforschungszentrum° sind weltweit bekannt.

Heidelberg
BADEN-
WÜRTTEMBERG

Heidelberger Schloss und Altstadt

STOCKFOLIO / Alamy

Weltkulturerbe *world heritage* • **Fakultäten** *colleges* • **beeinflussten** *influenced*
Entwicklung *development* • **geistige** *intellectual* • **Forschungseinrichtungen** *research facilities* • **Krebsforschungszentrum** *cancer research center*

Geschichte

1196	1386	1693	1751	1930	1935
Erste urkundliche Erwähnung *(documentary mention)* Heidelbergs.	Gründung der Universität durch Kurfürst Ruprecht I.	Zerstörung Heidelbergs durch Ludwig XIV. von Frankreich.	Das Große Fass *(world's largest wine barrel; lit. The Big Barrel)* wird gebaut.	Grundsteinlegung für die Neue Universität (nach dem ersten Weltkrieg), gespendet *(donated)* von US-Bürgern.	Eröffnung der Autobahn Frankfurt-Mannheim- Heidelberg.

Frankfurt ↑

Eine berühmte Heidelberger Studentin

Hannah Arendt (1906–1975)

Hannah Arendt wurde am 14. Oktober 1906 in
Hannover geboren und verbrachte ihre Kindheit in
Königsberg. Sie studierte in Heidelberg Philosophie,
Theologie und Griechisch°. Ihr Heidelberger
Professor Karl Jaspers spielte in ihrem Leben eine
wichtige Rolle, denn wie Jaspers wurde Hannah Arendt nach der Nazizeit politisch aktiv. 1933
emigrierte sie nach Paris und arbeitete bis 1940
bei einer Hilfsorganisation für jüdische Kinder. 1941
kam Hannah Arendt in die USA, wo sie zuerst als
Journalistin arbeitete. 1963 wurde sie Professorin
an der Universität von Chicago. Ab 1967 lehrte sie
politische Theorie an der *New School for Social
Research* (heute: *New School University*) in New York. Hannah Arendt schrieb unter
anderem über das Verhältnis° von Arbeit und Freizeit und den Einfluss° der Religion auf
das politische Leben.

Hannah Arendt (1906–1975)

Günter Gaus im Gespräch mit Hannah Arendt

Gaus: Sie haben im Hauptfach Philosophie und als Nebenfächer Theologie und Griechisch
studiert. Wie ist es zu dieser Studienwahl gekommen?

Arendt: Ja, wissen Sie, das habe ich mir auch oft überlegt. Ich kann dazu nur sagen:
Philosophie stand fest. Seit dem 14. Lebensjahr.

Gaus: Warum?

Arendt: Ja, ich habe Kant[1] gelesen. Da können Sie fragen: Warum haben Sie Kant gelesen?
Ich hatte das Bedürfnis°, zu verstehen.

Gaus: Ja.

Arendt: Das Bedürfnis, zu verstehen, das war sehr früh schon da. Sehen Sie, die Bücher gab
es alle zu Hause, die zog man aus der Bibliothek.

Gaus: Haben Sie außer Kant etwas gelesen, an das Sie sich besonders erinnern?

Arendt: Ja. Erstens Jaspers' »Philosophie der Weltanschauung«, erschienen, glaube ich, 1920.
Da war ich 14. Daraufhin las ich Kierkegaard[2], und so hat sich das dann gekoppelt° . . .

Gaus: Kam hier die Theologie hinein?

Griechisch *Greek* • **Verhältnis** *relationship* • **Einfluss** *influence* • **Bedürfnis** *need, desire*
gekoppelt *connected*

[1] Immanuel Kant – deutscher Philosoph 1724–1804
[2] Søren Kierkegaard – dänischer Philosoph und Theologe 1813–1855

1962	1979–1980	1986	1996	2004	2007
Gründung der Pädagogischen Hochschule.	Gründung der Hochschule für Jüdische Studien.	600-Jahr-Feier zur Gründung der Universität.	800-Jahr-Feier der Stadt Heidelberg.	Offizielle Nominierung *(nomination)* des Heidelberger Schlosses und der Altstadt als UNESCO Weltkulturerbe.	Seit 2007 müssen Studenten in Baden-Württemberg Studiengebühren *(tuition)* zahlen.

Arendt: Ja. Das hat sich dann so gekoppelt, daß das beides für mich zusammengehörte. Ich hatte dann nur Bedenken°, wie man das denn nun macht, wenn man Jüdin ist. Und wie das vor sich geht. Ich hatte doch keine Ahnung, nicht wahr? Griechisch ist eine andere Sache. Ich habe immer sehr griechische Poesie geliebt. So nahm ich Griechisch dazu, weil das am bequemsten war. Das las ich sowieso.

Gaus: Respekt!

Arendt: Nein, das ist übertrieben°.

Gaus: Ihre intellektuelle Begabung°, Frau Arendt, so früh erprobt° – sind Sie von ihr gelegentlich als Schülerin und junge Studentin von Ihrer Umgebung getrennt worden°?

Arendt: Das hätte so sein müssen, wenn ich es gewußt hätte. Ich war der Meinung, so sind alle.

Bedenken *doubts* • **übertrieben** *exaggerated* • **Begabung** *talent* • **erprobt** *put to the test* **von . . .** *separated from the world around you*

Fragen zur Station

1. Wie alt ist die Universität Heidelberg? *600*
2. Wie viele Fakultäten hatte die Universität Heidelberg am Beginn? *154*
3. Wie viele Fakultäten hat die Universität heute? *15*
4. Welche Dichter der Romantik lebten in Heidelberg? *Josef von*
5. Wie änderte sich das geistige Klima Mitte des 19. Jahrhunderts?
6. Welche wichtigen Forschungseinrichtungen gibt es in Heidelberg?
7. Wie viele Einwohner hat Heidelberg?
8. Wann wurde die Uni gegründet?

Fragen zum Interview

1. Was war Hannah Arendts Motivation für das Studium? Warum studierte sie Philosophie?
2. Warum dachte Hannah Arendt, dass es problematisch war, dass sie sich für Theologie interessierte?
3. Warum studierte sie Griechisch?
4. War Hannah Arendt eine typische Studentin? Erklären Sie.
5. Welche verschiedenen Motivationen gibt es für das Studium? Was motiviert Sie?
6. Was ist Ihr Hauptfach?
7. Warum haben Sie Ihr Hauptfach gewählt?
8. Welche Fächer würden Sie studieren, wenn Sie drei Fächer wählen müssten?

FILMTIPP: *The Exiles* (Richard Kaplan, 1989)

Dokumentarfilm über jüdische Intellektuelle im amerikanischen Exil.

3 Partnerinterview

Befragen Sie Ihren Partner / Ihre Partnerin über sein/ihr Studium. Stellen Sie die folgenden Fragen.

1. Was wolltest du einmal werden, als du ein Kind warst?
2. Was hast du gelesen, als du 14 warst?
3. Was studierst du? Warum?
4. Haben dich andere Personen beeinflusst, als du dein Studienfach gewählt hast?
5. Was möchtest du nach dem Studium machen?
6. Was ist dir am Studium besonders wichtig? Viel für das Leben lernen? Qualifikation für eine Karriere? Viel Spaß haben?
7. Was war bisher dein interessantester Kurs? Warum?
8. Welcher Kurs war nicht so gut? Warum?

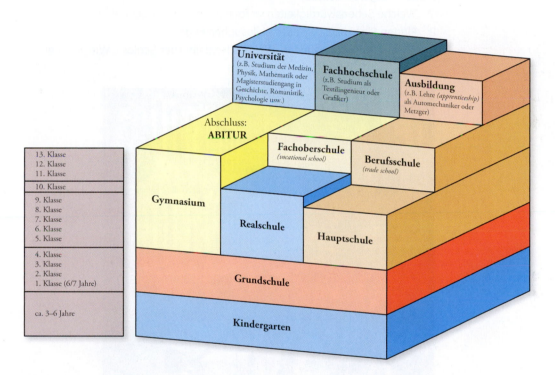

4 Andere berühmte Heidelberger und Heidelberger Studenten

Suchen Sie Informationen über die folgenden Personen. Wer sind sie? Was haben sie gemacht?

Hilde Domin	Golo Mann	Torch [Frederick Hahn]
Josef von Eichendorff	Anna Seghers	Toni Landomini
Helmut Kohl	Robert Schumann	Jan Assmann

5 Suchbegriffe

Forschen Sie mit den folgenden Suchbegriffen im Internet.

Stadt Heidelberg

1. Finden Sie heraus, was das UNESCO Weltkulturerbe ist.
2. Suchen Sie Informationen über die Heidelberger Altstadt. Welche Gebäude gibt es? Wie alt sind sie? Welche Funktion haben sie?
3. Was ist in der Stadt Heidelberg gerade aktuell?

Universität Heidelberg

4. Welche Fakultäten hat die Universität Heidelberg?
5. Was kann man im Internet über die Geschichte der Universität erfahren?
6. Finden Sie Informationen über ein Fach, das Sie besonders interessiert.

Heidelberg Tourismus

7. Welche Sehenswürdigkeiten werden im Internet beschrieben?
8. Finden Sie heraus, was der Philosophenweg ist.
9. Suchen Sie Informationen über das Heidelberger Schloss. Wie alt ist es? Wer hat es gebaut?

Die Heidelberger Hauptstraße. Hier darf man nur zu Fuß gehen.

Baden-Württemberg

Planen Sie einen Aufenthalt *(stay)* in Heidelberg und/oder im Land Baden-Württemberg.

- Was möchten Sie gerne sehen?
- Was möchten Sie gerne machen?

Richtig oder falsch?

Forschen Sie weiter in den Internet-Seiten aus Übung 5 und entscheiden Sie, ob die folgenden Aussagen korrekt sind. Wenn sie falsch sind, korrigieren Sie sie.

1. Heidelberg ist eine große Industriestadt.
2. Die Universität Heidelberg hat fünf Fakultäten.
3. Der Philosophenweg ist eine esoterische Vereinigung in Heidelberg.
4. Die Heidelberger Altstadt wurde im Zweiten Weltkrieg völlig zerstört *(destroyed)*.
5. Die Alte Brücke ist eine mittelalterliche Holzbrücke *(wooden bridge)*.
6. Der Fluss, der durch Heidelberg fließt, heißt Neckar.
7. Auf der Hauptstraße darf man nur zu Fuß gehen.
8. Im Heidelberger Schloss ist das Deutsche Apothekenmuseum *(pharmacy museum)*.

Lokale Presse

Gehen Sie zu den folgenden Websites im Internet. Was sind die Schlagzeilen? Wie wirken diese Zeitungen auf Sie? Wie sind Sprache und Präsentation – einfach oder komplex, plakativ oder seriös, modern oder altmodisch? Was ist besonders interessant?

Rhein-Neckar-Zeitung

Rhein-Neckar Web

Ruprecht Studierendenzeitung

Nachrichtenrunde

Arbeiten Sie in Gruppen oder Paaren. Berichten Sie über einen Aspekt, den Sie beim Surfen im Internet gefunden haben.

Fragen zum Nachdenken und Diskutieren

Bearbeiten Sie diese Fragen in Paaren oder kleinen Gruppen. Machen Sie Notizen und geben Sie im Kurs einen kleinen Bericht. Bringen Sie die Resultate Ihrer Internetsuche dabei ein.

1. Warum ist Heidelberg für Touristen aus aller Welt interessant?
2. Was unterscheidet Heidelberg von anderen deutschen Städten? Denken Sie an die Geschichte des Zweiten Weltkrieges.
3. Welche Motivationen gibt es für Studenten, in einer bestimmten Stadt zu studieren? Warum ist Heidelberg für Studenten attraktiv?
4. Wie haben Sie sich für Ihren Studienort entschieden? Wie haben Sie sich für Ihr Studium entschieden? Wer oder was hat Sie beeinflusst?

Strukturen

Vergangenes erzählen:

Das Imperfekt

The simple past tense **(das Imperfekt)** is the tense most commonly used in written narratives of events and actions in the past. Telling a story in the simple past conveys a feeling of sequence and connection, like a movement through narrative time.

- A verb conjugation in the simple past tense begins with the stem of a verb. The stem is the form left after dropping the final **-(e)n** of the infinitive. For example, **reis-** is the stem of the verb **reisen**.

- While the stems of weak verbs remain unchanged in the simple past tense, the stems of many strong and mixed (irregular) verbs do change.

- A set of four personal endings is added to all verbs. (The endings for first and third person are identical.)

- Weak and mixed verbs also add a **t** between the stem and the ending.

Weak Verbs	reisen	
	ich reis**te**	wir reis**ten**
Formation: Stem + **t** + personal ending	du reis**test**	ihr reis**tet**
	er/es/sie reis**te**	sie/Sie reis**ten**

Strong Verbs	gehen	
	ich ging	wir ging**en**
Formation: Stem (often changed) + personal ending	du ging**st**	ihr ging**t**
	er/es/sie ging	sie/Sie ging**en**

Mixed Verbs	denken	
	ich dach**te**	wir dach**ten**
Formation: Stem (often changed) + **t** + personal ending	du dach**test**	ihr dach**tet**
	er/es/sie dach**te**	sie dach**ten**

- In addition, an **e** is inserted between the verb stem and the ending if the verb stem ends in **d** or **t (arbeiten > ich arbeitete)**, or if the verb stem ends in **m** or **n** preceded by a consonant other than **l** or **r (öffnen > ich öffnete)**.

> 1878 **reiste** Mark Twain nach Heidelberg.
>
> Hannah Arendt **arbeitete** in den USA zuerst als Journalistin.
>
> Viele Vertreter der Heidelberger Romantik **kamen** als Studenten in die Stadt.
>
> Mark Twain **verbrachte** viel Zeit in Deutschland und Heidelberg.
>
> „**Wusstest du**, dass Hannah Arendt in Heidelberg studiert hat?"

- In general, the simple past tense is preferred over the present perfect tense for **haben**, **sein**, and the modals. **Haben**, **sein**, and **werden** have irregular forms that must be memorized. Modal verbs form the simple past as weak verbs do but drop the umlaut (if they have one) from the stem. See *Station 7* for detailed information on modal verbs.

haben		sein	
ich **hatte**	wir **hatten**	ich **war**	wir **waren**
du **hattest**	ihr **hattet**	du **warst**	ihr **wart**
er/es/sie **hatte**	sie/Sie **hatten**	er/es/sie **war**	sie/Sie **waren**

müssen		werden	
ich **musste**	wir **mussten**	ich **wurde**	wir **wurden**
du **musstest**	ihr **musstet**	du **wurdest**	ihr **wurdet**
er/es/sie **musste**	sie/Sie **mussten**	er/es/sie **wurde**	sie/Sie **wurden**

> Wir **hatten** keine Ahnung, dass die Heidelberger Uni die älteste in Deutschland ist.
>
> Bei ihrer Gründung **hatte** die Heidelberger Universität vier Fakultäten.
>
> Ende des 18. Jahrhunderts **war** Heidelberg eine intellektuelle Hochburg.
>
> **Warst** du schon einmal auf dem Heidelberger Schloss?
>
> Bei meinem Besuch in Heidelberg **musste** ich oft an die Dichter der Romantik denken.
>
> 1963 **wurde** Hannah Arendt Professorin an der Universität von Chicago.

11 Freunde

Hier ist der Beginn einer Geschichte von Hermann Hesse, die Sie am Ende dieses Kapitels lesen werden. Sie handelt von der Freundschaft zwischen zwei Studenten. Suchen Sie gemeinsam mit einem Partner / einer Partnerin die Verben im Imperfekt und geben Sie den Infinitiv der Verben an.

> Der niedrige Kneipsaal war voll Rauch, Biergeruch, Staub und Getöse. Hans Calwer winkte seinem Freund Erwin Mühletal und ging zur Tür. "He, schon fort?" rief einer der Studenten herüber. Hans nickte nur und ging. Mühletal folgte. Sie stiegen die alte steile Holztreppe hinab und verließen das schon still werdende Haus.

Lesen Sie sich jetzt mit einem Partner / einer Partnerin gegenseitig die Aussagen zum Text vor und berichtigen Sie sie.

> S1: Hans Calwer winkte seiner Freundin.
> S2: Das stimmt nicht, Hans Calwer winkte seinem Freund.

1. Der niedrige Kneipsaal war voll Essensgeruch.

2. Hans Calwer ging ans Fenster.

3. "He, Hans, wie geht's?" rief einer der Studenten herüber.

4. Hans nickte nur und setzte sich auf einen Stuhl.

5. Hans und Erwin stiegen die Holztreppe hinauf.

6. Hans und Erwin betraten das Haus, in dem es sehr laut war.

12 Mark Twain in Heidelberg

Mark Twain verbrachte mehrmals einige Monate in Deutschland, vor allem in Heidelberg. Er lernte dabei auch sehr gut Deutsch und schrieb über die deutsche Sprache und Kultur. Lesen Sie über Mark Twains Besuch in Heidelberg und schreiben Sie dann den Bericht noch einmal, aber im Imperfekt.

> 1878 reist Mark Twain nach Europa, am 6. Mai kommt er in Heidelberg an. Obwohl er eigentlich nur einen Tag bleiben will, werden schließlich drei Monate daraus. Zuerst übernachtet er im Hotel Schrieder, wo er die Vorbereitungen auf den Besuch des Großherzogs *(Grand Duke)* beobachtet. Wegen der Hitze zieht er ins Schloss-Hotel, von wo aus er einen herrlichen Blick auf die Altstadt und den Neckar hat. Er besucht Vorlesungen an der Universität und lässt sich für eine Nacht sogar in den Karzer einsperren, ein Gefängnis für Studenten, in dem man aber ein eher lockeres Leben führt, Bier trinkt und raucht. Eine Bootsfahrt auf dem Neckar inspiriert ihn schließlich dazu, ein weiteres Kapitel von „Huckleberry Finn" zu schreiben.

> 1878 reiste Mark Twain nach Europa . . .

Die Heidelberger Romantik

Arbeiten Sie mit einem Partner / einer Partnerin und ergänzen Sie die Lücken mit der richtigen Imperfektform der angegebenen Verben.

arbeiten – gehören – halten – kommen – scheinen – zählen

Im Zeitalter der Romantik _____ Heidelberg, hauptsächlich wegen seiner Schlossruine, besonders attraktiv. Viele Protagonisten der Heidelberger Romantik _____ als Studenten in die Stadt, aber auch Dozenten der Universität _____ zu den Anhängern, beispielsweise Joseph von Görres, der Vorlesungen über germanische Mythologie _____. Neben Joseph von Eichendorff _____ zu den bekanntesten literarischen Vertretern (*representatives*) wohl Achim von Arnim und Clemens Brentano, die gemeinsam an vielen Projekten _____.

Von 1805 bis 1808 veröffentlichten Clemens Brentano und Achim von Arnim *Des Knaben Wunderhorn*.

ausstellen – herausgeben (*separable verb used in two parts*) – interessieren – sein – werden

Unter dem Titel *Des Knaben Wunderhorn* _____ sie zum Beispiel eine Sammlung altdeutscher Volkslieder _____, die allerdings von zeitgenössischen (*contemporary*) Kritikern als „unnützer (*useless*) Mischmasch" kritisiert _____. Von großer Bedeutung (*Of great importance*) _____ auch die Brüder Boisserée, die sich für mittelalterliche Kunst _____ und im „Zaubersaal" ihres Hauses eine berühmte Sammlung mittelalterlicher Gemälde _____. Heute befindet sich übrigens das Institut für Germanistik in diesem Gebäude.

Unser Tag in Heidelberg

Schreiben Sie gemeinsam mit Ihrem Partner / Ihrer Partnerin eine kleine Erzählung über einen Tag in Heidelberg. Hier finden Sie ein paar Elemente, die Sie in Ihrer Erzählung verwenden können Benutzen Sie dabei das Imperfekt.

Einige Aktivitäten	Einige Adjektive	Einige Konnektoren
am Bahnhof ankommen	anstrengend	zuerst
das Schloss besichtigen	berühmt	dann
durch die Altstadt bummeln	preiswert	danach
ein Hotel finden	typisch	schließlich
eine Wanderung auf dem Philosophenweg machen	gemütlich	zuletzt
im Schloss das größte Weinfass der Welt sehen	interessant	
in der Altstadt das „Kurpfälzische Museum" besichtigen	hässlich	
in einer Studentenkneipe zu Abend essen		

⊙ **Einblicke**

15

Fragen zum Thema

1. Was studieren Sie?
2. Gibt es in Ihrem Studium viel Notendruck oder Leistungsdruck?
3. Wie wichtig sind Noten für Sie?
5. Wie viel Freiheit haben Sie im Studium? Ist alles vorgeschrieben oder können Sie viele Kurse frei wählen?
6. Finden Sie, Ihr Studium kostet zu viel?

16

Partnerinterview

Fragen Sie Ihren Partner / Ihre Partnerin. Stellen Sie den interessantesten Aspekt Ihres Interviews im Kurs vor.

1. Wie viele Klausuren hast du dieses Semester?
2. Wie viele Hausarbeiten und Referate musst du dieses Semester schreiben?
3. Stehst du unter Leistungsdruck? In welchem Kurs ist das der Fall?
4. Ist dein Studium sehr praxisnah? Lernst du viel für deinen späteren Beruf?
5. Empfindest du dein Studium als starr oder flexibel?

Hochschulreform für weniger Freiheit?

Christian Elting ahnt, was das nächste Semester bringt, das am heutigen Montag beginnt. Denn es wird sich nicht vom vergangenen unterscheiden. Sechs Klausuren, drei Hausarbeiten, zwei Berichte über Praktika° und jede Menge Referate, zählt der 25-jährige Student auf und stöhnt: „Der Prüfungsdruck° ist ein Riesenproblem."

Heidelberger Studenten

Elting studiert im vierten Semester, will Grundschullehrer° werden. Zugleich ist er Sprecher der studentischen Fachschaft°. Dort klagen viele Studenten ihr Leid, seit die Uni im Herbst 2007 auf die angelsächsischen Abschlüsse Bachelor und Master umgestellt und Magister und Diplom abgeschafft hat.

Jede deutsche Hochschule baut gegenwärtig ihr Studiensystem um. Die Reform geht auf einen Beschluss° der europäischen Kultusminister von 1999 in Bologna zurück. Deren Ziel ist es, bis 2010 einen einheitlichen europäischen Hochschulraum zu schaffen und die Mobilität der Studenten zu erleichtern. Zugleich soll das Studium praxisnäher°, kürzer und die Abbrecherquote° geringer werden. Doch bislang hat sich keine der Erwartungen erfüllt.

Sechs Semester sind bis zum Bachelor vorgeschrieben, darauf aufbauend vier weitere bis zum Master. Das Studium selbst gliedert sich in Module, auf die es Leistungspunkte gibt, die in die Abschlussnote einfließen.

Praktika *internships* • **Prüfungsdruck** *exam pressure* • **Grundschullehrer** *elementary school teacher* • **studentischen Fachschaft** *student government organization* • **Beschluss** *decision* • **praxisnäher** *more practical* • **Abbrecherquote** *dropout rate*

Kiedrowski, R./Peter Arnold, Inc.

„Es gibt keine Schonphase° mehr. Vom ersten Tag an ist es ernst", sagt Elting. Der Leistungsdruck ist auch deshalb groß, weil nun in sechs Semestern der gleiche Stoff gepaukt werden muss wie zuvor in acht. „Es ist wie am achtjährigen Gymnasium", sagt Elting. „Jedes Fach will so viel Inhalt wie möglich in gestraffter Unterrichtszeit unterbringen." Viele Studenten halten dem Druck nicht stand und werfen schnell hin°.

Der Wunsch der Politik, Studenten früher in den Job zu bringen, scheint nicht aufgegangen zu sein. Die Staatsregierung ist daran nicht unschuldig, weil sie die Staatsexamensfächer wie Medizin, Pharmazie oder Jura von Beginn an ausklammerte°. Schwer wiegt auch, dass Studenten keine Zeit mehr zum Jobben haben. Dabei sind sie laut Deutschem Studentenwerk seit Einführung der Studiengebühren mehr denn je darauf angewiesen. „Das Studium ist starrer, selektiver und unsozialer geworden", sagt Student Elting.

Nach einem Artikel von Christine Burtscheidt in sueddeutsche.de vom 20.04.2009

Schonphase *adjustment period* • **werfen schnell hin** *quit* • **ausklammerte** *excluded*

Fragen zum Text

1. Was will Christian Elting werden?
2. Was ist für ihn ein *Riesenproblem*?
3. Was ist die studentische Fachschaft? Gibt es das auch an Ihrer Universität?
4. Wie bauen deutsche Unis ihr Studiensystem um?
5. Was sind die Ziele der Reform?
6. Wie viele Semester studiert man in Deutschland bis zum Bachelor? Wie viele bis zum Master?
7. Warum ist der Leistungsdruck für Christian Elting so groß?
8. Welche Studienfächer sind nicht von der Reform betroffen?
9. Hat die Politik ihre Ziele erreicht?
10. Was sagt Christian Elting über das Studium nach der Reform?

Wörterbucharbeit: Kleines Lexikon der Wissenschaften

Ein Wort wie **Wissenschaft** gibt es in der englischen Sprache nicht. Biologie, Physik oder Chemie sind **Naturwissenschaften**. Fächer wie Soziologie und Politikwissenschaft sind **Gesellschafts-** oder **Sozialwissenschaften**. Philosophie, Sprachen und Literatur sind **Geisteswissenschaften**. Arbeiten Sie mit dem Wörterbuch und machen Sie eine Liste für jede Kategorie!

Archäologie
Chemie
Geschichte
Informatik
Jura
Kommunikationswissenschaft
Kriminologie
Mathematik
Medizin

Pharmazie
Philosophie
Physik
Politikwissenschaft
Psychologie
Publizistik
Romanistik
Soziologie
Theaterwissenschaft

Wortschatz

der **Abschluss, ⸚e** *degree, completion of course of study*

ahnen (hat geahnt) *to suspect*

die **Bedeutung, -en** *meaning, significance*

beeinflussen (hat beeinflusst) *to influence*

belegen (hat belegt) *to enroll (in a course)*

die **Bibliothek, -en** *library*

dauern (hat gedauert) *to last*

der **Dichter, -** / die **Dichterin, -nen** *writer, poet*

der **Druck** *pressure*

der **Einfluss, ⸚e** *influence*

jemandem etwas **erleichtern** (hat erleichtert) *to make something easier for someone*

(etwas) **erwähnen** (hat erwähnt) *to mention (s.th.)*

das **Examen, -** *exam*

das **Fach, ⸚er** *subject (of study)*

die **Fakultät, -en** *college, division (in a university)*

die **Forschung, -en** *research*

die **Geisteswissenschaft, -en** *humanities*

geistig *intellectual; intellectually*

die **Gesellschaftswissenschaft, -en** *social science*

sich **gliedern** (hat sich gegliedert) *to be structured*

gründen (hat gegründet) *to found*

die **Gründung** *founding; foundation*

das **Gymnasium, Gymnasien** *secondary school (leading to the Abitur and Higher Education)*

das **Hauptfach, ⸚er** *major (academic subject)*

die **Hochschule, -n** *institution of higher education*

intellektuell *intellectual; intellectually*

juristisch *pertaining to (the study of) law*

(Ich habe) **keine Ahnung!** *I have no idea!*

die **Klausur, -en** *test, midterm*

Leistungspunkte *credits*

die **Mensa,** (*pl.* **Mensen**) *student cafeteria*

die **Naturwissenschaft, -en** *natural science*

das **Nebenfach, ⸚er** *minor (academic subject)*

die **Note, -n** *grade*

der **Notendurchschnitt, -e** *grade point average*

die **Prüfung, -en** *exam*

das **Referat, -e** *(classroom) presentation*

der **Schein, -e** *certificate*

schlecht *bad; badly*

schließlich *finally*

das **Schloss, ⸚er** *castle*

der **Schwerpunkt, -e** *emphasis, concentration*

das **Semester, -** *semester*

das **Seminar, -e** *seminar*

die **Sozialwissenschaft, -en** *social science*

das **Studentenwohnheim, -e** *student residence*

der **Studiengang, ⸚e** *course of study, major*

die **Studiengebühr, -en** *tuition*

das **Studium** *course of study, university degree program*

der **Stundenplan, ⸚** *schedule*

verantwortlich *responsible*

verstehen (verstand, hat verstanden) *to understand*

die **Vorlesung, -en** *lecture*

die **Wissenschaft**, **-en** *science; academic discipline; scholarship*

wissenschaftlich *scientific; scholarly*

Wann sagt man was?

lernen, studieren, lehren, unterrichten

Die Verben **lernen, studieren, lehren** und **unterrichten** haben alle mit dem Studium zu tun. Suchen Sie Definitionen und Beispiele in Ihrem Wörterbuch. Entscheiden Sie, welches Verb am besten in die folgenden Kontexte passt.

1. In Heidelberg _____ heute ca. 27.000 Studenten.
2. Auch Hannah Arendt _____ in Heidelberg, bevor sie ins Exil ging.
3. Ihr Hauptfach war Philosophie. Ihr erstes Nebenfach war Theologie. Als zweites Nebenfach wählte sie Griechisch, denn das hatte sie schon in der Schule _____ und es gefiel ihr sehr.
4. Als Hannah Arendt nach Paris emigrierte, musste sie zuerst Französisch _____. Dann zog sie nach New York und arbeitete als Journalistin. Später wurde sie Professorin.
5. Sie _____ politische Theorie an der *New School for Social Research*.

---

19 ### Die Universität Heidelberg
Ergänzen Sie die Sätze!

Abschluss	Noten
belegen	Notendurchschnitt
Fakultäten	Prüfungen
Mensa	Studentenwohnheim
Nebenfächer	Studiengebühren

Die Universität Heidelberg ist die älteste Universität Deutschlands. Die

Universität hat 15 _____. In Baden-Württemberg bezahlt man seit

2007 € 500 _____. Nicht alle Studenten essen in der _____. Im

_____ haben Studenten meistens ihr eigenes Zimmer und manchmal

sogar ein eigenes Bad. Man braucht außer dem Hauptfach auch noch zwei

_____.

20 **Universitätsinformationen**

Ergänzen Sie die Sätze.

1. In einem _____ diskutieren Studenten zusammen mit dem Professor.
2. Eine _____ ist ein Test oder eine Prüfung in einem Kurs.
3. In manchen Kursen muss man vor der Klasse ein _____ halten.
4. In der _____ hört man nur dem Professor zu.
5. An deutschen Universitäten gibt es den Bachelor als _____.
6. Für die Kurse bekommt man auch in Deutschland _____.
7. Wenn man den Kurs bestanden hat, bekommt man einen _____.
8. An deutschen Universitäten gibt es den Master als _____.

a. Klausur
b. Schein
c. Seminar
d. Vorlesung
e. Abschluss
f. Leistungspunkte
g. Studiengang
h. Referat

21 **Unser Universitätssystem**

Ein deutscher Student möchte wissen, wie das Universitätssystem in Ihrem Land funktioniert. Erklären Sie es ihm. Verwenden Sie dabei die folgenden Wörter.

Abschluss – belegen – dauern – Examen – Ich habe keine Ahnung! – Klausuren – Kurse – Leistungspunkte – Prüfungen – schlecht – schließlich – Semester – Sommer – Bachelor und Master – Studiengebühren – Tests – Vorlesungen

---

Wann sagt man was?

die Bildung, die Ausbildung, die Erziehung

Die Begriffe **Bildung, Ausbildung** und **Erziehung** kommen im Deutschen in verschiedenen Kontexten vor. Suchen Sie Definitionen und Beispiele in ihrem Wörterbuch. Entscheiden Sie, welcher Begriff am besten in die folgenden Kontexte passt.

1. Hermann Hesses Vater war Missionar. Als Kind hatte er eine sehr religiöse _____.

2. Sein Vater legte sehr viel Wert auf _____ und wollte, dass Hermann zuerst in ein evangelisches Seminar geht und dann Theologie studiert.

3. Aber Hermann wollte nicht studieren, sondern lieber etwas Praktisches lernen; und er machte eine _____ als Buchhändler *(book seller)*.

4. Hermann Hesse hat sich oft über die Studenten geärgert, die nur studieren, um einen besseren Beruf zu bekommen. Seine Idee von _____ wird oft in seinen Romanen und Erzählungen behandelt.

22 **Vorteile und Nachteile des Unisystems**

Machen Sie eine Liste von Vor- und Nachteilen der folgenden Aspekte.

1. Seit 2007 gibt es auch in Deutschland Studiengebühren.
2. Seit der Hochschulreform haben deutsche Studenten weniger Freiheit.
3. Durch Bachelor- und Master-Abschlüsse gewinnen deutsche Studenten an Mobilität innerhalb Europa.
4. Es gibt oft keine Anwesenheitskontrolle in den Kursen.
5. Im Studentenwohnheim hat jeder sein eigenes Zimmer.
6. Die meisten Studenten leben beim Studium zum ersten Mal allein.

Strukturen

Über Vergangenes sprechen:

Als, wenn und *wann*

The English word *when* has three possible German equivalents: **als, wenn,** and **wann**.

- **Als** *(when, as)* can be used as a subordinating conjunction and refers to a one-time event in the past.

    Als Hannah Arendt in Heidelberg lebte, studierte sie im Hauptfach Philosophie.

    When Hannah Arendt lived in Heidelberg, she studied philosophy as a major.

- **Wenn** *(whenever, if)* is a subordinating conjunction and is used to refer to recurring events in the past or present or to causal relationships and/or conditions.

    Wenn Hannah Arendt etwas lesen wollte, zog sie zuhause einfach ein Buch aus der Bibliothek.

    Whenever Hannah Arendt wanted to read, she just pulled out a book from the library at home.

    Viele Studenten treffen sich auf der Neckarwiese, **wenn** das Wetter schön ist.

    Many students meet on the lawn by the Neckar if the weather is nice.

- **Wann** *(when)* is an interrogative pronoun and can also be used in indirect questions and as a subordinating conjunction.

    Wann besuchte Mark Twain Heidelberg?

    When did Mark Twain visit Heidelberg?

    Weißt du, **wann** Mark Twain Heidelberg besuchte?

    Do you know when Mark Twain visited Heidelberg?

    Der Professor weiß nicht genau, **wann** Mark Twain Heidelberg besuchte.

    The professor doesn't know exactly when Mark Twain visited Heidelberg.

23 **Studierende in Heidelberg**

Ergänzen Sie die Lücken mit **wenn, wann** oder **als**.

1. _____ Martin mit dem Studium begann, wusste er noch nicht genau, was er eigentlich studieren wollte.

2. Dorothee fuhr mit Freunden nach Italien, _____ das Wintersemester zu Ende war.

3. Martin fragt Dorothee: „Weißt du, _____ das Herbstsemester genau beginnt?"

4. Martin geht mittags in die Mensa, _____ er tagsüber in der Uni ist.

5. Dorothee muss eine Semesterarbeit schreiben und ein Referat halten, _____ sie für ihr Romanistikseminar einen Schein bekommen will.

6. _____ die Uni nach den Semesterferien wieder beginnt, treffen sich viele Studierende auf der Hauptstraße.

Und Sie? Ergänzen Sie die Sätze und berichten Sie dann im Kurs.

7. Immer wenn das Semester beginnt, . . .

8. Als ich zum erstenmal an die Uni kam, . . .

9. Ich weiß nie, wann . . .

10. Wenn ich in die Mensa gehe, . . .

Redemittel zum Diskutieren

Vergleichen und Bewerten

Wenn man einen Vergleich (comparison) machen will, helfen die folgenden Redewendungen.

Im Vergleich zu . . .	**Im Vergleich zu** anderen deutschen Städten sind die Mieten in Heidelberg sehr hoch.
Verglichen mit . . .	**Verglichen mit** anderen Universitäten hat Heidelberg eine lange Tradition.
Im Gegensatz zu . . .	**Im Gegensatz zu** München ist Heidelberg eine relativ kleine Stadt.
Im Unterschied zu . . .	**Im Unterschied zu** anderen deutschen Städten ist Heidelberg im Krieg nicht zerstört worden.
Das lässt sich nicht vergleichen.	Das Notensystem in Deutschland und in den USA? **Das lässt sich nicht vergleichen**.
Das kann man nicht vergleichen.	Das Notensystem in Deutschland und in den USA? **Die/Das kann man nicht vergleichen!**

24 Richtig oder falsch?

Welche der folgenden Aussagen sind richtig? Wenn sie falsch sind, korrigieren Sie sie.

1. Im Vergleich zu anderen Studienfächern studiert man Jura und Medizin nach der alten Studienordnung.
2. Verglichen mit anderen deutschen Universitäten ist die Universität Heidelberg sehr klein.
3. Im Gegensatz zum amerikanischen System gibt es in Deutschland nicht so hohe Studiengebühren.
4. Im Unterschied zu den Seminaren gibt es in Vorlesungen keine Noten.
5. Was die Universität Heidelberg von vielen anderen Universitäten in Deutschland unterscheidet, ist, dass es nur vier Fakultäten gibt.
6. Das Studium in Deutschland lässt sich nicht mit dem amerikanischen College-Studium vergleichen.

25 Vergleiche

Verbinden Sie die folgenden Sätze, um zu vergleichen.

 Die Studiengebühren in Deutschland sind nicht sehr hoch.

ABER: **In den USA ist das Studium oft sehr teuer.** →

Im Vergleich zu Deutschland ist das Studium in den USA oft sehr teuer.

1. Heidelberg ist im Zweiten Weltkrieg nicht zerstört worden.

   ABER: Viele andere deutsche Städte sind im Zweiten Weltkrieg zerstört worden.
2. Man weiß nicht, wer das Heidelberger Schloss gebaut hat.

   ABER: Bei den meisten Schlössern weiß man, wer sie gebaut hat.
3. Hannah Arendt wusste schon mit 14, was sie studieren wollte.

   ABER: Die meisten Teenager wissen nicht, was sie werden wollen.
4. In der Mensa gibt es immer etwas für Vegetarier.

   ABER: Nicht jedes deutsche Restaurant hat ein vegetarisches Gericht auf der Speisekarte.
5. In Baden-Württemberg gibt es Studiengebühren.

   ABER: Das gibt es nicht in allen anderen Bundesländern.

26 Rollenspiel

Ein amerikanischer Student kommt für ein Jahr an die Uni Heidelberg und wundert sich über die Unterschiede. Spielen Sie eine kleine Szene an der Uni Heidelberg, zum Beispiel in einer Vorlesung, in einem Seminar, in der Mensa, in der Bibliothek usw.

27 Fragen zur Diskussion

Diskutieren oder schreiben Sie über eines der folgenden Themen. Verwenden Sie dabei die Redemittel.

1. Sollte der Staat das Studium für alle bezahlen?
2. Sollten Studenten während des Studiums arbeiten? Oder sollte das Studium für jeden Studenten der wichtigste Job sein?
3. Ist das Studium in Ihrem Land besser organisiert als in Deutschland? Was ist anders? Was sind die Vorteile?

Strukturen

Über Vergangenes sprechen:

Das Plusquamperfekt

The past perfect tense **(das Plusquamperfekt)** is used to describe an action that took place prior to some other event in the past. Thus, the past perfect tense always needs another explicit or implicit past-time context.

- The past perfect is formed by using the simple past tense of an auxiliary verb (**haben** or **sein)** and a past participle. The auxiliary follows the subject or some other word or phrase at the beginning of the clause, and the participle is placed at the end of the clause.

   Hannah Arendt **hatte** schon Kant **gelesen**, als sie sich für ein Studium der Philosophie entschied.

   Hannah Arendt had already read Kant when she decided to study philosophy.

- The past perfect is very common in clauses with **nachdem**.

   Nachdem Mark Twain im Hotel Schrieder **gewohnt hatte**, zog er ins Schloss-Hotel um.

   After Mark Twain had lived at the Hotel Schrieder, he moved to the Schloss-Hotel.

---

28 | **Der erste Studientag für Dorothee und Martin**

Ergänzen Sie die Lücken mit den Plusquamperfektformen der angegebenen Verben. Achten Sie darauf, dass Sie auch ein konjugiertes Hilfsverb brauchen.

anmelden – kommen – reservieren – suchen

Als Dorothee und Martin am ersten Tag des Semesters in die Uni kamen,

_____ sie sich schon lange vorher für ihre Seminare _____. Nachdem

die beiden zehn Minuten lang _____ _____, fanden sie schließlich den

Hörsaal, in dem die erste Vorlesung stattfinden sollte. Es gab nicht mehr

viele Plätze, weil die meisten Studierenden schon früh _____ _____

und für ihre Mitstudierenden Plätze _____ _____.

einschlafen – essen – sprechen – trinken

Am Ende der Vorlesung bemerkte Dorothee, dass Martin _____ _____,

weil der Professor so monoton _____ _____. Aber nachdem die beiden

in der Mensa zu Mittag _____ _____ und einen Kaffee _____ _____,

waren sie wieder frisch für das nächste Abenteuer: ein Seminar über die

Heidelberger Romantik.

Aus der Geschichte der Heidelberger Universität

Bilden Sie mit Ihrem Partner / Ihrer Partnerin Sätze nach dem folgenden Beispiel.

> **z.B.** **Friedrich III. macht Heidelberg zu einem Zentrum europäischer Wissenschaft und Kultur. / Die Universität Heidelberg wird international bekannt.** →
>
> Nachdem Friedrich III. Heidelberg zu einem Zentrum europäischer Wissenschaft und Kultur gemacht hatte, wurde die Universität Heidelberg international bekannt.
>
> (**oder:** Die Universität Heidelberg wurde international bekannt, nachdem Friedrich III. Heidelberg zu einem Zentrum europäischer Wissenschaft und Kultur gemacht hatte.)

1. Am 18. Oktober 1386 beginnt das Studium Generale mit einer kirchlichen Messe. / Am nächsten Tag finden die ersten Vorlesungen statt.

2. 1618 beginnt der Dreißigjährige Krieg. / Die Blütezeit der Universität endet.

3. 1693 zerstören *(destroy)* die Truppen Ludwigs XVI. Heidelberg. / Die Universität bleibt für mehrere Jahre geschlossen.

4. Die Universität hat im 18. Jahrhundert viele Probleme. / 1803 wird sie reorganisiert.

5. Mit amerikanischen Spenden *(donations)* erbaut man nach dem ersten Weltkrieg die Neue Universität. / Über den Eingang hängt man eine Tafel mit der Widmung „Dem lebendigen Geist" *("To the vital spirit / intellect")*.

6. Viele Studenten haben protestiert. / 2005 hob das Bundersverfassungsgericht das Verbot von Studiengebühren auf *(lifted the ban)*.

Wie viel kostet das Studentenleben?

Bis Januar 2005 waren Studiengebühren in Deutschland gesetzlich verboten *(forbidden by law)*. Das änderte sich durch eine Klage *(lawsuit)* der Länder Baden-Württemberg und Bayern beim Bundesverfassungsgericht *(German equivalent of Supreme Court)* in Karlsruhe. Die Universitäten im Land Baden-Württemberg verlangten *(charged)* schon länger Gebühren von Studenten, die die Regelstudienzeit *(recommended number of semesters for a degree program)* überschritten *(exceeded)*; aber seit dem Sommersemester 2007 müssen in Baden-Württemberg alle Studenten ab dem ersten Semester 500 € pro Semester bezahlen.

Wie viel kostet das Studium in Ihrem Land? Was muss man alles bezahlen, wenn man hier an der Uni studiert? Wie viel kostet das Studium hier? Wie viel kosten Studiengebühren, Wohnung, Bücher, Essen, Transportmittel? Was braucht man sonst noch?

Videoblog

Igor

„Das Studentenleben in Heidelberg hat sehr viel zu bieten."

© Cengage Learning

Vor dem Sehen

A

Studentenleben

Beschreiben Sie das Studentenleben an Ihrer Universität. Gibt es einen typischen Studenten oder eine typische Studentin?

B

Aus der Wirtschaftssprache

Versuchen Sie gemeinsam mit einem Partner / einer Partnerin, die folgenden zusammengesetzten Wörter zu erklären. Machen Sie eine Liste mit allen einzelnen Wörtern. Welche anderen extrem langen Wörter kennen Sie noch in der deutschen Sprache?

1. das Wirtschaftsingenieurwesen
2. Informationskommunikationssysteme
3. der Fallstudienwettbewerb
4. die Unternehmensberatung

Beim Sehen

C

Was sehen Sie?

Kreuzen Sie an, was Sie im Video sehen.

☐ einen Park
☐ die Fußgängerzone
☐ eine Kirche
☐ Studenten vor der Mensa
☐ ein Computerlabor
☐ ein Schwimmbad
☐ einen Globus

☐ ein verliebtes Pärchen
☐ ein kleines, rotes Auto
☐ das Heidelberger Schloss
☐ ein Panorama der Altstadt
☐ ein Straßencafé
☐ eine große Familie beim Essen
☐ eine Bartenderin

D

Stimmt's?

Kreuzen Sie an, ob die folgenden Aussagen mit dem übereinstimmen, was Igor erzählt. Berichtigen Sie die falschen Aussagen.

	STIMMT	STIMMT NICHT
1. Igor studiert im sechsten Semester.	☐	☐
2. Er ist in Heidelberg geboren.	☐	☐
3. Igor hat ein Jahr in Oklahoma gelebt.	☐	☐
4. Amerika ist ganz ähnlich wie Deutschland.	☐	☐
5. Im *Café Zeitlos* gab es viel zu essen und zu trinken.	☐	☐
6. Die Atmosphäre an der Uni ist sehr anonym.	☐	☐

E Die Fallstudie

Verbinden Sie die Elemente aus Igors Vlog zu vollständigen Sätzen.

1. Natürlich ist es auch sehr wichtig in der Universität,
2. Eine Sache, die ich da mal gemacht habe, war,
3. Man hat vier Stunden Zeit,
4. Ein Fallstudienwettbewerb läuft so ab,
5. Danach gab's noch ein nettes Get-together,
6. Es ist erstaunlich, wie viel man trinken und auch essen kann,

a. dass eine Unternehmensberatung ankommt, sich einen Fall ausdenkt und den Studenten bereit stellt, dass sie ihn lösen sollen.
b. und zwar im *Café Zeitlos*.
c. wenn man nicht selber bezahlt.
d. um den Fall zu lösen, und wir hatten so einen Fall im vergangenen Januar.
e. Engagement nebenbei zu zeigen.
f. dass ich mit ein paar Freunden an einem Fallstudienwettbewerb teilgenommen habe.

Redewendungen

In welchem Kontext benutzt Igor die folgenden Redewendungen und Ausdrücke? Versuchen Sie gemeinsam mit Ihrem Partner / Ihrer Partnerin, die Ausdrücke zu erklären und erfinden Sie ein Beispiel, in dem Sie den Ausdruck verwenden.

1. eine kleine, eingeschworene Gemeinde
2. das kostet auch mal locker acht Euro
3. die Getränkekarte hoch und runter genießen

Nach dem Sehen

F Reflexionen

Was für ein Typ Student ist Igor?
Was ist für ihn wichtig?
Wie stellen Sie sich sein Studentenleben in Heidelberg vor?
Welche Lebensziele hat er wohl?

G Mein Studentenleben

Machen Sie Ihr eigenes Vlog oder schreiben Sie eine E-Mail an einen Partner / eine Partnerin und erzählen Sie von Ihrem eigenen Studentenleben.

Listen to this chapter's audio segments at www.cengage.com/german/stationen.

⊙ Lektüre

Hermann Hesse

Hermann Hesse wurde am 2. Juli 1877 in Calw
(Baden-Württemberg) geboren. Nach kurzem
Aufenthalt in der Klosterschule Maulbronn
beendete Hesse seine Schulbildung und machte
eine Lehre als Buchhändler. Schon während
seiner Lehrjahre begann er zu schreiben. Bald
nach seinen ersten erfolgreichen Werken zog
er 1904 als freier Schriftsteller in ein altes
Bauernhaus am Bodensee. 1911 reiste er nach
Indien und zog kurz darauf in die Schweiz,
zuerst nach Bern und 1919 schließlich nach
Montagnola (Tessin); dort schrieb er seine
wichtigsten Romane und verbrachte den
Rest seines Lebens. 1955 erhielt° er den
Friedenspreis des Deutschen Buchhandels.
Er starb° 1962.

Hermann Hesse

AP Photo/M. Hesse

---

erhielt *received* • **starb** *died*

Vor dem Lesen

30 ### Fragen zum Thema

1. Kennen Sie Studenten, die in einer Verbindung / Burschenschaft
   (fraternity) sind?
2. Was wissen Sie über diese Organisationen?
3. In Deutschland gibt es Studentenverbindungen (Burschenschaften)
   meistens nur für Männer. Gibt es in Ihrem Land auch Verbindungen für
   Frauen? Was unterscheidet sie von den Organisationen für Männer?
4. Ist das Studium eine Vorbereitung auf Beruf und Karriere oder lernt man
   auch für das Leben?
5. Was bedeutet Freundschaft für Sie? Haben Sie viele Freunde? Gibt es eine
   beste Freundin oder einen besten Freund?

Beim Lesen

Versuchen Sie beim ersten Durchlesen zu entscheiden, was für ein Text das ist und in
welchem Tempus er geschrieben ist (Aktivität 31). Konzentrieren Sie sich dann auf die
Abfolge der Szenen im Text (Aktivität 32) und die verwendeten Verbformen (Aktivität 33). Denken Sie dann über die Figuren und ihre Charakterprofile nach (Aktivität 34).

31 ### Textsorte und Tempus

Überfliegen Sie den Text und beantworten Sie die Fragen.

1. In welchem Tempus ist der Text geschrieben?
2. Um was für eine Art Text handelt es sich wohl? Ist es eine Kurzgeschichte
   (short story), ein Zeitungsartikel, ein Teil eines Romans *(novel)* oder eine
   Erzählung *(novella, story)*?

32

Szenen im Text

Machen Sie Notizen über die Folge der Szenen im Text. Wo sind die Personen? Wer ist noch da?

 z.B.   Studentenkneipe, viele Studenten sind da, es ist laut . . .

33

Imperfekt

Finden Sie beim Lesen alle Verbformen im Imperfekt, die sich auf entweder Hans, Erwin oder Hans und Erwin zusammen beziehen. Legen Sie eine Tabelle nach folgendem Beispiel an.

Namen	Imperfekt	Infinitiv	Partizip der Vergangenheit
Hans	winkte	winken	gewinkt

34

Charakterprofile

Machen Sie Notizen über die drei Personen im Text. Sammeln sie Adjektive, mit denen die drei Männer beschrieben werden. Was machen sie (nicht) gern? Was für Typen sind sie? Wie denken sie über das Studium?

35

Die Entscheidung

Hans Calwer trifft in dieser Geschichte eine wichtige Entscheidung. Beschreiben Sie diesen Prozess und entscheiden Sie, ob er das Richtige getan hat.

Freunde

Hermann Hesse

pub hall Der niedrige Kneipsaal° war voll Rauch, Biergeruch, Staub und
noise Getöse°.

Hans Calwer winkte seinem Freund Erwin Mühletal und ging zur Tür.
»He, schon fort?« rief einer der Studenten herüber.

5 Hans nickte nur und ging, Mühletal folgte. Sie stiegen die alte, steile Holztreppe hinab und verließen das schon still werdende
received Haus. Kalte Winternachtluft und blaues Sternenlicht empfing° sie auf dem leeren, weiten Marktplatz. Hans schlug den Weg
schlug . . . took a turn toward home nach seiner Wohnung ein°. Der Freund folgte ein Stück weit
accompanied 10 schweigend, er begleitete° Calwer fast jeden Abend nach Haus.
Bei der zweiten Gasse aber blieb er stehen. »Ja«, sagte er, »dann Gutnacht. Ich geh ins Bett.«

»Gutnacht«, sagte Hans unfreundlich kurz und ging weiter. Doch kehrte er nach wenigen Schritten wieder um und rief den Freund an.

15 »Erwin!«
»Ja?«
»Du, ich geh noch mit dir.«
»Auch recht. Ich geh aber ins Bett, ich schlafe schon halb.«

Hans kehrte um und nahm Erwins Arm. Er führte ihn aber nicht
nach Hause, sondern zum Fluß hinab, über die alte Brücke und in
objection die lange Platanenallee, und Erwin ging ohne Widerspruch° mit.
»Also, was ist los?« fragte er endlich. »Ich bin wirklich müde.«
»So? Ich auch, aber anders.«
»Na?«
»Kurz und gut, das war meine letzte Mittwochskneipe.«
»Du bist verrückt.«
»Nein, du bist's, wenn dir das noch Spaß macht. Lieber brüllen, sich
auf Kommando vollsaufen, idiotische Reden anhören und sich von
simpletons / slap zwanzig Simpeln° angrinsen und auf die Schulter klopfen° lassen,
das mach ich nicht mehr mit. Eingetreten bin ich in die Burschen-
im . . . delirious schaft seinerzeit, wie jeder, im Rausch°. Aber hinaus gehe ich
vernünftig und aus guten Gründen. Und zwar gleich morgen.«
»Ja, aber – «
»Es ist beschlossen, und damit fertig. Du bist der einzige, der
find out es schon vorher erfährt°; du bist auch der einzige, den es etwas
angeht. Ich wollte dich nicht um Rat bitten.«
»Dann nicht. Also du trittst aus. Ganz ohne Skandal geht es ja
nicht.«
»Vielleicht doch.«
»Vielleicht. Nun, das ist deine Sache.«
fool »Ich will mein eigener Herr sein und nimmer der Hanswurst° von
fraternity brothers drei Dutzend Bundesbrüdern°. Das ist alles.«
»Und wenn es dir nach drei Wochen leid tut?«
»Du mußt wirklich Schlaf haben. Gutnacht, ich geh noch
spazieren.«
artificial Hans ging langsam davon, mit einem nervösen, künstlich° leich-
ten Schritt, den Erwin gut kannte.
grumbled »Geh nur! Geh nur!« grollte° er halblaut und sah Hans nach, bis er
disappeared im Dunkel verschwunden° war.

Immer und immer war er der Gutmütige, Geduldige gewesen,
disagreement und sooft es ein Zerwürfnis° gegeben hatte, war immer er zuerst
hatte . . . asked for forgiveness gekommen und hatte um Verzeihung gebeten°. Nun ja, er war
eben einmal ein guter Kerl. Aber wozu das alles? Was war denn
schließlich an diesem Hans Calwer, daß man ihm nachlaufen
mußte? Ja, ein bißchen Witz und eine gewisse Sicherheit im
ingenious Auftreten, das hatte er wohl, und er konnte geistreich° sein.
conceited Aber auf der andern Seite war er recht eingebildet°, spielte
sah . . . looked down on others den Interessanten, sah auf alle Leute herab°. Dieser Stolz, diese
arrogance / unforgivable Sicherheit, diese Hochnäsigkeit° war unverzeihlich°.

leaving Indessen ging Hans flußabwärts, von Allee zu Allee. Er überlegte,
was morgen zu tun sei. Es war unangenehm, seinen Austritt° aus
fraternity der Verbindung° zu erklären.
Ohne Erwin hätte er es schon früher getan. Erwin hatte ihn noch
gehalten, denn er war Hans ja damals in die Verbindung gefolgt.
average person Erwin war kein Durchschnittsmensch°, aber er war unsicher und
schwach. Hans erinnerte sich an die ersten Jahre ihrer Freund-

pranks	schaft. Seither war alles von Hans ausgegangen: Spiele, Streiche°,
	Moden, Sport, Lektüre. Erwin war den sonderbarsten Einfällen mit
admiration	Bewunderung° gefolgt, er hatte ihn eigentlich nie allein gelassen.
admired	70 Er hatte ihn fast immer verstanden, ihn immer bewundert°, er war
war . . . agreed to everything	auf alles eingegangen°.

Wenn Erwin bei der Verbindung blieb, dann hatte Hans ihn verloren. Wieder ergriff ihn, wie schon manchesmal, ein hilfloser

hilfloser . . . helpless anger Zorn° über all den Schwindel in der Welt und über sich selber, daß
trusted 75 er ihm immer wieder vertraut° hatte. So war es auch mit der Universität und vor allem mit dem Studentenwesen. Die Universität
war eine veraltete, schlecht organisierte Schule; sie gewährte°
allowed dem Studenten eine fast grenzenlose Freiheit, um ihn nachher
exam routine durch ein formelhaftes Prüfungswesen° wieder desto gründlicher
trap / bribery 80 einzufangen°. Doch war man vor Protektion und Bestechung°
safe / bothered nicht sicher°. Nun, das plagte° ihn wenig. Aber das Studentenle-
ordering / origin ben, die Abstufung° der Gesellschaften nach Herkunft° und Geld,
die komische Uniformierung, die sinnlos gewordene Romantik mit
Altheidelberg und Burschenfreiheit, das alles existierte nicht nur
war . . . ran into the absurd trap 85 fort, er selbst war in die lächerliche Falle gegangen°!

■

Hans mußte an einen Studenten denken, der mehrmals in
einer Vorlesung über orientalische Religionswissenschaft sein
Banknachbar gewesen war. Der trug einen dicken Lodenmantel,
patched / coarse schwere Bauernstiefel, geflickte° Hosen und ein derbes,° gestrick-
90 tes Halstuch und war vermutlich ein theologiestudierender Bau-
farmer's son ernsohn°. Dieser hatte für die eleganten Kollegen mit Mützen und
superior Bändern nur ein gutes, aber überlegenes° Lächeln. Nun dachte
inconspicuous Hans, dieser unscheinbare° Student stehe ihm doch viel näher als
envied die bisherigen Kameraden, und er beneidete° ihn ein wenig um
95 seine zufriedene Ruhe. Da war einer, der wie er ganz allein stand,
desire und der offenbar das beschämende Bedürfnis° wie die anderen
zu sein gar nicht kannte.

■

In den Vorlesungen des Orientalisten war Hans jenem Studenten
regularly seither regelmäßig° begegnet und hatte häufig neben ihm geses-
100 sen. Er hatte gesehen, daß er die Vorträge sauber und mühelos
stenographierte.
Einmal saß er wieder in seiner Nähe und beobachtete den fleißi-
paying attention gen Mann. Er sah in dessen Gesicht das Aufmerken° und Verstehen ausgedrückt. Er sah ihn einigemal nicken, einmal lächeln, und
105 er bewunderte ihn dafür. Er beschloß, den Studenten kennenzu-
lernen. Als die Vorlesung zu Ende war, folgte Hans dem Loden-
aus . . . from a distance mantel aus der Ferne°, um zu sehen, wo er wohne. Zu seinem
astonishment Erstaunen° aber machte der Unbekannte in keiner der bekannten
Gassen halt. Hans wurde neugierig und folgte in kleinerer Entfer-
110 nung. Hans folgte ihm in eine völlig unbekannte Gegend hinaus,
da hörte der andere seine Schritte und drehte sich um. Hans zog
den Hut und sagte Gutentag. Beide blieben stehen.
»Sie gehen spazieren?« fragte Hans.
»Ich gehe heim.«

	115 »Ja, wo wohnen Sie denn? Gibt es hier draußen noch Häuser?«
	»Hier nicht, aber eine halbe Stunde weiter. Da liegt ein Dorf, Blaubachhausen, und da wohne ich.«
	»Darf ich ein Stück mitgehen? Mein Name ist Calwer.«
	»Ja, es freut mich. Ich heiße Heinrich Wirth. Aus dem Buddha-
Buddha seminar	120 Kolleg° her kenne ich Sie ja schon länger. Sie haben früher immer so eine rote Kappe aufgehabt.«
	Hans lachte. »Ja«, sagte er. »Aber das ist jetzt vorbei. Es war ein
misunderstanding	Mißverständnis°.« Wirth sah ihn an und nickte. »Denken Sie, das freut mich?«
	125 »Warum denn?«
	»Oh, es hat keinen besonderen Grund. Ich hatte aber manchmal ein Gefühl, daß Sie nicht da hineinpassen.«
observed	»Haben Sie mich denn beobachtet°?«
	»Nicht gerade. Aber man sieht einander doch. Am Anfang dachte
a man above reproach	130 ich, das ist auch so ein Tadelloser°. Es gibt ja solche, nicht?«
	»Ja, es gibt solche. O ja.«
hatte … had done you an injustice	»Also. Und dann sah ich, ich hatte Ihnen unrecht getan°. Ich merkte ja, daß Sie wirklich zum Hören und Lernen herkamen.«
	»Nun, das tun die andern doch wohl auch.«
	135 »Meinen Sie? Ich glaube, nicht viele. Die meisten wollen eben ein Examen machen, weiter nichts.«
	»Dazu muß man doch aber auch lernen.«
	»Auch ja, aber nicht viel. Was man in einem Kolleg über Buddha lernen kann, kommt im Examen nicht vor.«
edification	140 »Aber zur Erbauung° sind eigentlich die Hochschulen auch wieder nicht da. Das religiös Wertvolle an Buddha kann man selbst in einem Buch lesen.«
	»Das wohl. Das meine ich auch nicht.«
cows' bellowing	Kuhgebrüll° tönte durch die Stille der leeren Felder herüber.
	145 »Blaubachhausen«, sagte Wirth und deutete auf das Dörfchen.
Abschied … say goodbye	Hans wollte Abschied nehmen° und umkehren.
	»Nun sind Sie gleich zu Hause«, sagte er, »und ich will nun auch umkehren und sehen, daß ich zum Mittagessen komme.«
	»Tun Sie das nicht«, meinte Wirth freundlich. »Kommen Sie
completely	150 vollends° mit und sehen Sie, wo ich wohne. Essen können Sie im
mit … be satisfied with milk	Dorf auch haben, und wenn Sie mit Milch zufrieden sind°, können Sie mein Gast sein.«
nahm … gladly accepted the invitation	Hans nahm die Einladung gerne an°. »Sie haben es weit in die Stadt«, sagte er.

■

	155 Indessen war es Erwin nicht wohl. Seine Kameraden wußten, daß
reason	Hans die Ursache° war.
	Eines Abends kam er an Hansens Wohnung vorbei und sah Licht
homesickness	in dessen Fenster. Er blieb stehen und sah mit Heimweh° und Scham hinauf. Hans saß oben am Klavier und spielte. Nach einer
went out	160 Viertelstunde erlosch° das Licht, und bald darauf sah er wie Hans in Begleitung eines großen, unfein gekleideten jungen Menschen das Haus verließ. Erwin wußte, daß Hans nicht jedem beliebigen
nicht … didn't play piano for just anyone	Menschen auf dem Klavier vorspielte°. Also hatte er schon wieder einen Freund gefunden! …

Wortschatz

austreten (tritt aus, trat aus, ist ausgetreten) *to leave (a club or association), cancel membership*

begegnen (ist begegnet) *to meet s.o.*

begleiten (hat begleitet) *to accompany, come with s.o.*

beschließen (beschloss, hat beschlossen) *to decide, make a decision*

bewundern (hat bewundert) *to admire*

die **Burschenschaft, -en** *fraternity*

das **Dorf, ⸚er** *village*

eingebildet *conceited, arrogant*

eintreten (tritt ein, trat ein, ist eingetreten) *to join (a club or association)*

folgen (ist gefolgt) *to follow*

das **Heimweh** *homesickness, nostalgia*

hineinpassen (passt hinein, passte hinein, hat hinein gepasst) *to fit in*

die **Hochnäsigkeit** *arrogance*

der **Kerl, -e** *guy, chap (colloquial);* **ein guter Kerl** *a nice guy*

das **Klavier, -e** *piano*

die **Kneipe, -n** *pub, bar*

die **Mode, -n** *fashion, trend*

neugierig *curious(ly)*

nicken (hat genickt) *to nod*

der **Rat** *advice*

die **Sache, -n** *thing, aspect, issue;* **das ist deine Sache** *that's your business*

die **Scham** *shame*

der **Schritt** *gait, step*

der **Schwindel** *corruption, dishonesty*

die **Sicherheit** *security, confidence*

sonderbar *strange*

umkehren (kehrt um, kehrte um, ist umgekehrt) *to turn around*

die **Verbindung, -en** *fraternity*

verrückt *crazy*

vertrauen (hat vertraut) *to trust*

sich **vollsaufen** (säuft sich voll, soff sich voll, hat sich vollge soffen) *to get drunk (vulgar)*

weit *far*

wertvoll *valuable*

winken (hat gewinkt/ gewunken) *to wave at s.o.*

der **Zorn** *anger*

Nach dem Lesen

 Fragen zum Text

1. Wo waren Hans und Erwin am Beginn der Geschichte?
2. Welche wichtige Entscheidung hat Hans getroffen?
3. Wie reagiert Erwin auf seinen Entschluss *(decision)*?
4. Wie denkt Erwin über Hans?
5. Wie denkt Hans über Erwin?
6. Hans begegnet einem Studenten, den er schon oft bemerkt hatte. Wie sieht dieser Student aus? Was denkt Hans über ihn?
7. Was haben Hans und Heinrich gemeinsam? Was unterscheidet sie?
8. Was bedeutet diese Episode für Erwin?

Fragen zum Nachdenken und Diskutieren

1. Was wird aus Hans Calwer und Heinrich Wirth? Können sie Freunde werden?

2. Was wird aus Hans und Erwin? Können sie Freunde bleiben?

3. Wie denkt Heinrich Wirth über das Studium? Ist Hans Calwer seiner Meinung?

4. Was hat sich am Studium seit dieser Zeit geändert? Was ist gleich geblieben?

5. Hermann Hesse selbst hat nie an einer Universität studiert. Kann man an dieser Geschichte seine Meinung über das Lernen an sich und die Universität als Institution erkennen?

Schreibübung

1. Wie geht die Geschichte weiter? Erzählen Sie die Geschichte – im Imperfekt – zu Ende. Was wurde aus den drei Personen? Sie können die Geschichte genau da weiterschreiben, wo sie hier aufhört, oder darüber schreiben, was zwanzig Jahre später aus den drei Männern geworden ist.

2. Erzählen Sie die Geschichte (im Imperfekt) aus Erwins Perspektive. Schreiben Sie dazu einige innere Monologe (z. B. wie denkt Erwin über Hans Calwer, die Burschenschaft, das Studium, Heinrich Wirth?).

3. Heinrich Wirth glaubt, die meisten Studenten wollen nicht wirklich lernen, sondern wollen einfach ein Examen machen. Wie denken Sie darüber?

Studentenlieder

1. Kennen Sie die „Alma Mater" Ihrer Universität? Welche Themen werden dort angesprochen?

2. Welche Themen werden wohl in einem Studentenlied zu Hesses Zeiten angesprochen? Machen Sie gemeinsam mit einem Partner / einer Partnerin eine Liste und vergleichen Sie Ihre Listen im Kurs.

3. Welche Rolle spielen Studentenlieder heute?

Über den Häusern verläuft der Philosophenweg.

40 Alt-Heidelberg du feine

Joseph Victor von Scheffel (1826–1886) schrieb mehrere Gedichte über Heidelberg. Eines davon wurde in der Vertonung S. Anton Zimmermanns (1807–1876) als Studentenlied populär. Nach Scheffel wurde die dem Schloss gegenüberliegende Scheffel-Terrasse benannt.

Alt-Heidelberg, du feine,

Du Stadt an Ehren reich,

Am Neckar und am Rheine

Kein' andre kommt dir gleich.

Stadt fröhlicher Gesellen,

An Weisheit schwer und Wein,

Klar ziehn des Stromes Wellen,

Blauäuglein blitzen drein.

Und kommt aus lindem° Süden   *dulcet*

Der Frühling übers Land,

So webt er dir aus Blüten

Ein schimmernd Brautgewand.

Auch mir stehst du geschrieben

Ins Herz gleich einer Braut,

Es klingt wie junges Lieben

Dein Name mir so traut°.   *familiar*

Und stechen° mich die Dornen,   *prick*

Und wird mir's drauß zu kahl,

Geb' ich dem Roß die Spornen°   *Geb... I will spur the horse*

Und reit' ins Neckartal.

41 Schreibübung: Studentenlied

Schreiben Sie ein Studentenlied über Ihre Stadt oder Ihre Universität. Tragen Sie die Lieder im Kurs vor!

Zum Schluss

42 **Unileben in Heidelberg**

Diskutieren Sie zum Schluss noch einmal im Kurs, welche Aspekte des Universitätsstudiums, der Uni Heidelberg oder der Stadt Heidelberg Sie am meisten überrascht haben. Vielleicht helfen dabei die folgenden Stichworte.

Abschluss
Burschenschaft
Fakultäten
Abbrecher
Studiengebühren
Studentenleben
Hochschulreform
Studium
Vorlesungen
Leistungsdruck

Das letzte Wort: *Akademische Freiheit*

Die „Freiheit von Forschung, Lehre und Studium" ist im Grundgesetz der Bundesrepublik Deutschland *(constitution of the BRD)* verankert *(anchored)*. Das bedeutet, die Dozenten können die Kurse frei gestalten *(create)* und dürfen ihre wissenschaftliche Meinung frei äußern. Die Studierenden können ihre Kurse frei wählen und in ihrem Studium Schwerpunkte *(areas of concentration)* nach eigener Wahl setzen. Vorgeschriebene *(prescribed)* Stundenpläne widersprechen *(contradict)* dem Grundgedanken der „akademischen Freiheit". Die „Qual der Wahl" *(lit. "torture of selection," the problem of having too much to choose from)* am Studienbeginn ist die logische Folge der Freiheit.

Wie viel akademische Freiheit haben Sie in ihrem Studium?
Wie viel akademische Freiheit sollte man haben?

Hamburg

Peter Frischmuth / Peter Arnold Inc.

Der Hamburger Hafen ist einer der größten der Welt. Sind Sie seefest *(not prone to seasickness)* oder werden Sie leicht seekrank *(seasick)*?

⊙ Station

Hamburg

STATISTIK

Einwohnerzahl:	1,7 Millionen
Fläche:	755 km²
1850–1939 via Hamburg emigriert:	5 Millionen Menschen

Die Hansestadt[1] Hamburg ist die zweitgrößte deutsche Stadt und, wie Berlin, ein selbständiges Bundesland der Bundesrepublik Deutschland. Hamburg liegt in der Norddeutschen Tiefebene° ungefähr 100 km vor der Einmündung der Elbe° in die Nordsee. Der Hamburger Hafen ist nach New York und London der drittgrößte Hafen der Welt. In Hamburg haben 90 Konsulate ihren Sitz; damit ist Hamburg einer der größten Konsularplätze der Welt. Hamburg wird durch seine geographische Lage und seine Geschichte als Handels- und Hafenstadt auch oft *Das Tor zur Welt* genannt. Viele Menschen sind von Hamburg aus in andere Länder ausgewandert°.

Hamburg ist vor allem ein Zentrum der Medien. Fast 11.000 Firmen in Hamburg gehören zu den Branchen° Werbung, Druck- und Verlagswesen°, Film, Musik, Kultur, Rundfunk und Fernsehen. Vor allem ist Hamburg eine Hochburg° der Verlage von Zeitungen und Zeitschriften. Fast die Hälfte der in Deutschland verkauften Zeitungen und Zeitschriften kommen aus Hamburg. Siebzehn der zwanzig größten deutschen Zeitschriften, wie zum Beispiel *Der Spiegel* und die Wochenzeitung *Die Zeit*, werden in Hamburg verlegt°.

Auswanderer auf dem Weg nach Amerika

Edwin Levick/FPG/Getty Images

Tiefebene *lowlands* • **Elbe** *river flowing through Hamburg to the North Sea*
ausgewandert *emigrated* • **Branchen** *business sectors* • **Verlagswesen** *publishing industry*
Hochburg *stronghold* • **verlegt** *published*

[1] „Freie Hansestädte" were autonomous in their government and privileged by the emperor and/or bishop, for instance, by not having to pay certain taxes, and so on. The word *Hanse* comes from *Hansa* = Old High German for *group,* later specifically for a group with common economic interests.

Geschichte

1189	1356	1700	1806	1912	1940–1943
Kaiser Friedrich Barbarossa erlaubt der Stadt zollfreien Handel und Schifffahrt.	Hamburg wird Hansestadt.	Hamburg ist der wichtigste Hafen für den Getreideexport *(grain export)* nach Westeuropa, Nordeuropa und Italien.	Hamburg wird „freie Hansestadt".	Hamburg ist nach New York und London der drittgrößte Hafen der Welt.	Durch Luftangriffe *(air raids)* werden 50 % der Wohnungen, 80 % des Hafens und 40 % der Industrie in Hamburg zerstört.

Die Hanse

Die Hanse war ein Bund zwischen vielen Städten im Nord- und Ostseeraum. Im Jahr 1356 schlossen sich mehrere Kaufleute *(tradesmen)* zu einer Gemeinschaft *(association)* zusammen *(banded together)*. Zur Hanse gehörten rund 70 Städte und 130 weitere Städte waren damit verbunden. Die Städte Hamburg, Bremen, Lübeck, Rostock, Greifswald, Stralsund, Demmin und Wismar tragen bis heute den Namen *Hansestadt*.

Kennen Sie andere Städtegemeinschaften? Welche?

1 Fragen zur Station

1. Wo liegt Hamburg? Was ist in der Nähe?
2. Wie wichtig ist der Hamburger Hafen?
3. Wann wurde die Stadt eine Hansestadt?
4. Was ist eine Hansestadt?
5. In welchen Branchen arbeiten viele Menschen in Hamburg?
6. Wie viele deutsche Zeitungen und Zeitschriften kommen aus Hamburg?
7. Wie viele Einwohner hat Hamburg? Wie groß ist die Fläche?
8. Wie alt ist der Hamburger Hafen?
9. Was geschah zwischen 1940 und 1943 in Hamburg?

2 Hamburg

Finden Sie die richtigen Präpositionen.

1. Hamburg liegt ___im___ Norden von Deutschland.
2. Die Elbe fließt ___in___ die Nordsee.
3. Der Hamburger Hafen ist ___nach___ New York und London der drittgrößte Hafen.
4. Viele Menschen in Hamburg arbeiten ___für___ Firmen der Medienbranche.
5. Fast die Hälfte der deutschen Zeitungen und Zeitschriften kommt ~~nach~~ *aus* Hamburg.

1949	1989	1996	2007	2008	2009
Bei der Gründung der BRD wird Hamburg ein selbständiges Bundesland.	Der Hamburger Hafen wird 800 Jahre alt.	Hamburg wird Sitz des Internationalen Seegerichtshofs *(International Tribunal for the Law of the Sea)*.	Eröffnung des Emigrationsmuseums Ballinstadt.	Die neu errichtete HafenCity wird zum Hamburger Stadtteil erklärt.	Erste *Hamburg City Climate Conference* für Bürgermeister aus der ganzen Welt.

die Branche, das Wesen, das Geschäft

Wenn man im Deutschen über einen Bereich oder Sektor der Wirtschaft spricht, wie zum Beispiel das Verlegen *(publishing)* von Büchern, Zeitungen und Zeitschriften, dann kann man diesen Bereich das **Verlagswesen** oder auch das **Verlagsgeschäft** nennen. Die **Branche** ist ein ähnliches Wort; die **Verlagsbranche** bedeutet alles, was mit dem Verlegen von Büchern, Zeitungen und Zeitschriften zu tun hat. Wenn man also auf English sagt *I'm in the insurance business,* kann man auf Deutsch sagen **Ich arbeite im Versicherungswesen** oder **in der Versicherungsbranche**. Damit sagt man nur, dass man in diesem Sektor arbeitet, aber nicht, was man eigentlich macht.

Viele Menschen in Deutschland finden es zu persönlich, wenn man gleich nach ihrem Beruf fragt. Statt *(Instead of)* zu sagen **Ich bin Sekretärin** oder **Ich bin Redakteur** sagt man oft lieber **Ich arbeite im Verlagswesen**.

Wie ist das in Ihrem Land? Fragt man gleich nach dem Beruf? Was sind Gründe dafür?

Eine berühmte Hamburger Medienfrau

Sabine Christiansen (1957–)

Sabine Christiansen wurde 1957 in einer kleinen Stadt in Schleswig-Holstein geboren. Nach dem Abitur arbeitete sie sieben Jahre lang bei *Lufthansa°* als Flugbegleiterin°. Danach machte sie ein Volontariat° beim Norddeutschen Rundfunk° in Kiel und Hamburg. Nach ihrer Ausbildung wurde Sabine Christiansen Politik- und Wirtschaftsreporterin beim Norddeutschen Rundfunk und moderierte von 1985 bis 1987 das *Hamburg Journal* im Fernsehen. 1987 wurde sie Co-Moderatorin der *Tagesthemen*, Deutschlands wichtigster Nachrichtensendung. Das Publikum war zuerst skeptisch, eine

Sean Gallup/Getty Images

Sabine Christiansen

Frau in einer so wichtigen Medienposition zu sehen, aber Sabine Christiansen wurde schnell zu einer respektierten Moderatorin. Sie gewann viele Preise und Auszeichnungen° und wurde eine der bekanntesten Fernsehjournalisten. 1997 startete sie ihr eigenes Programmformat mit der Sendung *Sabine Christiansen*. Die Talkshow etablierte sich innerhalb kürzester Zeit und wurde mit rund 5 Millionen Zuschauern eines der erfolgreichsten Formate im deutschen Fernsehen. Seit 2007 moderiert Sabine Christiansen bei CNBC die Sendung *Global Players with Sabine Christiansen* und diskutiert politische und wirtschaftliche Entwicklungen° mit internationalen Gästen auf Englisch.

Lufthansa *German airline* • **Flugbegleiterin** *flight attendant* • **Volontariat** *internship* **Rundfunk** *regional public radio and TV* • **Auszeichnungen** *awards* • **Entwicklugen** *developments*

3 Vor dem Lesen

Beantworten Sie die Fragen mit Hilfe des Internets.

Die Tagesschau

1. Was sind die wichtigen Themen in der Tagesschau heute?
2. Wie ist die Webseite? Welche Bilder sind zu sehen?
3. Auf der Tagesschau-Webseite kann man auch Reportagen anhören und ansehen. Audio-Reportagen sind mit einem Lautsprecher-Symbol gekennzeichnet, Videoreportagen haben ein Kamerasymbol. Hören und sehen Sie einmal, was es gibt! Was ist interessant?

Sabine Christiansen

4. Suchen Sie Informationen über Sabine Christiansens Talkshow. Wer sind ihre Gäste? Was sind die Themen?
5. Sabine Christiansen war zuerst Flugbegleiterin und ist dann Reporterin geworden. Was haben die Berufe gemeinsam? Suchen Sie Informationen über Sabine Christiansens Leben und ihre Fernsehkarriere am Internet.
6. Kennen Sie erfolgreiche Medienfrauen? Was haben sie mit Sabine Christiansen gemeinsam? Wie sehen sie aus? Wie sprechen sie?
7. Welche Nachrichtensendung sehen Sie oder hören Sie? Sehen Sie öffentliche oder private Fernsehsender? Hören Sie öffentliche oder private Radiosender?

Interview mit Sabine Christiansen

Tagesspiegel: Was macht die Marke° Christiansen aus°?

S.C.: Also, sich selbst als Marke zu betrachten, ist sehr sehr seltsam°. Es gibt Menschen, die fühlen sich wohl dabei, für mich wird es ein Fremdkörper bleiben. Trotzdem weiß ich, dass es heute gar nicht anders geht.

Tagesspiegel: Ihr Name ist mittlerweile ein großes Kapital. Sie könnten, nach dem Vorbild° der amerikanischen Talkmasterin Oprah Winfrey, die Marke ausbauen, eine eigene Zeitschrift herausgeben, Spezial-Sendungen produzieren . . .

S.C.: Oder es lassen, denn eine Marke ist auch mit Umsicht° zu behandeln. Wir haben uns natürlich Gedanken darüber gemacht, aber ich bin da lieber vorsichtig°. Vielleicht ist der Bedarf° in der momentanen Zeit auch nicht so groß.

Tagesspiegel: Welche Träume hatte die 17-jährige Sabine?

S.C.: Ich liebe meine Heimat Schleswig-Holstein, aber ich war mir immer sicher, dass ich dort nicht bleiben wollte. Ich war als Schülerin oft in Frankreich, in der Schule habe ich auch Russisch gelernt, wollte immer gern für eine Zeit im Ausland leben . . .

Tagesspiegel: Russisch? Wirklich?

S.C.: Naja, das war schon furchtbar schwer, vier Jahre lang, aber ich dachte mir, was man hat, hat man. Also, ich wollte die Welt kennen lernen und Sprachen zu lernen ist mir immer leicht gefallen. [. . .]

Tagesspiegel: Nach der Schule haben Sie sieben Jahre lang bei Lufthansa als Flugbegleiterin gearbeitet. Was lernt man in dem Job?

S.C.: Sich in einer Welt auszukennen, die in den 70er Jahren, als ich bei Lufthansa war, noch keinen großartigen Massentourismus zu fernen Zielen kannte. Man lernt Sprachen und fremde Kulturen kennen, Menschen schnell einzuschätzen°, wie offen ist jemand, wie ehrlich, wie gehen die oben mit denen unten um . . .

Marke brand • **macht aus** characterizes • **seltsam** strange • **Vorbild** model • **Umsicht** care • **vorsichtig** cautious • **Bedarf** demand • **einzuschätzen** determine s.o.'s character

Tagesspiegel: . . . damals gab es noch eine Bar für die First-Class, die im Flugzeug eine Etage höher war.

S.C.: Man trifft die vermeintlich° Mächtigen und erlebt sie manchmal ganz schwach°, wenn sie plötzlich Flugangst haben oder sonst irgendein Problem: Eben war er noch furchtbar arrogant, jetzt sitzt er vor einem und zittert°. Man bekommt in dem Beruf sehr schnell ein entspannteres° Verhältnis° zur Macht°, zu Höhenflügen und Landungen, Auf und Abs.

Tagesspiegel: Nach der Lufthansa wurden Sie Lokalreporterin beim Norddeutschen Rundfunk – von der großen weiten Welt zurück in die Heide°.

S.C.: Bei meinem Einstellungsgespräch fragte mich einer aus der Runde der Programmdirektoren, wo ich denn gerade herkäme. Aus Rio, antwortete ich. Und wie, fragte er, wollen Sie dann aus Husum° berichten? Ich antwortete: Mit einem Aufnahmegerät°, und außerdem kenne ich wenigstens den Weg dorthin. Mir fiel der Abschied vom Fliegen wirklich leicht, die Zeit war vorbei.

Tagesspiegel: Sie können gut Abschied nehmen?

S.C.: Ja. Weil ich meistens das Gefühl habe, man sieht sich ja wieder, und ich freue mich auf unser Wiedersehen. Wenn ich aber etwas für mich beende, dann mache ich das total.

Tagesspiegel: Kommen wir zum Schluss noch einmal an die Oberfläche zurück. Nie überlegt, ob Sie Ihre Haare mal nicht mehr blond färben° sollten?

S.C.: Einmal, bei den *Tagesthemen*, habe ich sie braun gefärbt. Alle waren entsetzt°! Also habe ich gesagt, okay, wenn es so sein soll, und bin wieder zu meiner alten Farbe zurück. Man kann ja auch aus blond im Leben etwas machen.

[Der Tagesspiegel, 29.06.2003]

---

vermeintlich *so-called* • **schwach** *weak* • **zittert** *trembles* • **entspannteres** *more relaxed*
Verhältnis *relationship* • **Macht** *power* • **Heide** *heath (region in Schleswig-Holstein)*
Husum *town near Hamburg* • **Aufnahmegerät** *recording device* • **färben** *dye*
entsetzt *appalled*

 4

Fragen zum Interview

1. Möchte Sabine Christiansen wie Oprah Winfrey ihre eigene Zeitschrift herausgeben? Erklären Sie.
2. Welche Träume hatte Sabine Christiansen, als sie jung war? Was wollte sie gerne machen?
3. Warum hat sie Sprachen gelernt?
4. Was hat sie gelernt, als sie Flugbegleiterin bei Lufthansa war?
5. Spekulieren Sie! Warum ist Sabine Christiansen so erfolgreich?
6. Wie hat sie sich bei ihrem Vorstellungsgespräch beim NDR verhalten?
7. Warum färbt sich Sabine Christiansen die Haare blond?
8. Sind die Interview-Fragen respektvoll und distanziert oder sehr persönlich?
9. Spricht der Interviewer Sabine Christiansen mit **Du** oder **Sie** an?

 5

Andere berühmte Hamburger

 Suchen Sie Informationen über die folgenden Personen. Wer sind sie? Was haben sie gemacht?

Hark Bohm	Felix Mendelssohn-Bartholdy	Samy Deluxe
Wolfgang Borchert	Hans-Erich Nossack	Fettes Brot
Johannes Brahms	Helmut Schmidt	Peter Heppner
Hanne Darboven	Klaus Störtebecker	

Partnerinterview

Fragen Sie Ihren Partner / Ihre Partnerin und berichten Sie dann im Kurs.

1. Woher kommen deine Vorfahren?
2. Wann sind sie hier hergekommen?
3. Warum sind sie gekommen?
4. Kennst du Leute, die erst vor kurzem aus ihrem Land emigriert sind? Woher sind sie gekommen? Warum?

Suchbegriffe

Forschen Sie mit den folgenden Suchbegriffen im Internet.

Stadt Hamburg

1. Welche Neuigkeiten gibt es?
2. Gibt es Werbung? Wofür?

Hamburgs Geschichte *(Die Hanse)*

3. Wann war Hamburg die größte Stadt Deutschlands?
4. Welchen Aspekt der Hamburger Geschichte finden Sie besonders interessant?

Emigrationsmuseum Ballinstadt

5. Wo ist das Emigrationsmuseum Ballinstadt?
6. Wie kann man hier genealogische Forschung *(genealogical research)* betreiben?

Fernsehen

Suchen Sie Informationen über das deutsche Fernsehen. Finden Sie eine Sendung *(program)*, die Sie interessiert, und stellen Sie sie im Kurs vor.

Lokale Presse

Gehen Sie zu den folgenden Websites im Internet. Was sind die Schlagzeilen? Wie wirken diese Zeitungen auf Sie? Wie sind Sprache und Präsentation – einfach oder komplex, plakativ oder seriös, modern oder altmodisch? Was ist besonders interessant?

Hamburger Abendblatt

Hamburger Morgenpost

Klönschnack

Überregionale Presse aus Hamburg

Aus Hamburg kommen auch zwei sehr wichtige überregionale Zeitungen: *Die Zeit* und *Der Spiegel*. Vergleichen Sie die Websites!

1. Welche Farben sind jeweils auf der Startseite?
2. Was sind die Schlagzeilen *(headlines)*?
3. Wie ist die Sprache – einfach oder komplex?
4. Wie ist die Präsentation – seriös oder sensationsgierig *(sensational)*?
5. Welche Fotos gibt es?

Nachrichtenrunde

Arbeiten Sie in Gruppen oder Paaren. Berichten Sie über einen Aspekt, den Sie beim Surfen im Internet gefunden haben.

Fragen zum Nachdenken und Diskutieren

Bearbeiten Sie diese Fragen in Paaren oder kleinen Gruppen. Machen Sie Notizen und geben Sie im Kurs einen kleinen Bericht. Bringen Sie die Resultate Ihrer Internetsuche dabei ein.

1. Wie hat die geografische Lage Hamburgs die Stadtgeschichte beeinflusst?
2. Was haben Sie über den Hamburger Hafen und die Hanse gelernt?
3. Für wen war (oder ist) Hamburg das *Tor zur Welt*?
4. Ist die Konzentration der Presse in Hamburg ein Problem oder hat sie Vorteile?

Das Hamburger Rathaus, das 1886–1897 gebaut wurde, gehört zu den größten und schönsten Gebäuden des 19. Jahrhunderts in Deutschland.

Strukturen

Höflichkeit, Hypothesen und Wünsche:

Der Konjunktiv II

In *Station 1*, you reviewed the concept of mood in a verb.

1. Reality is expressed with the **indicative** present, simple past, present perfect, and past perfect tenses.
2. Commands and suggestions are made using the **imperative.**
3. To express hypothesis, wishes, politeness, and distance, German speakers use the **subjunctive.**

- The subjunctive II **(Konjunktiv II)** is used to make requests more polite and to express unreal, contrary-to-fact, or hypothetical conditions.

  Der Interviewer fragt Sabine Christiansen: „**Würden** Sie mir bitte ein paar Fragen **beantworten**?"

  Wenn Sabine Christiansen Lust *hätte, könnte* sie nach dem Vorbild von Oprah Winfrey ihre eigene Zeitschrift herausgeben.

- The subjunctive II for present time is formed by adding personal endings to the stem of a verb's simple past form. The subjunctive form of weak verbs is not distinguishable from its simple past form. Strong and mixed verbs add an umlaut to stems with **a**, **o** and **u**. Some mixed verbs substitute **e** for **ä** (e.g. **nennen**, **kennen**, **rennen**). Modal verbs add an umlaut if they have one in the infinitive.

Infinitive (Simple Past)	sein (war)	haben (hatte)	werden (wurde)	gehen (ging)	kommen (kam)	wissen (wusste)
ich	wäre	hätte	würde	ginge	käme	wüsste
du	wärest	hättest	würdest	gingest	kämest	wüsstest
er/es/sie	wäre	hätte	würde	ginge	käme	wüsste
wir	wären	hätten	würden	gingen	kämen	wüssten
ihr	wäret	hättet	würdet	ginget	kämet	wüsstet
sie/Sie	wären	hätten	würden	gingen	kämen	wüssten

- In general, the subjunctive II forms of **sein**, **haben**, **werden**, **gehen**, **kommen**, **wissen**, and the modal verbs (**dürfen**, **können**, **mögen**, **müssen**, **sollen**, **wollen**)[2] are the only ones commonly used.

- For all other verbs, the form **würde** + **infinitive** is frequently used.

    Wenn die Touristen genug Zeit hätten, **würden** sie eine Rundfahrt im Hamburger Hafen **machen**.

    Die 17-jährige Sabine Christiansen **würde** gerne im Ausland **leben**.

- Since the repetitive use of **würde** + **infinitive** sounds awkward and inconcise in serious writing, the **würde**-construction is used more commonly in spoken German. Nevertheless, it is sometimes used even in writing, because the subjunctive II form of a weak verb is often ambiguous and could be mistaken for a simple past form. To clarify meaning, **würde** + **infinitive** is used.

    Wenn Sabine Christiansen nicht in Hamburg **wäre**, **würde** sie vielleicht in Russland **leben**.

13 Wunschsätze

Sie wollen mit dem Zug nach Hamburg fahren, aber nichts klappt so, wie es soll. Bilden Sie gemeinsam mit einem Partner / einer Partnerin Wunschsätze nach dem folgenden Muster.

 z.B.

Die Fahrt zum Bahnhof ist sehr lang.

Wenn die Fahrt doch kürzer ware!

Or: Wenn die Fahrt doch nicht so lang wäre!

1. Die Fahrt zum Bahnhof ist sehr lang.
2. Wir ~~haben noch keine~~ Fahrkarten. *hätten*
3. Alle Fahrkartenautomaten sind kaputt. *wäre*
4. Der Zug hat Verspätung. *hätte nicht*
5. Der Zug ist zu voll. *wäre*
6. Wir haben ~~nichts~~ zu Trinken. *hätten*
7. Der Schaffner ist unfreundlich. *wäre*
8. Die Sitze sind zu hart. *wären nicht*

---

[2] Modal verbs will be covered in more detail later in this chapter.

Was wäre, wenn . . .

Erzählen Sie Ihrem Partner / Ihrer Partnerin in zwei Sätzen, was Sie in den folgenden Situationen machen würden. Ihr Partner / Ihre Partnerin macht sich Notizen und berichtet dann im Kurs.

z.B. **wenn Sie morgen nach Hamburg fliegen würden** →

Wenn ich morgen nach Hamburg fliegen würde, würde ich schnell meinen Koffer packen.

1. wenn Sie nur fünf Stunden in Hamburg hätten
2. wenn Sie in Hamburg wohnen würden
3. wenn Sie ein erfolgreicher TV-Moderator / eine erfolgreiche TV-Moderatorin wären
4. wenn Sie Hamburg auf schnellstem Wege verlassen müssten
5. wenn Sie 10.000 Euro hätten, die Sie in Hamburg ausgeben könnten
6. wenn Sie Herausgeber Ihrer eigenen Zeitung wären

Ein Tag in Hamburg

Stellen Sie sich vor, Sie würden einen Tag in Hamburg verbringen. Suchen Sie fünf Aktivitäten unten, die Sie am liebsten an diesem Tag unternehmen würden, und kreuzen Sie diese auf der Liste an. Dann bilden Sie Gruppen von 2–4 Studenten und versuchen Sie, die Aktivitäten Ihrer Partner zu erraten. Für jede richtig erratene Antwort erhalten (receive) Sie einen Punkt. Vielleicht bekommen Sie sogar einen Preis am Ende des Spiels.

z.B. S1: Seth, würdest du gerne ins alte UFA-Kino in der Bernstorffstraße gehen?

S2: Ja, das würde ich gerne machen (1 Punkt für S1). Emma, würdest du auch gerne ins alte UFA-Kino gehen?

S3: Nein, ich würde nicht gerne ins Kino gehen (kein Punkt für S2). Chris, würdest du gerne das Musical „König der Löwen" sehen?

☐ ins alte UFA-Kino in der Bernstorffstraße gehen

☐ einen Bummel über den Hamburger Fischmarkt machen

☐ das Musical „König der Löwen" sehen

☐ in den Tierpark Hagenbeck gehen

☐ im Thomas-I-Punkt Inline-Skates leihen

☐ auf der Boberger Düne wandern

☐ den Kosmos-Simulator im Planetarium erleben

☐ in die Sauna in der Bartholomäus-Therme gehen

☐ die Ausstellung „Hamburg im 20. Jahrhundert" im Museum besichtigen

☐ ein Theaterstück im Thalia-Theater sehen

☐ in der Hamburger Musikhalle ein klassisches Konzert hören

☐ ins Gewürzmuseum gehen

☐ ein Konzert im „Downtown Blues Club" besuchen

Vergleichen Sie am Ende Ihre Ergebnisse mit dem Rest der Klassenkameraden. Gibt es besonders bevorzugte (preferred) Aktivitäten? Gibt es Sachen, die niemand machen möchte? Warum wohl?

Einblicke

16 **Fragen zum Thema**

1. Welche Personen nennen Sie beim Vornamen, wen nennen Sie beim Nachnamen?
2. Finden Sie es gut, wenn sich in einer Firma alle Mitarbeiter beim Vornamen nennen?
3. In welchen Situationen sollte man in Deutschland **Sie** sagen; und wann kann man **du** sagen?
4. Muss man in Deutschland immer **Sie** sagen, wenn man eine Person nicht kennt?

Jung, dynamisch, du?

In jungen deutschen Unternehmen° und in der Medienwelt benutzen Kollegen am Arbeitsplatz immer mehr die **Du**-Form. Man folgt dem amerikanischen Vorbild und spricht die Kollegen mit dem Vornamen an. Dadurch entsteht eine lockere, kollegiale Atmosphäre, aber manchmal kommt es dadurch auch zu Problemen. Darf man die Chefin „duzen", wenn man von ihr „geduzt" wird? Darf man den Vorgesetzten mit dem Vornamen ansprechen, wenn er einen mit dem Vornamen anspricht?

Am Arbeitsplatz

Philippe Psaila / Photo Researchers, Inc.

Durch solche Unsicherheiten kommt es manchmal auch zu Mischformen; das heißt, man spricht eine Person mit dem Vornamen an, sagt aber „Sie" („Haben Sie den Bericht schon fertig gemacht, Rüdiger?"). Früher hat man das „Du" offiziell angeboten („Sollten wir nicht langsam zum ‚Du' übergehen - also ich bin der Holger!"). Auch Spitznamen° und Kurzformen wurden offiziell angeboten („Ich bin die Sabine, aber alle nennen mich Biene!"). Spitznamen unterstreichen° eine lockere Arbeitsatmosphäre.

Es ist besonders problematisch, wenn man Personen in anderen Firmen voreilig° beim Vornamen nennt oder mit „du" anspricht. Wenn man einfach nicht weiß, ob man „du" oder „Sie" sagen soll, kann man versuchen, die direkte Anrede so gut wie möglich zu vermeiden°. Solche Situationen enstehen, wenn eine Person viel älter ist als man selbst und man diese Person nicht sehr gut kennt. Die Anrede mit „Sie" signalisiert Respekt, und das Alter der Gesprächspartner ist der wichtigste Faktor. Für Personen zwischen 25 und 40 ist es am schwierigsten. Man will locker sein, aber nicht unhöflich.

Werden wir uns in zehn Jahren alle „duzen" und mit Vornamen ansprechen? Wahrscheinlich nicht. Es wird immer Situationen geben, in denen man dem Gesprächspartner° Respekt zeigen will. Noch gehören die Anreden mit „Herr" und „Frau" zum respektvollen Verhalten im Berufsleben („Guten Tag, Frau Schneider! Bitte setzen Sie sich, ich bringe Ihnen gleich unseren Steuerbericht!"). Die Höflichkeitsform im Deutschen ist ein wichtiger Aspekt des sozialen Verhaltens, auf den man nicht so leicht verzichten° kann.

Unternehmen *enterprises* • **Spitznamen** *nicknames* • **unterstreichen** *underscore* • **voreilig** *prematurely* • **vermeiden** *avoid* • **Gesprächspartner** *conversation partner* • **verzichten** *do without*

Fragen zum Text

1. Warum sagen immer mehr Kollegen am Arbeitsplatz **du**?
2. Wann gibt es Unsicherheiten mit der Anrede?
3. Wann verwendet man Mischformen?
4. Was sind Spitznamen? Sind sie angebracht *(appropriate)* am Arbeitsplatz?
5. Was signalisiert die Anrede mit **Sie**?
6. Finden Sie es gut, wenn alle Kollegen in einer Firma sich beim Vornamen nennen? Welche Vorteile hat das?

Rollenspiel

Arbeiten Sie in Paaren oder Gruppen und erfinden *(invent)* Sie Szenen zu den folgenden Situationen. Entscheiden Sie, welche Anrede (**du** oder **Sie**) am besten ist.

1. Zwei ältere Damen im Café
2. Kollegen im feinen Restaurant
3. Studenten in der Mensa
4. Leute in der Straßenbahn
5. Nachbarn beim Gartenfest
6. Professor und Studenten in einem Kurs

Plattdeutsch

Die niederdeutschen *(Low German)* Dialekte auf dem platten *(flat)* Land im Norden Deutschlands heißen **Plattdeutsch.** Die plattdeutschen Dialekte haben mit der englischen und der niederländischen Sprache manche Charakteristiken gemeinsam. Auf Plattdeutsch sagt man zum Beispiel:

Plattdeutsch	Hochdeutsch	Plattdeutsch	Hochdeutsch
Dag *(oder* Dach)	Tag	Schipp	Schiff
dat	das	sitten	sitzen
eten	essen	slapen	schlafen
ik	ich	wat	was
Peper	Pfeffer		

Im 16. Jahrhundert wurde das Hochdeutsche zur Standardsprache und das Platt-deutsch wurde vor allem in den Städten durch das Hochdeutsche verdrängt *(replaced)*. Seit dem 19. Jahrhundert wird das Plattdeutsch als regionale Sprache gepflegt *(maintained)*, aber immer weniger junge Menschen in Norddeutschland sprechen Plattdeutsch.

Können Sie die folgenden plattdeutschen Sprichwörter *(proverbs)* auf Hoch-deutsch übersetzen?

1. Regnd dat morgns na Klock acht, regnd dat meist den ganzen Dach.
2. Wat een nich in Kopp hett, dat mutt he in de Been hebben.
3. Wat de Buur nich kennt, dat itt he nich.

Wortschatz

der **Abschied, -e** *good-bye, parting*

anbieten (bietet an, bot an, hat angeboten) *to offer*

die **Anrede, -n** *form of address*

ansprechen (spricht an, sprach an, hat angesprochen) *to address s.o.*

der **Arbeitsplatz, ̈e** *work place*

das **Berufsleben** *professional life*

bestehen aus (bestand, hat bestanden) *to consist of*

die **Branche, -n** *business sector*

das **Bundesland**, ̈**er** *federal state of the BRD*

der **Chef, -s** / die **Chefin, -nen** *boss, supervisor*

drittgrößte *third largest*

duzen (hat geduzt) *to address (s.o.) with du*

erfolgreich *successful*

die **Firma** (*pl.* **Firmen**) *company*

furchtbar *horrible; horribly*

die **Gemeinschaft, -en** *association*

der **Gesprächspartner, -** / die **Gesprächspartnerin, -nen** *interlocutor*

der **Hafen,** ̈ *harbor, port*

die **Hälfte, -n** *half*

der **Handel** *commerce*

die **Hanse** *Hanseatic League*

höflich *polite; politely*

die **Höflichkeitsform, -en** *polite form (of address)*

der **Kollege, -n** / die **Kollegin, -nen** *colleague, coworker*

leicht *easy*

jemandem **leichtfallen** (fällt leicht, fiel leicht, ist leichtgefallen *to come easy (to s.o.)*

Das fällt mir nicht leicht. *It doesn't come easy to me.*

locker *relaxed, laid back*

der **Luftangriff, -e** *air raid*

die **Marke, -n** *brand*

die **Medien** (*pl.*) *media*

die **Mischform, -en** *mixed form, hybrid*

der **Moderator, -en** / die **Moderatorin, -nen** *moderator, TV host*

der **Nachname, -n** *last name*

die **Nachrichten** (*pl.*) *the news (for example, on TV)*

öffentlich *public; publicly*

der **Respekt** *respect*

der **Rundfunk** *radio (the medium)*

schwierig *difficult, complicated*

die **Sendung, -en** *show (on radio or TV)*

der **Spitzname, -n** *nickname*

tragen (trägt, trug, hat getragen) *to carry; to wear*

der **Traum,** ̈**e** *dream*

unhöflich *impolite; impolitely*

die **Unsicherheit, -en** *insecurity*

das **Unternehmen, -** *business, corporate enterprise*

unterstreichen (unterstrich, hat unterstrichen) *to underline; to emphasize*

das **Verhalten** *behavior*

das **Verhältnis, -se** *relationship*

der **Verlag, -e** *publishing house/ company*

das **Verlagswesen** publishing business/industry

verlegen (hat verlegt) to publish

(etwas) **vermeiden** (vermied, hat vermieden) to avoid (s.th.)

(auf etwas) **verzichten** (hat verzichtet) to do without (s.th.)

voreilig premature; prematurely

der **Vorname, -n** first name

der/die **Vorgesetzte, -n** superior, person in authority

die **Werbung** advertising, marketing; advertisement

die **Wirtschaft, -en** economy

die **Zeitschrift, -en** magazine

die **Zeitung, -en** newspaper

der **Zuschauer, -** / die **Zuschauerin, -nen** viewer, audience

---

19 **Hamburg**

Ergänzen Sie die Sätze!

1. Hamburg ist eine Stadt und auch ein _____ der BRD.
2. Der Hamburger _____ ist der drittgrößte der Welt.
3. In Hamburg werden viele _____ verlegt.
4. In vielen _____ sagen immer mehr Kollegen **du**.
5. Die Anrede mit dem Vornamen macht eine _____ Arbeitsatmosphäre.

20 **Am Arbeitsplatz**

Finden Sie die richtigen Definitionen für die folgenden Begriffe.

1. Diese Person schreibt in einer Zeitung oder berichtet im Fernsehen.
2. Diese Person moderiert eine Fernseh- oder Radiosendung.
3. Jemand, der eine Sendung im Fernsehen sieht.
4. Die wichtigste Person in einer Firma.
5. Eine Person, mit der man zusammenarbeitet.
6. Person, die am Arbeitsplatz direkt über einem steht und kontrolliert, was man macht.

a. der Vorgesetzte
b. der Kollege
c. der Journalist
d. der Moderator
e. der Zuschauer
f. der Chef

21 **Du oder Sie?**

Ein Student im ersten Semester Deutsch möchte wissen, wann man auf Deutsch **du** und **Sie** sagt. Erklären Sie es ihm. Verwenden Sie dabei die folgenden Wörter.

Anrede – ansprechen – Arbeitsplatz – duzen – erfolgreich – Freunde – höflich – Höflichkeitsform – leicht – locker – Nachname – Respekt – Verhältnis – vermeiden – Vorname

22 **Schreibübung mit Respekt!**

Schreiben Sie kleine Notizen, Briefe oder E-Mails an die folgenden Personen und achten Sie dabei auf die Anrede. Wie erweist man jemandem Respekt? Wie zeigt man seine Höflichkeit?

z.B.

Liebe Frau Professor Wemhöner,

Bitte entschuldigen Sie . . .

1. Schreiben Sie eine E-Mail an Ihren Deutschprofessor. Sie können nicht zum Kurs kommen . . .
2. Schreiben Sie eine Notiz an Ihren Chef. Er hat Ihnen eine Aufgabe gegeben, die Sie nicht erledigen konnten . . .
3. Schreiben Sie eine Notiz an Ihren Nachbarn, der nachts immer viel zu laute Musik macht.
4. Schreiben Sie eine Mail an einen Mitstudenten, der Ihnen seine Notizen überlassen soll, weil Sie im Kurs gefehlt haben.
5. Schreiben Sie an Ihre Mutter, weil Ihnen diesen Monat das Geld ausgegangen ist und Sie die Miete noch nicht bezahlt haben.
6. Schreiben Sie an den Direktor Ihrer Bibliothek. Sie haben vergessen, sieben Bücher zurückzubringen . . .
7. Schreiben Sie an Ihre Lieblingsprofessorin. Sie soll Ihnen einen Empfehlungsbrief für ein Stipendium schreiben.

23 **Was ist passiert?**

Wie ist das Verhältnis zwischen der Person am Schreibtisch und Herrn Mühleisen? Sind sie Kollegen? Wer ist der Chef? Beschreiben Sie die Situation! Verwenden Sie dabei die folgenden Wörter.

anbieten – Anrede – ansprechen – Arbeitsplatz – Chef – duzen – Firma – höflich – Höflichkeitsform – Kollege – locker – Nachname – Respekt – schwierig – Spitzname – unhöflich – Unsicherheit – Unternehmen – Verhalten – vermeiden – Vorname – Vorgesetzter

© Cengage Learning

Strukturen

Bitten, Wünsche und Vermutungen
Der Konjunktiv bei Modalverben

Modal verbs are often used in the subjunctive, where they take on a slightly different meaning than in the indicative.

Infinitive (Simple Past)	dürfen (durfte)	können (konnte)	mögen (mochte)	müssen (musste)	sollen (sollte)	wollen (wollte)
ich	dürfte	könnte	möchte	müsste	sollte	wollte
du	dürftest	könntest	möchtest	müsstest	solltest	wolltest
er/es/sie	dürfte	könnte	möchte	müsste	sollte	wollte
wir	dürften	könnten	möchten	müssten	sollten	wollten
ihr	dürftet	könntet	möchtet	müsstet	solltet	wolltet
sie/Sie	dürften	könnten	möchten	müssten	sollten	wollten
	would/might be permitted to	*could/would be able to*	*would like to*	*would have to*	*should*	*would want to*

While **können** in the indicative can also be used to express possibility and **müssen** to express probability, their subjunctive forms emphasize uncertainty.

Vom Aussehen her **könnte** der Chefredakteur genauso gut ein Student sein.

Um 9.00 Uhr **müssten** die Geschäfte in Hamburg eigentlich geöffnet haben.

---

24 ### Was ich gerne möchte

Formulieren Sie höfliche Bitten und Wünsche mit dem Konjunktiv von Modalverben. Benutzen Sie möglichst viele verschiedene Modalverben und geben Sie auch Alternativen!

 etwas zu trinken haben →

> Könnte ich bitte etwas zu trinken haben? (*oder* Dürfte ich etwas zu trinken haben?)

1. etwas zu essen bestellen
2. nicht so schnell sprechen
3. auf die Toilette gehen
4. das Telefon benutzen
5. den Stadtplan von Hamburg sehen
6. mir sagen, wie spät es ist
7. mir ein Cola bringen
8. deine E-Mail-Adresse geben

25 **Ihre Reaktion, bitte!**

Reagieren Sie auf die folgenden Situationen und spekulieren Sie über den Effekt dieser Fakten. Benutzen Sie dabei Modalverben im Konjunktiv.

 z.B. Die Wettervorhersage: „Höchsttemperaturen in Hamburg morgen bis zu 30 Grad" →

Es dürfte ziemlich heiß werden. (*oder* Es könnte ziemlich heiß werden.)

1. Die Besuchertoiletten im Stadtpark sind schmutzig.
2. Der Mann im Café schreibt den ganzen Tag.
3. Kein Mensch ist im Tierpark Hagenbeck.
4. Viele Segelschiffe haben im Hamburger Hafen angelegt.
5. Sie haben im Deutschkurs beim Goethe Institut in Hamburg eine schlechte Note bekommen.
6. Auf der Reeperbahn ist laute Musik zu hören.

Redemittel zum Diskutieren

Sagen, was wahrscheinlich oder unwahrscheinlich ist

Wenn man sich nicht sicher ist, dann spricht man oft nur von Wahrscheinlichkeit (*probability*). Mit diesen Redemitteln kann man Wahrscheinlichkeit ausdrücken (*express*).

wahrscheinlich . . .	**Wahrscheinlich** werden sich immer mehr Kollegen am Arbeitsplatz duzen.
vermutlich . . .	Immer mehr Kollegen werden sich **vermutlich** am Arbeitsplatz duzen.
Ich vermute (nicht), dass . . .	**Ich vermute nicht, dass** sich mehr Kollegen duzen als siezen.
Ich nehme (nicht) an, dass . . .	**Ich nehme an, dass** ältere Kollegen vielleicht Probleme mit dem Duzen haben.
Es ist fraglich, ob . . .	**Es ist fraglich, ob** man auf das höfliche *Sie* ganz verzichten kann.
Es sieht (nicht) so aus, als ob . . .	**Es sieht so aus, als ob** das höfliche *Sie* eine wichtige Funktion hat.
anscheinend	**Anscheinend** muss man immer erst *Sie* sagen und warten, bis der ältere Gesprächspartner das *Du* anbietet.
Es scheint, dass / als ob . . .	**Es scheint, als ob** jüngere Menschen sich schneller duzen.
Es wird wohl (nicht) so sein, dass . . .	**Es wird wohl nicht so sein, dass** man alle Leute die jünger sind gleich duzen kann, denn es kommt immer auf die Situation an.

26 Spekulationen

Wenn Deutsche sich kennenlernen, fragen sie nicht sofort nach dem Beruf. Wenn zwei Menschen sich im Park treffen, weil sie dort immer mit ihren Hunden spazieren gehen, dann kann es sehr lange dauern, bis sie über ihre Arbeit sprechen. Warum ist das wohl so? Was ist wahrscheinlich? Welchen der folgenden Spekulationen stimmen Sie (nicht) zu? Benutzen Sie in Ihren Antworten auch den Konjunktiv.

z.B. **Wahrscheinlich interessieren sich die Deutschen nicht für Berufe.**

Das würde ich nicht sagen. (oder Das könnte sein.)

1. Wahrscheinlich interessieren sich die Deutschen nicht für Berufe.
2. Vermutlich wollen sie die Person erst kennenlernen, bevor sie nach dem Beruf fragen.
3. Ich vermute, dass viele Leute nicht sagen wollen, was sie beruflich machen.
4. Ich nehme an, dass die hohe Arbeitslosigkeit *(unemployment)* etwas damit zu tun hat.
5. Es ist fraglich, ob die hohe Arbeitslosigkeit etwas damit zu tun hat.
6. Es sieht so aus, als ob Leute sich erst für den Charakter einer Person interessieren.
7. Es scheint die Deutschen nicht zu interessieren, was andere beruflich machen.
8. Anscheinend sind die Deutschen zu reserviert, um über ihre Berufe zu sprechen.
9. Es wird wohl so sein, dass man es einer Person überlassen will, selbst zu sagen, wo sie arbeitet.

27 Noch mehr Spekulationen

Spekulieren Sie über das **Sie**. Beginnen Sie mit den Redemitteln, die kursiv *(in italics)* gedruckt sind.

1. In zehn Jahren sagen junge Leute am Arbeitsplatz nicht mehr **Sie**. – *Wahrscheinlich . . .*
2. Deutsche Studenten sagen untereinander immer **du**. – *Ich vermute, dass . . .*
3. Vor 50 Jahren haben sich Studenten nicht geduzt. – *Ich nehme nicht an, dass . . .*
4. Mischformen werden am Arbeitsplatz immer häufiger. – *Es sieht so aus, als ob . . .*
5. Die förmliche Anrede am Arbeitsplatz wird bald nur noch sehr selten gebraucht werden. – *Es wird wohl so sein, dass . . .*

28 Fragen zur Diskussion

Diskutieren oder schreiben Sie über eines der folgenden Themen. Verwenden Sie dabei die Redemittel.

1. Ist eine lockere Arbeitsatmosphäre wichtiger als Höflichkeit und Respekt?
2. Finden Sie es gut, wenn alle Kollegen in einer Firma **du** sagen, egal wie alt sie sind und wie ihre Kompetenzen sind?
3. Wie kann man die Probleme mit der Anrede am Arbeitsplatz am besten lösen?

Strukturen

Über Vergangenes sprechen:

Der Konjunktiv der Vergangenheit

- The past subjunctive is used to express imaginary results and unreal past conditions.

  In ihrer Jugend **hätte** Sabine Christiansen gerne im Ausland **gelebt**.

- It is formed by combining the subjunctive II form of the auxiliary **haben (hätte)** or **sein (wäre)** with the past participle:

ich	**hätte** gefragt	wir	**hätten** gefragt
du	**hättest** gefragt	ihr	**hättet** gefragt
er/es/sie	**hätte** gefragt	sie/Sie	**hätten** gefragt

ich	**wäre** gekommen	wir	**wären** gekommen
du	**wärest** gekommen	ihr	**wäret** gekommen
er/es/sie	**wäre** gekommen	sie/Sie	**wären** gekommen

  Wenn ich den Chef des Verlags nicht mit „du" **angesprochen hätte, wäre** ich Redakteur beim „Spiegel" **geworden**.

- Sentences can contain both past and present tense subjunctives if the meaning calls for them.

  Wenn ich den Chef des Verlags nicht mit „du" **angesprochen hätte, würde** ich jetzt viel Geld **verdienen**.

- The past subjunctive of modal verbs is formed in two different ways:

  If the modal is not accompanied by an infinitive, you can use the auxiliary **hätte** and the past participle of the modal.

  Ich **hätte** die Stelle als Redakteur so gern **gewollt**.

- If the modal is accompanied by an infinitive, the auxiliary **hätte** is used in combination with a double infinitive. This construction is most common with the modals **können**, **müssen**, and **sollen**.

  Ich **hätte** den Chef des Verlags lieber nicht **duzen sollen**.

Was hätten Sie anders gemacht?

Herrn Schützes Reise nach Hamburg war eine Katastrophe. Fragen Sie Ihren Partner / Ihre Partnerin, was er/sie an seiner Stelle gemacht hätte, um die Reise besser gelingen zu lassen?

z.B.

Herr Schütze hat zum Frühstück fünf Tassen starken Kaffee getrunken. →

An seiner Stelle hätte ich nicht fünf Tassen starken Kaffee getrunken. (*oder* Wenn ich Herr Schütze gewesen wäre, hätte ich lieber Tee oder Orangensaft getrunken.)

1. Er hat seinen Geldbeutel im Frühstücksraum des Hotels liegen lassen.
2. Er hat sein Auto im Halteverbot geparkt.
3. Er hat einen Polizisten mit „du" angesprochen.
4. Er hat sich im Hamburger Hafen verlaufen.
5. Er hat Sabine Christiansen auf der Straße nicht erkannt.
6. Er hat den Weg zurück zum Hotel nicht gefunden.

Was hätte man besser machen *sollen, können, müssen*?

Spekulieren Sie mit Ihrem Partner / Ihrer Partnerin darüber, was man anders hätte machen können, damit die folgenden Probleme nicht entstanden wären. Benutzen Sie dabei Modalverben.

z.B.

S1: Das Tennisturnier am Hamburger Rothenbaum ist schon ausverkauft. →

S2: Wir hätten uns die Tickets schon letzten Monat kaufen sollen.

1. Das Tennisturnier am Hamburger Rothenbaum ist schon ausverkauft.
2. Das Restaurant im Schanzenpark ist wegen der kaputten Heizung im Winter geschlossen.
3. Das Institut für die Geschichte der Naturwissenschaften an der Uni Hamburg wird aus finanziellen Gründen geschlossen.
4. Viele Gebäude in der HafenCity sind nicht flutsicher *(floodproof)* gebaut worden.
5. Im Stadtteil Finkenwerder gibt es keine günstigen Wohnungen.
6. Im Hamburger Hafen gibt es zu viele Hafenrundfahrt-Boote.

Bauarbeiten *(construction)* im neuen Hamburger Stadtteil HafenCity.

Rote Grütze

Eine Spezialität aus dem Norden
Zutaten

1 Kilo (1000g)° rote Beeren frisch oder gefroren (Johannisbeeren, Himbeeren, Kirschen, Brombeeren, Erdbeeren, Blaubeeren)

200ml° Wasser oder Beerensaft

4 El. Speisestärke°

3-4 El. Zucker (je nach Geschmack°)

Anleitung

Die Beeren zusammen mit dem Wasser (oder Saft) und dem Zucker zum Kochen bringen° und rühren. Die Speisestärke mit etwas kaltem Wasser mischen und dazugeben. Zucker dazugeben, den Herd ausschalten° und noch eine Zeit lang rühren. Die Rote Grütze kalt werden lassen und mit Vanillesoße oder Vanilleeis servieren!

2.2 pounds

1 cup
cornstarch
je . . . to taste

zum . . . bring to a boil

turn off

---

31 ### Rote Grütze

Rote Grütze ist eine Spezialität aus dem Norden. Das Rezept ist sehr einfach. Frau Happich macht Rote Grütze immer nach diesem Rezept mit Wasser, aber Frau Schlottau (eine alte Hamburgerin) hat Frau Happichs Grütze probiert und hätte sie anders gemacht. Sagen Sie, wie Frau Schlottau es gemacht hätte!

 nur Johannisbeeren, Himbeeren und Kirschen nehmen →

Ich hätte nur Johannisbeeren, Himbeeren und Kirschen genommen.

1. nur Johannisbeeren, Himbeeren und Kirschen nehmen
2. die Grütze nur mit Beerensaft machen
3. die Beeren viel länger kochen
4. die Grütze nach dem Kochen durch ein Sieb *(strainer)* lassen, um die Himbeerkerne zu entfernen *(remove)*.
5. mehr Speisestärke dazugeben
6. die Rote Grütze nur mit kalter Milch servieren

Rote Grütze

Yavuz Arslan / Peter Arnold Inc.

Videoblog

Jan Henning

Vor dem Sehen

 A **Assoziationen**

Was assoziieren Sie mit den folgenden Begriffen? Machen Sie Assoziogramme und vergleichen Sie Ihre Assoziationen im Kurs.

© Cengage Learning

„Hamburg wird auch bezeichnet als Tor zur Welt, und das stimmt, weil sich dort ganz viel öffnet."

Hafen

Stadt

 B **Medienstandort Hamburg**

Gibt es in Ihrem Heimatland Medienzentren? Wo? Welche Medien gibt es dort? Was wissen Sie über den Medienstandort Hamburg? Welche Zeitungen und Zeitschriften werden in Hamburg publiziert?

Beim Sehen

 C **Stimmt's?**

Kreuzen Sie an, ob die folgenden Aussagen mit dem übereinstimmen, was Jan Henning erzählt. Berichtigen Sie die falschen Aussagen.

	STIMMT	STIMMT NICHT
1. Jan Henning findet es faszinierend, am Hafen zu stehen.	☐	☐
2. In der Stadt gibt es sehr viele alte Menschen.	☐	☐
3. Es gibt sehr viele wichtige Zeitungsverlage in Hamburg.	☐	☐
4. Wenn man ältere Hamburger trifft, muss man auf jeden Fall „Sie" sagen.	☐	☐
5. Die jungen Hamburger sind ein bisschen „sophisticated".	☐	☐
6. Jan Henning liebt die Vielfalt (diversity) der Stadt.	☐	☐

D Am Hafen und in der Stadt

Wie beschreibt Jan Henning den Hamburger Hafen und die Stadt? Arbeiten Sie mit einem Partner / einer Partnerin und notieren Sie Stichwörter für beide Bereiche. Wie würden Sie den Hafen und die Stadt beschreiben? Ergänzen Sie die Liste mit Ihren eigenen Stichwörtern.

Am Hafen	In der Stadt
Tor zur Welt	viele junge Menschen

Redewendungen

In welchem Kontext benutzt Jan die folgenden Redewendungen und Ausdrücke? Versuchen Sie gemeinsam mit Ihrem Partner / Ihrer Partnerin, die Ausdrücke zu erklären und erfinden Sie ein Beispiel, in dem Sie den Ausdruck verwenden.

1. gut drauf sein
2. leicht ins Gespräch kommen
3. besonders ans Herz legen

E Hamburger Medienwelt

Wie heißen die drei Zeitungen oder Zeitschriften, über die Jan Henning spricht?

1. _____ 2. _____ 3. _____

Ordnen Sie gemeinsam mit Ihrem Partner / Ihrer Partnerin die folgenden Stichwörter von Jan Henning den passenden Zeitungen oder Zeitschriften zu:

> **sehr lebendig**   **in Deutschland und auf der ganzen Welt**   *gut geschrieben*
>
> *groß und umfangreich*   **Wirtschaftsmagazin**   informiert über alles Wichtige
>
> spannend wie ein Roman   **nicht nur über Wirtschaft, sondern über Menschen**

Nach dem Sehen

F Reflexionen

Wie gefällt Ihnen Hamburg? Was haben Sie aus dem Vlog Neues erfahren über die Stadt und ihre Menschen? Sieht die Stadt so aus, wie Sie sie sich vorgestellt haben? Worüber hätten Sie gerne noch mehr Informationen?

 Listen to this chapter's audio segments at www.cengage.com/german/stationen.

⊙ Lektüre

Florian Illies

Florian Illies wurde 1971 in einer kleinen Stadt in Hessen geboren. 1986 gründete er eine Schülerzeitung und begann für eine Lokalzeitung zu schreiben. Nach dem Abitur wurde er Volontär° bei einer Zeitung und studierte 1992–1997 Kunstgeschichte in Bonn. Während seines Studiums schrieb er Kunst- und Fernsehkritiken und wurde 1997 Redakteur bei der *Frankfurter Allgemeinen Zeitung*. Sein erstes Buch, *Generation Golf*, erschien im Jahr 2000. Schon im folgenden Jahr erschien sein zweiter Bestseller, *Anleitung zum Unschuldigsein*, und 2003 die Fortsetzung° zu *Generation Golf, Generation Golf 2*. 2004 startete Illies seine eigene Zeitschrift, *Monopol – Magazin für Kunst und Leben*.

Volontär *intern* • **Fortsetzung** *sequel*

Vor dem Lesen

Fragen zum Thema

1. Welche Trends, Produkte, Aktivitäten und Charakteristiken sind typisch für Ihre Generation?
2. In welchen Dingen denken Sie anders als ältere Generationen?
3. Welche Aspekte einer älteren Generation finden Sie negativ?
4. Welche Aspekte einer älteren Generation finden Sie positiv?
5. Welche Trends, Produkte, Aktivitäten und Charakteristiken sind typisch für die Generation der 90er Jahre? Welche waren vielleicht auch in Deutschland relevant?

Wörterbucharbeit: Was gibt es zu Essen?

Florian Illies beschreibt Gerichte seiner Jugend und Gerichte, die typisch sind für seine Generation. Arbeiten Sie mit dem Wörterbuch und entscheiden Sie, ob diese Gerichte und Lebensmittel in Ihre Jugend oder Ihre Generation passen. Was haben Sie als Kind oft gegessen und was essen Sie heute gern?

Apfelmus	Käse	Ravioli
Apfelpfannkuchen	Ketchup	Reis
Baguette	Konfitüre	Salat
Bier	Klopse	Schinken
Braten	Leber	Soße
Butter	Leitungswasser	Spaghetti
Fischstäbchen	Linsensuppe	Sprudel
Hackfleischsoße	Mineralwasser	Teilchen
Hähnchen	Nudelauflauf	Wackelpudding
Kartoffeln	Pommes frites	Würstchen

34 Generationsunterschiede

Denken Sie an Ihre Generation und diskutieren Sie in kleinen Gruppen, welche Rolle die folgenden Aspekte in Ihrem Leben spielen. Unterscheidet sich Ihre Generation in diesen Aspekten von älteren oder jüngeren (zum Beispiel älteren oder jüngeren Geschwistern)?

Rauchen – Zigaretten selbst drehen – Bügeln – gebügelte Hemden – Höflichkeit und Etikette – Kochen – Kochrezepte – im Restaurant essen – Markenkleidung – Mineralwasser aus der Flasche – Politik

Beim Lesen

Konzentrieren Sie sich beim ersten Durchlesen darauf, was der Autor über seine *Generation* sagt, und denken Sie über Ihre eigene Generation nach (Aktivität 35); machen Sie Notizen über das Positive und das Negative, das er beschreibt (Aktivität 36). Achten Sie dann darauf, wie der Autor den Konjunktiv verwendet (Aktivität 37).

35 Ihre Generation

Der Autor beschreibt in diesem Text Charakteristiken seiner Generation. Machen Sie Notizen über Ihre eigene Generation; was trifft auf Ihre Generation auch zu, was nicht?

36 Pro und contra

Machen Sie Notizen über die positiven und negativen Dinge, die Illies über seine eigene Generation zu sagen hat.

pro	contra

37 Konjunktiv

Finden Sie Konjunktive im Text. Erklären Sie, wie der Autor den Konjunktiv gebraucht.

 Nicht dass wir irgendwie früher mit dem Rauchen angefangen hätten, oder später, nicht, daß wir weniger rauchen würden oder mehr.

38 Tischmanieren

Florian Illies schreibt über seinen Onkel, von dem er Tischmanieren gelernt hat. Von wem haben Sie gelernt, wie man sich am Tisch benehmen soll? Was darf man am Tisch machen? Was darf man nicht? Was ist höflich und was nicht?

Generation Golf[3]
Florian Illies

Eine der striktesten Trennlinien° zwischen unserer Generation und den Älteren verläuft auf dem Zigarettensektor. Nicht,
daß wir irgendwie früher mit dem Rauchen angefangen hätten
oder später, nicht, daß wir weniger rauchen würden oder mehr.
5 Gut, vielleicht rauchen wir inzwischen wieder mehr von den
dekadenten Zigarillos und Zigarren. Aber der Unterschied ist
fundamentaler: Es wird sich kaum ein vollwertiges Mitglied der
Generation Golf finden, das sich noch die Mühe macht, seine
Zigaretten selbst zu drehen°. Selbstdreher sind übrigens auch
10 meist diejenigen, die ihren Tee nur mit Kandiszucker° süßen. Ich
weiß nicht genau und konnte es auch nie ganz verstehen, was
erwachsene Menschen dazu verleitet, ständig drei verschiedene
Päckchen mit sich herumzutragen, und zum Zeitpunkt eines
plötzlichen Rauchlustanfalls°, zuerst in die Produktion einzustei-
15 gen, anstatt sich einfach wie wir es tun, die gekaufte Zigarette
anzuzünden. [. . .]

■

Wir drehen uns also unsere Zigaretten nicht selbst, weil es uns
zu mühsam ist. [. . .]
So wirken die Zigarettenselbstdreher immer ein wenig wie
20 die Liegefahrradfahrer, bei denen man immer den Eindruck
hat, daß ihre halbe Energie dafür draufgeht, den anderen zu
demonstrieren, wie toll sie es finden, mit dem Liegefahrrad
zu fahren. Zigarettenselbstdreher sind ein wenig wie die
Liegefahrradfahrer des Kneipenlebens°.

■

25 Wohin das führt mit dem Selberdrehen, ist übrigens auch
bekannt.
Zur ideologischen Verbohrung.° *Sabine*, die Frau meines älteren
Bruders, dreht sich nicht nur ihre Zigaretten selbst, sondern ist
auch völlig verwundert, daß es bei uns üblich ist, gebügelte°
30 Hemden zu tragen.
Und das ist nun wirklich auffällig: Es erschien uns von Anfang
als sehr wesentlich°, gebügelte Kleidung zu haben. Dabei
ging es nicht ums Bügeln. Darum baten wir zunächst unsere
Mütter, machten es dann selbst oder fanden relativ rasch nach
35 Studienbeginn eine Reinigung°, die das für 2,95 Mark das Hemd
für uns erledigte, versehen° mit dem herrlichen Zettel: »Ein
Oberhemd – wie Sie es wünschen«. Gebügelte Hemden sind
ein Synonym für gepflegtes Äußeres°. Ein gepflegtes Äußeres
ist zu einem der Grundwerte unserer Generation geworden.
40 Lange durfte man das natürlich nicht laut sagen. Auch glaubten
ja viele Ältere, daß das Markengetue° und die Tatsache, daß
bereits Sechzehnjährige sich zu Weihnachten Van-Laack Hemden
wünschen, etwas Vorübergehendes° waren, vielleicht die einzige

Margin glosses:
- dividing lines
- seine . . . roll their own cigarettes
- rock sugar
- momentary desire for smoking
- pub scene
- ideological inflexibility
- ironed
- important
- cleaners
- adorned
- appearance
- fixation on brand names
- temporary

[3] The Golf is a popular Volkswagen model that the author associates with his generation. In his book, *Generation Golf*, Florian Illies frequently makes reference to slogans
used in advertisements for the VW Golf.

45 Form von Pubertät, zu der sich unsere Generation aufraffen
konnte. Snobismus als Protest. Aber dem war nicht so. [. . .]

Das Yuppietum ist zur Grundhaltung° geworden. Die Mottos
lauten: Es war schon immer etwas teurer, einen besonderen
Geschmack zu haben. Beziehungsweise°: Wir können es uns nicht
leisten, billige Sachen zu kaufen.

50 Das leicht egomanische Yuppietum ist zugleich verbunden mit
einem wiedererwachten Interesse° für die Sekundärtugenden°
Höflichkeit und Etikette. [. . .] Meine älteren Geschwister waren
irritiert, weil ich immer so gerne Urlaub bei Onkel Fritz und Tante
Lore machte. Ich hätte ihnen erzählen können, daß ich es so
55 schön fand, mit Tante Lore im Golf zu fahren oder nachmittags
Computertennis zu spielen. Ich hätte ihnen aber nie erzählen können, daß ich es gern auch tat, um beim Essen von Onkel Fritz rüde
zurechtgewiesen zu werden°, wenn ich beim Suppelöffeln den
Ellbogen aufgestützt hatte. Ich wußte, daß ich die Tischmanieren
60 für mein späteres Leben lernen mußte, und deshalb begab ich
mich freiwillig in die strengste Schule, die von Onkel Fritz. Wenn
er einmal ein ganzes Mittagessen lang keinen Grund hatte, mich
zu rügen°, war ich glücklich und fühlte mich gewappnet für die
Untiefen des weiteren Lebens°.

65 Die Tischmanieren waren das erste, was in die Zukunft wies°. Die
Speisekarte unserer Jugend hingegen war eher von Traditions-
bewußtsein geprägt°. Nach vielen Diskussionen mit Mitgliedern
der Generation Golf darf ich nun zusammenfassen: Unsere Mütter
kochten in der Regel genau sieben verschiedene Menüs, egal, ob
70 sie in Osnabrück kochten oder in Heilbronn. Zum festen Repertoire unserer kulinarischen Jugend gehörten Königsberger Klopse
mit Soße und Reis und grünem Salat, Linsensuppe mit Würstchen,
Leber mit Reis und Apfelmus, Apfelpfannkuchen mit Konfitüre,
Nudelauflauf, Spaghetti mit Hackfleischsoße sowie sonntags
75 ein Braten mit Kartoffeln. Danach gab es manchmal grünen
Wackelpudding. Das war einer der großen Favoriten. Nur noch
übertroffen von dem halben Hähnchen mit Pommes und Ketchup,
aber da mußte schon Außerordentliches vorgefallen sein, bis
wir das beim Metzger abholen durften. Wenn ich lange genug
80 gebettelt hatte, gab es auch als Hauptgang manchmal eine jener
Mahlzeiten, die uns auf spätere McDonald's-Besuche vorbereitete:
Ravioli aus der Konservendose und gefrorene Fischstäbchen
von Iglo. Trotz aller Liebe zu unseren Müttern nahmen sogar die
Frauen später keines der Gerichte ihrer Kindheit und Jugend in
85 ihren persönlichen Küchenplan auf. Bei den Männern, vor allem
den Singles, wurde es ohnehin bald üblich, daß die Küche nicht
nur kalt blieb, sondern eigentlich völlig unbenutzt°. Im Kühlschrank finden sich oft nur Bier und Butter. Meist kauft man sich
morgens irgendwo ein Teilchen, mittags wechselt man zwischen
90 gekauftem Baguette und Kantine, und abends trifft man sich zum
Essen mit Freunden. [. . .] Dieses Ritual der Erwachsenenwelt
konnten wir nicht schnell genug erlernen. Schwierig wurde es erst
ab etwa 28, weil dann immer mindestens zwei am Tisch die

von . . . wanted to write off the bill	95

von . . . wanted to write off the bill   **95** Essensrechnung von der Einkommenssteuererklärung absetzen wollten°. [. . .]

sense of style   Unser Stilbewusstsein° macht sich also vor allem in den Sphären bemerkbar, in denen es eigentlich überflüssig ist. Aber gerade dort, wo Stil purer Luxus ist, wird er für uns besonders interessant. Als ich klein war, gab es Wasser in genau zwei Darreichungs- **100** formen: als Trinkwasser, also als etwas, was man auch tatsächlich trank (allerdings nicht in Frankfurt oder Berlin, weil einen die Mütter davor warnten, es fernab der Heimat zu trinken). Oder

in crates
=Lastwagen   als Mineralwasser – das gab es eigentlich nur kastenweise° und es brachte einmal pro Woche ein Mann mit einem kleinen Laster° **105** in großen schweren Kästen vorbei. [. . .] Egal, ob ich Tanten in Gießen besuchte oder in Uelzen: überall gab es andere Marken in denselben gepunkteten Glasflaschen, aber es schmeckte immer in etwa gleich. Und zwar gleich schlecht. [. . .]

basic knowledge   Zunächst verschafften wir uns gewisse Grundkenntnisse° über die **110** Unterschiede von Vittel, Evian und Volvic. Dann lernten wir beim Italiener nicht einfach Wasser zum Wein zu bestellen, sondern ganz dezidiert San Pellegrino. Und so kommt es, daß unsere Generation

former Bundeskanzler   zwar weiterhin keine Meinung zu Gerhard Schröder° hat, wohl aber zum Wasser. Vittel, so kann man von kritischen Zungen hören, **115** schmecke nach Plastik, Bon Aqua nach Blech, und eigentlich nur San Pellegrino nach Wasser. Gut, daß wir verglichen haben.

Wortschatz

abholen (holt ab, holte ab, hat abgeholt) *to get, pick up*

auffällig *striking, obvious*

bügeln (hat gebügelt) *to iron*

entwickeln (hat entwickelt) *to develop*

erscheinen (schien, ist erschienen) *to appear*

erwachsen *adult, grown-up*

gepflegt *well-groomed*

das **Gericht, -e** *dish (prepared food)*

der **Geschmack, ¨e** *taste*

der **Grundwert, -e** *fundamental value, principle*

die **Kindheit** *childhood*

sich etwas **leisten** (hat sich geleistet) *to afford s.th.*

Lust haben auf (hat Lust gehabt) *to feel like (doing or having) s.th.*

mühsam *tiresome, strenuous; with difficulty, through hard work*

die **Reinigung, -en** *cleaners, dry cleaners*

der **Unterschied, -e** *difference*

vergleichen (verglich, hat verglichen) *to compare*

die **Vorliebe, -n** *liking, enthusiasm (for s.th.)*

die **Werbeanzeige, -n** *advertisement*

zusammenfassen (fasst zusammen, fasste zusammen, hat zusammen gefasst) *to summarize*

Nach dem Lesen

Fragen zum Text

1. Was sagt der Erzähler über das Rauchen?
2. Was sagt er über das Bügeln? Bügelt er seine Hemden selbst?
3. Wie denkt die Generation Golf über Designer-Kleidung und Markenprodukte?
4. Was sagt der Autor über Höflichkeit und Etikette?
5. Was lernte er von Onkel Fritz und Tante Lore?
6. Was sagt der Autor über die Küche seiner Mutter?
7. Was kocht und isst die Generation Golf?
8. Was sagt der Autor über Mineralwasser?
9. Wie denkt die Generation Golf über Politik?

Forschungsprojekt: Generation X

Vergleichen Sie *Generation Golf* mit Douglas Couplands *Generation X* oder einem anderen Buch, das das Lebensgefühl einer Generation beschreibt. Denken Sie dabei an die folgenden Aspekte:

- Wer ist der Erzähler, worüber spricht er?
- Wie fühlen sich die Figuren im Buch?
- Verwendet der Autor besondere Stilmittel? Wie ist die Sprache?
- Was für ein Gefühl vermittelt die Sprache des Autors?
- Wie denkt der Autor über die beschriebene Generation?

z.B. *In seinem Roman* Generation X *(1991) erzählt Douglas Coupland aus dem Leben von Andy, Dag und Claire, die in den 80er Jahren mit der Yuppie-Kultur kämpfen und desillusioniert in die Zukunft blicken …*

Fragen zum Nachdenken und Diskutieren

1. Was trennt die Generation des Autors von älteren Generationen? Woran vergleicht der Autor seine Generation mit älteren Generationen?
2. Was sagt der Autor über sich selbst?
3. Was hat sich seit seiner Kindheit geändert? Sind diese Veränderungen positiv oder negativ?
4. Finden Sie es problematisch, dass junge Menschen in Deutschland sich nicht für die traditionelle deutsche Küche interessieren? Was gehört zu Ihrem kulinarischen Repertoire?

Schreibübung

1. Was hat sich seit Ihrer Kindheit geändert? Was vermissen Sie (nicht)? Schreiben Sie über Aspekte Ihrer Kindheit, die positiv waren, und auch über Negatives. Zum Beispiel darüber, was Sie gerne gemacht haben, typische Speisen (*foods*) oder Produkte, Sport oder Freizeitbeschäftigungen.
2. Was hätten Sie anders gemacht, wenn Sie Ihre Kindheit oder Schulzeit noch einmal erleben könnten? Schreiben Sie über ihre Kindheit oder Schulzeit im Allgemeinen (*in general*) oder über ein bestimmtes Ereignis.
3. Beschreiben Sie den Autor dieses Berichtes. Was für eine Person ist er? Was mögen Sie an ihm (nicht)? Dabei können Sie Zitate aus dem Text verwenden.
4. Schreiben Sie einen ähnlichen Bericht über Ihre eigene Generation.

Zum Schluss

Medien

Diskutieren Sie noch einmal im Kurs über die Medien.

1. Welche Zeitschriften und Zeitungen lesen Sie gerne?
2. Wo sehen, hören oder lesen Sie die neuesten Nachrichten?
3. Sind die Zeitschriften und Zeitungen in Deutschland anders als in Ihrem Land? Welche Unterschiede haben Sie gefunden?

Das letzte Wort: Tschüs!

Der kurze Gruß zum Abschied war ursprünglich nur im Norden zu hören, vor allem in den Hansestädten. Fremde Seeleute gebrauchten häufig das französische **adieu** oder das spanische **adios**. Daraus wurde dann zunächst **adjüs** und später **tschüs.**

Zu wem und in welchen Situationen würden Sie **tschüs** sagen?

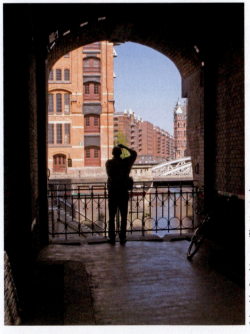

Die Speicherstadt in Hamburg

SchneiderStockImages/Shutterstock.com

Leipzig

Joerg Glaescher / laif / Redux

Die Leipziger Verkehrsbetriebe bauen seit 2003 ihre eigenen Straßenbahnen, die besonders gut auf alten Schienen fahren.

⊙ Station

Leipzig

STATISTIK

Einwohnerzahl:	519.000
Fläche:	300 km²
Leere *(vacant)* Wohnungen in Leipzig 2009:	45.000 (von insgesamt 320.000)

Leipzig ist eine Stadt der Musik. Richard Wagner war ein berühmter Sohn der Stadt, und Johann Sebastian Bach arbeitete dort als Musikdirektor und Kantor der Thomaskirche von 1723 bis 1750. Die Stadt Leipzig pflegt Bachs Erbe° bis heute durch das Bach-Archiv, den international bekannten Thomanerchor, und das berühmte Gewandhausorchester. Das Gewandhausorchester ist eines der ältesten Konzertorchester Europas und die Oper° Leipzig ist eine der ältesten deutschen Musikbühnen. Sogar die Mitglieder der Popgruppe „Die Prinzen" waren einmal Thomaner und haben ihre musikalische Karriere mit Werken von Johann Sebastian Bach begonnen.

Leipzig
SACHSEN

Die Leipziger Messe° feierte 1997 ihr 500-jähriges Jubiläum° auf dem 1996 neueröffneten Messegelände°. Die Leipziger Buchmesse° findet jedes Jahr im März statt. Auch die Universität Leipzig feierte im Jahr 2009 ein großes Jubiläum: 600 Jahre Uni Leipzig. Goethe selbst studierte in Leipzig von 1765 bis 1768.

1989 war Leipzig der Ausgangspunkt° der *Friedlichen Revolution*, die durch die Demonstrationen vor der Nikolaikirche zum Fall der Berliner Mauer und zur deutschen Wiedervereinigung führte.

Leipzig ist bis heute von Stadtvierteln der Gründerzeit[1] geprägt°. 12.000 Gebäude mit 100.000 Wohnungen stammen aus der Gründerzeit und seit der Wende stehen viele Stadthäuser leer. Seit einiger Zeit versucht die Stadt Leipzig, durch Sanierung° und Abriss° ein neues Stadtbild zu schaffen.

Erbe *heritage* • **Oper** *opera* • **Jubiläum** *anniversary* • **Messegelände** *fairgrounds*
Buchmesse *book fair* • **Ausgangspunkt** *starting point* • **geprägt** *characterized by*
Sanierung *renovation* • **Abriss** *demolition*

[1] *Gründerzeit* refers to the years 1871–1895, period of industrialization in Germany.

Geschichte

1015	1212	1409	1497	1539	1723–1750
Die *urbs Libzi (city of Leipzig)* wird zum ersten Mal erwähnt.	Gründung des Augustinerklosters St. Thomas	Gründung der Universität Leipzig	Leipzig erhält das kaiserliche Messerecht *(is given the right to organize trade fairs).*	Martin Luther predigt in der Thomaskirche.	J. S. Bach ist Kantor der Thomaskirche und Stadtmusikdirektor.

Eine berühmte Leipzigerin

Clara Schumann (1819–1896)

Clara Josephine Wieck wurde am 13. September 1819 geboren. Im Alter von fünf Jahren begann sie mit dem Klavierunterricht bei ihrem Vater, Friedrich Wieck. Schon mit neun hatte sie ihren ersten Auftritt° im Leipziger Gewandhaus; und als sie elf Jahre alt war, gab sie im Gewandhaus ihr erstes Solokonzert. Damit begann die große, internationale Karriere der Leipziger Pianistin und Komponistin Clara Wieck. Als sie volljährig° war, heiratete sie gegen den Willen ihres Vaters den 9 Jahre älteren Komponisten Robert Schumann. Clara und Robert hatten zusammen sieben Kinder und Clara reiste weiterhin durch die Welt, um Konzerte zu geben.

Clara Wieck, bevor sie Robert Schumann heiratete.

Lebrecht Music and Arts Photo Library

Clara und Robert Schumann

Robert hörte Clara zum ersten Mal Klavier spielen, als sie neun Jahre alt war. Dann begann auch er bei Claras Vater, Friedrich Wieck, Klavierstunden zu nehmen. Später verliebten sich Clara und Robert ineinander, aber Claras Vater war gegen die Verbindung. 1837 schrieb Robert in einem Brief an Clara, dass er sie heiraten wolle. Er schrieb, dass er an nichts anderes mehr denken könne, bevor sie ihm nicht ihr „Ja" gebe. Da Clara damals erst 18 Jahre alt war und ohne die Zustimmung ihres Vaters nicht heiraten konnte, schrieb sie einen Brief an das Kammergericht°. In diesem Schreiben erklärte sie dem Gericht, dass sie und Robert schon lange den Wunsch hatten zu heiraten. Clara schrieb, dass es sehr schwer für sie sei, ohne den Segen° ihres Vaters heiraten zu müssen; aber dass sie sich sicher sei, das Richtige zu tun. Am 12. September 1840 (einen Tag vor ihrem 21. Geburtstag) heirateten Clara und Robert in Leipzig.

Auftritt *performance* • **volljährig** *21 years old* • **Kammergericht** *court* • **Segen** *blessing*

1765–1768	1943	1949	1989	1990	2009
Goethe studiert an der Uni Leipzig.	Schwerster Luftangriff *(air raid)* auf die Stadt Leipzig	Gründung der DDR (Leipzig liegt in der DDR)	Friedensdemonstrationen vor der Nikolaikirche	Wiedervereinigung der BRD und DDR	600-jähriges Jubiläum der Universität Leipzig

Fragen zur Station

1. Wo liegt Leipzig? Was liegt in der Nähe?
2. Wie viele Einwohner hat Leipzig? Wie groß ist die Fläche?
3. Wie alt ist die Universität Leipzig?
4. Wer predigte 1539 in der Thomaskirche?
5. Welcher berühmte deutsche Dichter studierte in Leipzig?
6. Was geschah 1943?
7. Was geschah 1989 in Leipzig?
8. Welches Problem hat die Stadt Leipzig mit vielen alten Stadthäusern?
9. Wann findet die Leipziger Buchmesse statt?
10. Wann lebte J. S. Bach in Leipzig? Was machte er dort?
11. Wie pflegt die Stadt heute die Erinnerung an J. S. Bach?

Robert und Clara

Arbeiten Sie gemeinsam mit einem Partner / einer Partnerin und vervollständigen Sie die Sätze mit Informationen aus dem Text. Vergleichen Sie Ihre Antworten im Kurs.

1. Als Clara neun Jahre alt war, . . .
2. Clara und Robert verliebten sich, aber . . .
3. Robert schrieb Clara, dass . . .
4. Sie konnten nicht heiraten, weil . . .
5. Clara schrieb an das Kammergericht, weil . . .
6. Clara schrieb, dass . . .

Briefe

Arbeiten Sie in Paaren oder kleinen Gruppen. Schreiben Sie Roberts Brief an Clara! Schreiben Sie Claras Brief an das Leipziger Kammergericht!

Gegen den Willen der Eltern

Fragen Sie Ihren Partner / Ihre Partnerin und berichten Sie im Kurs.

1. Hast du schon einmal etwas gegen den Willen deiner Eltern gemacht?
2. Wann war das?
3. Würdest du es wieder so machen? Warum (nicht)?

Goethezitat

Dieses Zitat *(quote)* stammt von Goethe, der selbst als junger Mann in Leipzig studierte. Finden Sie eine gute Übersetzung dafür!

> **Wie es auch sei,**
> **das Leben,**
> **es ist gut.**
> *Goethe*

Sind Sie auch dieser Meinung?

FILMTIPP: *Frühlingssinfonie* (Peter Schamoni, 1983)

Nastassja Kinski als Clara und Herbert Grönemeyer als Robert Schumann.

Andere berühmte Leipziger

6

Suchen Sie Informationen über die folgenden Personen. Wer sind sie? Was haben sie gemacht?

Johann Sebastian Bach	Friederike (Freddy) Lippold
Samuel Hahnemann	Christa Wolf
Uwe Johnson	Thorsten Wolf
Friedrich Nietzsche	Peter Escher
Die Prinzen	Neo Rauch
Richard Wagner	Rosa Loy

AP Photo / Eckehard Schulz

Im Bosehaus in Leipzig gegenüber der Thomaskirche ist das Bacharchiv und das Bachmuseum.

Suchbegriffe

7

Forschen Sie mit den folgenden Suchbegriffen im Internet.

Stadt Leipzig

1. Welche Veranstaltungen gibt es in Leipzig im Moment?
2. Finden Sie einen Stadtplan von Leipzig. Suchen Sie die Universität und die Oper.
3. Welche Informationen finden Sie über die Leipziger Gastronomie?

Leipziger Buchmesse

4. Suchen Sie Fotos von der Buchmesse. Was gibt es dort zu sehen?
5. Welche Veranstaltungen gab es auf der letzten Buchmesse?
6. Ist die Leipziger Buchmesse nur für Buchhändler?

Gewandhaus zu Leipzig

7. Suchen Sie ein Bild vom Gewandhaus. Wie sieht es aus? Wie alt ist es?
8. Was steht auf dem Spielplan?

Leipziger Thomanerchor

9. Wer singt im Thomanerchor?
10. Wie wird man Thomaner?

Musikveranstaltungen

8

Suchen Sie verschiedene Musikveranstaltungen in Leipzig und finden Sie ähnliche Veranstaltungen oder Konzerte in Ihrer Stadt oder Region, oder sogar an Ihrer Universität. Vergleichen Sie! Wer spielt? Wer dirigiert? Wer singt? Wie viel kosten die Eintrittskarten? Wo möchten Sie am liebsten hingehen? Warum?

9 Richtig oder falsch?

Forschen Sie weiter in den Webseiten aus Übung 7 und entscheiden Sie, ob die folgenden Aussagen korrekt sind. Wenn sie falsch sind, korrigieren Sie sie.

JENS WOLF / DPA / Landov

1. Das Leipziger Opernhaus liegt zwischen Goethestraße und Georgiring.
2. Die Universität liegt im Zentrum von Leipzig.
3. Auerbachs Keller ist durch Goethes Roman *Die Wahlverwandtschaften* berühmt geworden.
4. Die Leipziger Buchmesse ist nur für Buchhändler *(booksellers)*.
5. Der Thomanerchor ist ein Männerchor und singt Werke von Mozart.
6. Das alte Gewandhaus wurde 1944 zerstört.
7. Das neue Gewandhaus wurde 1971 eröffnet.

Kurt Masur dirigiert ein Konzert im großen Saal im Gewandhaus. Dieser Saal hat eine ausgezeichnete Akustik für 1.900 Zuhörer.

10 Lokale Presse

Gehen Sie zu den folgenden Websites im Internet. Was sind die Schlagzeilen? Gibt es Informationen über Stadtsanierung? Wie wirken diese Seiten auf Sie? Wie sind Sprache und Präsentation – einfach oder komplex, plakativ oder seriös, modern oder altmodisch? Was ist besonders interessant?

> *Leipziger Volkszeitung*
>
> *Leipzig News*
>
> *Stadtteilmagazin Grünau*

11 Nachrichtenrunde

Arbeiten Sie in Gruppen oder Paaren. Berichten Sie über einen Aspekt, den Sie beim Surfen im Internet gefunden haben.

12 Fragen zum Nachdenken und Diskutieren

Bearbeiten Sie diese Fragen in Paaren oder kleinen Gruppen. Machen Sie Notizen und geben Sie im Kurs einen kleinen Bericht. Bringen Sie die Resultate Ihrer Internetsuche dabei ein.

1. Ist Leipzig eine typische Stadt im Osten?
2. Was hat sich wohl in Leipzig nach der Wende verändert? Spekulieren Sie!
3. Warum stehen so viele Wohnungen in Leipzig leer? Was sind Vor- und Nachteile einer schrumpfenden *(shrinking)* Stadt?

Strukturen

Die indirekte Rede:
Der Konjunktiv I

- The subjunctive I **(Konjunktiv I)** is used primarily for indirect discourse.
  It allows the speaker to distance himself/herself from what was said by
  another person.

  > Robert schrieb an Clara, dass er sie heiraten **wolle.**

  > Mein Onkel sagt, die Leipziger Oper **sei** eine der ältesten Musikbühnen.

- The present-tense subjunctive I is formed by adding subjunctive endings to
  the unchanged infinitive stem of a verb (because the infinitive is considered
  the first principal part of a verb, the indirect discourse subjunctive is called
  subjunctive I).

denken			
ich	denk**e**	wir	denk**en**
du	denk**est**	ihr	denk**et**
er/es/sie	denk**e**	sie/Sie	denk**en**

- The verb **sein**, however, is irregular.

sein			
ich	**sei**	wir	**seien**
du	**sei(e)st**	ihr	**seiet**
er/es/sie	**sei**	sie/Sie	**seien**

- For most verbs (see **denken** for example), only the third-person singular
  (**er/es/sie**) of the subjunctive I is frequently used in indirect discourse.
  To distinguish from the indicative, the other persons (**ich**, **du**, **Sie**, **wir**, **ihr**, **sie**)
  usually appear as subjunctive II forms.

  > Robert schreibt an Clara, dass er nur an sie **denke**. (subj. I)

  > Clara schreibt, dass sie den Wunsch **habe** zu heiraten. (subj. I)

  > Clara und Robert schreiben, dass sie den Wunsch **hätten** zu heiraten. (subj. II)

- The past subjunctive I is formed by using the subjunctive I form of the auxiliary **haben** or **sein** and the past participle.

träumen			
ich	**habe** geträumt	wir	**haben** geträumt
du	**habest** geträumt	ihr	**habet** geträumt
er/es/sie	**habe** geträumt	sie/Sie	**haben** geträumt

sein			
ich	**sei** gewesen	wir	**seien** gewesen
du	**sei(e)st** gewesen	ihr	**seiet** gewesen
er/es/sie	**sei** gewesen	sie/Sie	**seien** gewesen

Clara schreibt, sie **habe** gestern von Robert **geträumt**.

In der Zeitung stand, viele Leipziger **seien** bei den Montagsdemonstrationen **gewesen**.

- If the text in the direct discourse is in a past tense (present perfect or simple past), the indirect discourse version needs to be in the past subjunctive, regardless of the tense of the introductory verb.

Clara schreibt: „Ich *habe* schon lange den Wunsch *gehabt*, Robert zu heiraten."

Clara schreibt, sie **habe** schon lange den Wunsch **gehabt**, Robert zu heiraten.

Clara schrieb: „Ich *war* sicher, das Richtige zu tun."

Clara schrieb, sie **sei** sicher **gewesen**, das Richtige zu tun.

Skunk Taxi/Shutterstock.com

Der Mathematiker und Philosoph Gottfried Wilhelm Leibniz (1646–1716) besuchte die Nikolaischule und studierte an der Universität Leipzig.

Die Universität Leipzig

Arbeiten Sie gemeinsam mit einem Partner / einer Partnerin und vervollständigen Sie die Sätze in der indirekten Rede mit den Informationen aus dem Bericht über die Universität Leipzig:

(1) Die Leipziger Universität ist die zweitälteste Universität Deutschlands. (2) Es sind über 26.000 Studenten eingeschrieben. (3) Im Jahr 2009 feierte die Universität ihr 600-jähriges Jubiläum. (4) Viele berühmte Deutsche haben hier studiert, unter anderem Goethe, Leibnitz und Richard Wagner. (5) Auch Bach und Wagner sind hier Studenten gewesen. (6) In der DDR ist die Universität in Karl-Marx-Universität Leipzig umbenannt worden. (7) Heute trägt die Universität wieder ihren ursprünglichen Namen *Alma mater lipsiensis.* (8) Im Lokalradio *mephisto 97.6* machen Studenten ihr eigenes Radioprogramm – aber nicht nur für Studenten.

1. In dem Bericht steht, die Leipziger Universität . . .
2. Die Autoren schreiben, es . . . *seien über 26.000 Studenten*
3. Im Jahr 2009, so der Bericht, . . . *habe die Universität*
4. Die Autoren behaupten, viele . . . *haben Deutscher haben hier studiert*
5. Es wird geschrieben, dass auch Bach und Wagner . . . *seien Studenten gewesen*
6. Es wird berichtet, dass die Universität . . . *seien umbenannt worden*
7. Heute, so die Autoren weiter, . . . *trage*
8. Schließlich heißt es, . . .

Der Internetauftritt von Leipzig

Im folgenden Zeitungsartikel wird über eine Pressemitteilung des Leipziger Tourismusverbandes berichtet. Identifizieren Sie gemeinsam mit Ihrem Partner / Ihrer Partnerin die Verbformen in der indirekten Rede und erklären Sie, wann und warum Konjunktiv I und Konjunktiv II benutzt werden.

Natürlich, so heißt es in der Pressemitteilung, gebe es mehr als zehn Gründe, um der über 800-jährigen Messe- und Kulturstadt Leipzig einen Besuch abzustatten. Die Stadt verändere täglich ihr Gesicht. Überall spüre man die Aufbruchstimmung und die zahlreichen Aspekte des Slogans „Leipziger Freiheit". Neben riesigen Baugruben würden restaurierte Handelshäuser und Passagen ein besonderes Flair ausstrahlen. Gerade jetzt sei die Boomtown Leipzig spannender und lebendiger als jemals zuvor. Kaum eine andere Stadt könne auf eine so große Musiktradition wie Leipzig verweisen. Weiterhin kann man in der Pressemitteilung erfahren, dass das Gewandhausorchester seit über 250 Jahren zur Pflege und Entwicklung klassischer Musik beitrage und untrennbar mit der Stadt verbunden sei. Der vor über 800 Jahren entstandene Thomanerchor singe jeden Freitagabend Kantaten in der Thomaskirche. Außerdem heißt es, viele Touristen würden jedes Jahr das Wohnhaus von Felix Mendelssohn Bartholdy besichtigen.

Fakten über Leipzig

Sammeln Sie 5–6 Tatsachen, die Sie über Leipzig erfahren haben. Fragen Sie dann Ihren Partner / Ihre Partnerin, welche Fakten er/sie gesammelt hat, und berichten Sie in der indirekten Rede.

S1: In Leipzig gibt es jedes Jahr eine Buchmesse.

S1: Meine Partnerin sagt, in Leipzig gebe es . . .

Einblicke

16

Fragen zum Thema

1. Gibt es historische Gebäude in Ihrer Stadt? Wie alt sind sie?
2. Was sollte man mit historischen Gebäuden (nicht) machen?
3. Wie alt ist das Haus, in dem Sie wohnen?
4. Wohnen Sie in der Stadt oder am Stadtrand?
5. Hat Ihr Haus / Ihre Wohnung alles was Sie brauchen / möchten?
6. Was wissen Sie über die Gründerzeit in Deutschland? Wann war das?

Abriss der Gründerzeit?

demolish, tear down

In Leipzig stehen seit der Wiedervereinigung viele Häuser leer. Die Stadt will manche Häuser abreißen°, um dadurch die Mieten in der Stadt zu stabilisieren. Die Wohnungen in der Altstadt sind unattraktiv geworden, weil sie alt sind, keine Zentralheizung
5 haben und oft nicht einmal heißes Wasser. Da die Wohnungen nicht vermietet werden können, entstehen statt Einnahmen immer mehr Kosten.

Um die Situation richtig zu verstehen, muss man an die Zeit zurückdenken, als die DDR noch existierte: Viele alte Stadthäuser
10 aus der Gründerzeit wurden nie renoviert und sind heute noch genauso, wie sie im neunzehnten Jahrhundert waren. Die alten
neglected Häuser wurden vernachlässigt°, denn die Partei bevorzugte den
housing projects typical for GDR Bau von neuen Plattenbauten°. Diese Wohnanlagen, die heute
monotonous / lured so eintönig° und trist wirken, lockten° damals mit Zentralheizung
15 und fließend heißem Wasser.

Nach der Wiedervereinigung kam der große Bau-Boom. Es wurde überall auf dem Land neu gebaut. Gleichzeitig sind viele Menschen vom Osten in den Westen gezogen. So stehen heute tausende von Wohnungen leer.

Andreas Rentz / Getty Images

Plattenbauten aus der DDR-Zeit.

20 Vor einigen Jahren entwickelte sich ein kurioses Problem:
Einige Leute benutzten die leeren Häuser in der Stadt als

landfill Mülldeponie°. In Deutschland muss man für
fee jede Mülltonne, die man füllt, eine Gebühr°
bezahlen. Das Geld wollten sich einige

25 Leute sparen, indem sie ihren Müll einfach
dumped in leer stehenden Häusern abluden°. Eine
städtische Initiative musste dafür sorgen,
unoccupied dass unbewohnte° Häuser abgeschlossen
werden.

30 Viele der leeren Häuser, oft sogar
ein ganzes Stadtviertel, sind mittlerweile
abgerissen worden, um Stadtteile
green zones attraktiver zu machen und Grünflächen°
zu schaffen. Mit innovativen Programmen
guardians 35 werden Ladenbesitzer zu „Wächtern°"
über die alte Bausubstanz, ohne Miete zu
zahlen. Manche „tote" Straße ist so wieder belebt worden.

Es wird interessant sein, zu beobachten, wie sich die Stadt
Leipzig in den kommenden Jahren entwickeln wird.

Richard Wareham Fotografie / Alamy

Leere Stadthäuser in Leipzig

Fragen zum Text

17

1. Warum sind die alten Leipziger Stadthäuser für viele Leute unattraktiv geworden?
2. Warum hat man die Stadthäuser während der DDR-Zeit vernachlässigt?
3. Was hat die Partei damals gebaut?
4. Was geschah nach der Wiedervereinigung?
5. Was wollen die Leipziger Stadtplaner jetzt tun?
6. Welches kuriose Problem gab es vor einigen Jahren mit dem Müll?

Indirekte Rede

18

Berichten Sie mit einem Partner / einer Partnerin über die Probleme in Leipzig. Geben Sie die wichtigsten Informationen aus dem Lesetext in der indirekten Rede wieder und schreiben Sie sechs Sätze.

z.B. Im Text steht, viele Wohnungen in Leipzig seien unattraktiv geworden.

1. Im Text steht, . . .
2. Die Autoren behaupten, . . .
3. Weiterhin heißt es, . . .
4. Man kann auch lesen, . . .
5. Die Autoren schreiben, . . .
6. Schließlich wird gesagt / gefragt, . . .

Wojtek Dziuba / Caro Agency

Weg von der Stadt Leipzig – Einfamilienhäuser im Grünen.

19

Fragen zum Nachdenken und Diskutieren

1. In manchen leeren Häusern dürfen junge Selbständige (small business owners) mietfrei einen Laden unterhalten. Was könnte man sonst noch tun?
2. Viele Leipziger wollten sich nach der Wende ein Haus im Grünen bauen. Warum wollten sie wohl hinaus aus der Stadt?
3. Warum sind viele Leute aus dem Osten nach der Wende in den Westen gezogen? Spekulieren Sie.

Wortschatz

abreißen (riss ab, hat abgerissen)   *to tear down, demolish*

der **Abriss**   *demolition*

der **Bau**   *construction*

die **Bühne, -n**   *stage*

die **DDR (Deutsche Demokratische Republik)**   *(former) GDR (German Democratic Republic); East Germany*

die **Einnahmen** *(pl.)*   *revenue*

sich **entwickeln** (hat sich entwickelt)   *to develop, change, transform*

erhalten (erhält, erhielt, hat erhalten)   *to receive, be given*

friedlich   *peaceful; peacefully*

zu etwas **führen** (hat geführt)   *to lead (to s.th.)*

das **Gebäude, -**   *building*

die **Gebühr, -en**   *fee*

die **Gründerzeit**   *late 1800s (years of rapid industrial expansion in Germany)*

die **Jahrhundertwende**   *turn of the century*

das **Jubiläum** (*pl.* **Jubiläen**)   *jubilee, anniversary*

die **Kosten** *(pl.)*   *costs*

leer stehen (steht leer, stand leer, ist leer gestanden)   *to sit vacant*

die **Messe, -n**   *trade fair*

das **Messegelände**   *trade fair grounds*

der **Müll**   *garbage*

die **Mülltonne, -n**   *garbage can*

die **Oper, -n**   *opera*

pflegen (hat gepflegt)   *to maintain, take care of*

die **Sanierung, -en**   *renovation*

schaffen (schuf, hat geschaffen)   *to shape; to create*

sich **sicher sein** (ist sich sicher, war sich sicher, ist sich sicher gewesen)   *to be certain*

das **Stadthaus, ¨er**   *townhouse (3 to 4 stories or more)*

das **Stadtviertel, -**   *city neighborhood, quarter*

sich **verlieben** (hat sich verliebt)   *to fall in love*

vermieten (hat vermietet)   *to rent out*

vernachlässigen (hat vernachlässigt)   *to neglect*

versuchen (hat versucht)   *to try*

vorschlagen (schlägt vor, schlug vor, hat vorgeschlagen)   *to suggest*

der **Westen**   *West Germany; the West*

die **Wohnanlage, -n**   *housing development*

die **Zentralheizung**   *central heat*

20 Definitionen

Finden Sie die richtigen Begriffe für die folgenden Definitionen.

1. die alten Bundesländer der BRD
2. die Zeit um 1900
3. Ostdeutschland vor der Wende
4. Teil einer Stadt
5. das Renovieren von alten Häusern
6. Zeit der Industrialisierung in Deutschland Ende des 19. Jahrhunderts
7. Bauprojekt mit vielen Wohnungen oder Häusern

a. die Jahrhundertwende
b. das Stadtviertel
c. die Sanierung
d. die Gründerzeit
e. DDR
f. der Westen
g. die Wohnanlage

Wann sagt man was?

der Ort, der Platz, die Stelle

Was ist der Unterschied zwischen **Ort**, **Platz** und **Stelle**? Arbeiten Sie mit dem Wörterbuch und finden Sie eine Definition für diese drei Begriffe.

1. Leipzig ist ein schöner _____. Es gibt ein interessantes, kulturelles Programm.
2. Entschuldigen Sie, ist hier noch ein _____ frei? Alle anderen Tische sind voll.
3. An dieser _____ soll Goethe einmal gesessen haben, als er hier studiert hat.

---

21 Wohnen in Leipzig

Ergänzen Sie die Sätze!

1. Die Stadt Leipzig will viele Häuser _____, weil sie leer stehen.
2. Viele _____ in der Stadt sind noch genauso wie im 19. Jahrhundert.
3. In der DDR-Zeit hat man die alten Stadthäuser _____ und in Plattenbauten investiert.
4. Die alten Stadthäuser haben oft kein fließend heißes Wasser und keine _____.
5. Nach der Wiedervereinigung kam der _____ -Boom.
6. Viele Menschen sind in den _____ gezogen.
7. Jetzt stehen viele Wohnungen _____.

22 Eine schrumpfende Stadt?

Ein Bekannter hat in der Zeitung gelesen, dass Leipzig eine schrumpfende *(shrinking)* Stadt sei. Erklären Sie ihm, warum das geschrieben wird. Verwenden Sie dabei einige Wörter von der Liste.

abreißen – Abriss – Bau – bauen – sich entwickeln – (zu etwas) führen – Gebäude – die Kosten – leer stehen – der Müll – mehr Parks – pflegen – renovieren – Sanierung – schaffen – Stadthäuser – Stadtviertel – vermieten – versuchen – Westen – nach der Wende –Wohnanlage – keine Zentralheizung

23

Partnerinterview: Traumhaus

Fragen Sie Ihren Partner / Ihre Partnerin, wo und wie er/sie gerne wohnen möchte. Machen Sie Notizen und berichten Sie die interessantesten Details im Kurs. Können Sie verstehen, warum viele alte Stadthäuser in Leipzig leer stehen?

Wann sagt man was?

wohnen, leben

Die Verben **wohnen** und **leben** werden im Englischen mit dem Verb *to live* ausgedrückt. **Wohnen** hat mit der Adresse einer Person zu tun **(Otto wohnt in der Goethestraße)**; das Verb **leben** sagt etwas über die Lebensweise *(lifestyle, life situation)* **(Otto lebt seit vielen Jahren allein)**. Ergänzen Sie den Text.

Ulrike Göltner _____ mit ihrem Mann Rolf in einer kleinen Wohnung in der

Schönauer Straße. Die alte Heizung ist kaputt, und jedes Jahr, wenn es im Win

ter kalt wird, sagt Ulrike: „Ich kann so nicht weiter _____." Ihr Mann, Rolf, sagt

dann immer, es sei doch kein Problem, in Leipzig eine andere Wohnung zu fin

den. „Dann ziehen wir eben um", sagt er immer, „Wo möchtest du denn gerne

_____? In einer Wohnung oder in einem Haus im Grünen?" Ulrike weiß aber,

dass es nicht so einfach ist. Sie könnten bei Ulrikes Mutter _____, aber das

will Rolf nicht. Ulrikes Mutter hat viel Platz in ihrem Haus, denn ihr Mann, Ulrikes

Vater,_____ nicht mehr. Er ist schon vor fünf Jahren gestorben. Sie könnten

im Erdgeschoss _____ und Ulrikes Mutter im ersten Stock. Ulrike würde gerne

die Miete sparen, die sie für die Wohnung in der Schönauer Straße bezahlen,

aber wenn sie vom Geld spricht, sagt Rolf immer „Der Mensch _____ nicht

vom Brot allein!" Es wird wohl noch eine Weile dauern, bis die beiden umziehen.

24

Wörterbucharbeit: Wortbildung

Ergänzen Sie die folgende Tabelle.

Verb	Nomen
1. _bauen_	das Gebäude
2. _____	der Abriss
3. sich entwickeln	die _____
4. _____	die Kosten
5. vermieten	die _____
6. _____	die Sanierung
7. vorschlagen	der _____

Redemittel zum Diskutieren

Vorschläge machen und Rat geben

Mit den folgenden Redewendungen signalisiert man im Gespräch, dass man eine Idee hat oder einen Vorschlag machen will.

Ich schlage vor, . . .	**Ich schlage vor**, die Altbauten in Leipzig abzureißen.
Ich würde vorschlagen, . . .	**Ich würde vorschlagen**, die Altbauten zu renovieren.
Darf ich einen Vorschlag machen?	**Darf ich einen Vorschlag machen?**
Wie wäre es, wenn . . . ?	**Wie wäre es, wenn** man zuerst nur die schönsten Häuser renoviert?
Es wäre keine schlechte Idee, . . .	**Es wäre keine schlechte Idee**, auch neue Architektur in das Stadtbild zu integrieren.
Es wäre gut, . . .	**Es wäre gut**, die Leipziger Bürger zu diesem Problem zu befragen.
Es wäre ratsam, . . .	**Es wäre ratsam**, auch ein paar Architekten in die Diskussion zu integrieren.

---

25 ### Ideen für die Stadtsanierung

Entscheiden Sie, ob die folgenden Vorschläge gut oder schlecht, praktisch oder unpraktisch sind. Erklären Sie Ihre Meinung.

1. **Ich schlage vor**, die Fassaden stehen zu lassen und hinten ein neues, modernes Haus zu bauen. Dann behält die Stadt ihren Charakter und es gibt neue Wohnungen.
2. **Ich würde vorschlagen**, die Stadthäuser Stein für Stein abzubauen und sie dann in einer anderen Stadt wieder aufzubauen. Dann wird nichts zerstört.
3. **Darf ich einen Vorschlag machen**? Ich finde, man sollte die Häuser einfach stehen lassen; so hat man eine Art Gründerzeit-Museum im Freien.
4. **Es wäre keine schlechte Idee**, aus den Steinen der abgerissenen Häuser neue Häuser im Stil der Gründerzeit zu bauen.
5. **Es wäre am besten**, alle leeren Häuser einfach abzureißen und dort schöne Parks und Grünanlagen zu bauen. **Es wäre nicht schlecht**, wenn man das Baumaterial der abgerissenen Häuser dazu recyceln könnte.
6. **Es wäre ratsam**, die Häuser abzureißen, bevor sie einstürzen *(collapse)*.

26 ### Fragen zur Diskussion

Machen Sie andere Vorschläge!

1. Was könnte man tun, um das Problem der alten Stadthäuser in Leipzig zu lösen?
2. Ist das Schrumpfen einer Stadt nur ein Problem oder hat es auch positive Seiten?

Strukturen

Die Satzarten im Deutschen

A sentence typically consists of a subject and a verb and can also contain direct and indirect objects. Additional modifying elements can be adjectives, adverbs, participial phrases, prepositional phrases, and infinitive phrases.

Clara and Robert Schuman	hatten	sieben Kinder
subject	*verb*	*direct object*

In der Stadt Leipzig	stehen	viele Wohnungen	lange	leer,
prepositional phrase	*verb*	*subject*	*adverb*	*adjective*

Damals als Innovation gedacht,	wirken	Plattenbauten	heute oft	eintönig und trist.
participial phrase	*verb*	*subject*	*adverbs*	*adjectives*

Type	Description / Definition	Examples
Simple sentence	Verb is second element (not necessarily second word) of the sentence.	Plattenbauten **wirken** heute oft eintönig und trist. Nach der Wiedervereinigung **kam** der große Bau-Boom. Viele Stadthäuser aus der Gründerzeit **wurden** nie renoviert.
Compound sentence with two main clauses	Two main clauses of equal importance linked by a coordinating conjunction	Nach der Wiedervereinigung kam der große Bau-Boom, **und** viele Menschen sind gleichzeitig vom Osten in den Westen gezogen.
Compound sentence with main clause first	A main clause and one or more subordinate clauses. The subordinate clauses are introduced by a subordinating conjunction (such as **weil**) or a relative pronoun (such as **die**). In a subordinate clause, the verb is the last element.	Die Wohnungen in der Altstadt sind nicht sehr komfortabel, **weil** sie alt *sind*. Aus der Gründerzeit gibt es viele Häuser, **die** heute *leerstehen*.
Compound sentence with subordinate clause first	A subordinate clause preceding the main clause is considered the first element in the sentence. Therefore, the verb of the main clause is positioned directly after the subordinate clause (in second position in the sentence).	*Da die unrenovierten Wohnungen nicht vermietet werden können,* **entstehen** für die Stadt immer mehr Kosten. *Weil die Partei den Bau von Plattenbauten bevorzugte,* **wurden** die alten Häuser in vielen Stadtteilen vernachlässigt.

27 Dr. Faust in Auerbachs Keller

Angeblich *(Supposedly)* soll im Jahre 1525 der Faust, über den später Goethe schrieb, tatsächlich an Auerbachs Keller in Leipzig vorbeigekommen sein. Verbinden Sie die folgenden Satzteile und erzählen Sie die Anekdote von Fausts Besuch in Leipzig.

1. In den Büchern der Stadt Leipzig ist es überliefert, ____e____

2. Um die Leipziger Messe zu besuchen _____

3. Als sie in der belebten Stadt umherbummelten, _____

4. Dort wollten gerade einige Männer ein Weinfass aus dem Keller tragen, _____

5. Dr. Faust sah dies und fragte, _____

6. Es gab einen Streit mit den Männern, _____

7. Um die Situation zu klären, versprach der Weinherr demjenigen das Fass°, _____

8. Daraufhin stieg Dr. Faust auf das Fass, als ob es ein Pferd wäre, _____

9. Der erstaunte Weinherr musste ihm das versprochene Fass geben, _____

a. kam er mit seinen Studenten in die Stadt zu Besuch.

b. warum die Männer so ein Theater machen würden.

c. kamen sie an einem Weinkeller vorbei.

d. aber sie schafften es nicht.

e. dass Dr. Faust 1525 in Wittenberg als Professor für Magie beschäftigt war.

f. und ritt aus dem Keller.

g. und Dr. Faust teilte das Geschenk mit seinen Studenten.

h. die wegen dieser Frage ziemlich ärgerlich waren.

i. der es allein aus dem Keller bringen könne.

---

versprach . . . *the proprietor promised the cask to the one*

28 Eine berühmte Person besucht Leipzig

Erzählen Sie mit Ihrem Partner / Ihrer Partnerin die Geschichte einer berühmten Person Ihrer Wahl (z. B. ein Filmstar, ein Musiker, ein Autor usw.), die Leipzig besucht, indem Sie die Sätze vervollständigen. Anschließend stellen Sie Ihre Geschichte im Kurs vor. Können die anderen Kursteilnehmer erraten *(guess)*, wer Ihre berühmte Person ist?

1. Die berühmte Person besucht Leipzig, weil . . .
2. Die berühmte Person ist nicht mit dem Auto gefahren, sondern . . .
3. Im Zentrum von Leipzig angekommen, überlegt die berühmte Person, ob er/sie . . .
4. Weil alle Hotels belegt sind, . . .
5. Am ersten Abend in Leipzig . . . und . . .
6. Die berühmte Person, die . . ., geht am nächsten Morgen . . .
7. Viele Menschen in Leipzig . . ., aber . . .
8. Zum Abschied . . .

Videoblog

Feline

Vor dem Sehen

A

Themen

Was wissen Sie zu den folgenden drei Themen? Machen Sie gemeinsam mit Ihrem Partner / Ihrer Partnerin eine Liste.

„Es lohnt sich wirklich, mal nach Leipzig zu kommen und sich das alles anzuschauen."

© Cengage Learning

Musikstadt Leipzig	Montagsdemonstrationen	Abriss der Gründerzeit
_____	_____	_____
_____	_____	_____
_____	_____	_____

Beim Sehen

B **In Leipzig**

Ordnen Sie die Aussagen in der Reihenfolge, in der Sie sie im Video sehen.

_____ Die Nikolaikirche ist ein Traum aus weißem Marmor.

_____ In der Mädlerpassage ist Auerbachs Keller, der in Goethes Faust vorkommt.

_____ Gerade im Zentrum sind ganz viele wunderbare Häuser wieder hergerichtet mit wunderschönen Fassaden.

_____ Bach hat seine ganze Musik für die Thomaskirche geschrieben und das, das hört man, wenn man die Musik hört.

___1___ Die neue Uni sieht aus wie ein großes, aufgeklapptes Buch.

_____ Vor dem Restaurant hängt das Fass mit Faust und dem Mephisto drauf, die davonreiten.

_____ Im Krieg ist ganz vieles weggebombt worden und manche Häuser sind einfach eingestürzt, weil sich niemand drum gekümmert hat.

_____ Aus den Demonstrationen entwickelte sich ein Volksaufstand ohne Waffen und ohne Blut.

„Wir sind das Volk!"

Verbinden Sie die Elemente zu vollständigen Sätzen.

1. Der Pastor von der Nikolaikirche _____

2. Die Versammlungen in der Kirche _____

3. Aus diesen Versammlungen gingen dann _____

4. Später sind auch in anderen Städten die Menschen auf die Straße gegangen _____

5. Aus den Demonstrationen _____

6. Schließlich hatte die Regierung keine Chance mehr, _____

a. die Montagsdemonstrationen hervor.

b. entwickelte sich ein Volksaufstand.

c. weil es zu viele Demonstranten waren.

d. und haben mit der Parole „Wir sind das Volk" gegen die Regierung demonstriert.

e. wurden von der SED zunächst ignoriert.

f. hat damals angefangen, gegen die DDR-Führung zu predigen.

Abriss der Gründerzeit

Ergänzen Sie die Sätze mit den Informationen, die Sie von Feline hören.

1. In Leipzig gibt's ja wunderbar viele alte Gebäude, aber die DDR _____ .

2. Und es gibt immer noch Häuser, _____ .

3. Es ist eben das Problem, dass man bei vielen Häusern noch nicht weiß, _____ .

4. Das kostet natürlich furchtbar viel Geld, aber _____ .

Beschreibungen

Wie beschreibt Feline die folgenden Orte und Gebäude? Machen Sie gemeinsam mit einem Partner / einer Partnerin eine Stichwortliste und ergänzen Sie die Liste dann mit Ihren eigenen Eindrücken.

Augustusplatz	Mädlerpassage	Nikolaikirche
der Universitätsplatz	großes Fass	Transparent

Nach dem Sehen

Reflexionen

Schauen Sie noch einmal auf Ihre Liste vom Anfang und ergänzen Sie sie mit den Informationen und Eindrücken aus dem Video. Was haben Sie aus dem Vlog Neues erfahren? Worüber hätten Sie gerne noch mehr Informationen?

Zusammenfassend

Schreiben Sie eine Zusammenfassung des Vlogs in der indirekten Rede.

Feline erzählt . . .

Listen to this chapter's audio segments at www.cengage.com/german/stationen.

⊙ Lektüre

Thomas Haertrich / Peter Arnold Inc.

Am Karl-Marx-Platz in Leipzig bei den Montagsdemonstrationen 1989.

Die westlichen Medien, besonders das westdeutsche Fernsehen, das man in der DDR empfangen konnte, haben 1989 eine wichtige Rolle gespielt. Ostdeutsche Medien haben damals über die Demonstrationen nicht berichtet. Erst durch die Berichte im Westen und das Fernsehen haben die DDR-Bürger erfahren, dass sich in ihrem Land eine friedliche Revolution entwickelt.

Der Spiegel ist eines der wichtigsten Wochenmagazine in Deutschland. Schauen Sie einmal in die Online-Version, um zu sehen, welche Themen im Moment aktuell sind. Der *Spiegel*-Redakteur **Ulrich Schwarz** war 1989 bei den Demonstrationen in Leipzig dabei und schrieb daraufhin diesen Artikel.

Vor dem Lesen

 Fragen zum Thema

Welche Art von Demonstrationen gibt es? Vielleicht haben Sie selbst schon einmal für oder gegen etwas demonstriert. Welche Reaktionen kann es geben?

1. Haben Sie schon einmal für oder gegen etwas demonstriert?
2. Wofür oder wogegen würden Sie demonstrieren?
3. 1989 nannte man Leipzig die Hauptstadt der Friedlichen Revolution. Wie stellen Sie sich eine friedliche Revolution vor?
4. Welche Probleme kann es bei Demonstrationen geben? Was kann zu Gewalt *(violence)* führen?

Beim Lesen

In diesem Text erzählt ein Journalist von einer Demonstration in Leipzig im Oktober 1989, bei der er selbst dabei war. Verfolgen Sie den Verlauf der Demonstration in der Stadt Leipzig (Aktivität 30). Achten Sie beim Lesen zuerst auf die Gruppen und Personen (Aktivität 31), die im Text erwähnt werden. Finden Sie dann passende Übersetzungen für einige Passagen aus dem Text (Aktivität 32).

30 **Stadtplan**

Zeichnen Sie den Verlauf der Demonstration auf dem Stadtplan von Leipzig nach. Schreiben Sie auf, was an bestimmten Stationen passiert ist.

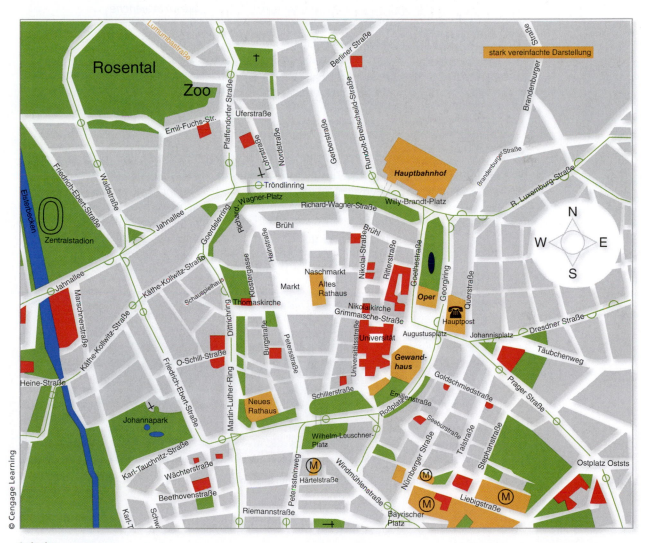

Leipzig

31

Welche Gruppen und Personen waren dabei?

Notieren Sie, wen der Autor erwähnt. Machen Sie Notizen.

32

50.000 Menschen in Bewegung

In diesem Bericht beschreibt Ulrich Schwarz, wie ein Zug von 50.000 Menschen am 9. Oktober 1989 in einer friedlichen Demonstration durch Leipzig zog. Finden Sie für die folgenden Sätze aus dem Text die passende Übersetzung. Arbeiten Sie mit einem Partner / einer Partnerin.

1. Plötzlich ist der kleine Vorplatz mit kleinen Gruppen gefüllt.

2. Vor der Kirche wird die Menge immer dichter.

3. Der Zug setzt sich von der Nikolaikirche in Bewegung . . .

4. Der Zug biegt in die Grimmaische Straße . . .

5. Der Zug rollt, sich lawinenartig vergrößernd, über den Karl-Marx-Platz . . .

6. Die Masse wälzt sich wie ein Lavastrom am Hauptbahnhof vorbei.

7. Die Menge kriecht um die Stadt.

8. Der Zug zieht an der Bezirksverwaltung der Stasi vorbei.

9. So plötzlich wie sich der Zug gebildet hat, löst er sich auf.

a. *The demonstration passes the Stasi headquarters.*

b. *The demonstration rolls across the Karl-Marx-Platz expanding like an avalanche . . .*

c. *The small courtyard is instantly filled with small groups of people.*

d. *The crowd rolls past the main train station like a lava stream.*

e. *The demonstration dissolves as quickly as it formed.*

f. *The crowd slowly creeps through the city.*

g. *The demonstration turns into the Grimmaische Straße . . .*

h. *In front of the Nikolaikirche, the demonstration sets into motion . . .*

i. *In front of the church, the crowd thickens.*

dlnicolas/Shutterstock.com

Der Mende-Brunnen vor dem Neuen Gewandhaus am Karl-Marx-Platz.

„Schließt euch an!°"
Spiegel-Redakteur Ulrich Schwarz über die Massendemonstration in Leipzig am 9. Oktober 1989

Der Eingang der Nikolaikirche mitten in der Leipziger Innenstadt bietet ein farbenprächtiges Bild: Vor dem Portal liegen in dichten Bündeln Herbstblumen in leuchtenden Farben, dazwischen brennen Kerzen. Vor den vergitterten Kirchenfenstern Dutzende
5 Blumensträuße°.

Dazwischen hat jemand mit sauberer Handschrift einen Bibelvers geheftet: „Zur Freiheit hat uns Christus befreit. Bleibt daher fest und laßt euch nicht von neuem das Joch° der Knechtschaft° auflegen." Die Blumen sind für jene jungen Leipziger, die in den letzten Wochen
10 verhaftet° wurden, weil sie sich in Demokratie geübt° hatten.

In der Kirche, die erst vor kurzem renoviert wurde, herrscht° schon mittags reges° Kommen und Gehen. Menschen jeden Alters sitzen in den Bänken. Um einen kleinen Tisch vorn beim Chor drängen sich jene, die in einem Buch per Unterschrift
15 ihre Solidarität mit den Verhafteten bekunden° wollen. Daneben klebt ein Aufruf der Oppositionsgruppe *Neues Forum* zur Gewaltlosigkeit°.

Eine seltsame Spannung° liegt an diesem 9. Oktober über der Stadt. Gerüchte° schwirren: Die Betriebskampfgruppen° haben
20 für heute Schießbefehl° erhalten°.

Tatsache ist: In den Betrieben wurden die Eltern aufgefordert°, ihre Kinder bis spätestens 15 Uhr aus den Kindergärten zu holen. Berufstätige, die in der Innenstadt arbeiten, bekommen früher frei und sind gehalten°, die City zu verlassen. Die Verkäufer auf
25 dem Markt vor dem Alten Rathaus sollen spätestens um fünf ihre Stände° zumachen.

Cafés und Restaurants im Umfeld der Nikolaikirche sind schon am frühen Nachmittag aus „technischen" oder aus „innerbetrieblichen"° Gründen geschlossen. Nur ein Schnellbuffet am
30 „Naschmarkt", dessen Stammkundschaft sich erkennbar aus bierdumpfen° Gewohnheitstrinkern° zusammensetzt, bleibt geöffnet. Um 14 Uhr wechselt schlagartig° das Publikum um die Nikolaikirche. Plötzlich ist der durch einen Bauzaun geschickt verkleinerte Vorplatz mit Pärchen und kleinen Gruppen gefüllt – die
35 "Schwulenparade" hat begonnen; wie der Volksmund spöttisch° den Aufmarsch der Staatssicherheit° nennt, die stets zur Sicherung des Regimes antritt.

Eine Stunde später folgen lange Lkw°-Kolonnen, beladen mit uniformierter Volkspolizei°. Die Wagen halten in Seitenstraßen nahe
40 der Kirche, die Mannschaften bleiben unter den Planen° versteckt. Die Nikolaikirche, in der um 17 Uhr das traditionelle Friedensgebet beginnt, hat bereits eine halbe Stunde zuvor keinen Stehplatz mehr frei. Im Fenster über dem Eingang hängt ein großes Schild „wegen Überfüllung geschlossen"; dazu der Hinweis, daß in drei
45 weiteren Gotteshäusern zur gleichen Zeit Andachten° stattfinden.

Marginal glosses:
- *Join us!*
- 5 *bunches of flowers*
- *yoke / slavery*
- 10 *arrested / sich in . . . practiced democracy*
- *dominates*
- *frequent*
- 15 *ihre . . . express their solidarity / with those who were arrested*
- *nonviolence*
- *seltsame . . . strange tension*
- *rumors / workers' militia*
- 20 *order to use weapons / received / ordered*
- 24 *sind . . . are expected*
- 26 *booths*
- 29 *internal*
- 31 *beer-numb / habitual drinkers*
- *abruptly*
- 35 *gay parade cynically*
- *state security police*
- 38 *= Lastkraftwagen*
- *police*
- 40 *tarps*
- 45 *services*

Vor der Kirche wird die Menge immer dichter. Sie schweigt. Die Ansammlung wächst auf einige hundert Meter durch die Grimmaische Straße bis hin zum Karl-Marx-Platz, an dem das Neue Gewandhaus und die Oper stehen. Um fünf sind es einige tausend,
50 um halb sechs mehr als 10 000, um sechs, als die 3 000 Frommen° und Neugierigen° aus der Nikolaikirche kommen, ist der Karl-Marx-Platz schwarz von Menschen, 20 000 mindestens.
Zaghaft° ertönen erste Rufe: „Gorbi, Gorbi"[2], „Demokratie jetzt", „Wir sind keine Rowdys."
55 Die Menge wartet weiter. Plötzlich, ohne erkennbare Regie°, setzt sich der Zug° von der Nikolaikirche in Bewegung, biegt in die Grimmaische Straße, rollt, sich lawinenartig° vergrößernd, über den Karl-Marx-Platz auf den Georgiring Richtung Bahnhof. „Schließt euch an, schließt euch an", skandieren die Marschierer.
60 Als die Spitze der Kolonne den Platz der Republik vor dem Leipziger Hauptbahnhof erreicht, sind dem Ruf rund 50 000 gefolgt. Junge Leute und ältere, an Kleidung und Habitus° als Mitglieder der herrschenden Klasse kenntlich, und Intelligenzler, Langhaarige und Herren mit akkuratem Haarschnitt. „Gorbi, Gorbi", schallt es zu den
65 Häuserfronten hoch und, vom Beton verstärkt, zurück. Auch ältere Ehepaare, den obligaten Einkaufsbeutel am Handgelenk°, klatschen dazu rhythmisch in die Hände.
„So etwas", ruft ein Mann mit leicht zitternder Stimme, „hat Leipzig noch nicht erlebt." Und er fällt in den Schrei der 10 000 um
70 ihn herum ein: „Wir sind das Volk, wir sind das Volk."
Die Masse wälzt sich wie ein Lavastrom° am Hauptbahnhof vorbei – wenn jetzt Polizei dazwischengingen, um die „nicht genehmigte Veranstaltung"°, wie es im Ostbürokratendeutsch° heißt, auseinanderzutreiben, sie hätte keine Chance – außer mit der Waffe°.
75 Die Vopo° ist kaum zu sehen. Die Stasi° ist verschwunden. Hinter verschlossenen Bahnhofstüren stehen einige Dutzend martialische Gestalten mit Helmen° und Knüppeln°, das ist alles. Doch die Demonstranten sehen nicht einmal hin. Die Menge kriecht° um die Stadt, die Parolen° wiederholen sich: „Freiheit, Gleichheit,
80 Brüderlichkeit", „keine Gewalt°", „Neues Forum, Neues Forum", und immer wieder „Gorbi, Gorbi".
Die Stimmung ist beängstigend° friedlich. Selbst als der Zug an der Bezirksverwaltung° der Stasi vorbeizieht, ist kein aggressives Wort zu hören. Statt dessen richten° die Demonstranten ihren Appell
85 an die vor dem Eingang stehenden Volkspolizisten: „Polizisten, schließt euch an, schließt euch an."
In keinem Moment jener zwei Stunden, die der Zug rund um die City dauert, kommt das Gefühl von Gefahr° auf oder von Konfrontation. Die Polizei versucht nicht, die Menschen abzudrängen°.
90 Verkehrspolizisten° schaffen der stillen Demo freie Bahn; und selbst dort, wo Autos oder Straßenbahnen plötzlich zwischen die Menge geraten, bleibt die Stimmung sanft° und gelassen°.
„Hupen°, hupen", schallt es, und zögerlich erst, dann kräftiger, kommt Antwort zurück und die Fahrer hupen.

[2] nickname for Russian president Mikhail Gorbachev

believers (50)
curious ones
cautiously
ohne . . . without prompting (55)
procession
like an avalanche
manner
wrist
wie . . . like a lava flow
nicht . . . unpermitted event /
bureaucratic language of the East
weapon
= Volkspolizei / = Staatssicherheit (75)
helmets / clubs
creeps
slogans
violence
frighteningly
headquarters
danger
divert
traffic police (90)
calm / relaxed
honk

95 Die Sympathien derer am Rand sind unübersehbar° und deutlich
zu hören. Vor dem Hotel International steht das Personal, aus
einem Fenster des Neuen Gewandhauses hält eine junge Frau
eine Wunderkerze°, von den Balkonen der Häuser winken° und
klatschen viele Bewohner. Die Demonstranten auf der Straße
100 quittieren° jede Zustimmung mit dankbarem Beifall°.

95 Die Sympathien derer am Rand sind unübersehbar° und deutlich
zu hören. Vor dem Hotel International steht das Personal, aus
einem Fenster des Neuen Gewandhauses hält eine junge Frau
eine Wunderkerze°, von den Balkonen der Häuser winken° und
klatschen viele Bewohner. Die Demonstranten auf der Straße
100 quittieren° jede Zustimmung mit dankbarem Beifall°.

So plötzlich, wie sich der Zug bildete, löst er sich auf – wenig
später gibt es in der Goethestraße hinter dem Karl-Marx-Platz
verblüffende° Szenen. Mit einigen Demonstranten sprechen
Männer der Betriebskampfgruppen, jener Arbeitermiliz, die am
105 Freitag zuvor noch im lokalen SED[3] Blatt Leipziger Volkszeitung
gedroht hatte, sie sei bereit, „diese konterrevolutionären Aktionen
endgültig und wirksam zu verhindern°. Wenn es sein muß, mit der
Waffe in der Hand!"

„Wen wollt ihr schützen?" fragt ein junger Mann einen weißhaari-
110 gen Kampfgruppenkommandeur. Der antwortet: „Ich bin auch
nicht gern rausgegangen. Ich habe meinen Leuten gesagt:
Vergeßt nicht, das sind unsere Menschen, die da draußen
demonstrieren."

„Warum seid ihr dann ausgerückt?"

115 „Wir mußten verhindern, daß etwas zerstört wird."
„Da habt ihr recht", sagt der junge Mann.

Als der Zug fast vorbei ist, ertönt plötzlich aus den Lautsprechern
des Leipziger Stadtfunks, die an markanten Punkten der Innenstadt aufgestellt sind, Musik – und das erste sensationelle Echo
120 der Partei: ein Appell, unterzeichnet vom Chefdirigenten des
Gewandhaus-Orchesters, Kurt Masur, dem Pfarrer Peter Zimmer-
mann, dem Kabarettisten Bernd Lutz Lange und, sensationeller-
weise, drei Sekretären der Bezirksleitung der SED. Text:

Unsere gemeinsame Sorge und Verantwortung° hat uns
125 *heute zusammengeführt. Wir sind von der Entwicklung in*
unserer Stadt betroffen° und suchen nach einer Lösung.
Wir alle brauchen einen freien Meinungsaustausch° über
die Weiterführung des Sozialismus in unserem Land.
Deshalb versprechen die genannten Leute allen Bür-
gern, die ganze Kraft und Autorität dafür einzusetzen,
130 *daß dieser Dialog nicht nur im Bezirk Leipzig, sondern*
auch mit unserer Regierung geführt wird. Wir bitten Sie
dringend um Besonnenheit°, damit der friedliche° Dialog
möglich wird.

135 Den Anruf zur Besonnenheit hören die meisten nicht mehr. Sie
sind gegangen, viele mit leuchtenden Gesichtern°, in denen
der Stolz° steht, sich endlich bekannt zu haben – gegen die
Machthaber, aber für ihre DDR. Nur einmal versuchten ein paar
Demonstranten, den Schlachtruf der Ausreiser „Wir wollen
140 raus" anzustimmen. Sie wurden vom Gegenchor übertönt:
„Wir bleiben hier."

„Heute waren wir 50 000", sagt ein Mann um die 50° selbstbewußt
und angstfrei°, „nächsten Montag werden es 100 000 sein."

[3] Sozialistische Einheitspartei Deutschlands – regime party in the GDR

obvious
sparkler / wave
reward / applause
astounding
prevent
responsibility
touched, moved
exchange of opinions
levelheadedness / peaceful
leuchtenden ... happy faces
pride
um ... around 50 years old
without fear

Wortschatz

sich **anschließen** (schloss sich an, hat sich angeschlossen) *to join a group*

der **Berufstätige, -n** / die **Berufstätige, -n** *employee*

der **Betrieb, -e** *workplace, factory*

dabei sein (ist dabei, war dabei, ist dabei gewesen) *to be there; to participate*

die **Demonstration, -en** *demonstration*

drohen (hat gedroht) *to threaten*

der **Eingang, ⁻e** *entrance*

das **Friedensgebet, -e** *prayer for peace*

die **Gewalt** *force; violence*

die **Gewaltlosigkeit** *nonviolence*

hupen (hat gehupt) *to honk (a car's horn)*

die **Innenstadt, ⁻e** *center of town, downtown*

die **Kerze, -n** *candle*

die **Lösung, -en** *solution*

die **Mannschaft, -en** *military unit*

die **Regierung, -en** *government*

der **Ruf, -e** *call*

schweigen (schwieg, hat geschwiegen) *to be silent, say nothing*

verhaften (hat verhaftet) *to arrest*

der **Volksmund** *vernacular, the people's language;* **wie es im Volksmund heißt** *as they say*

FILMTIPP: *Wendefilme*

Seit den 90er Jahren beschäftigen sich viele deutsche Filme mit dem Prozess der Wiedervereinigung und der Zeit nach 1989.

Good Bye, Lenin! (Wolfgang Becker, 2003) Dieser Film beginnt mit den Demonstrationen und zeigt die Veränderungen im Leben einer Familie aus dem Osten nach der Wiedervereinigung.

Das Leben der Anderen (Florian Henckel von Donnersmarck, 2006) Vor dem Fall der Mauer beobachtet ein Stasi-Spitzel Künstler und Schriftsteller im Ost-Berlin der DDR.

Stilles Land (Andreas Dresen, 1992) Kurz vor der Wiedervereinigung kommt ein junger Regisseur in ein Provinztheater im Norden der DDR und erlebt dort den Fall der Mauer.

Nach dem Lesen

34

Satzarten

Suchen Sie mit Ihrem Partner / Ihrer Partnerin die folgenden Satzarten im Text.

1. den kürzesten Satz
2. den längsten Satz
3. einen „einfachen" Hauptsatz (*main clause*)
4. zwei Hauptsätze, die mit einer koordinierenden Konjunktion verbunden sind
5. einen Hauptsatz, der von einem untergeordneten Nebensatz (*subordinate clause*) gefolgt wird
6. einen untergeordneten Nebensatz, der von einem Haupsatz gefolgt wird
7. zwei Sätze, die mit einer Präpositionalphrase eingeleitet werden

35 **Fragen zum Text**

1. Wo begann die Demonstration?
2. Für wen waren die Blumen an der Kirche?
3. Was forderte die Oppositionsgruppe *Neues Forum*?
4. Was sagte ein Gerücht über die Betriebskampfgruppen am 9. Oktober?
5. Was hatte die Partei an diesem Tag für die Berufstätigen in der Innenstadt angeordnet?
6. Was nannte man in der DDR im Volksmund die *Schwulenparade*?
7. Wie kam die Volkspolizei in die Innenstadt? Wo stationierten sich die Polizisten?
8. Was riefen die Demonstranten, als sie durch die Innenstadt marschierten?
9. Was sagten die Demonstranten zu den Polizisten?

36 **Fragen zum Nachdenken und Diskutieren**

1. Warum haben die Polizisten und Kampfgruppen diese Demonstrationen nicht verhindert? Kennen Sie andere Beispiele aus der Geschichte, wo solche Demonstrationen bekämpft oder verhindert wurden?
2. Was hat Sie an diesem Bericht am meisten überrascht?
3. Glauben Sie, die Kirche hat dabei eine wichtige Rolle gespielt?

37 **Wir sind das Volk**

In seinem Buch *„Wir sind das Volk!"* sammelte der Fernsehredakteur Ekkehard Kuhn Interviews mit Demonstranten und anderen wichtigen Personen, die am 9. Oktober 1989 in Leipzig dabei waren. Schreiben Sie die folgenden Aussagen in indirekte Rede um!

z.B. **Kurt Masur: „Es war das Wunder von Leipzig."**

Kurt Masur sagte, es sei das Wunder von Leipzig gewesen.

1. Stasioffizier am 3. Oktober: „Wir brauchen jetzt Konsequenz und Härte *(strength)*, damit wir den Sozialismus in der DDR sichern können."
Ein Stasioffizier sagte am 3. Oktober, die Stasi . . .

2. Junger Mann am Morgen des 9. Oktober 1989: „Das ist der entscheidende Tag!"
Am Morgen des 9. Oktober sagte ein junger Mann, dass . . .

3. Junger Mann: „Es war vielleicht ein Vorteil *(advantage)*, dass damals wegen der Messe westliche Presse im Land war."
Ein junger Mann sagte, es . . .

4. Junger Mann: „Das Glücksgefühl *(happiness)* kommt nicht noch mal in diesem Leben."
Ein junger Mann sagte, dass . . .

5. Ältere Frau: „Ich betrachte diese Zeit als das Beste in meinem Leben."
Eine ältere Frau sagte, sie . . .

6. Junge Frau: „Manche haben geweint."
Eine junge Frau sagte, manche . . .

Schreibübung

1. Schreiben Sie an einen Freund / eine Freundin, welche Passagen in diesem Artikel Sie besonders beeindruckt *(impressed)* oder überrascht haben. Benutzen Sie dabei die indirekte Rede und den Konjunktiv I.

   z.B. Mich hat besonders beeindruckt, dass ein Polizist gesagt hat, die Polizei sei nur gekommen, damit nichts zerstört wird . . . Ein anderer interessanter Aspekt war . . .

2. Schreiben Sie einen Brief an Ihren Präsidenten / Abgeordneten über ein Problem in Ihrem Land. Was sollte anders werden? Beginnen Sie den Brief mit:

   > Sehr geehrte Frau Abgeordnete,
   >
   > schon seit längerer Zeit mache ich mir Gedanken über . . .
   >
   > *oder*
   >
   > Sehr geehrter Herr Präsident,
   >
   > ich nehme an, es wird Sie interessieren zu hören, dass . . .

3. Haben Sie schon einmal an einer Demonstration teilgenommen? Wofür oder wogegen haben Sie demonstriert? Wie ist die Demonstration verlaufen? Was hat sie erreicht? Sie können den Verlauf einer Demonstration beschreiben, wie der Redakteur Ulrich Schwarz die Demo in Leipzig beschrieben hat.

Zum Schluss

Ost und West

Sprechen Sie noch einmal über Ost- und Westdeutschland. Welche Stereotypen und Vorurteile gibt es? Welche Ideen über Ost- und Westdeutschland gibt es in Ihrem Land? Verwenden Sie die folgende Stichwortliste für eine letzte Diskussion.

Arbeit	Konsum	Schulen und Universitäten	Statussymbole
Essen	Reisen	Religion	

Das letzte Wort: Ostalgie

Nach der Wiedervereinigung spricht man oft von **Ostalgie**, einer Sehnsucht nach dem alten Osten und nach bestimmten Aspekten des Lebens in der DDR.

Forschen Sie im Internet, was es unter dem Begriff **Ostalgie** zu finden gibt. Vielleicht finden Sie Produkte, die in der DDR populär waren.

Frankfurt

© imagebroker / Alamy

Der Flughafen Frankfurt am Main ist der größte Flughafen Deutschlands.
Fliegen Sie gerne oder haben Sie Flugangst *(fear of flying)*?

◉ **Station**
Frankfurt
- **Ein sehr berühmter Frankfurter**
Johann Wolfgang Goethe

◉ **Einblicke**
Oben ohne
- **Strukturen**
Vorgänge beschreiben:
  Das Passiv
  Alternativen zum Passiv
Videoblog: Verena

◉ **Lektüre**
Leben in Deutschland: Wie leben wir, was hat sich verändert – und warum?
Theo Sommer

Materialien
Arbeitsbuch Seite 75–88
Audioprogramm
www.cengage.com/german/stationen

⊙ Station

Frankfurt

Frankfurt ist das große Finanzzentrum in Deutschland, denn dort sind viele internationale Banken vertreten°. In Frankfurt ist auch die deutsche Bundesbank°, die deutsche Börse° und seit 1998 die Europäische Zentralbank°. Deshalb nennt man Frankfurt auch „Bankfurt" oder „Mainhattan", denn der Main ist der Fluss, der durch Frankfurt fließt, und die vielen Bankgebäude erinnern ein wenig an die Skyline von Manhattan.

Fast° ein Drittel der Bevölkerung in Frankfurt sind ausländische Bürger. Als multikulturelle Stadt hat Frankfurt sogar ein Amt für multikulturelle Angelegenheiten°.

Jedes Jahr im Oktober ist in Frankfurt die internationale Buchmesse. Deutschland hat einen sehr großen Buchmarkt, doch auf der Frankfurter Buchmesse sind Verlage° aus der ganzen Welt vertreten.

Der Frankfurter Flughafen ist der größte in Deutschland und so ist Frankfurt eine sehr internationale Stadt. Wer nach Deutschland fliegt, kommt meistens am Flughafen *Frankfurt am Main* an.

Wer in Frankfurt mit dem Zug ankommt, wird vielleicht etwas überrascht sein, denn gleich gegenüber liegt das Frankfurter Rotlichtviertel°. Der Besucher wird sehr schnell feststellen, dass Deutschland auch ein Land der Freizügigkeit° sein kann.

Frankfurt HESSEN

---

vertreten *represented* • **Bundesbank** *federal bank* • **Börse** *stock exchange* • **Europäische . . .** *European Central Bank* • **fast** *almost* • **Amt . . .** *office for multicultural affairs* • **Verlage** *publishers* • **Rotlichtviertel** *red-light district* • **Freizügigkeit** *permissiveness*

Geschichte

794	1150	1478	1480	1530	1585
Unter Karl dem Großen *(Charlemagne)* wird Frankfurt – „Franconofurd" – erstmals erwähnt.	In jüdischen Quellen wird die Frankfurter Messe (Herbstmess) erwähnt.	Die ersten Buchhändler erscheinen auf der Frankfurter Messe.	Die Buchmesse wird fester Bestandteil der Messe. Frankfurt hat 10.000 Einwohner.	Frankfurt wird Zentrum des Buchdrucks und Buchhandels.	Gründung der Frankfurter Börse

---

STATISTIK

Einwohnerzahl:	664.000 (davon 24,7 % Ausländer)
Fläche:	250 km²
Zahl der Banken in Frankfurt:	ca. 400

Ein sehr berühmter Frankfurter

Johann Wolfgang Goethe (1749–1832)

Johann Wolfgang Goethe wurde am 28. August 1749 in Frankfurt geboren. Er wurde von seinem Vater, Johann Caspar Goethe, unterrichtet° und studierte später auf Wunsch seines Vaters Jura° in Leipzig und Straßburg. Nach einer kurzen Karriere als Anwalt° in Frankfurt begann Goethe zu schreiben, und viele seiner bekanntesten Werke wurden in seinen jungen Jahren in Frankfurt geschrieben. Goethe interessierte sich für Literatur und Kunst und, wie schon sein Vater, für die Naturwissenschaften. 1775 zog Goethe auf Wunsch des Herzogs Carl August von Sachsen nach Weimar. Durch die Verbindung zu Carl August war Goethe finanziell unabhängig° und wurde später sogar Staatsminister. Goethe machte viele Reisen und wurde durch sein literarisches Werk zum bekanntesten deutschen Dichter. Sein Einfluss auf Literatur, Kunst und Musik geht weit über die Grenzen° Deutschlands hinaus und macht ihn zu einer der wichtigsten kulturellen Figuren Europas.

Lebrecht Music and Arts Photo Library

---

unterrichtet *taught* • **Jura** *law* • **Anwalt** *lawyer* • **unabhängig** *independent*
Grenzen *borders*

1 ## Fragen zur Station

1. Wie viele Einwohner hat Frankfurt? Wie groß ist die Fläche?
2. Seit wann gibt es die Frankfurter Messe?
3. Wann wurde die Stadt gegründet?
4. Was findet jedes Jahr im Oktober in Frankfurt statt?
5. Welcher berühmte Dichter kommt aus Frankfurt?
6. Was geschah 1943–1944 in Frankfurt?
7. Warum wird Frankfurt „Mainhattan" genannt?
8. Welche wichtigen Finanzinstitutionen haben ihren Sitz in Frankfurt?
9. Warum gibt es in Frankfurt ein Amt für Multikulturelle Angelegenheiten?
10. Was sieht man zuerst, wenn man am Frankfurter Bahnhof ankommt?

1749	1936	1943–1944	1998	2005	2008
Goethe wird in Frankfurt geboren.	Eröffnung des Frankfurter Flughafens	Die Innenstadt wird durch Luftangriffe fast ganz zerstört.	Einführung des Euro. Die Europäische Zentralbank entsteht in Frankfurt.	Die BRD führt ein neues Ausländergesetz *(immigration law)* ein, das die Einbürgerung *(naturalization)* einfacher machen soll.	Der deutsche Einbürgerungstest wird eingeführt.

stocksnapp, 2010 / Used under license from Shutterstock.com; sushi, 2010 / Used under license from Shutterstock.com; istockphoto.com; Petronilo G. Dangoy Jr., 2010 / Used under license from Shutterstock.com

Forschungsprojekt Goethe

Suchen Sie weitere Informationen über Goethes Leben und Werk und teilen Sie die Resultate im Kurs.

> **Wandrers Nachtlied°**
>
> Über allen Gipfeln°
>
> Ist Ruh,
>
> In allen Wipfeln°
>
> Spürest° du
>
> Kaum einen Hauch°;
>
> Die Vögelein schweigen im Walde.
>
> Warte nur, balde
>
> Ruhest du auch.
>
> *Johann Wolfgang Goethe*

Nachtlied *evening song* • **Gipfeln** *mountain tops* • **Wipfeln** *tree tops* • **spürest** *sense, feel*
kaum . . . *barely a breeze*

 Fragen zum Gedicht

1. Welches Wort beschreibt dieses Gedicht am besten: elegant, ernst *(serious)*, grotesk, humoristisch, kurios, melancholisch. Erklären Sie Ihre Wahl!

2. Dieses Gedicht wird oft als Reiselied bezeichnet. Wie kann man das erklären?

3. Finden Sie Wörter in diesem Gedicht, die eine andere Form haben, als wir sie im modernen Deutsch erwarten? Welche Funktion haben diese formalen Aspekte?

4. Was meint Goethe mit „Warte nur, balde ruhest du auch"?

 Eine moderne Version

Schreiben Sie Goethes *Wanderers Nachtlied* in moderne Sprache um. Sie können beginnen mit:

> *Über den Bergen*
>
> *ist es ruhig . . .*

FILMTIPP: *Die Braut* (Egon Günther, 1999)

Dramatischer Film über Goethes Beziehung mit Christiane Vulpius in moderner Sprache.

Kaum einen Hauch

Das Wort *kaum* bedeutet „fast gar nicht" oder „fast kein". Formulieren Sie die folgenden Sätze anders.

Man spürt kaum einen Hauch. →

Man spürt fast keinen Hauch.

1. Es waren kaum Leute da.
2. Ich kann mich kaum daran erinnern.
3. Es ist kaum zu glauben.
4. Er hat kaum etwas gegessen.
5. Sie haben sich kaum gekannt.

Lebrecht Music and Arts Photo Library

Johann Wolfgang Goethe

Wann sagt man was?

verwenden, benutzen, brauchen, verbrauchen

Die Verben **verwenden, benutzen, brauchen** und **verbrauchen** werden oft verwechselt. Arbeiten Sie mit dem Wörterbuch und finden Sie jeweils eine gute Definition und ein gutes Beispiel. Vervollständigen Sie dann den folgenden Text mit dem passenden Verb.

Der englische Architekt Sir Norman Foster entwarf das Commerzbank-Hochhaus in Frankfurt als ökologisches Bürogebäude. Er wollte so wenig wie möglich künstliches *(artificial)* Licht _____ und allen Büros natürliches Tageslicht geben. In jedem Büro kann man die Fenster öffnen und so _____ man die meiste Zeit keine Klimaanlage zur Ventilation. Im Commerzbank-Tower wird deshalb 50 % weniger Energie _____ als in anderen Gebäuden dieser Größe. In den Gärten wurden Pflanzen von verschiedenen Regionen _____. Je nach Ausrichtung *(Depending on orientation)* nahm man Pflanzen aus Nordamerika, Asien und dem Mittelmeerraum. Für die Stahlkonstruktion _____ Foster riesige Stahlpfosten, die über acht Stockwerke verlaufen. Vom ersten Entwurf *(design)* bis zum Beginn des Baus _____ Foster drei Jahre. 1997 wurde das Hochhaus fertig.

Frankfurts höchstes Symbol: Der Commerzbank-Wolkenkratzer

Jorg Greuel/Photonica/Getty Images

Das Commerzbank-Hochhaus in Frankfurt

Das Commerzbank-Hochhaus in Frankfurt ist eines der ersten ökologischen Bürogebäude *(office building)* der Welt. Jedes Büro hat Tageslicht und die Fenster können geöffnet werden, um frische Luft hereinzulassen. Das dreiseitige Gebäude hat vierstöckige Gärten, die wie eine Spirale nach oben verlaufen. So hat jedes Level nur zwei Seiten Büros und eine Seite Garten, wo man sich erholen kann.

Gibt es so ein Hochhaus auch in Ihrer Stadt (in Ihrem Land)?

6

Geld regiert die Welt

Mit mehr als 400 Banken und den wichtigsten deutschen und europäischen Finanzinstitutionen dreht sich in Frankfurt vieles ums Geld. Finden Sie Definitionen für die folgenden Sprichwörter und Redewendungen.

1. Geld regiert die Welt.
2. Er wirft das Geld zum Fenster hinaus.
3. Der schwimmt im Geld.
4. Sie wirft mit Geld um sich.
5. Es ist nicht mit Geld zu bezahlen.
6. Das ist alles nur Geldmacherei.

a. Es ist so wertvoll *(valuable)*, dass man es nicht mit Geld kaufen kann.
b. Er hat Millionen.
c. Er gibt Geld für unnötige *(unnecessary)* Dinge aus.
d. Geld ist immer der wichtigste Aspekt.
e. Sie gibt viel Geld aus, um anderen zu zeigen, dass sie viel Geld hat.
f. Eine Sache existiert nur, um damit Geld zu verdienen.

Wann sagt man was?

gefallen, lieben, mögen, gern haben

Die Begriffe **gefallen**, **lieben**, **mögen**, und **gern haben** (gern essen usw.) kann man auf Englisch alle mit *to like* übersetzen, aber im Deutschen muss man unterscheiden. Man sagt **gefallen**, wenn man das Äußere oder die Ästhetik meint; **lieben**, **mögen** und **gern haben** beziehen sich mehr auf eine innere Qualität oder Charakteristik. Arbeiten Sie mit dem Wörterbuch und finden Sie gute Beispiele für jedes Verb. Bilden Sie Sätze.

der Commerzbank-Wolkenkratzer →

Der Commerzbank-Wolkenkratzer gefällt mir sehr.

mein Vater →

Ich liebe meinen Vater.

1. Frankfurter Würstchen *(sausages)*
2. Goethes Gedicht *Wanderers Nachtlied*
3. der Frankfurter Flughafen
4. mein Deutschprofessor / meine Deutschprofessorin
5. meine neue Digitalkamera
6. Tomatensalat
7. meine Mutter
8. ins Kino gehen

7 Partnerinterview. Ich mag . . .

Fragen Sie Ihren Partner / Ihre Partnerin, was Ihr/Ihm gefällt, wen oder was er/sie liebt, mag, gern hat und gerne macht. Fragen Sie nach jeweils fünf Beispielen und berichten Sie das Interessanteste der Klasse.

1. Was gefällt dir?
2. Wen oder was liebst du?
3. Wen oder was magst du?
4. Wen oder was hast du gern?
5. Was machst du gern?

Mir gefallen lange, blonde Haare, rote Rosen, die Goethelieder von Franz Schubert und mein Auto. Mir gefallen Hochhäuser nicht.

8 Andere berühmte Frankfurter

Suchen Sie Informationen über die folgenden Personen. Wer sind sie? Was haben sie gemacht?

Theodor W. Adorno
Bettina von Arnim
Clemens Brentano
Anne Frank
Erich Fromm
Jürgen Habermas

Arthur Schopenhauer
Sabrina Setlur
Julian Smith
Xavier Naidoo
Jennifer Knäble

9 Suchbegriffe

Forschen Sie mit den folgenden Suchbegriffen im Internet.

Stadt Frankfurt

1. Wie präsentiert sich Frankfurt im Internet?
2. Suchen Sie Informationen über historische Gebäude in Frankfurt. Was ist der Römer?

Goethe-Haus Frankfurt

4. Was gibt es im Goethe-Haus? Wie viele Etagen hat es?
5. Wie sehen die Zimmer im Goethe-Haus aus?

Maintower

6. Welche Kunstobjekte gibt es im *Maintower*?
7. Wie hoch ist die Aussichtsterrasse?
8. In welchem Stockwerk ist das Restaurant? Finden Sie die Speisekarte! Was würden Sie gerne essen und trinken?

Frankfurter Buchmesse

9. Suchen Sie Fotos von der Buchmesse. Was ist darauf zu sehen?
10. Suchen Sie Zahlen und Fakten über die Buchmesse. Wie viele Besucher gab es dieses (letztes) Jahr?

Amt für Multikulturelle Angelegenheiten der Stadt Frankfurt

11. Welche Veranstaltungen gibt es?
12. Welche Integrationsprobleme werden durch das AMKA gelöst *(solved)*?
13. Suchen Sie Informationen über die Aktivitäten des AMKA.

10 Hessen

Machen Sie eine virtuelle Reise durch das Land Hessen (Kassel, Wiesbaden, Darmstadt, Bad Homburg, Fulda, Limburg, Mainz, Marburg, Rüdesheim, Wetzlar usw.). Finden Sie in jeder Stadt einen interessanten Aspekt, über den Sie im Kurs berichten können!

11 Richtig oder falsch?

Forschen Sie weiter und entscheiden Sie, ob die folgenden Aussagen korrekt sind. Wenn sie falsch sind, korrigieren Sie sie.

1. Das Gebäude der Frankfurter Börse wurde 1874–1879 gebaut.
2. Das Goethe-Haus wurde 1944 zerstört und dann wieder originalgetreu aufgebaut.
3. Der Römer ist ein Weinkeller in Frankfurt.
4. Das Restaurant im Maintower ist im 50. Stock.
5. Der Commerzbank-Wolkenkratzer ist das höchste Gebäude in Europa.
6. Die Frankfurter Buchmesse findet jedes Jahr im Juli statt.
7. Das AMKA hilft Ausländern bei der Integration.

Lokale Presse

Gehen Sie zu den folgenden Websites im Internet. Was sind die Schlagzeilen? Wie wirken diese Zeitungen auf Sie? Wie sind Sprache und Präsentation – einfach oder komplex, plakativ oder seriös, modern oder altmodisch? Was ist besonders interessant?

Frankfurter Rundschau

Frankfurter Neue Presse

Frankfurter Allgemeine

Nachrichtenrunde

Arbeiten Sie in Gruppen oder Paaren. Berichten Sie über einen Aspekt, den Sie beim Surfen im Internet gefunden haben.

Fragen zum Nachdenken und Diskutieren

Bearbeiten Sie diese Fragen in Paaren oder kleinen Gruppen. Machen Sie Notizen und geben Sie im Kurs einen kleinen Bericht. Bringen Sie die Resultate Ihrer Internetsuche dabei ein.

1. Was hat „Mainhattan" mit Manhattan gemeinsam? Sind es nur die Wolkenkratzer?

2. Warum ist Frankfurt eine internationale Stadt? Was macht eine Stadt „international"?

3. Finden Sie es problematisch, dass das Frankfurter Rotlichtviertel gleich beim Bahnhof mitten in der Stadt liegt?

Die Frankfurter Börse

Strukturen

Vorgänge beschreiben:

Das Passiv

As explained in *Station 1*, German verbs have two voices. The *active voice* is used to reflect the subject of the sentence performing an action. In the *passive voice*, the process is emphasized rather than what or who caused it; something is being done.

Active	Passive
Viele Leute nennen Frankfurt „Mainhattan". subject verb object (performer of action) *Many people call Frankfurt „Mainhattan".*	Frankfurt wird „Mainhattan" genannt. subject verb verb *Frankfurt is called „Mainhattan".*

- A passive verb consists of a conjugated form of the auxiliary **werden** + the past participle.

  Frankfurt **wird** oft „Mainhattan" **genannt**.

  Die Besucher der Stadt **werden** an die Skyline von Manhattan **erinnert**.

- The performer of the action (agent) does not have to be mentioned in a passive sentence, but when it is mentioned, the preposition **von** is used.

  Frankfurt wird auch „Bankfurt" genannt.

  Von manchen Leuten wird Frankfurt auch „Bankfurt" genannt.

- With dative verbs, verbs with a prepositional complement, or verbs referring to a general activity, passive sentences do not require a nominative subject.

  Dem 100-jährigen Frankfurter **wird** vom Bürgermeister zum Geburtstag **gratuliert**.

  Über Goethe wird gerne und viel **diskutiert**.

  Innerhalb des Frankfurter Flughafens **darf** nur in bestimmten Zonen **geraucht werden**.

- Modal verbs, while rarely used in the passive voice by themselves are frequently combined with other verbs in passive-voice structures. The modal verb is conjugated in the second position and is accompanied by a passive infinitive (past participle + **werden**) at the end of the sentence.

  Wegen eines Schneesturms muss der Frankfurter Flughafen **geschlossen werden**.

  In allen Büros der Commerzbank können die Fenster **geöffnet werden**.

- The passive voice can be used in all tenses and in the subjunctive.

Tense	Passive	Passive with Modal Verbs
Präsens	Der Euro wird eingeführt.	Ein neues Ausländergesetz muss eingeführt werden.
Imperfekt	Der Euro wurde eingeführt.	Ein neues Ausländergesetz musste eingeführt werden.
Perfekt	Der Euro ist eingeführt worden[1].	Ein neues Ausländergesetz hat eingeführt werden müssen.
Plusquamperfekt	Der Euro war eingeführt worden.	Ein neues Ausländergesetz hatte eingeführt werden müssen.
Futur	Der Euro wird eingeführt werden.	Ein neues Ausländergesetz wird eingeführt werden müssen.
Konjunktiv Präsens	Der Euro würde eingeführt.	Ein neues Ausländergesetz müsste eingeführt werden.
Konjunktiv Vergangenheit	Der Euro wäre eingeführt worden.	Ein neues Ausländergesetz hätte eingeführt werden müssen.

Was wird am Frankfurter Flughafen gemacht?

Kombinieren Sie gemeinsam mit Ihrem Partner / Ihrer Partnerin die Satzelemente mit einem passenden Verb und bilden Sie dann Sätze im Passiv.

 1-g: Im Flughafen wird viel gewartet.

1. Im Flughafen / viel
2. Pro Jahr / über 1,75 Millionen Tonnen Luftfracht (*airfreight*)
3. In zwei Flughafengalerien / Kunstwerke aus der ganzen Welt
4. Gegen die Vergrößerung des Flughafens / von vielen Anwohnern
5. Bei den Sicherheitskontrollen / das Handgepäck
6. Für die Besucher des Flughafens / Erlebnistouren und Rundfahrten
7. Von Frankfurt aus / in die ganze Welt

a. anbieten
b. ausstellen
c. fliegen
d. demonstrieren
e. durchsuchen
f. verschicken
g. warten

[1] In the passive, the past participle of **werden** drops the **ge-** prefix.

Die Geschichte des Palmengartens

Ergänzen Sie gemeinsam mit einem Partner / einer Partnerin die Lücken mit den passenden Passivformen aus der Liste. Benutzen Sie dabei das Imperfekt.

angeboten wurde – benutzt werden – wurden . . . beschädigt – eröffnet werden – wurde . . . gebaut – wurde . . . gefeiert – wurde . . . gegründet – wurden . . . renoviert

1868 _wurde_ der Palmengarten von dem Frankfurter Gartenarchitekten Heinrich Siesmayer _gegründet_, als eine große Sammlung exotischer Pflanzen von Herzog Adolph von Nassau zum Verkauf _____ _____. Darauf _____ auf einem Gelände der Stadt Frankfurt ein Garten mit einem großen Gesellschaftshaus und Palmengarten _____. Am 16. März 1871 bereits konnte das Palmenhaus feierlich _____ _____. Im Zweiten Weltkrieg _____ das Gelände und die Häuser schwer _____ und zwischen 1945 und 1948 durfte der Palmengarten nur von amerikanischen Besatzungstruppen _____ _____. Bis Anfang der 60er Jahre _____ alle Gewächshäuser und Gebäude _____ und 1968 _____ das 100-jährige Jubiläum _____. Nach einem weiteren Umbau 1992 gehören heute auch ein Tropicarium und ein Subantarktishaus zur Anlage.

„Art after work"

So heißt eine Aktion der Frankfurter Museen. Bilden Sie gemeinsam mit einem Partner / einer Partnerin einige (3–4) Sätze im Passiv mit Modalverben, in denen Sie das „Art after work" Angebot *(offer)* der Frankfurter Museen beschreiben. Sie könnten dabei auch den Konjunktiv benutzen!

z.B. Ihr Abend kann mit einem Museumsbesuch der besonderen Art begonnen werden. *oder* Ihr Abend könnte mit einem Museumsbesuch der besonderen Art begonnen werden. *oder* Ihr Abend sollte mit einem Museumsbesuch der besonderen Art begonnen werden.

z.B. Nichts muss mitgebracht werden, nur Interesse für die Kunst.

Beginnen Sie Ihren Abend mit einem Museumsbesuch der besonderen Art! Jeden ersten Donnerstag im Monat können Sie Kunst und Unterhaltung auf neue Weise miteinander verbinden. Genießen *(Enjoy)* Sie interessante Kurzführungen in der Sammlung oder in den Sonderausstellungen des Städel! Den Abend sollten Sie dann unbedingt in entspannter Atmosphäre in der *Holbein's Lounge* beenden. Außerdem bieten wir Ihnen jeden 3. Donnerstag im Monat einen inspirierenden Abend mit spannenden Themenführungen zu unserem vielfältigen Ausstellungsprogramm. Mitbringen müssen Sie nichts, außer ein bisschen Zeit und Interesse für Kunst. Gern können Sie bei uns auch eine individuelle Führung für Ihre Mitarbeiter, Kollegen oder Freunde buchen. Die Tickets für Führung und Welcome-Drink müssen Sie sieben Tage im voraus kaufen.

Einblicke

18 ### Fragen zum Thema

1. „Oben ohne" ist, wenn Frauen kein Top tragen. Gibt es das in Ihrem Land?
2. Was tragen Männer und Frauen in Ihrem Land im Schwimmbad oder am Strand?
3. Gibt es in Ihrem Land Filme oder Fernsehserien, die Kinder oder Jugendliche nicht sehen sollten? Warum nicht?
4. Gibt es in Ihrem Land Zeitschriften oder Magazine, die nicht im Supermarkt verkauft werden? Warum nicht?
5. Wer in Deutschland hat wohl Probleme mit der Freizügigkeit mancher Leute?
6. Welche Rolle spielt die deutsche Freizügigkeit wohl bei der Integration von Ausländern?

Oben ohne

Nackte Körper sind in Deutschland ein Teil des Alltags. Die sogenannten seriösen Zeitschriften zeigen oft nackte Frauen auf der Titelseite; die populärste Tageszeitung Deutschlands erscheint so gut wie nie ohne Nacktfotos.

Die Duschgelreklame° im Fernsehen oder auf großen Plakaten in der Stadt zeigt die sich duschende Person nicht etwa von hinten oder dezent seitlich, sondern am liebsten frontal. In Filmen und Fernsehserien wird Nacktheit nicht zensiert. Wer am Zeitungsstand oder am Lesematerial im Supermarkt vorbeigeht, kann es nicht verhindern, mit dieser Freizügigkeit in Kontakt zu kommen. Wer den Fernseher einschaltet oder ins Kino geht, muss damit rechnen.

Am Kiosk

Aber damit nicht genug. Körperkultur und Freizügigkeit existieren nicht nur in den Medien, sondern auch im täglichen Leben. In öffentlichen Freibädern schwimmen und sonnen sich viele Damen gern „oben ohne"°, das heißt ohne Oberteil. An öffentlichen Stränden und Seebädern ist Nacktheit keine Seltenheit. In Dampfbädern und Saunen wundert man sich sehr über die amerikanischen oder asiatischen Besucher in Schwimmbekleidung, denn da sitzen die Deutschen aus Überzeugung° völlig unbekleidet; man hält es für ungesund, dort in Schwimmhosen oder Badeanzügen zu sitzen. Man bringt ein Handtuch mit in die Sauna und setzt sich darauf. Männer und Frauen sind in solchen Badeanstalten nicht immer getrennt. In öffentlichen Saunen gibt es zwar designierte Frauen-Saunen, aber den Männern bleibt meistens nichts anderes übrig, als in die „gemischte" Sauna zu gehen.

Duschgelreklame *shower gel commercial* • **oben . . .** *topless* • **Überzeugung** *conviction*

19 ### Fragen zum Text

1. Was ist oft auf den Titelseiten bestimmter Magazine und Zeitungen? *nacktfotos*
2. Was sieht man in Deutschland oft im Fernsehen? *Duschgelreklame und frontal*
3. Was bedeutet *oben ohne*? *topless*
4. Was tragen die Deutschen in der Sauna?

20 Fragen zum Nachdenken und Diskutieren

1. Finden Sie es gut, dass man in Deutschlands Freibädern „oben ohne" baden darf?
2. Finden Sie es gut, dass man sich in Parks und an Stränden und Seen nackt sonnen darf?
3. Was denken Sie über Nacktheit in den Medien? Sollte man zensieren?
4. Sind Sie überrascht, dass Nacktheit in Deutschland so alltäglich ist?
5. Wie denken Ausländer und Immigranten wohl über die freizügigen Deutschen?

Wolfram Steinberg / Visum / The Image Works

Fussballfans verfolgen ein Spiel auf einer Großbildleinwand in Frankfurt.

Wortschatz

die **Angelegenheit, -en** *issue, concern, matter*

die **Badeanstalt, -en** *public pool or spa*

der **Badeanzug, ̈e** *swimsuit*

der **Besucher, -** / die **Besucherin, -nen** *visitor*

die **Börse, -n** *stock exchange*

der **Buchdruck** *book printing*

der **Buchhandel** *book trade*

der **Buchhändler, -** / **Buchhändlerin, -nen** *book trader, book retailer*

die **Buchmesse, -n** *book fair*

das **Dampfbad, ̈er** *steam bath*

das **Drittel, -** *third*

die **Einbürgerung** *naturalization (of citizens)*

feststellen (stellt fest, hat festgestellt) *to realize; to notice*

fliegen (flog, ist geflogen) *to fly*

der **Flug, ̈e** *flight*

der **Flughafen, ̈** *airport*

der **Fluss, ̈e** *river*

die **Freizügigkeit** *permissiveness; forwardness*

gemischt *mixed*

genießen (genoss, hat genossen) *to enjoy*

getrennt *separated*

das **Hochhaus, ̈er** *high-rise building*

der **Kiosk, -e** *newsstand*

der **Körper, -** *body*

die **Körperkultur** *culture of the body*

nackt *nude*

die **Nacktheit** *nudity, nakedness*

das **Oberteil, -e** *top (for example, of a bikini)*

die **Quelle, -n** *source*

die **Schwimmbekleidung** *swim wear*

sich **sonnen** (hat sich gesonnt) *to lie in the sun*

spüren (hat gespürt) *to sense, feel*

der **Strand, ̈e** *beach*

überrascht *surprised; with surprise*

die **Überzeugung, -en** *conviction, opinion*

übrig bleiben (bleibt übrig, blieb übrig, ist übrig geblieben) *to be left over*

ungesund *unhealthy*

verhindern (hat verhindert) *to prevent*

vertreten sein (ist vertreten, war vertreten, ist vertreten gewesen) *to be represented*

der **Wolkenkratzer, -** *skyscraper*

sich **wundern** (hat sich gewundert) *to be surprised*

zensieren (hat zensiert) *to censor*

zerstören (hat zerstört) *to destroy*

die **Zeitschrift, -en** *magazine*

21 **Definitionen**

Finden Sie die richtigen Begriffe für die folgenden Definitionen.

1. Hier kommt man an, wenn man nach Frankfurt fliegt.
2. Hier liegt man in der Sonne.
3. Hier werden neue Bücher und andere Medien präsentiert.
4. Hier werden Zeitungen verkauft.
5. Hier werden wichtige Finanzgeschäfte gemacht.
6. Hier geht man baden und schwimmen.

a. am Flughafen
b. an der Börse
c. am Kiosk
d. am Strand
e. auf der Buchmesse
f. in der Badeanstalt

22 **Besuch in Frankfurt**

Ergänzen Sie die Sätze!

1. Wir sind mit *Lufthansa* nach Frankfurt _____. Der _____ war sehr angenehm.
2. Der _____ Frankfurt am Main ist der größte in Deutschland, von dort werden wir nächste Woche wieder abfliegen.
3. Der _____, der durch Frankfurt fließt, heißt Main. Und man nennt Frankfurt oft „Mainhattan", weil es relativ viele _____ gibt.
4. Frankfurt ist eine internationale Stadt. Fast ein Drittel der Bevölkerung in Frankfurt sind _____. Deshalb hat Frankfurt ein Amt für multikulturelle _____.
5. Wir waren _____, dass es in Frankfurt so viele Banken gibt.

23 **Am Kiosk**

Beschreiben Sie die Situation im Bild. Dann spielen Sie die Szene. Sie können die folgenden Wörter verwenden.

Dampfbad – Freizügigkeit – gemischt –getrennt – Kiosk – Körper – Körperkultur – nackt – Nacktheit – Oberteil – öffentlich – Schwimmbekleidung – Strand – überrascht – Überzeugung – ungesund – sich wundern – Zeitschrift – zensieren

 Ein Mann und eine Frau gehen an einem Kiosk vorbei . . .

© Cengage Learning

24 Komposita *(compound nouns)*

Wie im Englischen kann man auch im Deutschen Wörter zu Komposita zusammensetzen. Im Englischen schreibt man die Komposita nicht immer als ein Wort *(z. B. swim + trunks = swim trunks, aber home + work = homework)*. Im Deutschen schreibt man Komposita *immer* als ein Wort; der letzte Teil des Kompositums bestimmt den Artikel und die Pluralform.

 der Arm + das Band + die Uhr = die Armbanduhr

Ergänzen Sie die folgende Tabelle.

SIMPLEX	SIMPLEX	KOMPOSITUM
zentral	**die Bank**	**die Zentralbank**
1. das _____	die Messe	die Buchmesse
2. das Buch	der _____	der Buchhandel
3. der _____	der _____	der Flughafen
4. _____	das _____	das Hochhaus
5. das Buch	der Druck	_____
6. der Dampf	das Bad	_____
7. der Körper	die Kultur	_____
8. ober-	das Teil	_____
9. die Wolken	der Kratzer	_____
10. _____	_____	das Vaterland
11. das Bad	_____	die Badeanstalt
12. frei-	das Bad	_____
13. die Palmen	der Garten	_____
14. _____	_____	das Gewächshaus
15. der Wein	_____	der Weinkeller

Redemittel zum Diskutieren

Beispiele geben

Mit den folgenden Redewendungen signalisiert man im Gespräch, dass man ein Beispiel geben will.

zum Beispiel . . .	Als bekannter Frankfurter fällt mir **zum Beispiel** Goethe ein.
beispielsweise . . .	Das Commerzbank-Hochhaus in Frankfurt ist **beispielsweise** ein ökologisches Bürogebäude.
Nehmen wir als Beispiel . . .	**Nehmen wir als Beispiel** für eine deutsche Großstadt Frankfurt.
Mir fällt zum Beispiel . . . ein.	Geld in Deutschland? Da **fällt mir zum Beispiel** Frankfurt **ein**.
Ich finde, zum Beispiel, dass . . .	**Ich finde, zum Beispiel, dass** Kioske tolle Einkaufsmöglichkeiten bieten.

Gute Beispiele?

25

Ordnen Sie den Fragen 1–5 die richtigen Antworten zu.

1. Gibt es in Deutschland richtige Wolkenkratzer?
2. Wie kann man Ausländern bei der Integration helfen?
3. Was fällt Ihnen zu Goethe ein?
4. Was ist typisch für die deutsche Kultur?
5. Ist Frankfurt eine internationale Stadt?

a. Durch öffentliche Institutionen wie beispielsweise das Amt für Multikulturelle Angelegenheiten in Frankfurt.

b. Mir fällt zum Beispiel ein, dass er in Frankfurt geboren ist und dort gelebt hat.

c. Ja, zum Beispiel das Commerzbank-Hochhaus oder den Maintower in Frankfurt.

d. Ich finde zum Beispiel, dass die Deutschen sehr freizügig sind. Nackte Körper auf Zeitschriften sind kein Problem.

e. Ich finde ja. Nehmen wir als Beispiel die internationale Buchmesse. Jedes Jahr kommen Verlage aus der ganzen Welt nach Frankfurt und präsentieren ihre Medien.

Ja, zum Beispiel . . .

26

Antworten Sie auf die folgenden Fragen, indem Sie Beispiele geben.

z.B. ▶ **Warum ist Frankfurt eine internationale Stadt?** →

Beispielsweise gibt es dort den größten deutschen Flughafen.

1. Warum ist Frankfurt eine internationale Stadt? —Beispielsweise . . .
2. Was kann man in Frankfurt machen, wenn man sich für Goethe interessiert? —Man kann zum Beispiel . . .
3. Welche interessanten Gebäude gibt es in Frankfurt? —Es gibt zum Beispiel . . .
4. Welche historischen Sehenswürdigkeiten kann man in Frankfurt besichtigen? —Mir fällt zum Beispiel . . . ein.
5. Warum leben wohl so viele Ausländer in Frankfurt? —Es könnte zum Beispiel sein, dass . . .
6. Was würdest du gerne in Frankfurt machen? —Ich würde zum Beispiel gerne . . .

Fragen zur Diskussion

27

Diskutieren Sie oder schreiben Sie über eines der folgenden Themen. Verwenden Sie dabei die Redemittel.

1. Gibt es Fernsehsendungen, die Sie als Kind nicht sehen durften? – Ja, ich erinnere mich zum Beispiel an . . .
2. Welche negativen Folgen könnte die Freizügigkeit in den Medien haben? – Zum Beispiel . . .
3. Warum sollte ein Rotlichtviertel nicht mitten in der Innenstadt liegen? – Beispielsweise . . .
4. Warum sollte man in Parks und öffentlichen Badeanstalten immer Kleidung tragen? – Ich finde zum Beispiel, dass . . .

Strukturen

Vorgänge beschreiben:

Alternativen zum Passiv

To avoid repeated use of the passive voice, there are several active-voice alternatives in which the agent of an action is not explicitly expressed.

Alternatives to Passive Voice	Passive Equivalents
man: This pronoun is often used when there is no specific subject. Wenn **man** den Fernseher einschaltet, wird man oft mit Freizügigkeit konfrontiert.	Wenn der Fernseher *eingeschaltet wird* . . .
sich lassen: This verb expresses that something can be done or that someone lets something be done. Es **lässt sich** kaum vermeiden, in Zeitschriften Nacktheit zu sehen. Goethe **lässt sich** nicht immer leicht ins Englische übersetzen.	Es kann kaum *vermieden werden* . . . Goethe kann nicht immer leicht ins Englische *übersetzt werden.*
Reflexive verbs: Reflexive verbs are occasionally used as alternatives to the passive voice. Wie **schreibt sich** „Siesmayer"?	Wie wird „Siesmayer" *geschrieben*?
sein . . . zu + infinitive: The construction *sein zu + infinitive* expresses something that can or must be done. Der Frankfurter Flughafen **ist** leicht mit der Bahn **zu erreichen.** Bei der Passkontrolle im Flughafen **ist** der Reisepass **vorzuzeigen.**	Der Frankfurter Flughafen *kann* leicht mit der Bahn *erreicht werden.* Bei der Passkontrolle im Flughafen *muss* der Reisepass *vorgezeigt werden.*

28

Die Frankfurter Einbauküche

Im folgenden Bericht über ein ganz spezielles Küchendesign verwenden die Autoren ausschließlich das Passiv. Schreiben Sie gemeinsam mit einem Partner / einer Partnerin die Sätze neu und verwenden Sie dabei die angegebenen Alternativen zum Passiv.

1. Die Frankfurter Küche wird als Prototyp einer kleinen, gut organisierten Einbauküche bezeichnet. (man)
2. Ergonomische Studien wurden zur Grundlage für eine rationalisierte Küchenplanung gemacht. (man)
3. Zum Beispiel werden Teller in ein Abtropfgestell gestellt, damit man sie nicht mehr abtrocknen muss. (sich lassen)
4. Auch viele andere Arbeitsschritte können schneller erledigt werden. (sein . . . zu + infinitive)
5. Durch die kleine, flexible Küche werden die Baukosten bei neuen Wohnungen reduziert. (sich lassen)
6. In der Designsammlung der Bergischen Universität in Wuppertal kann eine vollständig original erhaltene Küche besucht werden. (sein . . . zu + besuchen)

29

Das Frankfurter Museumsufer

Was kann man in diesen Museen sehen und machen? Kombinieren Sie die passenden Beschreibungen und bilden Sie Sätze mit Alternativen zum Passiv. Schaffen Sie dabei jeweils zwei unterschiedliche Versionen.

 z.B. Im Städel Museum kann man eine Malereisammlung vom 14. Jahrhundert bis zur Gegenwart sehen. (*oder* Im Städel Museum ist eine Malereisammlung zu sehen.)

1. Städel Museum
2. Postmuseum
3. Architekturmuseum
4. Filmmuseum
5. Brauerei-Museum im Henninger Turm
6. Museum für Kunsthandwerk
7. Völkerkundemuseum

a. Gegenstände und Bilder zur Post- und Kommunikationsgeschichte
b. Exponate über fremde Kulturen und Religionen
c. Bautechnik und Baukunst
d. Malereisammlung vom 14. Jahrhundert bis zur Gegenwart
e. Informationen zur Geschichte des Bierbrauens
f. Themenblöcke zur Vorgeschichte des Kinos und zur Filmgeschichte
g. Möbel, Glas und Keramik aus Europa und Asien

Peter Adams Photography Ltd / Alamy

Wegen der Hochhäuser wird Frankfurt oft Mainhattan genannt.

Videoblog

Verena

Vor dem Sehen

A **Assoziationen**

Was assoziieren Sie mit dem folgenden Begriff? Machen Sie ein Assoziogramm und vergleichen Sie Ihre Assoziationen im Kurs.

„Frankfurt ist als Handels- und Dienstleistungszentrale geprägt von der Börse, den Banken und der Buchmesse."

Multikulti

Beim Sehen

B **Was sehen Sie?**

Kreuzen Sie an, was Sie im Video sehen.

- ☐ ein Kino
- ☐ einen Park
- ☐ Hochhäuser
- ☐ ein Museum
- ☐ einen Tierpark
- ☐ eine Autobahn

- ☐ ein Opernhaus
- ☐ einen Kindergarten
- ☐ Symbole für die EU
- ☐ Menschen auf der Straße
- ☐ zwei Flaschen Apfelwein

- ☐ Männer mit Aktentaschen
- ☐ eine Brücke über den Main
- ☐ einen Obst- und Gemüsestand
- ☐ eine Frau mit Kind und Fahrrad

C **Stimmt's?**

Kreuzen Sie an, ob die folgenden Aussagen mit dem übereinstimmen, was Verena erzählt. Berichtigen Sie die falschen Aussagen.

	STIMMT	STIMMT NICHT
1. Frankfurt ist sehr multikulturell.	☐	☐
2. Aus der ganzen Welt kommen Leute, um in Frankfurt zu arbeiten.	☐	☐
3. Wegen der Manager wird alles moderner und schicker gestylt.	☐	☐
4. In einigen Schulen gibt es über 50 % Ausländer.	☐	☐
5. In Frankfurt gibt es eine Buchmesse.	☐	☐
6. Gelbe Soße mit Kartoffeln und Ei ist ein typisches Frankfurter Gericht.	☐	☐

Freunde aus aller Welt

Aus welchen Ländern kommen Verenas Freunde?

Kulturelle Institutionen

Welche kulturellen Institutionen nennt Verena? Machen Sie gemeinsam mit einem Partner / einer Partnerin eine Liste!

Redewendungen

Verena benutzt die folgenden Redewendungen und Ausdrücke. Arbeiten Sie mit einem Partner / einer Partnerin und finden Sie die passende Erklärung. Versuchen Sie dann ein Beispiel zu erfinden, in dem Sie die Redewendung oder den Ausdruck verwenden.

1. Geld scheffeln
2. Handkäse mit Musik
3. die Architekturkoryphäe
4. sich aufmöbeln
5. nicht auf die Schnauze gefallen sein
6. eine Rarität sein

a. versuchen, besser auszusehen
b. immer etwas zu sagen haben
c. viel Geld verdienen
d. ein weltbekannter Architekt
e. ein Frankfurter Gericht mit Käse und Zwiebeln und Essig
f. der/die Einzige sein

Nach dem Sehen

Reflexionen

Wie gefällt Ihnen Frankfurt? Was haben Sie aus dem Vlog Neues erfahren über die Stadt und ihre Menschen? Worüber hätten Sie gerne noch mehr Informationen?

Ihre Freunde

Woher kommen Ihre Freunde? Machen Sie Ihr eigenes Vlog oder schreiben Sie eine E-Mail an Ihren Partner / Ihre Partnerin.

Listen to this chapter's audio segments at www.cengage.com/german/stationen.

⊙ Lektüre

Theo Sommer

Theo Sommer, geboren 1930 in Konstanz, studierte Geschichte und Politische Wissenschaften in Tübingen, Indiana und Chicago. Von 1967 bis 1970 hatte er einen Lehrauftrag für Politische Wissenschaften an der Universität Hamburg. Theo Sommer arbeitet seit 1949 als Journalist; 1958 wurde er Redakteur der *Zeit*, deren Chefredakteur *(editor-in-chief)* er von 1973 bis 1992 war. Seit 2000 fungiert er als *Editor-at-large*. Seine Bücher und Aufsätze in internationalen Publikationen machten Sommer auch im Ausland bekannt.

Vor dem Lesen

  Fragen zum Thema

1. Was hat sich in Ihrem Land in den letzten 50 Jahren verändert?
2. Wie alt waren Ihre Großeltern (Eltern), als sie geheiratet haben? Wollen Sie heiraten?
3. Wie wichtig war das Fernsehen vor 50 Jahren? Welche Rolle spielt es jetzt?
4. Was war die Rolle der Frau vor 50 Jahren? Und was ist sie jetzt?
5. Wie wichtig war die Kirche vor 50 Jahren? Welche Rolle spielt sie jetzt?

   Wörterbucharbeit: Familie und Arbeit

Arbeiten Sie in Gruppen und suchen Sie die folgenden Begriffe im Wörterbuch; sammeln Sie für jeden Begriff fünf weitere Wörter, die Sie damit assoziieren.

  Kinderbetreuung *(child care)* →

Kinderbetreuung, Kinderkrippe, Kindergarten, Mutter, Vater, arbeiten

Altenpflege	Dienstleistungssektor	sich taufen lassen
Altersversorgung	Einwanderer	sich trauen lassen
Arbeitskraft	Familienplanung	Teilzeitarbeit
Bauer	Industriearbeiter	Urlaub
sich bestatten lassen	Kinderbetreuung	

Beim Lesen

Die Zeiten ändern sich *(Times are changing)*, und das Leben unserer Eltern und Großeltern war in vielen Aspekten ganz anders als unser Leben jetzt. Dieser Text beschreibt Aspekte des Lebens, die sich in Deutschland stark geändert haben. Denken Sie über diese Aspekte des Lebens nach und vergleichen Sie sie mit Ihrem Land (Aktivität 30).

  Sieben Trends

Der Autor beschreibt in diesem Text sieben Trends, die die deutsche Gesellschaft in den letzten 50 Jahren verändert haben. Machen Sie beim Lesen Notizen zu jedem Trend. Finden Sie Beispiele für diese Trends auch in Ihrem Land (in Ihrer Familie)? Schreiben Sie eine Überschrift zu jedem Trend und stellen Sie Ihre Überschriften im Kurs vor.

Leben in Deutschland: Wie leben wir, was hat sich verändert – und warum?
Nach einem Artikel von Theo Sommer in **Die Zeit**

Wer sind wir Deutschen – und was sind wir? Wie wurden wir, was wir heute sind? Und wohin geht es? Die wenigsten Zeitgenossen° wissen die Antworten. Auf beunruhigende Weise° wissen wir, dass wir immer schneller der Zukunft entgegenwirbeln. Aber wir

5 können weniger Verlässliches° über die Zukunft sagen als alle früheren Generationen . . .

     ■

Der Mensch, so er Mann war, hatte ein vorhersehbares° Arbeitsleben; die Frau sorgte sich um Kinder und Küche. Das Fahrrad war das schnellste Fortbewegungsmittel der meisten, auf deutschen

10 Straßen fuhren erst eine halbe Million Autos (heute sind es fast 100-mal mehr). Das Fernsehen, damals gerade am Beginn, drang° in kaum ein Wohnzimmer. Nach Krieg und Vertreibung° – neun Millionen Flüchtlinge° aus dem Osten – war jeder glücklich, Wurzeln schlagen° und sein Häuschen bauen zu dürfen. Man

15 heiratete früh, wurde mit 25 Vater oder Mutter; Kinder kamen nach Lust und Laune der Natur, Scheidung° blieb ein peinliches Missgeschick. Der Kirchgang am Sonntagvormittag war so selbstverständlich wie der Familienspaziergang am Nachmittag.

     ■

Diese Welt ist dahin. Lebensformen haben sich seitdem massiv

20 verändert. An die Stelle der Lebensläufe aus einem Guss° sind neue Biographien getreten. Die Vita° der Menschen zersplittert°. Im Beruflichen wie im Privaten wird sie zunehmend aufgespalten° in Teilzeit-Etappen, die das Arbeitsleben in eine Abfolge von Jobs verwandeln. Lebensgefährten° werden zu Lebensabschnitts-

25 begleitern in einem System konsekutiver Polygamie, die alte Haushaltsfamilie wird zum „multilokalen Beziehungsnetzwerk"°. Die Kirchen haben an Mitgliedern° wie an Einfluss verloren, die Philosophen finden wenig Gehör°. Die meisten Menschen schalten heutzutage auf Autopilot – ohne ihm wirklich zu trauen.

     ■

30 Sieben Trends haben die Entwicklung unserer Gesellschaft im zurückliegenden halben Jahrhundert bestimmt – ob zum Guten oder zum Bösen, steht noch dahin°.

     ■

Erstens: Die Menschen werden älter. Dank des medizinischen Fortschritts° leben die Menschen länger. Männer werden in

35 Deutschland heute im Durchschnitt 75 Jahre alt, Frauen 82 Jahre. Sie werden damit über 30 Jahre älter als vor einem Jahrhundert und rund zehn Jahre älter als vor einem halben Jahrhundert. Dies wirft alle früheren Kalkulationen für die Altersversorgung über den Haufen.

     ■

Glosses (left margin):
- contemporaries
- Auf . . . *In a disturbing way*
- *what is reliable or certain*
- predictable
- reached
- displacement
- refugees
- Wurzeln . . . *put down roots*
- divorce
- aus . . . *out of the same mold*
- life / *splits apart*
- zunehmend . . . *increasingly split up, fragmented*
- *life companions, significant others*
- *network of relationships*
- parishioners
- attention
- *is not clear yet*
- progress

Zweitens: Das Land ergraut°. Im Jahre 1950 wurden in
Deutschland 1,4 Millionen Kinder geboren, 50 Jahre später nur
noch etwas mehr als die Hälfte. Damals standen 15 Millionen

sechs komma sieben = 6.7

Kinder unter 14 Jahren 6,7° Millionen Menschen im Alter von
über 65 Jahren gegenüber; heute beträgt das Verhältnis der

is hiding 45

beiden Altersgruppen 1:1. Hinter diesen Zahlen verbirgt° sich eine
demografische Revolution; unter anderem ist diese Revolution
eine Folge des Pillenknicks[2]. Die Pille hat die Familien- und
Lebensplanung von Grund auf verändert.

■

Drittens: Karriere ist für Frauen mehr und mehr zur Alternative

50

für Küche und Kinder geworden, in vielen Fällen zur Ergänzung.
Etwa 58 Prozent aller Frauen stehen heute im Berufsleben
(31 Prozent 1950). Mehr Frauen, die arbeiten, bedeutet jedoch,
dass die Familien sich anders organisieren müssen. Auch Staat
und Wirtschaft müssen neue Wege gehen – Teilzeitarbeit,

55

Kinderbetreuung und Altenpflege müssen so eingerichtet sein,
dass Karrieremütter nicht auf Kosten ihrer Familie auf die Karriere

do without

verzichten° müssen.

■

Viertens: Die Arbeitswelt hat sich verändert. Das alte Schema –

dissolved

Entwicklung, Produktion, Verkauf – ist weithin aufgelöst°.

60

Auslagerung – Outsourcing auf Neudeutsch – ist das Prinzip.

forces

Diese „neue Unübersichtlichkeit", zwingt° den Menschen ein

Gefühl . . . feeling of helplessness

Gefühl des Ausgeliefertseins° auf. Sie haben mitbekommen,
dass die Bauern auf weniger als drei Prozent der Bevölkerung
geschrumpft sind. Nun merken sie, dass auch die Zahl der

65

Industriearbeiter fortdauernd sinkt – von fast der Hälfte der

employees

Erwerbstätigen° im Jahre 1950 auf 21,6 Prozent zu Beginn des

service industry

21. Jahrhunderts. Im Dienstleistungssektor° sind heute zwei
Drittel aller Erwerbstätigen beschäftigt; 1950 war es nur ein

horse

Drittel. Wird der Mensch als Arbeitskraft so überflüssig sein

70

wie das Pferd° nach der Einführung des Traktors?

■

Fünftens: Die Kirche verliert immer mehr an Bedeutung –
besonders im Osten – das ist nicht zu übersehen. Heute gehören
noch 74 Prozent im Westen und 27,8° Prozent im Osten der

siebenundzwanzig komma acht = 27.8

evangelischen oder katholischen Kirche an; aber nur noch ein

75

Viertel der Bevölkerung im Westen geht regelmäßig in die Kirche;
weit weniger im Osten. Der Prozentsatz derer, die sich katholisch
taufen, trauen oder bestatten lassen, ist seit 1953 auf rund die
Hälfte gesunken; bei den Protestanten sieht es ähnlich aus.

■

Sechstens: Früher lag Österreich den Deutschen näher als Tibet.

80

Das nächste Tal war schon eine Welt entfernt, Urlaub verbrachte
man bei der Oma im Garten, bestenfalls in einer Pension an der
Ostsee. Heute ist Mobilität die Normalität. Mallorca und Malediven,
Gran Canaria und Grand Canyon liegen gleichsam um die Ecke°.

um . . . around the corner

Jedes Jahr reisen 34 Millionen deutsche Urlauber in die Ferne.

■

[2] *lit.* "dip of the pill". It refers to the decrease in birth rates after the introduction of the
birth-control pill.

85

Siebtens: Vor 50 Jahren lebten nur wenige Ausländer in Deutschland. Heute stammt – wenn man die illegalen Einwanderer zu den 7,9 Millionen legalen Zuwanderern hinzurechnet – jeder zehnte Einwohner aus der Fremde. Assimilation, Integration oder Multikulti? Die Uraltfrage° „Was ist des Deutschen Vaterland?"° kehrt in moderner Gestalt wieder°. Wer gehört dazu, wer nicht? Und welche Aspekte ihrer Kultur dürfen die Einwanderer behalten, die Deutsche werden oder werden wollen?

perennial question
Was … What is our homeland? / *90*
wiederkehren = to return

■

Wortschatz

ähnlich   *similar; similarly*

das **Arbeitsleben**   *work life, career*

der **Begleiter, -** / die **Begleiterin, -nen**   *companion*

bestimmen (hat bestimmt)   *to determine, characterize*

dazu gehören (gehört dazu, gehörte dazu, hat dazu gehört)   *to belong with*

der **Einfluss, ⁻e**   *influence*

die **Entwicklung, -en**   *development*

der/die **Erwerbstätige, -en**   *employee*

das **Fortbewegungsmittel, -**   *means of transportation*

die **Fremde** (pl.)   *foreign countries*

die **Gesellschaft, -en**   *society*

der **Lebensabschnitt, -e**   *phase of one's life*

der **Lebenslauf, ⁻e**   *course of (one's) life; CV, résumé*

die **Lebensumstände** (pl.)   *living conditions; life circumstances*

das **Mitglied, -er**   *member*

die **Pille, -n** (birth control)   *pill*

regelmäßig   *regular; regularly*

scheinbar   *apparently*

schrumpfen (ist geschrumpft)   *to shrink*

selbstverständlich   *taken for granted; self-evident*

sich **sorgen** (hat sich gesorgt)   *to worry about; take care of*

der **Spaziergang, ⁻e**   *walk*

der **Staat**   *government; state*

(jemandem) **trauen** (hat getraut)   *to trust (s.o.)*

(ein Paar) **trauen** (hat getraut)   *to marry (a couple)*

die **Unübersichtlichkeit, -en**   *confusion, mess*

das **Vaterland**   *native country, country of origin, homeland*

sich **verbergen** (verbirgt sich, verbarg sich, hat sich verborgen)   *to hide*

verbringen (verbrachte, hat verbracht)   *to spend (time)*

sich **verwandeln** (hat sich verwandelt)   *to change (into s.th. else)*

die **Wirtschaft**   *economy*

die **Zukunft**   *future*

Nach dem Lesen

33

Fragen zum Text

1. Was war nach dem Krieg das schnellste Transportmittel?
2. Wie viele Flüchtlinge kamen nach dem Krieg nach Deutschland?
3. Wie alt werden Männer und Frauen heute in Deutschland?
4. Was ist der Pillenknick?
5. Wie viel Prozent der Frauen arbeiten heute in Deutschland?
6. Wo geht man mehr in die Kirche, im Osten oder im Westen?
7. Wie viele Deutsche reisen pro Jahr in Urlaub?
8. Wie viel Prozent der Bevölkerung in Deutschland sind Ausländer?

34

Fragen zum Nachdenken und Diskutieren

1. Welche Trends sind in Ihrem Land ähnlich oder gleich wie in Deutschland?
2. Welche Trends finden Sie besonders problematisch?
3. Welche Rolle spielt die Kirche in Ihrem Land?
4. Glauben Sie, es ist ein Problem, dass immer weniger Deutsche in die Kirche gehen?

35

Beispiele

Finden Sie Beispiele für die sieben Trends in Ihrem Land. Arbeiten Sie in Gruppen, um Beispiele zu finden, die problematisch sind und die sich Ihrer Meinung nach ändern müssten.

36

Textsorte

Der Text stammt aus einer Serie von Artikeln, die in *Die Zeit* erschienen sind und dann in einem Buch veröffentlicht wurden. Woran kann man erkennen, dass dieser Text ein Artikel in einer Zeitung war?

37

Familiengeschichte

Wählen Sie eine Person in Ihrer Familie aus der ältesten Generation und beschreiben Sie ihren/seinen Lebensweg in den letzten 50 Jahren. Konzentrieren Sie sich auf Aspekte, die heute ganz anders sind.

 Mein Großvater Harry wurde 1935 als eines von vier Kindern geboren. Seine Mutter hieß . . . Heute lebt mein Großvater alleine in einem kleinen Haus in . . .

FILMTIPP: *Fatih Akin*

Der deutsch-türkische Regisseur Fatih Akin ist durch seine Filme *Im Juli* (2000), *Solino* (2002), *Gegen die Wand* (2004) und *Soul Kitchen* (2009) zu einem der gefragtesten Filmemacher geworden.

Wie wird man deutsch? Deutsch werden durch Einbürgerung

Seit dem 1. Januar 2000 gibt es ein neues Einbürgerungsgesetz. In Deutschland lebende Ausländer dürfen einen Antrag auf Einbürgerung stellen *(file an application for naturalization / citizenship)* wenn sie . . .

- seit mindestens acht Jahren rechtmäßig *(legally)* in Deutschland leben
- seit drei Jahren eine Aufenthaltserlaubnis haben
- sich zum Grundgesetz der Bundesrepublik Deutschland bekennen
- ihren Lebensunterhalt ohne Sozial- oder Arbeitslosenhilfe bestreiten *(pay for)*
- kein Verbrechen begangen haben *(have committed no crime)*
- ausreichende *(sufficient)* deutsche Sprachkenntnisse haben

Bei der Einbürgerung muss in der Regel die ausländische Staatsangehörigkeit aufgegeben werden. Die Mehrstaatigkeit *(double citizenship)* deutscher Staatsbürger ist unerwünscht *(not encouraged)*.

Kinder von Ausländern, die in Deutschland geboren werden

Ein Kind, das in Deutschland von ausländischen Eltern geboren wird, ist nicht automatisch deutscher Staatsbürger. Seit 1. Januar 2000 gilt das Geburtsrecht für in Deutschland geborene Kinder von ausländischen Eltern,

- wenn ein Elternteil sich bei der Geburt seit mindestens acht Jahren dauerhaft und rechtmäßig in Deutschland aufhält *(is living)* und
- seit mindestens drei Jahren eine unbefristete Aufenthaltsgenehmigung *(extended residence permit)* hat.

Finden Sie diese Regel gut? Wie ist es in Ihrem Land?

Seit 2008 müssen Antragsteller auf Einbürgerung einen *Einbürgerungstest* bestehen. Dabei müssen sie Fragen zur deutschen Rechtsordnung, Kultur und Geschichte beantworten.

---

38 **Fragen zum Thema Einbürgerung**

1. Wie können Ausländer Deutsche werden?
2. Ist ein Kind, das in Deutschland geboren wird, automatisch deutsch? Erklären Sie.
3. Was sind die Bedingungen für die Einbürgerung von Ausländern?
4. Wie funktioniert die Einbürgerung in Ihrem Land?

39 **Fragen zum Nachdenken und Diskutieren**

1. Wie ist das Immigrationsgesetz in Ihrem Land? Was ist anders als in Deutschland?
2. Sollte jeder, der in einem Land geboren wird, automatisch Staatsbürger *(citizen)* sein?
3. Warum ist Mehrstaatigkeit *(dual citizenship)* in Deutschland unerwünscht? Ist die Integration von Ausländern Ihrer Meinung nach leichter, wenn sie nur Deutsche sind?
4. Welche Aspekte ihrer Kultur sollten Einwanderer behalten, auch wenn sie Deutsche werden?

40

Schreibübung

Wählen Sie eine der Fragen und schreiben Sie einen Bericht. Sie können über eine bestimmte Gruppe von Einwanderern in Ihrem Land oder über eine bestimmte Person schreiben. Geben Sie Beispiele und verwenden Sie dabei die Redemittel. Die Redemittel in *Station 2* können auch hilfreich sein, um Ihre Meinung zu äußern.

1. Welche Aspekte ihrer Kultur sollten Einwanderer behalten, welche besser nicht? Schreiben Sie über eine Person oder eine Gruppe von Einwanderern, die Sie kennen. Beschreiben Sie, woher Sie gekommen sind, wie Ihr Leben vorher war und aus welchen Gründen Sie gekommen sind.

2. Was sind positive und negative Aspekte einer multikulturellen Gesellschaft? Beschreiben Sie positive und negative Beispiele der multikulturellen Gesellschaft aus Ihrer Stadt / Region oder in Ihrem Land?

3. Ist es wichtig, dass alle Einwanderer die Sprache ihres Einwanderungslandes sprechen? Verwenden Sie die Redemittel aus *Station 2* und begründen Sie Ihre Meinung sorgfältig *(carefully)*.

Zum Schluss

41

Multikulturelles Deutschland

Denken Sie noch einmal an das multikulturelle Deutschland und die Integration von Ausländern. Die größte Gruppe der Einwanderer sind die Familien und Nachkommen *(decendants)* der türkischen Gastarbeiter, die seit den 50er Jahren nach Deutschland gekommen sind. Welche Aspekte der deutschen Kultur sind für Türken und andere Ausländer wohl besonders problematisch? Diskutieren Sie mit den folgenden Stichwörtern.

Arbeit	Freizügigkeit	Integration
Diskriminierung	multikulturelle Gesellschaft	Einbürgerungstest
Einbürgerung	Religion	Sprache

Das letzte Wort: *Geld*

Wenn man zynisch oder mit Humor über Geld spricht, benutzt man oft andere Wörter wie **Kohle** *(coal)*, **Kies** *(gravel)*, **Schotter** *(gravel)*, **Moos** *(moss)*, **Moneten** oder **Pinkepinke**. In administrativen und professionellen Kontexten sagt man statt **Geld** lieber **finanzielle Mittel** *(financial means)*, **Mittel** oder **finanzielle Unterstützung** *(financial support)*.

Spekulieren Sie, warum man oft statt **Geld** etwas anderes sagt! Wie sprechen Sie über Geld?

Köln

vario images GmbH & Co.KG / Alamy

1932 wurde die erste Autobahn zwischen Köln und Bonn gebaut.
Sind Sie schon einmal auf der Autobahn gefahren? Was haben Sie
darüber gehört?

⦿ Station

Köln

Köln ist die älteste der deutschen Großstädte. Noch heute findet man in Köln Spuren der Römer° wie zum Beispiel Reste der römischen Stadtmauer und der Wasserleitung°. Auch im Kölner Stadtplan kann man heute noch das römische Straßennetz erkennen.

Der weltberühmte Kölner Dom, die vielen Museen und eine aktive Kunstszene machen Köln zu einer Stadt der Kunst. Hier leben viele Künstler, und mehr als 100 Galerien präsentieren ein breites Spektrum. Seit 1967 findet in Köln die erste Kunstmesse der Welt statt.

Köln
NORDRHEIN-WESTFALEN

Doch die Geschichte der Stadt Köln hat auch ihre dunklen Kapitel. Nach dem zweiten Weltkrieg waren 90 Prozent der Innenstadt zerstört, und die Einwohnerzahl war von 800.000 auf rund 40.000 gesunken. Nach der Befreiung durch die US-Armee nannte ein Journalist Köln „den größten Trümmerhaufen° der Welt". Erst 1959 hatte Köln wieder so viele Einwohner wie vor dem Krieg.

Der Wiederaufbau° der Stadt wurde überall in Deutschland mit starkem Interesse verfolgt. In Köln konzentrierten sich in den 50er Jahren die Diskussionen um Kultur und Politik der Nachkriegszeit. Unter dem Motto „Freier Eintritt, Freie Fragen, Freie Antworten" entstand in Köln zwischen 1950 und 1956 ein Forum für demokratische Offenheit und Toleranz – die *Mittwochsgespräche*. Auf Initiative des Buchhändlers Gerhard Ludwig fanden in den Wartesälen des Kölner Hauptbahnhofs 260 Diskussionsveranstaltungen° statt, bei denen sich prominente Vertreter° aus Politik, Kultur und Wirtschaft direkt mit den „Menschen von der Straße" auseinandersetzen° mussten. Bekannte Schriftsteller,

---

Römer *Romans* • **Wasserleitung** *aqueduct* • **Trümmerhaufen** *pile of rubble* • **Wiederaufbau** *reconstruction* • **Diskussionsveranstaltungen** *discussion events* • **Vertreter** *representatives* • **auseinandersetzen** *confront*

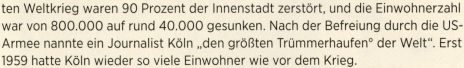

Geschichte

50 n. Chr.	785	1164	1248	1388	1880
Die römische Kaiserin Agrippina ließ ihre „Colonia" zur Stadt erklären.	Karl der Große *(Charlemagne)* gründet das Erzbistum *(archbishopric)* Köln.	Der Kölner Erzbischof Rainald von Dassel bringt die Reliquien der Heiligen Drei Könige *(Three Wise Men)* nach Köln.	Grundsteinlegung für den Dom als Grabeskirche der Heiligen Drei Könige.	Die Universität Köln wird gegründet.	Der Dom wird vollendet.

Politiker und Wissenschaftler wie Heinrich Böll und Theodor W. Adorno referierten und diskutierten mit jeweils bis zu 800 Teilnehmern. So wurden die *Mittwochsgespräche* ein bedeutender Beitrag° zur Entwicklung einer demokratischen Gesprächskultur° in Deutschland.

Ein berühmter Kölner

Heinrich Böll (1917–1985)

Heinrich Böll wurde am 21. Dezember 1917 in Köln geboren. 1937 begann er eine Lehre als Buchhändler, musste sie aber bald wieder abbrechen. 1939 wurde er zur Wehrmacht° eingezogen. Der Krieg führte Böll nach Frankreich, Russland, Rumänien, Ungarn und wieder ins Rheinland. 1942 heiratete er in Köln Annemarie Cech, mit der er später vier Söhne hatte. Nach dem Krieg begann Böll mit dem Studium der Germanistik an der Universität Köln und begann intensiv zu schreiben. Seine literarischen Werke waren oft durch Kriegserlebnisse° geprägt. Um seine Familie ernähren zu können, musste er oft noch andere Arbeit aufnehmen, zum Beispiel als Schreinergehilfe°. Doch bald erhielt Böll Preise für seine Werke und wurde zu einem der bedeutendsten deutschen Schriftsteller der Nachkriegszeit. 1972 erhielt er sogar den Nobelpreis für Literatur. Böll war über die Grenzen Deutschlands hinaus politisch engagiert und beteiligte sich stark an der Friedensbewegung der frühen 80er Jahre. Nach seinem Tod 1985 wurde die Heinrich-Böll-Stiftung gegründet; eine Organisation für politische Bildung im In- und Ausland, die den Grünen° nahe steht.

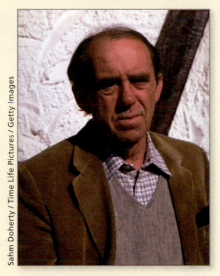

Sahm Doherty / Time Life Pictures / Getty Images

Heinrich Böll zu Hause, 1982

Beitrag *contribution* • **demokratischen . . .** *culture of open political discussion*
Wehrmacht *army in the Third Reich* • **Kriegserlebnisse** *experiences during the war*
Schreinergehilfe *carpenters' helper* • **Grünen** *green party*

1930	1932	1940–1945	1967	1998	2005	2013
Henry Ford legt den Grundstein für die Kölner Fordwerke.	Die erste deutsche Autobahn ensteht zwischen Köln und Bonn.	Zahlreiche Bombenangriffe zerstören über 90 % der Innenstadt.	Erste Kunstmesse	Eröffnung der Kölnarena, Deutschlands größter Veranstaltungshalle.	Papst Benedikt XVI. feiert mit einer Million jungen Gläubigen den Weltjugendtag in Köln.	Eröffnung des umgebauten Opernhauses in Köln

Fragen zur Station

1. Wo liegt Köln? Was liegt in der Nähe?
2. Wann wurde die Stadt gegründet? Was bedeutet der Name Köln?
3. Was erinnert in Köln noch heute an die Römerzeit?
4. Wann begann der Bau des Doms? Wann wurde der Dom vollendet?
5. Was passierte in Köln im Zweiten Weltkrieg?
6. Wie viele Einwohner hatte Köln nach dem Krieg?
7. Wie viele Einwohner hat Köln jetzt? Wie groß ist die Fläche?
8. Was macht Köln zu einer Stadt der Kunst?
9. Wie entstand in Köln in den 50er Jahren ein Forum für Offenheit und Toleranz?

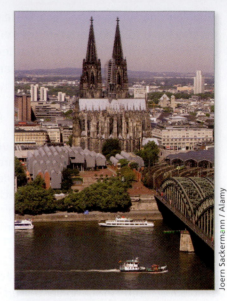

Joern Sackermann / Alamy

Köln am Rhein ist eine der ältesten deutschen Städte.

Partnerinterview: Vaterland

Fragen Sie Ihren Partner / Ihre Partnerin und berichten Sie das Interessanteste im Kurs.

1. Wo bist du geboren? Wo sind deine Eltern und Großeltern geboren?
2. Welche Sprachen spricht man in deiner Familie?
3. Wo fühlst du dich am meisten zu Hause? Warum?

Eine deutsche Erinnerung
Interview mit René Wintzen (1973)

René Wintzen: Seit 1946 haben drei Schriftsteller deutscher Sprache den Nobelpreis für Literatur erhalten. 1946, gleich nach dem Krieg, war es Hermann Hesse, 1966 Nelly Sachs und 1972 schließlich wurden Sie, Heinrich Böll, mit diesem Preis ausgezeichnet. Obwohl sie deutsch schrieben, besaßen Hermann Hesse und Nelly Sachs die deutsche Staatsbürgerschaft° nicht mehr. Hesse war inzwischen Schweizer und Nelly Sachs Schwedin geworden. Beide hatten das nationalsozialistische Deutschland verlassen. Beide hatten sich gewissermaßen° von ihren Ursprüngen° losgesagt und waren in Distanz getreten zu ihrem Vaterland.

Damit will ich folgendes sagen: als die Schwedische Akademie Sie auszeichnete, ehrte sie einen Deutschen, einen wirklichen Deutschen; keinen Flüchtling, keinen Emigranten, keinen Juden oder Verfolgten°, sondern einen, der deutscher Staatsbürger war wie zweiundsechzig Millionen andere. Damit wurde Deutschland und der deutschen Literatur im Dritten Reich, während des Krieges und nach dem Krieg in Ihrer Person und in Ihrem Werk Anerkennung gezollt°. Empfinden Sie das ebenso wie ich? Fühlen Sie sich tatsächlich als Deutscher, ja mehr noch: als Staatsbürger der Bundesrepublik Deutschland?

Staatsbürgerschaft *citizenship* • **gewissermaßen** *in a certain way* • **Ursprüngen** *origins*
Verfolgten *persecuted person* • **wurde Anerkennung gezollt** *was given respect*

Heinrich Böll: Die Frage kann ich eindeutig mit Ja beantworten. Die beiden Nobel-Preisträger, die Sie genannt haben, also Nelly Sachs und Hermann Hesse, haben deutsch geschrieben, aber sie waren keine deutschen Staatsbürger mehr. Hesse, bewußt emigriert wegen einer Entwicklung in Deutschland, die er nicht mitmachen wollte oder nicht teilen, an der er nicht verantwortlich beteiligt sein wollte aus einem internationalen Pazifismus heraus, Nelly Sachs vertrieben° aus Deutschland, knapp dem Tod entronnen°. Natürlich fühle ich mich deutsch, ich spreche deutsch, ich schreibe deutsch, ich bin als Deutscher geboren, hab mich auch nie als Nicht-Deutscher empfunden, wie käme ich dazu? Das ist für mich eine Selbstverständlichkeit°, die gar keine, aber auch gar keine nationalistische Komponente hat. Ich glaube, daß jemand mit der Sprache, in der er schreibt, mehr bekennt° als Nationalitäts-Zugehörigkeit. Begriffe wie Vaterland, Nation, nicht der Begriff Heimat, das ist wieder etwas ganz anderes, sind eigentlich sekundär, fast oberflächlich°, in manchen Fällen sogar dumm, verglichen mit der Verbindung oder dem Ausdrucksmittel° Sprache für einen Schriftsteller. Es gibt überhaupt keine höhere Form des Bekenntnisses zu einem Volk°, als in seiner Sprache zu schreiben; selbst wenn man schlecht schreibt. Denn man benutzt ja die Sprache als Ausdrucksmittel, und das bedeutet viel mehr als ein Paß oder ein Personalausweis oder ein Wahlzettel°.

---

vertrieben *displaced* • **dem . . .** *narrowly escaped death* • **Selbstverständlichkeit** *obvious fact*
bekennt *reveals* • **oberflächlich** *superficial* • **Ausdrucksmittel** *means of expression*
Bekenntnisses . . . *loyalty to a people* • **Wahlzettel** *election ballot*

Wann sagt man was?

das Vaterland, die Nation, die Heimat

Böll sagt, **Vaterland** und **Nation** sind etwas ganz anderes als **Heimat**. Suchen Sie im Wörterbuch die Begriffe **Vaterland** und **Heimat**. Arbeiten Sie in Gruppen oder Paaren und finden Sie gute Definitionen für diese Begriffe. Formulieren Sie mit jedem Wort drei sinnvolle *(meaningful)* Sätze.

 Fragen zum Interview

1. Warum ist Hermann Hesse in die Schweiz gegangen?
2. Warum ist Nelly Sachs Schwedin geworden?
3. Warum nennt René Wintzen Heinrich Böll einen „wirklichen Deutschen"?
4. Was ist für Heinrich Böll das wichtigste Bekenntnis zu einem Volk?

 Andere berühmte Kölner

Suchen Sie Informationen über die folgenden Personen. Wer sind sie? Was haben sie gemacht?

Konrad Adenauer	Stefan Raab
Joseph Frings	Alfred Biolek
Heidi Klum	Carolin Kebekus
Nico (Christa Päffgen)	Gaby Köster
Georg Simon Ohm	Heiner Lauterbach
Michael Schumacher	Wolfgang Niedecken
Dirk Bach	Wolf Vostell
Hella von Sinnen	Oliver Pocher

Kölsch

Der Kölner Stadtdialekt, das *Kölsch*, wird in seiner stärksten Form zwar mehr von älteren Kölnern gesprochen, doch es spielt für die Identität der Kölner eine wichtige Rolle. Das Kölsch wird von der regionalen Presse, in Kölner Theatern und vor allem beim Kölner Karneval gepflegt. Die 1983 gegründete *Akademie för uns kölsche Sproch* unterhält, unter anderem, ein Online-Wörterbuch.

Können Sie die folgenden Kölner Weisheiten mit ihrer standardsprachlichen Übersetzung zusammen bringen?

1. Leever rich un jesund als ärm un krank.
2. Wat nix is, dat is nix.
3. Wenn et nit ränt, dann dröpp et.
4. Do krisste en Aap.
5. Jedem Jeck jefällt sing Mötz.
6. Wenn de jeck weeß, fängk et em Kopp aan.
7. Ovends danze un springe, morjends de Botz net finge.
8. Jeder es sich selvs der nökste.
9. Vun nix kütt nix.
10. Ömesöns es dä Dud.
11. Mer läv nur eimol.
12. Küss de hück nit, küss de morje.

a. Was nichts ist, das ist nichts.
b. Kommst du heute nicht, kommst du morgen.
c. Umsonst ist der Tod.
d. Jeder ist sich selbst der Nächste.
e. Lieber reich und gesund, als arm und krank.
f. Wenn es nicht regnet, dann tropft es. (= Irgendetwas passiert immer.)
g. Man lebt nur einmal.
h. Wenn du verrückt wirst, fängt das im Kopf an.
i. Von nichts kommt nichts.
j. Jedem Verrückten gefällt seine Mütze. (= Jeder nach seinem Geschmack.)
k. Da kriegst du einen Affen. (= Da wird man verrückt.)
l. Abends tanzen und springen, morgens die Hose nicht finden.

5 Suchbegriffe

Forschen Sie mit den folgenden Suchbegriffen im Internet.

Stadt Köln

1. Welche Veranstaltungen gibt es im Moment?
2. Der Kölner Dom ist Deutschlands meistbesuchte Sehenswürdigkeit. Was gibt es sonst noch zu besichtigen?
3. Was gibt es über den Kölner Karneval?

Kölner Dom

4. Suchen Sie Informationen über die Geschichte des Kölner Doms. Wann feierte der Dom sein 750-jähriges Jubiläum?
5. Was gibt es in der Domgalerie? Finden Sie ein interessantes Bild!

Museen in Köln

6. Suchen Sie Informationen über das Museum Ludwig. Was ist dort zu finden?
7. Was gibt es im Wallraf-Richartz Museum?
8. Was für ein Museum ist das Imhoff Museum?

6 Werbetext

Welches ist Ihr liebstes Museum in Ihrer Stadt oder Region? Schreiben Sie einen Werbetext (oder eine Broschüre) für deutsche Besucher über Ihr Lieblingsmuseum auf Deutsch. Nehmen Sie die Website eines der Kölner Museen als Modell.

7 Richtig oder falsch?

Forschen Sie weiter und entscheiden Sie, ob die folgenden Aussagen korrekt sind. Wenn sie falsch sind, korrigieren Sie sie.

Werner Dieterich / Alamy

1. Kölsch ist ein Bier, und auch der Kölner Dialekt heißt Kölsch.
2. Der Karneval beginnt jedes Jahr am 11. November.
3. Die Reliquien der Heiligen Drei Könige sind 1664 nach Köln gebracht worden.
4. Im Museum Ludwig ist die größte Popart-Sammlung Europas.
5. Das Imhoff Museum ist ein Uhrenmuseum.
6. Man kann in Köln Reste der römischen Stadtmauer finden.

Wählen Sie jetzt eines der sechs Themen und forschen Sie etwas weiter. Berichten Sie darüber im Kurs!

Das Museum Ludwig in Köln

8 Lokale Presse

Gehen Sie zu den folgenden Websites im Internet. Was sind die Schlagzeilen? Wie wirken diese Zeitungen auf Sie? Wie sind Sprache und Präsentation – einfach oder komplex, plakativ oder seriös, modern oder altmodisch? Was ist interessant?

Kölner Stadtanzeiger

Kölner Wochenspiegel

Kölnische Rundschau

Köln Einblick

Stadtrevue: Das Kölnmagazin

Tagnacht

9 Nachrichtenrunde

Arbeiten Sie in Gruppen oder Paaren. Berichten Sie über einen Aspekt, den Sie beim Surfen im Internet gefunden haben.

10 Fragen zum Nachdenken und Diskutieren

Bearbeiten Sie diese Fragen in Paaren oder kleinen Gruppen. Machen Sie Notizen und geben Sie im Kurs einen kleinen Bericht. Bringen Sie die Resultate Ihrer Internetsuche dabei ein.

1. Welche Aspekte charakterisieren Köln als eine historische Stadt, welche Aspekte machen Köln zu einer Stadt der Gegenwart?
2. Man sagt, die Deutschen sind im Gespräch sehr direkt. Kann es auch negative Folgen haben, wenn man im Gespräch zu direkt ist?
3. Sprechen Sie oft über politische Themen? Für welche politischen Themen sollte sich jeder interessieren? Gibt es aktuelle Beispiele in den Medien?

Strukturen

Einstellungen° ausdrücken:

Die Modalverben

- Modal verbs are used to indicate the attitude a speaker has about what is being said.

Modal Verb	Attitude	English (Rough Equivalent)
dürfen	permission	*may*
können	possibility; ability	*can, be able to*
mögen	liking	*like*
(subjunctive = **möchte**)		*would like to*
müssen	probability; necessity	*must, have to*
sollen	obligation	*be supposed to*
wollen	wanting; intention	*want, want to; intend to*

- Modal verbs are usually used with an infinitive. The conjugated modal verb is the second element in the sentence or clause (after the subject or some other phrase), and the infinitive comes at the end.

  In Köln **können** Künstler in über 100 Galerien ihre **Werke ausstellen.**

  Im Kölner Stadtplan **kann** man das ursprüngliche römische Straßennetz **erkennen.**

- Here is the present tense conjugation of each modal verb. Note that they are all irregular in the present-tense singular.

	dürfen	können	mögen	müssen	sollen	wollen
ich	darf	kann	mag	muss	soll	will
du	darfst	kannst	magst	musst	sollst	willst
er/es/sie	darf	kann	mag	muss	soll	will
wir	dürfen	können	mögen	müssen	sollen	wollen
ihr	dürft	könnt	mögt	müsst	sollt	wollt
sie/Sie	dürfen	können	mögen	müssen	sollen	wollen

- To express the past of modal verbs, in most cases the simple past tense is preferred over the present perfect tense. The modals are conjugated like weak verbs but drop the umlaut from the infinitive stem.

	dürfen	können	mögen	müssen	sollen	wollen
ich	durfte	konnte	mochte	musste	sollte	wollte
du	durftest	konntest	mochtest	musstest	solltest	wolltest
er/es/sie	durfte	konnte	mochte	musste	sollte	wollte
wir	durften	konnten	mochten	mussten	sollten	wollten
ihr	durftet	konntet	mochtet	musstet	solltet	wolltet
sie/Sie	durften	konnten	mochten	mussten	sollten	wollten

- The present perfect tense of modals uses a double-infinitive construction, placing the modal verb last.

Heinrich Böll **hat** sich nie als Nicht-Deutscher **empfinden können.**

Im Zweiten Weltkrieg **hat** Böll in der Wehrmacht **dienen müssen.**

11 Das „Mmmuseum"

Im Kölner Schokoladenmuseum kann man die Kulturgeschichte der Schokolade hautnah miterleben. Ergänzen Sie gemeinsam mit einem Partner / einer Partnerin die passenden Modalverben in der richtigen Form

Wer Schokolade _____, _____ unbedingt das Schokoladenmuseum in Köln besuchen. Hier _____ Besucher eine Zeitreise durch die Kulturgeschichte der Schokolade machen. Im begehbaren Tropenhaus _____ man das tropische Klima hautnah erleben. Auf zwei Ebenen _____ Besucher sehen, wie Schokolade und Trüffel hergestellt werden.

Am Ende _____ jeder Besucher noch vom Schokoladenbrunnen naschen. Wer dann noch mehr _____, _____ im Museumscafé aus über 20 Trinkschokoladen wählen. Übrigens: Kinder bis 6 Jahre _____ keinen Eintrittt bezahlen, aber sie _____ natürlich nicht ohne Begleitung von Erwachsenen ins Museum.

Besuch in Köln

Was kann, soll, muss man in Köln machen? Suchen Sie mit Ihrem Partner / Ihrer Partnerin Vorschläge für einen Stadtführer der Stadt Köln und schreiben Sie eine Liste mit jeweils *(each)* zwei Dingen, die man in Köln machen kann (wenn man Lust hat), die man in Köln machen soll (Empfehlungen von Ihnen) und die man in Köln unbedingt machen muss. Vergleichen Sie dann Ihre Liste im Kurs und rechtfertigen *(justify)* Sie Ihre Vorschläge.

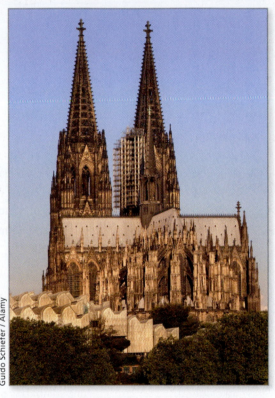

Guido Schiefer / Alamy

Der Kölner Dom

Meine Kindheit

Vervollständigen Sie die Sätze, interviewen Sie einen Partner / eine Partnerin, machen Sie sich Notizen und berichten Sie den anderen Kursteilnehmern.

z.B. ▷ S1: Als ich drei Jahre alt war, konnte ich schon Englisch und Spanisch sprechen. Und du, was konntest du machen, als du drei warst?

S2: Als ich drei Jahre alt war, konnte ich . . .

1. Als ich drei Jahre alt war, konnte ich immer . . .
2. Als Kind musste ich oft . . .
3. Mit sechs Jahren wollte ich gerne . . .
4. Als ich zwölf Jahre alt war, sollte ich eigentlich . . ., wollte aber viel lieber . . .
5. Als Kind durfte ich nie . . .
6. Mit achtzehn Jahren konnte ich endlich . . .

Einblicke

Fragen zum Thema

1. Sind Sie patriotisch? Was bedeutet das für Sie?
2. Sind Sie stolz auf Ihr Land (Ihren Staat, Ihre Stadt)? Warum?
3. Was ist in Ihrem Land besonders gut? Was ist nicht so gut?
4. Glauben Sie, die Deutschen sind sehr patriotisch? Erklären Sie.
5. Glauben Sie, junge Deutsche sind stolz auf ihr Land?

Unser Land

Arbeiten Sie in Paaren oder Gruppen und ordnen Sie die folgenden Aussagen danach, wie patriotisch sie sind (1 ist am meisten und 8 am wenigsten patriotisch). Welche Aussage trifft am besten auf Sie zu?

_____ „Ich möchte bleiben, wo ich bin."

_____ „Auch hier gibt es Negatives, aber wir konzentrieren uns auf das Positive."

_____ „Ich bin stolz auf mein Land."

____1____ „Es gibt kein besseres Land als dieses."

_____ „Ich liebe dieses Land."

_____ „Ich fühle mich hier sehr wohl (*comfortable*)."

_____ „Hier ist auch nicht alles perfekt, aber ich lebe gern hier."

_____ „Hier ist es nicht viel anders als in anderen Ländern."

Unterschriftenaktion „Nationalstolz"

Vor einigen Jahren wurde in Deutschland die Unterschriftenaktion „Nationalstolz"° durchgeführt. Das interessanteste daran war die Vorgeschichte: Der damalige Parteivorsitzende° der CDU (Christlich Demokratische Union) hatte in einer Rede im

5 Bundestag gesagt, er sei „stolz, Deutscher zu sein". Der damalige Umweltminister°, ein Mitglied der Grünen, hatte den CDU-Parteivorsitzenden daraufhin als „Skinhead" bezeichnet; er war der Meinung, dass solche Ausdrücke des Nationalstolzes den Rechtsradikalismus° unterstützen.

10   Die CDU wollte sich gegen die Beleidigung° ihres Vorsitzenden wehren° und startete die besagte Unterschriftenaktion; sie befragten die Bevölkerung nach ihrer Meinung zu dieser Affäre. Sie forderten sogar, dass der Umweltminister zurücktreten° sollte. Einige Spitzenkandidaten° der CDU fanden die Aktion sehr

15 „bedenklich", obwohl sie danach als voller Erfolg° bezeichnet wurde. Der Umweltminister der Grünen ist letztendlich aber im Amt° geblieben.

Unterschriftenaktion . . . referendum on national pride / party leader

environmental secretary

right-wing radicalism

insult
defend

resign
important figures
success

office

einen ... *hit a sensitive spot*

Die Unterschriftenaktion hat in der Bevölkerung einen empfindlichen Nerv getroffen° und es gab viele Diskussionen über
20 Nationalstolz. Dürfen die Deutschen keinen Nationalstolz haben?
Ist Nationalstolz oder Patriotismus an sich problematisch, egal in
welchem Land?

Ein weiterer Aspekt, der die Diskussion in Deutschland
kompliziert, ist das Verhältnis zwischen Ost und West. Ein
25 ostdeutscher Leser einer großen Zeitung schrieb in einem
öffentlichen Brief an seinen Ministerpräsidenten: „Die ganze
Stolz-Debatte ist eine westdeutsche Angelegenheit." Die
deutsche Geschichte hat ihre dunklen Kapitel, und den Deutschen
fällt es nicht leicht, von Nationalstolz zu sprechen. Doch seit
30 der Wiedervereinigung ist das Thema noch komplizierter

rather
cautious

geworden. Der ostdeutsche Leser gab in seinem Brief eine eher°
zurückhaltende° Definition des Nationalstolzes: „Vielleicht geht es
nur darum, dass man bleiben möchte, wo man ist."

16

Fragen zum Text

1. Wer sagte vor einigen Jahren im deutschen Bundestag, er sei stolz, Deutscher zu sein?
2. Wer nannte den CDU-Vorsitzenden damals „Skinhead"? Warum?
3. Was forderte die CDU vom damaligen Umweltminister?
4. Warum ist das Thema *Nationalstolz* in Deutschland besonders kompliziert?
5. Wie definierte ein ostdeutscher Leser einer großen Zeitung *Nationalstolz*?

17

Fragen zum Nachdenken und Diskutieren

1. Wie definieren Sie *Nationalstolz*? Wie definieren Sie *Patriotismus*?
2. Ist es gut, patriotisch zu sein? Kann Patriotismus auch negativ sein?
3. Warum ist es in Deutschland ein Problem, wenn ein Politiker im Bundestag sagt, er sei „stolz, Deutscher zu sein"?
4. Können Sie sich ein Szenario wie dieses in Ihrem Land vorstellen?

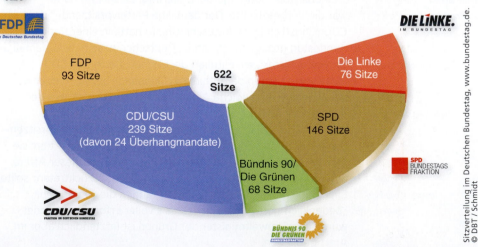

Die Parteien im deutschen Bundestag nach der Bundestagswahl 2009

Die wichtigen Parteien in Deutschland

18

Arbeiten Sie in Gruppen, indem jede Gruppe eine Partei übernimmt. Finden Sie Informationen auf den Websites der Parteien und berichten Sie über den Internetauftritt *(web presence)* jeder Partei. Arbeiten Sie mit den folgenden Fragen.

1. Wie präsentiert sich die Partei? Welche Farben sind auf der Website?
2. Wie heißt das Motto der Partei? Welche Slogans sind zu finden?
3. Welche Themen sind aktuell? Was ist das wichtigste Thema?
4. Finden Sie die Vorsitzende oder den Vorsitzenden der Partei? Welche Informationen kann man über die Personen finden?

Partei	Gegründet	Mitglieder *(members)*
SPD (Sozialdemokratische Partei Deutschlands)	1863 / 1875	ca. 521.000
CDU (Christlich Demokratische Union)	1945	ca. 529.000
CSU (Christlich Soziale Union)	1945	ca. 163.000
FDP (Freie Demokratische Partei)	1948	ca. 65.500
Bündnis 90 / Die Grünen	1980	ca. 45.000
Die Linke	1989	ca. 76.000

Plenarsaal des deutschen Bundestages

AP Photo/Markus Schreiber

Stolz

Die Kölner Gruppe *Wise Guys* hat das Lied „Stolz" zum Thema Patriotismus geschrieben. Inwiefern zeigt der Text, wie man in Deutschland über Nationalstolz denkt?

„Stolz"

Ich wär' stolz, wenn ich es schaffen würd', das Rauchen aufzugeben,
einen Marathon zu laufen und den Lauf zu überleben°,
den Geburtstag meiner Oma nicht schon wieder zu verpennen°,
und ein Lied zu schreiben, das so klingt wie von McCartney / Lennon.
Ich bin stolz, wenn ich was koche, und sei's nur Bolognese,
wenn ich endlich wieder mal ein gutes Buch durchlese,
wenn eine schöne Frau sagt: „Ich will ein Kind von dir!"
Das ist noch nicht sehr oft passiert. Jedenfalls nicht mir.

Doch ob ich stolz bin, ein Deutscher zu sein?
Ich weiß ja nicht mal, was die Frage soll!
Es will beim besten Willen in meinen Kopf nicht rein,
stolz auf einen Zufall° zu sein.

Ich bin stolz, wenn ich es schaffe, nicht zu spät ins Bett zu geh'n,
und wenn ich's morgens hinkrieg', halbwegs pünktlich aufzusteh'n,
wenn ich mal wieder den Alltag sinnvoll nutze,
die Wohnung grundsaniere und das Badezimmer putze.
Ich bin stolz, wenn der FC° gewinnt – weiß selber nicht, warum –
hab' da ja nicht mitgespielt, das wär' auch ziemlich dumm.
Ich bin stolz auf meine Freunde, und es macht mich froh,
wenn irgendjemand zu mir sagt: „Hey, Alter – geile Show!°"

Doch ob ich stolz bin, ein Deutscher zu sein?
Ich weiß ja nicht mal, was die Frage soll!
Es will beim besten Willen in meinen Kopf nicht rein,
stolz auf einen Zufall zu sein.

Nationalgelalle° in Schwarz, Rot und Gold
Ich hab keine Ahnung, was ihr von mir wollt!

Doch ob ich stolz bin, ein Deutscher zu sein?
Ich weiß ja nicht mal, was die Frage soll!
Es will beim besten Willen in meinen Kopf nicht rein,
stolz auf einen Zufall zu sein.

überleben *survive* • **verpennen** *(coll.) vergessen* • **Zufall** *coincidence*
FC *Köln soccer team* • **„Hey . . .** *Hey, Dude – cool show!"*
Nationalgelalle *nationalistic babble*

Fragen Zum Lied

1. Worauf darf man laut *(according to)* diesem Liedtext stolz sein?
2. Was sagt der Liedtext über die Frage, ob man stolz sein sollte, Deutscher zu sein?

Strukturen

Über Zukünftiges sprechen

Das Futur

- Like English, German makes use of the present tense to express events in the immediate future. German uses the future tense to talk about the distant future, to emphasize an assumption or intention, or to explicitly point to the future.

  Present tense: Heute **besuchen** wir Heidelberg. Morgen **besuchen** wir Köln.

  Future tense: Nächstes Jahr **werden** wir Tokyo **besuchen**.

- The future tense in German is formed by using the auxiliary **werden** + an infinitive.

  Der Dom steht heute in Köln und er **wird** auch morgen noch in Köln **stehen**.

  Niemand weiß, welche Partei Deutschland in zehn Jahren **regieren wird**.

- The future tense in German is also used to express probability in the present tense. In this case, the particles **schon** and **wohl** are often added.

  Es **wird** *schon* **stimmen**, dass Heinrich Böll einer der berühmtesten Schriftsteller Deutschlands ist.

  Das Stadtbild von Köln **wird** *wohl* immer von den Zerstörungen des Zweiten Weltkriegs geprägt **bleiben.**

19 **Auch nächstes Jahr wieder – Chronologie des Kölner Karnevals**

Schauen Sie sich die Chronologie des Kölner Karnevals an, bringen Sie die Ereignisse in die richtige Reihenfolge und machen Sie dann Vorhersagen *(predictions)* für den Karneval im nächsten Jahr.

 Im nächsten Jahr wird der Karneval wieder am 11.11. um 11 Uhr 11 eröffnet werden. Um diese Zeit . . .

_____ Rosenmontag — Am Höhepunkt des Karnevals zieht der Rosenmontagszug auf einem 6,54 Kilometer langen Weg durch die Kölner Innenstadt. Die meisten Kölner haben an diesem Tag frei.

___*1*__ 11.11., 11 Uhr 11 — Offizielle Eröffnung des Karnevals auf dem alten Markt. Um diese Zeit beginnt wieder die sogenannte „Fünfte Jahreszeit".

_____ Aschermittwoch — An diesem Tag ist alles vorbei und man trifft sich zum traditionellen Fischessen.

_____ Weiberfastnacht — An diesem Donnerstag wird der Straßenkarneval eröffnet und die Frauen übernehmen die Herrschaft in der Stadt.

_____ Veilchendienstag — Dieser Tag ist vergleichsweise *(comparatively)* ruhig. Am Abend verbrennt man den „Nubbel", eine lebensgroße Strohpuppe, die für alle Sünden büßen *(pay for all sins)* muss.

20 Was ist hier wohl los?

Spekulieren Sie in jeweils 2–3 Sätzen mit Ihrem Partner / Ihrer Partnerin über die folgenden Situationen und benutzen Sie dabei das Futur mit **wohl.**

z.B. ▸ Es wird wohl warm sein . . .

1.

Mechika / Alamy

2.

Yadid Levy / Alamy

3.

vario images GmbH & Co.KG / Alamy

4.

Vladimir Rys / Getty Images

5.

Sabine Lubenow / FAN Travelstock / Jupiter Images

Wortschatz

das **Amt, ¨er**   office

sich (mit . . .) **auseinandersetzen** (setzt sich auseinander, setzte sich auseinander, hat sich auseinandergesetzt)   *to deal with (s.th.)*

bedeutend   *important, meaningful*

die **Befreiung**   *liberation*

der **Beitrag, ¨e**   *contribution*

die **Beleidigung, -en**   *offense, insult*

bezeichnen (hat bezeichnet)   *to call, name*

der **Bundestag**   *German parliament*

der **Dom, -e**   *cathedral*

der **Eintritt**   *admission (fee)*

empfindlich   *sensitive*

entstehen (entstand, ist entstanden)   *to develop, come into existence*

der **Erfolg, -e**   *success*

die **Gattin, -nen**   *wife (formal)*

das **Gespräch, -e**   *conversation*

die **Heimat**   *home, place of origin*

die **Kunstmesse, -n**   *art fair*

letztendlich   *finally, in the end*

die **Nachkriegszeit**   *period after the war*

der **Nationalstolz**   *nationalism*

die **Offenheit**   *openness*

die **Partei, -en**   *(political) party*

patriotisch   *patriotic*

der **Patriotismus**   *patriotism*

die **Politik**   *politics*

der **Politiker, -** / die **Politikerin, -nen**   *politician*

der **Rechtsradikalismus**   *right-wing radicalism*

die **Rede, -n**   *speech*

referieren (hat referiert)   *to give a talk, deliver a speech*

der **Schriftsteller, -** / die **Schriftstellerin, -nen**   *writer, author*

sinken (sank, ist gesunken)   *to sink*

die **Spur, -en**   *trace*

die **Stadtmauer, -n**   *city wall*

stolz   *proud; proudly*

der **Teilnehmer, -** / die **Teilnehmerin, -nen**   *participant*

unterstützen (hat unterstützt)   *to support*

der **Vertreter, -** / die **Vertreterin, -nen**   *representative*

(etwas) **vollenden** (hat vollendet)   *to complete*

der/die **Vorsitzende, -n**   *leader, head (of an organization)*

sich **wehren** (hat sich gewehrt)   *to defend oneself*

der **Weltkrieg, -e**   *world war*

der **Wiederaufbau**   *reconstruction*

wirklich   *real, genuine; really*

zurückhaltend   *reserved, cautious; reservedly*

---

21 **Definitionen**

Finden Sie die richtigen Begriffe für die folgenden Definitionen.

1. Man freut sich über etwas, was man (gemacht) hat, und zeigt diese Freude gerne anderen Menschen.
2. Man ärgert sich schnell oder regt sich schnell über etwas auf (sich aufregen = *get upset*).
3. Man wartet lieber und hält sich zurück.
4. Man liebt sein Land und ist stolz darauf, dort zu leben.

a. patriotisch
b. zurückhaltend
c. empfindlich
d. stolz

22 **Die Nationalstolzdebatte**

Ergänzen Sie die Sätze mit Wörtern aus dem Wortschatz!

1. Vor einigen Jahren wurde in Deutschland eine Unterschriftenaktion zum Thema _____ durchgeführt.
2. Ein Politiker hielt eine _____ im Bundestag und sagte, er sei _____, Deutscher zu sein.
3. Ein anderer _____ nannte ihn deshalb einen Skinhead, denn er fand, dass solche Aussagen den _____ unterstützen.
4. Glauben Sie, dass _____ und Nationalstolz dasselbe sind?
5. Kann man _____ sein, ohne den Rechtsradikalismus zu _____?

23 **Patriotismus in Deutschland – ein heikles Thema**

Ein Freund möchte wissen, wie patriotisch die Deutschen sind. Wie kann man dieses heikle (*sensitive*) Thema am besten beschreiben? Sie können Wörter aus der Liste verwenden.

bedeutend – Bevölkerung – Bundestag – diskutieren – Geschichte – Heimat – Nachkriegszeit – Weltkrieg – negativ – patriotisch – Politik – Politiker – positiv – Rechtsradikalismus – stolz – unterstützen – Vaterland – sich wehren – zurückhaltend

24 **Was könnte man in Köln tun?**

Ein Freund fährt nach Köln, aber er weiß nicht viel über die Stadt. Geben Sie ihm ein paar Tipps und Informationen! Verwenden Sie dabei die folgenden Wörter, aber seien Sie auch kreativ und sagen Sie ihm, was Sie sonst noch über Köln wissen.

bedeutend – Dom – Großstadt – Kunst – Kunstmesse – Museen – Schriftsteller – Stadtmauer – vollenden – Weltkrieg – Wiederaufbau

---

Wann sagt man was?

reden, sprechen, sich unterhalten, erklären, diskutieren

Die Verben **reden**, **sprechen**, **sich unterhalten**, **erklären** und **diskutieren** beschreiben verschiedene Arten der Konversation. Arbeiten Sie mit dem Wörterbuch und finden Sie gute Definitionen für jedes Verb. Ergänzen Sie dann die folgenden Sätze!

1. Über Politik reden wir zu Hause . . .
2. Meine Freunde unterhalten sich meistens über . . .
3. Es macht uns Spaß, über . . . zu diskutieren.
4. Mein Vater erklärt uns oft . . .
5. Meine Mutter redet nicht gern über . . .
6. Mit den Nachbarn unterhalten wir uns oft über . . .
7. Die ältere Generation redet nicht so gern über . . .
8. Einmal habe ich mit meinen Eltern lange über . . . diskutiert.
9. Ich finde Politiker sprechen immer . . .
10. Mir hat nie jemand erklärt, . . .

Redemittel zum Diskutieren

Sicher sein, nicht sicher sein, Zweifel haben

Mit den folgenden Redewendungen signalisiert man im Gespräch, ob man sich sicher ist oder ob man Zweifel *(doubt)* hat.

Sicher sein

Ich bin davon überzeugt, dass . . .	**Ich bin davon überzeugt, dass** die Amerikaner patriotischer sind als die Deutschen.
Es besteht kein Zweifel, dass . . .	**Es besteht kein Zweifel, dass** Köln die Hauptstadt des Karnevals ist.
Ich bin sicher, dass . . .	**Ich bin sicher, dass** Köln am Rhein liegt.

Nicht sicher sein, Zweifel haben

Ich bin nicht sicher, ob . . .	**Ich bin nicht sicher, ob** Patriotismus gut oder schlecht ist.
Ich weiß nicht (so recht), ob . . .	**Ich weiß nicht, ob** mich diese Frage besonders interessiert.
Ich bin mir nicht im Klaren, ob . . .	**Ich bin mir nicht im Klaren, ob** junge Deutsche Nationalstolz haben oder nicht.
Es ist zweifelhaft, ob . . .	**Es ist zweifelhaft, ob** die Deutschen jemals wieder stolz auf ihr Land sein werden.
Ich bezweifle, dass . . . (Das bezweifle ich.)	**Ich bezweifle, dass** man unbedingt stolz auf seine eigene Nation sein muss.
Da bin ich nicht (ganz) sicher.	Nationalstolz ist dumm? **Da bin ich nicht (ganz) sicher.**
Nicht unbedingt.	Nationalstolz ist altmodisch *(old fashioned)*? **Nicht unbedingt.**

25 | Ja oder Nein?

Welchen Aussagen stimmen Sie zu, welchen nicht? Warum?

1. **Ich bin davon überzeugt, dass** Patriotismus keine negativen Folgen haben kann.
2. **Es besteht kein Zweifel, dass** patriotische Symbole einen positiven Effekt auf ein Land haben.
3. **Ich bin sicher, dass** die Deutschen genauso patriotisch sind wie andere Völker. Sie zeigen *(show)* es nur anders.
4. **Ich bin davon überzeugt, dass** mehr Patriotismus in Deutschland zu mehr Rechtsextremismus und Ausländerhass führen würde.
5. **Ich weiß nicht, ob** es gut ist, wenn junge Deutsche sich zu viel mit der deutschen Geschichte identifizieren.
6. **Ich bin mir nicht im Klaren, ob** die Deutschen im Ausland wirklich so ein negatives Image haben.
7. **Ich bezweifle, dass** das Image der Deutschen im Ausland durch Filme oder andere Medien beeinflusst wird.

26 Ich bin sicher . . .

Formulieren Sie Sätze, indem Sie die Redemittel verwenden wie im Beispiel.

Der CDU-Vorsitzende war kein Rechtsextremist. →

Ich bin davon überzeugt, dass der CDU-Vorsitzende kein Rechtsextremist war.

1. Der CDU-Vorsitzende sah nicht aus wie ein Skinhead.
2. Die Unterschriftenaktion „Nationalstolz" war ein Erfolg.
3. Die Politiker in Deutschland sind zu direkt.
4. Für Ostdeutsche ist das Thema *Nationalstolz* besonders kompliziert.
5. Es war richtig, dass der Umweltminister im Amt geblieben ist.
6. Patriotismus ist mehr als bleiben wollen, wo man geboren ist.

27 Fragen zur Diskussion

Diskutieren oder schreiben Sie über eines der folgenden Themen. Verwenden Sie dabei die Redemittel.

1. Könnte es eine Episode wie die Unterschriftenaktion „Nationalstolz" auch in Ihrem Land geben? Warum (nicht)?
2. Sprechen Politiker in Ihrem Land anders miteinander als die deutschen Politiker?
3. Kann Patriotismus negativ sein?

FILMTIPP: *Kebab Connection* (Anno Saul, 2005)

Ibo, ein junger Türke, träumt davon, Kung-Fu Filme zu machen. Als seine deutsche Freundin schwanger wird, kommt er nicht nur bei den Eltern in Schwierigkeiten.

Strukturen

Über Zukünftiges sprechen

Das Futur II

- The future perfect tense **(das Futur II)** is used to express something that will have happened in the future.

  Vor dem Ende des Jahres **werden** viele Touristen aus dem In- und Ausland Köln **besucht haben.**

  Bis zum Ende des Jahres **werden** auch viele Besucher aus Amerika nach Köln **gereist sein.**

- The future perfect tense is formed by using a conjugated form of the auxiliary **werden** + past participle + **haben** or **sein** in the infinitive

		besuchen	reisen
ich	**werde**		
du	**wirst**		
er/es/sie	**wird**	besucht haben	gereist sein
wir	**werden**		
ihr	**werdet**		
sie/Sie	**werden**		

- The future perfect is also used to express probability about something that has already happened. In this case, the particles **schon** and **wohl** are often added.

   Der Rhein hat Hochwasser. Es **wird** *wohl* viel **geregnet haben.**

   Die Kölner Innenstadt ist ziemlich ruhig. Die meisten Menschen **werden** *schon* ins Bett **gegangen sein.**

28 Gute Vorsätze in Köln

Sie haben viel vor bei Ihrem Besuch in Köln und in Ihrem Leben. Schreiben Sie einen guten Vorsatz für jede Situation. Interviewen Sie dann einen Partner / eine Partnerin über seine/ihre persönlichen guten Vorsätze, machen Sie sich Notizen und berichten Sie im Kurs.

1. bis heute Nachmittag / drei Museen besuchen
2. vor dem Ende des Abends / den Dom gesehen
3. am Ende meines Aufenthalts / viel über Köln erfahren
4. vor dem Ende des Semesters / …
5. spätestens nächstes Jahr / …
6. vor meinem 40. Geburtstag / …

29 Köln steht Kopf

Spekulieren Sie mit Ihrem Partner / Ihrer Partnerin darüber, was wohl die Ursache *(cause)* für die folgenden Situationen gewesen ist.

z.B. **Alle Kölner sind schrecklich müde.** →

   Sie werden wohl zu lange gefeiert haben.

1. Am Rosenmontag ist die Kölner Innenstadt menschenleer.
2. Der Rhein hat eine leuchtend *(shining)* gelbe Farbe.
3. Die Amerikaner lesen lieber Heinrich Böll als Stephen King.
4. In den Museen Kölns muss man keinen Eintritt mehr bezahlen.
5. Der Kölner Dom ist verschwunden.
6. Die neue Kölner Spezialität ist „Hot Dog".

Videoblog

Milos

Vor dem Sehen

 A **Assoziationen**

Was fällt Ihnen zum Thema „Karneval"
ein? Machen Sie ein Assoziogramm und
vergleichen Sie Ihre Assoziationen im Kurs.

„Köln ist bekannt für den Kölner
Dom und den Karneval."

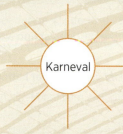

Karneval

 B **Die Zukunft**

Wie wird die Zukunft in Ihrem Land aussehen? Wie wird die Zukunft in
Deutschland aussehen? Machen Sie gemeinsam mit Ihrem Partner / Ihrer
Partnerin Prognosen über Leben und Gesellschaft in zehn Jahren. Benutzen
Sie dabei das Futur.

Beim Sehen

 C **Themen**

Milos spricht über verschiedene Themen. Bringen Sie sie in die richtige
Reihenfolge.

_____ der Karneval

_____ das klassische Bild des Deutschen

_____ der Rhein

___*1*___ seine Nationalität

_____ der Kölner Dom

_____ Ausländer in Deutschland

D **Aussagen**

Verbinden Sie die Elemente zu vollständigen Sätzen.

1. Milos ist Deutscher,
2. Seine Eltern sind als Gastarbeiter gekommen,
3. Der Rhein ist ein großer Fluss,
4. Der Karneval in Köln
5. Das klassische Bild des Deutschen
6. Man hat selten das Gefühl,

a. der manchmal ein bisschen steigt.
b. um in Deutschland zu arbeiten.
c. wird jedes Jahr gefeiert.
d. wird allmählich verschwinden.
e. aber jugoslawischer Abstammung.
f. dass man sich als Ausländer nicht auch deutsch fühlt.

E Der Kölner Dom

Wie beschreibt Milos den Kölner Dom? Wie würden Sie den Dom beschreiben?

F Der Karneval

Wie beschreibt Milos den Karneval? Stimmt das mit Ihren Assoziationen überein?

G Einwanderungsland Deutschland?

Ergänzen Sie die folgenden Aussagen aus Milos' Vlog mit den fehlenden Wörtern.

Also, die . . . die Deutschen _____ dann so, das Bild des Deutschen, glaub'

ich, _____ sich so'n bisschen _____, weil halt ja, Deutschland _____

halt ein Einwandererland. Viele Leute aus den unterschiedlichsten Teilen der

Welt _____ nach Deutschland um zu leben, so wie auch meine Eltern, und

das klassische Bild des Deutschen, des deutschen Schäferhunds _____

allmählich _____.

Nach dem Sehen

H Reflexionen

Wie gefällt Ihnen Köln? Was für ein Typ ist Milos? Wie spricht er? Was macht Milos wohl gerne? Spekulieren Sie.

I Einwanderungsland Deutschland?

Milos behauptet, es sei einfach, Deutscher zu werden. Stimmt das? Bedenken Sie, was Sie in diesem Kapitel gelesen und diskutiert haben, recherchieren Sie und berichten Sie dann im Kurs. Wie ist es in Ihrem Land? Vergleichen Sie.

🔊 Listen to this chapter's audio segments at www.cengage.com/german/stationen.

◉ Lektüre

Vor dem Lesen

30 **Fragen zum Thema**

1. Sind Sie stolz auf Ihr Land, wenn Sie im Ausland sind?
2. Wie denken andere Nationen über Ihr Land?
3. Gibt es Negatives in der Geschichte Ihres Landes?

Beim Lesen

Lesen Sie zuerst alle Interviews durch und machen Sie Notizen zu jeder Person, ihrer Meinung zum Patriotismus, zu Europa, und zu anderen Ländern (Aktivität 31). Achten Sie auch darauf, welche Verbindungen die Personen herstellen (Aktivität 32). Schreiben Sie beim zweiten Durchlesen für jede befragte Person eine kleine Zusammenfassung. Was haben alle gemeinsam *(in common)* (Aktivität 33)? Konzentrieren Sie sich dann noch einmal auf die Modalverben und ihre Verwendung (Aktivität 34).

31 **Andere Länder**

Die befragten Personen vergleichen Deutschland mit anderen Ländern. Was sagen die Personen über andere Länder? Einige der Befragten sprechen auch über Europa. Was wird über Deutschland und Europa gesagt? Machen Sie Notizen!

32 **Verbindungen**

Welche Aspekte verbinden die befragten Personen mit dem Thema *Nationalstolz*? Machen Sie eine Liste.

33 **Zusammenfassen**

Fassen Sie jedes Interview in ein paar Sätzen zusammen *(summarize)* und finden Sie eine passende Überschrift. Was ist für die Person der wichtigste Aspekt? Findet die Person, dass *Nationalstolz* ein wichtiges Thema ist? Wie ist die Haltung *(attitude)* der Person zu diesem Thema?

34 **Modalverben**

Unterstreichen Sie alle Modalverben, die Sie im Text finden, und bestimmen Sie sie grammatikalisch so genau wie möglich. Was ist die konkrete Bedeutung im jeweiligen Zusammenhang?

 Ich **kann** *(ability)* mir nicht vorstellen, dass das Thema *Nationalstolz* Jugendliche heute überhaupt interessiert.

kann = first-person singular, present tense

Man **darf** *(permission)* selbstbewusst sein, **sollte** *(recommendation)* es aber nicht übertreiben.

darf = third-person singular, present tense; *sollte* = third-person singular, subjunctive II present tense

lit.: *loose*

Endlich locker° sehen – Darf man stolz sein auf Deutschland, oder ist Patriotismus hierzulande für immer out?

FOCUS befragte Schüler zum Thema Patriotismus

ALEXANDER, 17

Zeit … *time-consuming*

exaggerated

glorification

are melting together

origin

Das ist eine Zeit raubende° und nutzlose Diskussion. Als ob wir keine anderen Probleme in diesem Land hätten. Ich glaube, dass meine Generation nicht viel Wert auf einen übertriebenen°
5 Nationalstolz legt. Ich vermisse es auch nicht, dass der Patriotismus in Deutschland nicht so zelebriert wird wie in den USA oder Frankreich. Was nutzt denn die Verherrlichung° seines eigenen Landes? Die Staaten verschmelzen° immer mehr; die Grenzen verschwinden. Da ist es eher ein Hindernis, wenn man sich zu sehr
10 auf seine Herkunft° beruft. Letztendlich ist es doch eine Garantie für gar nichts, wenn man Deutscher ist. Wir können höchstens froh darüber sein, dass wir in diesem Land leben können.

RUTH, 18

fabricated issue

aufs … lit.: *lead someone onto slippery ice; conversational maneuver to expose the opponent*

extremist party

europäisches … *feeling of European unity*

Ich kann mir nicht vorstellen, dass das Thema *Nationalstolz*
15 Jugendliche heute überhaupt interessiert. Das Ganze ist doch eine lächerliche Scheindiskussion°, in der sich die Parteien gegenseitig aufs Glatteis führen° und Vorwürfe machen wollen. Wenn jemand sagt „ich bin stolz Deutscher zu sein", klingt das für mich sehr nach Republikanern°. Der Satz kommt aus der rechten Ecke.
20 Warum sollte man das denn sonst sagen, außer wenn man nichts anderes als den Nationalstolz vorzuweisen hat? Stolz kann man nur auf eine Leistung sein, die man selber erbracht hat. Wenn schon habe ich eher ein europäisches Gemeinschaftsgefühl°.

FELIX, 18

confident, self-assured

25 Wenn es Hitler und den Nationalsozialismus nicht gegeben hätte, könnte man wahrscheinlich eher sagen: „Ich bin stolz, Deutscher zu sein." Um sich heute von den Rechtsradikalen eindeutig zu distanzieren, sollte man auf diesen Satz besser verzichten. Wer ihn trotzdem sagen möchte, sollte genau erklären, warum er dazu
30 steht. Ich lebe gern in Deutschland und bin gern Deutscher. Wenn ich im Ausland bin, stelle ich auch die guten Seiten meines Landes heraus. Es ist nicht schlimm, wenn man selbstbewusst° auftritt. Übertreiben sollte man es aber nicht. Dafür hat man als Deutscher keinen Grund.

35 ### MAXIMILIAN, 18

Ich finde es schwierig, ein Nationalgefühl zu entwickeln. Vielleicht ist das auch heute nicht mehr zeitgemäß. Womit soll man sich denn identifizieren? [. . .] Die Stolz-Debatte geht an mir eher vorbei. Unsere Generation sollte nicht mehr für die Fehler der
40 Nationalsozialisten verantwortlich gemacht werden. Auf der anderen Seite können wir nicht auf Verdienste Goethes stolz sein.

Der hat übrigens viel in Italien gelebt und geschrieben. Die Sache mit der Nationalität sollte man endlich locker sehen. Als Frage der Sympathie: Der Schumi[1] ist mir zum Beispiel unsympatisch,
45 deutsch oder nicht. Da halte ich zu Mika Häkkinen[2].

TIM, 17

Ich fühle mich in Deutschland wohl und mag mein Land. Wenn man sich als Deutscher zu seinem Vaterland bekennt, läuft man vor allem Gefahr, als Nationalist in die Ecke gestellt zu werden.
50 Auf Grund unserer Vergangenheit° ist es einfach schwierig, diesen Satz zu sagen. Seinen Stolz sollte man besser für sich behalten. Die Politiker führen diese Debatte nur, um sie parteipolitisch auszuschlachten°. Wenn Trittin° sagt, dass Laurenz Meyer° wie ein Skinhead aussieht, dann sind das auch Nazi-Methoden.
55 Das Aussehen eines Menschen hat nichts mit seiner politischen Einstellung zu tun.

ADRIAN, 18

So eine Debatte ist nur in Deutschland möglich. Ein Heimatgefühl, innere Verbundenheit, Stolz muss doch absolut nichts mit
60 Rechtsradikalismus zu tun haben. Das muss man doch Deutschland zugestehen° wie Amerika, Frankreich oder anderen Ländern auch. Aber die Begriffe [. . .] sind eben zu stark missbraucht° worden. Auf Grund unserer Geschichte wird das für die Deutschen noch lange eine Gratwanderung° bleiben.

65 **NELLY, 16**

Ich finde es richtig, was der Bundespräsident gesagt hat. Man kann nur auf etwas stolz sein, wozu man selbst etwas beigetragen° hat. Ich bin höchstens stolz darauf, was Deutschland erreicht hat. Damit kann ich mich identifizieren. Auf unsere Demokratie bin ich
70 stolz, auf unser Sozialsystem, unseren Wohlstand° und dass wir in Frieden mit anderen Ländern zusammenleben. Für die Politiker ist es meiner Ansicht nach sehr schwer, zu diesem Thema Stellung zu nehmen°. Einerseits müssen sie als Repräsentanten für ihr Land stehen, andererseits darauf achten, nicht in eine radikale Ecke
75 gestellt zu werden. Die Aggressivität der Auseinandersetzung° zeigt, wie wichtig die Nationalstolz-Diskussion anscheinend für unser Land ist.

NICO, 18

Ich fühle mich vor allem als Europäer. Ich reise gern und viel und
80 kenne mich überall, glaube ich, ganz gut aus. Da will ich auch nicht, dass mich jemand im Ausland wegen meiner Nationalität schief anschaut°. Nicht, dass es mir unangenehm wäre, Deutscher zu sein – ich kann ja schließlich nichts dafür. Aber stolz kann ich darauf irgendwie auch nicht sein. Wenn wir allerdings die Europa-
85 Meisterschaft im Fußball gewinnen, bin ich als Patriot beim Feiern auch ganz vorn mit dabei.

Auf Grund . . . Because of our past

to exploit them politically /
= Umweltminister Jürgen Trittin /
= ehemaliger CDU-Generalsekretär

allow
misused

difficult journey

contributed

affluence

to take a position

confrontation

schief . . . = kritisiert

[1] Michael Schuhmacher, German Formula-1 race car driver
[2] Finnish Formula-1 race car driver.

Wortschatz

das **Aussehen**   *looks, appearance*

etwas für sich **behalten** (behält, behielt, hat behalten)   *to keep (s.th. to oneself)*; **Das solltest du für dich behalten.** *You'd better keep that to yourself.*

die **Einstellung, -en**   *attitude*

der **Europäer, -** / die **Europäerin, -nen**   *European*

das **Gefühl, -e**   *feeling*

das **Hindernis, -se**   *obstacle, hurdle, impediment*

klingen (klang, hat geklungen)   *to sound*

die **Leistung, -en**   *accomplishment*

(etwas) **locker sehen** (sieht, sah, hat gesehen)   *to take something lightly, make light of (s.th.)*

nutzlos   *useless*

selbstbewusst   *confident, self-assured*

das **Sozialsystem, -e**   *social system*

überhaupt   *at all*

übertreiben (übertrieb, hat übertrieben)   *to exaggerate*

unangenehm   *unpleasant*

unsympatisch   *unpleasant (person)*

vermissen (hat vermisst)   *to miss*

verschmelzen mit (verschmolz, ist verschmolzen)   *to melt together (with)*

verschwinden (verschwand, ist verschwunden)   *to disappear*

(auf etwas) **Wert legen** (hat gelegt)   *to insist (on s.th.)*; **Darauf lege ich viel Wert.** *That is very important to me.*

sich **wohl fühlen** (fühlt sich wohl, fühlte sich wohl, hat sich wohl gefühlt)   *to feel good, be comfortable*

der **Wohlstand**   *affluence*

Nach dem Lesen

35 **Fragen zum Text**

1. Was denkt Alexander über seine Generation?
2. Was sagt Alexander über das Verschmelzen der Staaten und das Verschwinden der Grenzen?
3. Was sagt Ruth über die Motivation der Parteien, über das Thema *Nationalstolz* zu debattieren?
4. Welche Einstellung hat Ruth zum Thema „Nationalstolz"?
5. Was sagt Felix über sein Verhalten als Deutscher im Ausland?
6. Was sagt Maximilian über die Fehler der älteren Generationen?
7. Was sagt Tim über den Umweltminister und den CDU-Vorsitzenden?
8. Wie denkt Adrian über Patriotismus und Rechtsextremismus?
9. Worauf ist Nelly stolz?
10. Wann ist Nico patriotisch?
11. Welche anderen Länder kommen in den Aussagen der Jugendlichen vor?

36 **Fragen zum Nachdenken und Diskutieren**

1. Welche Person ist dem Patriotismus gegenüber am kritischsten?
2. Welche Aussagen haben Sie am meisten überrascht?
3. Welche Person erklärt ihren Standpunkt am besten?
4. Welche Person ist am ehesten ein wenig patriotisch?
5. Was sagen die Schüler über Europa?
6. Was sagen sie über die USA?

37 **Meine Meinung . . .**

Vervollständigen Sie die Sätze aus den Interviews, indem Sie Ihre eigene Meinung äußern.

1. Die Staaten verschmelzen immer mehr; die Grenzen verschwinden. Da ist es _____, wenn man sich auf seine Nationalität beruft, weil _____.
2. Wenn jemand sagt „ich bin stolz, Deutscher zu sein", klingt das für mich _____.
3. Wenn ich im Ausland bin, versuche ich _____.
4. Unsere Generation sollte _____.
5. Die deutschen Politiker führen diese Debatte über den Nationalstolz, weil _____.
6. Es muss doch auch in Deutschland möglich sein, _____.
7. Die Aggressivität in diesem politischen Szenario der Nationalstolzdebatte zeigt, dass _____.
8. Ich fühle mich vor allem als _____. Ich will nicht, dass mich jemand im Ausland _____.
9. Wenn wir die Meisterschaft im _____ gewinnen, bin ich _____.

Internationale Fußballfans

Rollenspiel

38

Veranstalten Sie eine Talkshow im Unterricht und debattieren Sie über die Unterschriftenaktion „Nationalstolz". Sie brauchen einen Moderator, den Vorsitzenden und einige Spitzenkandidaten der CDU, den Umweltminister und weitere Politiker der Grünen und vielleicht einige junge Deutsche und Amerikaner, die ihre Meinung äußern wollen.

Schreibübung

39

1. Schreiben Sie aus diesen Interviews einen zusammenhängenden Bericht über die Haltung junger Deutscher zum Patriotismus. Extrahieren *(Extract)* Sie aus den Interviews die Aspekte, die wichtig für Ihren Bericht sind.

   z.B. Junge Deutsche denken relativ kritisch über Patriotismus und Nationalstolz.

   Einige junge Deutsche glauben, dass . . .

2. Stellen Sie – im Futur und Futur II – Vermutungen *(assumptions)* darüber an, wie wohl die nächste Generation der jungen Deutschen zu dieser Frage stehen wird. Verwenden Sie dabei die Redemittel.

   z.B. Ich bin mir nicht sicher, ob die nächste Generation der jungen Deutschen sich viele Gedanken über Nationalstolz machen wird. Vielleicht wird in Europa . . .

3. Schreiben Sie über die Nationalstolz-Debatte in Deutschland im Allgemeinen und vergleichen Sie mit anderen Ländern, die Sie kennen. Verwenden Sie dabei die Redemittel aus Kapitel 3.

   z.B. Verglichen mit jungen Amerikanern denken deutsche Jugendliche relativ kritisch über Patriotismus . . .

4. Fragen Sie einige Personen, ob sie patriotisch sind (fragen Sie, warum sie patriotisch sind und was es für sie bedeutet) und schreiben Sie einen Bericht. Sie können aus Ihren Interviews die wichtigsten Aspekte extrahieren und so einen Bericht schreiben.

   z.B. Bei uns denkt man über Patriotismus ganz anders als in Deutschland . . .

Brief

40

Schreiben Sie aus Ihrer Perspektive einen Brief über das Thema *Nationalstolz* an eine Person in Deutschland. Verwenden Sie dabei die Redemittel.

   z.B. Liebe(r) _____,

   ich habe gestern an Dich denken müssen, denn ich habe in einem Nachrichtenmagazin einen Artikel über das Thema Nationalstolz in Deutschland gelesen und . . .

Zum Schluss

41

Aktuelle Themen

Denken Sie noch einmal darüber nach, mit wem Sie über was sprechen. Was sind Themen, die Sie im Moment interessieren? Worüber diskutieren Sie oft? Glauben Sie, junge Deutsche diskutieren anders oder über andere Themen als junge Leute in Ihrem Land?

Das letzte Wort: *locker*

Locker sein bedeutet **entspannt** *(relaxed)* **sein**. Etwas **locker sehen** heißt es **leicht nehmen** *(take it lightly)* und nicht so viel darüber diskutieren und nachdenken.

Was könnte oder sollte man in Ihrem Land **locker sehen**?

Dresden

Klaus Hollitzer / iStockphoto.com

Mit neun historischen Schaufelraddampfern *(river boats)* ist die Sächsische Dampfschiffahrtsgesellschaft *(steamship association)* die größte und älteste Schaufelraddampferflotte *(river boat fleet)* der Welt. Würden Sie auch gerne mit einem Schaufelraddampfer fahren? Haben Sie so eine Fahrt schon einmal irgendwo anders gemacht?

⊙ Station

STATISTIK

Einwohnerzahl:	480.000
Fläche:	330 km²
Museen in Dresden:	37

Dresden

Seit dem 15. Jahrhundert war Dresden Residenz der sächsischen Herzöge, Kurfürsten und Könige. Im Laufe ihrer Geschichte erlebte die Stadt sowohl prachtvolle° als auch tragische Zeiten. Seit dem 16. Jahrhundert entstanden in Dresden wichtige Werke der Baukunst. Noch heute repräsentieren Schloss, Zwinger, Frauenkirche und das Opernhaus von Gottfried Semper den Ruhm° der Dresdner Architektur.

Im 18. Jahrhundert war Dresden ein wichtiges Zentrum europäischer Politik, Wirtschaft und Kultur; besonders die italienische Oper erlebte einen Höhepunkt. Im 19. Jahrhundert lebten und arbeiteten die Komponisten Carl Maria von Weber und Robert Schumann in Dresden. Richard Wagner komponierte hier seine Opern *Tannhäuser* und *Lohengrin*.

Anfang des 20. Jahrhunderts machte die Künstlergruppe *Die Brücke* Dresden zu einem der Zentren des Expressionismus. Mit Oskar Kokoschka und Otto Dix wirkten° weitere bedeutende Künstler in der Stadt. Doch die Nationalsozialisten verboten die avantgardistischen künstlerischen Bewegungen, und vor allem jüdische Künstler wurden verfolgt und deportiert.

Seit dem Ende des Zweiten Weltkrieges ist auch Dresden ein Symbol der Zerstörung durch den Zweiten Weltkrieg. Fünf Luftangriffe vernichteten° das Zentrum von Dresden fast vollständig°, und viele der barocken und klassizistischen Baudenkmäler° gingen verloren. In mühevoller Arbeit wurden Gebäude wie die Semperoper (1985) und die Frauenkirche (2005) wieder aufgebaut und eröffnet.

---

prachtvolle *glorious* • **Ruhm** *fame* • **wirkten** *arbeiteten* • **vernichteten** *destroyed*
vollständig *completely* • **Baudenkmäler** *architectural monuments*

Geschichte

1206	1547	1698	18. Jh.	1842–1864	1905
Das slavische Dorf *Drezdany* wird erstmals als Stadt erwähnt.	Nach der Reformation wird Dresden Hauptstadt des protestantischen Landes.	Kurfürst August der Starke wird König von Polen und Dresden wird europäisches Kulturzentrum.	Dresden wird zur Barockstadt; Zwinger, Frauenkirche und viele andere Bauten entstehen.	Richard Wagner lebt in Dresden. Die Semperoper wird weltberühmt.	Die Künstlergruppe *Die Brücke* entsteht. Dresden wird Zentrum des Expressionismus.

Eine berühmte Dresdner Bewegung°

movement

Die Künstlergruppe Die Brücke (1905–1913)

1905 gründeten die vier Architekturstudenten Ernst Ludwig Kirchner, Erich Heckel, Karl Schmidt-Rottluff und Fritz Bleyl in Dresden die Künstlervereinigung *Die Brücke*, die zu den wichtigsten Repräsentanten des deutschen Expressionismus gehört.

1906 kamen Emil Nolde, Max Pechstein, der Schweizer Maler Cuno Amiet und der Holländer Lambertus Zijl zur Gruppe und die erste von sieben Jahresmappen° wurde veröffentlicht. Danach folgten zahlreiche Wanderausstellungen°.

Galerie Neue Meister, Staatliche Kunstsammlungen Dresden

1910 trat Otto Müller bei, der an den Akademien in Dresden und München studiert hatte. Müllers Stil hatte mit den leuchtenden° Farben der *Brücke* nicht viel gemeinsam, aber seine Einstellung° zu Leben und Kunst verband ihn eng mit den anderen Künstlern.

In einem Metzgerladen° in einem Dresdner Arbeiterviertel° arbeiteten sie gemeinsam an alltäglichen Motiven: Landschaften, Straßenszenen, Porträts, Atelierszenen und Akten°. In den Sommermonaten trennten sich die Künstler, um dann in Dresden ihre Erfahrungen zusammen zu verarbeiten. Ihre Bilder sollten Kunst und Leben in Harmonie bringen.

Ernst Ludwig Kirchner: *Eisenbahnüberführung Löbtauer Straße in Dresden*

Ihre Vorbilder° fanden die jungen Maler durch Ausstellungen in Dresden: 1905 van Gogh, 1906 Munch, Nolde, Seurat, Gauguin und van Gogh, 1908 wieder van Gogh. Eine andere Inspirationsquelle waren Holzfiguren und Masken aus der Südsee, die Kirchner im Völkerkunde-Museum° in Dresden entdeckt° hatte.

In ihren Bildern entfernte sich die Farbe von der Natur und wurde zum reinen Ausdruck der Emotion: leuchtend und impulsiv. Die traditionelle Perspektive und die akademischen Proportionen wurden aufgegeben, um impulsiv und spontan zu arbeiten.

In der sechsjährigen gemeinsamen Arbeit hatten sich die Künstler so stark entwickelt, dass das Arbeiten in der Gruppe nicht mehr notwendig war. Als Erster trat Pechstein aus, 1913 löste sich die Gruppe auf und die Künstler arbeiteten alleine weiter.

1933 wurden alle ihre Mitglieder von den Nazis als „entartet"° diffamiert°; ihre Bilder wurden aus Museen entfernt, verkauft oder verbrannt.

Jahresmappen *annual collections* • **Wanderausstellungen** *traveling exhibitions*
leuchtenden *luminous, bright* • **Einstellung** *attitude* • **Metzgerladen** *butcher's shop*
Arbeiterviertel *workingclass neighborhood* • **Akten** *nudes* • **Vorbilder** *models*
Völkerkunde-Museum *ethnology museum* • **entdeckt** *discovered* „**entartet**"
degenerate • **diffamiert** *defamed*

1933–1945	1945	1985	1989	2005	2011
Die Nazis verbieten die künstlerischen Bewegungen in Dresden.	Fünf Luftangriffe am 13. Februar 1945 zerstören das Zentrum von Dresden fast vollständig.	Die Semperoper wird nach dem Wiederaufbau wieder eröffnet.	Massendemonstrationen führen zur Wiedervereinigung Deutschlands.	60 Jahre nach der Zerstörung wird die Frauenkirche wieder eröffnet.	Neubau des Militärhistorischen Museums von Architekt Daniel Libeskind.

1

Fragen zur Station

1. Welche wichtigen Werke der Baukunst gibt es in Dresden?
2. Welche berühmten Komponisten lebten in Dresden?
3. Welche Opern komponierte Wagner in Dresden?
4. Welche Künstlergruppe des Expressionismus war in Dresden aktiv?
5. Was geschah mit vielen jüdischen Künstlern während der Nazizeit?
6. Warum ist Dresden noch heute ein Symbol der Zerstörung?
7. Wann wurde die Semperoper wieder eröffnet?
8. Was geschah nach dem Krieg mit der Dresdner Frauenkirche?

Stefano Paterna / Alamy

**Die Dresdner Frauenkirche, erbaut 1731–1743,
wurde im Zweiten Weltkrieg zerstört und
1995–2005 wieder aufgebaut.**

2

Richtig oder falsch?

Sagen Sie, ob die folgenden Aussagen über die Künstlergruppe *Die Brücke*
richtig oder falsch sind. Wenn sie falsch sind, korrigieren Sie sie.

1. *Die Brücke* wurde 1905 in Dresden gegründet.
2. *Die Brücke* repräsentiert den Impressionismus.
3. Die Künstler arbeiteten in einem eleganten Atelier in einer Dresdner Villa.
4. Im Sommer fuhren sie alle zusammen an die Nordsee.
5. Ihre Inspiration waren Künstler wie van Gogh und Gauguin.
6. 1908 fuhren alle zusammen in die Südsee.
7. 1913 löste sich die Gruppe auf und alle arbeiteten alleine weiter.
8. Die Nazis hielten die Kunst der *Brücke* für „entartet" und konfiszierten alle
   Bilder aus den Museen.

3 **Sätze verbinden**

Verbinden Sie die Satzteile 1–6 mit den Satzteilen a–f, um sinnvolle Sätze zu bilden.

1. Die *Brücke*-Künstler malten in leuchtenden Farben,
2. Die *Brücke*-Künstler malten alltägliche Motive,
3. Otto Müller hatte nicht viel mit dem Stil der Brücke gemeinsam,
4. Um spontan und impulsiv zu malen,
5. Sie trennten sich 1913,
6. Die Nazis konfiszierten die Bilder aus den Museen,

a. damit die Farbe zum Ausdrucksmittel der Emotionen wurde.
b. denn seine Bilder hatten nicht die leuchtenden Farben, die für die *Brücke*-Künstler charakteristisch waren.
c. weil sie Kunst und Leben harmonisch verbinden wollten.
d. weil das gemeinsame Arbeiten in der Gruppe nicht mehr notwendig war.
e. entfernten sie sich von traditionellen Perspektiven und Proportionen.
f. weil sie sie für „entartet" hielten.

4 **Künstlerportraits**

Bilden Sie Gruppen oder Paare und suchen Sie Informationen über einen der im Text genannten Künstler. Suchen Sie Biographien und Beispiele für die Werke des jeweiligen Künstlers. Berichten Sie dann im Kurs über die Motive, die Farben, den Stil, die Einflüsse, Inspirationsquellen und Intentionen des Künstlers.

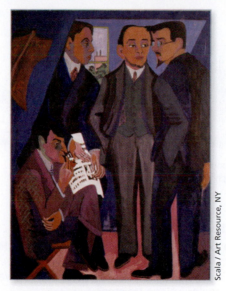

Scala / Art Resource, NY

Ernst Ludwig Kirchner: *Eine Künstlergemeinschaft* (Die Maler der Brücke). 1925–1926

5 **Andere berühmte Dresdner**

Suchen Sie Informationen über die folgenden Personen. Wer sind sie? Was haben sie gemacht?

Günter Behnisch	Robert Schumann	Olaf Bär
Otto Dix	Richard Wagner	Durs Grünbein
Erich Kästner	Carl Maria von Weber	Ricarda Roggan
Victor Klemperer	Gerhard Richter	Franziska Gerstenberg
Oskar Kokoschka	Lutz Fleischer	

6 Suchbegriffe

Forschen Sie mit den folgenden Suchbegriffen im Internet.

Stadt Dresden

1. Welche aktuellen Nachrichten gibt es?
2. Was finden Sie über Dresden als Kunststadt?
3. Finden Sie Informationen über die Musikszene in Dresden.

Frauenkirche

4. Finden Sie Informationen über die Geschichte der Frauenkirche.
5. Was kann man über den Wiederaufbau der Frauenkirche erfahren?
6. Suchen Sie Bilder der Frauenkirche aus verschiedenen Epochen der Geschichte.

Semperoper

7. Was kann man über die Geschichte der Semperoper erfahren?
8. Was finden Sie über die Flut von 2002?
9. Was steht auf dem aktuellen Spielplan?

Stefano Paterna / Alamy

Semperoper Dresden, erbaut 1814 vom
Architekten Gottfried Semper

Staatliche Kunstsammlungen Dresden

10. Suchen Sie Informationen über die wichtigsten Museen in Dresden. Was ist das Grüne Gewölbe (Green Vault)? Was gibt es in der Gemäldegalerie Alte Meister zu sehen? Was gibt es in der Gemäldegalerie Neue Meister?
11. Suchen Sie im Bildarchiv nach Künstlern oder Bildern, die Sie interessieren. Was finden Sie?
12. Wo ist die Sixtinische Madonna zu finden?

7 Sachsen

Suchen Sie Informationen über die Regionen im Bundesland Sachsen: Erzgebirge, Vogtland, Sächsische Schweiz, Oberlausitz und die Städte Meißen und Chemnitz. Erfinden Sie einen Fernseh-Werbespot (TV commercial) für eine Region oder Stadt, indem Sie die interessanten Aspekte der Region oder Stadt beschreiben. Arbeiten Sie in Gruppen. Spielen Sie die Werbespots im Kurs vor!

8 Richtig oder falsch?

Forschen Sie weiter und entscheiden Sie, ob die folgenden Aussagen korrekt sind. Wenn sie falsch sind, korrigieren Sie sie.

1. Die historische Altstadt liegt rechts der Elbe.
2. In der Semperoper kann man die Sächsische Staatskapelle hören.
3. Der Zwinger ist ein großer Tierpark in Dresden.
4. Die Frauenkirche wurde 1945 zerstört.
5. 1992 beschloss die Stadt Dresden, die Frauenkirche wieder aufzubauen.
6. Gottfried Semper war Komponist und Dirigent der Sächsischen Staatskapelle.
7. Das Grüne Gewölbe ist ein Weinkeller im Residenzschloss.
8. Michelangelo malte 1512 die Sixtinische Madonna.
9. In der Galerie Neue Meister kann man einige Bilder von Ernst Ludwig Kirchner finden.

9 Lokale Presse

Gehen Sie zu den folgenden Websites im Internet. Was sind die Schlagzeilen? Wie wirken diese Zeitungen auf Sie? Wie sind Sprache und Präsentation – einfach oder komplex, plakativ oder seriös, modern oder altmodisch? Was ist besonders interessant?

Dresdner Neueste Nachrichten

Sächsische Zeitung

Blitz! Das Stadtmagazin

Dresdner Kulturmagazin

10 Nachrichtenrunde

Arbeiten Sie in Gruppen oder Paaren. Berichten Sie über einen Aspekt, den Sie beim Surfen im Internet gefunden haben.

11 Fragen zum Nachdenken und Diskutieren

Bearbeiten Sie diese Fragen in Paaren oder kleinen Gruppen. Machen Sie Notizen und geben Sie im Kurs einen kleinen Bericht. Bringen Sie die Resultate Ihrer Internetsuche dabei ein.

1. Inwiefern kann Kunst etwas mit Politik zu tun haben? Denken Sie an die Künstlergruppe *Die Brücke* oder andere Künstler, die Sie kennen.
2. Für viele Menschen ist Dresden eine traurige Stadt, denn im Krieg ist vieles zerstört worden. Ist der Wiederaufbau alter Gebäude ein Versuch, die Geschichte zu vergessen? Erklären Sie Ihre Meinung.
3. Welche Aspekte machen Dresden zu einer Stadt der Kunst? Vergleichen Sie Dresden mit Köln. Was haben die Städte gemeinsam, was ist anders?

Strukturen

Satzverbindungen

Koordinierende Konjunktionen

Coordinating conjunctions connect words, phrases, or clauses and do not affect word order[1].

Coordinating Conjunction	Examples
und *(and)* adds information by linking another word, phrase, or clause	Die Künstlervereinigung *Die Brücke* wurde 1905 gegründet **und** gehört zu den wichtigsten Bewegungen des deutschen Expressionismus. Der Schweizer Maler Cuno Amiet **und** der Holländer Lambertus Zijl kamen 1906 zur Künstlervereinigung *Die Brücke*.
oder *(or)* shows an alternative between two words, phrases, or clauses	Oft arbeiteten die Künstler gemeinsam an Straßenszenen **oder** Porträts. Viele Touristen besuchen in Dresden die Semperoper **oder** machen mit dem Schaufelraddampfer eine Fahrt auf der Elbe.
denn *(because)* provides a cause	Alle Bilder wurden aus den Museen entfernt, **denn** die Nazis hielten die Kunst der *Brücke* für „entartet".
aber *(but)* adds a phrase or clause with contrasting information	1945 wurde die Frauenkirche zerstört, **aber** 60 Jahre später ist sie wieder für Besucher geöffnet worden. Otto Müllers Stil hatte mit der Brücke nicht viel gemeinsam, **aber** seine Einstellung zu Leben und Kunst verband ihn mit den anderen Künstlern.
sondern *(but rather)* adds a phrase or clause with contrasting information that contradicts information given in the first phrase; the first phrase has to contain a negation, such as **nicht, kein-, nie**	*Die Brücke* ist kein Bauwerk, **sondern** der Name einer Künstlervereinigung. Nicht der Rhein, **sondern** die Elbe fließt durch Dresden.

---

[1] Subordinating conjunctions, which will be addressed later in this chapter, do affect word order.

12 August der Starke

Wählen Sie mit Ihrem Partner / Ihrer Partnerin gemeinsam die passende Konjunktion und setzten Sie sie in die Lücken ein.

Friedrich August wurde 1670 geboren. In seiner Jugend konnte er nach Italien

_____ (aber/und/sondern) Frankreich reisen, _____ (oder/und/

denn) sein Bruder war für die Thronfolge bestimmt. Doch 1694 starb der

Bruder unvorhergesehen, _____ (sondern/und/denn) Friedrich August

musste die Regierungsgeschäfte des Kurfürsten von Sachsen übernehmen.

1697 wurde er zum König von Polen gekrönt, _____ (aber/sondern/und)

er galt nicht in der Politik als erfolgreich, _____ (aber/sondern/und) in

der Kunst. Während seiner Zeit entstanden große Gemäldesammlungen

_____ (und/aber/oder) prächtige (splendid) Barockbauten wie etwa der

Zwinger _____ (sondern/denn/oder) die Frauenkirche. Nach seinem Tod

1733 wurde August der Starke nicht in Sachsen, _____ (und/aber/

sondern) in Warschau begraben, _____ (aber/sondern/oder) sein Herz

wurde nach Dresden gebracht.

Inge Johnsen, 2010 / Used under license from Shutterstock.com

„Der goldene Reiter": Friedrich August der Starke

13 Ein koordiniertes Gedicht

Schreiben Sie mit Ihrem Partner / Ihrer Partnerin ein Gedicht mit Konjunktionen nach dem folgenden Muster und stellen Sie es dann im Kurs vor.

Adjektiv / Nomen / **und** / Adjektiv / Nomen
Nicht / Verb im Infinitiv / **sondern** / Verb im Infinitiv
Ein vollständiger Satz, verbunden mit **denn**
Nomen / **oder** / Nomen
Adjektiv / **aber** / Adjektiv

z.B. Lange Straßen und hohe Fassaden

Nicht stehen, sondern weiter gehen

[. . .]

◉ Einblicke

14

Fragen zum Thema

1. Hören Sie gern klassische Musik?
2. Haben Sie schon von dem Pianisten und Komponisten Daniel Barenboim gehört?
3. Was wissen Sie über Richard Wagner und seine Opern?

Daniel Barenboim: Ein Leben in Deutschland

Als Daniel Barenboim als junger Pianist nach dem Zweiten Weltkrieg von Wilhelm Furtwängler[2]
5 eingeladen wurde, bei den Berliner Philharmonikern zu spielen, verbot sein Vater ihm nach Deutschland zu reisen. Kurz nach dem
10 Krieg war es für einen jungen jüdischen Musiker zu früh, in Berlin zu arbeiten. Barenboim lebte damals mit seinen Eltern in Israel.

Daniel Barenboim

15 In späteren Jahren dirigierte Barenboim überall auf der Welt, vor allem in Deutschland, und wurde zu einem der populärsten Musiker und Dirigenten.

    2003 gewann Barenboim mit der Berliner Staatskapelle den Grammy für die beste Opernaufnahme mit Richard Wagners

liking 20 *Tannhäuser*. Barenboims Vorliebe° für Wagner ist für viele Juden nicht ganz verständlich. Viele Menschen bringen noch heute Wagners Opern mit dem Nationalsozialismus in Verbindung. Wagners Opern thematisieren die germanische Mythologie und

supposedly Adolf Hitler hat Wagners Opern angeblich° deshalb geliebt.
25 Das ist für viele Menschen ein Grund, Wagner mit der Nazizeit zu assoziieren. In Israel wird Wagner deshalb seit dem Krieg boykottiert.

Wagner enthusiast   Der Musiker und Wagner-Liebhaber° Barenboim schrieb in einem Artikel in *Die Zeit* über sein Leben in Deutschland:

30   Die Deutschen haben der Welt soviel Geistiges geschenkt – man denke an Bach, Beethoven, Wagner, Heine, Goethe, um nur einige Beispiele zu nennen, aber vielleicht ist es durch die schrecklichen Erfahrungen in der Nazizeit schwer

seiner . . . his history as a whole für einen Deutschen, sich mit seiner Gesamtgeschichte°
35 auseinanderzusetzen. Es gibt bestimmte Dinge, die zum Deutschsein gehören, und andere Dinge, die universal sind. Beides beeinflusst das kulturelle Leben in Deutschland. Man

[2] Dirigent der Berliner Philharmoniker

darf keine Angst vor diesen Dingen haben. Ich sehe das als
Musiker und bedingt durch meine persönliche Geschichte: Ich

40   bin in Argentinien geboren, meine Großeltern waren Juden
aus Russland, ich bin in Israel aufgewachsen und habe mein
ganzes Leben in Europa gelebt. Ich denke in der Sprache,
die ich in dem Moment spreche, und ich fühle mich deutsch,
wenn ich Beethoven dirigiere, und italienisch, wenn ich Verdi

45   dirigire. Und dabei habe ich nicht das Gefühl, dass ich dadurch

unfaithful   meinem Ich untreu° bin – ganz im Gegenteil.

Bei einem Konzert der Berliner Staatskapelle beim Israel
Festival in Jerusalem verursachte Barenboim 2001 einen Skandal:
Der in Israel aufgewachsene Barenboim spielte Richard Wagners

50   Overtüre zu *Tristan und Isolde* als Zugabe, nachdem das offizielle
Programm beendet war. Einige Dutzend Mitglieder des Publikums
stürmten wütend aus dem Saal und in den Tagen danach erfuhr
Barenboim heftige Kritik aus allen politischen Richtungen.

Am Abend nach dem Konzert gab Barenboim der Tageszeitung

55   *Haaretz* ein Interview:[3]

H: *Warum war es Ihnen so wichtig, dieses Werk von Wagner
aufzuführen?*

B: „Das Festival hat mich gebeten, das Programm, zu dem

originally   ursprünglich° Wagner gehört hatte, zu ändern. Für mich war

fehlender . . . lack of democratic freedom   60   das ein Ausdruck fehlender demokratischer Freiheit°. Alles in
allem kann man Wagner keinen Vorwurf für all diese Probleme

Alles . . . Wagner cannot be blamed for   machen°, sondern es sind die Gedankenverbindungen° einer

these problems / = Assoziationen   Minderheit. Solche Assoziationen zwischen Wagner und dem

dreadful, horrible, terrible   Nationalsozialismus sind fürchterlich°. Die Menschen haben

65   das Recht, diese Gedankenverbindungen herzustellen, aber
sie haben nicht das Recht, andere daran zu hindern, Wagner
zu hören. Das ist einfach nicht demokratisch. Paradoxerweise
wäre es eine Art Triumph für die Nazis, wenn Wagner in Israel
nicht gespielt wird. Ich habe von vielen Menschen Briefe

disappointed   70   erhalten, die enttäuscht° waren, als wir Wagner aus dem
ursprünglichen Programm gestrichen haben."

H: *Hätte es nicht einen besseren Moment gegeben, als es so
durch die Hintertür zu tun?*

=ehrlich   **B:**   „Ich weiß es nicht. Es ist keine wirklich aufrichtige° Debatte –

sich . . . presume to have the right to   75   es gibt hier Leute, die sich erlauben°, für andere zu
entscheiden."

H: *Wie haben Sie sich gefühlt, als man „Faschist" und „Go
home" rief?*

B: „Menschen, die meinen, ich wäre ein Faschist, tun mir Leid."

80   **H:**   *Welche Bedeutung hat das Konzert jetzt im Nachhinein für Sie?*

B: „Es war die persönliche, ganz private Gelegenheit, meine
Ansichten über Demokratie zum Ausdruck zu bringen. Danach
kann die Minderheit nicht für die Mehrheit entscheiden. Ab
jetzt muss jeder Orchesterleiter und jedes Festival entscheiden,

85   ob sie Wagner in Israel weiter boykottieren wollen."

---

[3] Nach einem Artikel in *Haaretz Daily Newspaper,* Jerusalem, übersetzt von Jan Thorn-Prikker für *Kulturchronik.*

Fragen zum Text

1. Warum durfte Barenboim als junger Mann der Einladung Furtwänglers nach Deutschland nicht folgen?
2. Wo lebte Barenboim nach dem Krieg?
3. Welchen deutschen Komponisten liebt Barenboim besonders?
4. Welche Assoziationen haben viele Menschen mit Wagners Opern?
5. Wo wird Wagners Musik boykottiert?
6. Wie denkt Barenboim über Deutschland und über Wagner?
7. Wie verursachte Barenboim 2001 in Israel einen Skandal?

Wörterbucharbeit: Im Konzert

Arbeiten Sie mit dem Wörterbuch und spekulieren Sie, wie das Publikum in einem Konzert reagieren könnte, wenn etwas Negatives passiert.

applaudieren	hinausgehen
auf die Bühne stürmen	klatschen
auf die Stühle steigen	laut schreien
„Buh" rufen	mit den Füßen auf dem Boden trampeln
den Dirigenten angreifen	pfeifen
Eier auf die Bühne werfen	protestieren

Fragen zum Diskutieren

1. Finden Sie heraus, wann Wagner geboren und gestorben ist. Was hat Richard Wagner mit dem Nationalsozialismus zu tun? Gibt es eine Verbindung?
2. Wie ist Daniel Barenboims Haltung *(attitude)* zu Wagner?
3. Verstehen Sie, warum Wagner in Israel normalerweise nicht gespielt wird? Macht es Sinn, einen Komponisten zu boykottieren? Was kann man dadurch erreichen *(achieve)*?

Wiederholung: Konjunktiv

Wo und wann hat Barenboim das Richtige / Falsche getan? Was hätte Barenboim (nicht) machen sollen? Was hätte er (anders) machen sollen?

z.B. Er hätte der Festival-Leitung sagen sollen, dass er nach dem Konzert Wagner spielen will.

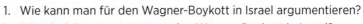

Fragen zum Nachdenken und Diskutieren

1. Wie kann man für den Wagner-Boykott in Israel argumentieren?
2. Was sind Argumente gegen den Wagner-Boykott in Israel?
3. Was motivierte Barenboim, Wagner in Israel zu spielen?
4. Hat Barenboim das Festival für private Interessen genutzt?
5. Wie hätte Barenboim seine Ansichten über Demokratie anders äußern können?

20

Schreibübungen

1. Erzählen Sie noch einmal, was beim Israel Festival und danach passiert ist. Diskutieren Sie dabei die Argumente für und gegen Barenboims Verhalten *(behavior)*. Ist seine Wagner-Aufführung in Israel ein Skandal oder eine Chance? Sie können dabei so tun, als ob *(pretend that)* Sie bei dem Festival dabei waren und in der Presse darüber berichten.

 Beim Israel Festival gab der Dirigent Daniel Barenboim nach seinem Konzert eine kontroverse Zugabe . . .

2. Schreiben Sie einen Bericht über Barenboims Konzert in Israel aus der Perspektive des Festivaldirektors. Schreiben Sie, was der Festivaldirektor während des Konzerts und danach fühlt und denkt. Vielleicht schreibt er am Abend nach dem Festival in sein Tagebuch.

 Ich werde nie wieder diesen Daniel Barenboim zu einem Festival nach Israel einladen . . .

3. Schreiben Sie einen Brief an Daniel Barenboim. Stellen Sie ihm Fragen oder sagen Sie ihm, was Sie über die Wagner-Episode in Israel denken.

 Lieber Herr Barenboim,

ich habe in der Zeitung gelesen, dass Sie in Israel das Vorspiel zu „Tristan und Isolde" gespielt haben. Ich finde das . . .

Strukturen

Satzverbindungen

Zweiteilige Konjunktionen

Two-part conjunctions link words, phrases, and clauses in a parallel way.

Two-Part Conjunction	English Equivalent	Examples
entweder . . . oder	*either . . . or*	Von vielen Menschen wird Wagner **entweder** bewundert **oder** verachtet.
sowohl . . . als auch	*as well as; both . . . and*	Barenboim meint, **sowohl** das Deutschsein **als auch** universale Faktoren würden das kulturelle Leben in Deutschland beeinflussen.
nicht nur . . . sondern auch	*not only . . . but also*	Daniel Barenboim ist **nicht nur** ein hoch begabter Dirigent, **sondern auch** ein talentierter Pianist.
weder . . . noch	*neither . . . nor*	Barenboim fühlt sich **weder** als Argentinier **noch** als Israeli, sondern denkt in der Sprache, die er im Moment spricht.

Wortschatz

alltäglich   *common, everyday*

(etwas) **ändern** (hat geändert)   *to change (s.th.)*

aufbauen (baut auf, hat aufgebaut)   *to construct;*   **wieder aufbauen** *to reconstruct*

aufführen (führt auf, hat aufgeführt)   *to perform*

die **Aufführung, -en**   *performance*

sich **auflösen** (löst sich auf, hat sich aufgelöst)   *to dissolve, disintegrate*

die **Aufnahme, -n**   *audio recording; photograph*

der **Ausdruck, ̈e**   *expression*

die **Ausstellung, -en**   *exhibition, art show*

bedingt   *related to, caused by*

der **Dirigent, -en** / die **Dirigentin, -nen**   *conductor (of an orchestra)*

dirigieren (hat dirigiert)   *to conduct (an orchestra)*

einladen (lädt ein, lud ein, hat eingeladen)   *to invite*

entdecken (hat entdeckt)   *to discover*

entfernen (hat entfernt)   *to remove*

das **Ereignis, -e**   *event*

die **Erfahrung, -en**   *experience*

die **Farbe, -n**   *color*

die **Flut, -en**   *flood*

das **Geistige**   *intellectual work*

im Gegenteil   *on the contrary*

in Verbindung bringen (mit) (bringt, brachte, gebracht)   *to associate (with), relate (to)*

der **Jude, -n** / die **Jüdin, -nen**   *Jewish person*

jüdisch   *Jewish*

komponieren (hat komponiert)   *to compose (music)*

der **Künstler, -** / die **Künstlerin, -nen**   *artist*

künstlerisch   *artistic; artistically*

leuchtend   *bright, vibrant (color)*

der **Liebhaber, -**   *enthusiast*

die **Mehrheit**   *majority*

die **Minderheit**   *minority*

die **Mühe, -n**   *effort*

der **Nationalsozialismus**   *National Socialism (Nazism)*

die **Oper, -n**   *opera*

das **Orchester, -**   *orchestra*

der **Pianist, -en** / die **Pianistin, -nen**   *pianist*

schrecklich   *terrible; terribly*

sich **trennen** (hat sich getrennt)   *to separate*

das **Ufer, -**   *bank (of a river)*

sich **untreu sein** (ist sich untreu, war sich untreu, ist sich untreu gewesen)   *to be unfaithful to oneself*

verbieten (verbot, hat verboten)   *to forbid, prohibit*

verbinden (verband, hat verbunden)   *to connect, make a connection*

verboten   *prohibited, forbidden*

verbrennen (verbrannte, hat verbrannt)   *to burn*

verloren gehen (geht verloren, ging verloren, ist verloren gegangen)   *to be lost*

verständlich   *comprehensible*

das **Vorbild, -er**   *model*

die **Vorliebe, -n**   *liking, enthusiasm (for s.th.)*

Werbung für Dresden

21

Arbeiten Sie in kleinen Gruppen und finden Sie jeweils vier Beispiele für die vier Kategorien und entwerfen Sie dann einen kleinen Werbetext für Dresden-Besucher. Schreiben Sie dabei jeweils zwei Sätze mit **entweder . . . oder**, **sowohl . . . als auch**, **nicht nur . . . sondern auch** und **weder . . . noch**. Stellen Sie dann Ihren Werbetext im Kurs vor.

	Historische Gebäude	Sonstige Sehenswürdigkeiten	Berühmte Persönlichkeiten	Das gibt es nicht in Dresden.
1.				
2.				
3.				
4.				

Definitionen

22

Finden Sie die richtigen Begriffe für die folgenden Definitionen.

1. auseinander gehen
2. jemanden bitten, zu kommen
3. etwas Interessantes finden
4. seinen Prinzipien nicht folgen
5. etwas ins Feuer werfen
6. etwas wegnehmen
7. sagen, dass man etwas nicht machen soll

a. etwas entdecken
b. jemanden einladen
c. sich trennen
d. etwas verbrennen
e. sich untreu sein
f. etwas entfernen
g. etwas verbieten

Daniel Barenboim

23

Ergänzen Sie die Sätze mit Wörtern aus dem Wortschatz!

1. Nach dem Zweiten Weltkrieg lebte der junge Barenboim bei seinen Eltern in Israel. Wilhelm Furtwängler _____ *(Imperfekt)* ihn _____, bei den Berliner Philharmonikern zu spielen.

2. Barenboims Vater _____ ihm, in Deutschland zu arbeiten.

3. Viele Juden verstehen Barenboims _____ für Wagner nicht.

4. Die Musik von Wagner war in Israel lange _____.

5. Barenboim sagt: „Die Deutschen haben der Welt viel _____ geschenkt."

6. Wagner hat seine Oper *Tannhäuser* in Dresden _____.

7. Barenboim ist nicht nur Pianist, sondern auch _____.

Kunststadt Dresden

Ein Tourist in Dresden möchte wissen, was es in Dresden an Kunst zu sehen gibt. Was können Sie ihm sagen?

Ausstellungen – *Die Brücke* – entfernt – Expressionismus – Farben – Flut – Galerie Alte Meister – Galerie Neue Meister – Grünes Gewölbe – Hochschule für Bildende Künste – leuchtend – Museen – Nazizeit – Raffael – *Sixtinische Madonna* – Staatliche Kunstsammlung Dresden – verboten – verbrannt – Vorbilder – *Zwinger*

Was gibt es in unserer Stadt?

Suchen Sie ein Museum in Ihrer Stadt oder in der Region (oder im Internet) und finden Sie heraus, welche Austellungen es gibt. Arbeiten Sie in Gruppen / Paaren und entscheiden Sie, welche Austellung Sie am interessantesten finden und warum. Berichten Sie über diese Ausstellung im Kurs!

Rollenspiel mit Wagner

Lesen Sie die Inhaltsangabe unten und schreiben Sie dann Wagners Oper „Tristan und Isolde" in folgenden Szenen:
Reise nach Irland
Im Garten der Burg
König Marke erfährt vom Zaubertrank
Tristan und Isoldes Ende
Arbeiten Sie in Gruppen. Sie brauchen mindestens vier Personen: Tristan – Isolde – König Marke – einen Erzähler.

Tristan und Isolde

Tristan wird auf einer Reise in Irland schwer verwundet°. Isolde pflegt° den verwundeten Tristan mit magischen Heilkräutern°. Tristan muss an den Hof von König Marke in Cornwall reisen. Dort findet er heraus, dass Marke Isolde heiraten will; und Tristan selbst soll Isolde überreden, den König zu heiraten. Auf der Fahrt zu König Marke trinken Tristan und Isolde einen Becher Wein, ohne zu wissen, dass es ein Liebestrank° ist. Tristan und Isolde verlieben sich und treffen sich heimlich° im Garten der Königsburg – obwohl Isolde und König Marke schon verheiratet sind. König Marke ist sehr böse auf° Tristan und Isolde und er will Tristan deshalb töten lassen. Als Zeichen der Liebe und Treue gibt Isolde Tristan einen Ring. Tristan flieht. Als König Marke erfährt, dass Tristan und Isolde sich durch einen Zaubertrank verliebt haben, verzeiht° er den beiden. Aber Tristan stirbt vor Schwäche und Sehnsucht°, Isolde stirbt vor Schmerz° über Tristans Tod.

---

verwundet *wounded* • **pflegt** *cares for* • **Heilkräutern** *medicinal herbs* • **Liebestrank** *love potion* • **heimlich** *secretly* • **böse . . .** *mad at* • **verzeihen** *forgive* • **Sehnsucht** *longing* • **Schmerz** *sorrow*

künstlerisch, künstlich

Die Adjektive **künstlerisch** und **künstlich** klingen sehr ähnlich, sind es aber nicht. Finden Sie im Wörterbuch die passenden Definitionen und setzen Sie das jeweils passende Wort in die folgenden Sätze ein.

1. Otto Müller wurde erst 1910 Mitglied der *Brücke*. Sein _____ Stil war jedoch etwas anders.

2. Bei _____ Licht kann ein Künstler nicht gut arbeiten. Kunst braucht natürliches Licht.

3. Ernst Ludwig Kirchner nahm sich 1938 das Leben, denn er konnte den Verlust *(loss)* seiner _____ Freiheit nicht ertragen *(bear)*.

4. Die _____ Vorbilder der *Brücke*-Maler waren van Gogh und Gauguin.

Strukturen

Satzverbindungen

Subordinierende Konjunktionen

Subordinating conjunctions link a main clause with a dependent clause.

- The main clause and the subordinate clause are always separated by a comma. If the subordinate clause begins the sentence, the verb of the main clause is positioned directly after the comma.

- The conjugated verb in a dependent clause is always the last element.

- The following conjunctions are used to express **temporal** relationships between clauses.

als	*when, as*	**seit, seitdem**	*since*
als ob	*as if, as though*	**sobald**	*as soon as*
bevor	*before*	**solange**	*as long as*
bis	*until; by*	**sooft**	*whenever*
ehe	*before*	**während**	*while*
nachdem	*after*		

Als der König vom Zaubertrank **erfährt**, verzeiht er Tristan.

Bevor Daniel Barenboim in Europa **lebte**, wuchs er in Israel auf.

- The following conjunctions are used to express **causal** relationships between clauses.

da	*as, since, seeing that*
damit	*so that*
dass	*that*
so dass	*so that*
ob	*whether, if even*
obgleich, obschon, obwohl	*though, although*
weil	*because*
wenn	*when, if whenever*
wenn . . . auch	*even though, even if*
wenn . . . nicht / kein	*unless*

Weil sie ihn **liebt**, gibt Isolde Tristan einen Ring.

Isolde trifft Tristan heimlich im Garten, **obwohl** sie schon mit König Marke verheiratet **ist**.

- The following conjunctions are used to express **modalities**.

anstatt dass	*instead of (doing)*
falls	*in case*
indem	*by*
ohne dass	*without (doing)*

Isolde zeigt Tristan ihre Liebe, **indem** sie ihm einen Ring **gibt**.

Tristan und Isolde trinken Wein, **ohne dass** sie **wissen**, dass es ein Liebestrank ist.

27

Tristan und Isolde

Vervollständigen Sie gemeinsam mit einem Partner / einer Partnerin die folgenden Sätze.

1. Tristan weiß nicht, dass König Marke . . .
2. Nachdem Tristan und Isolde einen Becher Wein trinken, . . .
3. Tristan und Isolde treffen sich im Garten, obwohl . . .
4. König Marke ist böse, weil . . .
5. Tristan flieht, nachdem . . .
6. Nachdem Tristan gestorben ist, . . .
7. Opern finde ich (nicht) interessant, weil . . .

28 Restaurant-Hitliste

Bilden Sie mit Ihrem Partner / Ihrer Partnerin aus den Empfehlungen unten
eine Hitliste der fünf interessantesten Restaurants in Dresden. Begründen Sie
Ihre Entscheidung jeweils mit einem untergeordneten Nebensatz.

z.B. ▶ Platz eins bekommt das *Kö 5*, weil es dort einen romantischen Innenhof gibt.

GASTRONOMIE RESTAURANTS IN DRESDEN

Ball- und Brauhaus Watzke,	Kötzschenbrodaer Str. 1, Tel. 0351-852920 (Spezialität: unfiltriertes und naturbelassenes selbstgebrautes Bier)
Chiaveri,	Bernhard-von-Lindenau-Platz 1, Tel. 0351-4960399 (oberste Etage des neuen Landtaggebäudes mit schöner Aussicht)
Drachen,	Bautzner Straße 72, Tel. 0351-8041188 (feine Küche, im Sommer Terrasse und Biergarten)
Gourmetrestaurant Pattis,	Merbitzer Str. 53 (im Hotel Pattis), Tel. 0351-42550 (u.a. französische Küche)
Intermezzo,	Am Taschenberg (im Kempinski-Hotel Taschenbergpalais, Innenhof), Tel. 0351-4912712 (leichte internationale Küche; im Sommer windgeschützte Terrasse)
Italienisches Dörfchen,	Theaterplatz 3, Tel. 0351-498160 (mehrere gastronomische Einrichtungen unter einem Dach, im Erdgeschoss der Biersaal und im ersten Stock das Ristorante Bellotto)
Kö 5,	Königstr. 5 a, Tel. 0351-8024088 (romantischer Innenhof, Weinkeller)
Linie 6,	Schaufußstr. 24, Tel. 0351-3100268 (Erlebnisgastronomie in einer Straßenbahn: Straßenbahnzubehör, Kellner in Schaffneruniform)
Luisenhof	(gegenüber Standseilbahn° Weißer Hirsch), Tel. 0351-2149960 (fantastischer Blick auf die Elbestadt, hauseigene Patisserie mit etwa 50 verschiedenen Kuchen und Torten)
Opernrestaurant,	Theaterplatz 2, Tel. 0351-4911521 (internationale Küche und sächsische Gerichte°)
Pulverturm,	An der Frauenkirche 12 a, Tel. 0351-262600 (Kellergewölbe des Coselpalais mit historischem Ambiente: es bedienen Mägde° und Grenadiere)
Ratskeller,	Dr.-Külz-Ring 19 (Eingang Kreuzstraße), Tel. 0351-4882950 (u.a. viele typische sächsische Gerichte)
Sophienkeller,	Am Taschenberg (im Kempinski-Hotel Taschenbergpalais), Tel. 0351-47260 (Erlebnisgastronomie in einem Kellergewölbe, gelegentlich° plaudern° August der Starke, Gräfin Cosel, Gaukler°, Wahrsager° und Bardensänger mit den Gästen)
Fischhaus Alberthafen,	Magdeburger Str. 58, Tel. 0351-4982110 (gegrillter, gekochter und gebratener Fisch)
Kahnaletto,	Terrassenufer (an der Augustusbrücke), Tel. 0351-4953037 (Schiffsrestaurant mit guter italienischer Küche)
La Vie en Rose,	Alaunstraße 64, Tel. 0351-8036161 (gute elsässische° Küche und großes Sortiment französischer Weine)
Pfunds Café & Restaurant,	Bautzner Straße 79, Tel. 0351-808080 (sächsische und internationale Speisen, mehr als 100 Rohmilchkäse°-Spezialitäten aus bäuerlicher Produktion)

Standseilbahn *funicular railway* • **Gerichte** *dishes* • **Mägde** *peasant girls* • **gelegentlich**
occasionally • **plaudern** *chat* • **Gaukler** *storytellers* • **Wahrsager** *fortune tellers*
elsässische *Alsatian* • **Rohmilchkäse** *cheese made from raw milk*

Und du?

Interviewen Sie einen Partner / eine Partnerin darüber, welche Restaurants aus der Liste er/sie wählen würde und berichten Sie dann im Kurs. Gibt es Favoriten?

z.B. S1: Wohin gehst du, wenn du Fisch essen möchtest?

S2: Wenn ich Fisch essen möchte, gehe ich ins Fischhaus Alberthafen.

1. Wo würdest du essen, wenn du dich für sächsische Küche interessierst?
2. Wohin gehst du, damit du französische Küche genießen kannst?
3. Wo würdest du hingehen, falls du italienisch essen möchtest?
4. Warum würdest du (nicht) in den Luisenhof gehen?
5. In welches Restaurant würdest du gerne gehen, obwohl du eigentlich nicht genug darüber weißt?
6. Wo würdest du essen, wenn du eine schöne Aussicht haben willst?

Konjunktionen-Spiel

Verbinden Sie mit Ihrem Partner / Ihrer Partnerin die folgenden Sätze mit so vielen verschiedenen Konjunktionen wie möglich. Stellen Sie Ihre Varianten im Kurs vor und erklären Sie die unterschiedlichen Kontexte.

z.B. **Tristan wird in Irland verwundet. Isolde pflegt ihn mit Heilkräutern.** →

Tristan wird in Irland verwundet und / aber Isolde pflegt ihn mit Heilkräutern.

oder Isolde pflegt Tristan mit Heilkräutern, weil er in Irland verwundet wurde.

1. Dresden ist eine höchst interessante Stadt. Wir fahren im Sommer dorthin.
2. *Die Brücke* hat viel zur deutschen Kultur beigetragen. Die Nazis diffamierten die Kunst als „entartet".
3. Barenboim dirigiert Wagner in Israel. Die Aufführung von Wagners Werken ist in Israel verboten.
4. Tristan und Isolde lieben sich. Isolde ist mit König Marke verheiratet.

Redemittel zum Diskutieren

Mit einer Meinung übereinstimmen (*agree*) oder nicht übereinstimmen

Mit diesen Redewendungen kann man in einem Gespräch signalisieren, dass man zu einem Thema eine Meinung hat.

Ich finde (nicht), dass . . .	**Ich finde, dass** die Dresdner Frauenkirche eine der schönsten Kirchen Europas ist.
Ich bin (nicht) der Meinung, dass . . .	**Ich bin nicht der Meinung, dass** Musik und Kunst viel mit Politik zu tun haben.
Ich denke (nicht), dass . . .	**Ich denke nicht, dass** Wagner etwas mit dem Nationalsozialismus zu tun hat.
Ich glaube (nicht), dass . . .	**Ich glaube, dass** August der Starke kein erfolgreicher Politiker war.
Damit stimme ich nicht überein!	**Damit stimme ich nicht überein!** August der Starke war ein äußerst erfolgreicher Politiker!
Dem kann ich nicht zustimmen!	**Dem kann ich nicht zustimmen!** Er war ein kunstsinniger Mensch, aber kein politischer.
Ich bin anderer Meinung!	**Ich bin anderer Meinung!** August der Starke war sowohl in der Kunst als auch in der Politik ein Genie!

Ihrer Meinung nach?

Welchen der folgenden Aussagen stimmen Sie (nicht) zu? Verwenden Sie dabei die Redemittel!

1. Wagners Opern sind sehr deprimierend *(depressing)*. —Ich finde (nicht), dass . . .
2. In Wagners Opern geht es um perfekte Liebe. —Ich bin (nicht) der Meinung, dass . . .
3. *Tristan und Isolde* ist eine sehr romantische Oper. —Ich finde (nicht), dass . . .
4. Wagners Opern sind sehr interessant. —Damit stimme ich (nicht) überein! . . .
5. Wagners Opern sind sehr nationalistisch. —Dem kann ich (nicht) zustimmen! . . .

 Fragen zur Diskussion

Diskutieren oder schreiben Sie über eines der folgenden Themen. Verwenden Sie dabei die Redemittel.

1. Was kann man damit erreichen, wenn man eine bestimmte Art von Kunst oder Musik verbietet?
2. Sollte Barenboim als international bekannter Künstler und Jude seine Vorliebe für Wagner verheimlichen *(keep secret)*? Wie ist Barenboims Haltung *(attitude)* zu Deutschland?

Inge Johnsen / www.Shutterstock.com

Semperoper Dresden bei Nacht

Videoblog

Stephanie

In Dresden entstehen täglich neue interessante Geschichten.

© Cengage Learning

Vor dem Sehen

 Musik

Welche Musik hören Sie gern? Welche deutschsprachigen Komponisten und Musiker kennen Sie schon?

 Sehenswürdigkeiten

Welche interessanten Sehenswürdigkeiten gibt es in Ihrer Heimatstadt? Kann man sie besichtigen?

Beim Sehen

C **Was sehen Sie?**

Kreuzen Sie an, was Sie im Video sehen. **In Dresden entstehen täglich**

- ☐ ein Schiff auf der Elbe
- ☐ Windsurfer
- ☐ einen Stadtplan
- ☐ ein Schloss
- ☐ einen Park
- ☐ die Frauenkirche
- ☐ das Stadttheater

- ☐ die Semperoper
- ☐ einen Rosengarten
- ☐ eine Bergbahn
- ☐ ein Plakat für *Falstaff*
- ☐ ein Straßencafé
- ☐ eine Diskothek
- ☐ Kinder an einem Brunnen

 Stimmt's?

Kreuzen Sie an, ob die folgenden Aussagen mit dem übereinstimmen, was Stefanie erzählt. Berichtigen Sie die falschen Aussagen.

	STIMMT	STIMMT NICHT
1. Dresden liegt an der Elbe.	☐	☐
2. Die Frauenkirche wurde im Krieg total zerstört.	☐	☐
3. Das *Blaue Wunder* ist eine U-Bahn Linie.	☐	☐
4. *Die Brücke* wurde Anfang dieses Jahrhunderts gegründet.	☐	☐
5. *Die Prinzen* kommen aus Dresden.	☐	☐
6. In Dresden gibt es eine interessante Klubszene.	☐	☐

E   Musik in Dresden

Was erzählt Stefanie über das Musikleben in Dresden?

F   Das Dresdner Nachtleben

Ergänzen Sie die Sätze.

1. In Dresden gibt es eine _____ Klubszene.
2. Man kann _____ haben und viel _____.
3. Es entstehen dort täglich _____ interessante _____.

Redewendungen

Stefanie benützt einige idiomatische Ausdrücke und Redewendungen. Versuchen Sie gemeinsam mit Ihrem Partner / Ihrer Partnerin, diese zu erklären und erfinden Sie ein Beispiel, in dem Sie den Ausdruck verwenden.

1. aus aller Welt
2. die Nacht zum Tag machen
3. man kann jede Menge erleben

Nach dem Sehen

G   Reflexionen

Wie gefällt Ihnen Dresden?

Was haben Sie aus dem Vlog Neues erfahren über die Stadt und ihre Menschen?

Wie präsentiert Stefanie ihre Stadt?

H   Sehenswürdig

Machen Sie Ihr eigenes Vlog oder schreiben Sie eine E-mail an einen Partner / eine Partnerin und berichten Sie über eine bekannte Sehenswürdigkeit an Ihrem Heimat- oder Studienort.

Listen to this chapter's audio segments at www.cengage.com/german/stationen.

Lektüre

Erich Kästner

Der Schriftsteller Erich Kästner (1899–1974) verbrachte die ersten zwanzig Jahre seines Lebens in seiner Heimatstadt Dresden, studierte in Leipzig und arbeitete dann als Journalist und Schriftsteller in Berlin. Obwohl er während des Naziregimes als Schriftsteller verboten war und seine Bücher verbrannt wurden, emigrierte er nicht. Nach dem Krieg zog er nach München, wo er 1974 starb.

Vor dem Lesen

 Fragen zum Thema

1. Kennen Sie Kunst, Literatur, oder Filme, die sich mit dem Zweiten Weltkrieg beschäftigen?
2. Welche Personen stehen in Kunst, Literatur und Film über den Zweiten Weltkrieg meistens im Vordergrund?

 Indirekte Rede

Im folgenden Text vermeidet Erich Kästner oft die direkte Rede, indem er einen Dialog in indirekter Rede repräsentiert. Schreiben Sie die folgenden Beispiele in direkte Rede um. Überlegen Sie sich, welchen Effekt die indirekte Rede hier hat. Arbeiten Sie, wenn nötig, mit dem Wörterbuch.

    Nein, es herrsche Reisesperre.

"Nein, es herrscht Reisesperre."

1. Ohne die Befürwortung einer amtlichen Stelle dürfe niemand die Reichshauptstadt verlassen.
2. Ich müsse mich an meine Berufsorganisation wenden.
3. Ich sei aber in keiner Organisation, sagte ich.
4. Ja, dann freilich, dann bekäme ich auch nirgendwo eine Reiseerlaubnis und am Schalter keine Fahrkarte nach Dresden.
5. Und meine Eltern? fragte ich, – vielleicht seien sie tot, vielleicht verwundet, sicher obdachlos, zwei alte einsame Leute!
6. Ich käme am Sonnabend, schrieb ich, zu warten.
7. Ja, die beiden ständen seit dem frühen Morgen am Neustädter Bahnhof.
8. Die Mutter habe sich nicht halten lassen. Wir hätten uns gewiß verfehlt.
9. Sie, die nette alte Frau, habe ihnen gleich und immer wieder geraten . . .

  Wörterbucharbeit

Erich Kästner beschreibt die Zerstörung Dresdens durch viele Metaphern. Welche Metaphern sind das? Arbeiten Sie mit dem Wörterbuch, um für die folgenden Beispiele gute Übersetzungen zu finden:

    Man geht hindurch, als liefe man im Traum durch Sodom und Gomorrha. [Metapher: *Die zerstörte Stadt ist ein Alptraum / Dresden ist Sodom und Gomorrha.*]

→   Walking through this feels like a bad dream of walking through Sodom and Gomorrah.

Fünfzehn Quadratkilometer Stadt sind abgemäht und fortgeweht. [Metapher: *Eine Naturgewalt hat die Stadt fortgeweht.*]

→ Fifteen square kilometers of city have been razed to the ground and blown away.

1. . . . Hügel und Täler aus Schutt und Steinen.
2. . . . bizarre Hausecken und dünne Kamine stechen wie vereinzelte Bäume in die Luft.
3. . . . gegenüberliegende Häuser sind ineinandergestürzt, als seien sie sich im Tod in die Arme gesunken.
4. Wie von einem Zyklon an Land geschleuderte Wracks riesenhafter Dampfer liegen zerborstene Kirchen umher.
5. Die ausgebrannten Türme der Kreuz- und der Hofkirche, des Rathauses und des Schlosses sehen aus wie gekappte Masten.
6. Der goldene Herkules überstand seltsamerweise den feurigen Taifun.
7. Gebäude sind im Gluthauch des Orkans wie Blei geschmolzen.

Beim Lesen

. . . und dann fuhr ich nach Dresden

Während Dresden in den Abendstunden
des 13. Februars 1945 zerstört wurde, saß
ich in einem Berliner Luftschutzkeller,
blickte auf die abgegriffenene Blaupause
copy of a map of Germany by quadrants 5 einer Planquadratekarte von Deutschland°,
hörte den Mikrophonhelden des
military radio report »Gefechtsstands Berlin°« von feindlichen
Bomberströmen reden und begriff, mittels
quadrant numbers on the map der von ihm heruntergebeteten Planziffern°,
10 daß meine Vaterstadt soeben zugrunde
ging. In einem Keller jener Stadt saßen
meine Eltern . . .
      Am nächsten Morgen hetzte ich zum
Bahnhof. Nein, es herrsche Reisesperre°.
travel curfew
15 Ohne die Befürwortung einer amtlichen
Stelle dürfe niemand die Reichshauptstadt verlassen. Ich müsse
mich an meine Berufsorganisation wenden. Ich sei aber in keiner
Organisation, sagte ich. In keiner Fachschaft, in keiner Kammer,
nirgends. Warum denn nicht? Weil ich ein verbotener Schrifts-
20 teller sei! Ja, dann freilich, dann bekäme ich auch nirgendwo eine
Reiseerlaubnis und am Schalter keine Fahrkarte nach Dresden. Und
meine Eltern? fragte ich, – vielleicht seien sie tot, vielleicht verwundet, sicher obdachlos, zwei alte einsame Leute! Man zuckte die
Achseln. Der Nächste, bitte. Halten Sie uns nicht unnötig auf.

August Schreitmüllers „Güte" auf dem Dresdner Rathausturm nach den Angriffen am 13. Februar 1945.

WALTER HAHN / AFP / Getty Images

25 Es war nicht einmal böser Wille. Es war die Bürokratie, die
mir den Weg versperrte und an der ich nicht vorbei konnte. Die
Bürokratie, dieser wasserköpfige, apokalyptische Wechselbalg
bloated, apocalyptic creature der Neuzeit°. Ich war gefangen. Das Gefängnis hieß Berlin. Ich
wartete. Die Gerüchte überschlugen sich. Ich biß die Zähne
30 zusammen. Am zehnten Tage nach dem Angriff fiel eine
Postkarte in den Briefkasten. Eine dreckige, zerknitterte Karte mit
ein paar zittrigen Zeilen. Die Eltern lebten. Die Wohnung war nur
leicht beschädigt. Die Karte kam an meinem Geburtstag . . .

In diesen Septembertagen war ich, seit Weihnachten 1944,
35 zum ersten Male wieder daheim. Ich käme am Sonnabend, schrieb
ich, zu warten. Als ich schließlich gegen Abend klingelte, öffnete
eine freundliche alte Frau. Es war die den Eltern zugewiesene
Untermieterin. Ja, die beiden ständen seit dem frühen Morgen
am Neustädter Bahnhof. Die Mutter habe sich nicht halten lassen.
40 Wir hätten uns gewiß verfehlt. Sie, die nette alte Frau, habe ihnen
gleich und immer wieder geraten . . .

Ich sah die Eltern schon von weitem. Sie kamen die Straße,
die den Bahndamm entlang führt, so müde daher, so enttäuscht,
so klein und gebückt. Der letzte Zug, mit dem ich hätte eintreffen
45 können, war vorüber. Wieder einmal hatten sie umsonst gewartet . . .
Da begann ich zu rufen. Zu winken. Zu rennen. Und plötzlich,
nach einer Sekunde fast tödlichen Erstarrens, beginnen auch
meine kleinen, müden, gebückten Eltern zu rufen, zu winken,
und zu rennen.

50 Es gibt wichtige und unwichtige Dinge im Leben. Die meisten
Dinge sind unwichtig. Bis tief ins Herz hinein reichen die für wahr
und echt gehaltenen Phrasen. Gerade wir müßten heute wie nie
vorher und wie kein anderes Volk die Wahrheit und die Lüge, den
Wert und den Unfug unterscheiden können. Die zwei Feuer der
55 Schuld und des Leids sollten alles, was unwesentlich in uns ist, zu
Asche verbrannt haben. Dann wäre, was geschah, nicht ohne Sinn
gewesen. Wer nichts mehr auf der Welt besitzt, weiß am ehesten,
was er wirklich braucht. Wem nichts mehr den Blick verstellt, der
blickt weiter als die anderen. Bis hinüber zu den Hauptsachen. So
60 ist es. Ist es so?

Das, was man früher unter Dresden verstand, existiert nicht
mehr. Man geht hindurch, als liefe man im Traum durch Sodom
und Gomorrha. Durch den Traum fahren mitunter klingelnde
Straßenbahnen. In dieser Steinwüste hat kein Mensch etwas
65 zu suchen, er muss sie höchstens durchqueren. Von einem
Ufer des Lebens zum anderen. Vom Nürnberger Platz weit
hinter dem Hauptbahnhof bis zum Albertplatz in der Neustadt
steht kein Haus mehr. Das ist ein Fußmarsch von etwa vierzig
perpendicular to this route Minuten. Rechtwinklig zu dieser Strecke°, parallel zur Elbe,
70 dauert die Wüstenwanderung fast das Doppelte. Fünfzehn
15 square kilometers Quadratkilometer° Stadt sind abgemäht und fortgeweht. Wer
den Saumpfad entlangläuft, der früher einmal in der ganzen
Welt unter dem Namen „Prager Straße" berühmt war, erschrickt
vor seinen eigenen Schritten. Kilometerweit kann er um sich
75 blicken. Er sieht Hügel und Täler aus Schutt und Steinen. Eine
just like verstaubte Ziegellandschaft. Gleich° vereinzelten, in der Steppe

verstreuten Bäumen stechen hier und dort bizarre Hausecken
und dünne Kamine in die Luft. Die schmalen Gassen, deren
gegenüberliegende Häuser ineinandergestürzt sind , als seien sie
80 sich im Tod in die Arme gesunken, hat man durch Ziegelbarrieren
abgesperrt. Wie von einem Zyklon an Land geschleuderte
Wracks riesenhafter° Dampfer liegen zerborstene Kirchen umher.
Die ausgebrannten Türme der Kreuz- und der Hofkirche, des
Rathauses und des Schlosses sehen aus wie gekappte Masten°.
85 Der goldene Herkules° über dem dürren Stahlgerippe des
Rathaushelms erinnert an eine Gallionsfigur, die, seltsamerweise
und reif zur Legende, den feurigen Taifun, dem Himmel am
nächsten, überstand. Die steinernen Wanten und Planken der
gestrandeten Kolosse sind im Gluthauch des Orkans wie Blei°
90 geschmolzen und gefrittet. Was sonst ganze geologische
Zeitalter braucht, nämlich Gestein zu verwandeln – das hat hier
eine einzige Nacht zuwege gebracht. [. . .]
Freunde hatten gesagt: »Fahre nicht hin. Du erträgst es
nicht.« Ich habe mich genau geprüft. Ich habe den Schmerz
95 kontrolliert. Er wächst nicht mit der Anzahl der Wunden. Er
erreicht seine Grenzen früher. Was dann noch an Schmerz
hinzukommen will, löst sich nicht mehr in Empfindung auf. Es ist,
als fiele das Herz in Ohnmacht.

giant (line 81)

like broken ship masts (line 84)

statue of Hercules (line 85)

molten in the heat of the fire storm like lead (line 89)

Wortschatz

die **Asche**   *ash*

böser Wille   *malice*

Es war kein böser Wille.   *There was no ill will intended.*

(vor etwas) **erschrecken** (erschrickt, ist erschrocken)   *to get scared (by s.th.)*

(etwas) **ertragen** (erträgt, hat ertragen)   *to endure (s.th.)*

das **Gerücht, -e**   *rumor*

das **Leid**   *pain, sorrow*

die **Lüge, -n**   *lie*

in Ohnmacht fallen (fällt in ~, fiel in ~, ist in Ohnmacht gefallen)   *to faint*

jemandem (etwas) **raten** (rät, hat geraten)   *to advise someone (s.th.)*

schmelzen (schmolz, ist geschmolzen)   *to melt*

der **Schmerz**   *pain*

die **Schuld**   *guilt*

der **Schutt**   *debris*

der **Unfug**   *nonsense, foolishness*

der **Untermieter** / die **Untermieterin**   *renter, tenant*

vereinzelt   *solitary, single*

jemanden **verfehlen** (hat verfehlt)   *to miss someone, fail to meet*

den **Weg versperren**   *to block the path*

der **Wert, -e**   *value*

zerbersten   *burst, explode*

zugrunde gehen   *to perish*

etwas **zuwege bringen**   *to accomplish s.th.*

jemandem etwas **zuweisen**   *to assign s.th. to someone*

Fragen zum Text

1. Wo war Erich Kästner am 13. Februar 1945? Wo waren seine Eltern?
2. Warum konnte Erich Kästner nicht nach Dresden fahren?
3. Wie hat er erfahren, dass seine Eltern noch am Leben waren?
4. Wann fuhr Kästner 1945 zum ersten Mal nach Dresden?
5. Wer wohnte im September 1945 bei seinen Eltern?
6. Warum haben seine Eltern nicht zu Hause auf ihn gewartet?
7. Wie erlebt er die zerstörte Stadt?
8. Beschreibt er, wie er sich dabei fühlt?

Wichtiges und Unwichtiges

In diesem Text äußert Kästner seine Gedanken in relativ abstrakter Sprache. Arbeiten Sie mit einem Partner und übersetzen Sie die folgenden Ausschnitte ins Englische. Kann man daraus ableiten, wie Kästner sich im September 1945 in Dresden gefühlt hat?

1. Es gibt wichtige und unwichtige Dinge im Leben. Die meisten Dinge sind unwichtig. Bis tief ins Herz hinein reichen die für wahr und echt gehaltenen Phrasen. Gerade wir müßten heute wie nie vorher und wie kein anderes Volk die Wahrheit und die Lüge, den Wert und den Unfug unterscheiden können. Die zwei Feuer der Schuld und des Leids sollten alles, was unwesentlich in uns ist, zu Asche verbrannt haben. Dann wäre, was geschah, nicht ohne Sinn gewesen. Wer nichts mehr auf der Welt besitzt, weiß am ehesten, was er wirklich braucht. Wem nichts mehr den Blick verstellt, der blickt weiter als die anderen. Bis hinüber zu den Hauptsachen. So ist es. Ist es so?

2. Ich habe mich genau geprüft. Ich habe den Schmerz kontrolliert. Er wächst nicht mit der Anzahl der Wunden. Er erreicht seine Grenzen früher. Was dann noch an Schmerz hinzukommen will, löst sich nicht mehr in Empfindung auf. Es ist, als fiele das Herz in Ohnmacht.

Vor dem Weiterlesen

Wichtiges und Unwichtiges für Sie

Machen Sie eine kleine Liste mit Dingen in Ihrem Leben, die Ihnen persönlich wichtig sind und mit Dingen, die Ihnen unwichtig sind. Vergleichen Sie Ihre Listen im Kurs und diskutieren Sie.

Günter Eich: Inventur

Günter Eichs (1907–1972) Gedicht *Inventur* entstand gegen Ende des Zweiten Weltkrieges durch die Erfahrungen des Autors in einem Kriegsgefangenenlager. Es gilt als eines der wichtigsten Beispiele der „Trümmerliteratur", Literatur „des Kahlschlags" oder „der Stunde Null".

Inventur

Dies ist meine Mütze,
dies ist mein Mantel,
hier mein Rasierzeug
im Beutel aus Leinen.

Konservenbüchse:
Mein Teller, mein Becher,
ich hab in das Weißblech
den Namen geritzt.

Geritzt hier mit diesem
kostbaren Nagel,
den vor begehrlichen°
Augen ich berge°.

Im Brotbeutel sind
ein Paar wollene Socken
und einiges, was ich
niemand verrate,
so dient es als Kissen
nachts meinem Kopf.
Die Pappe hier liegt
zwischen mir und der Erde.

Die Bleistiftmine
lieb ich am meisten:
Tags schreibt sie mir Verse,
die nachts ich erdacht.

Dies ist mein Notizbuch,
dies meine Zeltbahn,
dies ist mein Handtuch,
dies ist mein Zwirn°.

---

begehrlichen *desiring* • **berge** *hide* • **Zwirn** *thread*

 39

Fragen zum Text

1. Wer spricht hier und in welcher Situation befindet sich die Person?
2. Wie verhält sich die Person zu anderen Personen? Welche Rolle spielt die Umwelt?
3. Welche Dinge erscheinen besonders wichtig?
4. Wie unterscheidet sich die vierte Strophe von den anderen?
5. Welche Dinge könnten noch im Brotbeutel sein?
6. Welche Rolle spielt das Schreiben?

 40

Schreibaufgabe: Inventur

Machen Sie selbst Inventur und schreiben Sie Ihr eigenes Gedicht. Orientieren Sie sich dabei am Muster von Günter Eich. Stellen Sie Ihre Gedichte dann im Kurs vor.

Vergleiche

Arbeiten Sie mit einem Partner / einer Partnerin. Vergleichen Sie den Effekt 1. des Fotos von Dresden 1945, 2. von Kästners Erzählung . . . *und dann fuhr ich nach Dresden* und 3. von Günther Eichs *Inventur* und fragen Sie Ihren Partner:

1. Was gibt dir am meisten das Gefühl zu verstehen, wie es 1945 war?
2. Wovon würdest du gerne mehr lesen / sehen wollen? Warum?
3. Wovon würdest du auf keinen Fall mehr lesen / sehen wollen? Warum?

Fragen zum Nachdenken und Diskutieren

1. Was sagt uns Kästner über das zerstörte Dresden? Wovon spricht er nicht?
2. Wie repräsentiert Günter Eichs *Inventur* die Stimmung der „Stunde Null"?
3. Welche Rolle spielen Kunst und Literatur für die Repräsentation der Geschichte?
4. Welche Rolle können Kunst und Literatur für die Menschen spielen, die die Zerstörung erlebt haben?
5. Was können Kunst und Literatur für die Menschen bewirken, die die Zerstörung nicht erlebt haben?

Zum Schluss

Kunst und Politik

Diskutieren Sie noch einmal über das Verhältnis von Kunst, Geschichte und Politik!

- *Die Brücke* – „entartete" Kunst?
- Wagner in Israel
- Trümmerliteratur

Das letzte Wort: *Zugabe*

Nach einem Konzert applaudiert das Publikum, um zu zeigen, dass ihnen die Musik gefallen hat. Wenn man lange genug applaudiert, gibt es eine **Zugabe** oder sogar mehrere. Wenn man sehr begeistert ist, kann man „Bravo" rufen oder durch die Finger pfeifen. Wenn es nicht so toll war, kann es sein, dass ein paar Leute „Buh" rufen.

Was war Ihr schönstes Konzert? Gab es Zugaben? Wie haben die Zuhörer reagiert?

Salzburg

◉ **Station**
Salzburg
- **Der berühmteste Salzburger aller Zeiten**
Wolfgang Amadeus Mozart

◉ **Einblicke**
Kaffeehausfrühstück
- **Strukturen**
Näher beschreiben und informieren:
    Relativsätze und Relativpronomen
    Das Subjekt als Objekt: Reflexivpronomen
Videoblog: Katharina

◉ **Lektüre**
Silentium!
Wolf Haas

Materialien
Arbeitsbuch Seite 115-128
Audioprogramm
www.cengage.com/german/stationen

Harald Eisenberger / LOOK / Getty Images

Solche Pferdekutschen heißen in Österreich Fiaker. Bei einer Fahrt mit dem Fiaker kann man die Altstadt von Salzburg kennenlernen. Wie viel würden Sie sich eine Fiakerfahrt kosten lassen?

⊙ Station

Salzburg

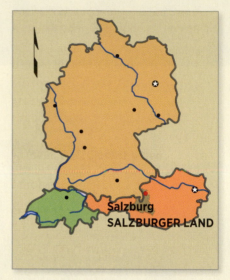

Salzburg ist eines der wichtigsten Tourismusziele in Österreich. Die barocke Altstadt, die im 17. und 18. Jahrhundert entstanden ist, sowie die vielen Kirchen, Schlösser und Paläste stehen seit 1997 in der Liste des UNESCO Weltkulturerbes. Die Festung° Hohensalzburg mit ihren mittelalterlichen Fürstenzimmern und dem Burgmuseum ist die größte vollständig erhaltene Burg Mitteleuropas.

Der berühmteste Sohn der Stadt Salzburg ist und bleibt Wolfgang Amadeus Mozart. Er wurde 1756 in Salzburg geboren. Sein Geburtshaus in der Getreidegasse ist eine der wichtigsten Sehenswürdigkeiten der Stadt. Schon 1842 wurde ihm ein Denkmal am heutigen Mozartplatz errichtet.

Die Gründung der Salzburger Festspiele 1920 hatte großen Einfluss auf das kulturelle Leben der Stadt. Besonders durch den Dirigenten Herbert von Karajan wurden die Festspiele seit den 60er Jahren weltberühmt. Und daher ist das Theater-, Konzert- und Kunstangebot in Salzburg heute so reich wie das einer Großstadt.

Das alpine Salzburger Land ist ein beliebtes Wintersportgebiet und bietet auch im Sommer viele Möglichkeiten zur Erholung°. Viele Gäste kommen nach Salzburg, um die Originalschauplätze° des Films *The Sound of Music*, der 1964 hier gedreht wurde, zu besuchen. Touristen genauso wie Einheimische gehen gerne in eines der traditionellen Kaffeehäuser. Schon Wolfgang Amadeus Mozart trank im Café Tomaselli, dem ältesten Kaffeehaus Österreichs, seine Melange°.

Festung *fortress* • **Erholung** *recreation* • **Originalschauplätze** *original locations*
Melange *coffee with whipped cream on top*

Geschichte

Hallstattzeit	Römerzeit	470	700	1077	13.–17. Jh.	16. Jh.
(ca. 1000–450 v. Chr.) Die Region ist durch das Salz, das dort gefunden wird, dicht besiedelt.	(41–54 n. Chr.) Salzburg *(Juvavum)* wird unter Kaiser Claudius eine Stadt.	Eine Mönchsgemeinde *(community of monks)* entsteht.	Ein Frauenkloster wird gegründet.	Die Festung Hohensalzburg wird auf den Ruinen eines römischen Kastells gebaut.	Durch den Salzhandel wird das Bürgertum reich.	Bauernkriege und Reformation. Der Arzt und Chemiker Paracelsus lebt und arbeitet in Salzburg.

Der berühmteste Salzburger aller Zeiten°

of all times

Wolfgang Amadeus Mozart (1756–1791)

Wolfgang Amadeus Mozart kam am 27. Januar 1756 in Salzburg zur Welt. Von den sieben Kindern der Familie Mozart überlebten° nur Wolfgang und seine ältere Schwester Nannerl. Schon im Alter von fünf Jahren begann er zu komponieren. Er besuchte weder Schule noch° Universität und war ein Drittel seines Lebens auf Reisen. Als junger Mann arbeitete er als Konzertmeister und Hoforganist° in Salzburg und feierte einen Triumph nach dem anderen auf Konzertreisen durch ganz Europa. Später ging er nach Wien und finanzierte seinen Lebensunterhalt als Opernkomponist, Musiklehrer und Pianist mit eigenen Kompositionen. In Wien heiratete er gegen den Willen seines Vaters Constanze Weber. Auch in Wien wurde Mozart offizieller Kammermusiker am Hof, wodurch er und Constanze gut leben konnten. Er starb 1791 im Alter von 35 Jahren.

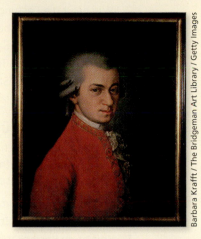

Barbara Krafft / The Bridgeman Art Library / Getty Images

Wolfgang Amadeus Mozart

überlebten *survived* • **weder . . .** *neither . . . nor* • **Hoforganist** *court organist*

Murat Ayranci / SuperStock

Salzburgpanorama

27. Januar 1756	1920	1956–1960	1997	2006	2014
Wolfgang Amadeus Mozart wird geboren.	Beginn der ersten Salzburger Festspiele	Bau des Großen Festspielhauses	Aufnahme der Altstadt in die Liste des UNESCO Weltkulturerbes.	Mozarts 250. Geburtstag wird in Salzburg und ganz Österreich groß gefeiert.	Die Olympischen Winterspiele finden in Salzburg statt.

1 Fragen zur Station

1. Wann ist Salzburgs heutige Altstadt entstanden?
2. Wie heißt die Festung in Salzburg?
3. Wann ist Mozart geboren?
4. Durch wen sind die Salzburger Festspiele berühmt geworden?
5. Warum ist das Café Tomaselli so bekannt?
6. Wodurch sind viele Salzburger im 13. bis 17. Jahrhundert reich geworden?
7. Welches große Jubiläum feierte Salzburg im Jahre 2006?

2 Partnerinterview über das Spielen

Mozart war ein leidenschaftlicher Spieler. Spielen Sie auch gerne? Fragen Sie Ihren Partner / Ihre Partnerin, was er oder sie gerne spielt. Berichten Sie dann den interessantesten Aspekt des Interviews im Kurs.

1. Spielst du ein Instrument? Seit wann spielst du _____?
2. Spielst du gerne Fußball, Tennis oder andere Ballsportarten?
3. Spielst du Karten? Welche Spiele kennst du? Spielst du um Geld?
4. Spielst du gern Theater? Welche Rolle(n) hast du gespielt?
5. Spielst du Schach (chess) oder andere Brettspiele (board games)?
6. Was hast du als Kind am liebsten gespielt?
7. Was spielst du jetzt am liebsten?

Mozart: Glück°, Spiel und Leidenschaft°

(Nach einem Artikel in den *Salzburger Nachrichten* vom 20.12.2003 von Catarina Carsten)

Mozart: hat er „Glück gehabt"? Aber ja. Hat er gespielt? Aber ja.

Mozart, seine Eltern, seine Schwester, seine Freunde dürften alle mehr als ein Dutzend Kartenspiele gekannt haben. Ja, man erwartete, dass „Personen von beiderlei Geschlecht° Meister und Meisterinnen in verschiedenen Spielen sein sollen" (aus einem Altwiener Spielanleitungsbuch aus dem Jahre 1756). Das galt für Karten- und Brettspiele, Tanz-, Wort- und Kegelspiele°, Rätsel-° und Pfänderspiele°, das Billardspiel sowie das sonn- und feiertägliche Bölzelschießen°.

Die Geschlechter waren zu dieser Zeit getrennt – beim Spiel kamen sie zusammen, waren „gleichberechtigt". Das Spiel war wohl auch ein Zeitvertreib°. Man muss bedenken, dass es damals weder Fax noch Telefon gab, weder Radio noch Fernsehen, noch Computer. Die Winter waren lang, man spielte also. Hier wurde zu allen Jahreszeiten, besonders in den langen Wintermonaten, gespielt.

Hat Mozart gespielt?

Aber ja. Die ersten frühkindlichen Spiele, die ersten Kinderreime° und -lieder wird er von seiner Mutter und seiner fünf Jahre älteren Schwester Nannerl gelernt haben. Auch das Klavierspiel gehört dazu. Nannerl erhielt mit sieben Jahren von Vater Leopold den ersten Klavierunterricht. Der kleine Bruder hörte zu. Als er mit vier Jahren von seinem Vater unterrichtet wurde, konnte er das Menuett, das er ihm vorspielte, in einer halben Stunde mühelos nachspielen.

Glück *luck* • **Leidenschaft** *passion* • **Geschlecht** *sex* • **Kegelspiele** *bowling games*
Rätsel *riddle* • **Pfänderspiele** *forfeit games* • **Bölzelschießen** *shooting game*
Zeitvertreib *pastime* • **Kinderreime** *nursery rhymes*

Nichtspieler waren nicht gesellschaftsfähig°

Als junger Mann, so berichtet seine Schwester in ihrem Tagebuch°, beherrschte er unzählige Gesellschaftsspiele°. Von seiner Frau Constanze erfahren wir, dass er ein ausgezeichneter und begeisterter Tänzer war („besonders schön tanzte er das Menuett"), der keinen Ball ausließ, und dass er vor allem „ein leidenschaftlicher Billardspieler" war. Bei allen Spielarten, auch beim Bölzelschießen und Kegeln, wurde um Geld gespielt, meist nur um Kreuzer°, oft aber auch um Gulden°. Aus Nannerls Tagebüchern geht hervor, dass Mozart an diesem geselligen Leben regen Anteil genommen hat°.

Der leidenschaftliche Billardspieler

Ein Zeitgenosse° schreibt 1815 aus der Erinnerung an Mozart: „Er war ein leidenschaftlicher Billardspieler und spielte schlecht." Und ein paar Zeilen später: „Immer hatte er Geld nothwendig°[1]." Mozarts Frau Constanze schreibt in einer Biografie, die 1828 herausgegeben wurde, über ihn: „Er versäumte° weder die öffentlichen Maskenbälle im Theater noch die Hausbälle bei Freunden." Manchmal fragt man sich, wann er bei so vielen Bällen, Festen, Redouten°, die bis in den Morgen gingen, zum Komponieren gekommen ist. Hat er auch auf seinen langen und zahlreichen Reisen gearbeitet? Denn man weiß, dass Mozart ein Drittel seines kurzen Lebens in der Postkutsche° zugebracht hat.

Mozarts Freude an Wortspielen

Auch an diesen Spielen hat er es zur Meisterschaft gebracht. Er muss eine helle Freude daran gehabt haben, Sätze und Worte umzustellen, in Spottversen° oder Rätseln zu sprechen und zu schreiben. Er spielte: mit Worten, mit Tönen, er selbst soll nach Aussagen von Zeitgenossen immer in Bewegung gewesen sein, mit Händen und Füßen – er spielte immer.

Hatte Mozart Spielschulden°?

Ob Mozart Spielschulden hatte, ist nicht nachzuweisen°, aber es ist anzunehmen°. Was seine Einkünfte betrifft, so will man wissen, dass Mozart in Wien 1787 zum Kaiserlichen Kammermusiker ernannt wurde mit einem Jahresgehalt von 800 Gulden. (Vater Leopold bezog vergleichsweise eine jährliche Summe von 400 Gulden. Eine Dienstmagd verdiente im Jahr 10 Gulden.) Er war der erklärte Liebling der Wiener Gesellschaft und bei Hofe°. Es wird berichtet, dass der Kaiser Mozart nach einem Konzert „mit dem Hut in der Hand ein Kompliment machte und ‚bravo Mozart' schrie". Fest steht, dass Mozart in seiner Wiener Zeit sehr viel Geld verdiente und standesgemäß° leben konnte. Er konnte also ein Leben führen, wie er es sich in Salzburg erträumt hatte.

Ob Mozart ein Opfer° seiner Spielleidenschaft wurde, ist nicht nachzuweisen. Wir sind auf Vermutungen° angewiesen. Dass er ein „leidenschaftlicher Spieler" war, steht fest. Im Grunde spielte er immer. Seine unsterbliche Musik hat er uns als unverlierbares Geschenk hinterlassen.

---

nicht . . . *not socially accepted* • **Tagebuch** *diary* • **Gesellschaftsspiele** *parlor games* • **Kreuzer** *small unit of 18th-century Austrian currency* • **Gulden** *large unit of 18th-century currency* • **regen . . .** *participated actively* • **Zeitgenosse** *contemporary* • **Immer . . .** *He always needed money* • **versäumte** *missed* • **Redouten** *Tanzfeste* • **Postkutsche** *carriage* • **Spottversen** *satirical verse* • **Spielschulden** *gambling debt* • **ist . . .** *cannot be proven* • **anzunehmen** *likely* • **bei . . .** *at court* • **standesgemäß** *according to his social standing* • **Opfer** *victim* • **Vermutungen** *assumptions*

[1] The spelling "nothwendig" is the 18th-century spelling of the modern German "notwendig."

3 **Fragen zum Text**

Der Salzburger Professor Dr. Günther G. Bauer arbeitete zehn Jahre lang an seinem Mozartbuch *Mozart. Glück, Spiel und Leidenschaft*, über das Catarina Carstens im vorhergehenden Artikel schreibt. Er war zuerst Schauspieler *(actor)* und Regisseur *(director)*, bis 1998 Professor für Schauspiel und 1983–1991 Rektor der damaligen Hochschule *Mozarteum* in Salzburg.

1. Für wen ist Prof. Bauers Buch geschrieben? Für Historiker, für Musikwissenschaftler oder für Mozartliebhaber?
2. Ist Prof. Bauers Buch ein wissenschaftliches Buch?
3. Würden Sie das Buch gerne einmal lesen? Warum (nicht)?

FILMTIPP: *Mozart: Aufzeichnungen einer Jugend* (Klaus Kirschner, 1976)

Ein Film über Mozarts Kindheit und Jugend, den kein Mozartliebhaber auslassen sollte.

---

4 **Mozarts Leidenschaften**

Lesen Sie den Text noch einmal durch und machen Sie eine Liste von Mozarts Leidenschaften. Sagen Sie, ob Sie das auch gerne machen!

 Mozart hat viele Kartenspiele gekannt. Ich kenne . . .

Mozart konnte schon mit vier Jahren Klavier spielen. Ich . . .

Im Kaffeehaus

age fotostock / SuperStock

Wann sagt man was?

kennen, wissen

Die Verben **kennen** und **wissen** kann man im Englischen beide mit *to know* übersetzen. Im Deutschen verwendet man **kennen** mit Sachen und Personen (Nomen) und **wissen** mit Tatsachen (Verben) in Nebensätzen. Setzen Sie die richtigen Verben in die folgenden Sätze ein.

> **Kennst du** *Eine kleine Nachtmusik **von** Mozart*?
>
> **Weißt du**, dass Mozart gerne Billiard gespielt hat?

1. Mozart hat wahrscheinlich mehr als ein Dutzend Kartenspiele _____ .
2. Aus dem Buch *Der beliebte Weltmensch* von 1795 _____ wir, dass Männer und Frauen im 18. Jahrhundert beim Spielen gleichberechtigt waren.
3. Durch seine vielen Reisen _____ Mozart viele Städte in Europa.
4. Von Nannerls Tagebuch _____ man, dass Mozart gerne getanzt hat.
5. Mozart _____ viele Wiener Aristokraten.
6. Niemand _____, ob Mozart Spielschulden hatte.

5   Wörterbucharbeit: Glück im Spiel

Arbeiten Sie mit dem Wörterbuch und finden Sie die richtigen Definitionen für die folgenden Redensarten.

1. Er setzt alles aufs Spiel.
2. Sei kein Spielverderber!
3. Er hat mehr Glück als Verstand.
4. Er ist ein Glückspilz.
5. Was wird hier gespielt?
6. Ich habe euer Spiel durchschaut.

a. Er gewinnt nicht durch Strategie oder Wissen, sondern durch Glück.
b. Er riskiert alles.
c. Komm, mach mit!
d. Ich weiß, was ihr wollt. Ich kenne jetzt euer Geheimnis.
e. Was ist euer Plan? Sagt mir, was ihr vorhabt!
f. Er hat immer großes Glück.

6   Andere berühmte Salzburger

Suchen Sie Informationen über die folgenden Personen. Wer sind sie? Was haben sie gemacht?

Thomas Bernhard   Ruth Aspöck
Peter Handke   Benita Ferrero-Waldner
Herbert von Karajan   Franz Martin Wimmer
Paracelsus   Muriel Baumeister
Georg Trakl   Sabina Hank
Stefan Zweig   Eckart Witzigmann

7 Suchbegriffe

Forschen Sie mit den folgenden Suchbegriffen im Internet.

Salzburg

1. Wie wird Salzburg im Internet präsentiert?
2. Welche Veranstaltungen gibt es im Moment in Salzburg?
3. Finden Sie drei historische Gebäude und suchen Sie Informationen darüber.

Salzburger Festspiele

4. Welche Opern werden dieses Jahr auf den Salzburger Festspielen gespielt?
5. Wie viel kosten die Eintrittskarten?
6. Suchen Sie Informationen über die Geschichte der Salzburger Festspiele? Was passierte 1933? Wer war 1960–1989 der große Maestro der Festspiele?

Universität Mozarteum

7. Was studiert man an der Universität Mozarteum? Welche Studienrichtungen gibt es?
8. Suchen Sie Informationen über die Universität Mozarteum. Was für eine Institution war das Mozarteum, bevor es eine Universität wurde?
9. Was ist aktuell? Welche Neuigkeiten gibt es?

Mozartkugel

10. Wo gibt es die original Mozartkugeln?
11. Wer hat die Mozartkugel erfunden?

Café Tomaselli

12. Was kann man im Internet über die Kaffeehaustradition erfahren?
13. Welche Spezialitäten gibt es?
14. Was wird über das Kaffeehaus und die österreichische Lebensart gesagt?

Salzburger Land

15. Welche Sportarten gibt es im Salzburger Land im Sommer?
16. Was kann man im Winter hier machen?

8 Salzburgreise oder Salzburger Rezepte

(1) Suchen Sie Informationen über Salzburg im Internet und überlegen Sie mit einem Partner, was Sie gerne machen würden, oder

(2) Recherchieren Sie die Rezepte der österreichischen Spezialitäten.

1. Planen Sie mit einem Partner eine Reise nach Salzburg. Finden Sie . . .
   - ein Hotel, das Ihnen gefällt.
   - ein paar Restaurants, in denen Sie gerne essen würden.
   - ein Konzert oder ein Theaterstück, das Sie gerne besuchen würden.
   - ein Geschäft, in dem Sie gerne etwas kaufen würden.

   Berichten Sie im Kurs, wie viel alles kostet und wo Sie die Informationen gefunden haben.

2. Suchen Sie Rezepte für die folgenden österreichischen Spezialitäten. Berichten Sie im Kurs, welche Zutaten man braucht und wie man sie macht.

Salzburger Nockerln   Palatschinken

Frittatensuppe   Germknödel

Sachertorte   Erdapfelgulasch (Kartoffelgulasch)

Linzer Torte   Liptauer

Marillenknödel (Aprikosenknödel)

Richtig oder falsch?

Forschen Sie weiter und entscheiden Sie, ob die folgenden Aussagen korrekt sind. Wenn sie falsch sind, korrigieren Sie sie.

1. Die Getreidegasse ist eine Pferderennbahn in Salzburg.
2. Das Schloss Mirabell wurde 1606 gebaut.
3. In den Festspielhäusern finden jedes Jahr die Festspiele statt.
4. Auf den Salzburger Festspielen gibt es nur Opern von Mozart.
5. Herbert von Karajan war ein berühmter Salzburger Opernsänger.
6. Am Mozarteum kann man Kunst und Musik studieren.
7. Das Mozarteum heißt erst seit 1998 Universität Mozarteum.
8. Im Salzburger Land sind Ferien auf dem Bauernhof sehr beliebt.
9. Der Konditor (pastry chef) Paul Fürst hat 1980 die Mozartkugel erfunden.
10. Das Café Tomaselli wurde 1705 gegründet.

Ken Welsh / Alamy

Die Getreidegasse in Salzburg ist heute eine der beliebtesten Einkaufsstraßen Europas.

Lokale Presse

Gehen Sie zu den folgenden Websites im Internet. Was sind die Schlagzeilen? Wie wirken diese Zeitungen auf Sie? Wie sind Sprache und Präsentation? Was ist besonders interessant?

Salzburger Nachrichten

Salzburger Fenster

Nachrichtenrunde

Arbeiten Sie in Gruppen oder Paaren. Berichten Sie über einen Aspekt, den Sie beim Surfen im Internet gefunden haben.

Fragen zum Nachdenken und Diskutieren

Bearbeiten Sie diese Fragen in Paaren oder kleinen Gruppen. Machen Sie Notizen und geben Sie im Kurs einen kleinen Bericht. Bringen Sie die Resultate Ihrer Internetsuche dabei ein.

1. Welche Aspekte haben die kleine Stadt Salzburg so berühmt gemacht?
2. Für wen ist Salzburg besonders interessant?
3. Wie stellen Sie sich die Salzburger Festspiele vor? Wer besucht sie?

Strukturen

Näher beschreiben und informieren

Relativsätze und Relativpronomen

A relative clause provides more information about a previously mentioned idea, thing, or person.

- Relative clauses are linked by a relative pronoun to the noun they describe. Relative pronouns are identical to definite articles, except for the dative plural and all the genitive forms.

  Nahe der deutschen Grenze liegt die Stadt Salzburg, die für ihre Festspiele bekannt ist.

	Masculine	Neuter	Feminine	Plural
Nominative	der	das	die	die
Accusative	den	das	die	die
Dative	dem	dem	der	**denen**
Genitive	**dessen**	**dessen**	**deren**	**deren**

- While the gender and number of the relative pronoun are determined by the preceding noun, case depends on the function of the relative pronoun in the relative clause.

  Mozart ist **der Salzburger Komponist,** | **der** jeden Ball besuchte.
  MASKULIN SINGULAR | NOMINATIV *(subject of the relative clause)*

  Mozart ist **der Salzburger Komponist,** | **den** die ganze Welt kennt.
  MASKULIN SINGULAR | AKKUSATIV *(direct object of the relative clause)*

- Sometimes a relative pronoun can be preceded by a preposition. In that case, the relative pronoun takes the case required by the preposition.

  Das Haus, **in dem** Mozart geboren wurde, ist eine der größten Sehenswürdigkeiten Salzburgs.

  In den Bürger- und Adelshäusern standen Spieltische, **an denen** leicht 15 bis 20 Gäste Platz finden konnten.

- Relative clauses usually follow the noun they relate to[2]. As in other subordinate clauses, the conjugated verb is positioned at the very end of the clause.

  Bölzelschießen war **ein Spiel, das** man vor allem an Sonn- und Feiertagen **spielte**.

  Die Menuette, die sein Vater ihm **vorspielte**, konnte Mozart nach einer halben Stunde mühelos nachspielen.

---

[2] Past participles and short infinitive phrases can come between the noun and the relative clause, however: Billard ist *eines der Spiele gewesen*, das Mozart gerne gespielt hat.

13 Salzburger Ratespiel

Kombinieren Sie gemeinsam mit Ihrem Partner / Ihrer Partnerin die folgenden Elemente.

z.B. Die Festung Hohensalzburg ist die größte Burg Mitteleuropas, die fast vollständig erhalten ist.

1. Die Festung Hohensalzburg ist	der Vorname einer Frau,	der die Salzburger Festspiele weltberühmt gemacht hat.
2. *Tomaselli* ist	die größte Burg Mitteleuropas,	die ein Ziel für viele Skifahrer und Wanderer ist.
3. Constanze ist	der Name des Dirigenten,	
4. Herbert von Karajan ist	das berühmte Musical,	in dem Mozart oft Melange getrunken hat.
5. Das Salzburger Land ist	der Name des Kaffeehauses,	
6. *The Sound of Music* ist	die Gegend,	die fast vollständig erhalten ist.
		das in Salzburg verfilmt wurde.
		die mit einem weltberühmten Komponisten verheiratet war.

14 Mehr Informationen, bitte!

Arbeiten Sie gemeinsam mit Ihrem Partner / Ihrer Partnerin und vervollständigen Sie die Sätze gemeinsam.

1. Salzburg ist eine kleine Stadt, die . . .
2. Salzburg hat eine barocke Altstadt, in der . . .
3. Mozart ist ein Komponist, der . . .
4. *The Sound of Music* ist ein Musical, das . . .
5. Jeden Sommer gibt es die Salzburger Festspiele, die . . .
6. Kartenspiele sind Spiele, die . . .
7. Ein Glückspilz ist eine Person, die . . .
8. Die Mozartkugel ist eine Kugel, durch die . . .

Die Festspielhäuser in Salzburg

◉ Einblicke

15

Fragen zum Thema

1. Trinken Sie gern Kaffee?
2. Gehen Sie oft ins Café? Was für ein Café ist das?
3. Wie lange sitzen Sie im Café? Was machen Sie dort?
4. Lesen Sie manchmal im Café?
5. Kennen Sie ein Café oder Restaurant, in dem es immer Frühstück gibt?

Dieser etwas impressionistische Bericht aus den *Salzburger Nachrichten* beschreibt die Atmosphäre in einem der berühmtesten Kaffeehäuser Österreichs.

© Selbach/Laif/Redux Pictures

Auf der Terrasse des Café Bazar, Salzburg

Kaffeehausfrühstück

fried pastry Der Krapfen° kam auf einem Teller mit einer Gabel. In meinem Kopf lief ein Film ab: Gabel nehmen, damit das Gebäck zerkleinern . . . Der Ober beobachtete mich. „Wir servieren zwar den Krapfen mit einer Gabel. Aber die Gabel zu benutzen . . .“ – er
5 zögerte – „. . . ich denke, das wäre nicht nötig.“ Besser könnte er Österreich nicht beschreiben.

„Hat schon jemand einmal die Gabel benutzt?“ fragte ich. „Ja, neulich eine Amerikanerin.“ Der Ober lächelt ein wenig. „In Belgien isst man Kuchen sogar mit Messer und Gabel“, sagte ich.
10 „Amerikaner essen immer nur mit einer Hand“, sagte der Ober scharfsinnig. Der Krapfen war übrigens wunderbar und frisch. Ich frühstückte im „Bazar“, denn ich hatte einen Kollegen um Rat gebeten, der Innenstädter und passionierter Kaffeehaus-Frühstücker ist. Er nannte das „Café Fingerlos“ und den „Österreichischen Hof“,
15 aber er selbst geht immer ins „Bazar“. Warum? Die Begründung ist einfach: „Es gibt hier den besten Kaffee Salzburgs.“

Den Besten? Das Wasser ist stadtweit dasselbe, Kaffee und Maschine sind käuflich. Woher kommen die Unterschiede? Der
fine tuning Kollege vermutet, dass es um die Feineinstellung° geht, um die
pressure 20 glückliche Mischung aus Temperatur und Druck°. Und tatsächlich, ich bin von meinem doppelten Espresso begeistert.

guidebooks / ranking

Aus den Reiseführern° folgt eine andere Rangordnung° der Salzburger Kaffeehäuser. Da steht das „Café Tomaselli" als „a must" und „famous traditional Austrian Café" und das „Bazar"
25 steht nur als „less famous and likewise traditional." Es ist interessant zu wissen, dass die Besitzerin des „Café Tomaselli" bis vor einigen Jahren auch die Besitzerin des „Café Bazar" war. Als Vera Tomaselli das „Café Bazar" verkaufte, versprach der Käufer „Nichts wird sich ändern". So gibt es wie immer Frühstück zu
30 jeder Tageszeit. Man bestellt Semmeln°, Butter und Eier auch am Nachmittag. Tee wird geduldet°. Gebäck, Orangensaft und Butter sind frisch; Marmelade kommt zwar aus dem Plastikdoserl°, ist aber die feinste Marke. Eier, weich gekocht im Glas mit zartem° Schinken, sind erstklassig. Ober, Gäste und Zeitungen geben die
35 besondere Atmosphäre. Es gibt Leute, die sind süchtig° danach.

Austrian word for Brötchen
tolerated
reg. Plastikdöschen, small plastic cup
tender
addicted

16 Fragen zum Text

1. Was sagt der Ober über die Gabel, mit der der Krapfen serviert wird?
2. Wie soll der Gast den Krapfen essen?
3. Was sagt der Ober über die Amerikaner?
4. Warum wird der Krapfen im Café Bazar mit Gabel serviert?
5. Wer hat dem Gast das Café Bazar empfohlen? Warum?
6. Was steht in den Reiseführern über die Salzburger Kaffeehäuser?
7. Wer ist Vera Tomaselli?
8. Was versprach der neue Besitzer des Café Bazar Vera Tomaselli?
9. Was gibt es im Kaffeehaus zum Frühstück?

Josef Polleross / The Image Works

Das Café Tomaselli in Salzburg wurde 1705 gegründet und ist somit das älteste Kaffeehaus Österreichs.

17 Wer hat das gesagt?

Sagen Sie, wer das Folgende gesagt hat. Kommentieren Sie die Aussagen.

1. „Nichts wird sich ändern."
2. „In Belgien isst man Kuchen sogar mit Messer und Gabel."
3. „Amerikaner essen immer nur mit einer Hand . . ."
4. „Es gibt hier [Café Bazar] den besten Kaffee Salzburgs."
5. „Da steht das Café Tomaselli als ,a must'."

a. Der Ober, der den Krapfen serviert hat.
b. Der Kollege, der dem Autor das Café Bazar empfohlen hat.
c. Der Gast, der den Artikel geschrieben hat.
d. Der Käufer, der von Vera Tomaselli das Café Bazar gekauft hat.
e. Im Reiseführer, in dem der Gast über die Salzburger Kaffeehäuser gelesen hat.

> „Das Kaffeehaus ist die Heimat für Leute, die allein sein wollen, aber dazu Gesellschaft (company) brauchen."
>
> Alfred Polgar, Schriftsteller

18 Schreibübung

1. Kommentieren Sie das obige Zitat von Alfred Polgar. Wohin gehen Sie, wenn Sie „allein sein wollen, aber dazu Gesellschaft brauchen"?
2. Schreiben Sie einen Eintrag über das Café Bazar mit Informationen aus dem Text.
3. Schreiben Sie über ein Café in Ihrer Stadt. Wie kann man die Atmosphäre einer Lokalität am besten beschreiben?

19 Definitionen

Finden Sie die richtigen Begriffe für die folgenden Definitionen.

1. Kaffee, den man in österreichischen Kaffeehäusern gerne trinkt.
2. Das Kaffeehaus, in dem schon Mozart seine Melange getrunken hat.
3. Das Haus, in dem Mozart geboren wurde.
4. Die Festung, die auf einem Berg (mountain) in Salzburg steht.
5. Das Festival, das jedes Jahr in Salzburg stattfindet.
6. Die runde Praline, die ein Salzburger erfunden hat.

a. Café Tomaselli
b. Melange
c. Getreidegasse 9
d. Salzburger Festspiele
e. Hohensalzburg
f. Mozartkugel

Wortschatz

das **Angebot, -e**   offer

begeistert   excited

beobachten   (hat beobachtet) to watch (s.o. or s.th.)

der **Besitzer, -** / die Besitzerin, **-nen**   owner

die **Burg, -en**   castle

das **Denkmal, ⸚er**   monument

einen Film **drehen** (hat gedreht) to make a movie

der/die **Einheimische, -n**   local person

die **Erholung**   rest, relaxation

erstklassig   first class, excellent; excellently

die **Festspiele** (pl.)   festival

die **Festung, -en**   castle

die **Freude**   fun

die **Gasse, -n**   narrow street

das **Gebäck**   pastry, pastries, baked goods

das **Gebiet, -e**   area

gleichberechtigt   having equal rights

der **Hof, ⸚e**   court

der **Innenstädter, -** / die **Innenstädterin, -nen**   city dweller

das **Kaffeehaus, ⸚er**   traditional Austrian café

der **Krapfen, -**   fried pastry

lächeln (hat gelächelt)   to smile

leidenschaftlich   passionate

die **Melange**   coffee with whipped cream

die **Mozartkugel, -n**   praline invented in Salzburg

mühelos   without trouble, easily

nachweisen (weist nach, wies nach, hat nachgewiesen) to prove

scharfsinnig   quick witted, astute; astutely

der **Schinken, -**   ham

die **Schulden** (pl.)   debt

die **Sehenswürdigkeit, -en**   sight, tourist attraction

die **Semmel, -n**   roll (regional term)

süchtig   addicted

das **Tagebuch, ⸚er**   diary

versprechen (verspricht, versprach, hat versprochen) to promise

vollständig   completely

weder . . . noch   neither . . . nor

wunderbar   wonderful

zart   tender

der **Zeitgenosse, -n** / die **Zeitgenossin, -nen** contemporary

das **Ziel, -e**   destination, goal, target

Salzburginformation

Eine Freundin, die bald eine Europareise machen will, fragt Sie, ob Salzburg eine interessante Stadt ist. Was sagen Sie ihr? Schreiben Sie einen Dialog und spielen Sie die Szene im Kurs vor. Verwenden Sie dabei möglichst viele der folgenden Begriffe.

begeistert – beobachten – der/die Einheimische – einen Film drehen – die Erholung – erstklassig – das Gebiet – gemütlich – die Innenstädter – versprechen – zart – das Ziel

Salzburger Sehenswürdigkeiten, Aktivitäten und Spezialitäten	
die Altstadt	die Musik
die Burg	der Salzburger Dom
das Denkmal	die Salzburger Festspiele
die Festung Hohensalzburg	das Salzburger Land
die Getreidegasse	der Schinken
das Kaffeehaus	die Sehenswürdigkeit
der Krapfen	die Semmel
die Landschaft	das Schloss Mirabell
die Melange	der Sommer
das Mozarthaus	*The Sound of Music*
Mozartkugeln	der Winter

Was ist passiert?

Arbeiten Sie in Paaren oder Gruppen. Beschreiben Sie die Situation im Bild und verwenden Sie dabei wenigstens zehn der folgenden Wörter. Spielen Sie dann die Szene.

begeistert – beobachten – Besitzer – der/die Einheimische(n) – erstklassig – Gebäck – Kaffee – Kaffeehaus – lächeln – leidenschaftlich – Melange – süchtig – wunderbar

z.B. Ein amerikanischer Student ging ins Kaffeehaus und . . .

© Cengage Learning

Rollenspiel

Spielen Sie andere kleine Szenen im Caféhaus. Spielen Sie nicht sich selbst, sondern jemand anderes; zum Beispiel eine schwedische Touristin; einen deutschen Studenten; einen Restaurantkritiker oder eine Reporterin für ein Gourmetmagazin; jemand, der keinen Kaffee trinken darf; usw.

Zvonimir Orec/www.Shutterstock.com

Mozarts Geburtshaus.

Redemittel zum Diskutieren

Sagen, was man gerne hat

Mir gefallen / Mir gefällt . . .	**Mir gefällt** an Salzburg besonders die Altstadt.
Ich esse / trinke gern . . .	**Ich esse gern** Salzburger Nockerln.
Ich esse / trinke lieber . . .	**Du isst lieber** Wiener Schnitzel.
Ich finde . . . gut / nicht so gut.	**Ich finde** das Konzept der Kaffeehäuser **gut**.
Ich mag . . .	**Ich mag** die gemütliche Atmosphäre besonders gerne.

Mit dem Verb **gefallen,** sagt man, dass einem die äußere Erscheinung (äußere . . . *outer appearance*) oder eine äußere Charakteristik einer Sache gut gefällt. Das Verb **mögen** verwendet man, wenn man über eine innere Qualität und nicht über das Aussehen spricht.

Ich **mag** Robert. **Mir gefällt** sein neues Auto.

---

23   **Und du?**

Welchen der folgenden Aussagen stimmen Sie (nicht) zu? Wenn Sie nicht zustimmen, sagen Sie, was Sie mögen oder nicht.

1. Mir gefallen die alten, traditionellen Cafés am besten.
2. Ich trinke Kaffee gerne mit Milch und Zucker.
3. Ich trinke lieber Cola.
4. Ich mag nur Espresso mit viel Zucker.
5. Ich finde den Kaffee in der Cafeteria an der Uni sehr gut.
6. Ich esse gern Kuchen und Gebäck.
7. Mir gefallen die kleinen, engen (*narrow*) Gassen in Salzburg.
8. Ich finde Mozarts Musik fantastisch.
9. Ich gehe gern alleine ins Café und lese ein Buch.

24   **Was magst du? Was gefällt dir? Was machst du gern?**

Sagen Sie, was sie mögen, was Sie gerne machen und was Ihnen gefällt.

im Internet surfen und Kaffee trinken – Eis – Filme aus den sechziger Jahren – frisches Gebäck – heiße Schokolade – Kaffee mit Milch – Kuchen mit Sahne – mit Freunden ins Café gehen – Mozartkugeln – Mozarts Sonaten – Ski fahren – traditionelle Restaurants – wandern

25   **Fragen zur Diskussion**

Diskutieren oder schreiben Sie über eines der folgenden Themen. Verwenden Sie dabei die Redemittel.

1. Stimmt es, dass Amerikaner nur mit einer Hand essen? Welche anderen Charakteristiken des Essverhaltens (*eating behavior*) kennen Sie?
2. In welche Art Restaurant gehen Sie am liebsten? Warum? Was essen und trinken Sie dort gerne?
3. Welches Restaurant, das Sie kennen, ist besonders traditionell?

Strukturen

Das Subjekt als Objekt

Reflexivpronomen

Reflexive pronouns refer to the subject of the sentence.

nonreflexive: Eine Touristin kauft einen Apfel und wäscht ihn im Mozartbrunnen.	*A tourist buys an apple and washes it in the Mozart Fountain.*
reflexive: Eine Touristin wäscht sich im Mozartbrunnen.	*A tourist washes herself in the Mozart Fountain.*

- The reflexive pronoun stands as close as possible to the subject it refers to without affecting the regular placement of verbs.

- In the first person (**ich, wir**) and second person informal (**du, ihr**), reflexive pronouns are identical to regular accusative and dative pronouns.

		First Person	Second Person Informal
Accusative	*Singular*	mich	dich
	Plural	uns	euch
Dative	*Singular*	mir	dir
	Plural	uns	euch

> Heute Nachmittag werde ich **mich** hoffentlich für ein paar Stunden ins Tomaselli setzen können.
>
> Ihr habt **euch** ein schönes Wochenende in Salzburg gemacht.
>
> Ich bestelle **mir** eine Melange im Tomaselli.
>
> Wir kauften **uns** eine riesige Packung Mozartkugeln.

- The form of the reflexive pronoun for all second-person formal **(Sie)** and third-person forms is **sich**.

		Personal Pronouns	Reflexive Pronouns
2nd Person Formal Accusative	*Singular and Plural*	Sie	
2nd Person Formal Dative	*Singular and Plural*	Ihnen	sich
3rd Person Accusative	*Singular Plural*	ihn/es/sie sie	
3rd Person Dative	*Singular Plural*	ihm/ihm/ihr ihnen	

> Ziehen Sie **sich** bequeme Kleidung an, wenn Sie Salzburger Nockerln essen!
>
> Die Stadt Salzburg präsentiert **sich** als Kulturmetropole.
>
> Der Gast kaufte **sich** einen Krapfen.
>
> Unzählige Touristen sehen **sich** jeden Tag das Mozartdenkmal an.

- Certain German verbs always take accusative reflexive pronouns.

  Nach dem Bummel durch die Salzburger Altstadt **habe ich mich** im Kaffeehaus **ausgeruht**.

  These verbs include:

sich ausruhen	*to rest*
sich beeilen	*to hurry*
sich benehmen	*to behave*
sich erholen	*to relax; to recuperate*
sich erkälten	*to catch a cold*
sich irren	*to be wrong*
sich umsehen	*to look around*
sich verlaufen / verfahren	*to get lost (on foot / by car)*
sich verspäten	*to be late*
sich (über etwas) wundern	*to be surprised / perplexed (about s.th.)*

- Depending on their specific meaning, certain other German verbs can also take accusative reflexive pronouns.

  Die Besucher der Salzburger Festspiele **amüsieren sich** bei der Aufführung des „Jedermann".

  These verbs include:

sich amüsieren	*to enjoy oneself*
sich ändern	*to change*
sich entschuldigen	*to apologize*
sich (gut, schlecht . . .) fühlen	*to feel (well, bad . . .)*
sich hinlegen	*to lie down*
sich interessieren	*to be interested*
sich langweilen	*to be bored*
sich (hin)setzen	*to sit down*
sich treffen	*to meet*
sich unterhalten	*to have a conversation*

- Some verbs always take a dative reflexive pronoun to indicate a particular meaning.

  Ich **habe mir eingebildet**, Salzburger Nockerln essen zu müssen.

  Stell dir vor, du könntest einen ganzen Sommer in Salzburg verbringen.

  Verbs taking a dative reflexive pronoun include:

sich etwas ansehen	*to take a look at something*
sich etwas aussuchen	*to choose s.th.*
sich etwas bestellen	*to order s.th. for oneself*
sich etwas einbilden	*to imagine something / to think of s.th. as (not) true*
sich etwas leisten	*to afford something*
sich etwas merken	*to take note of something*
sich etwas überlegen	*to think something over*
sich etwas vorstellen	*to imagine something*

26 Das älteste Kaffeehaus Österreichs

Ergänzen Sie die Sätze mit den folgenden Verben.

sich aussuchen	sich treffen
sich bestellen	sich unterhalten
sich erholen	sich wundern
sich interessieren	

Das Café Tomaselli in Salzburg wurde schon 1705 gegründet und ist Österreichs ältestes Kaffeehaus. Seit über dreihundert Jahren trinkt man dort die Melange, isst frisches Gebäck und _____ über das Neueste in Salzburg. Man _____ Kuchen oder Gebäck beim Herrn Ober oder _____ etwas vom Kuchenbuffet _____. Im Tomaselli _____ leidenschaftliche Salzburger Kaffeehausfrühstücker zum täglichen Frühstück; und viele Touristen _____ von einem anstrengenden (strenuous) Stadtrundgang. Viele Touristen _____ über die vielen verschiedenen Kaffeevarianten, die es im Tomaselli gibt. Doch wer _____ für die Kaffeehauskultur _____, weiß, dass alle diese Varianten eine lange Geschichte haben und zur Tradition gehören.

27 Partnerinterview

Fragen Sie Ihren Partner / Ihre Partnerin und berichten Sie dann das Interessanteste im Kurs. Sagen Sie auch etwas über sich selbst und versuchen Sie dabei, möglichst viele Reflexivverben zu verwenden.

z.B. Jennifer fühlt sich bei Starbucks am wohlsten. Sie bestellt sich meistens einen doppelten Espresso. Ich fühle mich in der Cafeteria wohler, weil man sich dort besser unterhalten kann . . .

1. In welchem Restaurant oder Café fühlst du dich am wohlsten? Was bestellst du dir dort gerne?
2. Wo kannst du dich am besten erholen?
3. Wo triffst du dich am liebsten mit Freunden?
4. Was interessiert dich an Österreich am meisten?
5. Worüber hast du dich in diesem Kapitel am meisten gewundert?

28 Ketten-Prosa

Arbeiten Sie in Gruppen und schreiben Sie eine Geschichte über zwei Personen, die Salzburg besuchen. Schreiben Sie zuerst jeweils jeder einen Satz und verwenden Sie dabei möglichst viele Reflexivverben. Stellen Sie dann die Sätze im Kurs vor und bringen Sie sie in eine interessante Reihenfolge, sodass eine Geschichte entsteht.

Videoblog

Katharina

Vor dem Sehen

 A **Assoziationen**

Was assoziieren Sie mit den folgenden Begriffen? Machen Sie Assoziogramme und vergleichen Sie Ihre Assoziationen im Kurs.

„Salzburg, sagt man, ist die Bühne der Welt."

© Cengage Learning

in den Bergen

am See

B **Berühmte Persönlichkeiten**

Wer ist wohl der berühmteste Salzburger? Gibt es in Ihrem Heimatort auch eine berühmte Persönlichkeit? Berichten Sie im Kurs!

Beim Sehen

 C **Themen und Aussagen**

Katharina spricht über verschiedene Themen. Bringen Sie die Themen in die richtige Reihenfolge.

_____ Mozart
___1___ die Berge um Salzburg
_____ Café Tomaselli
_____ Ski fahren
_____ die Österreicher
_____ die Stadt Lienz

Welche Aussagen passen zu welchen Themen?

_____ Die Österreicher sind genauso modern wie alle andern.
_____ Dort oben wird dann natürlich Glühwein getrunken.
_____ Das liegt in Osttirol, ein ganzes Stück weg von Salzburg.
_____ Ich liebe seine Musik.
_____ Sie versuchen zumindest immer freundlich zu sein.
_____ Man kann, wenn man möchte, auch mit den Bergbahnen hochfahren.
_____ Dort kann man Prominenz antreffen.
_____ Das ist eins der ältesten Kaffeehäuser in ganz Österreich.
_____ Er starb auch wieder in Salzburg.
_____ Das habe ich aber damals als Kind schon gelernt.
_____ Es gibt aber auch Vorurteile.
_____ Die Stadt ist ein bisschen kleiner.

Visuelles

Kreuzen Sie an, ob die folgenden Aussagen mit dem übereinstimmen, was Sie sehen. Berichtigen Sie die falschen Aussagen.

	STIMMT	STIMMT NICHT
1. Mitten durch Salzburg fließt ein großer Fluss.	☐	☐
2. Vor dem Café Tomaselli gibt es grüne Sonnenschirme.	☐	☐
3. Mozarts Geburtshaus ist rot.	☐	☐
4. Die Sachertorte ist quadratisch.	☐	☐
5. Durch die engen Straßen fährt eine Straßenbahn.	☐	☐
6. Am Ende sieht man einen Springbrunnen.	☐	☐

 Sachertorte

Wie beschreibt Katharina die Sachertorte? Können Sie im Internet ein Rezept finden? Woher kommt der Name?

 Die Österreicher

Verbinden Sie die Elemente zu vollständigen Sätzen.

1. Die Österreicher werden
2. Die Österreicher sind zum größten Teil
3. Es gibt auch Vorurteile
4. Es gibt Unterschiede
5. Man denkt, die Österreicher seien altmodisch,
6. In Wien

a. gegen die Österreicher.
b. weil man immer nur an Mozart denkt.
c. gibt's auch Punks.
d. sehr herzliche Menschen.
e. unterschiedlich gesehen.
f. zwischen Wien, Salzburg und den anderen Regionen.

Nach dem Sehen

 Reflexionen

Wie gefällt Ihnen Salzburg? Was haben Sie aus dem Vlog Neues erfahren über die Stadt und ihre Menschen? Was würden Sie in Salzburg gerne einmal machen?

 Berühmt

 Machen Sie Ihr eigenes Vlog oder schreiben Sie eine E-Mail an einen Partner / eine Partnerin und berichten Sie von einer berühmten Persönlichkeit in Ihrem Heimatort.

🔊 Listen to this chapter's audio segments at www.cengage.com/german/stationen.

Lektüre

Wolf Haas

Wolf Haas ist 1960 in Maria Alm geboren. Nach dem Abschluss seines Linguistik-Studiums und einer Dissertation mit dem Thema „Die sprachtheoretischen Grundlagen der konkreten Poesie" arbeitete er zwei Jahre als Universitäts-Lektor in Swansea (Südwales). Seit 1990 lebt er in Wien. Sein Romandebüt *Auferstehung der Toten* machte ihn im deutschsprachigen Raum als Krimiautor bekannt. Sein vierter Fall für den Privatdetektiv Brenner, *Silentium!,* erhielt 2000 den deutschen Krimi-Preis.

Vor dem Lesen

 Fragen zum Thema

1. Was ist typisch für einen Kriminalroman oder einen Kriminalfilm?
2. Welche Personen gibt es in einem typischen Kriminalroman oder -film?
3. Welche berühmten Detektive kennen Sie?
4. Welche besonderen Charaktereigenschaften und Methoden haben diese Detektive?
5. Der Detektiv im Kriminalroman „Silentium!" von Wolf Haas heißt Brenner und war 19 Jahre lang Polizist in Österreich. Was für ein Typ ist er wohl?
6. Brenner wird in ein Internat *(boarding school)* in der Nähe von Salzburg gerufen. Spekulieren Sie, was passiert sein könnte.

 Gerüche

Im ersten Ausschnitt aus dem Kriminalroman geht es unter anderem um Gerüche. Bearbeiten Sie die folgenden Fragen mit einem Partner / einer Partnerin und berichten Sie dann im Kurs.

1. Was riechen Sie, wenn Sie nach Hause kommen?
2. Was riechen Sie, wenn Sie auf dem Campus sind?
3. Was bedeutet es, wenn man sagt, dass man *jemand nicht riechen kann*?
4. Was bedeutet es, *eine gute Nase zu haben*?

 Redewendungen

Arbeiten Sie mit einem Partner / einer Partnerin und finden Sie die richtigen Definitionen für die folgenden Redewendungen. Versuchen Sie dann, mit Hilfe eines Wörterbuches genauere Erklärungen zu finden und schreiben Sie gemeinsam zu jeder Redewendung ein Beispiel.

1. Da trifft einen ja der Schlag.
2. Etwas ist zum Greifen nahe.
3. ein Brocken von einem Kerl
4. mit der Kirche ums Kreuz / ums Dorf
5. ein Auge auf jemanden werfen
6. quietschlebendig sein

a. Etwas scheint so nahe zu sein, dass man glaubt, es anfassen zu können.
b. ein großer Mann mit einer ziemlich mächtigen Figur
c. Man ist fröhlich und glücklich und freut sich am Leben.
d. Man beobachtet jemanden und interessiert sich für ihn oder sie.
e. Es ist eine totale Überraschung.
f. unnötig kompliziert

Beim Lesen

Im ersten Ausschnitt aus dem Kriminalroman „Silentium!" beschreibt der Autor den Schauplatz und die Hauptfigur des Buches (Aktivität 32).

 32 ### Schauplatz und Hauptfigur

Achten Sie auf die besondere Weise, in der der Autor den das Internat und Detektiv Brenner, die Hauptfigur seines Kriminalromans, beschreibt. Was fällt Ihnen auf? Was gefällt Ihnen? Was stört Sie? Welche sprachlichen Besonderheiten fallen Ihnen auf (Stil, Grammatik, Wortwahl, wie der Autor mit dem Leser spricht)? Wo benutzt der Autor Ironie?

Silentium!

Wolf Haas

Der Ex-Polizist Brenner kommt als Detektiv in ein Salzburger Internat, um einer Reihe mysteriöser Morde auf die Spur zu kommen.

Wie der Brenner im Marianum° angekommen ist und in das leerstehende Hilfspräfektenzimmer° eingezogen ist, hat ihn der Geruch sofort an die Polizeikasernen erinnert. Weil neunzehn Jahre Polizist gewesen, bevor er sich selbständig gemacht hat, und da erinnert

5 dich im restlichen Leben natürlich alles an die Polizei.

◼

Und ob du es glaubst oder nicht, jedes Stockwerk in dieser riesigen alten Internatsburg hat wieder seinen eigenen Geruch gehabt. Aber richtig zuordnen haben sich die Gerüche trotzdem nicht lassen. Küche und Speisesaal waren zwar im Erdgeschoß,

10 aber die ranzigen° Essensgerüche sind durch das ganze Haus gezogen, und obwohl sie die neue Hauskirche direkt in das Dach hineingepflanzt haben, also vier Stock von der Küche entfernt, hat sie oft gerochen wie das reinste Wirtshaus.

◼

Architektonisch war die Dachkirche ein Meisterwerk, da haben sie

15 vor zehn Jahren ein supermodernes Vogelnest auf die alten Klostermauern gesetzt, und beim Eintreten hat dich fast der Schlag getroffen, weil Kirchendecke komplett aus Glas, praktisch Himmel zum Greifen nahe. Aber geruchstechnisch problematisch. Weil aus irgendeinem Grund hat es die Küchendämpfe° hinaufgesaugt.

20 Aber unglaublich, wie schnell der Mensch sich an neue Gerüche gewöhnt, und am dritten Tag hat der Brenner sie schon gar nicht mehr richtig wahrgenommen. Natürlich kein Problem, weil er ist ja vom Internatsleiter sowieso nicht angestellt worden, damit er die Gerüche analysiert. Der Herr Regens hat ja nicht einen Detek-

25 tiv für die Gerüche gebraucht! Sondern paß auf, was ich dir sage. Normalerweise war der Brenner nicht so ein Feinspitz° bei den Gerüchen. Wenn du neunzehn Jahre bei der Polizei warst, dann hast du genug Gelegenheiten gehabt, um dir solche Empfindlichkeiten abzugewöhnen. Und der Brenner sowieso nie sehr auf der überzüchteten° Seite. Schon rein das Äußerliche. Ein untersetzter

boarding school in Salzburg
room for the assistant director of the school

rancid

kitchen smog

regional expression for a sensitive, distinguishing person

overly cultivated 30 Brocken mit einem Gesicht, an dem die Pockennarben noch das
Glatteste waren, weil bei ihm die steilen Falten gleich zentimen-
tertief in die Wangen geschnitten haben. Sprich nur eine Preis-
frage mit sehr geringem Schwierigkeitsgrad°, ob es sich hier eher
level of difficulty um einen österreichischen Exbullen° oder um einen berühmten
former cop 35 französischen Parfumschnupperer handelt.

Daß ihn ausgerechnet im Marianum auf einmal die Gerüche so
beschäftigt haben, das war wieder einmal, wie soll ich sagen, da
möchte ich gar nichts beschönigen°. Das war eben der Brenner.
gloss over Das ist ihm beim Ermitteln° oft schon ein bißchen im Weg
investigating a crime 40 gestanden. Immer das Unwichtige zuerst. Das war eine Krankheit,
von der ist der Brenner einfach nicht losgekommen. Immer mit
der Kirche ums Kreuz. Bei der Polizei haben seine Vorgesetzten
versucht, es ihm auszutreiben°, aber nichts da, der Brenner ist
nicht einen Millimeter von seiner Methode abgerückt°. Und das
es ihm auszutreiben . . . cure 45 Schlimmste daran ist, sie ist ansteckend. Ich merke ja gerade, daß
him of that / moved away from . . . ich auch mit dem Unwichtigsten angefangen habe. Weil am Ende
vier Tote, da braucht man sich an und für sich nicht eine Ewigkeit°
eternity mit den Gerüchen aufhalten.

Nach dem Lesen

33 **Fragen zum Text**

1. Wie wird das Internat beschrieben?
2. Was haben Sie über Brenner erfahren? Ist er ein „klassischer" Detektiv?
3. Wie wird Brenners „Methode" beschrieben?
4. Wer ist der Erzähler?
5. Was ist wohl das Verhältnis des Erzählers zum Privatdetektiv Brenner?
6. Wie wird der Leser angesprochen? Was für einen Effekt hat das?
7. Welche sprachlichen Besonderheiten fallen Ihnen auf? Welchen Effekt hat das auf den Leser? Kennen Sie andere Romane, in denen ein sehr spezifischer Stil verwendet wird?
8. Welche ironischen Elemente können Sie in dem Ausschnitt identifizieren?

Ein Konzert in der Felsenreitschule

Vor dem Weiterlesen

34 Die Felsenreitschule

Der zweite Ausschnitt aus dem Roman spielt in der ehemaligen Felsenreitschule, die heute als Aufführungsort für die Salzburger Festspiele dient. Verbinden Sie mit einem Partner / einer Partnerin die Sätze zu Relativsätzen.

1. In der Felsenreitschule finden heute Theaterstücke und Opern statt. Sie wurde ursprünglich als erzbischöfliche Sommerreitschule gebaut.
2. Das Publikum saß damals in dreistöckigen Arkaden. Sie dienen heute als natürliche Kulisse.
3. In der Felsenreitschule gibt es Platz für 1.437 Zuschauer. Sie kommen aus aller Welt nach Salzburg.
4. Die Bühne wird von einem Regendach geschützt. Es kann geöffnet werden.
5. Es gibt in der Felsenreitschule auch einen lebenden Baum. Man muss ihnen wegen fehlenden Lichts und Regens regelmäßig erneuern.
6. Seit 1926 kann man bei den Salzburger Festspielen Konzerte, Opern und Theaterstücke sehen. Sie sind auf der ganzen Welt berühmt.

Beim Weiterlesen

Im zweiten Ausschnitt aus dem Kriminalroman trifft Brenner Fräulein Schuh, Sekretärin bei den Salzburger Festspielen (Aktivität 35).

35 Die Geschichte vom Fräulein Schuh

Im nächsten Ausschnitt kommen vier neue Personen vor:

- Fräulein Schuh
- der Salzburger „John F. Kennedy"
- ein Selbstmörder
- eine Putzfrau

Sammeln Sie die Informationen, die Sie über diese Personen bekommen. Achten Sie auch weiterhin auf sprachliche Besonderheiten, die ihnen auffallen und machen Sie sich Notizen.

Bei der Sekretärin der Felsenreitschule, Fräulein Schuh, klingelt am Nachmittag das Telefon. Ist vielleicht wieder einmal jemand vom offenen Dach auf die Bühne gestürzt? Fräulein Schuh hat damit nur allzuviel Erfahrung ...

Beim Fräulein Schuh hat das Telefon aus der Felsenreitschule geklingelt, grundlos mitten am Nachmittag. Da hat das Fräulein Schuh sofort dieses spezielle Gefühl gehabt. Ich möchte nicht sagen Erregung, aber ein bißchen ding°. Da hätte ihr die Putzfrau
5 am Telefon gar nicht mehr sagen müssen, daß wieder einmal ein Toter in der Felsenreitschule liegt. Das hat sie schon gespürt.

■

Sie hat nervös die Schlüssel für die tausend Durchgangstüren zur Felsenreitschule gesucht, ist dabei zufällig an der Cointreau-Flasche vorbeigekommen, und dann ist sie so langsam Richtung

ding used as a replacement for a word one can't think of or is too embarrassed to mention

10 Felsenreitschule geschlichen, daß man hätte glauben können,

shaky knees

sie macht gar keine Schritte, sondern ihr Kniezitterer° vibriert sie langsam hinüber. Grund zur Eile hat keiner bestanden, das hat sie aus jahrzehntelanger Erfahrung gewußt. Weil natürlich, die siebzig Meter freier Fall hat noch keiner überlebt. Mit einer Aus-

15 nahme natürlich. Mit der dieser ganze siebte Sinn beim Fräulein Schuh damals angefangen hat.

■

Weil du darfst eines nicht vergessen. Das Fräulein Schuh hat schon sehr jung im Festspielhaus angefangen, und zwar 1963, in dem Jahr, wo sie den John F. Kennedy erschossen haben. Und

20 damals haben sie im Festspielhaus einen Bühnenarbeiter gehabt, der hat dem amerikanischen Präsidenten ähnlich gesehen wie ein Zwillingsbruder. Hat natürlich das junge Fräulein Schuh ein bißchen ein Auge auf den Salzburger John F. Kennedy geworfen.

■

Anfang der sechziger Jahre natürlich noch nicht jede Sekretärin

25 und jeder Bühnenarbeiter eine luxuriöse Wohnung gehabt. Jetzt haben sich die beiden gern während der Arbeit in der menschen- leeren Felsenreitschule getroffen. Irgendwie vielleicht ein bißchen gespenstisch, wenn du dich vor zweitausend leeren Theaterses- seln dem Liebestaumel hingibst, aber irgendwie natürlich auch

30 ein bißchen romantisch.

Besonders im Sommer, wenn das Dach der Felsenreitschule offen war, da sind sie auf dem von der Sonne beschienenen Bühnen-

dock

boden gelegen, warm wie ein Bootssteg° im Hochsommer, auf der einen Seite nichts als die leeren Stuhlreihen, auf der anderen

35 Seite nichts als die Felswand mit den Arkaden, und über ihnen nichts als der blaue Himmel. Am Abend haben die Professionel- len hier die Liebesgeschichten von dem Salzburger Wunderkind gespielt, „Zauberflöte" oder das eine Stück, das sogar in einem Bordell spielt, aber untertags Fräulein Schuh und

40 John F. Kennedy, frage nicht.

■

Und jedes einzelne Mal ist es sehr schön gewesen. Aber einmal war es doch etwas ganz Besonderes. Wo sich das Fräulein Schuh in ihrer Erschöpfung gerade ein bißchen von ihrem verschwitzten John F. Kennedy weggedreht und in die leeren Zuschauerreihen

45 hineingeschaut hat, quasi leiser Schauer, wenn da in der Dunkelheit jemand sitzen würde und ihnen zugeschaut hätte. Aber so ist es im Leben, die Gefahr kommt immer aus einer anderen Richtung als erwartet.

■

boys playing foosball

Genau so, wie bei den zwei Tischfußballbuben° im Marianum die

Bavarian for Treppe

50 Gefahr nicht über die Kellerstiege° herabgekommen ist, sondern direkt aus dem Tisch, ist auch in der Felsenreitschule kein Mensch im Zuschauerraum gesessen, da hat das Fräulein Schuh ja immer dreimal geschaut, ob alles abgesperrt° ist. Aber natürlich, gegen

locked

das Höhere kannst du mit Absperren nichts machen. Weil das

earthquake

55 Fräulein Schuh hat auf einmal ein leichtes Erdbeben° gespürt. Es war aber kein echtes Erdbeben, quasi Richterskala und Zentral-

anstalt für Meteorologie und Geodynamik. Obwohl es ja auch in unseren Breiten° immer wieder die gewissen Ausläufer° gibt, und ein paar Jahre später in Salzburg das furchtbare Erdbeben von
60 Friaul noch ordentlich zu spüren gewesen, Risse in den Kirchen, große Denkmalsache, frage nicht. Aber das Erdbeben im Sommer 1963 hat sich das Fräulein Schuh nur eingebildet.

■

Und aus dem Felsen ist auch niemand herausgekommen. Andererseits, irgendwas muß passiert sein, sonst hätte sie ja nicht
65 das Gefühl gehabt, hinter ihr wäre gerade der Blitz eingeschlagen. Sie hat sich umgedreht, um den John F. Kennedy zu fragen, aber große Überraschung, der John F. Kennedy ist nicht mehr dagewesen. Sondern ein wildfremder Mann ist an seiner Stelle gelegen und hat das nackte Fräulein Schuh ganz verwundert
70 angeschaut. Das war aber kein Theatertrick, sondern eben ein Selbstmordkandidat. Der ist so weich auf dem John F. Kennedy gelandet, dass jetzt nur der John F. Kennedy tot war, aber er selber ist quietschlebendig auf einem roten Teppich gelegen, der
trickled out unter ihm immer breiter herausgerieselt° ist.

■

75 Später hat sich das Fräulein Schuh oft ein bißchen übersinnlich getröstet, also nicht nur Cointreau, sondern eben auch: Vielleicht hat es so sein sollen, daß er im selben Jahr stirbt wie der ameri-kanische Präsident. Der überlebende Mönchsberg-Springer hat dann glücklich weitergelebt, und der zahlt heute noch zu Aller-
80 heiligen einen Kranz für seinen Retter, obwohl er ihn nur so kurz kennengelernt hat.

■

Nur damit du verstehst, warum sich beim Fräulein Schuh diese zwei verschiedenen Sachen so verknüpft haben, daß sie immer ganz ding geworden ist, wenn ihr jemand in die Felsenreitschule
85 gehüpft ist. Warum sie jetzt so verträumt in die Felsenreitschule geschlurft ist. Umgekehrt muß ich sagen, wenn der Brenner ein bißchen schneller getan hätte, wäre vielleicht dieser Mensch, den die Putzfrau gefunden hat, mit dem Leben davongekommen.

■

„Ich habe keine Zeit", hat das Fräulein Schuh ihm zugezischt,
90 praktisch Begrüßungsworte. „Mir ist schon wieder einer in die
Felsenreitschule gehüpft. Der Föhn°!"
„Es ist doch gar kein Föhn."
„Wer sagt das?"
„Mein Kopf."

Wortschatz

absperren *to fence off*	der **Riss, -e** *crack*
ansteckend *contagious*	**schleichen** (schlich, ist geschlichen) *to creep*
sich **einbilden** *to imagine*	**steil** *steep*
ermitteln *to investigate*	**trösten** *to console*
die **Empfindlichkeit** *sensibility, sensitivity*	**übersinnlich** *psychic, paranormal*
die **Erregung, -en** *excitement, arousal*	**verschwitzt** *sweaty*
die **Erschöpfung, -en** *exhaustion*	**verträumt** *dreamy*
die **Gefahr, -en** *danger*	**zischen** *to fizz, to hiss*
grundlos *without reason*	**wahrnehmen** (nahm wahr, hat wahrgenommen) *to notice, to realize*
der **Retter, -** / die **Retterin, -nen** *savior*	

36 Fragen zum Text

1. Warum klingelt bei Fräulein Schuh das Telefon?
2. Wie reagiert sie auf den Anruf?
3. Wer war der Salzburger John F. Kennedy?
4. Warum trafen sich 1963 Fräulein Schuh und der Salzburger John F. Kennedy in der Felsenreitschule?
5. Was passierte mit dem Salzburger Kennedy?
6. Wie hat sich das Fräulein Schuh getröstet?
7. Wie begrüßt das Fräulein Schuh den Privatdetektiv Brenner?
8. Was bedeutet *Mir ist schon wieder einer in die Felsenreitschule gehüpft*?
9. Wer hat den Toten gefunden?
10. Wer war der einzige, der den Fall vom Dach der Felsenreitschule überlebt hat?

37 Relativsätze

Verbinden Sie gemeinsam mit einem Partner / einer Partnerin die Nomen mit dem passenden Relativsatz.

1. Eine Sekretärin,
2. Der Tote,
3. Der Mönchsberg-Springer,
4. Der Bühnenarbeiter,
5. Die Gefahr,
6. Das Erdbeben in Friaul,
7. Die Felsenreitschule,
8. Das Jahr,

a. in der Opern und Theaterstücke aufgeführt werden.
b. den die Putzfrau in der Felsenreitschule gefunden hat.
c. in dem der amerikanische Präsident erschossen wurde.
d. bei der am Nachmittag grundlos das Telefon geklingelt hat.
e. der dem amerikanischen Präsidenten ähnlich sieht.
f. das auch in Salzburg noch zu spüren gewesen war.
g. die immer aus einer anderen Richtung kommt als erwartet.
h. der glücklich weiterlebt.

Schreibübungen

1. **Polizeibericht.** Schreiben Sie die Geschichte des Salzburger John F. Kennedy aus der Perspektive von Fräulein Schuh oder dem Selbstmörder, so wie sie in einem Polizeibericht stehen könnte.

2. **Wolf Haas' telegraphischer Stil.** Wolf Haas lässt oft, wie manchmal in der gesprochenen Sprache, das Verb aus. Schreiben sie die folgenden Sätze um, indem Sie die ausgelassenen Verbformen einfügen:

   a. Weil am Ende vier Tote, da braucht man sich an und für sich nicht eine Ewigkeit (*eternity*) mit den Gerüchen aufhalten.

   b. Anfang der sechziger Jahre natürlich noch nicht jede Sekretärin und jeder Bühnenarbeiter eine luxuriöse Wohnung gehabt.

   c. [. . .], und ein paar Jahre später in Salzburg das furchtbare Erdbeben von Friaul noch ordentlich zu spüren gewesen, Risse in den Kirchen, große Denkmalsache, frage nicht.

3. **Wie geht's weiter?** Wie geht die Geschichte weiter? Wer ist der/die Tote in der Felsenreitschule? War es wirklich ein Selbstmord? Schreiben Sie die Szene mit Fräulein Schuh und Brenner weiter und/oder erfinden Sie eine Handlung für den Rest des Krimis.

4. **Der Film zum Buch.** Sie wollen gemeinsam mit Ihrem Partner / Ihrer Partnerin das Buch „Silentium!" verfilmen. Wer soll der Regisseur / die Regisseurin sein? Wird der Film in Farbe oder in Schwarzweiß gedreht? Welche Schauspieler spielen die Hauptrollen? Warum? Entwerfen Sie dann gemeinsam ein Filmplakat und stellen Sie es im Kurs vor.

Zum Schluss

Deutsche und Österreicher

Diskutieren Sie über das Verhältnis (*relationship*) der Deutschen und der Österreicher. Mögen sie sich? Respektieren sie sich? Denken Sie dabei an die folgenden Aspekte.

- Bevölkerung
- Geschichte
- Größe des Landes
- Kultur
- Tourismus

Das letzte Wort: *Piefke*

Das österreichische Wort **Piefke** für die Preußen *(Prussians)* geht auf den deutschen Militärmusiker Gottfried Piefke (1817–1884) zurück. Am 31. Juli 1866 fand am Ende des preußisch-österreichischen Krieges in der Nähe von Wien eine große Parade vor König Wilhelm I. *(Prussian King Wilhelm I)* statt. Neben Gottfried Piefke dirigierte sein Bruder Rudolf (1835–1900) ein Musikkorps. Die Wiener riefen damals „Die Piefkes kommen!" Dieser Ruf wurde zum Synonym für die 50.000 paradierenden Preußen. Bis heute nennt man in Österreich die Deutschen die „Piefkes".

Warum erfindet man solche Spitznamen für andere Nationalitäten? Was sagt der Spitzname „Piefke" über das Verhältnis der Österreicher und der Deutschen? Kennen Sie andere solche Spitznamen? Was bedeutet es, solche Spitznamen zu verwenden?

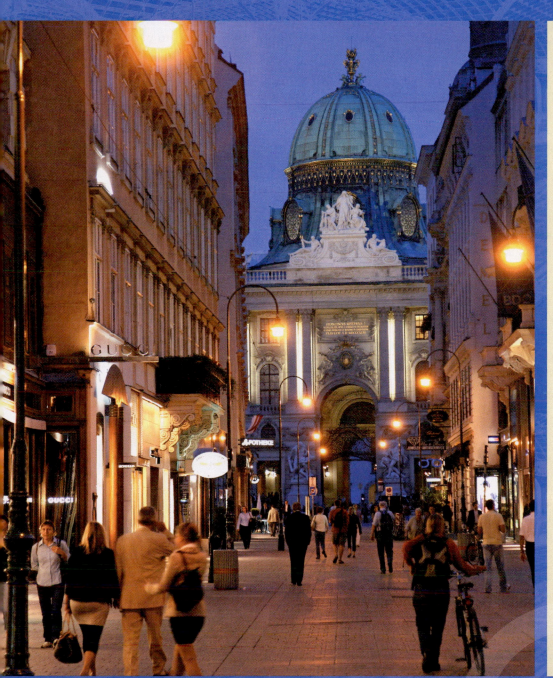

Tibor Bognar/Alamy

In der Innenstadt von Wien geht man viel zu Fuß. Wohin gehen Sie zu Fuß?

Wien

◉ **Station**
Wien
• **Ein weltberühmter Wiener**
Sigmund Freud

◉ **Einblicke**
Opernball mit tausend Polizisten
• **Strukturen**
Sätze ergänzen: Infinitivkonstruktionen

Genauer beschreiben: Adverbien

Videoblog: Simon

◉ **Lektüre**
Wittgensteins Neffe
Thomas Bernhard

Materialien
Arbeitsbuch Seite 129–142

Audioprogramm
www.cengage.com/german/stationen

⦿ Station

STATISTIK

Einwohnerzahl: 1,6
Millionen (von 8,2 Millionen
Einwohnern in Österreich)

Fläche: 415 km²

**Preis einer Eintrittskarte
zum Wiener Opernball
2011:** 230 Euro

Wien

Wien ist die große Hauptstadt eines
kleinen Landes. Fast jeder fünfte
Österreicher lebt in Wien. Die Stadt ist das
politische, wirtschaftliche und kulturelle
Zentrum Österreichs und gleichzeitig ein
sehr beliebtes Ziel für Touristen. Wien
ist von einer wunderschönen Landschaft
umgeben; eigentlich ist der Rest des
Landes eine einzige Naturlandschaft.
Westlich von Wien sind die Alpen, im
Osten die Ebenen° entlang der Donau.

Wien gilt als Weltstadt der Musik,
Kunst und Kultur. Aus der Zeit der
Habsburger° gibt es viele Schlösser und
Paläste, wie die Hofburg und das Schloss
Schönbrunn, sowie prächtige Opern,
Theater und Museen. Als alte Kaiserstadt° und moderne Metropole hat Wien
ein besonderes Flair. Die Hotels, Restaurants und Kaffeehäuser erinnern an die
Kaiserzeit; und weil dieses
goldene Zeitalter schon
lange vergangen ist, spürt
man in Wien überall eine
gewisse Nostalgie.

Der Wiener, so sagt
man, ist in erster Linie
Wiener, und in zweiter
Linie Österreicher. Das ist
wohl fast natürlich in einer
so traditionsreichen Stadt
wie Wien.

Die Innenstadt von Wien mit Stephansdom

Suzanne Long / Alamy

Ebenen *flat lands* • **Habsburger** *Austrian emperors from 1765–1918* • **Kaiserstadt**
imperial city

Geschichte

100	1365	1679 & 1713	1700	1814–1915	1900	1910
Das römische Reiterlager *Vindobona* („White Fort") wird zum Kastell befestigt.	Gründung der Universität Wien	Große Pestepidemien *(plague epidemics)*	Nach den Türkenkriegen *(Turkish Wars)* Aufstieg zur Kaiserstadt	Wiener Kongress – Wien ist Mittelpunkt der Neuordnung Europas.	Wien wird zum Zentrum des Jugendstils (Künstlervereinigung *Secession*).	Wien hat mehr als 2.000.000 Einwohner.

Ein weltberühmter Wiener

Sigmund Freud (1856–1939)

Sigmund Freud wurde 1856 in Freiberg (Mähren) als Sohn eines Wollhändlers° geboren. 1859 zogen seine Eltern nach Wien in die Berggasse 19. 1873 begann Freud das Studium der Medizin an der Universität Wien; er promovierte 1881 zum Doktor der Medizin. Nach einem Studienaufenthalt in Frankreich wird Freud 1885 Professor für Neuropathologie an der Uni Wien. Er experimentierte mit „Sprechtherapie" und Hypnose und im Jahr 1896 benutzte er zum ersten Mal den Begriff *Psychoanalyse*. Nach vielen Beiträgen° zur Psychoanalyse schrieb Freud in späteren Jahren auch über Kultur und Religion. Nach dem Einmarsch° deutscher Truppen in Österreich 1938 emigrierte Freud, der Jude war, mit seiner Familie nach London, wo er 1939 starb. Nach seinem Tod eröffnete seine Tochter Anna ein Freud-Museum in London. Das 1971 eröffnete Freud-Museum in Wien befindet sich in der Berggasse 19, wo Freud 47 Jahre lang lebte.

Sigmund Freud, 1931

AP Photo

Der Traum

. . . Es gibt Träume, die so deutlich sind wie das Erleben°, so deutlich, daß wir sie eine Zeitlang nach dem Erwachen noch nicht als Träume erkennen; andere, die unsäglich schwach sind, schattenhaft° und verschwommen°. [. . .] Träume können ganz sinnvoll sein oder wenigstens kohärent, ja sogar geistreich°, phantastisch schön; andere wiederum sind verworren°, wie schwachsinnig, absurd, oft geradezu toll. Es gibt Träume, die uns ganz kaltlassen, andere, in denen alle Affekte laut werden, ein Schmerz bis zum Weinen, eine Angst bis zum Erwachen, Verwunderung, Entzücken° usw. Träume werden meist nach dem Erwachen rasch vergessen, oder sie halten sich einen Tag lang in der Weise, daß sie bis zum Abend immer mehr blaß und lückenhaft° erinnert werden; andere erhalten sich so gut, zum Beispiel Kindheitsträume, daß sie 30 Jahre später wie frisches Erleben vor dem Gedächtnis stehen. . . . Kurz, dies bißchen nächtliche Seelentätigkeit° verfügt über ein riesiges Repertoire, kann eigentlich noch alles, was die Seele bei Tag schafft, aber es ist doch nie dasselbe. [. . .] (aus: Sigmund Freud, *Vorlesungen zur Einführung in die Psychoanalyse*)

Wollhändler *wool merchant* • **Beiträge** *contributions* • **Einmarsch** *invasion*
Erleben *experiencing* • **schattenhaft** *shadow-like* • **verschwommen** *fuzzy*
geistreich *inspiring, meaningful* • **verworren** *convoluted* • **Entzücken** *delight*
lückenhaft *fragmented* • **Seelentätigkeit** *mental activity*

1918	1938	1955	1973–1979	2005	2013
Die Republik „Deutsch-Österreich" wird ausgerufen, mit Wien als Hauptstadt.	Anschluss an das Deutsche Reich *(event making Austria part of the Third Reich)*	Die Republik Österreich entsteht.	Wien ist die dritte UNO-Stadt *(city with a "permanent mission" to the United Nations).*	Auf dem Wiener Opernball wird das Rauchverbot eingeführt. Für Raucher gibt es Nikotininhalatoren an der Garderobe.	Die Staatsoper Wien feiert die 200. Geburtstage von Wagner und Verdi.

Fragen zur Station

1. Was liegt westlich von Wien? Was liegt im Osten?
2. Wann wurde die Stadt gegründet?
3. Wie viele Einwohner hat Wien?
4. Wie groß ist die Fläche?
5. Wie viele Einwohner hat Österreich?
6. Welche berühmten Schlösser gibt es in Wien?
7. Wann waren die großen Pestepidemien?
8. Seit wann gibt es die Republik Österreich?
9. Wann war die Zeit des Jugendstils?

Wörterbucharbeit: Freuds wichtigste Werke

Arbeiten Sie mit dem Wörterbuch und finden Sie gute Übersetzungen für die deutschen Titel der folgenden Werke Sigmund Freuds.

1. *Die Traumdeutung* (1900)
2. *Totem und Tabu: Einige Übereinstimmungen im Seelenleben der Wilden und der Neurotiker* (1912–1913)
3. *Das Unbewusste* (1915)
4. *Das Unbehagen in der Kultur* (1915)
5. *Zeitgemäßes über Krieg und Tod* (1915)
6. *Das Unheimliche* (1919)
7. *Jenseits des Lustprinzips* (1923)

Partnerinterview: Träume

Was war Ihr interessantester Traum? Seien Sie kreativ! Erfinden *(Invent)* Sie Träume, falls Sie sich nicht an Ihre Träume erinnern können. Nun fragen Sie Ihren Partner / Ihre Partnerin und berichten Sie den interessantesten Traum Ihres Interviewpartners im Kurs. Vielleicht können Sie den Traum auch analysieren?

1. Was war dein schönster Traum?
2. Was war dein absurdester Traum?
3. Kannst du dich an etwas erinnern, das du als Kind oft geträumt hast?
4. Hast du schon einmal geträumt, dass du fliegen kannst?
5. Was ist der letzte Traum, an den du dich erinnern kannst?

Traumdeutung

Berichten Sie über einen interessanten Traum, den Sie oder eine andere Person einmal gehabt haben, und versuchen Sie, den Traum zu analysieren. Tauschen Sie ihren Traumbericht mit einem Partner zum Vergleich.

5 Andere berühmte Wiener

Suchen Sie Informationen über die folgenden Personen. Wer sind sie? Was haben sie gemacht?

Falco (Johann Hölzel)	André Heller
Gustav Klimt	Friedrich Torberg
Niki Lauda	Ludwig Hirsch
Egon Schiele	Wolfgang Schüssel
Arthur Schnitzler	Ilse Aichinger
Franz Schubert	Alfred Dorfer
Johann Strauß	Karlheinz Essl
Friedensreich Hundertwasser	Ernst Jandl
Christine Nöstlinger	

6 Suchbegriffe

Forschen Sie mit den folgenden Suchbegriffen im Internet.

Stadt Wien

1. Wie heißt das Motto der Stadt Wien?
2. Was ist aktuell?

Wien Info

3. Was kann man in Wien alles besichtigen?
4. Wie viele Opern gibt es in Wien?
5. Was gibt es für Kunstinteressierte?

Wiener Hofburg

6. Was ist in der Hofburg zu sehen?
7. Wer war Sissi?
8. Was gibt es in der Silberkammer?

Stephansdom

9. Wo liegt der Stephansdom?
10. Wann begann die Geschichte des Doms?
11. Welche Legenden gibt es um den Dom?

Schönbrunn

12. Welche Farbe hat das Schloss Schönbrunn?
13. Was gibt es in Schönbrunn?

Sigmund Freud Museum

14. Wo ist das Sigmund Freud Museum?
15. Was gibt es zu sehen?

Wiener Staatsoper

16. Was wird diesen Monat in der Staatsoper gespielt?
17. Finden Sie Informationen über den Wiener Opernball. Was ist Ihrer Meinung nach besonders interessant?

age fotostock / SuperStock

Die Wiener Hofburg

Impressionen aus Wien

Arbeiten Sie in Gruppen und (1) forschen Sie im Internet über das Angebot der Wiener Staatsoper, oder (2) machen Sie ein Interview mit einer Person, die schon einmal in Wien war. Berichten Sie dann im Kurs!

1. Was wird in der Wiener Staatsoper gespielt? Finden Sie Informationen über eine Oper, die im Moment an der Wiener Staatsoper gespielt wird. Suchen Sie Biographien der Komponisten, Librettisten, Sänger und Sängerinnen, die Sie interessant finden. Geben Sie eine Zusammenfassung (summary) der Handlung (plot) und Informationen über den Hintergrund der Oper. Berichten Sie im Kurs auch, wie und wo Sie die Informationen gefunden haben.

2. Finden Sie eine Person, die schon einmal in Wien war und machen Sie ein Interview. Fragen Sie die Person, was sie/er in Wien gemacht hat und was ihr/ihm am besten gefallen hat. Machen Sie Notizen, suchen Sie Bilder und Informationen am Internet, die zum Interview passen, und berichten Sie im Kurs.

Richtig oder falsch?

Forschen Sie weiter und entscheiden Sie, ob die folgenden Aussagen korrekt sind. Wenn sie falsch sind, korrigieren Sie sie.

1. Die Hofburg ist ein Schloss am Stadtrand von Wien.
2. Sissis richtiger Name war Elisabeth.
3. In Wien gibt es viele traditionsreiche Kaffeehäuser.
4. Unter dem Stephansdom ist ein Weinkeller.
5. In Schönbrunn gibt es einen großen Tierpark.
6. Das Sigmund Freud Museum in Wien ist genau so, wie es war, als Freud dort gelebt hat.
7. Beim Wiener Opernball müssen alle Damen weiße Ballkleider tragen.
8. Der Opernball findet alle vier Jahre statt.

Lokale Presse

Gehen Sie zu den folgenden Websites im Internet. Was sind die Schlagzeilen? Wie wirken diese Zeitungen auf Sie? Wie sind Sprache und Präsentation? Was ist besonders interessant?

Der Standard   *City Manager*   *Wiener Zeitung*

Kurier   *Wien Live*

Nachrichtenrunde

Arbeiten Sie in Gruppen oder Paaren. Berichten Sie über einen Aspekt, den Sie beim Surfen im Internet gefunden haben.

Fragen zum Nachdenken und Diskutieren

Bearbeiten Sie diese Fragen in Paaren oder kleinen Gruppen. Machen Sie Notizen und geben Sie im Kurs einen kleinen Bericht. Bringen Sie die Resultate Ihrer Internetsuche dabei ein.

1. Welche Aspekte machen Wien nostalgisch? Welche Aspekte machen Wien zur modernen Metropole?
2. Können Sie sich vorstellen, dass es Leute gibt, die gegen den Opernball sind? Warum könnte das sein?

Strukturen

Sätze ergänzen

Infinitivkonstruktionen

German infinitive clauses expand and complement main clauses. They are used when the subject of both clauses is identical or when the subject of the main clause is an impersonal **es.** They can follow or precede the main clause.

- Infinitive clauses are formed with **zu** + infinitive, which are always placed at the end of a clause.

  Viele Wiener freuen sich, in einer so schönen Stadt **zu wohnen.**

  Eine gewisse Nostalgie **zu spüren**, ist in Wien typisch.

- If a verbal complement or a modal is part of the infinitive clause, **zu** always precedes the final element.

  Es ist herrlich, im Wiener Volksgarten **spazieren zu gehen.**

  Manche Menschen hoffen, Träume **verstehen zu können.**

- Verbs of perception (**hören, sehen, spüren, fühlen**) and the verb **lassen** do not take **zu** in infinitive constructions.

  An Silvester **hört** man die Glocke im Stephansdom durch die ganze Stadt **klingen.**

  Viele Wiener **lassen** den Tag im Kaffeehaus **ausklingen.**

- The prepositions **um** (in order to), **ohne** (without), and **anstatt** (instead of) introduce infinitive clauses with **zu**.

  Viele Touristen besuchen Wien, um die berühmten Lippizaner-Pferde **zu sehen**.

  Viele Touristen verlassen Wien, ohne das Sigmund Freud Museum besucht **zu haben**.

  Anstatt ein Strauß-Konzert **zu hören**, gehen einige Wiener lieber ins Kabarett.

---

12 **Im Prater**

Verbinden Sie gemeinsam mit einem Partner / einer Partnerin die Haupt- und Infinitivsätze. Berichten Sie dann im Kurs, was Sie über den Prater erfahren haben.

1. Wer Wien besucht, sollte nicht vergessen,
2. Zu einem Ausflug in den Prater gehört es auch,
3. Um die vielen Wiesen, Wälder und Wasserflächen zu erkunden,
4. Für Kinder ist es ein großes Vergnügen,
5. Viele Skater finden es toll,
6. Etwas zu Essen und zu Trinken zu finden,

a. ist bei den vielen Cafés und Würstelbuden nicht schwer.
b. einmal mit dem historischen Riesenrad zu fahren.
c. einen Spaziergang durch den Prater zu machen.
d. mit der über 80 Jahre alten Liliputbahn durch den Prater zu fahren.
e. leiht man sich am besten ein Fahrrad.
f. die schnurgerade 4, 5 Kliometer lange Hauptallee entlang zu rollen.

Ausflug nach Wien

Stellen Sie sich vor, Sie haben eine Reise nach Wien gewonnen. Was werden Sie dort versuchen zu machen? Vervollständigen Sie die Sätze mit einer Infinitivkonstruktion, interviewen Sie dann einen Partner / eine Partnerin und berichten Sie den anderen Kursteilnehmern.

> S1: Was hast du in Wien vor?
>
> S2: Ich habe vor, in Wien den Vergnügungspark im Prater zu besuchen.
> Und du, was hast du vor?
>
> S1: Ich habe vor, Schönbrunn zu besichtigen.

1. Ich habe vor, in Wien . . .
2. Ich werde versuchen, in Wien . . .
3. Es würde mir Spaß machen, in Wien . . .
4. Es würde mir keinen Spaß machen, in Wien . . .
5. In Wien wird es leicht sein, . . .
6. In Wien wird es schwer sein, . . .

Ein klassischer Wien-Film: *Der dritte Mann*

Der Regisseur Carol Reed machte aus einer Erzählung von Graham Greene einen spannenden Thriller, der im Wien der Nachkriegszeit spielt und heute zu einem der großen Filmklassiker zählt. Verbinden Sie mit einem Partner / einer Partnerin die Sätze zu einer Infinitivkonstruktion und benutzen Sie dabei **anstatt . . . zu, ohne . . . zu** oder **um . . . zu.** Variieren Sie dabei auch die Wortstellung.

> Der Regisseur Carol Reed brauchte nur fünf Wochen. Er drehte *Der dritte Mann* im Nachkriegs-Wien. →
>
> Der Regisseur Carol Reed brauchte nur fünf Wochen, um *Der dritte Mann* im Nachkriegs-Wien zu drehen. (*oder* Um *Der dritte Mann* im Nachkriegs-Wien zu drehen, brauchte der Regisseur Carol Reed nur fünf Wochen.)

1. Der Schriftsteller Holly Martins (Joseph Cotten) kommt nach Wien. Er will seinen Freund Harry Lime (Orson Welles) besuchen.
2. Bei seiner Ankunft in Wien erfährt Martins vom Tod seines Freundes Lime bei einem Unfall. Er trifft Lime am Bahnhof nicht.
3. Mehrere Zeugen (*witnesses*) berichten, sie hätten am Unfallort einen dritten Mann gesehen. Sie haben sein Gesicht nicht erkannt.
4. Ein Hausmeister verabredet sich mit Martins in einer Bar. Er will ihm über den Unfall erzählen.
5. Harry Limes Geliebte, Anna, arbeitet als Schauspielerin in Wien. Sie hat keinen gültigen Pass.
6. Martins untersucht den mysteriösen Tod seines Freundes. Er glaubt nicht, dass Lime wirklich gestorben ist.

Kinoplakat zum Film *Der dritte Mann*

directonlineimageorder.com/Photographers Direct

◉ Einblicke

15 **Fragen zum Thema**

1. Tanzen Sie gerne? Haben Sie schon einmal einen Tanzkurs gemacht?
2. Haben Sie schon einmal auf einem Ball getanzt? Wo und wann war das?
3. Was wissen Sie über den Wiener Opernball? Wo findet er statt?
4. Wer geht wohl auf den Wiener Opernball?

Opernball mit tausend Polizisten

Schon zu Mozarts Zeiten trafen sich die Schönen und Reichen in Wien auf Bällen und Tanzfesten. In seiner heutigen Form geht der Wiener Opernball auf die Festlichkeiten des Wiener Kongresses[1] (1814–1815) zurück. Seit 1935 gibt es jedes Jahr den Wiener Opernball im angeblich° schönsten Ballsaal der Welt in der Wiener Staatsoper. Jedes Jahr bewerben sich° junge Wiener als Debütanten und Debütantinnen, um den Ball zu eröffnen. Das Vortanzen° und die Proben° nehmen sie gerne auf sich, um sich einen Abend lang wie Prinzen und Prinzessinnen zu fühlen.

supposedly
bewerben ... apply

dancing in front of an audience / rehearsals

Seit den frühen 90er Jahren macht der Wiener Bauunternehmer° Richard Lugner viel Aufsehen° um seine prominenten Gäste. Meistens lädt er amerikanische Persönlichkeiten ein wie Paris Hilton und Carmen Electra. Die Boulevardpresse ist jedes Jahr gespannt, wen Lugner als nächstes einladen wird.

entrepreneur in the construction industry
Aufsehen machen attract attention

Auf dem Opernball

Schon seit den 80er Jahren finden Demonstrationen *gegen* den Opernball statt. Die Demonstranten protestieren gegen den Luxus der Reichen und lenken° die Aufmerksamkeit stattdessen auf Wirtschaftskrise° und Arbeitslosigkeit in Europa, Hungerkatastrophen in der dritten Welt, Kriege oder Umweltprobleme.

direct
economic crisis

Bis vor einigen Jahren sind die Demonstrationen ruhig und friedlich abgelaufen, aber in letzter Zeit gab es immer wieder Krawalle°, verletzte Polizisten, brennende Müllcontainer, beschädigte° Autos und eingeworfene Schaufensterscheiben°. Neben den friedlichen Demonstranten protestieren nun auch andere Gruppen, die den Opernball als Symbol des Kapitalismus und Imperialismus sehen. Das große High-Society-Ereignis in Österreichs Hauptstadt hat nun auch seine Schattenseite°.

riots
damaged / eingeworfene ... smashed shop windows

dark side

Einige prominente Gäste sind wegen der Demonstrationen in den letzten Jahren nicht mehr gekommen, aber der Ballsaal in der Oper ist trotzdem immer ausverkauft. Es wird Walzer getanzt und Roulette gespielt; in den Nebensälen der Oper gibt es auch Barockmusik und Dixie und im Keller gibt es eine Disko. Und draußen vor der Tür halten tausend Polizisten die Demonstranten unter Kontrolle.

[1] Der Wiener Kongress (18. September 1814 – 9. Juni 1815) war eine Konferenz aller europäischen Mächte zur Neuordnung Europas nach der Niederlage Napoleons.

16 Fragen zum Text

1. Wo ist der angeblich schönste Ballsaal der Welt?
2. Was machen die Debütantinnen und Debütanten auf dem Opernball?
3. Wer ist Richard Lugner?
4. Warum gibt es Demonstrationen gegen den Opernball?
5. Warum sind viele Prominente in den letzten Jahren nicht mehr zum Opernball gegangen?

17 Fragen zum Nachdenken und Diskutieren

1. Ist der Wiener Opernball Ihrer Meinung nach ein Symbol des Kapitalismus?
2. Ist der Opernball Ihrer Meinung nach ein Symbol des Imperialismus?
3. Warum geht Richard Lugner mit prominenten Gästen zum Opernball? Was will er damit erreichen?

Wortschatz

ablaufen (läuft ab, lief ab, ist abgelaufen) *to run*

angeblich *supposedly*

die **Aufmerksamkeit** *attention*

Aufsehen machen (hat Aufsehen gemacht) *to attract interest, show off*

ausverkauft *sold out*

der **Ball, ⸚e** *ball, dance*

der **Ballsaal** (*pl.* **Ballsäle**) *ballroom*

beschädigt *damaged*

der **Demonstrant, -en** / die **Demonstrantin, -nen** *demonstrator*

die **Demonstration, -en** *demonstration*

demonstrieren (hat demonstriert) *to demonstrate, protest*

emigrieren (ist emigriert) *to emigrate*

eröffnen (hat eröffnet) *to open*

das **Gedächtnis** *memory*

gespannt sein (war gespannt) *to be curious*

die **Habsburger** *the Habsburg Dynasty (Austrian emperors from 1765–1918)*

die **Hypnose** *hypnosis*

der **Kaiser, -** / die **Kaiserin, -nen** *Emperor, Empress*

der **Krawall, -e** *riot*

die **Landschaft, -en** *landscape, scenery*

die **Nostalgie** *nostalgia*

nostalgisch *nostalgic*

der **Österreicher, -** / die **Österreicherin, -nen** *Austrian*

der **Palast, ⸚e** *palace*

prominent *illustrious, famous*

promovieren (hat promoviert) *to earn a doctorate*

protestieren (hat protestiert) *to protest*

die **Psychoanalyse** *psychoanalysis*

der **Studienaufenthalt, -e** *study-abroad stay*

der **Traum, ⸚e** *dream*

vortanzen (tanzt vor, hat vorgetanzt) *to dance (in front of an audience)*

18 **Ergänzen Sie die Sätze**

Finden Sie die richtigen Begriffe für die folgenden Sätze.

1. _____ darf seit 2005 nicht mehr geraucht werden.
2. _____ findet jedes Jahr der Opernball statt.
3. _____ kann man Kaffee trinken und Zeitung lesen.
4. _____ haben die Habsburger gelebt.
5. _____ gibt es häufiger *(frequent)* Probleme mit Krawallen.

a. Auf dem Opernball
b. Bei der Demonstration
c. In der Hofburg
d. Im Kaffeehaus
e. In der Wiener Staatsoper

19 **Sigmund Freud**

Ergänzen Sie die Sätze mit den folgenden Wörtern.

emigrierte – eröffnete – promovierte – Psychoanalyse – Studienaufenthalt – Träumen *(dat. pl.)*

1. Sigmund Freud, der Erfinder der _____, wohnte 47 Jahre lang in der Berggasse 19 in Wien.
2. Freud studierte an der Universtät Wien Medizin und _____ 1881 mit dem Doktortitel.
3. Bei einem _____ in Frankreich lernte er viel über Hypnose.
4. Er beschäftigte sich viel mit der Analyse von _____ und veröffentlichte im Jahr 1900 ein Buch mit dem Titel *Die Traumdeutung.*
5. 1939 _____ Freud mit seiner Familie nach London.
6. Nach seinem Tod _____ seine Tochter Anna in London ein Museum.

Wann sagt man was?

heute Abend, heute Nacht

Im Deutschen muss man zwischen **heute Abend** und **heute Nacht** unterscheiden. Mit **heute Nacht** meint man wirklich nur die Nacht (die Zeit, in der man normalerweise schläft). Wenn man **gestern Abend** sagt, spricht man vom Abend des Vortages; mit **gestern Nacht** meint man nur die Nacht des Vortages. Ergänzen Sie die Sätze.

1. _____ um zehn Uhr sind wir in Wien angekommen. Wir sind gleich zu unserer Pension gefahren und auf unser Zimmer gegangen.
2. Ich bin heute sehr früh aufgewacht, weil ich _____ nicht besonders gut schlafen konnte. Das Bett war viel zu weich *(soft)*.
3. Nach dem Frühstück in der Pension sind wir gleich in die Stadt gegangen. Wir sind im Museum gewesen und in zwei verschiedenen Kaffeehäusern. _____ um acht gehen wir in die Oper.
4. Hoffentlich können wir _____ besser schlafen, damit wir morgen wieder viel unternehmen können.
5. Vielleicht können wir _____ nach der Oper noch in den berühmten Weinkeller gehen, der hier gleich um die Ecke liegt.
6. Vielleicht ist es gut, wenn wir _____ etwas später schlafen gehen. Dann werden wir _____ auch in einem weichen Bett gut schlafen.

Was ist passiert?

Beschreiben Sie die Situation im Bild. Erzählen Sie, wie es zu dieser Szene gekommen ist und verwenden Sie dabei wenigstens zehn der folgenden Wörter.

Aufmerksamkeit	Aufsehen machen	ausverkauft
Ballsaal	Demonstrant/Demonstrantin	Demonstrationen
demonstrieren	Ereignis	Imperialismus
jedes Jahr	Kapitalismus	Krawall
Nostalgie	nostalgisch	Opernball
Presse	prominente Gäste	protestieren
Tradition	vortanzen	Wiener Staatsoper

 Ein Mann und eine Frau sind zum Wiener Opernball gegangen . . .

© Cengage Learning

Rollenspiele

Schreiben Sie kleine Szenen und spielen Sie sie im Kurs vor. Arbeiten Sie in Gruppen und geben Sie jedem Teilnehmer eine Rolle

1. Herr und Frau Winkelhuber sind zum ersten Mal auf dem Opernball. Vor der Staatsoper werden sie mit Tomaten und faulen Eiern beworfen. Der Abend ist ruiniert.

2. Bei einer Talkshow im österreichischen Fernsehen diskutieren die folgenden Personen über den Opernball und die Demonstrationen: der Direktor der Wiener Staatsoper, der Wiener Bürgermeister, einige Mitglieder der antikapitalistischen Organisation SCHLUSS MIT LUXUS, ein Fernsehmoderator.

Wienerisch

Auch im Wiener Stadtdialekt wird geschrieben und gereimt, Theater gespielt, Kabarett gemacht, gesungen und gerappt. Neben Ernst Jandl und Gerhard Rühm war H. C. Artmann einer der wichtigsten Wiener Mundart-Dichter.

Welche Stadtteile Wiens erkennen Sie in Artmanns Gedicht *agazebam und kastanien* (Akazienbäume und Kastanien)? Kreuzen Sie an, welche dieser Stadtteilnamen im Gedicht vorkommen.

☐ Währing	☐ Ottakring	☐ Dornbach
☐ Meidling	☐ Penzing	☐ Neubau
☐ Mödling	☐ Döbling	☐ Brigittenau
☐ Breitensee	☐ Simmering	☐ Laaer Berg
☐ Wieden	☐ Floridsdorf	☐ Alte Donau

agazebam und kastanien[1]
von H. C. Artmann (1958)

agazebam und kastanien
san weanaresche bam!
en ana baud se da mond
seine nesta r auf d nocht
und do leicht a wia r a runda fogl
iwa bradnsee und otagring
iva meidling iwan laaabeag
auf simaring und fluarizzduaf
auf duanboch un d brigitenau
bis hinta d oede donau ume
bis noch grogau.
iwa n gaunzn schdotblan driwa
leicht ar aus seine grinan nesta!

Akazienbäume und Kastanien
sind Wienerische Bäume!
In einer baut sich der Mond
am Abend seine Nester
und da leuchtet er wie ein runder Vogel...

...über den ganzen Stadtplan drüber
leuchtet er aus seinen grünen Nestern!

Redemittel zum Diskutieren

Sagen, dass etwas egal ist

Es ist mir egal, . . .	**Es ist mir egal**, dass Geld die Welt regiert *(rules)*.
Es ist mir gleich, . . .	**Es ist mir gleich**, ob ich reich oder arm bin.
Es macht mir nichts aus, . . .	**Es macht mir nichts aus**, jeden Tag das Gleiche zu essen.
Mir ist es nicht wichtig, . . .	**Mir ist es nicht wichtig**, teure Kleider zu tragen.
Mich stört es nicht, . . .	**Mich stört es nicht**, wenig Geld zu haben.
Es ist mir gleichgültig, ob . . .	**Es ist mir gleichgültig**, ob ich auf den Opernball oder in die Disko gehe.

---

[1] Quelle: Erste Strophe des Gedichtes „agazebam und kastanien" von H. C. Artmann, aus dem Buch *Vorfreude Wien. Literarische Warnungen. 1945–1995.* Richard Reichensperger (Hg.)

Mir egal

Welchen der folgenden Aussagen stimmen Sie (nicht) zu?

1. Es ist mir egal, ob andere Leute Geld und Luxus haben. Ich bin zufrieden.
2. Es ist mir gleich, ob ich bei einem Fest Champagner oder Mineralwasser trinke. Wichtig ist, dass man mit netten Leuten zusammen ist.
3. Es macht mir nichts aus, wenn andere mehr haben als ich. Gesundheit ist wichtiger als Reichtum *(wealth)*.
4. Mir ist es nicht wichtig, ein teures Auto zu haben. Ich fahre sowieso lieber mit dem Bus oder der Bahn.
5. Mich stört es nicht, wenn andere neue Kleider haben und ich nicht. Ich ziehe am liebsten meine alten Sachen an.
6. Es ist mir gleichgültig, ob ich in einem feinen Restaurant esse oder zu Hause. Ich kann sehr gut kochen.
7. Mir ist es egal, was ich esse. Ich kann mich auch nur von Fastfood ernähren.
8. Mir ist es gleich, was ich trage. Ein altes T-Shirt kann genauso gut aussehen wie ein Designer-Hemd.

23

Fragen zur Diskussion

Diskutieren oder schreiben Sie über eines der folgenden Themen. Verwenden Sie dabei die Redemittel.

1. Gibt es in Ihrer Stadt oder in Ihrem Land auch Demonstrationen gegen die Schönen und Reichen? Wie denken Sie über diese Ereignisse?
2. Gibt es Veranstaltungen, die vielleicht bessere Symbole des Kapitalismus sind als der Opernball? Wie denken Sie darüber?
3. Was bedeutet der Opernball für Wien? Traditionsreiches Fest oder veraltete *(archaic, outdated)* Veranstaltung, die man abschaffen *(discontinue)* sollte?

Strukturen

Genauer beschreiben

Adverbien

Adverbs are used to describe verbs, adjectives, or other adverbs. They often have the same form as their corresponding adjective, but they do not take endings.

Die Proteste gegen den Opernball werden **immer** mehr.

Bis vor ein paar Jahren sind die Demonstrationen gegen den Opernball **ruhig** und **friedlich** abgelaufen.

Oft protestieren in den letzten Jahren Demonstranten gegen den Luxus der Reichen.

- A number of adverbs are used to link sentences or clauses.

außerdem	*moreover, furthermore*
daher	
darum	
deshalb	*therefore, thus, for this reason*
deswegen	
aus diesem Grund	
dennoch	*nevertheless*
stattdessen	*instead of this*
trotzdem	*in spite of this, nevertheless*

Einige Gäste kommen wegen der Demonstrationen nicht mehr zum Opernball, **trotzdem** ist er jedes Jahr ausverkauft.

Beim Opernball wird Walzer getanzt und Roulette gespielt. **Außerdem** gibt es im Keller eine Disko.

- Adverbs of time describe when or how quickly an action takes place.

auf einmal	*suddenly*
plötzlich	
bald	*soon*
damals	*(back) then*
eines Morgens/Abends/Tages	*one morning/evening/day*
einst	*once*
inzwischen	*in the meantime*
jetzt	*now*
nun	
langsam	*slowly*
neulich	*recently, just*
gerade	
schon	*already*
wieder	*again*

- Adverbs of frequency describe how often an action takes place.

nie	*never*
einmal	*once*
ab und zu	*now and then*
manchmal	*sometimes*
oft	*often*
immer	*always*

- Adverbs of sequence describe in what order a series of events takes place.

anfangs	*in the beginning*
zuerst	*(at) first*
bald darauf	*soon thereafter*
dann	*then*
danach } nachher	*afterward*
später	*later*
schließlich } zuletzt	*at last, finaly*
vorher	*before*
zum Schluss	*in the end, in conclusion*

- Adverbs of place describe where an action takes place.

anderswo	*elsewhere*
außen	*on the outside*
da } dort	*there*
drüben	*over there*
hier	*here*
hinten	*behind*
innen	*on the inside*
irgendwo	*somewhere*
links	*(on the) left*
nirgendwo	*nowhere*
oben	*above*
rechts	*(on the) right*
unten	*below*
überall	*everywhere*
vorn	*in front*

lichtung

manche meinen
lechts und rinks
kann man nicht velwechsern
werch ein illtum

Ernst Jandl

Ernst Jandl[1] war ein Dichter und Schriftsteller, der durch seine humoristische Sprachkunst und experimentelle Lyrik bekannt geworden ist und als einer der Hauptvertreter der „konkreten Poesie" gilt.

[1] 1. August 1925 in Wien geboren; 9. Juni 2000 in Wien gestorben

24 Gegenteile

Gruppieren Sie gemeinsam mit Ihrem Partner / Ihrer Partnerin die Adverbien aus den Listen nach Gegenteilen und schreiben Sie Beispielsätze zum Thema *Wien* oder *Menschen in Wien*.

Adverb	Beispiel	Gegenteil	Beispiel
anfangs	Anfangs lebte Sigmund Freud in Wien.	zum Schluss (zuletzt, schließlich)	Zum Schluss lebte Freud im Exil in London.

25 Helmut Qualtinger: „Bin i a Mensch oder a Wiener?"

Die folgenden Informationen über das Leben des berühmten Wiener Schriftstellers, Kabarettisten und Schauspielers Helmut Qualtinger sind etwas chaotisch und isoliert. Verbinden Sie mit Ihrem Partner / Ihrer Partnerin die Elemente zu einem zusammenhängenden Text und benutzen Sie dabei möglichst viele der folgenden Adverbien:

anfangs – bald darauf – daher – danach – dann – darum – deshalb – deswegen – aus diesem Grund – schließlich – später – zuerst – zuletzt

1928 wird Helmut Qualtinger in Wien geboren. Nach dem Krieg arbeitet er als Journalist. Ab 1947 tritt er als Kabarettist auf. 1949 hat sein erstes Theaterstück Premiere. Im deutschen Sprachraum wird Qualtinger als Herr Karl berühmt. Mit dieser Figur kritisiert Qualtinger den „normalen" Wiener. Herr Karl ist eine erfundene° Person, die im Keller eines Lebensmittelgeschäfts arbeitet. Er erzählt über sein Leben und scheint ein netter Mensch zu sein. In Wirklichkeit ist er jedoch ein Nazi-Sympathisant und Mitläufer.

Helmut Qualtinger – Schauspieler, Schriftsteller und Kabarettist

Qualtinger ist berühmt und berüchtigt° für seine Streiche°. 1951 verbreitet° er unter Zeitungsreportern, dass der berühmte Eskimodichter Kobuk Wien besuchen werde. Zahlreiche Reporter versammeln sich am Wiener Westbahnhof. Aus dem Zug steigt Qualtinger mit Pelzmantel° und Pelzmütze°. Ein Radioreporter fragt ihn nach seinen ersten Eindrücken° von Wien. Qualtinger antwortet: „Haaß is"°.

Bis 1960 arbeitet er an Kabarettstücken mit dem *namenlosen Ensemble*. In den 70er Jahren spielt Qualtinger in mehreren Filmen mit. Sein letzter Film ist *Der Name der Rose* mit Sean Connery. Qualtinger ist in dieser Zeit sehr krank und leidet unter starken Schmerzen°. Mit 57 Jahren stirbt Qualtinger in seiner Geburtsstadt Wien.

---

erfundene *imaginary, invented* • **berüchtigt** *notorious* • **Streiche** *pranks* • **verbreitet** *spread* • **Pelzmantel** *fur coat* • **Pelzmütze** *fur hat* • **Eindrücken** *impressions*
„Haaß is" = **heiß ist es** *(Viennese)* • **leidet . . .** *suffers from great pain*

Videoblog

Simon

Vor dem Sehen

A **Getränke**

Fragen Sie Ihren Partner / Ihre Partnerin, machen Sie sich Notizen und berichten Sie dann im Kurs.

Was trinkst du gerne? Trinkst du auch Kaffee oder Tee? Wann? Wie oft? Wie? Wo? Wie fühlst du dich, wenn du Kaffee trinkst?

„Das Wiener Kaffeehaus ist ideal für Leute, die nichts tun wollen, aber doch viel dabei machen können."

© Cengage Learning

Beim Sehen

B **Themen**

Simon spricht in seinem Vlog über verschiedene Themen. Bringen Sie sie in die richtige Reihenfolge. Berichten Sie dann, was Sie zu den einzelnen Themen erfahren haben.

_____ Thomas Bernhard

_____ Sigmund Freud

_____ Wiener Kaffeehäuser

_____ Wiener Kaffeearten

_____ Die Wiener Innenstadt

_____ Das Café Bräunerhof

C **Im Kaffeehaus**

Kreuzen Sie an, ob die folgenden Aussagen mit dem übereinstimmen, was Simon erzählt. Berichtigen Sie die falschen Aussagen.

	STIMMT	STIMMT NICHT
1. Im Wiener Kaffehaus kann man nur einen Kaffee bestellen und den ganzen Tag sitzen.	☐	☐
2. Es gibt einen „Refill".	☐	☐
3. Im Kaffehaus kann man Zeitungen lesen.	☐	☐
4. Es gibt Kaffee nur mit Sahne.	☐	☐
5. Die Kellner im Café Bräunerhof sind sehr freundlich.	☐	☐
6. Das Café Bräunerhof war das Lieblingscafé von Sigmund Freud.	☐	☐

D Kleine Wiener Kaffeekunde

Welche Beschreibung passt zu welchem Kaffeegetränk?

1. kleiner und großer Schwarzer
2. kleiner und großer Brauner
3. Verlängerter
4. Melange
5. Wiener Eiskaffee
6. Einspänner

a. kleiner Schwarzer, aber mit Sahne – ein großer Brauner ist die doppelte Menge.

b. ein Verlängerter mit heißer Milch und Schaum – ähnlich wie ein Cappuccino

c. ein eisgekühlter, flüssiger Kaffee mit einer oder mehreren Kugeln Vanille-Eis

d. schwarzer Kaffee, der wie ein Espresso gemacht wird – der große ist die doppelte Menge.

e. ein großer Schwarzer im Glas mit sehr viel Sahne, benannt nach den Kutschen, die nur mit einem Pferd fahren

f. ein kleiner Brauner, Mokka bzw. Schwarzer, mit der doppelten Menge Wasser

E Sigmund Freud

Ergänzen Sie, was Simon über Sigmund Freud erzählt.

Der Begründer der _____ Psychoanalyse ist natürlich undenkbar wegzudenken von Wien, kann man sagen. Eine . . . eine der großen _____ von Freud war natürlich die Untersuchung des Unbewussten und dessen Wirkung *(effect)* auf den _____, und was in Wien alles unbewusst vorhanden *(present)* ist, das könnte _____ füllen. Darauf kann man jetzt nicht eingehen. Auf jeden Fall ist die Adresse Bergstraße 17 oder 18, sehen Sie, ich weiß es selber nicht so genau, ich glaube 17, eine _____ Adresse, zu der eigentlich jeder Wienbesucher auch hinpilgern sollte. Die berühmte Couch, auf der Freud seine Patienten therapiert hat und _____, ist allerdings nicht zu sehen. Da ist nur eine kleine Replik vorhanden. Diese _____ sich in London. Warum in London? Weil natürlich Freud, wie viele Menschen, wie viele jüdische Mitbürger in Wien eigentlich in den 30er Jahren, _____ musste.

Nach dem Sehen

F Was für ein Typ ist Simon?

Können Sie in diesem Videoblog etwas über Simons Charakter erfahren? Ist er immer ernst oder gibt es auch ironische, zynische oder lustige Bemerkungen in Simons Vlog? Welche Dialektwörter verwendet Simon? Welche Interessen hat Simon wohl? Spekulieren Sie!

G Mein Lieblingsort

Machen Sie Ihr eigenes Vlog oder schreiben Sie eine E-Mail an einen Partner / eine Partnerin und berichten Sie über einen Ort oder ein Café, an dem / in dem Sie sich besonders gerne aufhalten und Ihre Zeit verbringen.

Listen to this chapter's audio segments at www.cengage.com/german/stationen.

Lektüre

Thomas Bernhard

Thomas Bernhard wurde am 9. Februar 1931 in Holland geboren. Seine Mutter hatte im Sommer 1930 Österreich verlassen. Schon im Herbst 1931 kam er zu den Großeltern nach Wien, die später mit ihm nach Seekirchen im Salzburgerland zogen. 1945 besuchte Bernhard ein humanistisches Gymnasium in Salzburg, brach aber mit 15 Jahren vorzeitig ab und begann eine Lehre in einem Lebensmittelgeschäft. Aufgrund einer Lungentuberkulose kam er ins Krankenhaus. Während der anschließenden Aufenthalte in Sanatorien und Lungenkrankenhäusern begann Thomas Bernhard intensiv zu lesen und zu schreiben. 1951 begann Bernhard ein Musikstudium am Mozarteum in Salzburg und nahm an einem Schauspielseminar teil. Gleichzeitig arbeitete er als Journalist bei verschiedenen Zeitungen. Danach lebte er bis zu seinem Tod 1989 als freier Schriftsteller in Österreich.

Thomas Bernhard erhielt viele literarische Auszeichnungen in Deutschland und Österreich. In seinem Testament° verbot er alle Publikationen und Aufführungen° seiner Werke in Österreich. Dieses Verbot wurde im Juli 1998 durch eine Privatstiftung wieder aufgehoben°.

Testament *will* • **Aufführungen** *performances* • **aufgehoben** *rescinded, nullified*

Vor dem Lesen

 Fragen zum Thema

1. Leben Sie auf dem Land oder in der Stadt?
2. Welche Vorteile hat man auf dem Land? Welche in der Stadt?
3. Was hat die Stadt Wien ihren Einwohnern zu bieten?
4. Was ist besonders schön an Österreich?

 Satzstruktur

 Formulieren Sie die folgenden Sätze aus Bernhards Text in einer anderen Form. Sie können komplexe Sätze auch als mehrere kürzere Sätze umformulieren.

 Der Mittelpunkt dieser Notizen ist mein damals mit mir auf dem Wilhelminenberg (*hospital complex in Vienna*) **stationierter Freund Paul.** →

Der Mittelpunkt dieser Notizen ist mein Freund Paul, der damals mit mir auf dem Wilhelminenberg stationiert war. (*oder* Der Mittelpunkt dieser Notizen ist mein Freund Paul. Paul war damals mit mir auf dem Wilhelminenberg stationiert.)

1. Wie der Paul war auch ich damals in einem Krankenbett aufgewacht, und vollkommen logisch der Paul in der Irrenanstalt (*mental hospital*) und ich in der Lungenanstalt (*lung disease hospital*), also der Paul auf dem Pavillion Ludwig und ich auf dem Pavillion Hermann.

2. Der Paul ist verrückt geworden, weil er sich gegen alles gestellt hat und naturgemäß (*natürlich*) dadurch umgeworfen worden ist, wie ich umgeworfen worden bin, weil ich mich gegen alles gestellt habe, nur ist er *verrückt* geworden aus demselben Grund aus dem ich *lungenkrank* geworden bin.

3. Nachdem er abgemagert *(emaciated)* aus dem Pavillion Ludwig entlassen wurde, fuhr er im Auto eines seiner Brüder oder im Taxi an den Traunsee, wo seine Familie in einem Hochtal zwischen Altmünster und Traunkirchen ein zweihundert Jahre altes Bauernhaus hatte und verkroch sich *(hid)* ein paar Tage oder Wochen.

4. Wenn das Wetter gut war, hörte er sich im Hof sitzend eine von mir im ersten Stock abgespielte Schallplatte an, die bei geöffneten Fenstern vom Hof unten vorzüglich *(excellent)* anzuhören war.

5. Einmal wollte ich die *Neue Zürcher Zeitung* haben, ich wollte einen Aufsatz *(article)* über Mozarts *Zaide* lesen, der in der *Neuen Zürcher Zeitung* angekündigt *(announced)* war; und da ich die *Neue Zürcher Zeitung*, wie ich glaubte nur in Salzburg bekommen kann, bin ich die achtzig Kilometer im Auto einer Freundin mit dieser und mit dem Paul in die *weltberühmte* Festspielstadt gefahren.

Beim Lesen

Thomas Bernhard schreibt über seine Freundschaft mit Paul Wittgenstein. In Aktivität 28 konzentrieren Sie sich darauf, was Bernhard über Paul schreibt; in Aktivität 29 sammeln Sie Informationen zu Bernhards Leben auf dem Land und in der Stadt. In Aktivität 30 verfolgen Sie, wie Bernhard eine Anekdote über einen wichtigen Literaturpreis erzählt.

28

Paul

Bernhards Buch *Wittgensteins Neffe* beschreibt die Freundschaft zwischen Thomas Bernhard und Paul Wittgenstein, dem Neffen des Philosophen Ludwig Wittgenstein. Was sagt Bernhard in diesem Text über Paul? Wie war Paul? Was hat er gerne gemacht? Wie war ihre Freundschaft? Machen Sie Notizen!

29

Wörterbucharbeit: Stadt und Land

Thomas Bernhard hatte ein kompliziertes Verhältnis zu Österreich. In diesem Textausschnitt nennt er Österreich *rückständig, borniert, hinterwäldlerisch* und *größenwahnsinnig*. Arbeiten Sie mit dem Wörterbuch und finden Sie gute Definitionen für diese Adjektive! Dann suchen Sie im Text positive Aussagen über sein Leben in Wien und auf dem Land in Nathal!

30

Der Grillparzerpreis

Im letzten Teil des Textes beschreibt Bernhard die Episode der Grillparzerpreisverleihung *(award ceremony for the Grillparzer prize)*. Der Grillparzerpreis ist einer der wichtigsten Preise für Literatur in Österreich. Was war für Thomas Bernhard an der Preisverleihung problematisch? Machen Sie Notizen!

Wittgensteins Neffe

Thomas Bernhard

Der Mittelpunkt dieser Notizen ist mein damals mit mir auf
dem Wilhelminenberg stationierter Freund Paul. Wie der Paul
war auch ich damals in einem Krankenbett aufgewacht, und
vollkommen logisch der Paul in der Irrenanstalt und ich in der
5   Lungenanstalt, also der Paul auf dem Pavillion Ludwig und
ich auf dem Pavillion Hermann. Wie der Weg des Paul immer
wieder in einer Irrenanstalt hatte enden müssen, so hat mein
Weg immer wieder in einer Lungenanstalt enden müssen. Der
Paul ist verrückt geworden, weil er sich gegen alles gestellt
10   hat und naturgemäß dadurch umgeworfen worden ist, wie ich
umgeworfen worden bin, weil ich mich gegen alles gestellt habe,
nur ist er *verrückt* geworden aus demselben Grund, aus dem ich
lungenkrank geworden bin.

■

most passionate   Paul war der leidenschaftlichste° Opernbesucher, den Wien
15   je gehabt hat. Er war der Opernfanatiker, der sich auch noch
impoverishment   nach seiner totalen Verarmung° den tagtäglichen Opernbesuch
geleistet hat wenigstens auf dem Stehplatz. Er war als
Premierenmacher gefürchtet. Er riß mit seiner Begeisterung die
whistling   ganze Oper mit, er konnte so laut in Bravorufe oder in Pfiffe°
20   ausbrechen wie keiner vor und keiner nach ihm. Ich kann einen
conditions   Erfolg machen, wenn ich will und wenn die Voraussetzungen°
dafür gegeben sind, sagte er, und ich kann einen totalen
Mißerfolg genauso machen, wenn die Voraussetzungen dafür
gegeben sind; und die Voraussetzungen sind immer gegeben:
25   Wenn ich der erste bin, der Bravo schreit oder der erste, der
pfeift. Die Wiener haben Jahrzehnte nicht gemerkt, daß der
originator   Urheber° ihrer Operntriumphe letzten Endes der Paul gewesen ist.

■

Nachdem er abgemagert aus dem Pavillion Ludwig entlassen
wurde, fuhr er im Auto eines seiner Brüder oder im Taxi an den
30   Traunsee, wo seine Familie in einem Hochtal zwischen Altmünster
und Traunkirchen ein zweihundert Jahre altes Bauernhaus hatte
und verkroch sich ein paar Tage oder auch Wochen. Wenn er am
Traunsee war, besuchte er mich in meinem Haus in Nathal. Wenn
das Wetter gut war, hörte er sich im Hof sitzend eine von mir
35   im ersten Stock abgespielte Schallplatte an, die bei geöffneten
Fenstern vom Hof unten vorzüglich anzuhören war. *Einen Mozart
bitte. Einen Strauss bitte. Einen Beethoven bitte*, sagte er. Wir
hörten stundenlang zusammen Musik, ohne auch nur ein Wort zu
sprechen. Das liebten wir beide. Ein kleines, von mir bereitetes
40   Abendessen beendete den Tag und ich fuhr ihn in sein Haus
zurück. Diese wortlosen Musikabende mit ihm werde ich nie
vergessen. Er blieb solange, bis ihm das Land auf die Nerven ging
und er nichts als nach Wien zurück wollte.

■

Waren Freunde bei mir, machte er mit diesen und mir

reluctantly 45 Spaziergänge, widerwillig°, aber er machte sie. Auch ich bin kein
Spaziergeher, ich gehe schon lebenslänglich nur widerwillig
spazieren, aber mit Freunden gehe ich spazieren. Ich bin absolut
kein Spaziergeher und ich bin auch kein Naturfreund und auch
kein Naturkenner. Ich kenne die Natur überhaupt nicht und ich

50 hasse sie, denn sie bringt mich um. Ich lebe in der Natur nur, weil
mir die Ärzte gesagt haben, dass ich *in der Natur* leben soll, wenn
ich überleben will, aus keinem anderen Grund. Ich existiere ganz
gegen meinen Willen auf dem Land, das alles in allem immer nur
gegen mich ist. Und natürlich war der Paul auch so wie ich durch

55 und durch ein Stadtmensch.

■

Einmal wollte ich die *Neue Zürcher Zeitung* haben, ich wollte
einen Aufsatz über Mozarts *Zaide* lesen, der in der *Neuen
Zürcher Zeitung* angekündigt war; und da ich die *Neue Zürcher
Zeitung*, wie ich glaubte, nur in Salzburg bekommen kann, bin

60 ich die achtzig Kilometer im Auto einer Freundin mit dieser und
dem Paul in die *weltberühmte* Festspielstadt gefahren. Aber in
Salzburg habe ich die *Neue Zürcher Zeitung* nicht bekommen.
Da hatte ich die Idee, mir die *Neue Zürcher Zeitung* in Bad
Reichenhall zu holen und wir sind nach Bad Reichenhall gefahren,

health resort, spa 65 in den *weltberühmten* Kurort°. Aber auch in Bad Reichenhall habe
ich die *Neue Zürcher Zeitung* nicht bekommen und so fuhren wir

disappointed alle drei mehr oder weniger enttäuscht° nach Nathal zurück. Als
wir aber schon kurz vor Nathal waren, meinte der Paul plötzlich,
wir sollten nach Bad Hall fahren, in den *weltberühmten* Kurort,

70 denn dort bekämen wir bestimmt die *Neue Zürcher Zeitung*
und den Aufsatz über die *Zaide* und wir sind tatsächlich die
achtzig Kilometer nach Bad Hall gefahren. Aber auch in Bad Hall
bekamen wir die *Neue Zürcher Zeitung* nicht. Da es von Bad Hall
nach Steyr *nur ein Katzensprung* ist, zwanzig Kilometer, fuhren wir

75 auch noch nach Steyr, aber auch in Steyr bekamen wir die *Neue
Zürcher Zeitung* nicht. Nun versuchten wir unser Glück in Wels,
aber auch in Wels bekamen wir die *Neue Zürcher Zeitung* nicht.
Wir waren insgesamt dreihundertfünfzig Kilometer gefahren nur
um die *Neue Zürcher Zeitung* und hatten am Ende kein Glück

exhausted 80 gehabt. So waren wir dann völlig erschöpft°, wie sich denken läßt,
in ein Welser Restaurant gegangen, um etwas zu essen und uns

hunt zu beruhigen, denn die Jagd° nach der *Neuen Zürcher Zeitung* hat
Rand . . . limit of our physical abilities uns an den Rand unserer physischen Möglichkeiten° gebracht.

■

Man denke nur, daß ich die *Neue Zürcher Zeitung* selbst in

85 Spanien und in Portugal und in Marokko in den kleinsten
Orten mit nur einem Hotel bekomme. Bei uns nicht! Und an
der Tatsache, daß wir in so vielen angeblich so wichtigen
Orten die *Neue Zürcher Zeitung* nicht bekommen haben,
entzündete sich unser Zorn gegen dieses rückständige,

narrow-minded / provincial 90 bornierte°, hinterwäldlerische°, gleichzeitig geradezu abstoßend
größenwahnsinnige Land. Wir sollten uns nur immer da aufhalten,

wo wir wenigstens die *Neue Zürcher Zeitung* bekommen, sagte
ich und der Paul war absolut meiner Meinung. Dann bleibt uns
aber in Österreich in Wirklichkeit nur Wien, sagte er. Ich bin bis
95   heute nicht zu dem Aufsatz über die *Zaide* gekommen. Aber
damals habe ich geglaubt, ihn haben zu müssen. Und der Paul hat
desire   mich in meinem unbedingten Verlangen° unterstützt und mich
auf die Suche durch halb Oberösterreich und bis nach Bayern
offenen ... convertible   getrieben. Und das in einem offenen Auto°.

■

100   Meine Beziehung zu Paul war naturgemäß schwierig und sie hat
als ... proved to be the most exhausting   sich im Laufe der Zeit als die anstrengendste erwiesen°; sie war
affirmations of friendship   an ihre Höhe- und Tiefpunkte und an ihre *Freundschaftsbeweise*°
angeklammert. Welche Rolle beispielsweise der Paul bei der
awards ceremony   sogenannten Verleihung° des Grillparzerpreises an mich gespielt
105   hat, fällt mir ein. Wie er den Unsinn dieser Preisverleihung
durchschaut und sie *eine österreichische Perfidie* genannt hat.
Ich erinnere mich, daß ich mir für diese Preisverleihung einen
neuen Anzug gekauft habe, weil ich glaubte, nur in einem neuen
Anzug in der Akademie der Wissenschaften auftreten zu können.
110   Es war der hundertste Todestag Grillparzers gewesen und
gerade an diesem Tag mit dem Grillparzerpreis ausgezeichnet
extraordinary   zu werden, empfand ich als außerordentlich°. Jetzt zeichnen
countrymen   mich die Österreicher, meine Landsleute°, die mich bis zu
diesem Zeitpunkt immer nur mit Füßen getreten haben, sogar
115   mit dem Grillparzerpreis aus. Nicht ohne Stolz war ich aus
place in the center of Vienna   dem Kleidergeschäft heraus und auf den Kohlmarkt° getreten,
um in die Akademie der Wissenschaften hinüberzugehen. Ich
humiliation   habe Preisverleihungen immer als Erniedrigung° empfunden,
uplifting, respectful experience   nicht als Erhöhung° und habe immer an das Geld gedacht, das
120   sie einbringen. Der Grillparzerpreis aber ist mit keinerlei Geld
verbunden. Ich dachte dieser Preis sei eine Ausnahme. Und ich
dachte auf dem Weg in die Akademie, daß ich wahrscheinlich
vor der Akademie der Wissenschaften empfangen werde. Aber
es hatte mich überhaupt niemand empfangen. Wir gingen hinein
125   und setzten uns in die Mitte des Festsaales. Der Präsident der
Akademie begann seine Reden über Grillparzer. Während der
Reden hat die Ministerin in der ersten Reihe geschlafen und,
snored   wie ich deutlich hören konnte, geschnarcht°. Von mir hatte kein
Mensch Notiz genommen. Nach dem Festakt rief die Ministerin:
little poet 130   *Wo ist denn der Dichterling°?* Ich lief hinaus auf die Straße und
ich höre noch, wie der Paul in dem Moment zu mir sagt:
Du ... You let them abuse you!   *Du hast dich mißbrauchen lassen!*° Bevor ich mit Paul ins
famous hotel with a restaurant   Sacher° gegangen bin, habe ich den Anzug in das Kleidergeschäft
zurückgebracht. Der Anzug sei mir zu eng und ich wolle einen
135   neuen. Als ich schon wieder auf der Straße war, dachte ich daran,
daß bald ein Anderer mit dem Anzug, den ich zu der sogenannten
Grillparzerpreisverleihung angehabt habe, durch Wien laufen
amused   wird. Das belustigte° mich.

■

Es war selbstverständlich, daß wir ins Sacher gingen. Ich kenne
140 das Sacher aus einer Zeit vor jetzt schon beinahe dreißig Jahren,
in welcher ich beinahe täglich dort war. Im Sacher hatte ich
alle Zeitungen, die ich haben mußte, und habe sie stundenlang
in Ruhe studieren können. Im Sacher bin ich niemals irritiert,
bothered deprimiert oder belästigt° worden und ich habe im Sacher oft
145 sogar arbeiten können. Ich bin doch immer ein Stadtmensch
gewesen, ein Großstadtmensch. Nicht umsonst atme ich sofort
auf, wenn ich in Wien bin. Umgekehrt aber muß ich, wenn ich ein
paar Tage in Wien bin, nach Nathal fliehen, wenn ich nicht an der
scheußlichen Wiener Luft ersticken will.

■

150 Drei Tage Wien und ich halte es nicht mehr aus, drei Tage Nathal
und ich halte es nicht mehr aus. In seinen letzten Lebensjahren
hat Paul sich diesem Hin- und Herreiserythmus angeschlossen
und war sehr oft mit mir nach Nathal und wieder zurück und
umgekehrt. Ich gehöre wie Paul zu den Menschen, die im Grunde
155 keinen Ort auf der Welt aushalten und die nur glücklich sind
zwischen den Orten.

Wortschatz

anstrengend *strenuous*

etwas **aushalten** (hält aus, hielt aus, hat ausgehalten) *to bear, endure s.th.;* **Ich halt(e) es nicht mehr aus.** *I can't take it anymore.*

die **Ausnahme, -n** *exception*

außerordentlich *extraordinary*

die **Begeisterung** *excitement, rapture*

ersticken (ist erstickt) *to suffocate*

jemanden **mit Füßen treten** (tritt, trat, hat getreten) *to treat s.o. badly, with disrespect*

der **Größenwahn** *megalomania*

größenwahnsinnig *megalomaniac*

rückständig *underdeveloped, behind the times*

scheußlich *terrible, disgusting; terribly, disgustingly*

der **Stehplatz, ˸e** *standing ticket (for the opera)*

jemanden **umbringen** (bringt um, brachte um, hat umgebracht) *to kill s.o.*

verarmt *impoverished*

die **Verarmung** *impoverishment*

widerwillig *unwillingly, unenthusiastically*

Nach dem Lesen

31

Fragen zum Text

1. Warum mussten Paul Wittgenstein und Thomas Bernhard immer wieder ins Krankenhaus?
2. Warum war Paul Wittgenstein der Urheber der Wiener Operntriumphe?
3. Wohin fuhr Paul, nachdem er aus dem Krankenhaus kam?
4. Warum musste Thomas Bernhard auf dem Land leben?
5. Was machten Paul Wittgenstein und Thomas Bernhard oft zusammen in Nathal?
6. Was passierte, als Thomas Bernhard die *Neue Zürcher Zeitung* haben wollte?
7. Warum nannte Bernhard Österreich ein rückständiges, hinterwäldlerisches Land?
8. Warum kaufte sich Bernhard vor der Preisverleihung einen neuen Anzug?
9. Was machte die Ministerin während der Reden über Grillparzer?
10. Wohin sind Paul Wittgenstein und Thomas Bernhard nach der Preisverleihung gegangen?

 32

Bernhards Sprache und Stil

Die folgenden Textbeispiele sind charakteristisch für Bernhards Schreibstil. Ein wichtiger Aspekt seines Stils ist das Wiederholen elementarer Phrasen. Suchen Sie diese Phrasen heraus und versuchen Sie die Ausschnitte ohne diese Wiederholungen zu schreiben. So erschreiben Sie sich einen Einblick in Bernhards wichtigstes Stilmittel.

1. *Wie der Weg des Paul immer wieder in einer Irrenanstalt hatte enden müssen, so hat mein Weg immer wieder in einer Lungenanstalt enden müssen. Der Paul ist verrückt geworden, weil er sich gegen alles gestellt hat und naturgemäß dadurch umgeworfen worden ist, wie ich umgeworfen worden bin, weil ich mich gegen alles gestellt habe, nur ist er verrückt geworden aus demselben Grund, aus dem ich lungenkrank geworden bin.*

2. *Auch ich bin kein Spaziergeher, ich gehe schon lebenslänglich nur widerwillig spazieren, aber mit Freunden gehe ich spazieren. Ich bin absolut kein Spaziergeher und ich bin auch kein Naturfreund und auch kein Naturkenner. Ich kenne die Natur überhaupt nicht und ich hasse sie, denn sie bringt mich um. Ich lebe in der Natur nur, weil mir die Ärzte gesagt haben, dass ich in der Natur leben soll, wenn ich überleben will, aus keinem anderen Grund.*

 33

Auf der Suche nach der *Neuen Zürcher Zeitung*

Verfolgen Sie die Fahrtroute auf der Landkarte auf der folgenden Seite und beschreiben Sie die Stationen der Suche nach der *Neuen Zürcher Zeitung*. Benutzen Sie dabei das folgende Gerüst *(framework)* mit Zeitadverbien.

1. Zuerst . . .
2. Dann . . .
3. Danach . . .
4. Schließlich . . .
5. Zuletzt . . .

Bundesstraßen in Österreich

34 **Sätze verbinden!**

Welcher Satz passt zu welcher Infinitivkonstruktion?

1. P. W. fuhr zum alten Bauernhaus seiner Familie, . . .

2. T. B. und P. W. hörten gerne stundenlang Musik, . . .

3. Sie fuhren 350 km in einem offenen Auto, . . .

4. T. B. hat den Aufsatz über Mozarts *Zaide* nie bekommen, . . .

5. T. B. kaufte sich einen Anzug für die Verleihung des Grillparzerpreises, . . .

6. T. B. fand es außerordentlich, . . .

7. Nach drei Tagen in Wien musste T. B. wieder nach Nathal fahren, . . .

a. weil er glaubte nur in einem neuen Anzug in der Akademie der Wissenschaften auftreten zu können.

b. aber damals hat er geglaubt, ihn haben zu müssen.

c. ohne auch nur ein Wort zu sprechen.

d. um sich dort für ein paar Tage zu verkriechen.

e. um die *Neue Zürcher Zeitung* zu finden.

f. um nicht an der schrecklichen Wiener Luft zu ersticken.

g. gerade am 100. Todestag Grillparzers mit dem Preis ausgezeichnet zu werden.

 35 **Fragen zum Nachdenken und Diskutieren**

1. Inwiefern ist Bernhards Erzählung *Wittgensteins Neffe* autobiographisch?

2. Wie spricht Bernhard in *Wittgensteins Neffe* über seine Beziehung zu Österreich?

3. Wird Thomas Bernhard in Österreich und Deutschland gleich respektiert und geliebt? Spekulieren Sie.

36 Schreibübungen

Bilden Sie kleine Gruppen und schreiben Sie Rollenspiele über die folgenden Szenen oder andere Szenen, die Sie sich mit Thomas Bernhard und Paul Wittgenstein vorstellen können. Geben Sie jeder Person in der Gruppe eine Rolle. Spielen Sie die Szenen im Kurs vor.

1. Die Jagd nach der *Neuen Zürcher Zeitung* (Aufsatz über Mozarts *Zaide*, 350 km fahren, offenes Auto, Welser Restaurant)
2. Die Grillparzerpreisverleihung (neuer Anzug, Akademie der Wissenschaften, Hotel Sacher)
3. Thomas Bernhard und Paul Wittgenstein auf dem Land (Spaziergang, Musik hören, Abendessen)

Zum Schluss

37 Wien ist . . .

Woran denken Sie jetzt, wenn Sie Wien hören? Diskutieren Sie, welche Begriffe Wien am besten charakterisieren. Erklären Sie Ihre Wahl.

- Kaffeehauskultur und Nostalgie
- Festliche Bälle und Operntriumphe
- Tourismus, Schlösser und Paläste
- Metropole zwischen Ost und West
- Großstadt im idyllischen Österreich

Barry Winiker/Index Stock Imagery/ PhotoLibrary

Die Wiener Staatsoper wurde 1869 im Renaissancestil gebaut.

Das letzte Wort: *Weltschmerz*

Der **Weltschmerz** ist eine Art Pessimismus und Resignation gegenüber der Welt und dem Leben. Vielleicht war es vor allem der Weltschmerz, den Thomas Bernhard mit Paul Wittgenstein gemeinsam hatte.

Wie könnte man den Begriff *Weltschmerz* vielleicht übersetzen? Kennen sie andere Begriffe, die für eine Kultur spezifisch sind und die man nur schwer übersetzen kann?

Zürich

Fedor Selivanov/Shutterstock

Mit Schiffen und Wassertaxis fährt man auf der Limmat bis in den Zürichsee. Kennen Sie andere Städte mit Fluss und See?

⊚ Station

Zürich

Zürich ist eines der größten Finanzzentren Europas. Nach New York, London und Tokio ist Zürich der viertwichtigste Börsenplatz° der Welt. Das hat wohl auch mit dem Schweizer Bankgeheimnis° zu tun, das dem Kunden absolute Verschwiegenheit° über seine Konten° versichert.

Zwar ist Zürich nicht die Hauptstadt der Schweiz, aber es ist definitiv ihr kulturelles und wirtschaftliches Zentrum. Schöne Villenvororte° und fruchtbare Weinanbaugebiete° um den Zürichsee geben der kleinen, aber wichtigen Stadt ein attraktives Umland.

Zürich liegt in der deutschsprachigen Schweiz im Norden des Landes. In der Westschweiz, auch Romandie genannt, spricht man vor allem Französisch. Im Südosten der Schweiz wird Italienisch und Rätoromanisch° gesprochen.

Die Schweiz ist nicht Mitglied der Europäischen Union. Der Staatenbund° entschied 1992, nicht am Europäischen Wirtschaftsraum° mitzuwirken, und deshalb bezahlt man in der Schweiz immer noch mit dem Schweizer Franken und nicht mit dem Euro. Vielleicht muss man die Geschichte der Schweiz kennen, um diese Entscheidung zu verstehen. Bis ins 14. Jahrhundert wurden Teile der Schweiz von den Habsburgern besetzt°. Um sich gegen die Zentralisierung zu wehren°, schlossen die Regionen Uri, Schwyz und Unterwalden 1291 einen Bund.

Börsenplatz *stock exchange market* • **Bankgeheimnis** *law that protects all financial and personal information of bank customers* • **Verschwiegenheit** *privacy* • **Konten** *accounts* **Villenvororte** *upscale suburbs* • **Weinanbaugebiete** *vinyards* • **Rätoromanisch** *Romansh* **Staatenbund** *federation* • **Wirtschaftsraum** *business market* • **besetzt** *occupied* • **wehren** *defend oneself*

Geschichte

100 v. Chr.	58 v. Chr.	15 v. Chr.	536	13. Jh.	1291	1351	1499
Kelten wandern in das Gebiet der heutigen Schweiz ein.	Das Römische Reich erobert das Gebiet der Schweiz.	Die römische Zollstation *Turicum* (= Zürich) wird gegründet.	Die Franken erobern den größten Teil des Landes.	Habsburger und Savoyer herrschen über das Schweizer Gebiet.	Schwyz, Unterwalden und Uri schließen den *Bund der Eidgenossen* (CH = Confoederatio Helvetica).	Zürich tritt dem Bund der Eidgenossen bei.	Loslösung *(secession)* vom Deutschen Reich durch den Schwabenkrieg

Immer mehr Orte traten im Laufe des 14. Jahrhunderts dem Bündnis bei; nachdem die Föderation Ende des 15. Jahrhunderts unabhängig wurde, erklärte die Schweiz im Jahr 1515 ihre Neutralität. Dieser historische Hintergrund ist wichtig, um die Struktur, die Mehrsprachigkeit° und die Kultur dieses kleinen Landes zu verstehen.

Zudem° ist die Schweiz als Alpenland ein besonderes Land. Auch die Sprache, das Schweizerdeutsch, ist in vielen Aspekten anders als das Deutsch in Deutschland oder Österreich. Aber erklärt all das, warum die Schweizer nicht Teil eines vereinten Europa sein wollen?

• **Mehrsprachigkeit** *multilingualism* • **Zudem** *Moreover*

Ein berühmter Zürcher

Max Frisch (1911–1991)

Max Frisch wurde am 15. Mai 1911 in Zürich als Sohn eines Architekten geboren. 1930 begann er an der Universität Zürich mit dem Studium der Germanistik. Doch nach dem Tod seines Vaters musste er das Studium aus finanziellen Gründen abbrechen und arbeitete stattdessen als freier Mitarbeiter° für die *Neue Zürcher Zeitung* und andere Zeitungen. 1934 schrieb Frisch seinen ersten Roman, doch bald darauf verbrannte er alle Manuskripte und beschloss, mit dem Schreiben aufzuhören. 1936 begann er deshalb mit dem Studium der Architektur und schloss es 1941 als Diplom-Architekt ab. Aber bald fing Frisch wieder an zu schreiben. Er schrieb vor allem Dramen, die sich mit dem Krieg und der Nachkriegszeit beschäftigen. Wie sein Zeitgenosse° Friedrich Dürrenmatt,

Max Frisch

kritisierte Frisch die Neutraliät der Schweiz während des Zweiten Weltkrieges. Obwohl Frisch und Dürrenmatt viel gemeinsam hatten (sie waren beide Gegner° der Schweizer Armee, arbeiteten zusammen am Zürcher Schauspielhaus) war ihr Verhältnis nur fast eine Freundschaft°.

freier . . . *freelance writer* • **Zeitgenosse** *contemporary* • **Gegner** *opponents*
fast . . . *almost a friendship*

1798	1848	1914–1945	1971	1986	1991	2002	2011
Die Helvetische Republik wird gegründet.	Die Schweiz erhält eine neue Verfassung *(constitution)* (parlamentarische Republik).	Während der beiden Weltkriege bleibt die Schweiz neutral.	Einführung des Wahlrechts *(right to vote)* für Frauen	Ablehnung *(rejection)* des Beitritts zur UNO	Einführung des Rechts *(right)* auf Wehrdienstverweigerung *(military service conscientious objector status)*	Die Schweiz wird 190. Mitglied der UNO.	Die Regierung beschließt Reformen für die Schweizer Armee.

1 Fragen zur Station

1. Wo liegt die Schweiz?
2. Wie alt ist Zürich? Woher kommt der Name der Stadt?
3. Wo liegt Zürich? Was liegt in der Nähe?
4. Wie viele Einwohner hat Zürich? Wie groß ist die Fläche? Kennen Sie eine Stadt, die ungefähr so groß ist wie Zürich?
5. Was gibt es im Umland von Zürich?
6. Seit wann dürfen Frauen in der Schweiz wählen *(vote in elections)*?
7. Wie verhielt sich *(acted)* die Schweiz in den beiden Weltkriegen?

Max Frisch an Friedrich Dürrenmatt

In diesem Brief schreibt Max Frisch, der damals schon ein erfolgreicher Autor war, an den jungen Friedrich Dürrenmatt.

```
                                        22.1.1947
                                Zolligerstrasse 265
                                            Zürich


    Verehrter° Herr Fritz Dürrenmatt!
    Herr Reiss hat mir neulich Ihren Namen und Ihr Stück°
    erwähnt°, ich bat ihn um das Manuskript, das ich nun ein
    erstes Mal gelesen habe, und ich bin begeistert davon°. Ich
    weiss, dass ich nicht der erste bin, der Ihnen das sagt. Das
    Ganze hinterlässt mir einen tiefen Eindruck°, eine Vision,
    die anhält, einzelne Szenen sind besonders stark, weil sie,
    wie mir scheint, gross gesehen sind [. . .]. Da ist sovieles,
    worum ich Sie aufrichtig beneide, und ich hoffe, dass Sie
    meinen Brief nicht als väterlichen Zuspruch° empfinden, als
    ein Klopfen auf die Schultern; ich möchte Sie nur wissen
    lassen, wie sehr ich begeistert bin und überzeugt, dass
    in Ihnen ein wirklicher Dichter angetreten ist, und ich
    beglückwünsche Sie zu Ihrem ersten Stück.
        Mit herzlichem Gruss

                                        Max Frisch
```

Verehrter *Dear* • **Stück** *theater play* • **erwähnt** *mentioned* • **begeistert . . .** *fascinated with it* • **hinterlässt . . .** *leaves a deep impression* • **väterlichen . . .** *patronizing affirmation*

2 Fragen zu Max Frisch

1. Warum musste Max Frisch sein Germanistikstudium abbrechen?
2. Womit beschäftigen sich Max Frischs Romane?
3. Warum schrieb Frisch 1947 an Dürrenmatt?
4. Wie klingt Max Frischs Brief an Dürrenmatt? Ist er freundlich, arrogant, kritisch?

FILMTIPP: *Homo Faber* (Volker Schlöndorff, 1991)

Verfilmung von Max Frischs Roman *Homo Faber* mit Sam Shepard und Julie Delpy.

3   Kein ‚ß' in der Schweiz

In der Orthografie des Schweizer Hochdeutsch gibt es kein ‚ß'. Es wird immer durch ‚ss' ersetzt. Suchen Sie die Wörter in Frischs Brief an Dürrenmatt, die man in standarddeutscher Orthografie mit ‚ß' schreiben würde.

4   Frisch und Dürrenmatt

Das Verhältnis zwischen den bekanntesten Schweizer Autoren, Max Frisch und Friedrich Dürrenmatt, beruhte *(rested, was based on)* auf vielen Gemeinsamkeiten *(things they had in common)*, aber es gab auch Aspekte, in denen sich die beiden Schriftsteller unterschieden. Verwenden Sie die folgenden Wörter, um Frisch und Dürrenmatt zu vergleichen.

   Frisch ist 1911 geboren. Dürrenmatt ist 1921 geboren. (älter) →

      Frisch war zehn Jahre älter als Dürrenmatt.

1. Frisch hatte als junger Architekt und Schriftsteller viel Erfolg. Dürrenmatt konnte als junger Mann seine Frau und seinen Sohn kaum ernähren, weil er wenig Geld hatte. (ärmer)
2. Frisch machte viele Reisen ins Ausland. Dürrenmatt reiste nicht gern. (weniger)
3. Frisch absolvierte 650 Tage Militärdienst. Dürrenmatt wurde wegen seiner Kurzsichtigkeit *(near-sightedness)* nach wenigen Wochen vom Militärdienst befreit. (länger)
4. Frisch war Agnostiker. Dürrenmatt hat sich als Sohn eines Pfarrers immer mit Religion beschäftigt. (religiöser)
5. Frisch war immer sehr sportlich und fit. Dürrenmatt war Diabetiker. (gesünder)

5   Brief an Max Frisch

Schreiben Sie Friedrich Dürrenmatts Brief an Max Frisch als Antwort auf seinen Brief vom Januar 1947.

```
Sehr geehrter Herr Frisch,
Vielen Dank für Ihren Brief . . .

                    Mit freundlichen Grüssen
                    Ihr Friedrich Dürrenmatt
```

6   Rollenspiel

Frisch und Dürrenmatt trafen sich oft in der *Kronenhalle (restaurant)* in Zürich. Schreiben Sie ein Gespräch zwischen Frisch und Dürrenmatt (z. B. als sie sich zum ersten Mal treffen) und spielen Sie es im Kurs vor.

7   Andere berühmte Zürcher

Suchen Sie Informationen über die folgenden Personen. Wer sind sie? Was haben sie gemacht? Was haben sie mit Zürich zu tun?

Max Bill	Martin Suter
James Joyce	Peter Stamm
Gottfried Keller	Christian Kracht
Thomas Mann	Ruth Dreifuss
Johanna Spyri	Pipilotti Rist
Huldrych Zwingli	

8

Suchbegriffe

Forschen Sie mit den folgenden Suchbegriffen im Internet.

Stadt Zürich

1. Was finden Sie besonders interessant?
2. Welche Museen gibt es in Zürich?

Informationen zur Schweiz

3. Wie heißen die drei wichtigen geografischen Regionen der Schweiz?
4. Wie viele Ausländer leben in der Schweiz?
5. Suchen Sie Informationen über die vier offiziellen Sprachen der Schweiz. Was ist das *Rumantsch Grischun*?

Max Frisch Archiv

6. Was ist die ETH Zürich?
7. Was gibt es im *Max Frisch Archiv*?
8. Gibt es in Max Frischs Biographie Informationen, die Sie überraschen?

Centre Dürrenmatt

9. Was gibt es im *Centre Dürrenmatt*?
10. Suchen Sie Informationen über die Geschichte des *Centre Dürrenmatt*.
11. Suchen Sie Malereien und Zeichnungen *(drawings)* von Dürrenmatt! Was für ein Künstler war er?

Sonda Dawes / The Image Works

Die Bahnhofstrasse in Zürich

 9

Brief an einen Schweizer

Arbeiten Sie in Gruppen oder Paaren. Schreiben Sie einen Brief an einen Schweizer / eine Schweizerin und fragen Sie ihn/sie alles, was Sie schon immer über die Schweiz wissen wollten. Stellen Sie Fragen über das Leben in der Schweiz, das Essen, die Medien, die Politik, die Kunst und die Kultur; was immer Sie interessiert. Tauschen *(Exchange)* Sie dann Ihren Brief mit anderen Studenten im Kurs. Forschen Sie im Internet, um die Fragen im Brief Ihres Mitstudenten so gut wie möglich zu beantworten.

10 Richtig oder falsch?

Forschen Sie weiter und entscheiden Sie, ob die folgenden Aussagen korrekt sind. Wenn sie falsch sind, korrigieren Sie sie.

1. Deutsch ist die wichtigste Sprache der Schweiz.
2. Der Jura liegt im Osten der Schweiz.
3. Außer den vier Nationalsprachen werden in der Schweiz auch noch andere Sprachen gesprochen.
4. Die ETH ist eine Bibliothek in Zürich.
5. Im *Max Frisch Archiv* gibt es nur Manuskripte von Frischs Romanen und Theaterstücken.
6. Als junger Mann hat Frisch sogar einmal als Sportreporter gearbeitet.
7. Das *Centre Dürrenmatt* ist ein Museum, in dem Dürrenmatts Malereien und Zeichnungen ausgestellt werden.

Siegfried Eigstler/Stone/Getty Images

Der Zürichsee liegt südwestlich von Zürich

11 Lokale Presse

Gehen Sie zu den folgenden Websites im Internet. Was sind die Schlagzeilen? Wie wirken diese Zeitungen auf Sie? Wie sind Sprache und Präsentation? Was ist besonders interessant?

Neue Zürcher Zeitung

Der Tagesanzeiger

Tagblatt der Stadt Zürich

12 Nachrichtenrunde

Arbeiten Sie in Gruppen oder Paaren. Berichten Sie über einen Aspekt, den Sie beim Surfen im Internet gefunden haben.

13 Fragen zum Nachdenken und Diskutieren

Bearbeiten Sie diese Fragen in Paaren oder kleinen Gruppen. Machen Sie Notizen und geben Sie im Kurs einen kleinen Bericht. Bringen Sie die Resultate Ihrer Internetsuche dabei ein.

1. Welche Gründe gibt es wohl dafür, dass die Schweiz nicht der Europäischen Union beitreten will? Spekulieren Sie!
2. Inwiefern ist Zürich eine kleine Stadt? In welchen Aspekten ist Zürich eine wichtige Stadt?

Strukturen

Beschreiben
Attributive Adjektive

Adjectives are used to describe a noun or a pronoun. Attributive adjectives precede and describe a noun. They take either weak or strong endings according to the rules explained:

Rule	Endings	Examples
Weak endings are used when the information about gender, number and case of a noun is provided by a preceding definite article, indefinite article, or pronoun (**all-, dies-, jed-, jen-, manch-, solch-, welch-**).	There are only two weak adjective endings: 1. **-e** for the nominative singular of all three genders and for the accusative singular of the neuter and feminine genders 2. **-en** for all other forms. (table below)	**Der** schön**e** See liegt in den Schweizer Bergen. Nicht **jeder** schön**e** See liegt in der Schweiz. Note: In the two examples above, the definite article **der** and the word **jeder** provide the information that **See** is masculine, nominative, and singular. Therefore, the ending on the following adjective, **schön**, is weak.
Strong endings are used to provide the information about gender, number, and case of the following noun. They are used if there is no preceding article or pronoun or if the form of the preceding article doesn't give clear gender information (for example, the indefinite article **ein**.)	Strong adjective endings are very similar to the endings of the definite articles. (table below)	Oh, schön**er** See! Ein klein**er** See liegt in den Bergen. Note: In the first example above, no information about gender, number, or case precedes the adjective **schön**. In the second example, **ein** provides number but not gender and case. Therefore, the ending on the adjective in each example must be strong in order to provide the information that **See** is masculine, nominative, and singular.

Weak endings table:

	Mas	Neu	Fem	Plu
Nom			-e	
Akk		-e		
Dat		-en		
Gen		-en		

Strong endings table:

	Mas	Neu	Fem	Plu
Nom	-er	-es	-e	-e
Akk	-en	-es	-e	-e
Dat	-em	-em	-er	-en
Gen	-en	-en	-er	-er

- Here is a comparative list of all adjective endings:

	Masculine	Neuter	Feminine	Plural
Nom.	der kleine See ein kleiner See kleiner See	das schöne Land ein schönes Land schönes Land	die große Stadt eine große Stadt große Stadt	die grünen Wälder keine grünen Wälder grüne Wälder
Acc.	den kleinen See einen kleinen See kleinen See	das schöne Land ein schönes Land schönes Land	die große Stadt eine große Stadt große Stadt	die grünen Wälder keine grünen Wälder grüne Wälder
Dat.	dem kleinen See einem kleinen See kleinem See	dem schönen Land einem schönen Land schönem Land	der großen Stadt einer großen Stadt großer Stadt	den grünen Wäldern keinen grünen Wäldern grünen Wäldern
Gen.	des kleinen Sees eines kleinen Sees kleinen Sees	des schönen Landes eines schönen Landes schönen Landes	der großen Stadt einer großen Stadt großer Stadt	der grünen Wälder keiner grünen Wälder grüner Wälder

- Adjectives in a series take the same endings:

  Viele Touristen machen eine Bootsfahrt auf dem schönen, tiefblauen Zürichsee.

- Pronouns that function like attributive adjectives take specific endings:

Limiting Adjectives / Pronouns	Rule	Example
etwas genug wenig viel	• singular only • take no endings • other adjectives that follow have strong endings	In der Schweiz gibt es **viel** gut**en** Wein.
andere einige mehrere wenige viele	• plural only • take weak or strong endings, depending on use • other adjectives that follow take the same ending	In der Schweiz gibt es **mehrere** groß**e** Seen.
ein paar	• plural only • no ending • other adjectives that follow have strong endings	Kennst du auch **ein paar** klein**e** Seen in der Schweiz?
alle	• strong endings • other adjectives that follow have weak endings	Ich kenne nicht **alle** klein**en** Seen in der Schweiz.

- Adjectives referring to nationality are not capitalized and take endings like other adjectives. Adjectives referring to the name of a city are capitalized and take an **-er** ending.

  Zürch**er** Geschnetzeltes ist eine weltberühmte schweizerische[1] Spezialität. Viele Menschen schätzen (value) auch die deutsch**e** und die österreichisch**e** Küche.

---

[1] Some use the form "Schweizer," which is an exception to the stated rules.

14

Zürcher Geschnetzeltes

Schreiben Sie das Rezept für Zürcher Geschnetzeltes mit dem Indefinitpronomen *man* in ganzen Sätzen.

 Zuerst schnetzelt man das Kalbfleisch in dünne Streifen. Dann putzt man . . .

Zürcher Geschnetzeltes

- 600g mageres Kalbfleisch in dünne Streifen schnetzeln
- 250g frische Champignons putzen und in feine Scheiben schneiden
- 50g rohe Zwiebeln fein hacken
- 50g ungesalzene Butter in einer großen Pfanne schmelzen lassen und die Kalbfleischstreifen darin bräunen
- das gebräunte Fleisch herausnehmen und warm stellen
- geschnittene Champignons leicht anbraten
- gehackte Zwiebeln zugeben und goldgelb werden lassen
- mit einer kleinen Tasse herbem° Weißwein ablöschen und zugedeckt 5 Min. dünsten   *dry*
- frische Sahne halbsteif schlagen
- das noch warme Fleisch wieder in den Topf geben
- die geschlagene Sahne, etwas gehackte Petersilie und geriebene Zitronenschale hinzugeben
- mit Salz und Pfeffer würzen

Simon Reddy / Alamy

Zürcher Geschnetzeltes, eine schweizerische Spezialität mit Kalbfleisch, Champignons und Sahnesauce. Dazu serviert man „Rösti" aus geriebenen *(grated)* und gebratenen rohen Kartoffeln.

15 **Paul Klee**

Geben Sie die richtigen Endungen für die Adjektive an!

Paul Klee war wohl der berühmtest_____ Schweizer Künstler. Im Juni

2005 wurde das international_____ Zentrum Paul Klee in Bern eröffnet.

Paul Klee (1879–1940) zählt heute zu den bedeutendst_____ Künstlern des

20. Jahrhunderts. Neben 4000 Gemälden, Aquarellen und Zeichnungen sind

dort auch biografisch_____ Materialien zu sehen. Die Bestände des Zen-

trums gelten als die größt_____ Sammlung eines einzigen Künstlers. Das

Zentrum Paul Klee ist nicht nur ein innovativ_____ Kunstmuseum, sondern

auch ein führend_____ Forschungszentrum für das Leben und Werk Paul

Klees. Der berühmt_____ italienisch_____ Architekt Renzo Piano hat

kein traditionell_____ Museum gebaut, sondern eine grün_____ Insel,

aus der sich die Architektur in Form von drei Wellen erhebt *(rises in the form

of three waves)*. Diese außergewöhnlich_____ *(exceptional)* Architektur

des Zentrums ist gleichzeitig eine einmalig_____ Landschaftsskulptur.

16 **Wörterbucharbeit: Kunst von Paul Klee beschreiben**

Suchen Sie in der Bibliothek oder im Internet ein Kunstwerk von Paul Klee
und beschreiben Sie es, indem Sie passende Adjektive finden. Arbeiten Sie
dabei mit dem Wörterbuch

Die Zwitschermaschine von Paul Klee

17 Zürich für Besucher

Ein Reporter hat einen Artikel über Zürich geschrieben, aber sein Stil ist ziemlich farblos, weil er keinerlei attributive Adjektive benutzt hat. Machen Sie den Text interessanter, indem Sie die passenden Adjektive aus der Liste in die Lücken setzen. Achten Sie auch auf die Endungen, die Ihnen Hinweise auf das Genus *(gender)* der passenden Nomen geben können.

atemberaubendem *(breathtaking)* – beeindruckenden *(impressive)* – gemütlichen – lokalen – gute – herrlicher – historische – interessanter – kleinen – schöner – tiefblauen – weltbekannte – weltberühmten

Zürich ist eine _____ Stadt, die Mitten im Herzen Europas liegt. Sie liegt am _____ Zürichsee mit _____ Blick auf die _____ Schweizer Alpen. Aber außer _____ Natur findet man in Zürich auch das Kunstzentrum der Schweiz mit _____ Museen und _____ Stadtarchitektur. Wer sich fürs Shopping interessiert, findet Mitbringsel *(souvenirs)* auf dem Flohmarkt am Bürkliplatz oder bei einem Einkaufsbummel durch die _____ Altstadt. Am Abend kann man _____ Küche und die _____ Weine in _____ Gasthäusern genießen oder den Tag in einem der _____ Straßencafés ausklingen lassen.

Die Predigergasse im Niederdorf in Zürich

18 „Denk' ich an die Schweiz . . .“

Machen Sie gemeinsam mit Ihrem Partner / Ihrer Partnerin eine Liste von sechs Assoziationen, die Sie mit Zürich und/oder der Schweiz verbinden. Jede Assoziation soll mindestens ein attributives Adjektiv beinhalten. Vergleichen Sie dann Ihre Listen. Gibt es Assoziationen, die besonders häufig vorkommen? Diskutieren Sie, ob es sich hier möglicherweise um Stereotypen oder Vorurteile (prejudices) handeln könnte.

z.B. Wenn ich an die Schweiz denke, denke ich an den berühmten Käse.

Müesli!

Das **Müesli** (deutsch: **Müsli**) ist ein Gericht (dish) aus rohen Haferflocken (oats), das man in der Schweiz nicht nur zum Frühstück isst. Das Wort **Müesli** ist die schweizerdeutsche Verkleinerungsform von **Mues** (deutsch: **Mus** = englisch: gruel, mush). Das Müesli wurde um 1900 von dem Schweizer Arzt Maximilian Oskar Bircher-Benner erfunden, der damit seinen Patienten die Rohkost (raw foods) näher bringen wollte. Das sogenannte **Birchermüesli** ist somit das Vorbild der heutigen Frühstückskultur.

Was essen Sie am liebsten zum Frühstück?

Photolibrary RF /PhotoLibrary

Müesli isst man in der Schweiz nicht nur zum Frühstück.

19 Rezept: Original Müesli nach Dr. Bircher-Benner

Geben Sie die Adjektivendungen an.

Zuerst muss man einen Esslöffel roh_____ Haferflocken zwölf Stunden lang in drei Esslöffel kalt_____ Wasser einweichen (soak). Dann gibt man einen Esslöffel (tablespoon) frisch_____ Zitronensaft und einen Esslöffel gesüßt_____ Kondensmilch (evaporated milk) dazu. Direkt vor dem Servieren gibt man einen geriebenen saur_____ Apfel direkt in das Mus und mischt alles gut, damit das Apfelfleisch nicht braun_____ wird. Zum Schluss streut (sprinkles) man einen Esslöffel gerieben_____ Haselnüsse oder Mandeln darüber.

⊙ Einblicke

20 **Fragen zum Thema**

1. Die Autoren Frisch und Dürrenmatt haben die Neutralität der Schweiz jeweils auf ihre Art kritisiert. Warum kann es problematisch sein, sich neutral zu verhalten?

2. Frisch und Dürrenmatt waren beide dafür, die Schweizer Armee abzuschaffen *(to terminate completely)*. Was spricht für die Schweizer Armee? Was spricht gegen sie?

Ja zur Armee – aber ohne mich!

AP Photo/Martin Ruetschi

Soldaten der Schweizer Armee

Im Zweiten Weltkrieg hat sich die Schweiz neutral verhalten. Das wurde nicht immer als positiv bewertet. Kann ein Land, so klein es auch sei, sich aus der Weltpolitik heraushalten? Und welche Rolle spielt dabei die Schweizer Armee[2]?

5   Berühmte Schweizer Schriftsteller wie Max Frisch und Friedrich Dürrenmatt haben sich nach dem Zweiten Weltkrieg mit diesen Fragen beschäftigt. Dürrenmatt hat schon in den 60er Jahren gesagt, dass die Schweiz ihre Neutralität neu definieren muss; und wie Max Frisch war auch Dürrenmatt für
10 die Abschaffung der Schweizer Armee.

    Im Mai 2003 entschieden die Schweizer sich mit 76 Prozent Ja-Stimmen und 24 Prozent Nein-Stimmen für das Gesetz° *Armee XXI*. Nach diesem Gesetz wurde die allgemeine Wehrpflicht° für Männer und die generelle Struktur der Schweizer
15 Armee als Milizarmee° beibehalten°. Das bedeutet, dass weiterhin° alle Schweizer Männer Militärdienst leisten° müssen. Die obligatorische Grundausbildung° dauert ungefähr fünf Monate. Danach müssen die Schweizer jedes Jahr dreiwöchige Wiederholungskurse° machen, bis sie 30 Jahre alt sind. Der
20 gesamte Militärdienst für normale Soldaten dauert 280 Tage. Erst seit 1991 kann in der Schweiz statt Wehrdienst auch Zivildienst° geleistet werden, der eineinhalb mal so lange dauert wie der Militärdienst. Immer mehr Schweizer entscheiden sich für den Zivildienst. Auch die Zahl der Männer, die den Militärdienst aus medizinischen Gründen vermeiden, wächst ständig°. Die
25 Schweizer Armee wird immer kleiner. Führende Schweizer Offiziere befürchten, das Motto der meisten jungen Schweizer heißt *„Ja zur Armee – aber ohne mich!"*

Glosses (left margin):
- law
- mandatory military service
- militia army / retained
- as always / do
- = Rekrutenschule
- refresher courses
- alternative service, e.g., in hospitals
- wächst … is steadily increasing

21 **Fragen zum Text**

1. Mit welcher Frage haben sich Max Frisch und Friedrich Dürrenmatt nach dem Zweiten Weltkrieg beschäftigt?

2. Was hat Dürrenmatt schon in den 60er Jahren gesagt?

3. Was entschieden die Schweizer im Mai 2003?

4. Was befürchten führende Schweizer Offiziere? Warum?

[2] The Swiss Army is a militia (with mandatory military service) and not a professional army.

Die Schweizer Armee

Vervollständigen Sie die Tabelle mit den Informationen aus dem Text. Was ist in der Schweiz genauso wie in Deutschland oder Österreich? Was ist anders?

	Militärdienst im Vergleich	
Deutschland	**Österreich**	**Schweiz**
1. Alle deutschen Männer sind wehrpflichtig *(obligated to military service)*.	1. Auch in Österreich gibt es die allgemeine Wehrpflicht.	1.
2. Der allgemeine Wehrdienst *(military service)* dauert in Deutschland zur Zeit neun Monate.	2. In Österreich heißt der Grundwehrdienst „Präsenzdienst". Die Dauer wurde 2006 von acht auf sechs Monate verkürzt.	2.
3. Nach dem Grundgesetz *(constitution)* darf niemand gegen sein Gewissen *(conscience)* zum Kriegsdienst mit der Waffe *(weapon)* gezwungen *(forced)* werden. Wer den Kriegsdienst verweigert *(objects to)* muss Zivildienst leisten.	3. Wer lieber Zivildienst leisten möchte, muss zwölf Monate dabei bleiben. Es wird neuerdings öfter diskutiert, auch den Zivildienst in Österreich zu verkürzen.	3.
4. Nach dem Ende des Kalten Krieges wurde die Bundeswehr *(German army)* immer kleiner. Immer öfter wird diskutiert, ob die Bundeswehr in eine reine Berufsarmee *(professional military)* umgewandelt werden soll.		4.

23 **Vergleichen Sie!**

Vergleichen Sie den Militärdienst in Ihrem Land (oder einem anderen Land, das Sie gut kennen) mit dem Militärdienst in der Schweiz, in Deutschland oder in Österreich! Wiederholen Sie dabei die Redemittel *Vergleichen und Bewerten* aus *Station 3.*

Im Vergleich zu . . . – Verglichen mit . . . – Im Gegensatz zu . . . – Im Unterschied zu . . .

z.B. **Gibt es in Ihrem Land die allgemeine Wehrpflicht?** →

Nein, im Gegensatz zu Deutschland, Österreich und der Schweiz gibt es bei uns keine allgemeine Wehrpflicht.

1. Gibt es in Ihrem Land die allgemeine Wehrpflicht?
2. Gibt es die Möglichkeit, Zivildienst zu leisten?
3. Wie lange dauert die Grundausbildung?
4. Hat Ihr Land eine Berufsarmee?
5. Wird die Armee in Ihrem Land größer oder kleiner?

Schweizer Hochdeutsch und Schweizerdeutsch

Schweizerdeutsch wird in der Schweiz von allen sozialen Schichten *(backgrounds)* als normale Umgangssprache *(colloquial language)* gesprochen; Dialekt zu sprechen ist also kein soziales Stigma. Auch im Umgang mit Behörden *(government offices)* spricht man Dialekt. Auch im Radio und im regionalen Fernsehen hört man Schweizer Mundart. Schweizer Hochdeutsch wird hauptsächlich schriftlich verwendet und wird deshalb auch oft *Schriftdeutsch* genannt. Viele Nichtschweizer halten das Schweizer Hochdeutsch oft für den Schweizer Dialekt, weil die Schweizer auch das Schweizer Hochdeutsch mit hörbarem Akzent sprechen.

Bei der Volkszählung *(census)* von 2000 betrug der Anteil der deutschsprachigen Schweizer 64 % der Bevölkerung. Von diesen gaben 93 % an, im Alltag Dialekt zu sprechen. 66 % davon gaben an, *nur* Dialekt und kein Hochdeutsch zu sprechen.

Obwohl das Schweizer Hochdeutsch eine offizielle Nationalsprache ist, ist sie für die meisten Schweizer eigentlich eine Fremdsprache *(foreign language)*. Ein Aussterben *(extinction)* des Dialekts (Schweizerdeutsch) ist nicht zu befürchten.

Versuchen Sie mit einem Partner die folgenden Schweizerdeutschen Vokabeln auf Hochdeutsch zu übersetzen.

eis, zwoi, drü, vier, foif
rot, gähl, blau, grüen, wiis
Mueter, Vater, Eltere, Schwöschter, Brüeder
Auge, Muul, Nase, Ohr, Zah
Öpfel, Orangsche, Banane, Erdbeeri, Zitronä
Hund, Chatz, Chüngel, Ross, Muus

 24

Richtig oder falsch?

Sagen Sie, ob die folgenden Aussagen richtig oder falsch sind! Wenn sie falsch sind, korrigieren Sie sie.

1. Man spricht entweder Dialekt oder Standardsprache.
2. Wenn die Schweizer Hochdeutsch sprechen, sprechen sie mit Akzent.
3. Im Umgang mit Behörden spricht man in der Schweiz immer Hochddeutsch.
4. Die deutschsprachigen Schweizer sprechen meistens Dialekt.
5. Hochdeutsch ist für die meisten Schweizer eine Fremdsprache.

Strukturen

Ergänzungen

Adjektive mit Präpositionen

Some predicate adjectives are frequently extended by a preposition and a prepositional object in the required case, creating a prepositional phrase.

- Adjectives with prepositions followed by the accusative case include the following:

Adjektiv + Präposition (+ Akkusativ)	English equivalent
böse auf	angry at
gespannt auf	in suspense about
gewöhnt an	accustomed to
neidisch auf	envious of
neugierig auf	curious about
stolz auf	proud of
wütend auf	furious at

Viele Besucher sind **neugierig auf** die kulturellen Sehenswürdigkeiten der Schweiz.

Die Bewohner Zürichs sind längst **an** die vielen Touristen **gewöhnt**.

- Adjectives with prepositions followed by the dative case include the following:

Adjective + Preposition (+ Dative)	English equivalent
abhängig von	dependent on
arm an	poor in
beeindruckt von	impressed by
begeistert von	enthusiastic about
bereit zu	ready to
fähig zu	able to
interessiert an	interested in
reich an	rich in
überzeugt von	convinced of
verrückt auf (etwas/jemandem)	crazy about, crazy for (something/
verrückt nach (etwas/jemandem)	someone)

Die Schweiz ist **reich an** Naturschönheiten.

Durch ihre Neutralität ist die Schweiz nicht politisch **abhängig von** anderen Ländern.

- If the object of a prepositional phrase is an entire clause including a verb, German uses a special construction with an anticipatory **da**-compound. These will be covered in more detail in *Station 12*.

25

In Zürich

Kombinieren Sie gemeinsam mit Ihrem Partner / Ihrer Partnerin die folgenden Elemente. Vielleicht können Sie die Liste auch noch erweitern?

z.B. Ich bin begeistert von den Zürcher Museen.

	begeistert von	die Architektur
	beeindruckt von	die vielen
		Einkaufsmöglichkeiten
Ich bin . . .	verrückt nach	die herrliche Natur
Wir sind . . .	stolz auf	Käsefondue und Raclette
Die Zürcher sind . . .	gewöhnt an	der Schweizer Dialekt
	interessiert an	der Blick auf die Alpen
	ein bisschen neidisch auf	der gute Schweizer Käse
	???	die feine Schokolade
		die teuren Preise
		die Zürcher Museen

26

Und Sie persönlich?

Interviewen Sie Ihren Partner / Ihre Partnerin, machen Sie sich Notizen und berichten Sie dann im Kurs.

1. Wovon bist du überzeugt?
2. Worauf bist du neugierig?
3. Worauf bist du ab und zu böse?
4. Wonach bist du verrückt?
5. Wozu bist du fähig?
6. Worauf bist du gespannt?
7. Woran könntest du dich nie gewöhnen?
8. Worauf bist du stolz?

27

Ergänzen Sie die Sätze

Finden Sie die richtigen Begriffe für die folgenden Sätze.

1. _____ nennt man alle alemannischen Dialekte der Schweiz.
2. Viele Schweizer sprechen Hochdeutsch mit starkem _____.
3. Ein _____ unterscheidet sich von der Standardsprache nicht nur in der Aussprache, sondern auch in der Grammatik und im Wortschatz.
4. Hochdeutsch ist für die meisten Schweizer eine _____.
5. Das _____ ist Hochdeutsch mit Schweizer Akzent.

a. Fremdsprache
b. Dialekt
c. Akzent
d. Schweizerdeutsch
e. Schweizer Hochdeutsch

Wortschatz

abbrechen (bricht ab, brach ab, hat abgebrochen) *to interrupt, discontinue*

abschaffen (schafft ab, schuf ab, hat abgeschafft) *to do away with, abolish*

abschließen (schließt ab, schloss ab, hat abgeschlossen) *to finish, complete*

der **Akzent, -e** *accent (pronunciation)*

die **Armee, -n** *army, military*

befürchten (hat befürchtet) *to fear*

beitreten (tritt bei, trat bei, ist beigetreten) *to join*

sich **beschäftigen** mit (hat sich beschäftigt) *to be concerned with*

bewerten (hat bewertet) *to judge, consider*

einen **Bund schließen** (schließt einen Bund, schloss einen Bund, hat einen Bund geschlossen) *to form a federation*

der **Dialekt, -e** *dialect*

sich **drehen** um (hat gedreht) *to revolve around*

die **Eidgenossenschaft** *Swiss federation*

einführen (führt ein, hat eingeführt) *to introduce*

festhalten an (hält fest, hielt fest, hat fest gehalten) *to hold on to (s.th.)*

der **Franken, -** *Swiss currency*

die **Fremdsprache, -n** *foreign language*

gemeinsam haben *to have (s.th.) in common*

genießen (genoss, hat genossen) *to enjoy*

halten für (hält, hielt, hat gehalten) *to take (s.th.) for (s.th else)*

sich **heraushalten** (hält sich heraus, hielt sich heraus, hat sich herausgehalten) *to keep out of (s.th.)*

der **Hintergrund, ⁻e** *background*

mitwirken (wirkt mit, hat mitgewirkt) *to participate*

die **Mundart, -en (der Dialekt, -e)** *dialect*

der **Offizier, -e** *title of high military rank, officer*

der **Rundblick, -e** *panorama, view*

das **Schweizerdeutsch** *dialects of Switzerland*

das **Schweizer Hochdeutsch** *variant of Standard German spoken in Switzerland*

der **Soldat, -en** *soldier*

umliegend *surrounding*

unabhängig *independent; independently*

verbrennen (verbrannte, hat verbrannt) *to burn*

vermeiden (vermied, hat vermieden) *to avoid*

das **Wahlrecht** *right to vote*

wählen (hat gewählt) *to elect*

wechseln (hat gewechselt) *to change, switch*

der **Wehrdienst (Militärdienst)** *military service*

der **Zivildienst** *alternative to military service, e.g., in hospitals*

Die Schweiz

Ein Freund möchte etwas über die multilinguale Schweiz erfahren. Erklären Sie ihm, was Sie darüber wissen. Verwenden Sie dabei die folgenden Wörter.

Akzent – Deutsch – Dialekt – Europäische Union – Fernsehen – festhalten – Franken – Französisch – Fremdsprache – gemeinsam haben – Geschichte – Italienisch – Mundart – Osten – Radio – Rätoromanisch – Schule – Schweizer Hochdeutsch – Schweizerdeutsch – sprechen

Die Schweiz und das Militär

Vervollständigen Sie die Sätze, indem Sie die folgenden Wörter in die richtige Lücke einsetzen.

abzuschaffen – befürchten – beschäftigt – festhalten – vermeiden – Wehrdienst – Weltkrieg – Zivildienst

Frisch und Dürrenmatt haben sich mit der Frage _____, ob die Schweiz noch eine Armee braucht oder nicht. Beide Autoren waren dafür, die Armee ganz _____. Doch die Schweizer wollen an ihrer Armee _____. Die meisten Schweizer glauben, dass man eine Armee braucht, um Krieg zu _____. Die politischen Probleme haben sich seit dem Zweiten _____ verändert. Statt einem Krieg _____ die meisten Schweizer, dass sich die Armee auf Terrorismus und Probleme der inneren Sicherheit konzentrieren muss. Obwohl immer mehr junge Männer den _____ vermeiden wollen und sich für den _____ entscheiden, sind die meisten Schweizer dafür, die Armee in ihrer alten Form zu behalten.

Beschreiben Sie die Situation

Welchen Weg würden Sie gehen? Wehrdienst oder Zivildienst? Warum? Verwenden Sie dabei wenigstens acht der folgenden Wörter.

abschließen – Armee – befürchten – beitreten – bewerten – sich entscheiden – Erfolg – halten für – sich heraushalten – Militärdienst – mitwirken – Offizier – Soldat – vermeiden – Wehrdienst – Zivildienst

z.B.   Ich würde zum Militär gehen, weil . . .
Ich würde Zivildienst machen, weil . . .

31

Wehrdienstverweigerer

Wenn man in der Schweiz den Wehrdienst verweigert *(is a conscientous objector)* und lieber Zivildienst leisten möchte, muss man schriftlich und mündlich begründen *(give reasons)*, warum man den Militärdienst nicht leisten kann. Schreiben Sie (a) einen Brief an die *Zürcher Beratungsstelle für Militärverweigerung und Zivildienst*³ und erklaren Sie, warum Sie lieber Zivildienst leisten wollen oder (b) schreiben Sie einem Freund, dass Sie in die Armee gehen wollen.

> Sehr geehrte Damen und Herren,
>
> ich möchte hiermit erklären, warum ich nicht zum Wehrdienst antreten werde:
>
> . . .
>
> *Hochachtungsvoll,*
>
> [Ihr Name]

> Lieber Uli,
>
> ich habe beschlossen zur Armee zu gehen, weil . . .

32

Rollenspiel

Nach der schriftlichen Bewerbung für den Zivildienst folgt in der Schweiz eine Anhörung *(interview)* vor einer Kommission. Arbeiten Sie in Gruppen. Geben Sie jeder Person eine Rolle (als Wehrdienstverweigerer oder Mitglieder der Kommission), schreiben Sie Dialoge und spielen Sie diese im Kurs vor.

Redemittel zum Diskutieren

Betonen, was wichtig ist

Mit den folgenden Redemitteln kann man betonen *(emphasize)*, was man für besonders richtig hält.

Vor allem . . .	**Vor allem** sollte jeder eine Fremdsprache lernen.
Auf jeden Fall / Auf alle Fälle . . .	**Auf jeden Fall** lernen sie Hochdeutsch erst in der Schule.
Jedenfalls . . .	**Jedenfalls** ist Hochdeutsch für die meisten Schweizer eine Fremdsprache.
(Die) Hauptsache ist . . . Das Wichtigste ist . . .	**(Die) Hauptsache ist**, dass geschriebene Texte auf Hochdeutsch sind.

---

³ This is a counseling service for conscientious objectors.

33 Was ist wichtig?

Welchen der folgenden Aussagen stimmen Sie (nicht) zu?

1. Vor allem sollte jeder Mensch mindestens eine Fremdsprache lernen.
2. Auf jeden Fall lernt man mit einer anderen Sprache auch eine andere Kultur.
3. Das Wichtigste dabei ist, dass man seine eigene Kultur aus einer anderen Perspektive sieht.
4. Vor allem sollte jeder Englisch können.
5. Hauptsache ist, es gibt eine Sprache, die die meisten Leute verstehen.
6. Jedenfalls ist es nicht wichtig, in einem Land mehrere Sprachen zu sprechen.
7. Vor allem kostet es sehr viel, wenn alles in mehreren Sprachen gedruckt werden muss.
8. Das Wichtigste beim Lernen einer Fremdsprache ist, dass man eine absolut korrekte Aussprache *(pronunciation)* hat.

34 Anders formuliert

Formulieren Sie die folgenden Sätze um, indem Sie die Redemittel verwenden.

 Vor allem sollte jeder eine andere Sprache lernen.

1. Jeder sollte eine andere Sprache lernen.
2. Wer eine andere Sprache lernt, versteht seine Muttersprache besser.
3. Man muss offen für neue Dinge sein.
4. Man sollte wissen, wie man ein Wörterbuch benutzt.
5. Es ist gut, wenn man viel in der Fremdsprache liest.

35 Partnerinterview: Sprachen

Fragen Sie Ihren Partner / Ihre Partnerin. Berichten Sie das Interessanteste im Kurs.

1. Welche Sprachen sprichst du? Wie hast du sie gelernt?
2. Warum lernst du Deutsch?
3. Welche anderen Sprachen interessieren dich? Warum?

36 Fragen zur Diskussion

Diskutieren oder schreiben Sie über eines der folgenden Themen. Verwenden Sie dabei die Redemittel.

1. Was sind die Vorteile einer multilingualen Gesellschaft wie der Schweiz?
2. Die Schweiz ist nicht nur ein Land, in dem Käse und Uhren hergestellt werden. Was sind die wichtigsten Aspekte, die uns helfen, die Schweiz besser zu verstehen?
3. Wie ist wohl das Verhältnis zwischen Schweizern und Deutschen? Spekulieren Sie!

Strukturen

Vergleichen

Komparativ und Superlativ

Comparisons in German can be made using the expressions **so . . . wie** (as . . . as) and **nicht so . . . wie** (not as . . . as) or a comparative (oftentimes with **als**) or superlative construction.

> Basel ist **nicht so** groß **wie** Zürich.
>
> Basel ist **kleiner** als Zürich.
>
> Zürich ist die **größte** Stadt der Schweiz.

- The comparative and superlative of attributive adjectives used before a noun are formed in the following ways:

	Attributive Adjective	Rule
Positive	schön-	adjective stem + adjective ending
Comparative	schöner-	adjective stem + **er** + adjective ending
Superlative	schönst-	adjective stem + **st** + adjective ending

> Viele halten Bern für eine schö**ne** Stadt.
>
> Andere meinen, Basel sei eine schön**ere** Stadt als Bern.
>
> Manche denken, Zürich sei die schön**ste** Stadt der Schweiz.

- The comparative and superlative of adverbs and predicate adjectives (those that follow a noun) are formed in the following ways:

	Adverbs & Predicate Adjective	Rule
Positive	friedlich	adjective stem
Comparative	friedlich**er**	adjective stem + **er**
Superlative	**am** friedlich**sten**	**am** + adjective stem + **sten**[4]

> Zürich ist ziemlich **klein**.
>
> Basel ist klein**er** als Zürich.
>
> Bern ist **am** kleinsten.

- Adjectives and adverbs that end in **-e** add only **-r** in the comparative.

> leis**e** → **leiser**

---

[4] This is the weak adjective ending following the contracted preposition and definite article **an** + **dem** = **am**.

- Adjectives and adverbs of one syllable ending in **-d**, **-t**, **-s**, **-ß**, **-z**, or **-sch** add an **e** in the superlative.

    laut → am laut**est**en   stolz → am stolz**est**en

    heiß → am heiß**est**en   hübsch → am hübsch**est**en

- Note, however, that adjectives and adverbs of more than one syllable and ending in **-d**, **-t**, or **-sch** do not add **e** in the superlative.

    spannend → am spannend**st**en

    komisch →am komisch**st**en

- The following adjectives or adverbs have irregular comparative and/or superlative forms.

Adjective	Comparative	Superlative
bald	eher	am ehesten
dunkel	dunkler	am dunkelsten
groß	größer	am größten
gut	besser	am besten
hoch	höher	am höchsten
nahe	näher	am nächsten
teuer	teurer	am teuersten
viel	mehr	am meisten

- A number of short adjectives and adverbs take an umlaut in the comparative.

Adjective	Comparative	Superlative
alt	älter	am ältesten
arm	ärmer	am ärmsten
dumm	dümmer	am dümmsten
gesund	gesünder	am gesündesten
grob	gröber	am gröbsten
hart	härter	am härtesten
jung	jünger	am jüngsten
kalt	kälter	am kältesten
klug	klüger	am klügsten
krank	kränker	am kränksten
kurz	kürzer	am kürzesten
lang	länger	am längsten
oft	öfter	am öftesten
scharf	schärfer	am schärfsten
schwach	schwächer	am schwächsten
stark	stärker	am stärksten

Entscheidungsfragen

Bilden Sie gemeinsam mit Ihrem Partner / Ihrer Partnerin Entscheidungs-
fragen und interviewen Sie sich dann gegenseitig. Berichten Sie den anderen
Kursteilnehmern.

 z.B. oft – **Was würdest du in der Schweiz _____ machen?**
(Bergsteigen / Skifahren) →

Was würdest du in der Schweiz öfter machen: Bergsteigen oder Skifahren?

1. oft   Was würdest du in der Schweiz _____ machen?
   (Bergsteigen / Skifahren)

2. interessant   Was fändest du _____? (das Opernhaus / das
   Kunsthaus Zürich)

3. wichtig   Was wäre dir _____? (viel Geld / viel Zeit für einen
   Besuch in Zürich)

4. gern   Was würdest du _____ essen? (Käsefondue / Zürcher
   Geschnetzeltes)

5. gut   Was würde dir _____ gefallen? (eine Fahrt mit der
   Ütlibergbahn / ein modernes Theaterstück in einem
   Zürcher Theater)

6. viel   Was würde dir _____ Spaß machen? (ein Shopping-
   Bummel auf der Bahnhofstrasse / eine Bootsfahrt auf
   dem Zürichsee)

Morgenstimmung am Zürichsee

Kleine Schweizer Landeskunde

Ergänzen Sie gemeinsam mit einem Partner / einer Partnerin die Lücken mit den Superlativformen eines passenden Adjektivs aus der Liste. Achten Sie dabei auch auf die richtige Adjektivendung!

bedeutend – bekannt – dicht – groß – hoch – lang – reich – viel

1. Zürich ist die _____ Stadt der Schweiz; hier leben die _____ Schweizer.
2. Der _____ Berg der Schweiz ist mit 4.643 Metern die Dufourspitze. Der _____ Berg der Schweiz ist jedoch das Matterhorn.
3. Mit 365 Kilometern ist der Rhein der _____ Fluss der Schweiz.
4. Die Schweiz hat das _____ Autobahnnetz der Welt.
5. Paul Klee gilt als der _____ Maler der Schweiz.
6. Die Schweiz gilt als eines der _____ Länder der Welt.

Die Sprachen der Schweiz

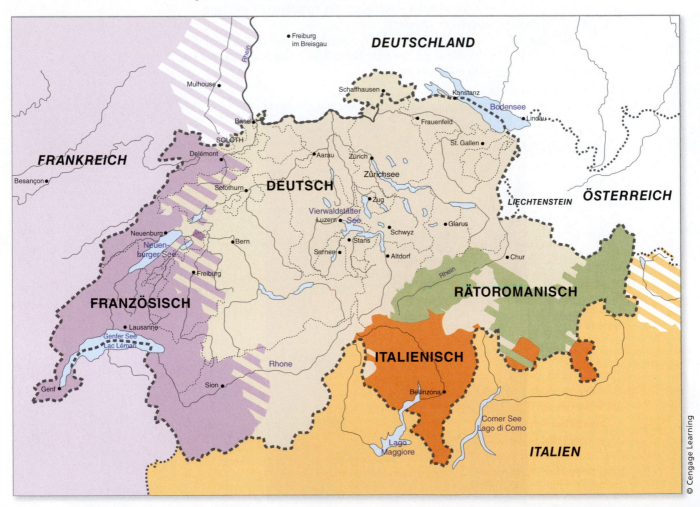

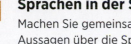

Sprachen in der Schweiz

Machen Sie gemeinsam mit Ihrem Partner / Ihrer Partnerin möglichst viele Aussagen über die Sprachen in der Schweiz und benutzen Sie dabei Komparative und Superlative.

z.B. Rätoromanisch wird von den wenigsten Schweizern gesprochen.

Sprachenvielfalt in der Schweiz

63,7 %	Deutsch (Landessprache)
20,4 %	Französisch (Landessprache)
6,5 %	Italienisch (Landessprache)
0,5 %	Rätoromanisch (Landessprache)
6,6 %	Andere Sprachen

Sprache	1990	2000	Zunahme in Prozent
Deutsch	4,64 Mio.	4,64 Mio.	+0
Französisch	1,4 Mio.	1,48 Mio.	+6
Italienisch	475.000	470.000	−1,1
Rätoromanisch	35.000	35.000	−0,1
Russisch			+198
Albanisch			+165
Afrikanische Sprachen			+150

Sources: Bundesamt für Statistik (www.swissworld.org); www.ForumS9.ch.

FILMTIPP: *Das Boot ist voll* (Markus Imhoof, 1981)

Eine Gruppe jüdischer Flüchtlinge sucht während des Zweiten Weltkrieges in der Schweiz Asyl, aber die Schweizer Behörden machen es den Flüchtlingen nicht leicht.

Videoblog

Solveig

Vor dem Sehen

 A **Literarisches**

Fragen Sie Ihren Partner / Ihre Partnerin, machen Sie Notizen und berichten Sie dann im Kurs.

Was liest du gerne? Wer ist dein Lieblingsschriftsteller? Warum? Was ist dein Lieblingsbuch? Warum? Was passiert in dem Buch?

„Weil die Schweiz nicht zur EU gehört, haben wir auch noch unseren schönen Schweizer Franken."

 B **Assoziationen**

Was assoziieren Sie mit den folgenden Begriffen? Machen Sie Assoziogramme und vergleichen Sie Ihre Assoziationen im Kurs.

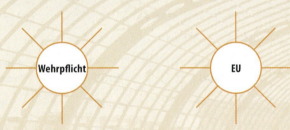

Wehrpflicht

EU

Beim Sehen

 C **Über die Schweiz**

Solveig spricht über verschiedene Themen. Bringen Sie die Aussagen in die richtige Reihenfolge.

_____ In der Schweiz gibt es den Schweizer Franken.

___1___ Die Schweiz gehört nicht zur EU.

_____ Es gibt vier Landessprachen.

_____ Ein bekannter Schweizer Schriftsteller ist Max Frisch.

_____ Die Schweiz hat eine Armee.

_____ Die Schweiz ist ein Binnenland.

 D **Die Schweizer Armee**

Ergänzen Sie die folgenden Aussagen.

1. Es sind etwa 115.000 Männer und Frauen, die in der Armee _____ sind.

2. Die Aufgaben der Schweizer Armee _____ darin, in Krisengebieten zu helfen und das Land zu verteidigen (*defend*).

3. Wenn es keine Armee geben würde, _____ kein Land sich verteidigen.

4. Die Schweiz ist so klein – kann sie sich denn gegen andere Länder _____ verteidigen?

E Nachbarländer

Welche Nachbarländer der Schweiz nennt Solveig?

F Sprachen in der Schweiz

Kreuzen Sie an, ob die folgenden Aussagen mit dem übereinstimmen, was Solveig erzählt. Berichtigen Sie die falschen Aussagen.

	STIMMT	STIMMT NICHT
1. Rätoromanisch ist am Aussterben.	☐	☐
2. Rätoromanisch ist dem Englischen sehr ähnlich.	☐	☐
3. Das Tessin liegt nahe an Italien.	☐	☐
4. Italienisch wird in der Westschweiz gesprochen.	☐	☐
5. Die wenigsten Schweizer sprechen Deutsch.	☐	☐
6. Im Fürstentum Liechtenstein spricht man Italienisch.	☐	☐

G Max Frischs „Andorra"

Verbinden Sie die Elemente zu vollständigen Sätzen.

1. Solveig hat gerade
2. Es ist ein Stück,
3. Es handelt von einem Jungen,
4. Es geht darum, dass die Menschen
5. Manchmal glauben wir dann selber, wir sind so,
6. Am Ende wird der Junge

a. oft so sind, wie andere sie sehen.
b. geholt und getötet.
c. „Andorra" von Max Frisch gelesen.
d. dem alle einreden, dass er Jude ist.
e. das sehr gut auch in die heutige Zeit passt.
f. obwohl wir gar nicht so sind und sein möchten.

Nach dem Sehen

H Wie denkt Solveig?

Kann man aus Solveigs Vlog erfahren, wie sie über die folgenden Aspekte denkt? Erkären Sie Ihre Antwort.

	Ja	Nein
die Schweizer Armee	☐	☐
den Status der Schweiz in Europa	☐	☐
die vier Landessprachen	☐	☐
Max Frisch	☐	☐

I Literarisches

Machen Sie Ihr eigenes Vlog oder schreiben Sie eine E-Mail an einen Partner / eine Partnerin, in dem Sie von Ihrem Lieblingsschriftsteller und/oder Buch erzählen, so wie Solveig von Max Frisch und „Andorra" erzählt.

Listen to this chapter's audio segments at www.cengage.com/german/ stationen.

◉ Lektüre

Friedrich Dürrenmatt

Friedrich Dürrenmatt wurde am 5. Januar 1921 in einem kleinen Ort im Emmental geboren. Sein Vater, ein protestantischer Pfarrer°, zog 1935 mit seiner Familie nach Bern, wo Friedrich zunächst Literatur und Kunstgeschichte und später Philosophie studierte. 1946 heiratete Dürrenmatt die Schauspielerin Lotti Geissler, mit der er drei Kinder hatte. Dürrenmatts Dramen, Kriminalromane und Hörspiele° beschäftigen sich vor allem mit der Nachkriegszeit, mit der Neutralität der Schweiz, und der Frage, wie man richtig leben soll.

Pfarrer *minister* • **Hörspiele** *radio plays*

Frisch und Dürrenmatt in der Kronenhalle in Zürich

©Jack Metzger, Image Archive ETH-Bibliothek Zurich

Vor dem Lesen

 40

Fragen zum Thema

1. Was wissen Sie schon über Friedrich Dürrenmatt?
2. Womit hat sich Dürrenmatt beschäftigt? Worüber hat er geschrieben?
3. Dürrenmatt nannte die Schweiz *Don Quijote der Völker. Warum*? Spekulieren Sie.

41 · Wörterbucharbeit: Dürrenmatt und seine Werke

Die folgenden Adjektive aus einem Text von Heinz Ludwig Arnold über Dürrenmatt beschreiben seine Person, seine Werke und seinen Stil. Arbeiten Sie mit dem Wörterbuch und schreiben Sie gute Definitionen auf Deutsch.

z.B. ▸ **kritisch** →

> Definition: akzeptiert nicht alles, so wie es ist, fragt nach Gründen, sagt seine Meinung

Dürrenmatt war . . .

1. ein exorbitanter Leser
2. gelassen
3. nicht ideologisch
4. kritisch
5. ständig lernend

6. nicht moralistisch
7. nüchtern
8. sicher
9. nie verbissen
10. ein wacher Beobachter
11. nicht zynisch

Jetzt entscheiden Sie, welche Adjektive auf Sie oder Ihren Partner / Ihre Partnerin passen und welche nicht passen. Erklären Sie warum.

z.B. ▸ Ich bin kein exorbitanter Leser, weil ich nicht genug Zeit habe.

42 · Fragen zum Thema

1. Ein altes deutsches Sprichwort sagt „Geld regiert die Welt" – stimmt das? Was kann man mit Geld kaufen? Was kann man nicht kaufen? Machen Sie die Listen und besprechen Sie dann Ihre Listen im Kurs.

2. Was ist „gerecht", was ist „ungerecht"? Sammeln Sie konkrete Beispiele und/oder Anekdoten und diskutieren Sie im Kurs.

3. Besprechen Sie den Unterschied zwischen „Individuum" und „Kollektiv". Wann kann man als Individuum etwas besser erreichen, wann als Kollektiv? Geben Sie konkrete Beispiele. Welche Konflikte kann es zwischen Individuum und Kollektiv geben? Welche Konflikte kann es zwischen verschiedenen Kollektiven geben?

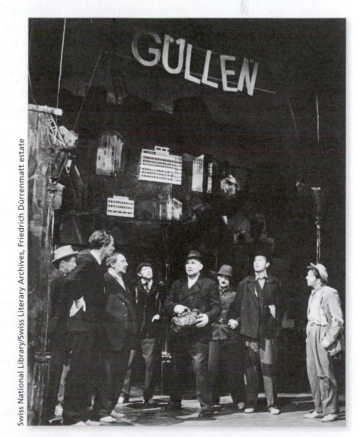

Uraufführung von Dürrenmatts *Der Besuch der alten Dame* 1956 im Schauspielhaus Zürich: Die Güllener. Mitte: Gustav Knuth als Ill (mit Tasche).

Swiss National Library/Swiss Literary Archives, Friedrich Dürrenmatt estate

Inhalt und Namen

43

Lesen Sie jetzt eine kurze Inhaltsangabe von *Der Besuch der alten Dame*. Untersuchen Sie dann in kleinen Gruppen, vielleicht mithilfe eines Wörterbuchs, die Bedeutung der Namen in Dürrenmatts Stück und diskutieren Sie Ihre Ergebnisse dann im Kurs:

> *Güllen*   (eine kleine Stadt)
>
> *Claire Zachanassian – Klara Wäscher*   (zwei Namen einer Frau)
>
> *Alfred Ill*   (ein Mann)

Der Besuch der alten Dame

──────────(Inhaltsangabe)──────────

Die Milliardärin Claire Zachanassian kommt in die verarmte und heruntergekommene° Kleinstadt Güllen, in der sie als Klara Wäscher ihre Kindheit verbracht hat. Damals hatte der Güllner Alfred Ill ihr gemeinsames Kind nicht anerkannt und zwei Zeugen bestochen°, um seine Vaterschaft zu bestreiten°. Das Kind starb, Claire musste Güllen verlassen und sich als Prostituierte den Lebensunterhalt verdienen, bis sie an der Seite von wechselnden Ehemännern reich wurde. Jetzt fordert sie Gerechtigkeit und macht den Bürgern Güllens ein unmoralisches Angebot. Sie bietet der Stadt eine Milliarde für den Kopf von Alfred Ill. Zunächst lehnen die Bürger das Angebot entrüstet° ab, aber bald beginnen sie Geld auszugeben, das sie eigentlich nicht haben. In der Gemeindeversammlung wird argumentiert, es ginge nicht um Geld, sondern um Gerechtigkeit, und man fasst einen einstimmigen Entschluss.

---

heruntergekommene *run down* • **bestochen** *bribed* • **seine . . .** *to deny his fatherhood*
entrüstet *appalled*

Güllen

44

Lesen Sie jetzt den Ausschnitt aus der Beschreibung des Bühnenbilds für den ersten Akt, in dem Claire in Güllen ankommt. Sammeln Sie die Wörter und Phrasen, die den Zustand Güllens beschreiben. Was für ein Bild soll dem Zuschauer vermittelt werden? Zeichnen Sie dann gemeinsam mit einem Partner / einer Partnerin oder in kleinen Gruppen ein Bühnenbild und stellen Sie es im Kurs vor.

Glockenton° Eines Bahnhofs, Bevor der Vorhang Aufgeht. Dann die Inschrift°: Güllen. Offenbar der Name der kleinen Stadt, die im Hintergrund angedeutet ist: ruiniert, zerfallen. Auch das Bahnhofsgebäude verwahrlost, je nach Land mit oder ohne Absperrung, ein halbzerrissener Fahrplan an der Mauer, ein verrostetes Stellwerk°, eine Türe mit der Anschrift: Eintritt verboten. Dann, in der Mitte, die erbärmliche Bahnhofstraße. Auch sie nur angedeutet. Links ein kleines Häuschen, kahl, Ziegeldach, zerfetzte Plakate an der fensterlosen Mauer.

Glockenton *sound of a bell* • **Inschrift** *inscription* • **Stellwerk** *railway control center*

45 Adjektive

Arbeiten Sie gemeinsam mit einem Partner / einer Partnerin und ergänzen Sie die Beschreibungen mit den passenden Adjektiven und der richtigen Endung.

fensterlos – verwahrlost – klein – halbzerrissen – zerfetzt – erbärmlich – angedeutet

1. Eine im Hintergrund _____ Stadt.

2. Das _____ Bahnhofsgebäude.

3. Ein _____ Fahrplan.

4. Die _____ Bahnhofsstraße.

5. Das _____ Häuschen.

6. Die _____ Plakate an einer _____ Mauer.

46 Erwartungen

Welchen Entschluss fällt die Gemeindeversammlung? Spekulieren Sie gemeinsam mit Ihrem Partner / Ihrer Partnerin darüber, wie das Theaterstück wohl enden wird und besprechen Sie Ihre Vermutungen und Vorschläge im Kurs.

Beim Lesen

Der folgende Auszug von *Der Besuch der alten Dame* zeigt, was die Güllener mit dem Kaufmann Ill am Ende machen. In Aktivität 47 bringen Sie den Ablauf der Handlung in die richtige Reihenfolge.

47 Chronologie

Bringen Sie gemeinsam mit einem Partner / einer Partnerin die Handlung in die richtige Reihenfolge.

_____ Roby und Toby tragen die Leiche Ills hinaus.

_____ Der Arzt stellt Ills Tod fest.

____1____ Der Pfarrer setzt sich zu Ill.

_____ Ill geht in die Gasse der schweigenden Männer.

_____ Claire Zachanassian gibt dem Bürgermeister einen Scheck.

_____ Der Bürgermeister gibt Ill eine Zigarette.

_____ Zwei Journalisten kommen.

_____ Der Polizist reißt Ill in die Höhe.

Der Besuch der alten Dame
Friedrich Dürrenmatt

*Die Bühne wird dunkel. Im schwachen Mondlicht sind die
Menschen nur undeutlich zu sehen.*

DER BÜRGERMEISTER: Bildet eine Gasse.

DER BÜRGERMEISTER: Herr Pfarrer, darf ich bitten.

5　*Der Pfarrer geht langsam zu Ill, setzt sich zu ihm.*

DER PFARRER: Nun Ill, Ihre schwere Stunde ist gekommen.

ILL: Eine Zigarette.

DER PFARRER: Eine Zigarette, Herr Bürgermeister.

DER BÜRGERMEISTER, *mit Wärme*: Selbstverständlich. Eine
10　besonders gute.

*Er reicht die Schachtel dem Pfarrer, der sie Ill hinhält. Der nimmt
eine Zigarette, der Polizist gibt ihm Feuer, der Pfarrer gibt die
Schachtel wieder dem Bürgermeister zurück.*

DER PFARRER: Wie schon der Prophet Amos gesagt hat –
15　ILL: Bitte nicht.

Ill raucht.

DER PFARRER: Sie fürchten sich nicht?

ILL: Nicht mehr sehr.

Ill raucht.

20　DER PFARRER *hilflos*: Ich werde für Sie beten.

ILL: Beten Sie für Güllen.

DER BÜRGERMEISTER: Erheben Sie sich, Alfred Ill.

Ill zögert.

DER POLIZIST: Steh auf, Du Schwein.

25　*Er reißt ihn in die Höhe.*

DER BÜRGERMEISTER: Polizeiwachtmeister, beherrschen
Sie sich.

DER POLIZIST: Verzeihung. Es ging mit mir durch.

DER BÜRGERMEISTER: Kommen Sie, Alfred Ill.

30　*Ill läßt die Zigarette fallen, tritt sie mit dem Fuß aus. Geht dann
langsam in die Mitte der Bühne, kehrt sich mit dem Rücken gegen
das Publikum.*

DER BÜRGERMEISTER: Gehen Sie in die Gasse.

Ill zögert.

35　DER POLIZIST: Los, geh.

*Ill geht langsam in die Gasse der schweigenden Männer. Ganz
hinten stellt sich ihm der Turner° entgegen. Ill bleibt stehen, kehrt
sich um, sieht wie sich unbarmherzig° die Gasse schließt, sinkt
in die Knie. Die Gasse verwandelt sich in ein Menschenknäuel°,
40　lautlos, der sich ballt°, der langsam niederkauert°. Stille. Von links
vorne kommen Journalisten. Es wird hell.*

(margin glosses)
gymnast
mercilessly
tangle of people
that balls up / moves downward

PRESSEMANN I: Was ist denn hier los?

opens up *Der Menschenknäuel lockert sich auf°. Die Männer sammeln sich im Hintergrund, schweigend. Zurück bleibt nur der Arzt, vor einem*
45 *Leichnam knieend, über den ein kariertes Tischtuch gebreitet ist, wie es in Wirtschaften üblich ist. Der Arzt steht auf. Nimmt das Stethoskop ab.*

DER ARZT: Herzschlag.

Stille.

50 DER BÜRGERMEISTER: Tod aus Freude.
PRESSEMANN II: Das Leben schreibt die schönsten Geschichten.
PRESSEMANN I: An die Arbeit.

Die Journalisten eilen nach rechts hinten. Von links kommt Claire Zachanassian, vom Butler gefolgt. Sie sieht den Leichnam, bleibt
55 *stehen, geht dann langsam nach der Mitte der Bühne, kehrt sich gegen das Publikum.*

CLAIRE ZACHANASSIAN: Bringt ihn her.

stretcher *Roby und Toby kommen mit einer Bahre°, legen Ill darauf und bringen ihn vor die Füße Claire Zachanassians.*

60 CLAIRE ZACHANASSIAN *unbeweglich*: Deck ihn auf, Boby.

Der Butler deckt das Gesicht Ills auf. Sie betrachtet es, regungslos, lange.

CLAIRE ZACHANASSIAN: Er ist wieder so, wie er war, vor langer Zeit, der schwarze Panther. Deck ihn zu.

65 *Der Butler deckt das Gesicht wieder zu.*

CLAIRE ZACHANASSIAN: Tragt ihn in den Sarg.

Roby und Toby tragen den Leichnam links hinaus.

CLAIRE ZACHANASSIAN: Führ mich in mein Zimmer, Boby. Laß die Koffer packen. Wir fahren nach Capri.

70 *Der Butler reicht ihr den Arm, sie geht langsam nach links hinaus, bleibt stehen.*

CLAIRE ZACHANASSIAN: Bürgermeister.

Von hinten, aus den Reihen der schweigenden Männer, kommt langsam der Bürgermeister nach vorne.

75 CLAIRE ZACHANASSIAN: Der Check.

Sie überreicht ihm ein Papier und geht mit dem Butler hinaus. Drückten die immer besseren Kleider den anwachsenden Wohlstand aus, diskret, unaufdringlich, doch immer weniger zu sehen, wurde der Bühnenraum stets appetitlicher, veränderte es sich,
step ladder 80 *stieg er in seiner sozialen Stufenleiter°, als siedele man von einem Armeleutequartier unmerklich in eine moderne wohlsituierte*
relocate *Stadt über°, reicherte er sie an, so findet diese Steigerung nun im Schlussbild ihre Apotheose. Die einst graue Welt hat sich in etwas technisch Blitzblankes, in Reichtum verwandelt, mündet in*
leads into 85 *ein Welthappy-End ein°. Fahnen, Girlanden, Plakate, Neonlichter umgeben den renovierten Bahnhof, dazu die Güllener, Frauen und*
tuxedos *Männer in Abendkleidern und Fräcken°. . .*

Wortschatz

(etwas) **andeuten** *to hint at something*

jmd. etwas **angehen** (ging an, hat angegangen) *to concern someone*

das geht mich etwas/nichts an *this (doesn't) concern(s) me*

appetitlich *appetizing, delicious*

(sich) **beherrschen** *to restrain oneself*

betrachten *to look at, to examine*

eilen *to hurry*

etwas **einsehen** (sieht ein, sah ein, hat eingesehen) *to realize*

der **Lebensunterhalt** *living expenses*

der **Leichnam, -e** *corpse*

regungslos *motionless*

der **Reichtum** *prosperity*

unaufdringlich *discreet, unobtrusive*

undeutlich *fuzzy, obscure*

der **Wohlstand** *wealth*

zerreißen (zerriss, hat zerrissen) *to tear apart*

zerfallen (zerfällt, zerfiel, ist zerfallen) *to decay*

48 **Fragen zum Text**

1. Wie gibt der Pfarrer Ill zu verstehen, dass er sterben muss?
2. Wie spricht Ill mit dem Pfarrer?
3. Wie behandelt der Polizist Ill? Wie behandelt ihn der Bürgermeister?
4. Wie stirbt Ill?
5. Wie reagieren die Journalisten auf Ills Tod?
6. Wie reagiert Claire auf Ills Tod?
7. Claire fährt am Ende nach Capri. Warum wählt sie wohl gerade dieses Reiseziel? Was assoziieren Sie mit einem Ort wie Capri, inwiefern ist das ein Kontrast zu Güllen?

49 **Vergleiche**

Arbeiten Sie in kleinen Gruppen und vergleichen Sie die Bühnenbilder im ersten und letzten Akt. Wie hat sich Güllen verändert? Wie beschreibt Dürrenmatt diese Veränderungen?

50 **Vorhang auf!**

Spielen Sie die Szene nach. Verteilen Sie die Rollen und lesen Sie die Szene mehrmals mit verteilten Rollen durch. Dann überlegen Sie sich, wie sie sich auf der Bühne stellen und bewegen und welche Requisiten oder Kostüme Sie brauchen. Lernen Sie Ihren Text so gut wie möglich auswendig und stellen Sie dann Ihre Inszenierung im Kurs vor.

51

Fragen zum Nachdenken und Diskutieren

1. Wie würden Sie sich verhalten, wenn Sie ein Bürger der Stadt Güllen wären?
2. Wie würden Sie sich verhalten, wenn Sie Ill wären?
3. Wie würden Sie sich verhalten, wenn Sie Claire Zachanassian wären?
4. Welche Haltung hat Dürrenmatt zu den Personen in seinem Stück?
5. Dürrenmatt sagte: „Der Schweizer braucht nicht immer an die Schweiz zu denken." Wie ist das mit den Deutschen?
6. Heinz Ludwig Arnold schrieb über Dürrenmatt: „Er hatte die Welt im Kopf." Was meinte er damit?

FILMTIPP: *Der Besuch der alten Dame* (Nikolaus Leytner, 2008)

Modernisierte Version mit Christiane Hörbiger. Hier landet Claire Zachanassian in Güllen mit dem Hubschrauber statt mit dem Zug. Ältere Verfilmungen gibt es von Ludwig Cremer (1959) mit Elisabeth Flickenschild, von Bernhard Wicki (1963) mit Ingrid Bergman, und Max Peter Amman (1982) mit Maria Schell in der Hauptrolle.

 52

Schreibübungen

Die folgenden Zitate stammen von Interviews mit Friedrich Dürrenmatt. Kommentieren Sie eines der Zitate schriftlich. Erklären Sie, was das Zitat für Friedrich Dürrenmatt bedeutet oder geben Sie Ihre eigene Meinung.

„*Der Besuch der alten Dame* ist eine Geschichte, die sich irgendwo in Mitteleuropa in einer kleinen Stadt ereignet, geschrieben von einem, der sich von diesen Leuten durchaus nicht distanziert und der nicht so sicher ist, ob er anders handeln würde . . ."

„Wir könnten wahrscheinlich nicht leben, wenn wir wüssten, welche Faktoren den Verlauf (*course*) der Politik bestimmen."

„Lesen ist eine ebenso große Kunst wie Schreiben."

„Eine Veränderung der Gesellschaft ohne eine Veränderung des Menschen gibt es nicht."

„Politisch halte ich den Kleinstaat für eine weitaus klügere Erfindung als einen Großstaat oder gar eine Supermacht."

53

Der Besuch der alten Dame auf der Bühne und im Film

Der Besuch der alten Dame ist Dürrenmatts international meistproduziertes Stück in Theater und Film. Auf dieser und der folgenden Seite sehen Sie verschiedene Plakate zum Stück. Suchen Sie weitere Bilder, Plakate, Filmausschnitte und Fotos im Internet.

1. Welcher Film präsentiert *Der Besuch* am interessantesten?
2. Welche Schauspielerin spielt die Claire Zachanassian am überzeugendsten?
3. Welche Produktion ist am beeindruckendsten?
4. Wo sieht Güllen am verwahrlosesten aus?
5. Welches Plakat ist am attraktivsten?
6. Was sagen die verschiedenen Plakate über die Interpretation des Stückes aus?
7. Wenn Sie wollen, entwerfen Sie Ihr eigenes Plakat.

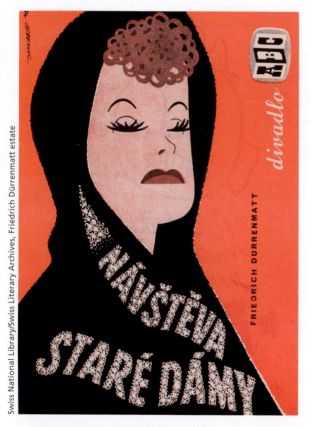

Swiss National Library/Swiss Literary Archives, Friedrich Dürrenmatt estate

Programmheft der Aufführung 1959 in Prag. Regie: Miroslav Hornicek.

Programmzeitschrift zur deutschen Aufführung des Hollywood-Films *The Visit / Der Besuch* (1964) mit Ingrid Bergman und Anthony Quinn. Regie: Bernhard Wicki.

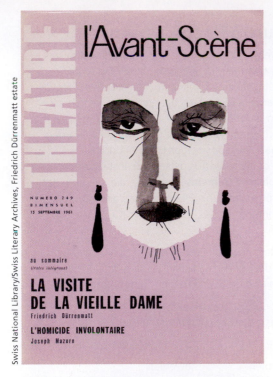

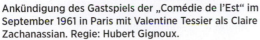

Ankündigung des Gastspiels der „Comédie de l'Est" im September 1961 in Paris mit Valentine Tessier als Claire Zachanassian. Regie: Hubert Gignoux.

Programmheft der Aufführung im Cameri Theatre in Tel Aviv, 1974. Regie: Joseph Millo.

Zum Schluss

54 **Die Schweiz als Modell für Europa?**

In einem Interview mit Heinz Ludwig Arnold sagte Dürrenmatt 1979:

„Die Schweiz ist nicht ein Kleinstaat, sondern ein Bund von Kleinstaaten. Es gibt ja auch nicht Schweizer, das heißt es gibt nicht eine schweizerische Nation, sondern es gibt Deutschschweizer, Welschschweizer, Tessiner, Reste von Rätoromanen, etwas künstlich gepflegt, es gibt jüdische Schweizer, es gibt sogar einige mohammedanische Schweizer. Alle diese Schweizer sind aus sehr verschiedenen Gründen Schweizer geworden. Die Schweiz ist etwas, das historisch aus ganz bestimmten Gründen entstanden ist. Man könnte vielleicht etwas zusammengezogen sagen, Grenzbevölkerungen haben sich, um sich vor der Zentralisation durch eine entfernte Hauptstadt zu retten, zu einer Nation zusammengefunden. Die Schweiz ist ein Staatenbund und vor allem ein Kunststaat°. Und wenn man das einmal begriffen hat, muß man sagen, ist die Schweiz etwas sehr Modernes und könnte etwas sehr Modernes sein. Wenn Sie zum Beispiel die heutige Europa-Frage nehmen: Europa kann ja nicht zu einer Nation gemacht werden, es müßte also irgendwie zu einer Art Schweiz gemacht werden."

Diskutieren Sie, inwiefern die Schweiz ein Vorbild für Europa sein kann.

Das letzte Wort: Europäische Union

Nach dem Ende des Zweiten Weltkrieges, wurde 1951 die **Europäische Gemeinschaft für Kohle und Stahl** *(coal and steel)* (EGKS) gegründet. Die EGKS bestand aus Belgien, Bundesrepublik Deutschland, Frankreich, Italien, Luxemburg und den Niederlanden. Nachdem der Plan einer Europäischen Verteidigungsgemeinschaft *(defense community)* 1954 in der französischen Nationalversammlung scheiterte *(failed)*, konzentrierte man sich zunächst auf die Wirtschaft. 1957 wurden die **Europäische Wirtschaftsgemeinschaft** *(economic union)* (EWG) und die **Europäische Atomgemeinschaft** (EAG) gegründet. Aus diesen drei Institutionen (EGKS, EWG und EAG) wurde die **Europäische Gemeinschaft** (EG), die im Laufe der Zeit immer größer wurde. Der Vertrag von Maastricht 1992 beschloss die Gründung der **Europäischen Union** (EU) und die Einführung des Euro im Jahr 2002. Seit 2007 hat die EU 27 Mitgliedsländer.

Im Moment sind die wichtigsten Debatten innerhalb der Europäischen Union die Europäische Verfassung *(constitution)*, die Erweiterung nach Süden und Osten, die finanzielle Stabilität der Mitgliedstaaten und die Beziehungen zu den Vereinigten Staaten.

Glauben Sie, die EU wird die Beziehungen der EU-Länder zueinander verbessern?

Europäische Union Quiz. Finden Sie die Länder, die nicht Mitglied der EU sind!

Belgien	Irland	Polen	Slowenien
Bulgarien	Italien	Portugal	Spanien
Dänemark	Lettland	Rumänien	Tschechien
Deutschland	Litauen	Russland	Türkei
Estland	Luxemburg	Schweden	Ungarn
Finnland	Malta	Schweiz	Vereinigtes Königreich
Frankreich	Niederlande	Slowakei	Zypern
Griechenland	Österreich		

Die Deutschen im Ausland

© Image Source / Jupiter Images

Die meisten Deutschen fahren jedes Jahr in Urlaub. Fahren Sie auch jedes Jahr in Urlaub?

◉ Station

Die Reisen der Deutschen

- **Die Deutschen sind die beliebtesten Touristen?**
- **Ein berühmter Deutscher im Ausland**
Bertolt Brecht

◉ Einblicke

Jeder sechste Amerikaner hat deutsche Vorfahren

- **Strukturen**
Nähere Informationen geben: Präpositionen

Präpositionen ersetzen: *Da-* und *Wo*-Komposita

Idiomatisches: Verben mit Präpositionen

◉ Lektüre

New Yorker Woche
Jurek Becker

Materialien

Arbeitsbuch Seite 157–170

Audioprogramm
www.cengage.com/german/stationen

⦿ **Station**

Die Reisen der Deutschen

Mehr als 70 % der Deutschen machen mindestens eine längere Auslandsreise im Jahr. Viele fahren gerne mit dem eigenen Auto; andere fliegen lieber in ferne Länder. Nach der ADAC-Verlag-Studie *Reisemonitor 2009* erklärten 56 % der Deutschen den Bade- und Sonnenurlaub° zu ihrem Lieblingsurlaub. An der Spitze der Reiseziele in Europa liegen deshalb schon seit 30 Jahren Spanien (2009: 10,6 %) und Italien (2009: 10 %) und dann erst das Nachbarland Österreich (2009: 6,8 %).

Wenn man Feiertage und bezahlten Urlaub° in Deutschland zusammenzählt, hat man im Jahr ungefähr sechs Wochen frei. Das ist mehr als genug, um mindestens einen großen Jahresurlaub zu planen. Ein altes Sprichwort heißt: »Wenn einer eine Reise macht, dann kann er was erzählen.« Dieser Satz lässt leicht erkennen, dass Reisen auch in gewisser Weise Statussymbole sind. Wer die entferntesten Orte besucht und die exotischsten Speisen probiert hat, kann andere damit beeindrucken°.

Doch es gibt verschiedene Motivationen zum Reisen. Der eine möchte sich von seinem hektischen Alltag erholen, der andere möchte etwas Interessantes erleben. Man kann reisen, um aus der engen Stadt herauszukommen, oder um seinen Horizont zu erweitern. Was machen Sie am liebsten, wenn Sie reisen?

Sonnenurlaub *beach holidays* • **bezahlten . . .** *paid vacation* • **beeindrucken** *impress*

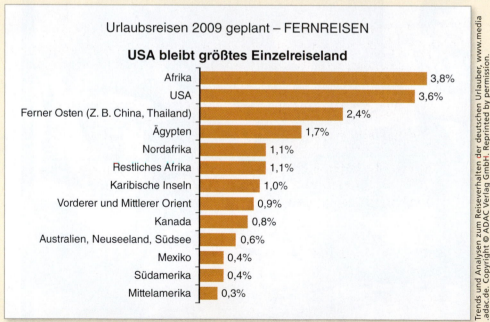

Die USA sind das beliebteste Einzelreiseland für Fernreisen

Urlaubsreisen 2009 geplant – EUROPÄISCHES AUSLAND

Spanien wird wieder Spitzenreiter

Spanien	10,6%
Italien	10,0%
Österreich	6,8%
Osteuropa	3,9%
Griechenland	3,8%
Frankreich	3,5%
Skandinavien	3,0%
Südtirol	3,0%
Türkei	2,4%
Dänemark	2,3%
Kroatien, Slowenien	2,3%
Benelux	2,1%
Schweiz	2,0%
England, Irland	1,5%
Portugal	1,3%
Zypern	0,4%

Trends und Analysen zum Reiseverhalten der deutschen Urlauber, www.media .adac.de. Copyright © ADAC Verlag GmbH. Reprinted by permission.

Nach Deutschland (33 %) sind Spanien und Italien die wichtigsten Reiseziele innerhalb Europas

1

Partnerinterview

Befragen Sie Ihren Partner / Ihre Partnerin über seine/ihre Urlaubserlebnisse *(holiday experiences)* und berichten Sie im Kurs über die interessantesten Aspekte Ihres Interviews.

1. Was war dein schönster Urlaub? Wie lange warst du dort? Wie bist du gereist? Wo hast du übernachtet? Was hast du dort gemacht?
2. Mit wem machst du am liebsten Urlaub? Mit wem machst du nicht gern Urlaub?
3. Was war dein schönstes Erlebnis im Urlaub? Und dein schrecklichstes *(most horrible)*?
4. Wo würdest du gerne einmal Urlaub machen? Warum?

Fragen zum Thema

1. Sind Sie ein „guter" Tourist?
2. Wie sollten Touristen sich verhalten? Was sollten sie im Ausland (nicht) tun?
3. Haben Sie schon einmal deutsche Touristen getroffen? Waren sie höflich, respektvoll und großzügig *(generous)*?

Partnerinterview: Was für ein Tourist bist du?

Fragen Sie Ihren Partner / Ihre Partnerin, ob er/sie ein „guter" Tourist ist. Berichten Sie einen interessanten Aspekt im Kurs.

1. Glaubst du, du bist ein „netter" Tourist?
2. Bist du immer höflich und respektvoll, wenn du im Ausland bist?
3. Versuchst du die Sprache des Landes zu sprechen oder zu lernen?
4. Welche exotischen Gerichte hast du auf Reisen probiert?
5. Gibst du auf Reisen viel Geld aus oder versuchst du, sparsam zu sein?
6. Besuchst du gern die typischen Sehenswürdigkeiten oder magst du die weniger touristischen Aspekte lieber?
7. Was machst du am liebsten auf Reisen im Ausland?

Die Deutschen sind die beliebtesten Touristen?

Jürgen Seiler (34) ist Marketingmanager bei expedia.de. Eine Umfrage° des Online-Reisebüros hat die Deutschen als die beliebtesten Touristen ermittelt.

study

DIE ZEIT: Wie sind Sie denn zu dem so erstaunlichen° wie erfreulichen° Ergebnis gekommen, dass die Deutschen im Ausland sehr geschätzt° sind?

astonishing
pleasant
appreciated

5

SEILER: Wir haben einen Fragebogen° entworfen und an 17 Fremdenverkehrsämter in beliebten internationalen Ferienregionen geschickt. Darunter waren die Côte d'Azur, London, Mallorca, New York, Paris, Rom. Wir haben gebeten: Nennt doch für jede unserer Kategorien die beiden besten und die beiden schlechtesten Nationalitäten.

questionnaire

10

ZEIT: Nach welchen Kriterien haben Sie gefragt, und wo haben die Deutschen am besten abgeschnitten°?

am ... scored highest

SEILER: Es ging um Benehmen° allgemein, Höflichkeit, die Bereitschaft°, eine fremde Sprache zu lernen und zu sprechen, die Aufgeschlossenheit der einheimischen Küche gegenüber und die Ausgaben°. Die Deutschen sind die Besten, was das Benehmen betrifft, also wie man sich im Land verhält°, auf Gepflogenheiten° Rücksicht nimmt. Auch bei der Rubrik fremde Sprachen haben die Deutschen sehr gut abgeschnitten. Egal, wo sie sind, die Deutschen versuchen, im Gegensatz zu Briten, Russen oder Spaniern, die Sprache des Landes zu sprechen. Es geht gar nicht darum, perfekt zu sein, der gute Wille kommt offensichtlich sehr an, auch wenn es nur Floskeln° sind. Bei Höflichkeit lagen allerdings die Amerikaner vor uns, während zum Beispiel die Russen da ziemlich weit unten landeten.

manners
willingness

15

expenditures
behave / customs, mores

20

phrases

25

ZEIT: Und in welcher Disziplin lagen die Deutschen nicht so gut?

SEILER: Beim Geldausgeben. Da haben die Amerikaner gewonnen 30 und die Japaner. Gute Leistung° mit hohem Trinkgeld zu belohnen° ist in der amerikanischen Kultur verankert°.

ZEIT: Wie sind Sie auf die Idee gekommen, diese Umfrage zu starten? War das eine reine PR-Aktion?

SEILER: Klar hat das einen PR-Hintergrund. Aber es hat uns 35 einfach interessiert, welchen Ruf die deutschen Touristen im Ausland eigentlich genießen. Wenn das Ergebnis nicht so schön ausgefallen wäre, hätte man sich vielleicht Gedanken darüber machen müssen. Die Briten kamen ja nicht so gut weg, sie liegen mit Abstand an letzter Stelle, das wird jetzt auch in der Presse 40 diskutiert.

ZEIT: Was stand denn so in den britischen Blättern°?

SEILER: Eine Schlagzeile lautete *Brits suck abroad*. Ich möchte das jetzt nicht übersetzen. Die Briten hat es genervt, dass gerade die Deutschen die Besten sind.

45 *ZEIT:* Warum sind denn die Engländer so weit nach unten gerutscht°?

SEILER: Die Engländer haben durch die Bank° schlecht abgeschnitten, außer was das Geldausgeben betrifft. Und es liegen Welten zwischen den Letzten, den Briten, und den 50 Vorletzten, den Iren. Die Briten haben 44 Minuspunkte, die Iren 6. Bei den oberen Plätzen ist der Unterschied nicht so gravierend. Die Deutschen führen mit 41 Pluspunkten vor den Amerikanern mit 32 und den Japanern mit 24.

ZEIT: Auf welchen Sieger hätten Sie gesetzt?

55 *SEILER:* Ich hätte die Deutschen genommen. Es überrascht mich eigentlich nicht. Ich glaube, der Fremdsprachenunterricht in den Schulen spielt eine große Rolle, hier findet eine Sensibilisierung auch für die Kultur anderer Länder statt. Gleichzeitig kommen die Deutschen einfach viel in der Welt rum und haben gelernt, dass 60 es im Ausland andere Verhaltensregeln° gibt. Bei der fremden Küche sind zum Beispiel die Italiener am mutigsten°, aber auch die Spanier und die Deutschen zeigen keine Scheu°. Während die Briten *fish and chips* brauchen und auch die Inder und Amerikaner keine Experimente mögen.

65 *ZEIT:* Was hat Sie am meisten überrascht?

SEILER: Das schlechte Abschneiden der Briten, die doch als höflich und vornehm° gelten.

Margin glosses (left column):
- service — (line 30)
- reward / anchored — (line 31)
- fam. the press — (line 41)
- nach...slid down — (line 46)
- durch...across the board — (line 47)
- rules of conduct — (line 60)
- bravest — (line 61)
- keine...no fear — (line 62)
- sophisticated — (line 67)

4 **Fragen zum Text**

1. Warum sind die Deutschen beliebte Touristen?
2. In welchen Aspekten haben die deutschen Touristen besonders viele Punkte bekommen? Wo haben sie schlecht abgeschnitten?
3. Welche Nationalität hat am schlechtesten abgeschnitten?
4. Haben Sie persönliche Erfahrungen *(experiences)* mit Touristen aus verschiedenen Ländern? Sind die Resultate der Studie Ihrer Meinung nach korrekt?

Ein berühmter Deutscher im Ausland

Bertolt Brecht (1898–1956)

Bertolt Brecht wurde am 10. Februar 1898 in Augsburg (Bayern) geboren. Nach dem Abitur 1917 immatrikulierte sich Brecht an der Universität München für Medizin, obwohl er lieber schreiben wollte. Schon 1922 wurde sein erstes Theaterstück in München aufgeführt. 1924 zog er nach Berlin, um für Max Reinhardt als Dramaturg am Deutschen Theater zu arbeiten. 1928 wurde mit großem Erfolg seine *Dreigroschenoper* aufgeführt, die 1931 auch verfilmt wurde. Die *Dreigroschenoper* gilt als Beginn des sogenannten epischen Theaters, mit dem Brecht nicht Identifikation beim Publikum erreichen wollte, sondern kritische Distanz. Er wollte, dass die Zuschauer über die Themen seiner Stücke nachdenken. Brechts folgende

Bertolt Brecht in Paris, 1954

Theaterstücke führten zu Skandalen oder wurden sogar wegen „kommunistischer Agitation" verboten. 1933 verließ Brecht Deutschland und floh mit seiner Familie über Prag nach Wien, in die Schweiz und schließlich nach Dänemark. Während des Exils entstanden viele seiner Gedichte. 1939 zog Brecht weiter nach Schweden, dann Finnland und 1941 in die USA. 1943 traf Brecht mit anderen Intellektuellen in New York zusammen. Nachdem sein Stück *Galileo Galilei*, das 1947 in Beverly Hills aufgeführt wurde, die Atombomben über Hiroshima und Nagasaki kommentierte, musste sich Brecht vor dem Komitee für unamerikanische Umtriebe° rechtfertigen°. Daraufhin reiste er in die Schweiz; 1949 zog er wieder nach Ostberlin und gründete bald das berühmte Berliner Ensemble. 1951 bekam er den Nationalpreis der DDR. Er starb 1956 nach einem Herzinfarkt.

Gedanken über die Dauer des Exils

1
Schlage keinen Nagel° in die Wand
Wirf den Rock° auf den Stuhl!
Warum für vier Tage vorsorgen?
Du kehrst morgen zurück!

Laß den kleinen Baum ohne Wasser!
Wozu einen Baum pflanzen?
Bevor er so hoch wie eine Stufe° ist
Gehst du froh weg von hier!

Ziehe die Mütze° ins Gesicht, wenn die Leute vorbeikommen!
Wozu in einer fremden Grammatik blättern°?
Die Nachricht, die dich heimruft
Ist in bekannter Sprache geschrieben.

So wie der Kalk° vom Gebälk° blättert°
(Tue nichts dagegen!)
Wird der Zaun° der Gewalt zermorschen°
Der an der Grenze° aufgerichtet ist
Gegen die Gerechtigkeit°.

2
Sieh den Nagel in der Wand, den du eingeschlagen hast!
Wann, glaubst du, wirst du zurückkehren?
Willst du wissen, was du im Innersten glaubst?

Tag um Tag
Arbeitest du an der Befreiung°
Sitzend in der Kammer schreibst du
Willst du wissen, was du von deiner Arbeit hältst?
Sieh den kleinen Kastanienbaum im Eck des Hofes
Zu dem du die Kanne voll Wasser schlepptest!

Komitee . . . *House Un-American Activities Committee (HUAC)* • **sich rechtfertigen** *justify himself* • **Nagel** *nail* • **Rock** *coat* • **Stufe** *step* • **Mütze** *cap* • **blättern** *leaf through* • **Kalk** *plaster* • **Gebälk** *frame/structure* • **blättert** *flakes off* • **Zaun** *fence* • **zermorschen** *rot* • **Grenze** *border* • **Gerechtigkeit** *justice* • **Befreiung** *liberation*

Fragen zum Text

1. Mit wem spricht Brecht in diesem Gedicht?
2. Was sagt das Gedicht über Brechts Leben?
3. Ist das Gedicht pessimistisch oder optimistisch? Welche Wendung *(change)* kann man in Teil 1 und Teil 2 erkennen?
4. Warum musste Brecht 1933 ins Exil gehen?
5. Warum ist er 1949 nach Deutschland zurückgekehrt? Warum ist er nicht, wie viele andere, in den USA geblieben?

Fragen zum Nachdenken und Diskutieren

Bearbeiten Sie diese Fragen in Paaren oder kleinen Gruppen. Machen Sie Notizen und geben Sie im Kurs einen kleinen Bericht. Bringen Sie die Resultate Ihrer Internetsuche dabei ein.

1. Kennen Sie andere deutsche Künstler und Intellektuelle, die in der Nazizeit ins Exil gehen mussten? An welche Beispiele erinnern Sie sich aus vorhergehenden Kapiteln?
2. Vergleichen Sie Brecht mit anderen Deutschen im Exil. Was unterscheidet Brecht von ihnen?

FILMTIPP: *Erleuchtung garantiert* (Doris Dörrie, 2000)

Zwei deutsche Brüder reisen nach Japan, um in einem buddhistischen Kloster die Erleuchtung zu finden. Es wird abenteuerlich, als sie in Tokio plötzlich ohne Pässe und Kreditkarten dastehen.

7

Reise planen im Internet

Recherchieren Sie über ein Reiseziel, das Ihnen gefällt! Welche Angebote gibt es? Wie viel kostet die Reise?

Gerhard Polt in seinem Film *Man spricht Deutsh*

directonlineimageorder.com/Photographers Direct

FILMTIPP: *Man spricht Deutsh* (Gerhard Polt, 1987)

Komödie über eine deutsche Familie im Urlaub am Mittelmeer *(Mediterranean)*.

 8

Das Auswärtige Amt *(ministry of foreign affairs)*

Das Auswärtige Amt in Berlin vertritt die Interessen Deutschlands im Ausland. Suchen Sie Informationen zu den folgenden Fragen.

1. Wie heißt der Bundesaußenminister *(foreign secretary)*? In welcher Partei ist er?
2. Welche Informationen gibt es über Europa?
3. Bei den Länder- und Reiseinformationen gibt es Informationen über die Beziehungen *(relations)* zwischen Deutschland und anderen Ländern. Suchen Sie Interessantes über ihr Reiseland aus Aufgabe 7.

 9

Fragen zum Nachdenken und Diskutieren

1. Welche Stereotypen gibt es über die Deutschen und andere Nationalitäten? Wie denkt man über die Deutschen in Ihrem Land?
2. Was haben Sie bei den Stationen in diesem Buch über die Deutschen, Schweizer und Österreicher gelernt, das Sie überrascht hat?
3. Wie denken die Deutschen wohl über andere Nationalitäten? Spekulieren Sie.

Einblicke

10 **Fragen zum Thema**

1. Warum wollen Menschen wissen, wer ihre Vorfahren waren?
2. Kennen Sie Amerikaner, die deutsche Vorfahren haben? Was bedeutet das für sie?
3. Warum ist es interessant, etwas über die Emigration der Vorfahren zu erfahren?

Jeder sechste Amerikaner hat deutsche Vorfahren°

ancestors

census

origin, descent

Ungefähr 43 Millionen Amerikaner (15,2 % der Bevölkerung) gaben in der Volkszählung° 2000 an, deutsche Vorfahren zu haben. Deutschland war damals das am häufigsten genannte
5 Herkunftsland° der Amerikaner, gefolgt von Irland (10,8 % der Bevölkerung) und Afrika (8,8 % der Bevölkerung). Bei der Volkszählung 1990 gaben sogar 23 % der Amerikaner an, deutscher Herkunft zu sein. Diese Veränderung
10 von 23 % 1990 auf 15,2 % 2000 kann man dadurch erklären, dass viele Amerikaner bei der Volkszählung 2000 die Kategorien *Nordeuropäisch* oder *Westeuropäisch* wählten, anstatt mit *Deutsch* ihre genaue Herkunft
15 anzugeben.

Deutsche Auswanderer auf dem Weg in die Neue Welt

Bettmann/Corbis

Die ersten amerikanischen Einwanderer aus Deutschland folgten 1683 einer Einladung von William Penn. Sie kamen aus Krefeld im Rheinland und nahmen eine 73 Tage lange Reise auf sich, um die Stadt Germantown zu gründen (heute ein Stadtteil
20 von Philadelphia). Zwischen 1850 und 1934 kamen 5 Millionen Menschen über Hamburg in die USA, darunter viele Deutsche. Mithilfe der Hamburger Internet-Initiative *Link to your roots* können die Nachkommen vieler Auswanderer Informationen über die Emigration ihrer Vorfahren erhalten.

11 **Fragen zum Text**

1. Wie viel Prozent der Amerikaner gaben bei der Volkszählung 1990 an, deutsche Vorfahren zu haben?
2. Wie viel Prozent waren es 2000?
3. Wie lässt sich diese Veränderung erklären?
4. Woher kamen die Gründer der Stadt Germantown in Pennsylvania?
5. Wie kann man etwas über die Emigration seiner europäischen Vorfahren erfahren?

Partnerinterview

Fragen Sie Ihren Partner / Ihre Partnerin über seine / ihre Vorfahren und berichten Sie dann im Kurs.

1. Woher kommen deine Vorfahren?
2. Wann sind sie hierher gekommen und warum?
3. Was haben deine Vorfahren gemacht? Welche Berufe hatten sie?
4. Wie hast du über deine Vorfahren erfahren? Wer sind die Ahnenforscher *(genealogists)* in deiner Familie?
5. Was bedeutet es für dich, dass deine Vorfahren aus _____ kommen?
6. Bist du schon einmal in _____ gewesen? Möchtest du gerne einmal hinfahren?

Fragen zum Nachdenken und Diskutieren

1. Was bedeutet es für Amerikaner, welche Vorfahren sie haben?
2. Welchen Ruf *(reputation)* haben Deutsche in Amerika oder anderen Ländern?
3. Bei der Volkszählung 1990 gaben 23 % der Amerikaner an, deutsche Vorfahren zu haben. Im Jahr 2000 waren es nur 15,2 %. Wie kann man die Resultate der Volkszählungen 1990 und 2000 mit dem Thema Patriotismus und Nationalstolz aus *Station 7* in Verbindung bringen?

Strukturen

Nähere Informationen geben

Präpositionen

Prepositional phrases give information about persons and things in relation to where (space), when (time), how (modality), and why (reason) something happens. Many prepositions have multiple meanings, and their use is often highly idiomatic. Each preposition requires the prepositional object (noun or pronoun) to be in a specific case (accusative, dative, or genitive), which depends on the meaning of the sentence and the use of the preposition.

> Im Sommer kann man viele Urlauber **mit großen Rucksäcken** sehen.
>
> Italien ist ein beliebtes Urlaubsland **mit südlichem Flair.**
>
> Viele umweltbewusste Urlauber reisen **mit dem Zug.**
>
> Es passiert, dass Menschen enttäuscht **aus dem Urlaub** zurückkommen.

Certain other prepositions require either the accusative case (when referring to direction from or toward a place) or the dative case (when referring to location).

> Beim Urlaub zu Hause kann man auch **an einen See** fahren.
>
> Im Sommer verbringen viele Menschen ihre Urlaubstage **an einem See**.

- Describing Space with Prepositions

Preposition	Case	General meaning	Examples
an	Akk.[1]	direction: near something or someone	an den Tisch kommen
	Dat.[2]	location: near something or someone	am Tisch stehen; Frankfurt an der Oder
auf	Akk.	direction: on top of something or someone	den Reiseführer auf den Tisch legen
	Dat.	location: on top of something or someone	Das Glück liegt auf der Straße.
aus	Dat.	direction: outside of something or someone	aus dem Zug steigen; ein Buch aus der Tasche nehmen
		origin: being from a place	aus den USA kommen
außerhalb/ innerhalb oberhalb/ unterhalb	Gen.	location: outside / inside / on top of / below something	die kleine Pension außerhalb der Stadt
bei	Dat.[3]	location: working at / for a company	bei einer Firma arbeiten
		location: being available at a place	Fahrkarten gibt's bei der Bahn.
		location: being near a person or place or at a person's place	bei dir sein; Gauting liegt bei München; bei Freunden bleiben
bis	Akk.	direction: as far as a place	bis Frankfurt fahren
durch	Akk.	direction: through something	durch die Stadt bummeln; durch den Regen laufen
gegen	Akk.	direction: against something or someone	gegen den Wind segeln; einer gegen alle
gegenüber	Dat.	location: across from something or someone	die Kirche gegenüber der Post
hinter	Akk.	direction: behind something or someone	hinter den Schreibtisch gehen
	Dat.	location: behind something or someone	hinter dem Schreibtisch sitzen

[1] an + das = ans
[2] an + dem = am
[3] bei + dem = beim

in	Akk.[4]	direction: into something or someone	**in** ein Restaurant gehen
	Dat.[5]	location: in something or someone	**im** Restaurant essen
nach	Akk.	direction: to a city or country, or to home	**nach** München fahren; **nach** Hause gehen
neben	Akk.	direction: beside / next to something or someone	Ich stelle den Koffer **neben** das Bett.
	Dat.	location: beside / next to something or someone	**Neben** dem Schloss liegt ein Park.
um (. . . herum)	Akk.	direction / location around something or someone	**um** einen See **(herum)** wandern
unter	Akk.	direction: under something or someone	sich **unter** den Sonnenschirm legen
	Dat.	location: under something or someone	**unter** freiem Himmel schlafen
über	Akk.	direction: above or over something or someone	**über** die Alpen fahren
	Dat.	location: above or over something or someone	Das Schloss liegt **über** der Stadt.
vor	Akk.	direction: in front of / ahead of something or someone	**vor** den Bahnhof fahren
	Dat.	location: in front of / ahead of something or someone	**vor** dem Bahnhof halten
von	Dat.[6]	direction: from somewhere	**von** den Bergen ans Meer fahren
zu	Dat.[7]	direction: to somewhere or someone	**zur** Uni fahren
zwischen	Akk.	direction: between something or someone	sich **zwischen** zwei Leute setzen
	Dat.	location: between something or someone	**zwischen** den Zeilen lesen

[4] in + das = ins
[5] in + dem = im
[6] von + der = vom
[7] zu + der = zur; zu + dem = zum. Also, the expression zu Hause means *at home.*

14 Urlaubsgrüße vom Bahnhof

Dieter und Sieglinde, zwei deutsche Touristen, wollen eine Reise machen. Am Bahnhof lassen sie sich fotografieren. Zeichnen Sie das Bild gemeinsam mit Ihrem Partner / Ihrer Partnerin nach dieser Beschreibung:

In der Mitte stehen Dieter und Sieglinde. Zwischen ihnen steht ein Koffer. Vor dem Koffer liegt ein Rucksack. Auf der rechten Seite sieht man einen Kiosk mit einem großen Fenster. Über dem Fenster hängt ein Schild. Auf dem Schild steht *Andenken und Souvenirs*. Im Fenster des Kiosks liegen Bücher und Souvenirs und eine dicke Verkäuferin schaut heraus. Neben dem Kiosk rechts sitzt ein Hund. Gegenüber des Kiosks, auf der linken Seite des Bildes, steht der Zug, mit dem Dieter und Sieglinde gleich abfahren werden. Vor dem Zug stehen einige Touristen und hinter dem Zug sieht man eine Landschaft mit Bergen.

15 Am Bahnhof

Schreiben Sie gemeinsam mit Ihrem Partner / Ihrer Partnerin einen kleinen Text zu Dieter und Sieglindes Reise. Benutzen Sie dabei die Präpositional-phrasen aus der Liste.

nach Italien – zu ihren Freunden – am Bahnhof – an den Fahrkartenschalter – hinter dem Fahrkartenschalter – ins Bahnhofsrestaurant – neben den Stuhl – unter dem Nachbartisch – auf den Tisch – aus dem Bahnhofsrestaurant – auf den Bahnsteig – auf dem Gleis – in den Zug – im Zugabteil – über den Sitzplatz

16 Gründe in Urlaub zu fahren

Sagen Sie, wo man das am besten machen kann.

 zur Ruhe kommen / abschalten

→ *bei einer Wanderung in den Bergen, auf einer Kreuzfahrt, auf einer einsamen Insel in der Südsee, zu Hause auf dem Balkon*

zur Ruhe kommen / abschalten
Sonne / Wärme
Besichtigungen
Abwechslung vom Alltag
Bademöglichkeiten
landestypisches Leben
faulenzen
fremde Kulturen / Länder
unberührte Natur
Fitnessaktivitäten

Yuri Arcurs/www.Shutterstock.com

Wo können Sie am besten abschalten?

● Describing Time with Prepositions

Preposition	Case	General meaning	Examples
ab	Dat.	from	**Ab** 18 Uhr kommen die Gäste; **ab** Montag sind Ferien.
an	Dat.[8]	in / on (the) . . .	**am** Morgen; **am** Montag
bis + other preposition	Akk./ Dat.	until	**bis** in die tiefe Nacht; **bis** zum späten Abend
gegen	Akk.	around	**gegen** Morgen; **gegen** 8 Uhr
für	Akk.	for	**für** eine Viertelstunde
in	Dat.[9]	in	**in** einer Minute; **im** nächsten Jahrhundert
nach	Dat.	after	**nach** den Sommerferien
seit	Dat.	since; for	**seit** einem Jahr; **seit** kurzem
um	Akk.	at	**um** 8 Uhr
vor	Dat.	before; ago	**vor** einem Jahr; **vor** wenigen Minuten
während	Gen.	during	**während** der Mittagspause; **während** des Sommers
zwischen	Akk.	between	**zwischen** den Feiertagen

17 **Silvester im Hotel „Tempus"**

Als Dieter und Sieglinde in ihrem Hotel ankommen, finden sie folgende Broschüre. Ergänzen Sie die Lücken mit den passenden Präpositionen.

Schon _____ vielen Jahren

feiern unsere Besucher gemeinsam Silvester.

_____ 18 Uhr sind Sie in unserer Hotelbar willkommen.

_____ dem Galadinner servieren wir Ihnen einen Aperitif.

Das Dinner selbst beginnt _____ 20 Uhr und wird _____

23 Uhr zu Ende sein. _____ den einzelnen Gängen werden Sie von

unserer Hausband mit swingenden Jazz-Klassikern unterhalten.

Und _____ dem Dinner wartet DJ Gerd

auf Sie und spielt Musik zum Tanz _____ in den frühen Morgen.

[8] an + dem = am
[9] in + dem = im

Reisezeiten

Die Deutschen sind das ganze Jahr über unterwegs. Diese Grafik zeigt, zu welcher Zeit die meisten Fernreisen, Campingfahrten, Europa- oder Deutschlandreisen gemacht werden. Schreiben Sie einen kleinen Bericht, der die Daten in dieser Grafik zusammenfasst. Verwenden Sie dabei die folgenden Präpositionalphrasen:

Im März . . .

Von Juli bis August . . .

Im Sommer . . . / Im Winter . . . /
  Im Frühling . . . / Im Herbst . . .

Zwischen Juni und Dezember . . .

Gegen Ende des Jahres . . .

Vor den Sommerferien . . .

In der Schulferienzeit . . .

Das ganze Jahr über . . .

In den Wintermonaten . . .

Durch die Sommermonate . . .

Rob Wilson/www.Shutterstock.com

Immer unterwegs

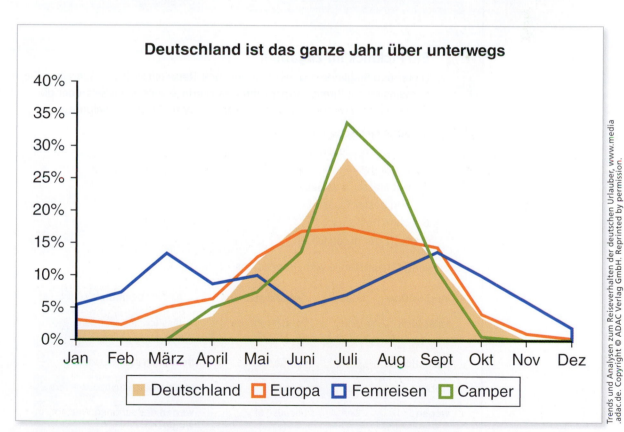

Deutschland ist das ganze Jahr über unterwegs

Legende: Deutschland, Europa, Femreisen, Camper

Trends und Analysen zum Reiseverhalten der deutschen Urlauber, www.media .adac.de. Copyright © ADAC Verlag GmbH. Reprinted by permission.

Reisezeiten nach Urlaubsdestinationen 2008

Preposition	Case	General meaning	Examples
auf	Akk.	in this way	**auf** diese Art; **auf** Deutsch
aus	Dat.	out of	**aus** reiner Baumwolle
außer	Dat.	except	alle **außer** mir; alles **außer** Fleisch
für	Akk.	for	**Für** meinen Urlaub brauche ich noch Geld.
mit	Dat.	with by (means of)	Mineralwasser **mit** Kohlensäure **mit** dem Auto; **mit** dem Zug; **mit** dem Rad
ohne	Akk.	without	**ohne** Grund; nicht ohne meinen Reisepass
(an)statt	Gen.	instead of	**Statt** des Zugs nehmen wir das Auto.
von	Dat.[10]	by of	Das Buch ist **von** Goethe. Der Vater **von** Sieglinde heißt nicht Siegfried.

19 **Ein Picknick im Zugabteil**

Dieter und Sieglinde machen während ihrer Reise ein Picknick. Schreiben Sie gemeinsam mit Ihrem Partner / Ihrer Partnerin jeweils einen Satz über die beiden und verwenden Sie dabei die angegebene Präpositionalphrase.

1. auf Italienisch
2. alle außer Sieglinde
3. für Dieter
4. mit Messer und Gabel
5. von bester Qualität
6. ohne Rucksack
7. statt der guten Oliven

• Expressing Circumstance with Prepositions

Preposition	Case	General meaning	Examples
anlässlich	Gen.	on the occasion of	**anlässlich** des schönen Wetters
bezüglich	Gen.	in reference to	**bezüglich** meines Urlaubs
trotz	Gen.	in spite of	**trotz** des schlechten Wetters
wegen	Gen.	because of	**wegen** des schönen Wetters; **wegen** dir

[10] von + dem = vom

Mehr Urlaub, bitte

Vor seinem Urlaub in Italien, hat Dieter ein E-Mail an seinen Chef geschrieben. Formulieren Sie die folgenden Sätze um und benutzen Sie dabei jeweils eine kausale Präposition.

Sieglinde und ich möchten nach Italien fahren, weil wir silberne Hochzeit feiern. →

Anlässlich unserer silbernen Hochzeit möchten Sieglinde und ich nach Italien fahren.

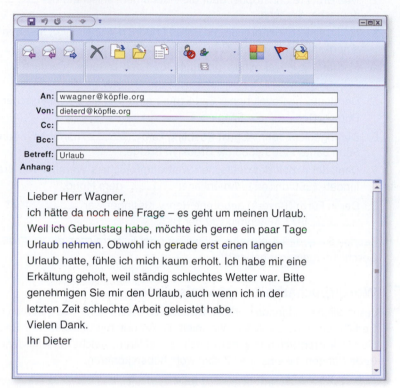

An: wwagner@köpfle.org
Von: dieterd@köpfle.org
Cc:
Bcc:
Betreff: Urlaub
Anhang:

Lieber Herr Wagner,
ich hätte da noch eine Frage – es geht um meinen Urlaub.
Weil ich Geburtstag habe, möchte ich gerne ein paar Tage
Urlaub nehmen. Obwohl ich gerade erst einen langen
Urlaub hatte, fühle ich mich kaum erholt. Ich habe mir eine
Erkältung geholt, weil ständig schlechtes Wetter war. Bitte
genehmigen Sie mir den Urlaub, auch wenn ich in der
letzten Zeit schlechte Arbeit geleistet habe.
Vielen Dank.
Ihr Dieter

Mein Traumurlaub

Beschreiben Sie Ihren Traumurlaub. Wohin möchten Sie einmal fahren und warum? Teilen Sie Ihre Beschreibung mit anderen Studenten im Kurs und finden Sie jemanden, der ähnliche Reisepläne hat.

Partnerinterview: Berühmte Deutsche, Schweizer und Österreicher im Ausland

Fragen Sie Ihren Partner / Ihre Partnerin. Berichten Sie das Interessanteste in der Klasse.

1. Welche berühmten Deutschen, Schweizer oder Österreicher kennst du?
2. Woher kommen sie genau? Wo leben sie jetzt?

23 Berühmte Deutsche in der amerikanischen Geschichte

Setzen Sie die folgenden Präpositionen ein, damit sich sinnvolle Sätze ergeben!

auf – aus – bis – für – gegen – in (2) – nach – von (2)

1. 1688 schrieb Franz Daniel Pastorius, der Bürgermeister _____ Germantown (Philadelphia), das erste amerikanische Manifest _____ den Sklavenhandel.
2. 1743 druckte Christopher Saur die erste amerikanische Bibel _____ deutscher Sprache.
3. 1777 trainierte der preußische Baron Friedrich Wilhelm von Steuben amerikanische Truppen _____ Benjamin Franklin.
4. Margarethe Meyer Schurz gründete 1856 den ersten Kindergarten _____ Amerika.
5. Der deutsche Revolutionär Carl Schurz ging 1861 als amerikanischer Botschafter _____ Spanien.
6. Der Ingenieur John August Roebling kam _____ Thüringen. Er und sein Sohn bauten 1869–1883 die Brooklyn Bridge.
7. Dank der Arbeit des deutschen Weltraumforschers Wernher von Braun landete 1969 der erste Amerikaner _____ dem Mond.
8. Der in Fürth (Bayern) geborene Henry Kissinger war _____ 1973 _____ 1977 Außenminister der USA.

Kennen Sie andere Deutsche, Schweizer oder Österreicher, die im Ausland Geschichte gemacht haben?

24 Wörterbucharbeit: Verhältniswörter

Lesen Sie das folgende Gedicht. Diskutieren Sie im Kurs, was Ihnen an diesem Gedicht besonders auffällt. Wie spielt die Autorin mit der Sprache? Benutzen Sie Ihr Wörterbuch und versuchen Sie zu erklären, welche verschiedenen Bedeutungen die einzelnen Zeilen wohl haben könnten.

Verhältniswörter		
Ich	stehe nicht	an
Du	stehst nicht	auf
Er	steht nicht	hinter
Sie	steht nicht	neben
Es	steht nicht	in
Wir	gehen nicht	über
Ihr	geht nicht	unter
Sie	gehen nicht	vor und zwischen

Es geht nichts über die Gemütlichkeit.

Hildegard Wohlgemut

Wie ist der letzte Satz in Bezug auf das Thema „Reisen" zu sehen?

Schreiben Sie jetzt Ihre eigenen Variationen des Gedichts.

25 **Nicht nur zum Baden und Sonnen**

Neben dem typischen Strandurlaub werden auch andere Urlaubsformen immer interessanter. Welche Urlaubsformen werden hier beschrieben? Arbeiten Sie mit einem Partner / einer Partnerin und, wenn nötig, mit dem Wörterbuch.

 z.B. ▸ auf hoher See dem Horizont entgegen fahren

ohne Verkehrsstress

bei Sonnenuntergang an Deck sitzen

→ Schiffsreise

Abenteuerurlaub – Bauernhofurlaub – Bildungsreise – Cluburlaub – Eventreise – Kulturreise – Rundreise – Schiffsreise – Skiurlaub – Sporturlaub – Städtereise – Wellnessurlaub

1. weil man viel mehr sieht und erlebt
   anstatt immer an einem Ort zu sitzen
   immer auf Achse sein
   weil der Weg das Ziel ist

2. weg von der Stadt
   raus aufs Land
   um das einfache Leben zu genießen
   ohne Auto

3. zur körperlichen und geistigen Entspannung
   weil es dem Körper gut tut
   wegen der Gesundheit
   richtig schön relaxen

4. durch Museen schlendern
   ins Theater gehen
   wegen der Architektur
   durch Geschäfte bummeln

5. ohne zu wissen, was kommt
   von einem Abenteuer zum anderen
   einmal nicht nach Plan leben
   einfach drauf los

Strukturen

Präpositionen ersetzen:
Da- und Wo-Komposita

In German, only those pronouns that refer to living beings can be the object of a preposition. If a pronoun refers to a nonliving object or an idea, a **da**-compound is used.

LIVING BEING	
preposition + noun	Im Exil dachten viele deutsche Künstler **an die Verwandten zu Hause**.
preposition + pronoun	Im Exil dachten viele deutsche Künstler **an sie**.

IDEA/NON-LIVING BEING	
preposition + noun	Die meisten deutschen Künstler im Exil waren **gegen den Nationalsozialismus**.
da-compound	Die meisten deutschen Künstler im Exil waren **dagegen.**

- **Da**-compounds are formed by attaching the prefix **da** to a preposition. If the preposition starts with a vowel, an **r** is added between the prefix and the preposition.

  Viele Künstler im Exil beschäftigten sich **mit Deutschland**.

  Viele Künstler im Exil beschäftigten sich **damit**.

  Viele Exilkünstler dachten **an Deutschland**.

  Viele Exilkünstler dachten **daran**.

- There are no **da**-compounds for the genitive prepositions and **außer**, **bis**, **entlang**, **gegenüber**, **ohne**, and **seit**.

- If the object of a prepositional phrase is an entire clause including a verb, German uses a construction with an anticipatory **da**-compound. At the end of a main clause, the **da**-compound signals that the information pertinent to the preposition will follow.

  Viele Exilkünstler waren **damit** beschäftigt, ihre Isolation zu bekämpfen.

  Many exiled artists were busy fighting their isolation.

  Viele Exilkünstler interessierten sich **dafür**, was in Deutschland während ihrer Abwesenheit geschah.

  Many exiled artists were interested in what was happening in Germany during their absence.

- As the examples above show, anticipatory **da**-compounds can be followed by either an infinitive clause or a subordinated clause. In cases where the subject of the verb in the main clause is different from the subject of the other verb or infinitive, a subordinate clause is required and an infinitive construction cannot be used.

Rule	Example	English equivalent
Identical Subjects (main clause can be followed by infinitive clause or subordinate clause)	**Viele Deutsche** freuen sich darüber, im Süden Urlaub machen zu können. *Or:* **Viele Deutsche** freuen sich darüber, dass sie im Süden Urlaub machen können.	*Many Germans are happy to be able to go on vacation in the South.* *Or:* *Many Germans are happy that they are able to go on vacation in the South.*
Different Subjects (subordinate clause has to follow main clause)	**Viele Deutsche** freuen sich darüber, dass im Süden **das Wetter** besser ist.	*Many Germans are happy about the weather being better in the South.*

- A **wo**-compound is used as a question word to ask for the object of a prepositional phrase referring to a nonliving object or an idea. Like **da**-compounds, **wo**-compounds are formed by attaching the prefix **wo** to a preposition; if the preposition starts with a vowel, an **r** is added between the prefix and the preposition.

> **Worauf** freuen sich alle Schüler? —Auf die Sommerferien.
>
> **Womit** beschäftigt man sich in den Sommerferien? —Wahrscheinlich nicht mit der Schule!

26 ### Nützliche Reisebegleiter

Wozu kann man diese Dinge benutzen? Versuchen Sie, möglichst viele Verwendungszwecke *(uses)* zu finden.

 ein Reiseführer →

> Man kann sich damit über ein Reiseziel informieren.
>
> Man kann darin über Hotels lesen.
>
> Man kann einen Reiseführer auch dazu benutzen, ein gutes Restaurant zu finden.

1. ein Handy
2. eine Reisetasche
3. ein Tagebuch
4. ein Reisepass
5. ein Reisewecker
6. gute Laune
7. Reiseschecks

27 ### Urlaubsfotos

 Bringen Sie ein Foto von Ihrem letzten Urlaub mit und beschreiben Sie es den anderen Kursteilnehmern. Verwenden Sie dabei möglichst viele (mindestens fünf) **Da**-Komposita.

  Hier ist der Marktplatz von Heidelberg. Davor sieht man ein kleines Restaurant. Daneben steht das Denkmal von . . .

Urlaubsquiz

Ergänzen Sie die Fragen mit dem passenden **Wo**-Kompositum und machen Sie dann ein kleines Interview. Notieren Sie sich die Antworten und berichten Sie anschließend im Kurs.

1. _____ fährst du am liebsten in Urlaub – mit dem Zug, mit dem Auto, mit dem Fahrrad?

2. _____ würdest du lieber übernachten – in einem Iglu, in einem Tipi, in einer Raumstation?

3. _____ denkst du lieber – an die Sommerferien, an die Winterferien?

4. _____ braucht man im Urlaub ein Handy – für Notfälle, für Verabredungen, zum Quatschen?

5. _____ freust du dich im Urlaub am meisten – auf ein neues Land, auf Entspannung, auf Freizeit oder auf neue Menschen?

Wortschatz

abreisen (reist ab, ist abgereist) *to leave, depart*

abschneiden (schneidet ab, schnitt ab, hat abgeschnitten) *to score (in a test or study)*; **Deutsche Touristen haben gut abgeschnitten.** *German tourists scored high.*

aufgeschlossen *open, accepting (of new or different things)*

die **Aufgeschlossenheit** *openness*

auswandern (wandert aus, wanderte aus, ist ausgewandert) *to emigrate*

der **Auswanderer, -** *emigrant*

buchen (bucht, buchte, hat gebucht) *to book*

einwandern (wandert ein, wanderte ein, ist eingewandert) *to immigrate*

der **Einwanderer, -** *immigrant*

das **Ergebnis, -se** *result*

etwas **erleben** (hat erlebt) *to experience s.th.*

die **Fahrkarte, -n** *ticket*

der **Feiertag, -e** *holiday (e.g., national holiday)*

fliehen (floh, ist geflohen) *to flee*

fremd *foreign*

der **Fremdenverkehr** *tourism*

die **Herkunft** *origin, decent*

reisen (ist gereist) *to travel*

das **Reiseziel, -e** *travel destination*

die **Rücksicht** *consideration*; **Rücksicht nehmen auf** *to be considerate*

der **Ruf** *reputation*; **einen guten Ruf haben** *to have a good reputation*

die **Speise, -n** *dish*

übernachten (hat übernachtet) *to stay (overnight)*

die **Umfrage, -n** *study, questionnaire*

der **Urlaub, -e** *vacation*

verreisen (ist verreist) *to travel*

die **Vorfahren** *ancestors*

29 Definitionen

Finden Sie die richtigen Definitionen für die folgenden Begriffe!

1. fremd
2. Herkunft
3. Vorfahren
4. Auswanderer
5. Einwanderer

a. das Land, aus dem die vorigen Generationen einer Familie kommen
b. die vorigen Generationen einer Familie
c. Person, die ihre Heimat verlässt
d. was man nicht kennt
e. Person, die in einem anderen Land leben will

30 Was machen Sie im nächsten Urlaub?

Vervollständigen Sie die folgenden Sätze, indem Sie Ihre eigenen Erlebnisse und Präferenzen beschreiben.

z.B. Meine letzte große Reise war ein Sommerprogramm in Deutschland. Ich war für sechs Wochen mit einer Studentengruppe in Köln, um Deutsch zu lernen. Es war sehr interessant und hat viel Spaß gemacht.

1. Meine letzte große Reise war . . .
2. Mein schönstes Erlebnis im Urlaub war . . .
3. Die exotischste Speise, die ich im Urlaub gegessen habe, war . . .
   Es hat _____ geschmeckt.
4. Ich kann mich am besten erholen, wenn ich . . .
5. In meinem nächsten Urlaub möchte ich . . .
6. Ich reise am liebsten mit . . .
7. Ich buche meine Flüge immer . . .
8. Deutsche Touristen sind . . .

31 Erklären Sie!

Ein Freund war in Spanien und möchte wissen, warum dort so viele deutsche Touristen waren. Erklären Sie ihm, was Sie darüber wissen und was Sie über deutsche Touristen gehört haben. Verwenden Sie dabei die folgenden Begriffe!

aufgeschlossen – beliebt – bezahlter Urlaub – deutsche Touristen – exotische Speisen – Feiertage – Geld – Höflichkeit – reisen – Reiseziele – Ruf – Spanien – Sprache – Umfrage

32 Was ist passiert?

Beschreiben Sie die Situation im Bild und verwenden Sie dabei wenigstens zehn der folgenden Wörter.

abreisen	fremd
aufgeschlossen	reisen
buchen	Reiseziel
Ergebnis	Speise
etwas erleben	übernachten
Fahrkarte	Urlaub
fliehen	verreisen

© Cengage Learning

33 **Reiseberichte**

Arbeiten Sie in kleinen Gruppen und schreiben Sie Szenen (zum Beispiel in einer deutschen Familie), die Sie im Kurs vorspielen können. Geben Sie jeder Person in der Gruppe eine Rolle und erzählen Sie in Ihren Szenen etwas über die letzte Reise, die Sie gemacht haben. Seien Sie dabei kreativ!

Wann sagt man was?

bleiben, übernachten; das Erlebnis, die Erfahrung

Arbeiten Sie mit dem Wörterbuch und suchen Sie präzise Definitionen für die Verben **bleiben** und **übernachten** und auch für die Begriffe **Erlebnis** und **Erfahrung**. Entscheiden Sie dann, welches Wort am besten in die folgenden Beispiele passt.

1. Unser letzter Urlaub in Spanien war sehr interessant. Wir wollten nur eine Woche auf Mallorca _____, aber dann sind zehn Tage daraus geworden.

2. Wir haben zuerst in einem sehr alten Hotel _____. Die Zimmer waren gar nicht schön, und wir haben uns beim Fremdenverkehrsamt darüber beschwert *(complained)*.

3. Zuerst haben die Leute vom Fremdenverkehrsamt gesagt, sie können uns nicht helfen, und wir müssen in dem alten Hotel _____, weil alle Hotels auf Mallorca voll sind.

4. Aber dann hat uns ein Taxi abgeholt und uns in ein anderes Hotel gefahren. Die Fahrt war ein interessantes _____. Der Fahrer war ein ganz junger Mann, der nicht sehr gut Auto fahren konnte. Einmal sind wir fast gegen einen Baum gefahren.

5. Als wir in dem neuen Hotel angekommen sind, sagte uns ein Mann an der Rezeption, dass das Hotel schon voll ist. Der junge Taxifahrer hat dann gesagt, wir können bei ihm zu Hause _____, bis ein Zimmer frei wird. Aber der Mann an der Rezeption sagte uns, wir sollen lieber im Hotel _____ und an der Rezeption einen Moment warten.

6. Der Mann an der Rezeption telefonierte und sagte uns dann, dass er ein Zimmer in einer Pension für uns gefunden hat. Wir sind mit einem anderen Taxi in die Pension gefahren. Die Pension gehörte einem deutschen Mann aus Kassel, und wir haben dort in einem sehr schönen Zimmer _____. Der Mann in der Pension hat uns viel über seine _____ mit Touristen aus der ganzen Welt erzählt.

7. Er sagte, dass er sich immer freut, wenn Deutsche bei ihm _____. Es war so schön auf Mallorca, dass wir noch drei Tage länger _____ sind.

FILMTIPP: *Nirgendwo in Afrika* (Caroline Link, 2002)

Dieser Film folgt einer jüdischen Familie, die der Naziherrschaft entkommt. Auf einer Farm in Kenia kommen die Familienmitglieder auf verschiedene Weise damit zurecht, dass sie ihre Heimat verlassen mussten.

Redemittel zum Diskutieren

Sagen was man vorhat

Wir wollen . . .	**Wir wollen** dieses Jahr in den Ferien mehr Sport treiben.
Wir haben vor, . . .	**Wir haben vor,** nach Korsika zu fahren und dort viele Wanderungen zu machen.
Ich habe mir vorgenommen, . . .	**Ich habe mir vorgenommen,** dieses Jahr im Urlaub weniger zu essen.
Wir haben uns überlegt, . . .	**Wir haben uns überlegt,** dieses Jahr nur für zehn Tage in Urlaub zu fahren, um etwas Geld zu sparen.
Ich wollte schon immer (mal) . . .	**Ich wollte schon immer mal** ein Haus direkt am Meer mieten.
Ich habe mir schon lange gewünscht, . . .	**Ich habe mir schon lange gewünscht,** einmal mit Freunden zusammen in Urlaub zu fahren.
Ich bin fest entschlossen, . . .	**Ich bin fest entschlossen,** dieses Jahr allen meinen Kollegen Postkarten zu schreiben.

34   Traumurlaub

Welche der folgenden Aktivitäten oder Pläne könnten Ihre sein? Beginnen Sie mit **Ich möchte gerne einmal nach _____ fahren**. Verwenden Sie dann die Redemittel, um ihre Pläne zu beschreiben. Seien Sie kreativ und sagen Sie, was sie sonst noch vorhaben.

auf dem Campingplatz übernachten	mit dem Auto fahren
das ganze Land sehen	morgens immer lange schlafen
ein Auto mieten	nicht so viele Souvenirs kaufen
im Urlaub so viel wie möglich lesen	oft abends ausgehen
per Anhalter fahren *(to hitchhike)*	viele Fotos machen
Postkarten schreiben	viele Leute kennen lernen
uns selbst etwas kochen	viele Sehenswürdigkeiten sehen
viel über das Land und die Leute lernen	viele Wanderungen machen

35   Fragen zur Diskussion

Diskutieren oder schreiben Sie über eines der folgenden Themen. Verwenden Sie dabei die Redemittel.

1. Warum reisen die Deutschen so viel und so gerne? Spekulieren Sie!
2. Was ist Ihre Motivation zum Reisen?
3. Für viele ist das Reisen zum Statussymbol geworden. Muss man reisen, um viel über die Welt zu wissen?
4. Viele Umweltschützer *(environmentalists)* sind gegen den Massentourismus. Sie nennen den sanften Tourismus (ohne Flug- und Autoreisen) als Alternative. Was spricht für und gegen das Reisen in ferne Länder?

Strukturen

Idiomatisches

Verben mit Präpositionen

Prepositional phrases are frequently combined with certain verbs.

Viele Menschen **freuen sich auf** ihren Urlaub.	*Many people are looking forward to their vacation.*
Viele Menschen **haben Angst vor** dem Fliegen.	*Many people are afraid of flying.*

- An anticipatory **da**-compound is used when the prepositional object is a subordinate clause or an infinitive clause.

Viele Schüler **freuen sich darüber**, dass die Sommerferien so lang sind.	*Many students are happy about the summer vacation being so long.*

- A **wo**-compound is used to ask for the object of the preposition if it is not a living being.

Worüber freuen sich viele Schüler? —Über die Ferien.

but: **Über wen** ärgert sich der Kellner? —Über die unfreundlichen Touristen.

- Here are some common verbs with prepositions that take the **accusative case.**

sich ärgern über	*to be annoyed about*
sich beklagen (über)	*to complain about*
sich beschweren über	*to complain about*
sich beziehen auf	*to refer to*
denken an	*to think of*
diskutieren über	*to talk about, discuss*
sich entscheiden für	*to decide on*
sich freuen auf	*to look forward to*
sich freuen über	*to be happy about*
sich gewöhnen an	*to get used to*
glauben an	*to believe in*
hoffen auf	*to hope for*
sich interessieren für	*to be interested in*
sich konzentrieren auf	*to concentrate on*
sich verlassen auf	*to rely on*
sich verlieben in	*to fall in love with*
warten auf	*to wait for*

- Here are some common verbs with prepositions that take the **dative case.**

aufhören mit	*to stop doing*
sich beschäftigen mit	*to occupy o.s. with*
rechnen mit	*to count on*
leiden an	*to suffer from*

 36

Persönliches

Wählen Sie sechs Verben mit Präpositionen aus der Liste, formulieren Sie Fragen mit *Wo*-Komposita, interviewen Sie einen Partner / eine Partnerin und machen Sie sich Notizen. Berichten Sie dann im Kurs über einige bemerkenswerte Aussagen.

S1: Wofür interessierst du dich besonders?

S2: Ich interessiere mich besonders für das Thema „Reisen". (*oder* Ich interessiere mich besonders dafür, wie die Deutschen ihren Urlaub verbringen.)

 37

Reisetipps

Was sollte man auf Reisen im Ausland machen oder nicht machen? Schreiben Sie gemeinsam mit Ihrem Partner / Ihrer Partnerin Ratschläge und benutzen Sie dabei die Verben mit Präpositionen und ein vorgestelltes *Da*-Kompositum. Fragen Sie dann die anderen Kursteilnehmer nach ihren Ratschlägen und diskutieren Sie sie.

Frage: Wofür sollte man sich interessieren?

Ratschlag: Man sollte sich dafür interessieren, wie die Menschen am Urlaubsort leben und denken. (*oder* wie die einheimischen Speisen schmecken.)

38

Die Deutschen im Ausland

Schreiben Sie gemeinsam mit Ihrem Partner / Ihrer Partnerin Sätze über die Deutschen im Ausland. Welche Stereotypen fallen Ihnen ein? Welche Beobachtungen haben Sie selbst schon gemacht? Benutzen Sie dabei die Verben, die Ihnen zugeteilt werden. Stellen Sie dann Ihre Sätze im Kurs vor.

 Listen to this chapter's audio segments at www.cengage.com/german/stationen.

Reisen Sie gern allein?

Lektüre

Jurek Becker

Als Sohn polnischer Juden kam Jurek Becker (1937–1997) 1945 nach Ost-Berlin, wo er Deutsch lernte. Nach dem Abitur und mehreren Jahren Studium an der Humboldt-Universität und der Filmhochschule Babelsberg arbeitete Becker als freiberuflicher Schriftsteller und Drehbuchautor.

1977 verließ Becker die DDR, um als Gastprofessor an verschiedenen Universitäten zunächst in den USA und dann in der Bundesrepublik zu lehren. Er veröffentlichte mehrere erfolgreiche Romane und Drehbücher für Film und Fernsehen.

INTERFOTO / Alamy

Vor dem Lesen

39 **Fragen zum Thema**

1. Reisen Sie gern allein? Warum (nicht)?
2. Was machen Sie am liebsten in einer fremden Stadt?
3. In welcher fremden Stadt haben Sie sich besonders wohl gefühlt? Warum?
4. Was ist wohl für einen Europäer in New York beim ersten Besuch besonders interessant? aufregend? schockierend?

40 **Auf Reisen**

Diskutieren Sie in Gruppen oder Paaren, ob die folgenden Aussagen des Erzählers aus Jurek Beckers *New Yorker Woche* auch auf Sie zutreffen könnten° oder nicht.

auch ... *could be true for you as well*

1. Ich weiß sofort, daß ich nie zuvor so viele Lampen auf einmal habe brennen sehen.
2. Die Verwahrlosung° der Stadt trifft mich nicht unvorbereitet. [. . .] Ich frage mich, was erst in jenen Vierteln los ist, vor denen man mich gewarnt hat.

desolation

3. Ich weiß nicht, was New York zu bedeuten hat.
4. Ich vermute, daß man es in New York sich schneller als anderswo abgewöhnt, verwundert zu sein über das, was man nie zuvor gehört oder gesehen hat.

Übersetzung

Arbeiten Sie in Gruppen oder Paaren und übersetzen Sie die folgenden Abschnitte ins Englische. Vergleichen Sie einige Beispiele im Kurs, um Beckers Stil besser zu verstehen.

1. Du kommst in eine neue Stadt: du hast vorher viel über sie gehört, dein Kopf ist voll von mitgebrachten Richtersprüchen°. Du stellst fest, daß jedes deiner Vorurteile sich belegen läßt, ohne große Mühe eigentlich, an jedem einzelnen ist etwas dran. Du sammelst Beobachtungen wie Beweise. Du willst dir zeigen, wie gut du die Stadt schon kanntest, bevor du dort gewesen bist. Du bringst es fertig. Das Resultat ist eine verlorene Woche, die sonstwas hätte werden können.   *judgements*

2. Im letzten Autobus fragst du mich, wie du dazu kommst, mit einer Strichliste durch die Straßen zu ziehen, den Bleistift zum Abhaken in der Hand: Richtig, Armut. Richtig, Rassenprobleme. Richtig, Kriminalität. Eine tadellose öde Reihe von Rubriken. Was, so fragst du dich, hast du dich unentwegt abzuplagen für das längst Bewiesene? Wer hat dich beauftragt mit diesem sterbenslangweiligen Job? Dein Gewissen? Lächerlich. Kommst hier an mit dem festen Vorsatz, nicht nur die Oberfläche zu sehen, und die Folge ist: du siehst gar nichts.

3. Jetzt ärgerst du dich, daß du nicht eine Sekunde versunken bist in der aufregenden Stadt. Daß du dich nie hast fallen lassen, wo so viel Gelegenheit war. Dabei hast du sie nicht etwa übersehen, die Gelegenheiten. Jedesmal hast du den Schritt beschleunigt, bloß weg. In den langweiligen Augenblicken hast du die Augen schön offen gehalten. Du wolltest immer nur sehen, was alle schon wissen, und nie was keiner weiß.

4. Plötzlich fürchtest du um deine Fähigkeit aufgeregt zu sein. Stellst dir jemanden vor, der sich unentwegt vor dem Überraschenden hütet. Der sich alles im Voraus ausrechnet, und der dann versucht, so zu leben, daß die vorher gemachte Rechnung stimmt.

Beim Lesen

In dieser Erzählung beschreibt ein Reisender seine Eindrücke während einer Woche in New York. Entscheiden Sie in Aktivität 42, ob der Erzähler dem typischen deutschen Touristen entspricht *(corresponds to)*. In Aktivität 43 machen Sie Notizen über die Erlebnisse des Erzählers, in Aktivität 44 achten Sie darauf, welche Vorstellungen und Informationen der Erzähler schon vor seiner Reise gehabt hat.

Ein typischer deutscher Tourist?

Deutsche Touristen sind sehr beliebt, weil sie „sich im Ausland ordentlich benehmen", weil sie „versuchen, die Sprache des Landes zu sprechen", gerne die „Spezialitäten des Landes probieren" und die „Gepflogenheiten des Landes respektieren". Nur im Geldausgeben sind sie nicht die besten Touristen. Treffen diese Charakteristiken auf den Reisenden in New York zu? Machen Sie Notizen.

Sieben Tage in New York

Machen Sie Notizen, was der Reisende in New York erlebt, wen er trifft oder was er macht. Was erfährt man nicht über seine Reise nach New York?

Vor der Reise

Machen Sie eine Liste der Vorstellungen von New York und Informationen über die Stadt, die der Erzähler schon vor der Reise hatte.

New Yorker Woche

Jurek Becker

1. Tag

New York fängt gut an, das Flugzeug muß 50 Minuten über dem
Kennedy-Airport kreisen, weil nach dem Schneesturm keine
Landebahn für uns frei ist. Ich schaue aus dem Fenster und
to be captured 5 möchte gern ergriffen sein° bei dem Gedanken. Das da unten ist
also New York.

Es ist Abend und wolkig, ich weiß sofort, daß ich nie zuvor
so viele Lampen auf einmal habe brennen sehen. Zu einem
besonders hellen Strich denke ich mir das Wort *Broadway*. Nach
10 zwanzig Minuten Kreisen ist das Licht aber nur noch das Licht.
Nicht einmal mehr die Kinder schauen aus dem Fenster.

Mein Visum verrät mich als einen, der nicht zur
Einwanderung berechtigt ist. Der Paßbeamte studiert es lange.
Dann fragt er mich, ob ich wirklich nicht hierzubleiben vorhabe.
15 In seiner Stimme klingt unüberhörbar mit: Na los, sag schon, wir
sind unter uns. Ich bin froh, weil ich den Sinn seiner Worte sofort
verstehe. Ich lächle und schüttle den Kopf, er kann beruhigt sein.
Denke aber im nächsten Augenblick: Woher will ich das jetzt
schon wissen? [. . .]

20 2. Tag

Von Amerika-Kennern ist mir dringend geraten worden, nie mehr
als zwanzig Dollar bei mir zu tragen, und sie jedem Räuber auf
daringly Verlangen sofort zu geben. Kühn° halte ich aber 45 Dollar in der
Tasche sowie den Schlüssel zum Hotelsafe. Dort liegt der Rest des
GDR passport 25 Geldes, dazu mein DDR-Paß°, ja auch ein Wertstück.

Das erste Problem, als ich am Morgen auf die Straße trete:
ich kenne die Umrechnungsformel von Fahrenheit auf Celcius
nicht. Es ist kalt, doch ich weiß nicht wie kalt. Ich weiß nicht, wie
sehr ich zu frieren habe, das soll kein Witz sein. Ich vermute, daß
30 man in gleichem Maße nach dem Thermometer friert, wie man
etwa nach der Uhr hungrig wird; eine Art Opportunismus der
Empfindungen.

Ein zweiter Rat ist, in New York soll ich laufen, laufen. Ich
laufe also los und komme mir schon an der ersten Kreuzung
35 wohlberaten vor. Ich erkundige mich nicht nach der Richtung, weil
ich in jede gehen möchte.

desolation Die Verwahrlosung° der Stadt trifft mich nicht unvorbereitet.
Dennoch habe ich das Gefühl, einen Rekord zu sehen: das
Äußerste, was sich an Verwahrlosung rausholen läßt. Ich frage
40 mich, was erst in jenen Vierteln los ist, vor denen man mich
gewarnt hat. [. . .]

Im Bett weiß ich noch lange nicht, was New York zu bedeuten
hat. Ich sage mir: Ist ja normal, du bist hier nicht in Jena. Ich finde
es selbst ein wenig lächerlich, mir so verloren vorzukommen.

45 3. Tag

Beim Frühstück eine Show im Fernsehen, in der dreimal gebetet wird: einmal für George Foreman, einen untergegangenen Boxer, einmal für ein gelähmtes Mädchen, das blankgeputzt in seinem Rollstuhl vor der Kamera sitzt, einmal für ganz Amerika.

50 Ich schalte aus und wieder ein, ich will das bis zum Ende sehen. Hämische Urteile° gehen mir im Kopf herum. Das in Mitteleuropa, *sarcastic judgements* denke ich, und dann ein Kritiker sein. Dann die Frage: Aber haben die nicht alles durchgerechnet? Brauchen die denn nicht einen bestimmten Standard, um den Preis für die Werbesekunde

55 hochzuhalten? Am Ende steht schon lange fest, daß so die wahre Show geht, nur bis zu uns da drüben hat es sich noch nicht herumgesprochen?

Mir fällt auf, wie oft ich plötzlich EUROPA denke, ein Wort, das mir vorher kaum in den Sinn gekommen ist. Bis hierher gab

60 ich mir immer viel detailiertere Namen: ich war Berliner, ich war Köpenicker. DDR-Bürger. Ein Deutscher – das kam mir schon exotisch vor. Und auf einmal bin ich Europäer, nicht weniger.

Vor allem Laufen. Wenn ich etwas kaufen möchte und viel Zeit mit meinem Englisch brauche, hat man Geduld mit mir. Es ist

Es … it's ok, not an embarrassment 65 keine Schande° hier, nicht gut Englisch zu können. Im Reisebüro vor mir zum Beispiel ein steinalter Mann und seine Frau, die nach Las Vegas möchten. Das Englisch der beiden ist verwegen°, *crude, unrefined* das höre sogar ich, es ist schlechter noch als meins. Dabei kein Zweifel, daß sie Amerikaner sind, man sieht es schon an ihren

70 Jacken. Ich überlege, warum der Angestellte nicht auch mich für einen Amerikaner halten wird. [. . .]

7. Tag

Du kommst in eine neue Stadt: du hast vorher viel über sie *judgements* gehört, dein Kopf ist voll von mitgebrachten Richtersprüchen°.

75 Du stellst fest, daß jedes deiner Vorurteile sich belegen läßt, ohne große Mühe eigentlich, an jedem einzelnen ist etwas dran. Du sammelst Beobachtungen wie Beweise. Du willst dir zeigen, wie gut du die Stadt schon kanntest, bevor du dort gewesen bist. Du bringst es fertig. Das Resultat ist eine verlorene Woche, die

80 sonstwas hätte werden können.

Im letzten Autobus fragst du mich, wie du dazu kommst, mit einer Strichliste durch die Straßen zu ziehen, den Bleistift zum Abhaken in der Hand: Richtig, Armut. Richtig, Rassenprobleme. Richtig, Kriminalität. Eine tadellose öde Reihe von Rubriken.

85 Was, so fragst du dich, hast du dich unentwegt abzuplagen für das längst Bewiesene? Wer hat dich beauftragt mit diesem sterbenslangweiligen Job? Dein Gewissen? Lächerlich. Kommst hier an mit dem festen Vorsatz, nicht nur die Oberfläche zu sehen, und die Folge ist: du siehst gar nichts.

90 Jetzt ärgerst du dich, daß du nicht eine Sekunde versunken bist in der aufregenden Stadt. Daß du dich nie hast fallen lassen, wo so viel Gelegenheit war. Dabei hast du sie nicht etwa übersehen, die Gelegenheiten. Jedesmal hast du den Schritt

beschleunigt, bloß weg. Ohne nachzudenken, hast du gedacht:
95 Wo soll das hinführen? Und jetzt fragst du dich, wohin das führen
soll. In den langweiligen Augenblicken hast du die Augen schön
offen gehalten. Du wolltest immer nur sehen, was alle schon
wissen, und nie was keiner weiß.

Plötzlich fürchtest du um deine Fähigkeit aufgeregt zu
100 sein. Stellst dir jemanden vor, der sich unentwegt vor dem
Überraschenden hütet. Der sich alles im Voraus ausrechnet,
und der dann versucht, so zu leben, daß die vorher gemachte
Rechnung stimmt. Vielleicht komme ich irgendwann noch einmal
nach New York, das wäre gut. Vorerst fahre ich mit dem Autobus
105 zum Flughafen La Guardia.

Ich habe einen Fensterplatz und mache die Augen zu, sobald
Schwarze zu sehen sind, verwahrloste Straßen, Polizisten, Weiße,
Reklameschilder, Verkehrschaos.

Wortschatz

abhaken (hakt ab, hat abgehakt) *to check off (a list)*

aufgeregt *excited*

aufregend *exciting*

der **Beweis, -e** *proof*

erste Eindrücke *first impressions*

der **Gedanke, -n** *thought*

die **Gelegenheit, -en** *opportunity*

gelähmt *handicapped*

sich **herumsprechen (hat sich herumgesprochen)** *to become well known*

der **Kenner, -** *afficionado*

in gleichem Maße *in the same measure, the same way*

die **Oberfläche, -n** *surface*

der **Pass, ⸚e** *passport*

der **Rat** *advice*

das **Reisebüro, -s** *travel agency*

spazieren *to stroll, walk*

die **Strichliste, -n** *check list*

sich **verloren vorkommen** *to feel lost*

verwahrlost *desolate*

die **Verwahrlosung** *desolation*

das **Visum (Visa)** *visa*

der **Vorsatz, ⸚e** *intention, resolution*

das **Vorurteil, -e** *prejudice*

das soll kein Witz sein *no kidding*

der **Zweifel, -** *doubt*

Nach dem Lesen

Fragen zum Text

1. Was denkt der Erzähler vor der Landung in New York?
2. Warum sieht sich der Passbeamte das Visum so genau an?
3. Wer hat dem Reisenden geraten, er soll viel laufen? Welche Ratschläge hat er noch bekommen?
4. Was sind die ersten Eindrücke von New York, die der Erzähler schildert?
5. Wie fühlt sich der Erzähler am Ende des ersten Tages?
6. Wie kommt der Erzähler mit seinem Englisch zurecht?
7. Wie beschreibt der Erzähler seine eigene Identität?
8. Wie fühlt sich der Reisende am 7. Tag? Wie sieht er seine Reise am Ende?

Fragen zum Nachdenken und Diskutieren

1. Im Reisebüro trifft der Erzähler ein älteres Ehepaar und es besteht für ihn „kein Zweifel, daß sie Amerikaner sind, man sieht es schon an ihren Jacken." Kann man sich so sicher sein? Erkennen Sie an der Kleidung, woher jemand kommt?
2. Der Erzähler fühlt sich in New York nicht mehr als Berliner, sondern als Europäer. Wie würden Sie sich selbst beschreiben? Gibt es Orte und Situationen, in denen sich das ändert?
3. Kann man in eine Stadt reisen ohne dass die Idee, die man schon vorher von dieser Stadt hat, die neuen Eindrücke beeinflusst?
4. Der Erzähler ärgert sich, dass er „nicht eine Sekunde versunken ist in der aufregenden Stadt." Was hätte er anders machen sollen? Wie kann man in einen Ort „versinken"?

Schreibübungen

1. Schreiben Sie die Geschichte weiter. Was passiert am nächsten Tag? Seien Sie kreativ und versuchen Sie, im Stil Jurek Beckers weiterzuschreiben.
2. Schreiben Sie einen Bericht in der dritten Person, der zusammenfasst, was dieser Reisende in New York erlebt hat.

 Die New-York-Reise für X fing gut an. Sein Flugzeug musste über New York kreisen, weil keine Landebahn frei war . . .

3. Berichten Sie über eine Reise in eine fremde Stadt im Stil von Beckers New Yorker Woche. Seien Sie kreativ und versuchen Sie, wie Becker, durch bestimmte Details eine bestimmte Stimmung zu erzeugen, aus der hervorgeht, wie Sie sich bei dieser Reise gefühlt haben.

FILMTIPP: *Friendship!* (Markus Goller, 2010)

Road-Movie und Komödie über zwei Freunde aus der DDR, die nach dem Mauerfall 1989 nach San Francisco reisen wollen.

Zum Schluss

48

Reisepläne

Planen Sie eine Reise mit einem Partner / einer Partnerin oder in einer Gruppe im deutschsprachigen Raum. Gehen Sie noch einmal durch die Stationen, die Sie in diesem Buch kennengelernt haben. Wohin würden Sie gerne reisen? Was würden Sie gerne dort sehen? Was würden Sie gerne dort machen? Wie würden Sie reisen? Wo würden Sie übernachten?

Das letzte Wort: *Heimweh*

Wenn man von zu Hause weg geht, ob für lange oder kurze Zeit, kann es sein, dass man seine Heimat vermisst und Sehnsucht *(longing)* nach bestimmten Personen oder Dingen hat.

Wonach haben Sie **Heimweh**, wenn Sie ins Ausland fahren? Was vermissen Sie? Was nicht?

Appendix A

USEFUL GERMAN-LANGUAGE WEBSITES

Google Deutschland (www.google.de)
Deutschsprachige Version von www.google.com

Yahoo Deutschland (www.yahoo.de)
Deutschsprachige Version von www.yahoo.com

LEO online Wörterbuch (dict.leo.org)
Das kostenlose LEO Wörterbuch wird am Institut für Informatik der Technischen Universität München bereitgestellt. Im LEO Wörterbuch kann man Deutsch-Englisch und Englisch-Deutsch nachschlagen. Man muss für deutsche Wörter keine Umlaute eingeben (z.B. Bücher = Buecher). Vorsicht: Es gibt kein www im URL.

Wissen (www.wissen.de)
Wissen.de ist ein kostenfreies **Wissensportal,** das aus **Lexika** und **Wörterbüchern** besteht. Darunter ist das *Bertelsmann Wörterbuch* und das große *Wahrig Wörterbuch der Rechtschreibung*. Darüberhinaus kooperiert wissen.de mit anderen Publikationen wie z.B. *Financial Times Deutschland*, mit dem Verlag Langenscheidt und dem Kulturmagazin *Geo*. Wissen.de ist besonders gut, wenn man eine gute **deutsche Definition** für ein schwieriges deutsches Wort oder **Fremdwort** sucht.

Wikipedia (www.wikipedia.de)
Wikipedia ist eine freie **Enzykopädie,** die es in mehr als hundert Sprachen gibt. Jeder, der etwas über ein Thema weiß, kann einen Artikel in Wikipedia.de schreiben. Man muss deshalb etwas vorsichtig sein, denn es ist möglich, dass die Daten nicht immer ganz korrekt sind. Wikipedia.de ist besonders gut, wenn man über einen **Autor** oder **Künstler,** eine literarische oder künstlerische **Epoche** oder **Bewegung** etwas lernen will. Man kann dort auch über **Städte** und **Regionen** oder andere **kulturelle Themen** forschen.

Meine Stadt (www.meinestadt.de)
Meinestadt.de ist eines der populärsten Internetportale in Deutschland. Darin kann man Informationen über **die meisten deutschen Städte und Gemeinden** finden. Meinestadt.de ist besonders hilfreich, wenn man etwas über eine Stadt oder Region erfahren will und **Links zu lokalen Institutionen sucht.**

Deutsches Historisches Museum (www.dhm.de)
Das Deutsche Historische Museum in Berlin bietet auf dieser Webseite ein **lebendiges virtuelles Museum online** an. Klicken Sie von der Startseite auf den LeMO Link. Das LeMO beinhaltet **eine Chronik der deutschen Geschichte** nach Epochen und Jahren. Wenn man auf *Suche* klickt, kann man Suchbegriffe* [*search terms*] eingeben.

Erlanger Liste (www.erlangerliste.de)
Die Erlanger Liste ist die größte Sammlung von Informationsmaterialien im Internet zum Thema **Germanistik*** [*German studies*]. Es gibt Archive zu **Literatur, Malerei, Graphik** und **Photographie** und eine große Anzahl von **Lexika.**

Lebendiges Virtuelles Museum Online (www.hdg.de/lemo)
LeMO ist ein Gang durch die deutsche Geschichte von der Gründung des Deutschen Reiches im 19. Jahrhundert bis zur Gegenwart. Das Angebot verknüpft informative Texte mit musealen Objekten sowie Film- und Tondokumenten.

Laut (www.laut.de)
Internet-Musikmagazin. Hier findet man Informationen, Videos, Berichte und Kritiken zur Rock- und Popmusikszene.

Appendix B

GRAMMAR SUMMARY

I. Verbs

A. **Active Voice Tenses and Conjugations**

1. Indicative Mood

PRESENT

	gehen	sein	haben	sehen	arbeiten	können
ich	gehe	bin	habe	sehe	arbeite	kann
du	gehst	bist	hast	siehst	arbeitest	kannst
er/es/sie	geht	ist	hat	sieht	arbeitet	kann
wir	gehen	sind	haben	sehen	arbeiten	können
ihr	geht	seid	habt	seht	arbeitet	könnt
sie/Sie	gehen	sind	haben	sehen	arbeiten	können

SIMPLE PAST

ich	ging	war	hatte	sah	arbeitete	konnte
du	gingst	warst	hattest	sahst	arbeitetest	konntest
er/es/sie	ging	war	hatte	sah	arbeitete	konnte
wir	gingen	waren	hatten	sahen	arbeiteten	konnten
ihr	gingt	war	hattet	saht	arbeitet	konntet
sie/Sie	gingen	waren	hatten	sahen	arbeiteten	konnten

PRESENT PERFECT

ich	bin	
du	bist	
er/es/sie	ist	gegangen
wir	sind	gewesen
ihr	seid	
sie/Sie	sind	

PRESENT PERFECT

ich	habe	
du	hast	gehabt
er/es/sie	hat	gesehen
wir	haben	gearbeitet
ihr	habt	gekonnt
sie/Sie	haben	

PAST PERFECT

ich	war	
du	warst	
er/es/sie	war	gegangen
wir	waren	gewesen
ihr	wart	
sie/Sie	waren	

PAST PERFECT

ich	hatte	
du	hattest	gehabt
er/es/sie	hatte	gearbeitet
wir	hatten	gesehen
ihr	hattet	gekonnt
sie/Sie	hatten	

1. Indicative Mood

FUTURE

ich	werde	gehen
du	wirst	sein
er/es/sie	wird	haben
wir	werden	sehen
ihr	werdet	arbeiten
sie/Sie	werden	können

FUTURE PERFECT

ich	werde	gegangen sein
du	wirst	gewesen sein
er/es/sie	wird	gehabt haben
wir	werden	gearbeitet haben
ihr	werdet	gesehen haben
sie/Sie	werden	gekonnt haben

2. Subjunctive Mood

SUBJUNCTIVE II (Hypotheses)

	gehen	sein	haben	sehen	arbeiten	können
ich	ginge/ würde gehen	wäre	hätte	sähe/ würde sehen	arbeitete/ würde arbeiten	könnte
du	gingest/ würdest gehen	wärest	hättest	sähest/ würdest sehen	arbeitetest/ würdest arbeiten	könntest
er/es/sie	ginge/ würde gehen	wäre	hätte	sähe/ würde sehen	arbeitete/ würde arbeiten	könnte
wir	gingen/ würden gehen	wäre	hätten	sähen/ würden sehen	arbeiteten/ würden arbeiten	könnten
ihr	ginget/ würdet gehen	wäret	hättet	sähet/ würdet sehen	arbeitetet/ würdet arbeiten	könntet
sie/Sie	gingen/ würden gehen	wären	hätten	sähen/ würden sehen	arbeiteten/ würden arbeiten	könnten

PAST SUBJUNCTIVE

ich	wäre	
du	wärst	
er/es/sie	wäre	gegangen
wir	wären	gewesen
ihr	wärt	
sie/Sie	wären	

PAST SUBJUNCTIVE

ich	hätte	
du	hättest	gehabt
er/es/sie	hätte	gearbeitet
wir	hätten	gesehen
ihr	hättet	gekonnt
sie/Sie	hätten	

2. Subjunctive Mood

SUBJUNCTIVE I (Indirect Discourse)

Forms in bold are specific to Subjunctive I. All other forms are identical to those in Subjunctive II.

	gehen	sein	haben	sehen	arbeiten	können
ich	ginge/ würde gehen	**sei**	hätte	sähe/ würde sehen	arbeitete/ würde arbeiten	könnte
du	**gehest**	**seist**	**habest**	**sehest**	arbeitetest/ würdest arbeiten	könntest
er/es/sie	**gehe**	**sei**	**habe**	**sehe**	**arbeite**	**könne**
wir	gingen/ würden gehen	**seien**	hätten	sähen/ würden sehen	arbeiteten/ würden arbeiten	könnten
ihr	**gehet**	**seiet**	hättet	**sehet**	arbeitetet/ würdet arbeiten	könntet
sie/Sie	gingen/ würden gehen	**seien**	hätten	sähen/ würden sehen	arbeiteten/ würden arbeiten	könnten

3. Imperative Mood

IMPERATIVE

	gehen	sehen	arbeiten
(du)	geh(e)	sieh	arbeite
(ihr)	geht	seht	arbeitet
wir	gehen wir	sehen wir	arbeiten wir
Sie	gehen Sie	sehen Sie	arbeiten Sie

B. Passive Voice Tenses and Conjugations

PRESENT

ich	werde	
du	wirst	
er/es/sie	wird	gesehen
wir	werden	
ihr	werdet	
sie/Sie	werden	

SIMPLE PAST

ich	wurde	
du	wurdest	
er/es/sie	wurde	gesehen
wir	wurden	
ihr	wurdet	
sie/Sie	wurden	

PRESENT PERFECT

ich	bin	
du	bist	
er/es/sie	ist	gesehen worden
wir	sind	
ihr	seid	
sie/Sie	sind	

PAST PERFECT

ich	war	
du	warst	
er/es/sie	war	gesehen worden
wir	waren	
ihr	wart	
sie/Sie	waren	

FUTURE	ich	werde	
	du	wirst	
	er/es/sie	wird	gesehen werden
	wir	werden	
	ihr	werdet	
	sie/Sie	werden	

FUTURE PERFECT	ich	werde	
	du	wirst	
	er/es/sie	wird	gesehen worden sein
	wir	werden	
	ihr	werdet	
	sie/Sie	werden	

SUBJUNCTIVE II	ich	würde	
	du	würdest	
	er/es/sie	würde	gesehen (werden)
	wir	würden	
	ihr	würdet	
	sie/Sie	würden	

PAST SUBJUNCTIVE	ich	wäre	
	du	wärest	
	er/es/sie	wäre	gesehen worden
	wir	wären	
	ihr	wäret	
	sie/Sie	wären	

SUBJUNCTIVE I	ich	sei	
	du	seist	
	er/es/sie	sei	gesehen worden
	wir	seien	
	ihr	seiet	
	sie/Sie	seien	

C. Principal Parts of German Strong and Mixed Verbs Grouped According to Stem-Vowel Changes

Infinitive	3rd-Person Singular (if irregular)	Simple Past	Past Participle
		a	**a**
brennen		brannte	gebrannt
bringen		brachte	gebracht
denken		dachte	gedacht
kennen		kannte	gekannt
nennen		nannte	genannt
rennen		rannte	ist gerannt
senden		sandte	gesandt
tun		tat	getan
stehen		stand	gestanden
wenden		wandte	gewandt
		a	**e**
bitten		bat	gebeten
essen	er/es/sie isst	aß	gegessen
fressen	er/es/sie frisst	fraß	gefressen
geben	er/es/sie gibt	gab	gegeben
geschehen	er/es/sie geschieht	geschah	ist geschehen
lesen	er/es/sie liest	las	gelesen
liegen		lag	gelegen
messen	er/es/sie misst	maß	gemessen
sehen	er/es/sie sieht	sah	gesehen
sitzen		saß	gesessen
treten	er/es/sie tritt	trat	ist getreten
vergessen	er/es/sie vergisst	vergaß	vergessen
		a	**o**
befehlen	er/es/sie befiehlt	befahl	befohlen
beginnen		begann	begonnen
bergen	er/es/sie birgt	barg	geborgen
brechen	er/es/sie bricht	brach	hat/ist gebrochen
empfehlen	er/es/sie empfiehlt	empfahl	empfohlen
gebären		gebar	ist geboren
gelten	er/es/sie gilt	galt	gegolten
gewinnen		gewann	gewonnen
helfen	er/es/sie hilft	half	geholfen

Infinitive	3rd-Person Singular (if irregular)	Simple Past	Past Participle
kommen		kam	ist gekommen
nehmen	er/es/sie nimmt	nahm	genommen
schwimmen		schwamm	ist geschwommen
spinnen		spann	gesponnen
sprechen	er/es/sie spricht	sprach	gesprochen
stechen	er/es/sie sticht	stach	gestochen
stehlen	er/es/sie stiehlt	stahl	gestohlen
sterben	er/es/sie stirbt	starb	ist gestorben
treffen	er/es/sie trifft	traf	getroffen
verderben	er/es/sie verdirbt	verdarb	verdorben
werben	er/es/sie wirbt	warb	geworben
werden	er/es/sie wird	wurde	ist geworden
werfen	er/es/sie wirft	warf	geworfen
		a	**u**
binden		band	gebunden
dringen		drang	gedrungen
finden		fand	gefunden
gelingen		gelang	ist gelungen
klingen		klang	geklungen
ringen		rang	gerungen
schlingen		schlang	geschlungen
schwinden		schwand	ist geschwunden
schwingen		schwang	geschwungen
singen		sang	gesungen
sinken		sank	ist gesunken
springen		sprang	ist gesprungen
stinken		stank	gestunken
trinken		trank	getrunken
winden		wand	gewunden
zwingen		zwang	gezwungen
		i	**a**
blasen	er/es/sie bläst	blies	geblasen
braten	er/es/sie brät	briet	gebraten
fallen	er/es/sie fällt	fiel	ist gefallen
fangen	er/es/sie fängt	fing	gefangen
gehen		ging	ist gegangen

Infinitive	3rd-Person Singular (if irregular)	Simple Past	Past Participle
hängen		hing	gehangen
halten	er/es/sie hält	hielt	gehalten
lassen	er/es/sie lässt	ließ	gelassen
raten	er/es/sie rät	riet	geraten
schlafen	er/es/sie schläft	schlief	geschlafen
		i	**i**
beißen		biss	gebissen
erbleichen		erblich	ist erblichen
gleichen		glich	geglichen
gleiten		glitt	ist geglitten
greifen		griff	gegriffen
pfeifen		pfiff	gepfiffen
reißen		riss	ist gerissen
reiten		ritt	ist geritten
scheißen		schiss	geschissen
schleichen		schlich	ist geschlichen
schmeißen		schmiss	geschmissen
schreiten		schritt	ist geschritten
streichen		strich	gestrichen
streiten		stritt	gestritten
weichen		wich	ist gewichen
leiden		litt	gelitten
schneiden		schnitt	geschnitten
		ie	**ie**
bleiben		blieb	ist geblieben
leihen		lieh	geliehen
scheiden		schied	geschieden
scheinen		schien	geschienen
schreiben		schrieb	geschrieben
schreien		schrie	geschrien
schweigen		schwieg	geschwiegen
steigen		stieg	ist gestiegen
weisen		wies	gewiesen
verzeihen		verzieh	verziehen
		ie	**various**
heißen		hieß	geheißen

Infinitive	3rd-Person Singular (if irregular)	Simple Past	Past Participle
laufen	er/es/sie läuft	lief	ist gelaufen
rufen		rief	gerufen
stoßen	er/es/sie stößt	stieß	gestoßen
		o	o
biegen		bog	gebogen
bieten		bot	geboten
erwägen		erwog	erwogen
fliegen		flog	ist geflogen
fliehen		floh	ist geflohen
fließen		floss	ist geflossen
frieren		fror	gefroren
genießen		genoss	genossen
gießen		goss	gegossen
heben		hob	gehoben
kriechen		kroch	ist gekrochen
lügen		log	gelogen
riechen		roch	gerochen
saugen		saugte/sog	gesogen
schieben		schob	geschoben
schießen		schoss	geschossen
schließen		schloss	geschlossen
schmelzen	er/es/sie schmilzt	schmolz	ist geschmolzen
schwellen	er/es/sie schwillt	schwoll	ist geschwollen
schwören		schwor	geschworen
trügen		trog	getrogen
verdrießen		verdross	verdrossen
verlieren		verlor	verloren
wiegen		wog	gewogen
ziehen		zog	gezogen
		u	a
fahren	er/es/sie fährt	fuhr	ist gefahren
graben	er/es/sie gräbt	grub	gegraben
schaffen	schaffte/schuf	geschaffen	
laden	er/es/sie lädt	lud	geladen
schlagen	er/es/sie schlägt	schlug	geschlagen
tragen	er/es/sie trägt	trug	getragen
wachsen	er/es/sie wächst	wuchs	ist gewachsen
waschen	er/es/sie wäscht	wusch	gewaschen

D. Common German Verbs with Prepositions

Preposition	Verb	Case	English Equivalent
an	arbeiten an	D	to work on (s.th.)
	denken an	A	to think of (s.o./s.th.)
	jdn erinnern an	A	to remind s.o. of (s.o./s.th.)
	sich erinnern an	A	to remember (s.o./s.th.)
	sich gewöhnen an	A	to get used to (s.o./s.th.)
	glauben an	A	to believe in (s.o./s.th.)
	jdn hindern an	D	to prevent s.o. from doing (s.th.)
	leiden an	D	to suffer from (s.th.)
	schreiben an	A	to write to (s.o.)
	sterben an	D	to die of (s.th.)
	teil·nehmen an	D	to participate in (s.th.)
	zweifeln an	D	to doubt (s.th.)
auf	achten auf	A	to pay attention to (s.o./s.th.)
	antworten auf	A	to reply to (s.th.)
	auf·passen auf	A	to pay attention to/keep an eye on (s.o./s.th.)
	bestehen auf	A	to insist on (s.o./s.th.)
	beschränken auf	A	to limit to (s.o./s.th.)
	sich beziehen auf	A	to refer to (s.o./s.th.)
	sich freuen auf	A	to look forward to (s.o./s.th.)
	hin·weisen auf	A	to point to (s.o./s.th.)
	hoffen auf	A	to hope for (s.o./s.th.)
	sich konzentrieren auf	A	to concentrate on (s.o./s.th.)
	reagieren auf	A	to react to (s.o./s.th.)
	sich verlassen auf	A	to rely on (s.o./s.th.)
	verzichten auf	A	to do without (s.o./s.th.)
	warten auf	A	to wait for (s.o./s.th.)
	zählen auf	A	to count on (s.o./s.th.)
aus	bestehen aus	D	to consist of (s.th.)
	entnehmen aus	D	to gather from (s.th.)
	sich ergeben aus	D	to result from (s.th.)
	schließen aus	D	to conclude from (s.th.)
für	sich begeistern für	A	to be enthusiastic about (s.th.)
	jdm danken für	A	to thank s.o. for (s.th.)
	sich eignen für	A	to be suitable for (s.o./s.th.)

Preposition	Verb	Case	English Equivalent
	sich entscheiden für	A	to decide in favor of (s.o./s.th.)
	jdn/etw halten für	A	to consider s.o./s.th. to be (s.o./s.th.)
	sich interessieren für	A	to be interested in (s.o./s.th.)
	sorgen für	A	to take care of (s.o./s.th.)
in	jdn ein·führen in	A	to introduce s.o. to (s.th.)
	sich ein·mischen in	A	to intervene in, meddle in (s.th.)
	ein·willigen in	A	to agree to (s.th.)
	sich verlieben in	A	to fall in love with (s.o./s.th.)
	sich vertiefen in	A	to become engrossed in (s.o./s.th.)
mit	sich ab·finden mit	D	to be satisfied with (s.o./s.th.)
	an·fangen mit	D	to start with (s.o./s.th.)
	auf·hören mit	D	to stop doing (s.th.)
	sich befassen mit	D	to deal with (s.o./s.th.)
	sich beschäftigen mit	D	to be busy with (s.o./s.th.)
	rechnen mit	D	to count on (s.o./s.th.)
	sprechen mit	D	to speak with (s.o./s.th.)
	telefonieren mit	D	to talk on the phone with (s.o.)
	überein·stimmen mit	D	to agree with (s.o./s.th.)
	sich unterhalten mit	D	to converse with (s.o.)
nach	aus·sehen nach	D	to look like (s.o./s.th.)
	sich erkundigen nach	D	to inquire about (s.o./s.th.)
	fragen nach	D	to ask about (s.o./s.th.)
	greifen nach	D	to grab at (s.o./s.th.)
	riechen nach	D	to smell like/of (s.o./s.th.)
	schmecken nach	D	to taste like (s.th.)
	sich sehnen nach	D	to long for (s.o./s.th.)
	streben nach	D	to strive for (s.th.)
	suchen nach	D	to search for (s.o./s.th.)
über	sich ärgern über	A	to be annoyed about (s.o./s.th.)
	sich beschweren über	A	to complain about (s.o./s.th.)
	diskutieren über	A	to discuss (s.o./s.th.)
	sich informieren über	A	to get informed about (s.o./s.th.)
	klagen über	A	to complain about (s.o./s.th.)
	lachen über	A	to laugh about (s.o./s.th.)

Preposition	Verb	Case	English Equivalent
	nach·denken über	A	to think about (s.o./s.th.)
	spotten über	A	to mock (s.o./s.th.)
	sprechen über	A	to talk about (s.o./s.th.)
	sich streiten über	A	to argue about (s.o./s.th.)
	urteilen über	A	to judge (s.o./s.th.)
	verfügen über	A	to have (s.th.) at one's disposal
	sich wundern über	A	to be surprised at/about (s.o./s.th.)
um	sich bemühen um	A	to try hard/endeavor to do (s.th.); to look after (s.o.)
	jdn betrügen um	A	to cheat s.o. out of (s.th.)
	bitten um	A	to ask for (s.th.)
	sich handeln um	A	to be about (s.o./s.th.)
	kämpfen um	A	to fight about (s.o./s.th.)
	konkurrieren um	A	to compete for (s.o./s.th.)
	sich kümmern um	A	to take care of (s.o./s.th.)
von	ab·hängen von	D	to depend on (s.o./s.th.)
	ab·raten von	D	to advise against (s.o./s.th.)
	ab·sehen von	D	to disregard (s.o./s.th.)
	erholen von	D	to recover from (s.o./s.th.)
	erzählen von	D	to tell about (s.o./s.th.)
	etw halten von	D	to think s.th. of (s.o./s.th.)
	sprechen von	D	to speak of (s.o./s.th.)
	träumen von	D	to dream of (s.o./s.th.)
	jdn überzeugen von	D	to convince s.o. of (s.th.)
	wissen von	D	to know of (s.o./s.th.)
vor	Angst haben vor	D	to be afraid of (s.o./s.th.)
	jdn beschützen vor	D	to protect s.o. from (s.o./s.th.)
	fliehen vor	D	to flee from (s.o./s.th.)
	sich fürchten vor	D	to be afraid of (s.o./s.th.)
	sich hüten vor	D	to be on guard against (s.o./s.th.)
	jdn/etw retten vor	D	to save s.o./s.th. from (s.o./s.th.)
	warnen vor	D	to warn against (s.o./s.th.)
zu	bei·tragen zu	D	to contribute to (s.th.)
	jdn bewegen zu	D	to induce/persuade s.o. to do (s.th.)
	dienen zu	D	to serve the purpose of (s.th.)

Preposition	Verb	Case	English Equivalent
	sich eignen zu	D	to be suitable as (s.o./s.th.)
	führen zu	D	to lead to (s.th.)
	gehören zu	D	to be part of (s.o./s.th.)
	gratulieren zu	D	to congratulate on (s.o./s.th.)
	heraus·fordern zu	D	to challenge to (s.th.)
	neigen zu	D	to lean toward (s.o./s.th.)
	passen zu	D	to suit (s.o./s.th.)
	rechnen zu	D	to count as one of (s.o./s.th.)
	jdn treiben zu	D	to drive/push s.o. to (s.th.)
	jdn überreden zu	D	to talk s.o. into (s.th.)
	zählen zu	D	to count as one of (s.o./s.th.)
	zwingen zu	D	to force into (s.th.)

E. Common German Verbs with Dative Objects

Verb	English Equivalent	Example
antworten	to answer	Ich antworte dir morgen!
befehlen	to order	Ich befehle dir: Hör auf!
begegnen	to encounter	Ich bin dir gestern begegnet.
beistehen	to stand at s.o.'s side	Ich stehe meinen Eltern in schweren Zeiten bei.
danken	to thank	Ich danke dir.
einfallen	to recall	Da fällt mir ein: . . .
erwidern	to respond to	Ich erwidere dem Professor: . . .
fehlen	to be missed by	Du fehlst mir!
folgen	to follow	Folgen Sie mir!
gefallen	to be liked by	Du gefällst mir!
gehören	to belong to	Das Buch gehört mir.
gehorchen	to obey	Du musst mir gehorchen, Hund!
gelingen	to succeed	Der Kuchen ist mir gelungen.
genügen	to suffice	Ein Bier genügt mir.
glauben	to believe	Du kannst mir glauben!
gratulieren	to congratulate	Ich gratuliere dir.
helfen	to help	Können Sie mir helfen?
misslingen	to fail	Der Kuchen ist mir misslungen.
sich nähern	to near	Ich nähere mich der Stadt.
nützen	to be useful	Das nützt mir nichts!

Verb	English Equivalent	Example
raten	to advise	Ich rate dir: Lern Deutsch!
schaden	to do damage	Ein bisschen Regen wird mir nicht schaden.
schmecken	to taste	Der Kuchen schmeckt mir gut.
vertrauen	to trust	Du kannst mir hundertprozentig vertrauen!
verzeihen	to forgive	Ich habe dir schon lange verziehen.
widersprechen	to contradict	Manchmal soll man Professoren widersprechen.
zuhören	to listen	Hören Sie mir doch zu!
zusehen	to watch	Ich kann dir kaum zusehen!
zustimmen	to agree	Da stimme ich dir zu.

II. Nouns, Pronouns, and Adjectives

A. Declension

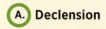

		Definite Article	Relative & Demonstrative Pronouns	3rd-Person Personal Pronoun	Der-word[1]	Strong Adjective	Indefinite Article	Possessive Adjective & *kein*
Nom.	**m**	der	der	er	jeder	großer	ein	mein
	n	das	das	es	jedes	großes	ein	mein
	f	die	die	sie	jede	große	eine	meine
	pl	die	die	sie	alle	große	—	meine
Acc.	**m**	den	den	ihn	jeden	großen	einen	meinen
	n	das	das	es	jedes	großes	ein	mein
	f	die	die	sie	jede	große	eine	meine
	pl	die	die	sie	alle	große	—	meine
Dat.	**m**	dem	dem	ihm	jedem	großem	einem	meinem
	n	dem	dem	ihm	jedem	großem	einem	meinem
	f	der	der	ihr	jeder	großer	einer	meiner
	pl	den	denen	ihnen	allen	großen	—	meinen
Gen.	**m**	des	dessen	seiner[2]	jedes	großen	eines	meines
	n	des	dessen	seiner	jedes	großen	eines	meines
	f	der	deren	ihrer	jeder	großer	einer	meiner
	pl	der	deren	ihrer	aller	großer	—	meiner

[1]Other **der**-words are listed in a chart in section G.
[2]In modern German, genitive personal pronouns are rarely used. Dative personal pronouns are used instead.

B. Noun Declension

	Masculine		Neuter		Feminine	
	Singular	**Plural**	**Singular**	**Plural**	**Singular**	**Plural**
Nom.	der Baum	die Bäume	das Blatt	die Blätter	die Blume	die Blumen
Acc.	den Baum	die Bäume	das Blatt	die Blätter	die Blume	die Blumen
Dat.	dem Baum	den Bäumen	dem Blatt	den Blättern	der Blume	den Blumen
Gen.	des Baum(e)s	der Bäume	des Blatt(e)s	der Blätter	der Blume	der Blumen

C. Weak Masculine Nouns

Weak masculine nouns have an **-n** or **-en** ending in all forms except the nominative singular. They are masculine nouns that end in an unstressed **-e** (e.g., **der Name, der Löwe**) or in one of the following suffixes:

Suffix	Nominative	Accusative, Dative, Genitive, Plural
-ant	Praktikant	Praktikanten
-arch	Monarch	Monarchen
-ast	Cineast	Cineasten
-ege	Kollege	Kollegen
-ent	Student	Studenten
-ist	Pianist	Pianisten
-oge	Pädagoge	Pädagogen
-oph	Apostroph	Apostrophen
-ot	Idiot	Idioten

Other weak masculine nouns include **Bauer, Christ, Graf, Held, Herr, Mensch, Nachbar, Narr, Oberst, Prinz.**

D. Noun Suffixes Indicating Noun Gender

Masculine

Suffix	Example
-ig	der König
-ling	der Säugling
-or	der Diktator
-us	der Zirkus

Neuter

Suffix	Example
-chen	das Märchen
-lein (*Dialect versions:* -erl, el, le, li)	das Büchlein
-ment	das Monument
-um	das Studium

Feminine

Suffix	Example
-anz	die Toleranz
-ei	die Bäckerei
-enz	die Ambivalenz
-ie	die Symphonie
-ik	die Grammatik
-ion	die Religion
-heit	die Klugheit
-keit	die Heiterkeit
-schaft	die Feindschaft
-tät	die Majestät
-ung	die Verteilung
-ur	die Kultur

E. Personal Pronouns

	Singular			Plural		
	1st person	**2nd person**	**3rd person**	**1st person**	**2nd person**	**3rd person**
Nom.	ich	du/Sie	er/es/sie	wir	ihr/Sie	sie
Acc.	mich	dich/Sie	ihn/es/sie	uns	euch/Sie	sie
Dat.	mir	dir/Ihnen	ihm/ihm/ihr	uns	euch/Ihnen	ihnen
Gen.	meiner	deiner/Ihrer	seiner/seiner/ihrer	unser	euer/Ihrer	ihrer

F. Interrogative Pronouns

Nom.	wer	was
Acc.	wen	was
Dat.	wem	
Gen.[1]	wessen	

[1]In modern German, genitive personal pronouns are rarely used. Dative personal pronouns are used instead.

G. Reflexive Pronouns

	Singular			Plural		
	1st person	**2nd person**	**3rd person**	**1st person**	**2nd person**	**3rd person**
Acc.	mich	dich/sich	sich	uns	euch/sich	sich
Dat.	mir	dir/sich	sich	uns	euch/sich	sich

H. Der-words

Der-word	English Equivalent
all	all
dies-	this/these
jed-	each, every
manch	many a/some
solch-	such
welch-	which

i. Possessive Adjectives and Pronouns

Personal Pronoun	Possessive Adjective	Possessive Pronoun Masculine/Neuter/Feminine/Plural
ich	mein	meiner/mein(e)s/meine/meine
du	dein	deiner/dein(e)s/deine/deine
er/es/sie	sein/sein/ihr	seiner/sein(e)s/seine/seine seiner/sein(e)s/seine/seine ihrer/ihres/ihre/ihre
wir	unser	unserer/unseres/unsere/unsere
ihr	euer	eu(e)rer/eu(e)res/eu(e)re/eu(e)re
sie	ihr	ihrer/ihres/ihre/ihre
Sie	Ihr	Ihrer/Ihres/Ihre/Ihre

J. Attributive Adjectives

		Masculine	Neuter	Feminine	Plural
Nom.	weak strong	der schön**e** Schmetterling schön**er** Schmetterling	das schön**e** Gras schön**es** Gras	die schön**e** Blume schön**e** Blume	die schön**en** Bäume schön**e** Bäume
Acc.	weak strong	den schön**en** Schmetterling schön**en** Schmetterling	das schön**e** Gras schön**es** Gras	die schön**e** Blume schön**e** Blume	die schön**en** Bäume schön**e** Bäume
Dat.	weak strong	dem schön**en** Schmetterling schön**em** Schmetterling	dem schön**en** Gras schön**em** Gras	der schön**en** Blume schön**er** Blume	den schön**en** Bäumen schön**en** Bäumen
Gen.	weak strong	des schön**en** Schmetterlings schön**en** Schmetterlings	des schön**en** Grases schön**en** Grases	der schön**en** Blume schön**er** Blume	der schön**en** Bäume schön**er** Bäume

Note: If an adjective is preceded by an ein-word that indicates gender, number, and case, the adjective takes a weak ending (e.g., **keinen schönen Schmetterling**). If it is preceded by an **ein-** word that doesn't give clear information about gender, number, and/or case, the adjective takes a strong ending (e.g., **ein schöner Schmetterling**).

K. Common Adjective + Preposition Combinations

Adjective + Preposition	Case	English Equivalent
abhängig von	D	dependent on
arm an	D	poor in
begeistert von	D	enthusiastic about
bereit zu	D	ready to
böse auf	A	angry at
fähig zu	D	able to
gespannt auf	A	in suspense about
gewöhnt an	A	accustomed to
interessiert an	D	interested in
neidisch auf	A	envious of
neugierig auf	A	curious about
reich an	D	rich in
stolz auf	A	proud of
überzeugt von	D	convinced of
verrückt auf (etwas/jemanden) verrückt nach (etwas/jemandem)	A D	crazy about (something/someone)

III. Common Prepositions and Their Cases

Case	Preposition	English Equivalent
Accusative	bis	until; to
	durch	through; by
	für	for
	gegen	against; towards
	ohne	without
	um	around; at
	wider	against; contrary to
Dative	aus	out of; from
	außer	out of; apart from; aside from
	bei	near; by; at; with
	entgegen	against
	entsprechend	according to
	gemäß	in accordance with
	mit	with
	nach	to; for; after; according to
	seit	since; for
	von	from; of; by
	zu	to; towards at
Accusative/Dative	an	at; to
	auf	on; in; at; onto
	hinter	behind; after
	in	in; at; into; to
	neben	next to; beside
	über	over; above; across; about; for
	unter	under; below; among; amongst
	vor	in front of; ahead of; before; ago
	zwischen	between; among; amongst
Genitive	abseits	away from
	abzüglich	less
	anlässlich	on the occasion of
	außerhalb	outside of
	betreffs/bezüglich	concerning
	diesseits	on this side of
	einschließlich	including
	innerhalb	within; inside

Case	Preposition	English Equivalent
Genitive (cont.)	jenseits	on the other side of; beyond
	laut	according to
	mangels	in the absence of
	oberhalb	above
	statt; anstatt	instead of
	trotz	in spite of; despite
	um ... willen	for the sake of
	unterhalb	below
	während	during; for
	wegen	because of

German-English Vocabulary

The German-English Vocabulary includes general active and passive vocabulary used in *Stationen*. Students should use a dictionary to supplement this vocabulary.

NOUNS Nouns are followed by their plural endings unless the plural is rare or nonexistent. In the case of **n**-nouns, the singular genitive ending is also given: **der Herr, -n, -en**. Nouns that require adjective endings appear with two endings: **der Angestellte (ein Angestellter)**.

Female forms of masculine nouns are usually not listed if only **-in** needs to be added: **der Apotheker**.

VERBS For regular weak verbs only the infinitive is listed. All irregular weak verbs and basic strong verbs are given with their principal parts: **bringen, brachte, gebracht; schreiben, schrieb, geschrieben.** Separable-prefix verbs are identified by a dot between the prefix and the verb: **mit·bringen**. Compound mixed and **n**-verbs are printed with an asterisk to indicate

that the principal parts can be found under the listing of the basic verb: **mit·bringen*, beschreiben***. When **sein** is used as the auxiliary of the perfect tenses, the form **ist** is given: **wandern (ist); kommen, kam, ist gekommen**.

ADJECTIVES AND ADVERBS Adjectives and adverbs that have an umlaut in the comparative and the superlative are identified by an umlauted vowel in parentheses: **arm (ä) = arm, ärmer, am ärmsten**.

Abbreviations

~	repetition of the key word	*conj.*	subordinate conjunction	*o.s.*	oneself
abbrev.	abbreviation	*dat.*	dative	*pl.*	plural
acc.	accusative	*fam.*	familiar	*refl. pron.*	reflexive pronoun
adj.	adjective	*gen.*	genitive	*rel. pron.*	relative pronoun
adv.	adverb	*inf.*	infinitive	*s.o.*	someone
coll.	colloquial	*lit.*	literally	*sg.*	singular
comp.	comparative	*nom.*	nominative	*s.th.*	something

A

ab- away, off

ab starting, as of

ab·bauen to reduce, cut back

ab·brechen* to break off; to interrupt, discontinue

die **Abbrecherquote, -n** dropout rate

ab·brennen* to burn down

der **Abend, -e** evening; (**Guten**) **~!** (Good) evening; **am ~** in the evening; **gestern ~** yesterday evening; **heute ~** this evening

das **Abendbrot** evening meal

das **Abendessen, -** supper, evening meal; **zum ~** for supper

abends in the evening, every evening

das **Abenteuer, -** adventure

aber but, however; flavoring particle expressing admiration

ab·drängen (von der Straße) to divert

ab·fahren* (von) to depart, leave (from)

die **Abfahrt, -en** departure; descent

der **Abfall, ̈-e** waste, garbage

ab·fliegen* (von) to take off, fly (from)

die **Abgase** (*pl.*) exhaust fumes

ab·geben* to give away, hand in

ab·haken to check off (a list)

abhängig (von) dependent (on)

die **Abhängigkeit** dependence

ab·holen to pick up, get (from somewhere)

das **Abitur, -e = Abi** (*coll.*) final comprehensive exam at the end of the "Gymnasium"

ab·laden* to dump

ab·laufen* to run

ab·lehnen to reject

die **Abmachung, -en** agreement

die **Abmeldung** report that one is leaving or moving

ab·nehmen* to take s.th. from, take away

abonnieren to subscribe

ab·reisen* to leave, depart

ab·reißen* to tear down, demolish

der **Abriss** demolition

abrücken (von + *dat.*) (ist) to move away from

der **Absatz, ̈-e** paragraph

ab·schaffen* to do away with, abolish

der **Abschied, -e** goodbye, parting; **Abschied nehmen** to say goodbye

ab·schließen, schloss ab, abgeschlossen* to conclude, finish, complete; **das Studium / die Ausbildung ~** to graduate, finish one's degree/education

der **Abschluss, ̈-e** degree, diploma, completion of course of study

die **Abschlussparty, -s** graduation party

die **Abschlussprüfung, -en** final exam

ab·schneiden* to cut off; to score (in a test or study); **Deutsche Touristen haben gut abgeschnitten.** German tourists scored high.

der **Absender, -** (*abbrev.* **Abs.**) return address

ab·setzen (von der Steuer) to write off (s.th.)

sich **ab·sichern** to secure one's livelihood

absichtlich intentional(ly)

absolut absolute(ly)

absolvieren to complete

ab·sperren to lock

die **Abstufung, -en** gradation

ab·wandern* to leave an area

sich **ab·wechseln** to take turns

die **Abwechslung, -en** distraction, variety

ach: Oh; ~ so! Oh, I see!; **~ was!** Oh, come on!

ächzen to moan

die **Achtung** respect; **~!** Watch out! Be careful!

der **ADAC = Allgemeiner Deutscher Automobil-Club** a German automobile association

ade (or **adé**) goodbye, farewell

addieren to add

das **Adjektiv, -e** adjective

der **Adler, -** eagle

die **Adresse, -n** address

das **Adverb, -ien** adverb

die **Aerobik** aerobics

ähnlich similar(ly); **Das sieht dir ~.** That's typical of you.

ahnen to suspect

die **Ahnung: (Ich habe) keine ~!** (I have) no idea.

der **Akademiker, -** (university) graduate

der **Akkusativ, -e** accusative

der **Akt, -e** act (play); nude (art)

das **Aktiv** active voice

die **Aktivität, -en** activity

aktuell up-to-date, current

der **Akzent, -e** accent (pronunciation)

akzeptieren to accept

all- all; **vor ~em** above all, mainly; **~e drei Jahre** every three years

allein alone

allerdings however

die **Allergie, -n** allergy

allergisch gegen allergic to

allerlei all sorts of

alles everything, all; **Das ist ~.** That's all.; **Alles in allem** all in all

allgemein general(ly); **im ~en** in general

allmählich gradual(ly)

der **Alltag** everyday life

alltäglich common, everyday

die **Alpen** (*pl.*) Alps

als as; (*conj.*) (at the time) when; (after *comp.*) than

also therefore, thus, so; in other words; well

alt (ä) old; **stein~** very old; **ur~** ancient

der **Alte (ein Alter)** old man; **die ~, -n, -n** old lady; **das ~** old things

das **Alter** age

die **Altstadt, ̈e** old part of town, old city center, historic district

(das) Amerika America

der **Amerikaner, -** American person

amerikanisch American

die **Ampel, -n** traffic light

das **Amt, ̈er** office

der **Amtsrichter, -** judge

an- to, up to

an (+ *acc./dat.*) to, at (the side of), on (vertical surface)

die **Analyse, -n** analysis

analysieren to analyze

an·bieten* to offer

der **Anbieter, -** supplier

die **Andacht, -en** (religious) service; devotion; meditation, prayer

ander- other; **~e** others; **der/die ~e** the other one; **die ~en** the others; **etwas (ganz) ~es** s.th. (quite) different

(sich) ändern to change; to alter

andererseits on the other hand

ändern to change

andernfalls otherwise

anders different(ly), in other ways

an·deuten to hint at s.th.

anerkannt recognized, accredited

an·erkennen* to recognize; to acknowledge

die **Anerkennung, -en** recognition; **Anerkennung zollen** to give respect to s.o.

der **Anfall, ̈e** momentary desire

der **Anfang, ̈e** beginning, start; **am ~** in the beginning; **~ der Woche** (at the) beginning of the week

an·fangen* to begin, start

der **Anfänger, -** beginner

die **Angabe, -n** information

angeblich supposedly

das **Angebot, -e** offering, offer

(jemanden etwas) an·gehen to concern s.o.

die **Angelegenheit, -en** issue, concern, matter

angepasst geared to, adjusted to

angeschlagen posted

der **Angestellte (ein Angestellter) / die Angestellte, -n, -n** employee, clerk

angewiesen sein* auf (+ *acc.*) to be dependent on

die **Anglistik** English studies

der **Angriff, -e** attack; raid

die **Angst, ̈e** fear, anxiety; **~ bekommen*** to become afraid, get scared; **~ haben*** (**vor** + dat.) to fear, be afraid (of)

angstfrei without fear

an·halten* to continue

der **Anhang, ̈e** appendix

anhänglich devoted, attached

sich **an·hören** to listen to; **Hör dir das an!** Listen to that.

an·kommen* (**in** + *dat.*) to arrive (in); **Das kommt darauf an.** That depends.

an·kreuzen to mark with an X

die **Ankunft, ̈e** arrival

an·machen to turn on (a radio, etc.)

die **Anmeldung, -en** reception desk; registration

die **Annahme, -n** hypothetical statement or question; supposition

an·nehmen* to accept; to suppose

der **Anorak, -s** parka

anpassungsfähig adaptable

die **Anrede, -n** address, form of address; **~form** form of address

an·reden to address

an·richten to do (damage)

der **Anruf, -e** (phone) call

der **Anrufbeantworter, -** answering machine

an·rufen* to call up, phone

an·sagen to announce

sich **an·schauen** to look at; to watch

an·schlagen* to post

sich **an·schließen*** to join a group

der **Anschluss, ̈e** connection

die **Anschrift, -en** address

(sich) an·sehen* to look at; to watch

die **Ansicht, -en** opinion, attitude; view

die **Ansichtskarte, -n** (picture) postcard

an·siedeln to settle, colonize

an·sprechen* to address, speak to (s.o.)

anständig decent

(an)statt (+ *gen.*) instead of

ansteckend contagious

anstrengend strenuous

der **Anteil, -e** share; proportion; **Anteil nehmen** (**an** + *dat.*) to participate

der **Antrag, ⁼e** application

die **Antwort, -en** answer

antworten to answer

an·wachsen* to increase

der **Anwalt, ⁼e / die Anwältin, -nen** lawyer

die **Anweisung, -en** order

die **Anwesenheitskontrolle, -n** attendance list

die **Anzahl, -en** number, amount

die **Anzeige, -n** ad

(sich) an·ziehen* to put on (clothing), get dressed

der **Anzug, ⁼e** mens suit

an·zünden to light

der **Apfel, ⁼** apple

der **Apfelstrudel, -** apple strudel

die **Apotheke, -n** pharmacy

der **Apotheker, -** pharmacist

appellieren to appeal

der **Appetit** appetite; **Guten ~!** Enjoy your meal.

appetitlich appetizing, delicious

die **Aprikose, -n** apricot

der **April** April; **im ~** in April

das **Äquivalent, -e** equivalent

die **Arbeit, -en** work

arbeiten to work

der **Arbeiter, -** (blue-collar) worker; **Vor~** foreman

das **Arbeiterviertel, -** workingclass neighborhood

der **Arbeitgeber, -** employer

der **Arbeitnehmer, -** employee

arbeitsam hard-working

das **Arbeitsamt, die Arbeitsämter** employment office

das **Arbeitsangebot, -e** labor market, job offerings

das **Arbeitsbuch, ⁼er** workbook

die **Arbeitserlaubnis, -se** work permit

das **Arbeitsheft, -e** workbook

das **Arbeitsklima** work climate

die **Arbeitskraft, ⁼e** worker

das **Arbeitsleben** work life, career

die **Arbeitsleistung, -en** output; performance

arbeitslos unemployed

der **Arbeitslose (ein Arbeitsloser) / die Arbeitslose, -n, -n** unemployed person

die **Arbeitslosigkeit** unemployment

der **Arbeitsmarkt, ⁼e** job market

der **Arbeitsplatz, ⁼e** job; work place, place of employment

das **Arbeitszimmer, -** study

die **Archäologie** archaeology

der **Architekt, -en, -en** architect

die **Architektur** architecture

das **Archiv, -e** archive

ärgerlich annoying

sich **ärgern über** (+ *acc.*) to get annoyed/upset about; **Das ärgert mich.** That makes me angry/mad.

arm (ä) poor

der **Arm, -e** arm

die **Armbanduhr, -en** wristwatch

die **Armee, -n** army, military

die **Armut** poverty

arrogant arrogant

die **Art, -en (von)** kind, type (of)

-artig

der **Artikel, - (von)** article (of)

der **Arzt, ⁼e / die Ärztin, -nen** physician, doctor

die **Asche** ashes

assoziieren to associate

ästhetisch aesthetic

die **Astronomie** astronomy

der **Asylant, -en, -en** asylum seeker

der **Atem** breath

atmen to breathe

die **Atmosphäre, -n** atmosphere

die **Attraktion, -en** attraction

attraktiv attractive

auch also, too; **ich ~** me too

auf (+ *acc./dat.*) on (top of); open; **(lange) ~ sein, war (lange) ~, ist (lange) ~ gewesen** to be up, stay up (a long time, late)

auf- up, open

auf·atmen to breathe a sigh of relief

auf·bauen to build, construct, put up; **wieder ~** to rebuild

aufeinander treffen* (**ist**) to come together

der **Aufenthalt, -e** stay, stopover; **Auslands~** stay abroad

die **Aufenthaltserlaubnis, -se** residence permit

auf·essen* to eat up

auffällig striking, obvious

auf·fassen to consider (to be)

auf·fordern to ask, to order

auf·führen to perform

die **Aufführung, -en** performance

die **Aufgabe, -n** assignment; task, challenge

auf·geben* to give up

aufgeregt excited

aufgeschlossen open, accepting (of new or different things)

die **Aufgeschlossenheit** openness

aufgespalten fragmented

auf·halten* to hold open; to stay

auf·heben to rescind, nullify

auf·hören (**zu** + *inf.*) to stop (doing s.th.)

die **Aufklärung** enlightenment

der **Aufkleber, -** sticker

die **Auflage, -n** edition

sich **auf·lockern** to open up

sich **auf·lösen** to dissolve, disintegrate

auf·machen to open

die **Aufmerksamkeit** attention

die **Aufnahme** audio recording; photograph; acceptance; reception; **das ~gerät, -e** recording equipment

auf·nehmen* to take (a picture)

auf·passen to pay attention, watch out

auf·räumen to clean up

das **Aufräumen** cleanup

aufregend exciting

aufrichtig honest

der **Aufsatz, ⁼e** essay, composition, paper

der **Aufschnitt** (*sg.*) assorted meats, cheeses, cold cuts

auf·schreiben* to write down

Aufsehen machen to attract interest, show off

auf sein* to be/stay up; **lange auf sein** to be/stay up late

auf·stehen* to get up

auf·stellen to put up, set up

der **Auftritt, -e** performance

auf·wachen (ist) to wake up

auf·wachsen* to grow up

der **Aufzug, ⁼e** elevator

das **Auge, -n** eye

der **Augenblick, -e** moment; (**Einen**) **~!** Just a minute!

der **August** August; **im ~** in August

aus (+ *dat.*)   out of, from (a place of origin); **~ sein*** to be over; **Ich bin ~** . . . I'm from . . .

aus-   out, out of

aus·arbeiten   to work out

aus·(be)zahlen   to pay out

aus·bilden   to train, educate

die Ausbildung, -en   training, education

aus·bleiben*   to not come, not happen

die Ausdauer   stamina

der Ausdruck, ⸚e   expression; **das ~smittel, -** means of expression

sich auseinander entwickeln   to develop apart

sich (mit etwas) auseinander·setzen   to confront (s.th.)

die Auseinandersetzung, -en   confrontation

die Ausfuhr   export

aus·füllen   to fill out

die Ausgabe, -n   expenditure

der Ausgang, ⸚e   exit

der Ausgangspunkt, -e   starting point

aus·geben*   to spend (money)

aus·bilden   to train, educate

ausgebildet (als)   trained (as); **gut ~** well-trained

ausgebucht   booked, sold out

aus·gehen*   to go out

ausgezeichnet   excellent

aus·halten*   to bear, endure (s.th.); **Ich halt(e) es nicht mehr aus.** I can't take it anymore.

aus·helfen*   to help out

sich aus·kennen*   to know a lot about

aus·klammern   to exclude

die Aushilfskraft, ⸚e   temporary help

das Ausland   foreign country; **im/ins ~** abroad

der Ausländer, -   foreigner; **~hass** xenophobia

ausländisch   foreign

der Auslandsaufenthalt, -e   stay abroad

das Auslandsprogramm, -e   foreign-study program

der Ausläufer, -   sporadic shock (weather)

aus·leihen*   to loan, lend out

aus·lesen*   to pick out

aus·machen   to turn off (a radio, etc.); to characterize

die Ausnahme, -n   exception

aus·nutzen   to take advantage of

aus·packen   to unpack

die Ausrede, -n   excuse

ausreichend   sufficient; approx. grade D

aus·richten   to tell; **Kann ich etwas ~?** Can I take a message?

das Ausrufungszeichen, -   exclamation mark

die Aussage, -n   statement

aus·schalten   to turn off

aus·schlachten   to exploit

aus·sehen* (wie + *nom.*)   to look (like)

das Aussehen   looks, appearance

der Außenbezirk, -e   suburb

außer (+ *dat.*)   besides, except for

äußer-   outer

das Äußere   appearance

außerdem (*adv.*)   besides

außerhalb (+ *gen.*)   outside (of)

außerordentlich   extraordinary

die Aussicht, -en (auf + *acc.*)   prospect (for); view (of)

die Aussichtsplattform, -en   observation deck

der Aussiedler, -   emigrant; ethnic immigrant

die Aussprache   pronunciation

aus·steigen*   to get off

aus·stellen   to issue; to exhibit

die Ausstellung, -en   exhibition, (art) show

aus·sterben*   to become extinct

der Austausch   exchange; **das ~programm, -e** exchange program

aus·tauschen   to exchange

(jemandem etwas) aus·treiben*   to cure s.o. of s.th.

aus·treten*   to leave (a club or association), cancel membership

der Austritt, -e   leaving

ausverkauft   sold out

die Auswahl (an + *dat.*)   choice, selection (of)

der Auswanderer, -   emigrant

aus·wandern*   to emigrate

der Ausweis, -e   ID, identification

auswendig   by heart

aus·werten   to evaluate, assess

sich aus·wirken (auf + *acc.*)   to affect

aus·zahlen   to pay out

aus·zeichnen   to award

die Auszeichnung, -en   award

(sich) aus·ziehen*   to take off (clothing); to get undressed

der Auszubildende (ein Auszubildender) / die Auszubildende, -n, -n = Azubi, -s (*coll.*)   trainee

die Authentizität   authenticity

authentisch   authentic

das Auto, -s   car

die Autobahn, -en   freeway

autofrei   free of cars

der Automat, -en, -en   machine

automatisiert   automated

der Autor, -en   author

autoritätsgläubig   believing in authority

 B

backen (bäckt), backte, gebacken   to bake

der Bäcker, -   baker

die Bäckerei, -en   bakery

das Bad, ⸚er   bath(room)

die Badeanstalt, -en   public pool or spa

der Badeanzug, ⸚e   swimsuit

die Badehose, -n   swimming trunks

baden   to bathe, swim; **sich ~** to take a bath

die Badewanne, -n   bathtub

das Badezimmer, -   bathroom

die Bahn, -en   railway, train; **~übergang, ⸚e** railroad crossing

der Bahnhof, ⸚e   train station

der Bahnsteig, -e   platform

die Bahre, -n   stretcher

bald   soon; **Bis ~!** See you soon!; **so~** (*conj.*) as soon as

baldig   soon-to-come

der Balkon, -s/-e   balcony

der Ball, ⸚e   ball, dance

sich ballen   to ball up

der Ballsaal (*pl.* **Ballsäle**)   ballroom

die Bank, -en   bank

die Bank, ⸚e   bench; **durch die ~** across the board

das Bankgeheimnis   law that protects financial and personal information of bank customers

der Bann   ban

die Bar, -s   bar, pub

der Bär, -en, -en   bear

barfuß   barefoot

das Bargeld   cash

der Bart, ⸚e   beard

der **Bau** (*no pl.*) construction
der **Bau, -ten** building
der **Bauch, ̈e** stomach, belly
das **Baudenkmal, ̈er** architectural monument
bauen to build, construct; **~ lassen*** to have (s.th.) built
der **Bauer, -n, -n** farmer
der **Bauernhof, ̈e** farm
das **Baugesetz, -e** building code
der **Bauingenieur, -e** structural engineer
das **Bauland** building lots
der **Baum, ̈e** tree
die **Baumwolle** cotton
die **Baustelle, -n** construction site
der **Baustoff, -e** building material
der **Bauunternehmer, -** entrepreneur in the construction industry
der **Bayer, -n, -n** Bavarian person
(das) **Bayern** Bavaria (in southeast Germany)
bay(e)risch Bavarian
der **Beamte (ein Beamter) / die Beamtin, -nen** civil servant
beängstigend frightening(ly)
beantworten to answer
der **Bedarf** (**an** + *dat.*) need (for), demand
die **Bedenken** (*pl.*) doubts
das **Bedürfnis** need, desire
bedeuten to mean, signify
bedeutend important, meaningful
die **Bedeutung, -en** meaning; significance, importance
bedienen to take care of, serve
die **Bedienung, -en** server, waiter/waitress; service; service charge; **~!** Waiter!/ Waitress!
bedingt related to, caused by
bedroht threatened; **sich ~ fühlen** to feel threatened
sich **beeilen** to hurry
beeindrucken to impress
beeinflussen to influence
beenden to finish, complete
der **Befehl, -e** instruction, request, command
befehlen (befiehlt), befahl, befohlen to order, command
die **Befreiung** liberation
befriedigend satisfactory; approx. grade C
befürchten to fear
die **Begabung, -en** talent

begegnen (ist) to encounter, meet s.o.
begehrlich desiring
begehrt desired
begeistert excited(ly), enthusiastic(ally)
die **Begeisterung** excitement, rapture
der **Beginn** beginning; **zu ~** in the beginning
beginnen, begann, begonnen to begin
begleiten to accompany, come with s.o.
der **Begleiter, -** companion
die **Begleitung** accompaniment
begraben (begräbt) begrub, begraben to bury
begreifen* to understand, comprehend, grasp
begrenzt limited
die **Begrenzung, -en** limit(ation), restriction
begrüßen to greet, welcome
die **Begrüßung, -en** greeting; **zur ~** as a greeting
behalten* to keep; **bei·~** to retain; **etwas für sich ~** to keep s.th. to oneself; **Das solltest du für dich ~.** You'd better keep that to yourself.
der **Behälter, -** container
behandeln (wie) to treat (like)
die **Behandlung, -en** treatment
beherrschen to dominate, rule
bei (+ *dat.*) at, near, at the home of
beide both
der **Beifall** applause; **mit ~ quittieren** to reward with applause
beige beige
bei·legen to enclose
das **Bein, -e** leg; **auf den ~en** on the go
das **Beispiel, -e** example; **zum ~ (z. B.)** for example (e.g.,)
der **Beitrag, ̈e** contribution
betrachten to look at, to examine
bei·tragen* (zu) to contribute (to)
bei·treten* to join
bekämpfen to combat
bekannt well-known; **Das kommt mir ~ vor.** That seems familiar to me.
der **Bekannte (ein Bekannter) / die Bekannte, -n, -n** acquaintance

bekennen* to reveal; to confess
das **Bekenntnis, -se** loyalty
bekommen* (hat) to get, receive
bekümmert sad
(etwas) **bekunden** to express
belasten to burden; pollute
belästigen to bother
belegen to sign up for, enroll in; take (a course)
die **Beleidigung, -en** offense, insult
belgisch Belgian
beliebt popular
belohnen to reward
die **Belohnung, -en** reward
belügen (belügt), belog, belogen to lie, prevaricate
belustigt amused
bemerken to notice
sich **bemühen** to try (hard)
das **Benehmen** manners
(jemanden um etwas) **beneiden** to envy
benennen* nach to name after
benutzen to use
das **Benzin** gas(oline)
beobachten to watch, observe (s.th., s.o.)
die **Beobachtung, -en** observation
bequem comfortable, convenient
der **Berater, -** counselor, adviser, consultant
die **Beratung, -en** counseling
berauben to rob
der **Bereich, -e** area, field
die **Bereicherung** positive aspect, asset
die **Bereitschaft** willingness
der **Berg, -e** mountain, hill
bergab downhill
bergauf uphill
die **Bergbahn, -en** mountain train
der **Bergbauer, -n** Alpine dairy farmer
bergsteigen gehen* to go mountain climbing
die **Bergtour, -en** mountain hike
der **Bericht, -e** report
berichten to report
der **Beruf, -e** profession
beruflich professional(ly); **~ engagiert** professionally active
das **Berufsleben** professional life
die **Berufsschule, -n** vocational school

der **Berufstätige (ein Berufs-tätiger) /** die **Berufstätige, -n, -n** someone working in a profession; employee
die **Berufswahl** choice of profession
beruhigend calming
berüchtigt infamous
berühmt famous
beschädigt damaged
sich **beschäftigen** (**mit** + *dat.*) to be concerned with
die **Beschäftigung** activity; occupation
beschämend embarrassing
bescheinigen to verify, document
beschließen* to decide, make a decision
der **Beschluss, ̈e** decision
beschönigen to gloss over
beschreiben* to describe
die **Beschreibung, -en** description
beschriftet labeled
beschuldigen to accuse
besetzen to fill, occupy
besetzt occupied, taken
besichtigen to visit, look at (an attraction, a monument), tour
der **Besitz** property, possession
besitzen* to own
der **Besitzer, -** owner
besonders especially; **nichts Besonderes** nothing special
die **Besonnenheit** levelheadedness
besprechen* to discuss, talk about
besser better
die **Besserung** improvement; **Gute ~!** Get well soon.
best- best; **am ~en** best
bestätigen to confirm
bestechen to bribe
die **Bestechung** bribery
bestehen* to pass (an exam); **~ auf** (+ *dat.*) to insist on; **~ aus** (+ *dat.*) to consist of; **es besteht** there is
besteigen* to climb on
bestellen to order
die **Bestellung, -en** order
bestimmen to determine, characterize
bestimmt surely, for sure, certain(ly)
bestreiten to deny
der **Besuch, -e** visit; visitor(s)
besuchen to visit; attend

der **Besucher, -** visitor
beten to pray
der **Beton** concrete
betonen to stress, emphasize
betreffen* to concern
betreten* to enter, step on
der **Betrieb, -e** workplace, factory
der **Betriebswirt, -e** graduate in business management
die **Betriebswirtschaft** business administration
betroffen touched, moved
betrügen, betrog, hat betrogen to betray
das **Bett, -en** bed; **ins ~** to bed
sich **beugen über** (+ *acc.*) to bend over
beunruhigend disturbing
die **Bevölkerung, -en** population
bevor (*conj.*) before
bewachen to guard, watch over
bewältigen to overcome, cope with; finish
sich **bewegen** to move
die **Bewegung, -en** movement
der **Beweis, -e** proof
beweisen to prove
sich **bewerben** (**um** + *acc.*) to apply (for)
die **Bewerbung, -en** (**um** + *acc.*) application (for)
bewerten to rate, judge, consider (as)
die **Bewertung, -en** evaluation, grading
die **Bewirtung** service
der **Bewohner, -** inhabitant; resident
bewölkt cloudy
bewundern to admire
die **Bewunderung** admiraton
bewusst conscious(ly)
das **Bewusstsein** consciousness
bezahlen to pay (for)
bezeichnen to call, refer to as, name
sich **beziehen* auf** (+ *acc.*) to refer to
die **Beziehung, -en** relationship
der **Bezirk, -e** district
die **Bibliothek, -en** library
die **Biene, -n** bee
das **Bier, -e** beer; **~ vom Fass** draught beer
der **Biergarten, ̈** beer garden
der **Bierkrug, ̈e** stein
das **Bierzelt, -e** beer tent
bieten, bot, geboten to offer

der **Bikini, -s** bikini
die **Bilanz, -en: eine ~ auf·stellen** to make an evaluation
das **Bild, -er** picture
bilden to form; **~ Sie einen Satz!** Make/Form a sentence.
die **Bildung** education
das **Billard** billiards
billig cheap(ly), inexpensive(ly)
binden, band, gebunden to bind
die **Biochemie** biochemistry
der **Biochemiker, -** biochemist
Biographisches biographical data
der **Bio-Laden, ̈** health-food store
der **Biologe, -n, -n /** die **Biologin, -nen** biologist
die **Biologie** biology
die **Birne, -n** pear
bis to, until; **~ bald!** See you soon!; **~ gleich!** See you in a few minutes; **~ später!** See you later! So long!
bisher until now
bisherig previous
bisschen: ein ~ some, a little bit (of)
bitte please; **~! / ~ bitte!** You're welcome.; **~ schön!** You're welcome.; **~ schön?** May I help you?; **Hier ~!** Here you are.; **Wie ~?** What did you say? Could you say that again?
die **Bitte, -n** request
bitten, bat, gebeten (**um**) to ask (for), request; **um Verzeihung ~** to ask for forgiveness
das **Blatt, ̈er** leaf; sheet
blättern (in einer Zeitschrift) to leaf through (a magazine); **von der Wand ~** to flake off the wall
blau blue
das **Blei** lead
bleiben, blieb, ist geblieben to stay, remain
der **Bleistift, -e** pencil
der **Blick (in/auf + acc.)** view (of); glance at
der **Blickpunkt, -e** focus
blind blind
der **Blitz, -e** flash of lightning
blitzen to sparkle; **es blitzt** there's lightning
der **Block, ̈e** block
die **Blockade, -n** blockade
die **Blockflöte, -n** recorder (musical instrument)
blockieren to block

der **Blödsinn** nonsense; **So ein ~!** What nonsense!

blond blond

bloß only

blühen to flourish; to bloom

die **Blume, -n** flower

der **Blumenstrauß, ⸚e** bunch of flowers

die **Bluse, -n** blouse

der **Boden** ground, floor

der **Bogen, ⸚** bow; arch

die **Bohne, -n** bean

das **Bollwerk, -e** bastion

der **Bomber, -** bomber

der **Bootssteg, -e** dock

borgen to borrow

borniert narrow-minded

die **Börse, -n** stock market, stock exchange

der **Börsenmakler, -** stockbroker

böse angry, mad, upset; **~ sein auf** (+ *acc.*) to be mad at

die **Branche, -n** branch; business sector

die **Bratwurst, ⸚e** fried sausage

der **Brauch, ⸚e** custom

brauchen to need

brauen to brew

die **Brauerei, -en** brewery

die **Braut, ⸚e** bride

der **Bräutigam, -e** bridegroom

die **BRD (Bundesrepublik Deutschland)** FRG (Federal Republic of Germany)

brechen (bricht), brach, -gebrochen to break

breit broad, wide

die **Breite, -n** latitude

die **Brezel, -n** pretzel

der **Brief, -e** letter

der **Briefkasten, ⸚** mailbox

brieflich by letter

die **Briefmarke, -n** stamp

der **Briefsortierer, -** mail sorter

der **Briefträger, -** mailman

die **Brille, -n** glasses

bringen, brachte, gebracht to bring

die **Broschüre, -n** brochure

das **Brot, -e** bread

das **Brötchen, -** roll; **belegte ~** sandwich

die **Brücke, -n** bridge

der **Bruder, ⸚** brother

brüllen to scream

brummig grouchy

der **Brunnen, -** fountain

die **Brust, ⸚e** chest, breast

das **Buch, ⸚er** book; **Arbeits~** workbook

der **Buchdruck** book printing

buchen to book

die **Buchführung** bookkeeping

der **Buchhalter, -** bookkeeper

der **Buchhandel** book trade

der **Buchhändler, -** book trader, book retailer

die **Buchhandlung, -en** bookstore

die **Buchmesse, -n** book fair

die **Bude, -n** booth, stand; **Schieß~** shooting gallery

das **Büfett, -s** dining room cabinet; buffet

das **Bügeleisen, -** (clothing) iron

bügeln to iron

die **Bühne, -n** stage; **auf der ~** on stage

der **Bummel** stroll

bummeln (ist) to stroll

der **Bund, ⸚e** confederation; federal government; **einen Bund schließen** to form a federation

die **Bundesbank** central bank

der **Bundesbruder, ⸚** fraternity brother

der **Bundesbürger, -** citizen of the Federal Republic

die **Bundesfeier, -n** Swiss national holiday

die **Bundeshauptstadt, ⸚e** federal capital (city)

das **Bundesland, ⸚er** federal state

die **Bundesregierung** federal government

die **Bundesrepublik Deutschland (BRD)** Federal Republic of Germany (FRG); West Germany

der **Bundesstaat, -en** federal state

der **Bundestag** German federal parliament

bundesweit national

bunt colorful; multi-colored

die **Burg, -en** castle, fortress

der **Bürger, -** citizen

die **Bürgerinitiative, -n** interest group

bürgerlich bourgeois, middle-class

der **Bürgersteig, -e** sidewalk

das **Bürgertum** citizenry

das **Büro, -s** office

die **Bürokratie** bureaucracy, red tape

die **Burschenschaft, -en** fraternity

die **Bürste, -n** brush

der **Bus, -se** bus; **mit dem ~ fahren*** to take the bus

der **Busbahnhof, ⸚e** bus-depot

der **Busch, ⸚e** bush

die **Butter** butter

C

das **Café, -s** café

campen to camp; **~ gehen*** to go camping

der **Campingplatz, ⸚e** campground

die **CD, -s** CD, compact disc

CH = Confoederatio Helvetica Helvetic Confederation (Switzerland)

das **Chaos** chaos

chaotisch chaotic

die **Charakterisierung, -en** characterization

charakteristisch characteristic

charmant charming

der **Charme** charm

der **Chauffeur, -e** chauffeur

der **Chef, -s** (or **-en**) boss, supervisor

die **Chemie** chemistry

die **Chemikalie, -n** chemical

chemisch chemical(ly)

der **Chinese, -n, -n / die Chinesin, -nen** Chinese person

chinesisch Chinese

der **Chor, ⸚e** choir

chronologisch chronological

der **Clown, -s** clown

die **Cola** cola drink, soft drink

das **College, -s** college

der **Computer, -** computer; **~künstler, -** graphic designer

computerisiert computerized

der **Container, -** container

der **Cousin, -s / die Cousine, -n** cousin

cremig creamy, smooth

D

da there; **~ drüben** over there

dabei along; there; yet; **~ haben*** to have with o.s.; **~ sein*** to be there; to participate

das **Dach, ⸚er** roof

dagegen against it; **Hast du etwas ~, wenn . . . ?** Do you mind if . . . ?

daheim at home

daher therefore, hence; from there

dahin: bis ~ until then; **Das steht noch ~.** This is not clear yet.

das **Da-Kompositum, Komposita** da-compound

damalig (adj.) then

damals then, in those days

die **Dame, -n** lady; **Sehr geehrte ~n und Herren!** Ladies and gentlemen!

der **Dampf, ̈e** steam; smog

das **Dampfbad, ̈er** steam bath

danach later, after that

der **Dank: Gott sei ~!** Thank God!; **Vielen / Herzlichen ~!** Thank you very much.

dankbar grateful, thankful

danke thank you; **~ schön!** Thank you very much; **~ gleichfalls!** Thanks, the same to you.

danken (+ dat.) to thank; **Nichts zu ~!** You're welcome. My pleasure.

dann then

dar·stellen to portray

der **Darsteller, -** actor

darum therefore; **eben ~** that's why

das that

dass (conj.) that; **so~** (conj.) so that

der **Dativ, -e** dative

das **Datum, Daten** (calendar) date; **Welches ~ ist heute?** What date is today?

die **Dauer** length, duration

dauern to last (duration); **Wie lange dauert das?** How long does that take?

der **Daumen, -** thumb

dazu: dazu gehören to belong with

die **DDR (Deutsche Demokratische Republik)** (former) German Democratic Republic (GDR); East Germany

die **Decke, -n** blanket; tablecloth

definieren to define

dein (sg. fam.) your

die **Dekoration, -en** decoration

dekorieren to decorate

demnächst before long

der **Demokrat, -en, -en** democrat

die **Demokratie** democracy

demokratisch democratic

der **Demonstrant, -en, -en** demonstrator

die **Demonstration, -en** demonstration

demonstrieren to demonstrate; to demonstrate in protest

denken, dachte, gedacht to think; **~ an** (+ acc.) to think of/ about

der **Denker, -** thinker

das **Denkmal, ̈er** monument

denn because, for; flavoring particle expressing curiosity, interest

die **Depression, -en** (mental) depression

derb coarse

deshalb therefore

deskriptiv descriptive

deswegen therefore

deutsch German

(das) **Deutsch: auf ~** in German; **Hoch~** (standard) High German; **Platt~** Low German (northern German dialect); **Sprechen Sie ~?** Do you speak German?

der **Deutsche (ein Deutscher) / die Deutsche, -n, -n** German person

die **Deutsche Demokratische Republik (DDR)** German Democratic Republic (GDR)

(das) **Deutschland** Germany

deutschsprachig German-speaking

d. h. (das heißt) that is, (i.e.,)

das **Dia, -s** slide (photograph)

der **Dialekt, -e** dialect

der **Dichter, -** writer, poet

dick thick, fat; **~ machen** to be fattening

die **Diele, -n** foyer

dienen to serve

der **Diener, -** servant

der **Dienst, -e** service; **öffentliche ~** civil service

der **Dienstag** Tuesday; **am ~** on Tuesday

der **Dienstleistungssektor, -en** service industry

dies- this, these

diesmal this time

diffamieren to defame

das **Diktat, -e** dictation

die **Dimension, -en** dimension

das **Ding, -e** thing

das **Diplom, -e** diploma (e.g., in natural and social sciences, engineering), M.A

der **Diplomat, -en, -en** diplomat

direkt direct(ly)

der **Direktor, -en, -en** (school) principal, manager

der **Dirigent, -en, -en** (orchestra) conductor

dirigieren to conduct (an orchestra)

die **Diskothek, -en = Disko, -s** discotheque

die **Diskussion, -en** discussion, die **~sveranstaltung, -en** discussion event

diskutieren to discuss

sich **distanzieren** to keep apart

die **Disziplin** discipline

die **DM = Deutsche Mark = D-Mark** or **Mark** German currency before the Euro

doch yes (I do), indeed, sure; yet, however, but; on the contrary; flavoring particle expressing concern, impatience, assurance

der **Dokumentarfilm, -e** documentary

der **Dollar, -(s)** dollar

der **Dolmetscher, -** interpreter

der **Dom, -e** cathedral

dominieren to dominate

donnern to thunder; **es donnert** it's thundering

donnernd rumbling

der **Donnerstag** Thursday; **am ~** on Thursday

donnerstags on Thursdays

der **Doppelpunkt, -e** colon (punctuation)

doppelt double

das **Doppelzimmer, -** double room

das **Dorf, ̈er** village

dörflich pastoral, villagelike

dort (over) there

dorthin to there

die **Dose, -n** can; **~npfand** desposit on a can

der **Drachenflieger, -** hangglider

dran at it; **Jetzt sind Sie ~!** Now it's your turn.

draußen outside, outdoors; **hier ~** out here; **weit ~** far out

drehen to turn; **einen Film** to make a movie; **sich** to turn; **sich ~ um** to revolve around

dringen (in + acc.) to reach

das **Drittel, -** third

drittgrößte third largest

die **Droge, -n** drug

die **Drogerie, -n** drugstore

drohen to threaten

der **Druck** pressure; printout

duften to smell good

dulden to tolerate

dumm (ü) stupid, silly; **Das ist (wirklich) zu ~.** That's (really) too bad.

die Dummheit, -en stupidity

der Dummkopf, ⸚e dummy, dunce, stupid person

die Düne, -n dune

das Düngemittel, - fertilizer

dunkel dark; **~haarig** dark-haired; **im Dunkeln** in the dark(ness)

die Dunkelheit darkness

dünn thin, skinny

durch (+ *acc.*) through; **mitten~** right through; by (agent)

durchbrechen* to break through, penetrate

der Durchbruch breakthrough

durchdacht thought through, well-planned

durcheinander mixed up, confused

durch·fallen* to flunk (an exam)

durch·schneiden* to cut through

der Durchschnitt average; **im ~** on the average; **der ~smensch** average person

dürfen (darf), durfte, gedurft to be allowed to, may; **Was darf's sein?** May I help you?

der Durst thirst; **Ich habe ~.** I'm thirsty.

die Dusche, -n shower

(sich) duschen to take a shower

das Duschgel shower gel

der Duschvorhang, ⸚e shower curtain

das Dutzend, -e dozen

duzen to address (s.o.) with "du"; **sich duzen** to call each other "du"

die DVD, -s DVD

die Dynamik dynamics

dynamisch dynamic

E

die Ebbe ebb tide, low tide

eben after all, just (flavoring particle); **mal ~** just for a minute

die Ebene, -n plain, level

ebenfalls also, likewise

ebenso just as, just the same

der EC, -s EuroCity (train)

echt real, authentic, genuine; **~?** Really?; **un~** fake

die Ecke, -n corner; **um die ~** around the corner

der Effekt, -e effect

egal the same; **Das ist doch ~.** That doesn't matter.; **~ wie/wo** no matter how/where; **Es ist mir ~.** It's all the same to me. I don't care.

die Ehe, -n marriage

ehemalig former

das Ehepaar, -e married couple

eher rather

die Ehre, -n honor

ehrgeizig ambitious

ehrgeizlos without ambition

ehrlich honest

die Ehrlichkeit honesty

das Ei, -er egg; **ein gekochtes ~** boiled egg; **Rühr~** scrambled egg; **Spiegel~** fried egg; **verlorene ~er** poached eggs

die Eidgenossenschaft Swiss Confederation

das Eigelb egg yolk

eigen- own

die Eigenschaft, -en characteristic

eigentlich actual(ly); **~ schon** actually, yes

der Eigentümer, - owner

die Eigentumswohnung, -en condo(minium)

eilen (ist) to hurry

eilig hurried; **es ~ haben*** to be in a hurry

ein a, an; **die ~en** the ones

einander each other, one another

die Einbahnstraße, -n one-way street

der Einbau installation

sich ein·bilden to have the impression

der Einblick, -e insight

die Einbürgerung naturalization (of citizens)

der Eindruck, ⸚e impression; **erste Eindrücke** first impressions

eine(r) von Ihnen one of you

einerlei: Das ist nun ~. That doesn't matter anymore; **Es ist mir ~.** I don't care.

einerseits . . . andererseits on the one hand . . . on the other hand

einfach simple, simply

ein·fangen to trap

die Einfahrt, -en driveway; **Keine ~!** Do not enter.

einfarbig all one color

der Einfluss, ⸚e influence

die Einfuhr import

ein·führen to introduce

die Einführung, -en introduction

der Eingang, ⸚e entrance

eingebildet conceited

ein·gehen (auf + acc.) to agree to

ein·greifen, griff ein, eingegriffen to intercept

der/die Einheimische, -n (ein Einheimischer) local person

einheitlich uniform(ly)

einig- (*pl. only*) some, a few; **so ~es** all sorts of things

einigen to unite; **sich ~ (auf + acc.)** to agree (on)

die Einigkeit unity

ein·kaufen to shop; **~ gehen*** to go shopping

die Einkaufsliste, -n shopping list

die Einkaufstasche, -n shopping bag

das Einkaufszentrum, -zentren shopping center

das Einkommen, - income

ein·laden (lädt ein), lud ein, eingeladen (zu) to invite (to)

die Einladung, -en invitation

sich ein·leben to settle down

ein·lösen to cash (in); **einen Scheck ~** to cash a check

(ein)mal once, (at) one time/day; **auch ~** for once; **erst ~** first of all; **es war ~** once upon a time; **nicht ~** not even; **noch ~** once more, again; one order of

einmalig unique, incredible

der Einmarsch, ⸚e entry, invasion

ein·münden to lead into

die Einnahmen (*pl.*) revenue

ein·ordnen to categorize

ein·packen to pack (in a suitcase)

ein·richten to furnish

die Einrichtung, -en furnishings and appliances

einsam lonely

die Einsamkeit loneliness

ein·schätzen to determine (s.o.'s character)

ein·schlafen* (ist) to fall asleep

ein·schließen* to lock up

sich ein·schreiben* to register

das Einschreibungsformular, -e application for university registration

(etwas) ein·sehen to realize

sich **ein·setzen (für)** to support actively

einst once

ein·steigen* to get on/in

die **Einstellung, -en** attitude; die **Feineinstellung, -en** fine tuning

eintönig monotonous

ein·treten* to join (a club or association)

der **Eintritt** entrance (fee), admission (fee)

der **Einwanderer, -** immigrant

ein·wandern* to immigrate

die **Einwanderung** immigration

die **Einweggetränkeverpackung, -en** disposable beverage container

der **Einwohner, -** inhabitant; resident

das **Einwohnermeldeamt, ̈er** resident registration office

einzeln individual(ly)

der **Einzelne (ein Einzelner) (das Individuum, -en)** individual

das **Einzelzimmer, -** single room

einzig- only; **ein ~er** just one

das **Eis** ice, ice cream

das **Eisen** iron

eisern iron

eitel vain

ekelhaft disgusting

sich **ekeln** to be digusted

elektrisch electric

die **Elektrizität** electricity

elsässisch Alsatian

die **Eltern** (*pl.*) parents; **Groß~** grandparents; **Schwieger~** parents-in-law; **Stief~** stepparents; **Urgroß~** great-grandparents

die **E-Mail, -s** e-mail; **~-Adresse, -n** e-mail address

die **Emanzipation** emancipation

emanzipiert emancipated

emigrieren (ist) to emigrate

emotional emotional(ly)

empfangen* to receive

empfehlen (empfiehlt), empfahl, empfohlen to recommend

die **Empfehlung, -en** recommendation

empfindlich delicate; sensitive

die **Empfindlichkeit, -en** sensibility, sensitivity

das **Ende** end; **am ~** in the end; **~ der Woche** at the end of the week; **zu ~ sein*** to be finished

enden to end

endlich finally

die **Endung, -en** ending

die **Energie, -n** energy

eng narrow

sich **engagieren (in +** *dat.***)** to get involved/engaged (in); to commit o.s. (to)

der **Engel, -** angel

der **Enkel, -** grandchild

das **Enkelkind, -er** grandchild

die **Enkeltochter, ̈** granddaughter

der **Enkelsohn, ̈e** grandson

enorm enormous; **~ viel** an awful lot

entdecken to discover

entfernen to remove

entfernt away

entgegen·nehmen* to accept

enthalten* to contain

der **Enthusiasmus** enthusiasm

entlang along

sich **entpuppen** to reveal oneself

endlich finally

entartet degenerate

entrüstet appalled

sich **entscheiden, entschied, entschieden** to decide; **~ für/gegen** to decide for/against

die **Entscheidung, -en** decision; **eine ~ treffen*** to make a decision

entschuldigen to excuse; **~ Sie bitte!** Excuse me, please.

die **Entschuldigung, -en** excuse; **~!** Excuse me! Pardon me!

entsetzt appalled

sich **entspannen** to relax

entspannt relaxed

entsprechen* to correspond to; **~d** corresponding

entstehen* (ist) to develop, emerge, come into existence, be built; **neu ~** to reemerge

enttäuscht disappointed

entwerten to cancel (ticket); devalue (currency)

(sich) entwickeln to develop; change, transform; **sich auseinander·~** to develop apart

die **Entwicklung, -en** development

das **Entzücken, -** delight

entzwei·brechen* to break apart

(sich) entzwei·reißen* to tear (o.s.) apart

sich **erbauen an (+** *dat.***)** to be delighted about, enjoy

die **Erbauung, -en** edification

das **Erbe** heritage

erbrechen* to vomit

das **Erdbeben, -** earthquake

die **Erde** earth; **unter der ~** underground; **zur ~ fallen*** to fall down

das **Erdgeschoss, -e** ground level; **im ~** on the ground level

das **Ereignis, -se** event

erfahren* to find out, learn; to experience, encounter

die **Erfahrung, -en** experience; **Lebens~** life experience

erfinden* to invent

der **Erfolg, -e** success

erfolgreich successful

erfreulich pleasant

erfrieren* (ist) to freeze to death

erfüllen to fulfill; **sich ~** to be fulfilled, come true

die **Erfüllung** fulfillment

ergänzen to supply, add to

das **Ergebnis, -se** result

ergrauen to turn grey

ergreifen* to take (hold of)

ergriffen sein to be captured

erhalten* to keep up, preserve, maintain; receive, be given

die **Erhaltung** preservation

die **Erhellung** illumination

die **Erhöhung, -en** uplifting, respectful experience

sich **erholen** to recuperate

die **Erholung** recuperation; rest, relaxation

erinnern (an + *acc.***)** to remind (of); **sich ~ (an +** *acc.***)** to remember

die **Erinnerung, -en (an +** *acc.***)** reminder, memory (of)

erkalten (ist) to grow cold; (*poetic*) to become insensitive

sich **erkälten** to catch a cold

die **Erkältung, -en** cold

erkennen* to recognize; **zum Erkennen** for recognition

erklären to explain

die **Erklärung, -en** explanation

erlauben to permit, allow

die **Erlaubnis, -se** permit, permission; **Arbeits~** work permit; **Aufenthalts~** residence permit

erleben to experience

das **Erlebnis, -se** experience

(jemandem etwas) erleichtern to make (s.th.) easier (for s.o.)

erlesen exquisite, high-quality

die **Ermäßigung, -en** discount

ermitteln to investigate (a crime); to find out

die **Ernährung** nutrition

erneuerbar renewable

die **Erniedrigung, -en** humiliation
ernst serious(ly); (etwas) **ernst nehmen*** to take (s.th.) seriously
die **Ernte, -n** harvest
eröffnen to open up, establish
erproben to put to the test
die **Erregung, -en** excitement, arousal
erreichen to reach
erscheinen* (ist) to appear, seem
erschöpft exhausted
die **Erschöpfung** exhaustion
erschrecken (erschrickt), erschrak, ist erschrocken to be frightened
ersetzen to replace
erst- first
erst only, not until
das **Erstaunen** astonishment
erstaunlich astonishing
ersticken (ist) to suffocate
erstklassig first class, excellent(ly)
ertragen* to tolerate, stand
erwachsen grown-up, adult
der **Erwachsene, -n, -n (ein Erwachsener) / die Erwachsene, -n, -n** adult
erwähnen to mention
erwärmen to heat (up)
erwarten to expect
sich **erweisen*** to turn out to be
erweitern to expand; erweitert expanded
der **Erwerbstätige, -n (ein Erwerbstätiger) / die Erwerbstätige, -n** employee
erzählen to tell; **~ von** (+ dat.) to tell about; **nach-~** to retell
erziehen* to educate, raise
die **Erziehung** education
der **Espresso, -s** espresso
der **Esprit** esprit; wit
essbar edible
essen (isst), aß, gegessen to eat
das **Essen, -** food, meal; **beim ~** while eating
die **Essgewohnheit, -en** eating habit
der **Essig** vinegar
der **Esslöffel, -** tablespoon
die **Etage, -n** floor
ethnisch ethnic
etliche many
etwa about, approximately
etwas some, a little; something; **noch ~** one more thing, s.th. else; **so ~ wie** s.th. like; **Sonst noch ~?** Anything else?

euer (pl. fam.) your
der **Euro, -s** euro; **zehn ~** ten euros
(das) **Europa** Europe
der **Europäer, -** European person
europäisch European
die **Europäische Union (EU)** European Union; **in der ~** in the EU
die **Europäische Zentralbank** European Central Bank
die **Europäisierung** Europeanization
europaweit all over Europe
der **Evangelist, -en, -en** evangelist
eventuell perhaps, possibly
ewig eternal(ly); **für ~** forever
die **Ewigkeit** eternity
exakt exact(ly)
das **Examen, -** exam; **Staats~** comprehensive state exam
das **Exemplar, -e** sample, copy
das **Exil, -e** exile
existieren to exist
experimentell experimental(ly)
der **Experte, -n, -n / die Expertin, -nen** expert
exzentrisch excentric

F

die **Fabel, -n** fable
fabelhaft fabulous
die **Fabrik, -en** factory
das **Fach, ̈er** subject (of study); **Haupt~** major (field); **Neben~** minor (field); **Schwerpunkt~** major (field)
das **Fach, ̈er** special field
der **Fachbereich, -e** field (of study)
die **Fachkenntnis, -se** special skill
die **Fach(ober)schule, -n** business or technical school
die **Fachhochschule, -n** university of applied sciences
die **Fachrichtung, -en** field of study, specialization
die **(studentische) Fachschaft** student government organization
das **Fachwerkhaus, ̈er** half-timbered house
der **Faden, ̈** thread
die **Fähigkeit, -en** ability
die **Fähre, -n** ferry
fahren (fährt), fuhr, ist gefahren to drive, go (by car, etc.)
die **Fahrerei** (incessant) driving

die **Fahrkarte, -n** ticket
der **Fahrplan, ̈e** schedule (of trains, etc.)
das **(Fahr)rad, ̈er** bicycle; **mit dem ~ fahren*** to bicycle
der **(Fahr)radweg, -e** bike path
der **Fahrstuhl, ̈e** elevator
die **Fahrt, -en** trip, drive
fair fair(ly)
die **Fakultät, -en** college, division (in a university)
der **Fall, ̈e** case; **auf jeden ~** in any case
der **Fall der Mauer** fall of the Berlin Wall
die **Falle, -n** trap; **in die ~ gehen*** to run into the trap
fallen (fällt), fiel, ist gefallen to fall; **~ lassen*** to drop; **jemandem leicht ~** to come easy (to s.o.); **Das fällt mir nicht leicht.** It doesn't come easy to me.
falsch wrong, false
die **Familie, -n** family
der **Familienstand** marital status
fangen (fängt), fing, gefangen to catch
die **Fantasie, -n** fantasy, imagination
fantastisch fantastic(ally)
die **Farbe, -n** color; **Welche ~ hat . . . ?** What color is . . . ?
färben to dye
der **Farbstoff, -e** dye, (artificial) color
der **Fasching** carnival; **zum ~** for carnival (Mardi Gras)
das **Fass, ̈er** barrel, cask; **Bier vom ~** beer on tap
die **Fassade, -n** façade
fast almost
die **Faszination** fascination
faszinieren to fascinate
faul lazy
die **Faulheit** laziness
das **Fax, -e** fax
das **Faxgerät, ̈e** fax machine
der **Februar** February; **im ~** in February
fechten (ficht), focht, gefochten to fence
fehlen to be missing, lacking; **hier fehlt was** s.th. is missing (here); **Was fehlt?** What's missing?
fehlend missing
der **Fehler, -** mistake
die **Feier, -n** celebration, party
feierlich festive

feiern to celebrate
der Feiertag, -e holiday (e.g. national holiday)
feige cowardly; **er ist ~** he's a coward
fein fine
die Feind, -e enemy
feindlich hostile
das Feld, -er field
das Fenster, - window
die Ferien (*pl.*) vacation
der Ferienplatz, ̈e vacation spot
fern far, distant
die Ferne distance
der Fernfahrer, - truck driver
das Ferngespräch, -e long-distance call
das Fernglas, ̈er binoculars
fern·sehen* to watch TV
das Fernsehen TV (the medium); **im ~** on TV
der Fernseher, - TV set
fertig finished, done; **~·machen** to finish
das Fest, -e celebration
festgesetzt fixed
fest·halten* (an + *dat.*) to hold on to (s.th.)
festlich festive(ly)
das Festspiel, -e festival
fest·stellen to realize; to notice
die Festung, -en castle
die Fete, -n (*coll.*) party
das Feuer, - fire
das Feuerwerk, -e firework(s)
die Figur, -en figure
der Film, -e film
filmen to shoot a film
die Finanzen (*pl.*) finances
finanziell financial(ly)
finanzieren to finance
die Finanzierung financing
finden, fand, gefunden to find; **Das finde ich auch.** I think so, too. ; **Ich finde es . . .** I think it's . . .
der Finger, - finger; **Zeige~** index finger
der Fingernagel, ̈ fingernail
der Finne, -n, -n / die Finnin, -nen Finn, Finnish person
finnisch Finnish
(das) Finnland Finland
die Firma, Firmen company, business
der Fisch, -e fish
der Fischfang fishing
fit in shape; **sich ~ halten*** to keep in shape
flach flat

die Fläche, -n area
der Flachs flax
die Flagge, -n flag
die Flamme, -n flame
die Flasche, -n bottle; **eine ~ Wein** a bottle of wine; **Mehrweg~** bottle with a deposit
das Fleisch (*sg.*) meat
der Fleischer, - butcher
die Fleischerei, -en butcher shop
fleißig diligent(ly), conscientious(ly), industrious(ly), hard-working
flexibel flexible, flexibly
die Flexibilität flexibility
flicken to patch
flieder lavender
die Fliege, -n fly
fliegen, flog, ist geflogen to fly; **mit dem Flugzeug ~** to go by plane
fliehen, floh, ist geflohen to flee, escape
die Fliese, -n tile
fließen, floss, ist geflossen to flow
fließend fluent(ly)
die Flitterwochen (*pl.*) honeymoon
flitzen (ist) to dash
der Flohmarkt, ̈e flea-market
die Floskel, -n phrase
das Floß, ̈e raft
die Flöte, -n flute; **(Block) ~** recorder, wooden flute
die Flotte, -n fleet
die Flucht escape
der Flüchtling, -e refugee
der Flug, ̈e flight
der Flugbegleiter, - / die Flugbegleiterin, -nen flight attendant
der Flügel, - wing
der Flughafen, ̈ airport
die Flugkarte, -n plane ticket
der Flugsteig, -e gate
das Flugzeug, -e airplane
der Flur hallway, entrance foyer
der Fluss, ̈e river
die Flut, -en flood; high tide
folgen (ist) (+ *dat.*) to follow
folgend following
der Fokus focus
der Fön, -e hair dryer
das Fondue, -s fondue
fordern to demand
fördern to encourage
die Forelle, -n trout
die Form, -en form, shape
das Formular, -e form

formulieren to formulate
die Forschung, -en research; **der ~szweig, -e** field of research; **die ~seinrichtung, -en** research facilities
der Förster, - forest ranger
die Forstwirtschaft forestry
fort- away
das Fortbewegungsmittel, - means of transportation
fort·fahren* to drive away; to continue
der Fortschritt, -e progress
die Fortsetzung, -en sequel
fort·werfen* to throw away
die Fotografie photo(graph); photography
fotografieren to take pictures
der Frack, ̈e tuxedo
die Frage, -n question; **Ich habe eine ~.** I have a question.; **jemandem eine ~ stellen** to ask s.o. a question
der Fragebogen, ̈ questionnaire
fragen to ask; **sich ~** to wonder
das Fragezeichen, - question mark
fraglich questionable
der (Schweizer) Franken, - (Swiss) franc
fränkisch Franconian
(das) Frankreich France
der Franzose, -n, -n / die Französin, -nen French person
französisch French
(das) Französisch; auf ~ in French; **Ich spreche ~.** I speak French.
die Frau, -en Mrs., Ms.; woman; wife
frech impudent(ly), sassy, fresh
die Frechheit impertinence
frei free; available; **der freie Mitarbeiter (ein freier Mitarbeiter)** freelancer
freiberuflich self-employed, freelance
freigiebig generous(ly)
die Freiheit freedom; **die akademische ~** academic freedom
das Freilichtspiel, -e outdoor performance
frei·nehmen* to take time off
der Freitag Friday; **am ~** on Friday; **Kar~** Good Friday
freitags on Fridays
freiwillig voluntary; voluntarily
die Freizeit leisure time
die Freizeitmöglichkeit, -en recreational activity

die **Freizügigkeit** permissiveness; forwardness
fremd foreign, strange
der/die **Fremde, -n** (ein **Fremder**) foreigner
die **Fremde** (*pl.*) foreign countries
der **Fremdenverkehr** tourism
das **Fremdenzimmer, -** guest-room
die **Fremdsprache, -n** foreign language
der **Fremdsprachenkorrespondent, -en, -en** bilingual secretary
fressen (frisst), fraß, gefressen to eat (like a glutton or an animal); **auf·~** to devour
die **Freude, -n** joy; fun
freuen: Das freut mich für dich. I'm happy for you.; **Freut mich.** I'm pleased to meet you.; (**Es**) **freut mich auch.** Likewise, pleased to meet you, too.
sich **freuen auf** (+ *acc.*) to look forward to; **sich freuen über** (+ *acc.*) to be happy about (s.th.)
der **Freund, -e** (boy)friend
die **Freundin, -nen** (girl)friend
freundlich friendly
die **Freundlichkeit** friendliness
die **Freundschaft, -en** friendship
der **Frieden** peace
das **Friedensgebet, -e** prayer for peace
friedlich peaceful(ly)
frieren, fror, gefroren to freeze, be cold
frisch fresh(ly)
der **Friseur, -e** barber, hair stylist
die **Friseuse, -n = Friseurin, -nen** beautician, hair stylist
frisieren to do hair
friesisch Frisian
fromm pious, religious
früh early, morning
früher earlier, once, former(ly)
der **Frühling, -e** spring
das **Frühjahrssemester, -** spring semester
das **Frühstück** breakfast; **Was gibts zum ~?** What's for breakfast?
frühstücken to eat breakfast
der **Frust** frustration
frustriert frustrated
die **Frustrierung** frustration
der **Fuchs, ⸚e** fox; **schlau wie ein ~** clever as a fox; **ein alter ~** a sly person

sich **fühlen** to feel (a certain way); **sich wohl ~** to feel good, be comfortable
führen to lead; **(zu etwas) führen** to lead (to s.th.); **aufs Glatteis ~**
der **Führerschein, -e** drivers license
die **Führung, -en** guided tour
die **Fülle** abundance
füllen to fill
die **Funktion, -en** function
für (+ *acc.*) for; **was ~ ein . . .?** what kind of a . . . ?
die **Furcht** fear, awe
furchtbar terrible, terribly, awful(ly), horrible; horribly
fürchten um to worry about
sich **fürchten** (**vor** + *dat.*) to be afraid (of)
fürchterlich horrible; horribly
der **Fürst, -en, -en** sovereign, prince
das **Fürstentum, ⸚er** principality
der **Fuß, ⸚e** foot; **mit Füßen treten*** to treat (s.o.) badly, with disrespect; **zu ~ gehen*** to walk
der **Fußball, ⸚e** soccer (ball)
der **Fußgänger, -** pedestrian; **~überweg, -e** pedestrian crossing; **~weg, -e** pedestrian sidewalk; **~zone, -n** pedestrian area

die **Gabe, -n** gift; **in kleinen ~n** in small doses
die **Gabel, -n** fork
gähnen to yawn
die **Galerie, -n** gallery
die **Galgenlieder** (*pl.*) gallows songs
ganz whole, entire(ly), all; very, quite
das **Ganze** the whole thing; **im Großen und ~n** on the whole
die **Garage, -n** garage
garantieren to guarantee
die **Gardine, -n** curtain
gar nicht not at all
der **Garten, ⸚** garden; **Bier~** beer garden
das **Gartenstück, -e** garden plot
die **Gasse, -n** narrow street
der **Gast, ⸚e** guest
der **Gastarbeiter, -** foreign (guest) worker

das **Gästezimmer, -** guest room
das **Gasthaus, ⸚er** restaurant, inn
der **Gasthof, ⸚e** small hotel
die **Gaststätte, -n** restaurant, inn
die **Gastwirtschaft, -en** restaurant, inn
der **Gatte, -n, -n** / die **Gattin, -nen** husband / wife (*formal*)
der **Gaukler, -** storyteller
das **Gebäck** pastry; pastries, baked goods
das **Gebälk, -e** wall (*poetic*)
das **Gebäude, -** building
geben (gibt), gab, gegeben to give; **Das gibts doch nicht!** I don't believe it! That's impossible!; **es gibt** there is, there are; **Was gibts?** What's up?; **Was gibts im . . .?** What's (playing) on . . .?; **Was gibts Neues?** What's new?
das **Gebet, -e** prayer
das **Gebiet, -e** area, region
gebildet well-educated
das **Gebirge, -** mountains, mountain range
geboren: Ich bin . . . ~. I was born . . .; **Wann sind Sie ~?** When were you born?; **Wann wurde . . . ~?** When was . . . born?
die **Geborgenheit** security
gebrauchen to use, utilize
die **Gebühr, -en** fee
gebunden tied down; **orts~** tied to a certain town or place
die **Geburt, -en** birth
der **Geburtstag, -e** birthday; **Alles Gute / Herzlichen Glückwunsch zum ~!** Happy birthday!; **Ich habe am . . .-(s)ten ~.** My birthday is on the . . . (date); **Ich habe im . . . ~.** My birthday is in . . . (month).; **Wann haben Sie ~?** When is your birthday?; **zum ~** at the / for the birthday
der **Geburtsort, -e** place of birth
das **Gebrüll** roar, yelling
das **Gedächtnis** memory
der **Gedanke, -ns, -n** thought
das **Gedicht, -e** poem
die **Geduld** patience
geduldig patient; **~ wie ein Lamm** really patient
die **Gefahr, -en** danger
gefährlich dangerous
das **Gefälle, -** decline

gefallen (gefällt), gefiel, gefallen (+ *dat.*) to like, be pleasing to; **Das gefällt mir aber!** I really like it.; **Es gefällt mir.** I like it.

gefangen halten* to keep prisoner

das **Gefängnis, -se** prison

gefettet greased

der **Gefrierschrank, ̈e** freezer

das **Gefühl, -e** feeling; **Mit~** compassion; **ein ~ des Ausgeliefertseins** a feeling of helplessness

gegen (+ *acc.*) against; toward (time), around

die **Gegend, -en** area, region

der **Gegensatz, ̈e** contrast, opposite

gegensätzlich opposing

das **Gegenteil, -e** opposite; **im ~** on the contrary

gegenüber (**von** + *dat.*) across (from)

die **Gegenwart** present (tense)

der **Gegner, -** opponent

das **Gehalt, ̈er** salary

gehalten sein (etwas zu tun) to be expected

gehen, ging, ist gegangen to go, walk; **Das geht.** That's OK.; **Das geht (heute) nicht.** That won't work (today).; **Es geht mir . . .** I am (feeling) . . .; **So gehts.** That's the way it goes.; **wenn es darum geht** when it's a matter of; **Wie gehts? Wie geht es Ihnen?** How are you?; **zu Fuß ~** to walk

geheim secret(ly)

geheimnisvoll mysterious(ly)

gehorchen to obey

Gehör finden to get attention

gehören (+ *dat.*) / **gehören zu** to belong to, be a part of; **dazu ~** to belong with

die **Geige, -n** violin

Gesamt- (as a) whole

die **Geisteswissenschaft, -en** humanities

der **Geisteswissenschaftler, -** humanities scholar

geistig mental(ly); intellectual(ly)

das **Geistige** intellectual work

geistreich ingenious

geizig stingy

gekoppelt connected

das **Geländer, -** railing, banister

gelassen relaxed(ly)

gelaunt: gut/schlecht ~ in a good/bad mood

gelb yellow

das **Geld** money; **Bar~** cash; **Erziehungs~** government stipend for child care; **~ aus·geben*** to spend money; **Klein~** change

der **Geldautomat, -en, -en** ATM machine

der **Geldschein, -e** banknote

die **Gelegenheit, -en** opportunity, chance

gelegentlich occasionally

gelingen, gelang, ist gelungen to succeed; **Es gelingt mir nicht.** I can't.

gelten (gilt), galt, gegolten to apply to, be valid for, be true

das **Gemälde, -** painting

die **Gemeinde, -n** community

gemeinsam together, shared, joint(ly); (in) common; **gemeinsam haben** to have (s.th.) in common

die **Gemeinschaft, -en** community; association

das **Gemisch** mixture

gemischt mixed

das **Gemüse, -** vegetable(s)

gemütlich cozy, pleasant, comfortable, convivial

die **Gemütlichkeit** nice atmosphere, coziness

genau exact(ly); **~!** Exactly! Precisely!; **~so** the same; **~so . . . wie** just as . . . as; **~ wie** (+ *nom.*) just like

genehmigen to permit

die **Generation, -en** generation

sich genieren to be embarrassed

genießen, genoss, genossen to enjoy

der **Genitiv, -e** genitive

genug enough; **Jetzt habe ich aber ~.** That's enough. I've had it.

genügen to suffice

geöffnet open

die **Geographie** geography

geologisch geological

die **Geologie** geology

das **Gepäck** baggage, luggage

die **Gepäckaufgabe, -n** baggage check

gepflegt well-groomed

die **Gepflogenheit, -en** custom, mores

gepunktet dotted

gerade just, right now; **~ als** just when; **(immer) ~aus** (keep) straight ahead

die **Gerechtigkeit** justice

das **Gericht, -e** dish (prepared food); court; **Haupt~** main dish, **das Kammer~** court

der **Gerichtshof, ̈e** court

gering little, small; **~er** less

germanisch Germanic

die **Germanistik** study of German language and literature

gern (lieber, liebst-) gladly; **furchtbar ~** very much; **~ geschehen!** Glad to . . . ; **~ haben** to like, be fond of, **Ich hätte ~.** I'd like to have . . .

das **Gerücht, -e** rumor

das **Geschäft, -e** business; store

geschäftlich concerning business

die **Geschäftsfrau, -en** business-woman / **Geschäftsmann, -er** businessman / **Geschäftsleute** (*pl.*) business people

geschätzt appreciated

geschehen (geschieht), geschah, ist geschehen to happen; **Das geschieht dir recht.** That serves you right.

das **Geschenk, -e** present

die **Geschichte, -n** history; story

geschickt talented, skillful

geschieden divorced

das **Geschlecht, -er** gender, sex

geschlossen closed

der **Geschmack, ̈er** taste

geschmacklos tacky

das **Geschrei** screaming

die **Geschwindigkeit, -en** speed; **~sbegrenzung** speed limit; **Richt~** recommended speed

die **Geschwister** (*pl.*) brothers and/or sisters, siblings

der **Geselle, -n, -n / die Gesellin, -nen** journeyman/journeywoman

gesellig sociable

die **Gesellschaft, -en** society

gesellschaftlich societal, social(ly)

gesellschaftspolitisch sociopolitical

das **Gesellschaftsspiel, -e** parlor game

die **Gesellschaftswissenschaft, -en** social science

das **Gesetz, -e** law

gesetzlich legal(ly)
gesichert secure
das **Gesicht, -er** face
gespannt curious
das **Gespräch, -e** conversation, dialogue; **ins Gespräch kommen** to start a conversation; **die ~skultur** culture of open political discussion; **der ~spartner,** - interlocutor
das **Geständnis, -se** confession
gestatten to allow
gestern yesterday; **~ Abend** last/yesterday evening; **~ Nacht** last night; **vor~** the day before yesterday
gestreift striped
gesucht wird wanted
gesund (ü) healthy
die **Gesundheit** health
das **Gesundheitsamt** health department
gesundheitsbewusst health conscious
der **Gesundheitsfanatiker, -** health nut
geteilt divided; shared
das **Getränk, -e** beverage
der **Getränkemarkt, ¨e** beverage store
getrennt separated, separate(ly)
das **Getue (um)** fixation (on s.th.)
gewähren to allow
die **Gewalt** force; violence
die **Gewaltlosigkeit** nonviolence
gewappnet ready for
die **Gewerkschaft, -en** trade/ labor union
der **Gewinn, -e** profit, benefit
gewinnen, gewann, gewonnen to win
gewiss for sure
gewissermaßen in a certain way
das **Gewitter, -** thunderstorm
sich **gewöhnen an** (+ acc.) to get used to
die **Gewohnheit, -en** habit
gewöhnlich usual(ly)
(an etwas) **gewöhnt sein** to be used to
das **Gewürz, -e** spice
gierig greedy
gießen, goss, gegossen to pour; **es gießt** it's pouring
das **Gift, -e** poison
der **Giftstoff, -e** toxic waste
der **Gipfel, -** mountain top
die **Giraffe, -n** giraffe
die **Gitarre, -n** guitar

der **Glanz** brilliance, splendor
das **Glas, ¨er** glass; **-ein ~** a glass of
glauben to believe, think; **~ an** (+ acc.) to believe in; **Ich glaube es/ihr.** I believe it/her.
glaubhaft convincing(ly)
gleich equal(ly), same; right away; like; **Bis ~!** See you in a few minutes! **in ~em Maße** in the same measure, the same way
gleichberechtigt with equal rights
die **Gleichberechtigung** equality, equal rights
gleichfalls: Danke ~! Thank you, the same to you.
gleichgeschlechtlich same-sex
gleichmäßig regularl(ly)
das **Gleichnis, -se** parable
das **Gleis, -e** track
der **Gletscher, -** glacier
sich **gliedern** to be structured
die **Glocke, -n** bell
der **Glockenton, ¨e** sound of a bell
glorreich glorious
das **Glück** luck, happiness; **Du ~spilz!** You lucky thing!; **~ gehabt!** I was (you were, etc.) lucky!; **~ haben*** to be lucky; **Viel ~!** Good luck!; **zum ~** luckily
glücklich happy, happily
glücklicherweise luckily
der **Glückwunsch, ¨e** congratulation; **Herzliche -Glückwünsche!** Congratulations! Best wishes!; **Herzlichen ~ (zum Geburtstag)!** Congratulations (on your birthday)!
das **Gold** gold
golden golden
der **Gott** God; **~ sei Dank!** Thank God!
der **Grad, -e** degree
die **Grammatik** grammar
grammatisch grammatical(ly)
die **Grapefruit, -s** grapefruit
das **Gras** grass
gratulieren (+ dat.) to congratulate; **Wir ~! / Ich gratuliere!** Congratulations!
die **Gratwanderung, -en** difficult journey
grau gray
greifen, griff, gegriffen to grab, seize
die **Grenze, -n** border
grenzen (an + acc.) to border

grenzenlos unlimited, endless(ly)
der **Grieche, -n, -n / die Griechin, -nen** Greek person
(das) **Griechenland** Greece
griechisch Greek
die **Grippe** flu, influenza
grollen to grumble
groß (größer, größt-) large, big, tall; **im Großen und Ganzen** on the whole, by and large
die **Größe, -n** size, height
die **Großeltern** (pl.) grandparents; **Ur~** great-grandparents
der **Größenwahn** megalomania
größenwahnsinnig megalomaniacal
die **Großmacht, ¨e** superpower
das **Großmaul, ¨er** big mouth
die **Großmutter, ¨** grandmother; **Ur~** great-grandmother
die **Großstadt, ¨e** large city
der **Großteil** major part / portion
der **Großvater, ¨** grandfather; **Ur~** great-grand-father
Grüezi! Hi! (in Switzerland)
grün green; **ins Grüne / im Grünen** out in(to) nature
der **Grund, ¨e** reason; **auf Grund** (+ gen.) because of; **aus diesem ~** for that reason; **im ~e genommen** basically
gründen to found
die **Gründerzeit** late 1800s (years of rapid industrial expansion in Germany)
das **Grundgesetz** Constitution, Basic Law
die **Grundhaltung, -en** fundamental attitude
die **Grundkenntnis, -se** basic knowledge
grundlos without reason
die **Grundschule, -n** elementary school, grades 1–4; **der Grundschullehrer,** - elementary school teacher
das **Grundstück, -e** building lot
der **Grundstücksmakler, -** real estate broker
die **Gründung, -en** founding; foundation
der **Grundwert, -e** fundamental value, principle
die **Grünfläche, -n** green area
die **Grünzone, -n** greenbelt
die **Gruppe, -n** group
der **Gruß, ¨e** greeting; **Viele Grüße (an** + acc. . . .)! Greetings (to . . .)!

grüßen   to greet; **Grüß dich!**
Hi!; **Grüß Gott!** Hello! Hi! (in
southern Germany)

der **Gummi**   rubber

günstig   reasonable, low

gurgeln   to gargle

die **Gurke, -n**   cucumber; **saure**
~ pickle

der **Gürtel, -**   belt

der **Guss: aus einem Guss**   out of
the same mold

gut (besser, best-)   good,
fine; well; **Das ist noch mal ~
gegangen.** Things worked out
all right (again); ~ approx. grade
B; ~ **aussehend** good-looking; ~
gelaunt in a good mood, happy;
Machs ~! Take care.; **na ~** well, all
right; **sehr ~** approx. grade A

das **Gute: Alles ~!**   All the best!;
Alles ~ zum Geburtstag! Happy
birthday!

die **Güte**   goodness; **Ach du
meine ~!** My goodness!

gütig   kind(ly)

das **Gymnasium, Gymnasien**
academic high school
(grades 5–13)

das **Haar, -e**   hair

haben (hat), hatte, gehabt   to
have; **gemeinsam ~**   to have
(s.th.) in common; **gern ~** to like,
be fond of; **Ich hätte gern . . .** I'd
like (to have) . . .

der **Habitus**   manner

die **Habsburger**   the Habsburg
Dynasty (Austrian emperors
from 1765–1918)

der **Hafen, ¨**   harbor, port

die **Haferflocken** (*pl.*)   oatmeal

das **Hähnchen, -**   grilled chicken

der **Haken, -**   hook

halb   half (to the next hour);
~tags part-time; **in einer ~en
Stunde** in half an hour

die **Hälfte, -n**   half

die **Halle, -n**   large room for
work, recreation, or assembly

Hallo!   Hello! Hi!

der **Hals, ¨e**   neck, throat; **Das
hängt mir zum ~ heraus.** I'm fed
up (with it).

das **Halsband, ¨er**   collar

Halt!   Stop!

halten (hält), hielt, gehalten   to
hold; stop (a vehicle); **~ für** to
take (s.th.) for (s.th else), think
(s.th) is (s.th. else); **~ von** to
think of, be of an opinion about

die **Haltestelle, -n**   (bus, etc.)
stop

das **Halteverbot, -e**   no stopping
or parking

hämisch   sarcastic

die **Hand, ¨e**   hand

die **Handarbeit, -en**   needle-work

der **Handball, ¨e**   handball

der **Handel**   commerce, trade

das **Handeln**   action

die **Handelsbeziehung, -en**
trade relation(s)

die **Handelsnation, -en**   trading
nation

der **Handelspartner, -**   trading
partner

das **Handgelenk, -e**   wrist

der **Händler, -**   merchant, dealer

der **Handschuh, -e**   glove

das **Handtuch, ¨er**   towel

der **Handwerker, -**   craftsman

das **Handy, -s**   cellular phone

hängen   to hang (up)

hängen, hing, gehangen   to
hang (be hanging)

die **Hanse**   Hanseatic League

der **Hanswurst**   (*coll.*) fool

harmonisch   harmonious

hart (ä)   hard; tough

das **Häschen, -**   rabbit, bunny

der **Hass**   hate

hassen   to hate

hässlich   ugly

die **Haube, -n**   hood

der **Hauch**   breeze

das **Hauptfach, ¨er**   major
(academic field of study)

der **Hauptmann, ¨er**   captain

die **Hauptrolle, -n**   leading role

die **Hauptsache, -n**   main thing

hauptsächlich   mainly

die **Hauptsaison**   (high) season

die **Hauptschule, -n**   basic high
school (grades 5–9)

die **Hauptstadt, ¨e**   capital city

das **Hauptwort, ¨er**   noun

das **Haus, ¨er**   house; **nach ~e**
(toward) home; **zu ~e** at home

der **Hausbesetzer, -**   squatter

das **Häuschen, -**   little house

die **Hausfrau, -en**   housewife

der **Haushalt, -e**   household

der **Haushälter, -**   housekeeper

häuslich   home-loving, domestic

das **Haustier, -e**   pet

die **Hauswirtschaft**   home
economics

die **Haut**   skin

die **Hautpflege**   skin care

das **Heft, -e**   notebook

heilig   holy; **Aller~en** All Saints
Day; **~e Drei Könige** Epiphany

der **Heiligabend**   Christmas Eve;
am ~ on Christmas Eve

das **Heilkraut, ¨er**   medicinal
herbs

die **Heimat**   homeland, home,
place of origin

der **Heimcomputer, -**   home
computer

heimlich   secret(ly), in secret

die **Heimreise, -n**   trip home

das **Heimweh**   homesickness,
nostalgia

Heimweh haben*   to be
homesick

heiraten   to marry, get married

heiratslustig   eager to marry

heiß   hot(ly)

heißen, hieß, geheißen   to be
called; **Ich heiße . . .** My name
is . . .; **Wie ~ Sie?** What's your
name?

die **Heizung**   heating (system)

das **Heizmaterial**   heating
material, fuel

helfen (hilft), half, geholfen
(+ *dat.*)   to help

hell   light, bright; **Sei ~e!** Be
smart!

der **Helm, -e**   helmet

das **Hemd, -en**   shirt; **Nacht~**
nightgown

die **Henne, -n**   hen

her-   toward (the speaker)

herab·blicken (**auf** + *acc.*)   to
look down (on)

herab·schauen (**auf** + *acc.*)   to
look down (on)

herab·sehen (**auf** + *acc.*)   to look
down (on)

heran-   up to

heraus·finden*   to find out

die **Herausforderung, -en**
challenge

sich **heraus·halten***   to keep out
of (s.th.)

heraus·rieseln   to trickle out

die **Herberge, -n**   hostel, simple
hotel

der **Herbst, -e**   fall, autumn

der **Herd, -e**   (kitchen) range

herein-   in(to)

herein·kommen* to come in, enter

herein·lassen* to let in

der **Hering, -e** herring

die **Herkunft** origin, decent

der **Herr, -n, -en** Mr., gentleman; Lord; **Sehr geehrte Damen und ~en!** Ladies and gentlemen!

das **Herrchen, -** (*coll.*) (male) owner of a pet

herrlich wonderful(ly), great(ly), splendid(ly)

herrschen to dominate, to rule

her·stellen to manufacture, produce

herum- around

herum·fragen to ask around

herum·laufen* to run around

herum·reisen* to travel around

herum·schleichen* to shuffle around

herum·schnuppern to snoop around

heruntergekommen run down

hervor·bringen* to produce

hervor·gehen* to originate

das **Herz, -ens, -en** heart; **mit ~** with feelings

herzförmig heart-shaped

der **Herzog, ⁻e** duke

heulen to cry; howl

der **Heurige, -n** (*sg.*) new wine

die **Heurigenschänke, -n** Viennese wine-tasting inn

heute today; **für ~** for today; **~ Abend** this evening; **~ Nacht** tonight

heutig- of today

heutzutage nowadays

hier here

die **Hilfe, -n** help

hilflos helpless

hilfsbereit helpful

das **Hilfsverb, -en** auxiliary verb

der **Himmel** sky; heaven

himmlisch heavenly

hin- toward (the speaker)

das **Hindernis, -se** obstacle, hurdle, impediment

hin und her back and forth

hinauf·fahren* to go or drive up (to)

hinein·gehen* to go in(to), enter

hinein·passen to fit in

sich **hin·geben*** to indulge

hin·kommen* to get/come to

hin·legen to lay or put down; **sich ~** to lie down

hin·nehmen* to accept

sich **(hin·)setzen** to sit down

hinter (+ *acc./dat.*) behind

hinterlassen* to leave behind

der **Hintergrund, ⁻e** background

der **Hintern, -** behind

hinterwäldlerisch provincial

die **Hin- und Rückfahrkarte, -n** round-trip ticket

hinunter·fahren* to drive down

hin·werfen* (*fig.*) to quit

hinzu- added to

hinzu·fügen to add

das **Hirn** brain

der **Hirsch, -e** red deer

historisch historical(ly)

das **Hobby, -s** hobby

hoch (hoh-) (höher, höchst-) high(ly)

die **Hochburg, -en** stronghold

das **Hochdeutsch** standard High German

das **Hochhaus, ⁻er** high-rise building

hoch·kriechen* (**an** + *dat.*) to creep up (on)

hoch·legen to put up (high)

die **Hochnäsigkeit** arrogance

die **Hochschule, -n** university, college; institution of higher education; **Fach~** university of applied sciences

die **Hochzeit, -en** wedding; **der ~stag, -e** wedding day / anniversary

(das) **Hockey** hockey

der **Hof, ⁻e** court, courtyard; farm

hoffen to hope

hoffentlich hopefully, I hope

die **Hoffnung, -en** hope

höflich polite(ly)

die **Höflichkeitsform, -en** polite form (of address)

die **Höhe, -n** height, altitude; **Das ist doch die ~!** That's the limit!; **in die ~** up high

der **Höhepunkt, -e** climax

hohl hollow

die **Höhle, -n** cave

(sich) holen to (go and) get, pick up, fetch

der **Holländer, -** Dutchman, Dutch person

holländisch Dutch

die **Hölle** hell

das **Holz** wood

hölzern wooden

der **Honig** honey

hoppla oops, whoops

hörbar audible, audibly

horchen (nach) to listen (for)

hören to hear

der **Hörer, -** listener; receiver

der **Hörsaal, -säle** lecture hall

das **Hörspiel, -e** radio play

das **Hörverständnis** listening comprehension (activity)

die **Hose, -n** slacks, pants

der **Hosenanzug, ⁻e** pant suit

das **Hotel, -s** hotel

hübsch pretty

der **Hügel, -** hill

das **Huhn, ⁻er** chicken

das **Hühnchen, -** little chicken

der **Humor** (sense of) humor

der **Hund, -e** dog

hundert hundred; **Hunderte von** hundreds of

der **Hunger** hunger; **Ich habe ~.** I'm hungry.

hungrig hungry, hungrily

hupen to honk (the horn in a car)

hüpfen (ist) to hop

der **Hut, ⁻e** hat

hüten to watch (over)

die **Hütte, -n** hut, cottage

die **Hymne, -n** hymn, anthem

die **Hypnose** hypnosis

I

der **ICE, -s** InterCityExpress (train)

ideal ideal(ly)

das **Ideal, -e** ideal

der **Idealismus** idealism

die **Idee, -n** idea; **Gute ~!** That's a good idea!

sich **identifizieren** to identify o.s.

identisch identical(ly)

die **Identität, -en** identity

idyllisch idyllic(ally)

ignorieren to ignore

ihr her; its; their

Ihr (formal) your

imaginär imaginary

der **Imbiss** snack; foot vendor, small restaurant

die **Imbissbude, -n** snack bar, fast-food stand

die **Immatrikulation** enrollment (at university)

immer always; **~ geradeaus** always straight ahead; **~ länger** longer and longer; **~ noch** still; **~während** ongoing; **~ wieder** again and again

der **Imperativ, -e**   imperative
das **Imperfekt**   imperfect, simple past
in (+ *acc./dat.*)   in, into, inside of; **im Gegenteil** on the contrary; **im Rausch** delirious; **~ Verbindung bringen** (mit) to associate (with), relate (to)
inbegriffen (in + *dat.*)   included (in)
der **Indianer, -**   Native American person
der **Indikativ**   indicative
indirekt   indirect(ly)
die **Individualität**   individuality
individuell   individual(ly)
das **Individuum, -en**   individual
die **Industrie, -n**   industry
der **Industriekaufmann** / die **~kauffrau** / die **~leute**   industrial manager(s)
industriell   industrial
das **Industrieunternehmen, -**   large industrial company
der **Infinitiv, -e**   infinitive
die **Informatik**   computer science
die **Information, -en**   information
die **Informationssuche**   search for information
informativ   informative
informieren (**über** + *acc.*)   to inform (about); **sich ~** to inform oneself, find out (about)
der **Ingenieur, -e**   engineer
die **Initiative, -n**   initiative
inlineskaten   to rollerblade; **~ gehen*** to go rollerblading
innen (*adv.*)   inside
der **Innenhof, ̈e**   inner court
die **Innenstadt, ̈e**   center (of town), downtown
der **Innenstädter, -**   city dweller
inner-   inner
innerhalb   within
die **Inschrift, -en**   inscription
die **Insel, -n**   island
insgesamt   altogether
das **Institut, -e**   institute
das **Instrument, -e**   instrument; **Musik~** musical instrument
die **Inszenierung, -en**   production
intellektuell   intellectual(ly)
intelligent   intelligent(ly)
die **Intelligenz**   intelligence
der **Intendant, -en, -en**   artistic director
intensiv   intensive(ly)
interessant   interesting; **etwas Interessantes** s.th. interesting; **unheimlich ~** really interesting

das **Interesse, -n** (**an** + *dat.*)   interest (in)
sich interessieren für   to be interested in
international   international(ly)
das **Internet**   Internet
interpretieren   to interpret
das **Interview, -s**   interview
interviewen   to interview
intolerant   intolerant
das **Inventar, -e**   inventory
investieren   to invest
der **Investor, Investoren**   investor
inzwischen   in the meantime
irden (*poet.*)   earthen
irgend: ~wie   somehow; **~wo** somewhere
(**das**) **Italien**   Italy
der **Italiener, -**   Italian person
italienisch   Italian

J

die **Jacke, -n**   jacket
die **Jagd, -en**   **hunt**
jagen (ist)   to race
der **Jäger, -**   hunter
das **Jahr, -e**   year; **Ein gutes neues ~!** Have a good New Year!
jahrelang   for years
die **Jahreszeit, -en**   season
das **Jahrhundert, -e**   century
die **Jahrhundertwende**   turn of the century
-jährig   years old; years long
jährlich   yearly
das **Jahrtausend, -e**   millennium; **die ~wende** turn of the millennium
jammern   to complain, grieve
der **Januar**   January; **-im ~** in January
der **Japaner, -**   Japanese
japanisch   Japanese
je (+ *comp.*) ... **desto** (+ *comp.*) ...   the . . . the . . .; **~ nachdem** depending on
jed- (*sg.*)   each, every
jedenfalls   in any case
jeder   each one, everyone, everybody
jederzeit   any time
jedoch   however
jemand   someone, somebody
jetzt   now
der **Job, -s**   job
jobben   to have a job that is not one's career

das **Joch, -e** (**der Knechtschaft**)   yoke (of slavery)
joggen   to jog; **~ gehen*** to go jogging
der **Jog(h)urt**   yogurt (frequently also used with **das**)
der **Journalist, -en, -en**   journalist
das **Jubiläum, Jubiläen**   anniversary; jubilee
der **Jude, -n, -n** / die **Jüdin, -nen**   Jewish person, Jew
das **Judentum**   Jewry
jüdisch   Jewish
die **Jugend**   youth
die **Jugendherberge, -n**   youth hostel
der **Juli**   July; **im ~** in July
jung (ü)   young
der **Junge, -n, -n**   boy
die **Jungfrau, -en**   virgin; Virgo
der **Junggeselle, -n, -n**   bachelor
der **Juni**   June; **im ~** in June
Jura   law, law studies; **Er studiert ~.** He's studying law.
das **Jurastudium**   law school
juristisch   pertaining to (the study of) law
der **Juwelierladen, ̈**   jewelry store

K

das **Kabarett, -e** (**or -s**)   cabaret
das **Kabelfernsehen**   cable TV
der **Kaffee**   coffee; **~ mit Schlag** coffee with whipped cream
das **Kaffeehaus, ̈er**   traditional Austrian café
der **Kaffeeklatsch**   coffee klatsch, chatting over coffee (and cake)
der **Kaiser, -** / **Kaiserin, -nen**   Emperor, Empress
der **Kaiserschmarren**   pancakes pulled to pieces and sprinkled with powdered sugar and raisins
der **Kakao**   hot chocolate
das **Kalb, ̈er**   calf; **die ~sleber** calves liver
der **Kalender, -**   calendar
der **Kalk**   plaster
kalt (ä)   cold; **~ oder warm?** chilled or heated?
die **Kälte**   cold(ness)
die **Kamera, -s**   camera
der **Kamin, -e**   fireplace
der **Kamm, ̈e**   comb
(**sich**) **kämmen**   to comb (o.s.)
die **Kammer, -n**   chamber

der **Kampf, ⸚e (um)** fight, struggle (for)

kämpfen (um + *acc.*) to fight, struggle (for)

(das) Kanada Canada

der **Kanadier, -** Canadian person

kanadisch Canadian

der **Kandiszucker** rock sugar

die **Kantine, -n** cafeteria (at a workplace)

der **Kanton, -e** canton

das **Kanu, -s** canoe

der **Kanzler, -** chancellor

kapitalistisch capitalist

das **Kapitel, -** chapter

kaputt broken

kaputt·gehen* to get broken, break

der **Karfreitag** Good Friday

kariert checkered

der **Karneval** carnival

die **Karotte, -n** carrot

die **Karriere, -n** career

die **Karte, -n** ticket; card; map; **~n spielen** to play cards

die **Kartoffel, -n** potato; **der ~brei** (*sg.*) mashed potatoes; **die ~chips** (*pl.*) potato chips; das **~mehl** potato flour, starch; **der ~salat** potato salad

das **Karussell, -e** merry-go-round

der **Käse** cheese; **Das ist (doch) ~!** That's nonsense; **Kräuter~** herbed cheese

die **Kasse, -n** cash register, cashier's window

die **Kassette, -n** cassette

die **Kassierer, -** cashier; clerk, teller

der **Kasten, ⸚** crate

die **Katastrophe, -n** catastrophe

die **Katze, -n** cat

kauen to chew

der **Kauf** purchase

der **Kaufmann / die Kauffrau / die Kaufleute** business man/woman/persons

kaufen to buy

der **Käufer, -** buyer

das **Kaufhaus, ⸚er** department store

kaum hardly, barely, scarcely

kegeln to bowl

kein no, not a, not any; **(Ich habe) keine Ahnung!** I have no idea!

der **Keller, -** basement, cellar

der **Kellner, -** waiter / die **Kellnerin, -nen** waitress

kennen, kannte, gekannt to know, be acquainted with

kennenlernen to get to know, meet

der **Kenner, -** connoisseur

die **Kenntnis, -se** knowledge, skill

der **Kerl, -e** (*coll.*) guy, chap; **ein guter Kerl** a nice guy

der **Kern, -e** core

die **Kernenergie** nuclear energy

kernlos seedless

die **Kerze, -n** candle

die **Kette, -n** chain, necklace

die **Kettenreaktion, -en** chain reaction

das **Kilo, -s (kg)** kilogram

der **Kilometer, - (km)** kilometer

das **Kind, -er** child

der **Kindergarten, ⸚** kindergarten

der **Kindergärtner, -** kindergarten teacher

kinderlieb fond of children; **sie ist ~** she loves children

die **Kindheit** childhood

das **Kinn, -e** chin

das **Kino, -s** movie theater

der **Kiosk, -e** newsstand

die **Kirche, -n** church

die **Kirsche, -n** cherry

kitschig cheesy, kitschy

klagen (über + *acc.*) to complain (about)

die **Klammer, -n** parenthesis

klappen to work out

klappern to rattle

klar clear; **eins ist ~** one thing is for sure; **(na) ~!** Sure! Of course!

klasse (*adj.*) great, superb

die **Klasse, -n** class

der **Klassenkamerad, -en, -en** classmate

das **Klassentreffen, -** class reunion

das **Klassenzimmer, -** classroom

klassisch classical(ly)

die **Klausur, -en** written test, midterm, final exam

der **Klatsch** gossip

klatschen to clap; to gossip

das **Klavier, -e** piano

das **Kleid, -er** dress

der **(Kleider)bügel, -** clothes hanger

der **Kleiderschrank, ⸚e** closet

die **Kleidung** clothing

der **Kleidungsartikel, -** article of clothing

klein small, little, short

die **Kleinbürgerlichkeit** narrow-mindedness

das **Kleingeld** change

der **Klempner, -** plumber

der **Klient, -en, -en** client

das **Klima, -s** climate

die **Klimaanlage, -n** air conditioning

klingeln to ring a (door) bell

klingen, klang, geklungen to sound; **(Das) klingt gut.** (That) sounds good.

das **Klo, -s** (*coll.*) toilet

klopfen to knock

das **Kloster, ⸚** monastery; convent

der **Klub, -s** club

klug (ü) smart, clever(ly)

knabbern to nibble

der **Knabe, -n, -n** boy

das **Knäuel, -** tangle

die **Knappheit** shortage

die **Knechtschaft** slavery

die **Kneipe, -n** pub, bar

das **Knie, -** knee

der **Knirps, -e** little fellow, dwarf

der **Knoblauch** garlic

der **Knöd(e)l, -** dumpling (in southern Germany)

der **Knopf, ⸚e** button

der **Knoten, -** knot

der **Knüppel, -** club

knuspern to nibble

der **Koch, ⸚e / die Köchin, -nen** cook

kochen to cook; **zum Kochen bringen** to bring to a boil

der **Koffer, -** suitcase

die **Kohle** coal

das **Kohlendioxid, -e** carbon dioxide

die **Kohlensäure, -n** carbonation

der **Kollege, -n, -n / die Kollegin, -nen** colleague, co-worker; **Zimmer~** roommate

die **Kolonialisierung** colonization

kombinieren to combine

der **Komfort** comfort

komisch funny, strange(ly), comical(ly)

das **Komitee, -s** committee

das **Komma, -s** comma

kommen, kam, ist gekommen to come; **Komm rüber!** Come on over!

der **Kommentar, -e** commentary

kommentieren to comment

kommerziell commercial(ly)

die **Kommode, -n** dresser

kommunistisch communist

der **Komparativ, -e** comparative
die **Komplikation, -en** complication
kompliziert complicated
komponieren to compose (music)
der **Komponist, -en, -en** composer
das **Kompott, -e** stewed fruit
der **Kompromiss, -e** compromise
die **Konditorei, -en** pastry shop
die **Konferenz, -en** conference
der **Konflikt, -e** conflict
der **Kongress, -e** conference
der **König, -e** king; **Heilige Drei ~e** (die **Heiligen Drei ~e**) Epiphany (Jan. 6)
die **Königin, -nen** queen
das **Königreich, -e** kingdom
konjugieren to conjugate
die **Konjunktion, -en** conjunction
der **Konjunktiv** subjunctive
die **Konkurrenz** competition
konkurrieren to compete
können (kann), konnte, gekonnt to be able to, can
die **Konsequenz, -en** consequence
konservativ conservative
das **Konservierungsmittel, -** preservative
das **Konsulat, -e** consulate
die **Kontaktlinse, -n** contact lense
das **Konto, -s** (or **Konten**) account
der **Kontrast, -e** contrast
die **Kontrolle, -n** control
kontrollieren to control, check
die **Konversation, -en** conversation; **~sstunde, -n** conversation lesson
das **Konzentrationslager, -** concentration camp
sich **konzentrieren (auf** + *acc.*) to focus (on), concentrate (on)
das **Konzert, -e** concert
die **Kooperation** cooperation
der **Kopf, ⸚e** head; **~ stehen*** to stand on one's head; **pro ~** per person
das **Kopftuch, ⸚er** head scarf
die **Kopie, -n** copy
der **Kopierer, -** copy machine
der **Korb, ⸚e** basket
der **Korbball, ⸚e** basketball
der **Körper, -** body
die **Körperkultur** culture of the body
körperlich physical(ly)
der **Körperteil, -e** part of the body
die **Korrektur, -en** correction
der **Korrespondent, -en, -en** correspondent
korrigieren to correct

kosten to cost
die **Kosten** (*pl.*) cost(s)
kostenlos free (of charge)
das **Kostüm, -e** costume; lady's suit
die **Krabbe, -n** crab
der **Kracher, -** firecracker
die **Kraft, ⸚e** strength, power; **außer ~** not working
die **Kralle, -n** claw
der **Kran, ⸚e** crane
krank (ä) sick, ill
der **Kranke (ein Kranker)** / die **Kranke, -n, -n** sick person
der **Krankenbesuch, -e** sick visit
die **Krankengymnast, -en, -en** physical therapist
das **Krankenhaus, ⸚er** hospital
die **Krankenkasse, -n** health insurance agency
die **Krankenpflege** nursing
der **Krankenpfleger, -** male nurse
die **Krankenschwester, -n** female nurse
die **Krankenversicherung, -en** health insurance
die **Krankheit, -en** sickness, illness, disease
der **Kranz, ⸚e** wreath; **Advents~** Advent wreath
der **Krapfen, -** fried pastry, filled doughnut
der **Kratzer, -** scratch
das **Kraut** cabbage
der **Krawall, -e** riot
die **Krawatte, -n** tie
kreativ creative(ly)
die **Kreativität** creativity
der **Krebs, -e** crab; cancer; Cancer; **das ~forschungszentrum, -zentren** cancer research center
die **Kreditkarte, -n** credit card
die **Kreide** chalk
der **Kreis, -e** circle; county
das **Kreuz, -e** cross, mark
die **Kreuzung, -en** intersection
das **Kreuzworträtsel, -** crossword puzzle
kriechen, kroch, ist gekrochen to creep, crawl
der **Krieg, -e** war; die **Nach~szeit** postwar period
kriegen (*coll.*) to receive, get
der **Krimi, -s** detective story
die **Kriminalität** crime
das **Kriterium, Kriterien** criterion
die **Kritik** criticism
der **Kritiker, -** critic

kritisch critical(ly)
kritisieren to criticize
die **Krone, -n** crown
krönen to crown
die **Küche, -n** kitchen; cuisine
der **Kuchen, -** cake
der **Küchenschrank, ⸚e** kitchen cabinet
die **Kugel, -n** ball
die **Kuh, ⸚e** cow
kühl cool
der **Kühlschrank, ⸚e** refrigerator
kühn daring(ly)
der **Kuli, -s** pen
die **Kultur, -en** culture
kulturell cultural(ly)
sich **kümmern (um)** to take care (of)
der **Kunde, -n** / die **Kundin, -nen** customer, client
die **Kunst, ⸚e** art
der **Künstler, -** artist; **Computer~** graphic designer
künstlerisch artistic; artistically
künstlich artificial; man-made
die **Kunstmesse, -n** art fair
das **Kupfer** copper
kupfern (*adj.*) (made of) copper
die **Kuppel, -n** cupola, dome
der **Kurfürst, -en, -en** elector (prince)
der **Kurort, -e** health resort, spa
der **Kurs, -e** course
kurz (ü) short(ly), brief(ly); **~ vor** shortly before; **vor ~em** recently
die **Kürze** shortness, brevity; **In der ~ liegt die Würze.** Brevity is the soul of wit. (*lit.,* In brevity lies the seasoning.)
das **Kurzgespräch, -e** brief conversation
die **Kusine, -n** (*fem.*) cousin
küssen to kiss
die **Küste, -n** coast

das **Labor, -s** (**or -e**) lab(oratory)
der **Laborant, -en, -en** lab assistant
lachen to laugh
lächeln to smile; **~ über** (+ *acc.*) to smile about
lächelnd smiling
lächerlich ridiculous
laden (lädt), lud, geladen to load
der **Laden, ⸚** store, business

die **Lage, -n** location; situation; die **Lage untersuchen** to examine the situation

lahm lame; lacking enthusiasm

lallen to babble

das **Lamm, ⸚er** lamb

die **Lampe, -n** lamp

das **Land, ⸚er** country, state; **auf dem ~(e)** in the country; **aufs ~** in(to) the country(side)

landen (ist) to land

die **Landeskunde** cultural and geographical study of a country

die **Landkarte, -n** map

die **Landschaft, -en** landscape, scenery

die **Landsleute** (*pl.*) **countrymen**

die **Landung, -en** landing

der **Landwirt, -e** farmer

die **Landwirtschaft** agriculture

landwirtschaftlich agricultural(ly)

lang (ä) (*adj.*) long

lange long, for a long time; **noch ~ nicht** not by far; **schon ~ (nicht mehr)** (not) for a long time; **wie ~?** how long?

langsam slow(ly)

sich **langweilen** to get/be bored

langweilig boring, dull

lassen (lässt), ließ, gelassen to leave (behind)

lässig casual(ly)

die **Last, -en** burden

der **Lastwagen, -**

(das) **Latein** Latin

die **Laterne, -n** lantern

laufen (läuft), lief, ist gelaufen to run, walk

der **Laut, -e** sound

laut loud(ly), noisy; **Lesen Sie ~!** Read aloud.; **Sprechen Sie ~er!** Speak up.

läuten to ring

der **Lautsprecher, -** loudspeaker

der **Lavastrom, ⸚e** lava flow

die **Lawine, -n** avalanche

leben to live

das **Leben** life; **ums ~ kommen*** to die, perish

lebend living; **etwas Lebendes** s.th. living

lebendig alive; lively

der **Lebensabschnitt, -e** phase of one's life

die **Lebensfreude** zest for life

lebensfroh cheerful, full of life

der **Lebensgefährte, -n, -n / die Lebensgefährtin, -nen** life companion

der **Lebenslauf, ⸚e** (course of one's) life; CV, resumé

die **Lebensmittel** (*pl.*) groceries

der **Lebensstandard** standard of living

die **Lebensumstände** (*pl.*) living conditions; life circumstances

der **Lebensunterhalt** living expenses

die **Leber, -n** liver; **Kalbs~** calves liver

der **Leberkäs(e)** (Bavarian) meatloaf made from minced pork

die **Leberwurst** liver sausage

der **Lebkuchen, -** gingerbread

das **Leder** leather

die **Lederhose, -n** leather pants

die **Ledersitzgruppe, -n** leather sectional sofa

ledig single

leer empty; **leer stehen** to sit vacant

das **Leergut** empty bottles

legen to lay, put (flat); **auf etwas Wert ~** to insist on s.th.; **Darauf lege ich viel Wert.** That is very important to me. ; **sich (hin·)~** to lie down

das **Lehrbuch, ⸚er** textbook

die **Lehre, -n** apprenticeship

lehren to teach

der **Lehrer, -** teacher

der **Lehrling, -e** apprentice

die **Lehrstelle, -n** apprenticeship (position)

der **Leichnam, -e** corpse

leicht light; easy, easily; **Das fällt mir nicht ~.** It doesn't come easy to me.; **etwas ~ nehmen** to take s.th. lightly

das **Leid** misery; **Es tut mir leid.** I'm sorry.

leiden, litt, gelitten to suffer

die **Leidenschaft, -en** passion

leidenschaftlich passionate

leider unfortunately

leihen, lieh, geliehen to lend

die **Leine, -n** leash

leise quiet(ly), soft(ly)

leisten to achieve; **sich etwas ~** to afford s.th. (a purchase); **Militärdienst ~** to do military service

die **Leistung, -en** accomplishment; service; **~spunkt, -e** credit

leiten to be in charge; to lead, to direct

der **Leiter, -** director

die **Leiter, -n** ladder

die **Leitung** leadership, direction; organizers, directors; line, pipe

das **Leitungswasser** tap water

lenken to direct

lernen to learn, study

lesbar legible, legibly

lesen (liest), las, gelesen to read; **~ Sie laut! / ~ Sie es vor!** Read it aloud.

der **Leser, -** reader

die **Leseratte, -n** bookworm

der **Lesesaal, -säle** reading room

letzt- last

(das) **Letzeburgisch** Luxembourg dialect

letztendlich finally, in the end

leuchtend bright, vibrant (color)

die **Leute** (*pl.*) people

licht (*poetic*) light

das **Licht, -er** light; **das ~ erlöscht** the light goes out; **ins ~ treten*** to step out into the light

die **Lichterkette, -n** candlelight march

der **Lichtschalter, -** light switch

lieb- dear

die **Liebe** love

lieben to love

lieber rather; **Es wäre mir ~, wenn . . .** I would prefer it, if . . .

der **Liebestrank, ⸚e** love potion

liebevoll loving

der **Liebhaber, -** enthusiast

der **Liebling, -e** darling, favorite; **~sdichter** favorite poet; **~sfach** favorite subject; **~sgetränk, -e** favorite beverage; **~splatz** favorite place

liebst-: am ~en best of all

das **Lied, -er** song

liefern to distribute, deliver; **sich ~ lassen** to have (s.th.) delivered

liegen, lag, gelegen to lie, be (located); be lying (flat)

der **Liegestuhl, ⸚e** lounge chair

lila purple

die **Lilie, -n** lily

die **Limonade, -n = Limo, -s** soft drink; **die Zitronen~** carbonated lemonade

die **Linguistik** linguistics

die **Linie, -n** line

link- left; **auf der ~en Seite** on the left

links left; **erste Straße ~** first street on the left

die **Liste, -n** list; **eine ~ auf·stellen** to make a list

der **Liter, -** liter
die **Literatur** literature
das **Loch, ⁼er** hole
locken to lure, attract
locker relaxed, laid back;
  (etwas) ~ sehen to be casual
  about (s.th.), make light of
  (s.th.); **nicht locker lassen***
  (coll.) to be persistent; **etwas
  locker sehen** to take s.th. lightly,
  make light of s.th.
der **Löffel, -** spoon; **-Ess~**
  tablespoon (of); **Tee~** teaspoon (of)
logisch logical(ly)
sich **lohnen** to be worth
lokal local(ly)
los: ~·werden* to get rid of;
  etwas ~ sein* to be happening,
  going on; **Was ist ~?** What's the
  matter?
lose loose
lösen to solve; **sich ~ von** to free
  o.s. of
die **Lösung, -en** solution
die **Lotterie, -n** lottery
der **Löwe, -n, -n / die Löwin,
  -nen** lion; Leo
die **Luft** air
der **Luftangriff, -e** air raid
die **Luftbrücke** airlift
die **Luftpost** airmail; **per ~** by
  airmail
die **Luftverschmutzung** air
  pollution
lückenhaft fragmented
die **Lüge, -n** lie
lügen to lie
die **Lust** inclination, desire, fun;
  ~ haben auf to feel like (doing
  or having) s.th.; **Ich habe
  (keine) ~ (zu) . . .** I (don't) feel
  like (doing s.th.) . . .
lustig funny; **reise~ sein*** to love
  to travel; **sich ~ machen
  (über** + *acc.*) to make fun of
luxuriös luxurious(ly)
der **Luxus** luxury

machen to make; to do;
  Aufsehen ~ to attract interest,
  show off; **(Das) macht nichts.**
  (That) doesn't matter. That's
  okay.; **Das macht zusammen . . .**
  That comes to . . .; **Machs gut!**

Take care!; **Spaß ~** to be fun;
  Was machst du Schönes? What
  are you doing?
die **Macht, ⁼e** power; die
  Westmächte (*pl.*) western Allies
das **Mädchen, -** girl
das **Magazin, -e** magazine;
  feature (e.g., on TV)
die **Magd, ⁼e** *(archaic)* maid
der **Magen, ⁼ / -** stomach
der **Magister, -** master's degree,
  M.A.
die **Mahlzeit, -en** meal; **~!** Enjoy
  your meal (food)!
das **Mahnmal, -e** memorial (of
  admonishment)
der **Mai** May; **im ~** in May
der **Mais** corn
mal times, multiplied by; **~
  sehen!** Let's see.
das **Mal, -e: das erste ~** the
  first time; **zum ersten ~** for the
  first time
malen to paint
der **Maler, -** painter (artist);
  house painter
man one (they, people, you)
man (*adv.*; north German *coll.*):
  **Komm ~! Come on!; Lass ~ gut
  sein! Forget it!**
das **Management** management
manch- many a, several, some
manchmal sometimes
der **Mangel** (**an** + *dat.*) lack (of)
mangelhaft poor; approx. grade D
manipuliert manipulated
der **Mann, ⁼er** man; husband
männlich masculine, male
die **Mannschaft, -en** team;
  military unit
der **Mantel, ⁼** coat
das **Manuskript, -e** manuscript
das **Märchen, -** fairy tale
die **Margarine, -n** margarine
die **Marine, -n** navy
die **(D-)Mark = Deutsche Mark =
  DM** German currency before
  the Euro
die **Marke, -n** brand
markieren to mark
der **Markt, ⁼e** market; **Super~**
  supermarket; **Wachstums~**
  growth market
die **Marmelade, -n** marmalade, jam
der **März** March; **im ~** in March
die **Maschine, -n** machine
der **Maschinenbau** mechanical
  engineering

die **Maske, -n** mask
die **Massage, -n** massage
die **Maß** large glass holding
  about 1 liter of beer, **der ~krug, -e**
  beer mug
die **Masse, -n** mass
das **Massen-Brimborium** excess
  of mass events
die **Massenmedien** (*pl.*) mass
  media
der **Mast, -en** ship mast
die **Maßnahme, -n** step, measure
das **Material** material
die **Mathematik** mathematics
die **Mauer, -n** (thick) wall
das **Maul, ⁼er** big mouth
  (of animal)
der **Maurer, -** bricklayer
die **Maus, ⁼e** mouse; **~efalle, -n**
  mousetrap
der **Mechaniker, -** mechanic
die **Medien** (*pl.*) media
das **Medikament, -e** medicine,
  medication
die **Medizin** (the field of)
  medicine
das **Meer, -e** ocean, sea
das **Mehl** flour
mehr more; **immer ~** more and
  more; **~ als** more than
mehrer- (*pl.*) several
die **Mehrheit** majority
die **Mehrsprachigkeit**
  multilingualism
die **Mehrwertsteuer, -n** value-
  added tax
meiden, mied, gemieden to
  avoid
mein my
meinen to mean, think (be of an
  opinion); **Wenn du meinst.** If
  you think so.
die **Meinung, -en** opinion;
  meiner ~ nach in my opinion
der **Meinungsaustausch** exchange
  of opinion
die **Meinungsumfrage, -n**
  opinion poll
meist-: am ~en most
meistens mostly, usually,
  more often than not; for the
  most part
der **Meister, -** master
die **Melange** coffee with
  whipped cream
die **Melone, -n** melon
die **Menge, -n** crowd; **jede ~** all
  sorts of

die **Mensa** (pl. **Mensen**) student cafeteria
der **Mensch, -en, -en** human being, person; people (pl.); **~!** Man! Boy! Hey!; **Mit~** fellow human being
die **Menschheit** humankind
das **Menü, -s** complete meal (usually including soup and dessert); **Tages~** daily special
merken to notice, find out
die **Messe, -n** (trade) fair
das **Messegelände, -** fairgrounds
das **Messer, -** knife; **Taschen~** pocket knife; eine **~spitze Salz** a pinch of salt
das **Metall, -e** metal
der **Meter, -** meter
die **Metropole, -n** metropolis
der **Metzger, -** butcher
die **Metzgerei, -en** butcher shop
mies miserable
die **Miete, -n** rent
mieten to rent
der **Mieter, -** renter, tenant
die **Mietwohnung, -en** apartment
der **Mikrowellenherd, -e = die Mikrowelle, -n** microwave oven
die **Milch** milk
das **Militär** military, army
der **Militärdienst** military service
militärisch military
der **Million, -en** million
der **Millionär, -e** millionaire
die **Minderheit** minority
der **Mindestbestellwert** minimum order
mindestens at least
die **Mineralogie** mineralogy
das **Mineralwasser** mineral water
minus minus
die **Minute, -n** minute
mischen to mix; **darunter·~** to blend in
die **Mischform, -en** mixed form, hybrid
die **Mischung, -en** (**aus** + dat.) mixture (of)
miserabel miserable, miserably
missbrauchen to abuse; to misuse
die **Mission, -en** mission
das **Missverständnis, -se** misunderstanding
mit- together, with, along
mit (+ dat.) with; along
das **Mitbestimmungsrecht** right to participate in the decision-making process

der **Mitbewohner, -** housemate
mit·bringen* to bring, take along
mit·fahren* to drive along
mit·feiern to join in the celebration
das **Mitgefühl** compassion
mit·gehen* to go along
das **Mitglied, -er** member
mit·kommen* to come along
das **Mitleid** pity
mit·machen to participate
mit·nehmen* to take along
mit·schicken to send along
mit·singen* to sing along
der **Mittag, -e** noon; **heute ~** at noon today
das **Mittagessen, -** lunch, mid-day meal; **beim ~** at lunch; **zum ~** for lunch
mittags at noon; **-dienstag~** Tuesdays at noon
die **Mitte** middle, center; **~ des Monats** in the middle of the month; mid-month
das **Mittel, -** means (of)
das **Mittelalter** Middle Ages; **im ~** in the Middle Ages
mittelalterlich medieval
(das) **Mitteleuropa** Central Europe
mittelgroß average size
mitten: ~drin right in the middle of it; **~durch** right through the middle of
die **Mitternacht: um ~** at midnight
der **Mittwoch** Wednesday; **am ~** on Wednesday; **Ascher~** Ash Wednesday
mittwochs on Wednesdays
mit·wirken to participate
die **Möbel** (pl.) furniture
der **Mönche, -e** monk
die **Mobilität** mobility
möbliert furnished
möchten (subj. of **mögen**) would like; **Ich möchte . . .** I would like (to have) . . .
das **Modalverb, -en** modal auxiliary
die **Mode, -n** fashion, trend; custom; **in ~** in(to) vogue
der **Moderator, -en** moderator, TV-host
mögen (mag), mochte, gemocht to like; **Ich mag kein(e/en) . . .** I don't like (any) . . . (+ acc. noun)

möglich possible; **alle ~en** all sorts of; **Das ist doch nicht ~!** That's impossible!
die **Möglichkeit, -en** possibility
der **Moment, -e** moment; **(Einen) ~!** One moment! Just a minute!
momentan at the moment, right now
der **Monat, -e** month; **im ~** a month, per month; **einen ~** for one month
monatelang for months
monatlich monthly
der **Montag** Monday ; **am ~** on Monday
montags on Mondays
die **Moral** moral
der **Mörder, -** murderer
morgen tomorrow; **Bis ~!** See you tomorrow; **für ~** for tomorrow; **über~** the day after tomorrow
der **Morgen** morning: **Guten ~!** Good morning.; **heute ~** this morning
morgens in the morning, every morning; **montag~** Monday mornings
der **Moslem, -s / die Moslime, -n** Moslem man/woman
moslemisch Moslem
die **Mozartkugel, -n** chocolate candy invented in Salzburg
der **MP3-Spieler,-** MP3 player
müde tired
die **Müdigkeit** fatigue
die **Mühe, -n** effort; **mit Müh' und Not** with much effort
mühelos without trouble, easily
mühsam tiresome, strenuous; with difficulty, through hard work
multikulturell multicultural
der **Müll** garbage, waste
die **Mülldeponie, -n** landfill
die **Mülltonne, -n** garbage can
die **Mülltrennung** garbage sorting
der **Mund, ¨er** mouth
die **Mundart, -en** dialect
mündlich oral(ly)
die **Münze, -n** coin
die **Muschel, -n** clam; shell
das **Museum, Museen** museum
die **Musik** music
musikalisch musical(ly)
der **Musiker, -** musician
die **Musikwissenschaft** musicology
(der) **Muskat** nutmeg

das **Müsli** (Swiss: **Müesli**) cereal (with fruits and nuts)

müssen (muss), musste, gemusst to have to, must

mutig brave

die **Mutter, ⸚** mother; **Groß~** grandmother; **Schwieger~** mother-in-law; **Urgroß~** great-grandmother

mütterlich motherly

die **Muttersprache** mother tongue

die **Mütze, -n** cap

na well; **~ also** well; **~ gut** well, all right; **~ ja** well; **~ klar** of course; **~ und?** So what?

nach- after, behind

nach (+ *dat.*) after (time), to (cities, countries, continents); **je ~** depending on

der **Nachbar, -n, -n** neighbor

die **Nachbarschaft, -en** neighborhood; neighborly relations

nachdem (*conj.*) after; **je ~** depending on

nach·denken* über to reflect, think about

nacherzählt retold, adapted

die **Nachfrage** demand

nachher afterward

nach·kommen* to follow

die **Nachkriegszeit** period after the war

nach·laufen* to run after

nach·machen to imitate

der **Nachmittag, -e** afternoon; **am ~** in the afternoon; **heute ~** this afternoon

nachmittags in the afternoon, every afternoon

der **Nachname, -ns, -n** last name

die **Nachricht, -en** news (e.g., on TV)

nächst- next

die **Nacht, ⸚e** night; **gestern ~** last night; **Gute ~!** Good night!; **heute ~** tonight

der **Nachteil, -e** disadvantage

das **Nachthemd, -en** nightgown

der **Nachtisch** dessert; **zum ~** for dessert

der **Nachtmensch, -en, -en** night person

nachts during the night, every night; **sonntag~** Sunday nights

der **Nachttisch, -e** nightstand

der **Nachtwächter, -** night watchman

nach·weisen* to prove

nach·werfen* to throw after

der **Nacken, -** neck

nackt naked, nude

die **Nacktheit** nudity, nakedness

die **Nadel, -n** needle

der **Nagel, ⸚** nail

nah (näher, nächst-) near

die **Nähe** nearness, vicinity; **in der ~** nearby; **in der ~ von** (+ *dat.*) near (somewhere)

nähen to sew

der **Name, -ns, -n** name; **Mädchen~** maiden name; **Mein ~ ist . . .** My name is . . .; **Nach~** last name; **Spitz~** nickname; **Vor~** first name

nämlich namely, you know

die **Nase, -n** nose; **Ich habe die ~ voll.** I'm fed up (with it).

nass wet

die **Nation, -en** nation, state

national national(ly)

der **Nationalismus** nationalism

die **Nationalität, -en** nationality

der **Nationalsozialismus** National Socialism (Nazism)

die **Nationalsozialisten** (*pl.*) National Socialists (Nazis)

der **Nationalstolz** nationalism

die **Natur** nature

natürlich natural(ly), of course

das **Naturschutzgebiet, -e** nature preserve

die **Naturwissenschaft, -en** natural science

naturwissenschaftlich scientific(ally)

die **Nazizeit** Nazi period

der **Nebel** fog

neben (+ *acc./dat.*) beside, next to

nebenan next door

nebeneinander next to each other

das **Nebenfach, ⸚er** minor (academic field of study)

der **Nebensatz, ⸚e** subordinate clause

neblig foggy

der **Neffe, -n, -n** nephew

negativ negative(ly)

nehmen (nimmt), nahm, genommen to take; to have (food); **etwas leicht ~** to take s.th. lightly; **Stellung nehmen** (**zu** + *dat.*) to take a position

nein no

die **Nelke, -n** carnation

nennen, nannte, genannt to name, call

nett nice

das **Netzwerk, -e** network

neu new(ly); **Was gibts Neues . . . ?** What's new?

die **Neubausiedlung, -en** housing development

neugierig curious(ly)

der **Neujahrstag** New Year's Day

nicht not; **gar ~** not at all; **~ nur . . . sondern auch** not only . . . but also; **~ wahr?** isn't it?, right?

die **Nichte, -n** niece

nichts nothing; **~ Besonderes/ Neues** nothing special/new

nicken to nod

nie never; **noch ~** never before, not ever

nieder·kauern to move downward

sich **nieder·legen** to lie down

niedrig low

niemand nobody, no one

nirgends nowhere; **ins Nirgends** into nowhere

die **Nische, -en** niche

nobel noble, nobly

noch still; **~ ein** another; **~ (ein) mal** once more, again; **~ etwas** s.th. else; **~ kein(e)** still no; **~ lange nicht** not by far; **~ nicht** not yet; **~ nie** never (before), not ever; **immer ~** still; **Sonst ~ etwas?** Anything else?; **was ~?** what else?; **weder . . . ~** neither . . . nor

der **Nominativ, -e** nominative

die **Nonne, -n** nun

der **Norden: im ~** in the north

nördlich (von) to the north, north (of)

normal normal; by regular (surface) mail

die **Nostalgie** nostalgia

nostalgisch nostalgic

die **Note, -n** grade

der **Notendurchschnitt, -e** grade point average

nötig necessary, needed

die **Notiz, -en** note; **~en machen** to take notes

notwendig necessary

der **November** November; **im ~** in November

nüchtern sober

die **Nudel, -n** noodle

null zero

der **Numerus clausus** admissions restriction at a university
die **Nummer, -n** number
nun now; ~, . . . well, . . .
nur only
die **Nuss, ̈e** nut
nutzen to use
nutzlos useless

ob (*conj.*) if, whether; **Und ~!** You bet. You better believe it.
oben upstairs ; up; **~ genannt** above-mentioned; **~ ohne** topless
oberflächlich superficial
die **Oberstufe, -n** upper level
das **Oberteil, -e** top (e.g., of a bikini)
das **Objekt, -e** object
objektiv objective(ly)
das **Obst** (*sg.*) fruit
obwohl (*conj.*) although
oder or; **~?** Isn't it? Don't you think so?
der **Ofen, ̈** oven
offen open
die **Offenheit** openness
öffentlich public(ly)
offiziell official(ly)
der **Offizier, -e** title of high military rank, officer
öffnen to open; **~ Sie das Buch auf Seite . . . !** Open the book to page . . . !
oft often
ohne (+ *acc.*) without
Ohnmacht: in ~ fallen* to faint
das **Ohr, -en** ear
Oje! Oops! Oh no!
der **Ökologe, -n, -n /** die **Ökologin, -nen** ecologist
die **Ökologie** ecology
ökologisch ecological(ly)
das **Ökosystem, -e** ecological system
der **Oktober** October; **im ~** in October
das **Öl, -e** oil; lotion
oliv olive-colored
der **Ölwechsel** oil change
die **Olympiade, -n** Olympics
die **Oma, -s** grandma, grandmother
der **Onkel, -** uncle
der **Opa, -s** grandpa

die **Oper, -n** opera ; **Seifen~** soap opera
die **Operette, -n** operetta
das **Opfer, -** victim
optimal optimal(ly)
optimistisch optimistic(ally)
orange (color) orange
die **Orange, -n** orange
das **Orchester, -** orchestra
ordentlich orderly; regular(ly)
die **Organisation, -en** organization
der **Organisator, -en** organizer
(sich) **organisieren** to organize
die **Orgel, -n** organ
die **Orientierung** orientation
das **Original, -e** original
der **Originalschauplatz, ̈e** original location
der **Ort, -e** place, location; town
der **Ossi, -s** (derogatory nickname) East German person
die **Ostalgie** nostalgia for the days of the DDR and life in East Germany
der **Osten: im ~** in the east
(das) **Österreich** Austria
der **Österreicher, -** Austrian person
österreichisch Austrian
östlich (von) eastern, in the east; east (of), to the east (of)
der **Ozean, -e** ocean

paar: ein ~ a couple of, some
das **Paar, -e** couple, pair
die **Pacht** lease; **der ~vertrag, ̈e** lease agreement/contract
pachten to lease
packen to pack; to grab
die **Pädagogik** education
das **Paket, -e** package, parcel
die **Paketkarte, -n** parcel form
der **Palast, ̈e** palace
das **Panorama** panorama
das **Papier, -e** paper
die **Pappe** cardboard
die **Parabel, -n** parable
das **Paradies** paradise
der **Paragraph, -en, -en** paragraph
das **Parfüm, -s** perfume
der **Park, -s** park
die **Parkanlage, -n** public park
parken to park
das **Parkett: im ~** (seating) in the orchestra

der **Parkplatz, ̈e** parking lot
parlamentarisch parliamentary
die **Parole, -n** slogan
die **Partei, -en** (political) party
der **Parteivorsitzende, -n** party leader
das **Parterre: im ~** on the first/ ground floor
das **Partizip, -ien** participle
der **Partner, -** partner
die **Partnerschaft, -en** partnership
die **Party, -s** party
der **Pass, ̈e** passport
passen to fit
passend appropriate(ly), suitable, suitably
passieren (**ist**) to happen
passiv passive(ly)
das **Passiv** passive voice
das **Patentamt, ̈er** patent office
patriotisch patriotic
der **Patriotismus** patriotism
pauken to cram
die **Pause, -n** intermission, break; **eine ~ machen** to take a break
das **Pech** tough luck; **~ haben*** to be unlucky
der **Pelzmantel, ̈** fur coat
der **Pelzmütze, -n** fur hat
pendeln (ist) to commute; **hin- und her·~** to commute back and forth
die **Pension, -en** boarding house; hotel
die **Pensionierung** retirement
peinlich embarassing
das **Perfekt** present perfect
permanent permanent(ly)
perplex baffled
die **Person, -en** person; **pro ~** per person
das **Personal** personnel, staff; **die ~kosten** (*pl.*) staffing cost
persönlich personal(ly)
der **persönliche digitale -Assistent, -en, -en (PDA)** personal digital assistant
die **Persönlichkeit, -en** personality
die **Perspektive, -n** perspective
pessimistisch - pessimistic(ally)
das **Pfand, ̈er** deposit; security
das **Pfandflaschensystem, -e** deposit bottle system
der **Pfannendeckel, -** pot lid
der **Pfannkuchen, -** pancake
der **Pfarrer, -** (Protestant) minister; cleric
der **Pfeffer** pepper
die **Pfefferminze** peppermint

die **Pfeife, -n** pipe

pfeifen, pfiff, gepfiffen to whistle; boo

der **Pfeil, -e** arrow

das **Pferd, -e** horse

der **Pferdewagen, -** horse-drawn wagon

der **Pfiff, -e** whistling

die **Pflanze, -n** plant

das **Pflaster, -** adhesive bandage

die **Pflaume, -n** plum

pflegen to maintain, take care of, cultivate; **er pflegt, das zu tun** he usually does that; **wie er zu sagen pflegt** as he likes to say

die **Pflegeversicherung, -en** long-term care insurance

die **Pflicht, -en** duty, obligation

das **Pflichtfach, ¨er** required subject

das **Pfund, -e** pound; **zwei ~** two pounds (of)

die **Pharmazie** pharmaceutics; pharmacy

die **Philologie** philology

der **Philosoph, -en, -en** philosopher

die **Philosophie** philosophy

die **Physik** physics

der **Physiker, -** physicist

physisch physical(ly)

der **Pianist, -en** pianist

das **Picknick, -s** picnic

picknicken to (have a) picnic; **~ gehen*** to go picnicking

die **Piefke** Austrian slang for German people

der **Pilot, -en, -en** pilot

die **Pille, -n** (birth control) pill; **die Antibabypille, -n** birth control pill

der **Pinsel, -** paintbrush

die **Pizza, -s** pizza

(jemanden) **plagen** to bother (s.o.)

der **Plan, ¨e** plan; **Spiel~** schedule of performances

die **Plane, -n** tarp

planen to plan

das **Plastik** plastic

die **Plastiktüte, -n** plastic bag

platschen to patter

das **Plattdeutsch** Low German (dialects spoken in the flatlands of northern Germany)

die **Platte, -n** record; platter

der **Plattenbau, -ten** housing projects typical for GDR

der **Plattenspieler, -** record player

der **Platz, ¨e** (town) square, place; seat; space

die **Platzanweiser, -** usher

das **Plätzchen, -** cookie

plaudern to chat

plötzlich sudden(ly)

der **Plural, -e** (von) plural (of)

plus plus

der **Plüsch** plush

das **Plusquamperfekt** past perfect

der **Pole, -n, -n / die Polin, -nen** native of Poland

(das) **Polen** Poland

polnisch Polish

die **Politik** politics

der **Politiker, -** politician

die **Politik(wissenschaft)** political science, politics

politisch political(ly)

die **Polizei** (*sg.*) police; **die Verkehrspolizei** traffic police

der **Polizist, -en, -en** policeman

die **Pommes frites** (*pl.*) French fries

populär popular(ly)

die **Popularität** popularity

das **Portemonnaie, -s** wallet

der **Portier, -s** desk clerk

das **Porto** postage

das **Porträt, -s** portrait

(das) **Portugal** Portugal

der **Portugiese, -n, -n / die Portugiesin, -nen** the Portuguese

portugiesisch Portuguese

das **Porzellan** porcelain

die **Post** post office; mail

der **Postbote, -n, -n / die Postbotin, -nen** mail carrier

der **Postdienst** postal service

der **Posten, -** position

das **Postfach, ¨er** post office (P.O.) box

die **Postkarte, -n** plain postcard

die **Postkutsche, -n** carriage

die **Postleitzahl, -en** ZIP code

die **Postwertzeichen** (*pl.*) postage

die **Pracht** splendor

prachtvoll glorious(ly)

prägen to shape, influence

der **Praktikant, -en** intern

das **Praktikum, Praktika** practical training, internship

praktisch practical(ly)

die **Präposition, -en** preposition

das **Präsens** present time

präsentieren to present

der **Präsident, -en, -en** president

die **Praxis** practical experience; practice

praxisnahe practical

predigen to give a sermon

die **Predigt, -en** sermon

der **Preis, -e** price; prize

die **Preiselbeeren** (*pl.*) type of cranberries

die **Presse** press; **Tages~** daily press

das **Prestige** prestige

prima great, wonderful

primitiv primitive(ly)

der **Prinz, -en, -en** prince

die **Prinzessin, -nen** princess

das **Prinzip, -ien** principle; **im ~** in principle

privat private(ly)

das **Privileg, Privilegien** privilege

pro per

die **Probe, -n** test; **auf die ~ stellen** to test

proben to rehearse

probieren to try

das **Problem, -e** problem; (**Das ist) kein ~.** (That's) no problem.

problematisch problematic

das **Produkt, -e** product

die **Produktion** production; **Buch~** book publishing

der **Produzent, -en, -en** producer

produzieren to produce

der **Professor, -en** professor

das **Profil, -e** profile

profitieren to profit

das **Programm, -e** program, channel

der **Programmierer, -** programmer

das **Projekt, -e** project

prominent illustrious, famous

promovieren to earn a doctorate

das **Pronomen, -** pronoun

proportional proportional(ly)

die **Prosa** prose

Prost! Cheers!

der **Protest, -e** protest

protestieren to protest

protzen to brag

das **Provisorium** provisional state

provozieren to provoke

das **Prozent, -e** percent

die **Prüfung, -en** test, exam; **bei einer ~ durch·fallen*** to flunk an exam; **eine ~ bestehen*** to pass an exam; **eine ~ machen** to take an exam; der **~sdruck exam pressure; das ~swesen** exam routine

das **Pseudonym, -e** pseudonym

der **Psychiater, -** psychiatrist
die **Psychoanalyse** psychoanalysis
der **Psychologe, -n, -n** / die
   Psychologin, -nen psychologist
die **Psychologie** psychology
psychologisch psychological(ly)
das **Publikum** audience
der **Pudel, -** Poodle
die **Puderdose, -n** compact
der **Pudding, -s** pudding
der **Pulli, -s** sweater
der **Pullover, -** pullover, sweater;
   Rollkragen~ turtleneck sweater
das **Pulver** powder
der **Punkt, -e** point; period
pünktlich on time
die **Puppe, -n** doll
die **Pute, -n** turkey hen
putzen to clean; **sich die Zähne**
   ~ to brush ones teeth
die **Putzfrau, -en** cleaning lady
die **Pyramide, -n** pyramid

der **Quadratkilometer, -** square
   kilometer
der **Quadratmeter, -** square meter
die **Qual, -en** torment, agony
die **Qualifikation, -en** qualification
qualifiziert qualified
die **Qualität, -en** quality;
   Lebens~ quality of life
die **Quantität** quantity
das **Quartal, -e** quarter (university)
das **Quartett, -e** quartet
das **Quartier, -s (or -e)** lodging
der **Quatsch** nonsense
die **Quelle, -n** source
quer durch all across
das **Quiz** quiz
die **Quote, -n** quota

das **Rad, ̈er** bicycle, bike; **~**
   fahren* to bicycle
radeln (ist) (coll.) to bike
der **Radiergummi, -s** eraser
das **Radieschen, -** radish
das **Radio, -s** radio
der **Rand, ̈er** edge; **am ~e**
   (+ gen.) at the outskirts
der **Rang, ̈e** theater balcony
die **Rangordnung, en** ranking

ranzig rancid
der **Rasen, -** lawn
(sich) rasieren to shave (o.s.)
der **Rat** advice, counsel
raten (rät), riet, geraten to
   advise; to guess
das **Rathaus, ̈er** city hall
(das) Rätoromanisch Romansh
das **Rätsel, -** riddle
die **Ratte, -n** rat
rauchen to smoke
der **Raum** space
räumen to clear
räumlich (geographisch)
   geographic(ally)
das **Raumschiff, -e** spaceship
der **Rausch: im Rausch** delirious
reagieren (auf + acc.) to react (to)
die **Reaktion, -en** reaction
die **Realität** reality
die **Realschule, -n** high school,
   grades 5–10
rebellieren to rebel
rechnen to calculate
die **Rechnung, -en** check, bill
das **Recht, -e** right; **Du hast ~.**
   You're right
recht: Das geschieht dir ~. That
   serves you right; **Du hast ~.**
   You're right.
recht-: auf der ~en Seite on the
   right side
sich **rechtfertigen** to justify o.s.
rechts right; **erste Straße ~** first
   street to the right
der **Rechtsanwalt, ̈e** / die
   Rechtsanwältin, -nen lawyer
der **Rechtsradikalismus** right-
   wing radicalism
rechtwinklig (zu+ dat.)
   perpendicular to
die **Rechtswissenschaft** study
   of law
recyceln to recycle
die **Rede, -n** speech; **indirekte ~**
   indirect speech
reden (mit/über) to talk (to/about)
die **Redewendung, -en** idiom,
   saying
reduzieren to reduce
das **Referat, -e** oral presentation
   (in class); **ein ~ halten*** to give
   an oral presentation
referieren to give a talk, deliver
   a speech
reflexiv reflexive(ly)
das **Reformhaus, ̈er** health-
   food store
das **Regal, -e** shelf

rege frequent(ly), active(ly);
   ein reges Kommen und Gehen
   frequent come and go
regelmäßig regular(ly)
regeln to regulate
der **Regen** rain
der **Regenschirm, -e** umbrella
die **Regie** prompting; (stage or
   film) direction
die **Regierung, -en** government
das **Regime, -s** regime
die **Region, -en** region
regional regional(ly)
der **Regisseur, -e** director (film)
registrieren to register
regnen to rain; **Es regnet.** Its
   raining.
regulieren to regulate
regungslos motionless
reiben, rieb, gerieben to rub
reich rich(ly)
das **Reich, -e** empire, kingdom
reichen to suffice, be enough; **~**
   bis an (+ acc.) to go up to
der **Reichtum, ̈er** wealth
reif ripe; mature
die **Reife** maturity; **Mittlere ~**
   diploma of a Realschule
die **Reihe, -n** row
die **Reihenfolge, -n** order,
   sequence
das **Reihenhaus, ̈er** townhouse,
   row house
der **Reim, -e** rhyme
sich **reimen** to rhyme
die **Reinigung, -en** cleaners, dry
   cleaners; cleanup
der **Reis** rice
die **Reise, -n** trip; **eine ~ machen**
   to take a trip, travel
das **Reisebüro, -s** travel agency
der **Reiseführer, -** travel guide;
   guide book
der **Reiseleiter, -** tour guide
reiselustig sein* to love to travel
reisen (ist) to travel
die **Reisesperre, -n** travel curfew
das **Reiseziel, -e** travel
   destination
reißen, riss, ist gerissen to tear
reiten, ritt, ist geritten to ride
   (on horseback)
die **Reitschule, -n** riding
   academy
die **Reklame** commercial;
   publicity
der **Rektor, -en** university
   president
relativ relative(ly)

das **Relativpronomen, -** relative pronoun
der **Relativsatz, ⸚e** relative clause
die **Religion, -en** religion
das **Rendezvous, -** date
rennen, rannte, ist gerannt to run
renommiert renowned, well-known
renovieren to renovate
die **Rente, -n** pension
die **Rentenversicherung** social security
das **Rentier, -e** reindeer
die **Reparatur, -en** repair
reparieren to repair
der **Repräsentant, -en, -en** representative
repräsentativ representative
der **Reservat, -e** reservation, preserve
reservieren to reserve
die **Reservierung, -en** reservation
die **Residenz, -en** residence
resignieren to resign, give up
der **Respekt** respect
der **Rest, -e** rest
das **Restaurant, -s** restaurant
restaurieren to restore
die **Restaurierung** restoration
das **Resultat, -e** result
(sich) retten to save, rescue (o.s.)
der **Retter, -** savior
das **Rezept, -e** recipe
die **Rezeption, -en** reception (desk)
der **Richter, -** judge
der **Richterspruch, ⸚e** judgement
die **Richtgeschwindigkeit, -en** recommended speed
richtig right, correct
die **Richtigkeit** correctness
die **Richtung, -en** direction; **in ~** in the direction of
riechen, roch, gerochen to smell
der **Riese, -n, -n** giant
das **Riesenrad, ⸚er** ferris wheel
riesig huge, enormous(ly)
der **Ring, -e** ring
rings um (+ *acc.*) all around
das **Risiko, Risiken** risk
der **Riss, -e** crack
der **Ritter, -** knight
der **Rock, ⸚e** skirt; coat (*poetic*)
roh raw
der **Rohmilchkäse** cheese made from raw milk
der **Rolladen, ⸚** (roller) shudder
die **Rolle, -n** role; **Haupt~** leading role

das **Rollo, -s** (roller) shudder
der **Roman, -e** novel
die **Romanistik** study of Romance languages
die **Romantik** romanticism
romantisch romantic(ally)
der **Römer, -** Roman
römisch Roman
rosa pink
die **Rose, -n** rose
die **Rosine, -n** raisin
rot red; **bei Rot** at a red light
die **Rote Grütze** berry pudding
rötlich reddish
rot werden* to blush
die **Roulade, -n** stuffed beef roll
die **Routine, -n** routine
der **Rückblick, -e** review
der **Rücken, -** back
die **(Hin- und) Rückfahrkarte, -n** round-trip ticket
die **Rückreise, -n** return trip
der **Rückgang, ⸚e** decline
die **Rückreise, -n** return, trip home
der **Rucksack, ⸚e** backpack
die **Rücksicht** consideration; **~ nehmen auf** to be considerate (of)
rückständig underdeveloped, behind the times
der **Rückweg, -e** return trip, way back
das **Ruderboot, -e** rowboat
rudern to row
rüde rude(ly)
der **Ruf, -e** call; reputation; **einen guten ~ haben** to have a good reputation
rufen, rief, gerufen to call
(jemanden) rügen to critizise s.o.
die **Ruhe** peace and quiet; **in ~** quietly, without being rushed; **~ haben** to have peace, be undisturbed
der **Ruhetag, -e** holiday, day off
ruhig quiet
der **Ruhm** fame
der **Rumäne, -n, -n / die Rumänin, -nen** Rumanian
rumänisch Rumanian
rühren to stir; **sich ~** to move; **Ich kann mich kaum ~.** I can hardly move.
der **Rum** rum
rund round
der **Rundblick, -e** panorama, view
die **Rundfahrt, -en** sightseeing trip
der **Rundfunk** radio, broadcasting

der **Russe, -n, -n / die Russin, -nen** the Russian
russisch Russian
(das) Russland Russia
rutschen: nach unten rutschen to slide down

der **Saal, Säle** large room, hall
die **Sache, -n** thing; matter, issue; aspect **Das ist deine ~.** That's your business.; **Haupt~** main thing
sachlich matter of fact(ly)
sächsisch Saxonian
der **Saft, ⸚e** juice
sagen to say, tell; **wie gesagt** as I (you, etc.) said
die **Sahne** cream
die **Saison, -s** season
der **Salat, -e** salad, lettuce
die **Salbe, -n** ointment
das **Salz** salt
salzig salty
sammeln to collect
die **Sammelstelle, -n** collection site
der **Sammler, -** collector
der **Samstag** Saturday; **am ~** on Saturday
samstags on Saturdays
der **Samt** velvet
samt (*also*: **mit~**) including
der **Sand** sand
die **Sandale, -n** sandal
sanft soft(ly), gentle(ly), calm(ly)
der **Sängerknabe, -n, -n** choir boy
die **Sanierung, -en** renovation
der **Satellit, -en, -en** satellite
der **Satellitenteller, -** satellite dish
satteln to saddle
der **Satz, ⸚e** sentence
die **Sau, ⸚e** dirty pig, lit. sow; **So ein ~wetter!** What nasty weather!
sauber clean, neat
die **Sauberkeit** cleanliness
sauber·machen to clean
sauer sour; acid
das **Sauerkraut** sauerkraut
die **Säule, -n** column
die **S-Bahn, -en = Schnellbahn** commuter train
das **Schach: ~ spielen** to play chess
schade too bad
schaden to hurt, damage
der **Schaden, ⸚** damage; **Total~** total loss
schädlich harmful, detrimental

das **Schaf, -e** sheep

der **Schäferhund, -e** German shepherd

schaffen, schaffte/schuf, geschafft/geschaffen to work hard, accomplish; **Das kann ich nicht ~.** I can't do it.

schaffen, schuf, geschaffen to create; to shape

der **Schaffner, -** conductor

die **Schale, -n** shell, peel

die **(Schall)platte, -n** record

der **Schalter, -** ticket window, counter

die **Scham** shame

sich **schämen** to be embarrassed

die **Schande: Es ist keine Schande.** It's o.k., not an embarrassment.

scharfsinnig quick witted, astute(ly)

der **Schatten, -** shadow

die **Schattenseite, -n** dark side

schattenhaft shadow-like

schätzen to appreciate

schauen to look at, watch; to see; **Mal ~.** I'll have to see. (= I don't know yet.); **Schau mal!** Look!

das **Schaufenster, -** display window

das **Schaumbad, ̈er** bubble bath

der **Schauspieler, -** actor

der **Scheck, -s** check

die **Scheibe, -n** slice; **eine ~ Brot** a slice of bread

sich **scheiden lassen*** to get divorced

die **Scheidung, -en** divorce

der **Schein, -e** certificate; **Geld~** banknote

scheinbar apparently

die **Scheindiskussion, -en** fabricated issue

scheinen, schien, geschienen to shine; to seem (like), appear (to be)

schenken to give (as a present)

die **Schere, -n** scissors

die **Scheu** shyness; **keine Scheu** no fear

scheußlich terrible, terribly, disgusting(ly)

die **Schicht, -en** level; **die obere ~** upper level (of society)

schick chic(ly), neat(ly)

schicken to send

schief crooked, not straight; **~ gehen*** to go wrong; (jemanden) **~ anschauen** to criticize

schießen, schoss, geschossen to shoot; **wie Pilze aus dem Boden ~** to sprout

der **Schießbefehl, -e** order to use weapons

die **Schießbude, -n** shooting gallery

das **Schiff, -e** ship, boat; **mit dem ~ fahren*** to go by boat

das **Schild, -er** sign

die **Schildkröte, -n** turtle

der **Schinken, -** ham

der **Schirm, -e** umbrella

der **Schlachter, -** butcher

der **Schlafanzug, ̈e** pyjama

schlafen (schläft), schlief, geschlafen to sleep

schlaflos sleepless

der **Schlafsack, ̈e** sleeping bag

das **Schlafzimmer, -** bedroom

schlagartig abruptly

schlagen (schlägt), schlug, geschlagen to hit, beat

die **Schlagsahne** whipped cream, whipping cream

das **Schlagzeug** drums

die **Schlange, -n** snake

schlank slim, slender

schlau clever(ly), sly(ly); **~ wie ein Fuchs** clever as a fox

das **Schlauchboot, -e** rubber boat

schlecht bad(ly)

schleichen, schlich, ist geschlichen to creep

schließen, schloss, geschlossen to lock, close

das **Schließfach, ̈er** locker

schließlich after all, in the end, finally

schlimm bad, awful

der **Schlips, -e** tie

der **Schlitten, -** sled

das **Schloss, ̈er** castle; palace

der **Schlüssel, -** key

schmecken to taste (good); **Das schmeckt (gut).** That tastes good.

schmelzen (schmilzt), schmolz, ist geschmolzen to melt

der **Schmerz, -en** pain, ache; **~en haben** to have pain; **Ich habe (Kopf)-schmerzen.** I have a (head)ache.

der **Schmetterling, -e** butterfly

der **Schmied, -e** blacksmith

der **Schmutz** dirt

schmutzig dirty

das **Schnäppchen, -** bargain

schnarchen to snore

der **Schnee** snow

schneiden, schnitt, geschnitten to cut

schneien to snow; **es schneit** its snowing

schnell quick(ly), fast

der **Schnellweg, -e** express route

das **Schnitzel, -** veal cutlet

der **Schock, -s** shock

die **Schokolade** chocolate

schon already; **das ~** that's true, sure

schön fine, nice(ly), beautiful(ly)

schonen to protect

die **Schonphase, -n** adjustment period

die **Schönheit, -en** beauty

der **Schrank, ̈e** closet, cupboard

der **Schreck** shock; **Ach du ~!** My goodness!

schrecklich terrible, terribly

schreiben, schrieb, geschrieben to write; **~ Sie bitte!** Please write!; **Wie schreibt man das?** How do you write that?; **~ an** (+ *acc.*) to write to

die **Schreibmaschine, -n** typewriter

der **Schreibtisch, -e** desk

schreien, schrie, geschrien to scream

der **Schreinergehilfe, -n, -n** carpenters' helper

die **Schrift, -en** script; (hand) writing

schriftlich written; in writing

der **Schriftsteller, -** writer, author

der **Schritt, -e** step; gait; pace (unit of measure)

schrumpfen (ist) to shrink

schubsen to shove

schüchtern shy

der **Schuh, -e** shoe; **Sport~** gym shoe, sneaker

die **Schuld** guilt

die **Schulden** (*pl.*) debt

die **Schule, -n** school

der **Schüler, -** pupil, student

die **Schulter, -n** shoulder; (jemandem) **auf die ~ klopfen** to slap

die **Schüssel, -n** bowl

der **Schutt** debris

schütteln to shake

schütten (**in** + *acc.*) to dump, pour (into), spill

der **Schutz** protection; **Umwelt~** environmental protection

der **Schütze, -n, -n** rifleman, marksman; Sagittarius

schützen to protect

der Schwabe, -n, -n / die Schwäbin, -nen the Swabian

(das) Schwaben(land) Swabia

schwäbisch (*adj.*) Swabian

schwach weak

die Schwäche, -n weakness

der Schwager, - brother-in-law

die Schwägerin, -nen sister-in-law

schwanger pregnant

schwänzen to skip class

schwärmen (**von** + *dat.*) to rave (about)

schwarz black; **~~fahren*** to ride (a bus, subway, etc.) without paying

der Schwarze, -n, -n (ein Schwarzer) / die Schwarze, -n, -n black man / woman

das Schwarzbrot, -e rye bread

der Schwede, -n, -n / die Schwedin, -nen the Swede

(das) Schweden Sweden

schwedisch Swedish

schweigen, schwieg, geschwiegen to be/remain silent, say nothing

das Schwein, -e pig, pork; scoundrel; **~ gehabt!** I was (you were, etc.) lucky!

der Schweinebraten pork roast

die Schweinshaxe, -n pigs knuckles

der Schweiß sweat

die Schweiz Switzerland

der Schweizer, - the Swiss

Schweizer/schweizerisch Swiss

das Schweizerdeutsch dialects of Switzerland

das Schweizer Hochdeutsch variant of Standard German, spoken in Switzerland

schwer heavy, heavily, hard, difficult

die Schwerarbeit hard / menial work

der Schwerbehinderte (ein Schwerbehinderter) / die Schwerbehinderte, -n, -n handicapped person

der Schwerpunkt, -e emphasis, concentration

die Schwester, -n sister

das Schwesterchen, - little sister

Schwieger- in-law; **die ~eltern** parents-in-law, in-laws; **die ~mutter** mother-in-law; **der ~vater** father-in-law

schwierig difficult, complicated

die Schwierigkeit, -en difficulty; **der ~sgrad, -e** level of difficulty

das Schwimmbad, ¨er (large) swimming pool

schwimmen, schwamm, ist geschwommen to swim; **~ gehen*** to go swimming

die Schwimmbekleidung swim wear

der Schwimmer, - swimmer

der Schwindel corruption, dishonesty

schwitzen to sweat

schwul gay

schwül humid

der Schwund loss

ein Sechstel one sixth

der See, -n lake

die See sea, ocean

der Seehund, -e seal

die Seelentätigkeit, -en mental activity

das Segelboot, -e sailboat

segelfliegen gehen* to go gliding

segeln to sail; **~ gehen*** to go sailing

der Segen blessing

sehen (sieht), sah, gesehen to see, look; **(etwas) locker sehen** to be casual (about s.th.), make light of (s.th.); **Mal ~!** Lets see!

die Sehenswürdigkeit, -en sightseeing attraction

die Sehnsucht, ¨e yearning

sehr very

die Seide, -n silk

die Seife, -n soap

die Seilbahn, -en cable car, lift, gondola

sein his, its

sein (ist), war, ist gewesen to be

seit (+ *dat.*) since, for (time)

seitdem since then

die Seite, -n page

die Sekretär, -e secretary

der Sekt champagne

die Sekunde, -n second

selbst self; **~ wenn** even if

selbstbewusst self-confident, self-assured

das Selbstbewusstsein self-confidence

selbstständig (selbständig) self-employed, independent

die Selbstständigkeit (Selbständigkeit) independence

selbstverständlich taken for granted; self-evident; **selbstverständlich!** of course!

die Selbstverständlichkeit, -en obvious fact

die Seligkeit, -en blessing

selten seldom

seltsam strange, weird

das Semester, - semester

das Seminar, -e seminar

die (Seminar)arbeit, -en term paper

die Semmel, -n roll (regional term)

der Sender, - (radio or TV) station

die Sendung, -en TV or radio program

der Senf mustard

der September September; **im ~** in September

die Serie, -n series

servieren to serve (food)

die Serviette, -n napkin

Servus! Hi!/Bye! (in Bavaria and Austria)

der Sessel, - armchair

der Sessellift, -e chairlift

setzen to set (down), put; **sich ~** to sit down; **sich dazu ~** to join s.o. at a table

seufzen to sigh

das Shampoo, -s shampoo

die Show, -s show

sicher sure, certain; safe, secure; **Es geht ~.** It's probably all right.; **Ja, ~.** Yes, sure.; **sich ~ sein** to be certain

die Sicherheit safety, security; confidence

sicherlich surely, certainly, undoubtedly

sichern to secure

sichtbar visible, visibly

die Siedlung, -en settlement, subdivision

der Sieg, -e victory

der Sieger, - victor

die Siegermächte (*pl.*) (victorious) Allied Forces

siezen to call each other "Sie"

die Silbe, -n syllable

das Silber silver; **der ~schmied, -e** silver smith

silbern (*adj.*) silver

(das) Silvester: zu ~ at/for New Year's Eve

singen, sang, gesungen to sing

sinken, sank, ist gesunken to sink

der Sinn, -e mind, sense, meaning; **in den ~ kommen*** to come to mind; **~ haben*** to make sense

die Sitte, -n custom

die Situation, -en situation

die **Sitzecke, -n** corner bench (seating arrangement)

sitzen, saß, gesessen to sit (be sitting)

der **Ski, -er** ski; **~ laufen*** to ski; **~laufen gehen*** to go skiing

der **Skilanglauf** cross-country skiing

der **Skiläufer, -** skier

der **Skilift, -e** ski lift

die **Skipiste, -n** ski slope

der **Skorpion, -e** scorpion; Scorpio

skrupellos unscrupulous(ly)

die **Skulptur, -en** sculpture

die **Slawistik** study of Slavic language and literature

der **Slowake, -n, -n / die Slowakin, -nen** the Slovak

slowakisch Slovakian

die **Slowakische Republik = Slowakei** Slovak Republic = Slovakia

der **Slowene, -n, -n / die Slowenin, -nen** the Slovene

(das) **Slowenien** Slovenia

slowenisch Slovenian

sobald as soon as

die **Socke, -n** sock

das **Sofa, -s** sofa, couch

sofort immediately, right away

sogar even

sogenannt so-called

der **Sohn, ⸚e** son

solch- such

der **Soldat, -en, -en** soldier

sollen (soll), sollte, gesollt to be supposed to

der **Sommer, -** summer; **im ~** in the summer

das **Sonderangebot, -e: im ~** on sale, special

sonderbar strange

sondern but (on the contrary); **nicht nur . . . ~ auch** not only . . . but also

der **Sonderstatus** special status

der **Sonnabend** Saturday (in northern and central Germany)

die **Sonne** sun

sich **sonnen** to lie in the sun

der **Sonnenaufgang, ⸚e** sunrise

die **Sonnenblume, -n** sunflower

die **Sonnenbrille, -n** sunglasses

die **Sonnencreme, -s** suntan lotion

das **Sonnenöl** suntan lotion

der **Sonnenuntergang, ⸚e** sunset

sonnig sunny

der **Sonntag** Sunday; **am ~** on Sunday; **Toten~** Memorial Day

sonntags on Sundays

sonst otherwise, normally; **~ noch etwas?** Anything else?

die **Sorge, -n** worry, concern; **sich** (*dat.*) **~en machen (um)** to be concerned (about), be worried (about)

sich **sorgen** to worry; sich **~ um** (+ *acc.*) to worry about; to take care of

sorgfältig diligent(ly)

die **Sorte, -n** type, variety

sortieren to sort

das **Sortiment, -e** stock (in a store)

die **Soße, -n** sauce, gravy

die **Souveränität** sovereignty

soviel as much as; **~ ich weiß** as much as I know

sowie as well as

sowieso anyway, anyhow

sowjetisch Soviet

sowohl . . . als auch . . . as well as

die **Sozialhilfe** social welfare

der **Sozialismus** socialism

sozialistisch socialist

die **Sozialkunde** social studies

der **Sozialpädagoge, -n, - n / die Sozialpädagogin, -nen** social worker

das **Sozialsystem, -e** social system

die **Sozialwissenschaft, -en** social science

die **Soziologie** social studies, sociology

(das) **Spanien** Spain

der **Spanier, -** the Spaniard

spanisch Spanish

spannend exciting, suspenseful

die **Spannung, -en** tension; suspense

sparen to save (money or time)

der **Spargel** asparagus

die **Sparkasse, -n** savings bank

sparsam thrifty

spartanisch Spartan, frugal(ly)

der **Spaß** fun; **~ machen** to be fun; **Das macht (mir) ~.** That's fun. I love it.

spät late; **Wie ~ ist es?** What time is it?

später later; **Bis ~!** See you later!

der **Spatz, -en** sparrow

die **Spätzle** (*pl.*) tiny Swabian dumplings

spazieren to stroll, to walk; **~ gehen*** to go for a walk

der **Spaziergang, ⸚e** walk

der **Speck** bacon

die **Speise, -n** food, dish; **Vor~** appetizer

die **Speisekarte, -n** menu

die **Speisestärke** cornstarch

der **Speisewagen, -** dining car

die **Spekulation, -en** speculation

die **Spezialisierung** specialization

der **Spezialist, -en, -en** specialist

die **Spezialität, -en** specialty

spezifisch specific(ally)

der **Spiegel, -** mirror

das **Spiel, -e** game, play

spielen to play

der **Spielplan, ⸚e** program, performance schedule

der **Spielplatz, ⸚e** playground

das **Spielzeug** toy(s)

spitze (*adj.*) great, super

die **Spitze, -n** top

der **Spitzenkandidat, en** important figures (in a political party)

der **Spitzname, -ns, -n** nickname

spontan spontaneous(ly)

der **Sport** sport(s); **~ treiben*** to engage in sports

der **Sportler, -** athlete

sportlich athletic(ally), sporty

der **Sportverein, -e** sports club

spöttisch cynical(ly)

der **Spottvers, -e** satirical verse

die **Sprache, -n** language

sprechen (spricht), sprach, gesprochen to speak; **Ist . . . zu ~?** May I speak to . . . ?; **Man spricht . . .** They (People) speak . . .; **~ Sie langsam bitte!** Speak slowly, please.; **~ Sie lauter!** Speak louder.; **~ von** (+ *dat.*) / **über** (+ *acc.*) to speak of/ about

der **Sprecher, -** speaker

die **Sprechsituation, -en** (situation for) communication

das **Sprichwort, ⸚er** saying, proverb

springen, sprang, ist gesprungen to jump

das **Spritzgebäck** cookies shaped with a cookie press

der **Spruch, ⸚e** saying

der **Sprung, ⸚e** jump

spülen to wash dishes

die **Spülmaschine, -n** dishwasher

das **Spülmittel, -** dishwashing liquid; detergent

die **Spur, -en** trace; **etwas auf der Spur sein** to be onto something
spüren to feel, sense
der **Staat, -en** state, nation; government
der **Staatenbund** confederation
staatlich public; **~ kontrolliert** state-controlled
die **Staatsangehörigkeit** citizenship
der **Staatsbürger, -** citizen
die **Staatsbürgerschaft, -en** citizenship
der **Staatssicherheitsdienst = die Stasi** GDR secret police
das **Stadion, -s** stadium
das **Stadium** Stadien stage
die **Stadt, ̈e** city, town
das **Stadtbild, -er** overall appearance of a city
das **Stadthaus, ̈er** townhouse (3 to 4 stories or more)
die **Stadtmauer, -n** city wall
der **Stadtplan, ̈e** city map
der **Stadtrand** outskirts (of town)
der **Stadtteil, -e** part of a city, neighborhood
das **Stadtviertel, -** city neighborhood, quarter
der **Stall, ̈e** stable
der **Stamm, ̈e** tribe
der **Stammbaum, ̈e** family tree
stammen (aus + *dat.*) to stem (from), originate (in)
stampfen to stomp
der **Stand, ̈e** booth (i.e., in a market)
der **Standard, -s** standard
das **Standesamt, ̈er** marriage registrar
standesgemäß according to one's social standing
ständig continuous(ly)
die **Stange, -n** pole, bar
stark strong(ly)
starren to stare
die **Station, -en** (bus) stop
die **Statistik, -en** statistic
statt (+ *gen.*) instead of; **~dessen** instead of that
statt·finden* to take place
der **Stau, -s** traffic jam
der **Staub** dust
der **Staubsauger, -** vacuum cleaner
staunen to be amazed

stechen (sticht), stach, gestochen to prick, sting
stecken to stick
stehen, stand, gestanden to stand (or be standing)
stehen bleiben* to come to a stop, remain standing
stehlen (stiehlt), stahl, gestohlen to steal
der **Stehplatz, ̈e** standing ticket (for the Opera)
steif stiff(ly)
steigen, stieg, ist gestiegen to go up, rise, climb
steigern to increase
steil steep(ly)
der **Stein, -e** stone
der **Steinbock, ̈e** ibex; Capricorn
die **Stelle, -n** job, position, place; **an deiner ~** in your shoes, if I were you
stellen to stand (upright), put; **eine Frage ~** to ask a question
das **Stellenangebot, -e** job opening/offer
das **Stellwerk, -e** railway control center
sterben (stirbt), starb, ist gestorben to die
die **Stereoanlage, -n** stereo system
das **Sternzeichen, -** sign of the zodiac
die **Steuer, -n** tax; **Mehrwert~** value-added tax
der **Steuerberater, -** tax consultant
das **Stichwort, ̈er** key word
Stief-: die ~eltern stepparents; **die ~mutter** stepmother; **der ~vater** stepfather
der **Stiefel, -** boot
die **Stiefelette, -n** short boot
der **Stier, -e** bull; Taurus
der **Stil, -e** style
das **Stilbewusstsein** sense of style
still quiet(ly)
die **Stimme, -n** voice
stimmen to be right/true; **(Das) stimmt.** (That's true. (That's right.
die **Stimmung, -en** mood
das **Stipendium, Stipendien** scholarship
die **Stirn** forehead
der **Stock, ̈e** stick, pole

das **Stockwerk, -e** floor, story (in a building); **im ersten ~** on the second floor
stöhnen to complain, moan
der **Stollen, -** Christmas cake / bread with almonds, raisins, and candied peel
der **Stolz** pride
stolz (auf + *acc.*) proud (of); proudly
der **Stopp, -s** stop
das **Stoppschild, -er** stop sign
der **Storch, ̈e** stork
stören to bother, disturb; to disrupt
die **Strähnchen** highlights (in hair)
die **Strafe, -n** punishment
der **Strafzettel, -** (traffic violation) ticket
strahlen to shine
der **Strand, ̈e** beach; **~korb, ̈e** beach basket (chair)
die **Straße, -n** street
die **Straßenbahn, -en** streetcar
das **Straßenbild** scene
die **Strategie, -n** strategy
strategisch strategic(ally)
der **Strauch, ̈er** bush
der **Strauß, ̈e** bouquet (of flowers)
streben (nach) to strive (for)
der **Streber, -** one who studies excessively, grind
strebsam ambitious(ly)
der **Streich, -e** prank
die **Streife, -n** patrol; **~ fahren** to patrol
der **Streifen, -** strip of land
streng strict(ly)
der **Stress** stress; **zu viel ~** too much stress
die **Strichliste, -n** check list
das **Stroh** straw
der **Strom** electricity
der **Strom, ̈e** flow, river
die **Strophe, -n** stanza
der **Strudel, -** swirl
die **Struktur, -en** structure; grammar
der **Strumpf, ̈e** stocking
das **Stück, -e** piece; (theater) play; **ein ~** a piece of; **zwei ~** two pieces of
der **Student, -en, -en** student
das **Studentenwohnheim, -e** student residence, dorm(itory)
der **Studienaufenthalt, -e** study-abroad stay
das **Studienbuch, ̈er** course record book (kept by students)

der **Studiengang, ⁻e** course of study, major

die **Studiengebühr, -en** tuition

der **Studienplatz, ⁻e** opening to study at the university

studieren to study a particular field, be a student at a university; **~ (an** + *dat.*) to be a student (at)

der **Studierende (ein Studierender) / die Studierende, -n, -n** student

das **Studio, -s** studio

das **Studium, Studien** course of study, university degree program

die **Stufe, -n, -n** step

der **Stuhl, ⁻e** chair

die **Stunde, -n** hour, class lesson; **in einer Dreiviertel~** in 45 minutes; **in einer halben ~** in half an hour; **in einer Viertel~** in 15 minutes

stundenlang for hours

der **Stundenplan, ⁻e** schedule (of classes)

stur stubborn(ly)

stürmisch stormy

das **Subjekt, -e** subject

subventionieren to subsidize

die **Suche** search; **auf der ~ nach** in search for

suchen to look for; **gesucht wird** wanted

süchtig (nach + *dat.*) addicted

der **Süden: im ~** in the south

südlich (von) south (of), to the south (of)

super superb(ly), terrific(ally)

der **Superlativ, -e** superlative

der **Supermarkt, ⁻e** supermarket

supermodern very modern

die **Suppe, -n** soup

surfen to surf; **wind~ gehen** to go windsurfing

süß sweet, cute; **Ach, wie ~!** Oh, how cute!

das **Sweatshirt, -s** sweatshirt

der **Swimmingpool, -s** pool

das **Symbol, -e** symbol

symbolisieren to symbolize

die **Sympathie** congeniality

sympathisch congenial, likable; **sie sind mir ~** I like them

die **Symphonie, -n** symphony

die **Synagoge, -n** synagogue

synchronisiert dubbed

das **System, -e** system

die **Szene, -n** scene

T

die **Tabelle, -n** chart

die **Tablette, -n** pill

tadellos above reproach

die **Tafel, -n** (black)board; **Gehen Sie an die ~!** Go to the (black)board.

der **Tag, -e** day; **am ~** during the day; **eines Tages** one day; **jeden ~** every day; **(Guten) ~!** Hello! Hi! (*informal*); **~ der Arbeit** Labor Day

das **Tagebuch, ⁻er** journal, diary

tagelang for days

-tägig days long

täglich daily

das **Tal, ⁻er** valley

das **Talent, -e** talent

talentiert talented

die **Tankstelle, -n** gas station

die **Tante, -n** aunt

der **Tanz, ⁻e** dance

tanzen to dance

tappen (ist) to tiptoe

die **Tarnung, -en** camouflage

die **Tasche, -n** bag, pocket; **Hand~** handbag

die **Taschenlampe, -n** flashlight

das **Taschenmesser, -** pocket knife

die **Tasse, -n** cup; **eine ~** a cup of

die **Tatsache, -n** fact

taub deaf

die **Taube, -n** dove; pigeon

tauchen (in + *acc.*) to dip (into)

tauschen to trade

das **Taxi, -s** taxi

die **Technik** technic

der **Techniker, -** technician

technisch technical(ly)

die **Technologie, -n** technology

der **Tee, -s** tea

der **Teenager, -** teenager

der **Teil, -e** part

teilen to share, divide

die **Teilnahme** participation

teil·nehmen* (an + *dat.*) to participate, take part (in)

der **Teilnehmer, -** participant

teils partly

die **Teilung, -en** division

teilweise partly

das **Telefon, -e** telephone

telefonieren to call up, phone

die **Telefonkarte, -n** telephone card

die **Telefonnummer, -n** telephone number

die **Telefonzelle, -n** telephone booth

die **Telekommunikation** telecommunications

der **Teller, -** plate

das **Temperament, -e** temperament

temperamentvoll dynamic

die **Temperatur, -en** temperature

das **Tempo, -s** speed;

das **Tempolimit, -s** speed limit

das **Tennis: ~ spielen** to play tennis

der **Teppich, -e** carpet

die **Terrasse, -n** terrace

der **Terrier, -** Terrier

der **Terrorismus** terrorism

das **Testament, -e** last will and testament

testen to test

teuer expensive

der **Teufel, -** devil

der **Text, -e** text

das **Textilgeschäft, -e** clothing store

das **Theater, -** theater

das **Thema, Themen** topic

der **Theologe, -n, -n / die Theologin, -nen** theologian

die **Theologie** theology

die **Theorie, -n** theory

die **Therapie, -n** therapy

das **Thermalbad, ⁻er** thermal bath/spa

das **Thermometer, -** thermometer

thüringisch Thuringian

tief deep

die **Tiefebene, -n** lowlands

tiefgefroren frozen

die **Tiefkühlkost** frozen foods

das **Tier, -e** animal; **Haus~** pet; **Jedem ~chen sein Pläsierchen.** To each his own

die **Tierart, -en** animal species

tierlieb fond of animals

das **Tierkreiszeichen, -** sign of the zodiac

die **Tiermedizin** veterinary science

der **Tiger,-** tiger

die **Tinte** ink

das **Tintenfass, ⁻er** inkwell

der **Tipp, -s** hint

der **Tisch, -e** table; **Nacht~** nightstand

die **Tischdecke, -n** tablecloth
der **Tischler, -** cabinet maker
das **Tischtuch, ̈er** tablecloth
der **Titel, -** title
tja well
der **Toast, -s** (piece of) toast
das **Toastbrot, -e** (piece of) toast
der **Toaster, -** toaster
die **Tochter, ̈** daughter
der **Tod** death; **dem Tod entrinnen** to escape death narrowly
todmüde dead-tired
die **Toilette, -n** toilet
tolerant tolerant
die **Toleranz** tolerance
toll great, terrific
die **Tomate, -n** tomato
das **Tomatenmark** tomato paste
der **Ton, ̈e** tone, note, pitch
der **Topf, ̈e** pot
das **Tor, -e** gate, gateway
die **Torte, -n** (fancy) cake
tot dead
total total(ly)
der **Totalschaden, ̈** total wreck
der **Tote (ein Toter) / die Tote, -n, -n** dead person
töten to kill
die **Tour, -en** tour
der **Tourismus** tourism
der **Tourist, -en, -en** tourist
das **Tournier, -e** tournament
die **Tracht, -en** traditional folk costume/garb; der **Trachtenanzug** traditional suit
der **Trachtenzug, ̈e** parade with people dressed in traditional dress/garb
traditionell traditional(ly)
tragen (trägt), trug, getragen to carry; to wear
die **Tragetasche, -n** tote bag
der **Trainer, -** coach
das **Training** training
die **Trambahn, -en** streetcar
die **Träne, -n** tear
transportieren to transport
die **Traube, -n** grape
trauen (+ *dat.*) to trust; **ein Paar ~** to marry a couple
der **Traum, ̈e** dream
träumen (von) to dream (of)
der **Träumer, -** dreamer
traurig sad(ly)
die **Traurigkeit** sadness
die **Trauung, -en** wedding ceremony
(sich) **treffen (trifft), traf, getroffen** to meet (with);

einen **empfindlichen Nerv ~** to hit a sensitive spot
das **Treffen, -** meeting, reunion
der **Treffpunkt, -e** meeting place
treiben, trieb, getrieben to push; **Sport ~** to engage in sports
der **Treibhauseffekt** greenhouse effect
(sich) **trennen** to separate
die **Trennlinie, -n** dividing line
die **Trennung, -en** separation
die **Treppe, -n** stairs, stairway
das **Treppenhaus, ̈er** stairwell
der **Tresen, -** bar
treten (tritt), trat, ist getreten to step; **mit Füßen treten** to treat (s.o.) badly, with disrespect
treu faithful(ly), true, loyal(ly)
sich **trimmen** to keep fit
trinken, trank, getrunken to drink
das **Trinkgeld, -er** tip (for service)
der **Trockner, -** dryer
die **Trommel, -n** drum
die **Trompete, -n** trumpet
trösten to console
trotz (+ *gen.*/[+ *dat.*]) in spite of
trotzdem nevertheless, in spite of that
trüb(e) dim(ly), overcast
die **Trümmer** (*pl.*) rubble; ruins
der **Trümmerhaufen, -** pile of rubble
der **Tscheche, -n, -n / die Tschechin, -nen** the Czech
tschechisch Czech
die **Tschechische Republik = (das) Tschechien** Czech Republic
die **Tschechoslowakei** (former) Czechoslovakia
Tschüs! So long; (Good)bye!
das **T-Shirt, -s** T-shirt
tüchtig (very) capable
die **Tugend, -en** virtue
tun (tut), tat, getan to do; **so tun als ob** to pretend
die **Tür, -en** door
der **Türsteher, -** bouncer
der **Türke, -n, -n / die Türkin, -nen** the Turk
die **Türkei** Turkey
türkis turquoise
türkisch Turkish
der **Turm, ̈e** tower; steeple
der **Turner, -** gymnast
turnen to do sports or gymnastics
die **Turnhalle, -n** gym;
der **Turnverein, -e** athletic club
die **Tüte, -n** bag

der **TÜV = Technischer Überwachungsverein** motor vehicle control
typisch typical(ly)

 U

die **U-Bahn, -en = Untergrundbahn** subway
über (+ *acc./dat.*) over, above; about
überall everywhere
der **Überblick** overview
überein·stimmen to agree
überfliegen* (hat) to skim
überfüllt (over)crowded
überhaupt at all; **~ kein Problem** no problem at all; **~ nicht** not at all
das **Überholverbot, -e** no passing restriction
überlassen bleiben* to be left up to (s.o.); **Das Studium bleibt den Studenten überlassen.** The course of study is left up to the students.
überleben to survive
überlegen to wonder, ponder
überlegen (*adj.*) superior
übernehmen* to take over
übermorgen the day after tomorrow
übernachten to stay (overnight); to spend the night
die **Übernachtung, -en** (overnight) accommodations
überprüfen to check
überraschen to surprise
überrascht surprised; with surprise
die **Überraschung, -en** surprise; **So eine ~!** What a surprise!
übersetzen to translate
die **Übersetzung, -en** translation
über·siedeln to relocate
übersinnlich psychic, paranormal
die **Überstunde, -n** overtime
übertragen to broadcast
übertreiben* to exaggerate
überzeugen to convince
die **Überzeugung, -en** conviction, opinion
überzüchtet overly cultivated
üblich usual, customary
übrig bleiben* to be left, left over, remain
übrigens by the way
die **Übrigen** the rest

die **Übung, -en** exercise, practice
das **Ufer, -** riverbank
die **Uhr, -en** watch, clock; o'clock;
~zeit time of the day; **Wie viel
~ ist es?** What time is it?
der **Uhrmacher, -** watchmaker
der **Ukrainer, -** Ukrainian
ukrainisch Ukrainian
um- around, over, from one to
the other
um (+ *acc.*) around (the
circumference); at . . . o'clock;
fast ~ almost over; **~ . . . zu** in
order to
um sein* to be over/up; **deine
Zeit ist ~** your time is up
sich **um·blicken** to look around
um·bringen* (+ *acc.*) to kill (s.o.)
der **Umbruch, ⸚e** radial change
um·denken to think differently
um·drehen* to turn, turn around,
turn over
die **Umfrage, -n** survey,
questionnaire; study;
-Meinungs~ opinion poll
die **Umgangsform, -en** manners
die **Umgangssprache** colloquial
speech
umgeben (von) surrounded by
die **Umgebung** (*sg.*) surroundings
umgekehrt vice versa
umher·sehen* to look around
um·kehren to turn around
(um·)kippen (ist) to tip over
das **Umland** surrounding region
um·leiten to detour
umliegend surrounding
ummauern to surround by a wall
der **Umsatz** sales, spending
sich **um·sehen*** to look around
die **Umsicht** care
umsonst free, at no cost
der **Umstand, ⸚e** circumstance
um·steigen* (ist) to change
(trains, etc.)
der **Umtausch** exchange
um·tauschen to exchange
die **Umwelt** environment;
surroundings
umweltbewusst environmentally
aware
der **Umweltminister, -**
environmental secretary
der **Umweltschützer, -**
environmentalist
**um·ziehen (zieht um), zog um,
ist umgezogen** to move;
sich **um·ziehen*** to change
(clothing), get changed

der **Umzug, ⸚e** parade; move,
moving
unabhängig (von) independent
(of); independently
unangenehm unpleasant
unattraktiv unattractive(ly)
unaufdringlich discreet,
unobtrusive
unbarmherzig mercilessly
unbebaut vacant, empty
unbedingt definitely
unbegehrt undesired
unbegrenzt unlimited
unbenutzt unused
unbequem uncomfortable,
inconvenient
unbeschwert carefree
unbewohnt unoccupied
und and
undeutlich fuzzy, obscure
und so weiter = usw. and so
on, etc.
unecht fake
unehrlich dishonest(ly)
unentrinnbar inescapable
unerfahren inexperienced
unerschütterlich unshakeable
unerwartet unexpected(ly)
der **Unfall, ⸚e** accident
unflexibel inflexible
unfreiwillig involuntary,
involuntarily
unfreundlich unfriendly
der **Unfug** nonsense,
foolishness
der **Ungar, -n, -n** the Hungarian
ungarisch Hungarian
(das) **Ungarn** Hungary
ungebildet uneducated
ungeduldig impatient(ly)
ungefähr about, approximately
ungemütlich unpleasant,
uncomfortable
ungenügend insufficient;
approx. grade F
ungestört unhindered
ungesund unhealthy
unglaublich unbelievable,
unbelievably, incredible,
incredibly; **(Das ist doch) ~!**
(That's) unbelievable / hard
to believe!
das **Unglück** bad luck
unglücklich unhappy, unhappily
unheimlich tremendous(ly),
extreme(ly); **(Das ist) ~
interessant.** (That's) really
interesting.
unhöflich impolite(ly)

die **Universität, -en = Uni, -s** (*coll.*)
university
unkompliziert uncomplicated
unmittelbar right, directly
unmöbliert unfurnished
unmöglich impossible, impossibly
Unrecht haben* to be wrong;
jemandem Unrecht tun* to do
an injustice
uns us, to us; **-bei ~** at our place;
in our city/country
unscheinbar unconspicuous
unselbstständig dependent
unser our
unsicher insecure, unsafe
die **Unsicherheit, -en** insecurity
unsichtbar invisible
der **Unsinn** nonsense
unsportlich unathletic
unsympathisch uncongenial,
unlikable, unpleasant
untalentiert untalented
unten downstairs
unter (+ *acc./dat.*) under, below;
among; **~ einander** among each
other / one another
die **Unterdrückung** oppression
der **Untergang** fall, downfall
sich **unterhalten* (mit)** to converse,
have a conversation (with)
unterhaltend entertaining
die **Unterhaltung, -en**
conversation; entertainment
das **Unternehmen, -** company,
business, corporate enterprise
unternehmungslustig
enterprising
das **Unterpfand** pledge (for)
der **Unterricht** instruction,
lesson, class
unterrichten to teach
**unterscheiden, unterschied,
unterschieden** to differentiate;
sich ~ to differ
der **Unterschied, -e** difference
unterschreiben* to sign
die **Unterschrift, -en** signature
die **Unterschriftenaktion, -en**
referendum
**unterstreichen, unterstrich,
unterstrichen** to underline;
to emphasize
unterstützen to support
unterwegs on the road, traveling
untreu unfaithful; **sich ~ sein***
to be unfaithful to oneself
unübersehbar obvious
die **Unübersichtlichkeit, -en**
confusion, mess

unverheiratet unmarried, single
unverschämt impertinent
unverzeihlich unforgivable
unvollständig incomplete, incompletely
die **Unwahrscheinlichkeit** improbability; unlikelyhood; unreal condition
unwillig reluctant(ly)
unzerstört intact
unzufrieden discontent
unzuverlässig unreliable, unreliably
uralt very old
Urgroß-: die ~eltern greatgrandparents; **die ~mutter** great-grandmother; **der ~vater** great-grandfather
der **Urheber, -** originator
der **Urlaub** (paid) vacation; der **Mutterschafts~** maternity leave
der **Urlaubstag, -e** (paid) vacation day
die **Ur-Oma, -s** great grandmother
die **Ursache, -n** reason
der **Ursprung, ̈e** origin
ursprünglich original(ly)
das **Urteil, -e** judgement
die **USA = Vereinigten Staaten von Amerika** (*pl.*) USA
usw. (und so weiter) etc. (and so on)

der **Valentinstag** Valentines Day
die **Vanille** vanilla
die **Variante, -n** variation
die **Variation, -en** variation
variieren to vary
die **Vase, -n** vase
der **Vater, ̈** father; **Groß~** grandfather; **Stief~** stepfather; **Urgroß~** great-grandfather
das **Vaterland** native country, country of origin, homeland
väterlich patronising
die **Vaterschaft, -en** fatherhood
der **Vati, -s** Dad
der **Vegetarier, -** vegetarian
sich **verabreden** to arrange to meet
verallgemeinern to generalize
die **Verallgemeinerung, -en** generalization
(sich) **verändern** to change

die **Veränderung, -en** change
verankert anchored
die **Veranstaltung, -en** event
verantwortlich responsible; **Die Studenten sind für ihren Stundenplan ~.** Students are responsible for their schedule.
die **Verantwortung, -en** responsibility
verantwortungsvoll responsible, responsibly
verarmt impoverished
die **Verarmung** impoverishment
das **Verb, -en** verb; **Hilfs~** auxiliary verb; **Modal~** modal auxiliary; **reflexives ~** reflexive verb
verbannen to ban
sich **verbergen (verbirgt), verbarg, verborgen** to hide
verbessern to improve
sich **verbeugen** to bow
verbieten, verbot, verboten to forbid, prohibit
verbinden, verband, verbunden to connect, tie together, link, make a connection
die **Verbindung, -en** connection, association, relation; fraternity; **in Verbindung bringen (mit)** to associate (with), relate (to)
verbittert bitter
verblüffend astounding
verbohrt (ideologically) inflexible
das **Verbot, -e** restriction
verboten prohibited, forbidden
der **Verbrauch** consumption
verbrauchen to consume
der **Verbraucher, -** consumer
verbreiten to distribute, spread
verbreitern to widen
die **Verbreitung, -en** distribution
verbrennen, verbrannte, verbrannt to burn
verbringen* to spend (time)
verbunden in touch, close
die **Verbundenheit** closeness
verdammen to curse; **Verdammt noch mal!** Darn it!
verderben (verdirbt), verdarb, verdorben to spoil
verdienen to earn, make money; to make a profit; to deserve
verdorben rotten
der **Verein, -e** club, association; **Turn~** athletic club
vereinigen to unite; **wieder~** to reunite

die **Vereinigten Staaten (U.S.A.)** (*pl.*) **= die Staaten** (*coll.*) the United States (U.S.)
die **Vereinigung** unification; **die Wieder~** reunification
vereint united
vereinzelt solitary, single
die **Verfassung, -en** constitution; **das ~sgericht** Constitutional Court
jemanden **verfehlen** to miss s.o., fail to meet
Verflixt! Darn it!
verfolgen to persecute
der **Verfolgte (ein Verfolgter)** persecuted person
die **Verfügung: zur ~ stehen** to be at one's disposal, be available
die **Vergangenheit** past; past tense; simple past
vergeben* to forgive
vergehen* (ist) to pass (time); end
vergessen (vergisst), vergaß, vergessen to forget
der **Vergleich, -e** comparison
vergleichen, verglich, verglichen to compare
das **Vergnügen** pleasure
die **Vergnügung, -en** leisure time, entertainment; little pleasure, pastime
verhaften to arrest
sich **verhalten*** to behave
das **Verhalten (gegenüber + *dat*.)** behavior (toward); die **~sregel, -n** rule of conduct
das **Verhältnis, -se** relationship, condition
verheiratet married
die **Verherrlichung** glorification
verhindern to prevent
verhungern (ist) to starve (to death)
die **Verkabelung** connection by cable
verkalkt (*fam.*) senile
verkaufen to sell
der **Verkäufer, -** seller, sales clerk
der **Verkehr** traffic
das **Verkehrsmittel, -** means of transportation
verklagen to sue
verkrampft tense
verlachen: jemanden ~ to make fun of s.o.
der **Verlag, -e** publishing house/company
das **Verlagswesen, -** publishing business/industry
verlangen to demand

das **Verlangen, -** desire
verlassen (verlässt), verließ, verlassen to leave
verlässlich reliable, certain
der **Verlauf, ̈e** course, development (of s.th.)
sich **verlaufen*** to get lost
verlegen to transfer, relocate; to publish; **einen Termin ~** to reschedule a meeting
die **Verleihung, -en** (eines Preises) awards ceremony
verletzen to hurt
sich **verlieben** (**in** + *acc.*) to fall in love (with)
verliebt (**in** + *acc.*) in love (with)
verlieren, verlor, verloren to lose; **verloren gehen*** to be lost
sich **verloben (mit)** to get engaged (to)
verlobt (mit) engaged (to)
der **Verlobte (ein Verlobter) / die Verlobte, -n, -n** fiancé(e)
die **Verlobung, -en** engagement
verlockend tempting
verloren lost; **~ gehen*** to be lost; **sich ~ vorkommen** to feel lost
vermeiden, vermied, vermieden to avoid
vermeintlich so-called
vermieten to rent out
der **Vermieter, -** landlord
vermissen to miss
vermitteln to help find
die **Vermutung, -en** assumption
vernachlässigen to neglect
verneinen to negate
vernichten to destroy
die **Vernichtung** destruction
die **Vernunft** reason; common sense
veröffentlichen to publish
verpennen (*coll.*) to forget, to oversleep
der **Verräter, -in** traitor
verreisen* to travel
die **Verringerung** reduction
verrückt crazy
versäumen to miss
verschenken to give away
verschieden various, different
verschlechtern to deteriorate
verschlingen, verschlang, verschlungen to gulp down, devour
verschlossen closed, locked
verschmelzen, verschmolz, ist verschmolzen (mit) to melt together (with)

die **Verschmutzung** pollution
verschönern to beautify
verschwiegen discreet
die **Verschwiegenheit** privacy
verschwinden, verschwand, ist verschwunden to disappear
verschwitzt sweaty
verschwommen fuzzy
verworren convoluted
(etwas) **versehen** (**mit** + *dat.*) to adorn
versichern to insure; **jemandem etwas ~** to assure s.o. s.th.
die **Versicherung, -en** insurance
der **Versicherungsagent, -en, -en** insurance agent
versinken* to sink (in)
die **Version, -en** version
versorgen to take care of
die **Verspätung** delay; **Der Zug hat ~.** The train is late.
versprechen* to promise
der **Verstand** reasoning, logic; common sense
verständlich understandable, comprehensible
verständnislos lacking empathy
verständnisvoll with understanding
verstecken to hide
verstehen* to understand; **Das verstehe ich nicht.** I don't understand (that).
versuchen to try
die **Verteidigung** defense
der **Vertrag, ̈e** contract
vertragen* to stand, tolerate
das **Vertrauen** trust
vertrauen to trust
verträumt dreamy
vertreiben* to chase away
die **Vertreibung, -en** displacement
vertreten* to represent; **~ sein*** to be represented
der **Vertreter, -** representative
verwahrlost desolate
die **Verwahrlosung** desolation
die **Verwaltung, -en** administration; headquarters
verwandeln to change, transform; **sich ~** to change (into s.th. else)
verwandt related
der **Verwandte (ein Verwandter) / die Verwandte, -n, -n** relative
verwegen crude, unrefined
verweigern to refuse
verwenden to use, utilize
(sich) **verwischen** to dissolve
verwitwet widowed

verwöhnen to indulge, spoil; **sich ~ lassen*** to let o.s. be spoiled
verwunden to wound
das **Verzeichnis, -se** index, catalog
verzeihen, verzieh, verziehen to forgive; **~ Sie (mir)!** Forgive me. Pardon (me)!
die **Verzeihung** pardon; **~!** Excuse me! Pardon me!; **um ~ bitten** to ask for forgiveness
verzichten (**auf** + *acc.*) to do without (s.th.)
der **Vetter, -** (alternate form for cousin)
das **Video, -s** video
der **Videorekorder, -** VCR
die **Videothek, -en** video store
viel- (mehr, meist-) much, many; **ganz schön ~** quite a bit; **so ~ ich weiß** as far as I know
die **Vielfalt** versatility
vielleicht perhaps
vielseitig versatile
vielsprachig multilingual
vielfältig diverse
viereckig square
die **Viersprachigkeit** quadri-lingualism, speaking four languages
das **Viertel, -** quarter; neighborhood (in a city); **in einer Drei~stunde** in three quarters of an hour (45 minutes); **in einer ~stunde** in a quarter of an hour; **(um) ~ nach** (at) a quarter past; **(um) ~ vor** (at) a quarter to
das **Villenviertel, -** old neighborhood
die **Vision, -en** vision
vital energetic, vital
das **Vitamin, -e** vitamin
der **Vogel, ̈** bird
die **Vokabel, -n** (vocabulary) word
das **Vokabular** vocabulary
das **Volk, ̈er** folk; people, nation
die **Völkerkunde** ethnology
die **Volksherrschaft** rule by the people
die **Volkskammer (GDR)** house of representatives
das **Volkslied, -er** folk song
der **Volksmarsch, ̈e** group hiking event
der **Volksmund** vernacular, the people's language; **wie es im ~ heißt** as they say

der **Volkspolizist, -en, -en =
  Vopo, -s**   member of the
  GDR militia
der **Volksstamm, -̈e**   ethnic group
der **Volkswagen, -**   VW
die **Volkswirtschaft**   (macro)
  economics
die **Volkszählung, -en**   census
voll   full(y); **Ich habe die Nase ~.**
  I'm fed up (with it).
vollenden: etwas ~   to complete
  s.th.
vollends   completely
der **Volleyball, -̈e**   volleyball
völlig   fully, completely, totally
volljährig   21 years old
sich **voll·saufen (säuft sich
  voll), soff sich voll, sich
  vollgesoffen**   to get drunk
  (*vulgar*)
vollständig   completely
der **Vollzeitstudent, -en, -en**
  full-time student
das **Volontariat, -e**   intership
der **Volontär, -e**   intern
von (+ *dat.*)   of, from, by; **~ . . . bis**
  from . . . until; **vom . . . bis zum**
  from the . . . to the
vor-   ahead, before
vor (+ *acc. / dat.*)   in front of,
  before; **~ allem** above all, mainly;
  ~ einer Woche a week ago
voran·kommen*   to advance
der **Vorarbeiter, -**   foreman
vorausgehend   preceding
voraus·sehen*   to foresee
die **Voraussetzung, -en**   condition
vorbei-   past, by
vorbei·bringen*   to bring over
vorbei·fahren*   to drive by, pass
vorbei·führen (**an** + *dat.*)   to pass
  (by), guide along
vorbei·gehen* (**bei** + *dat.*)   to
  pass by
vorbei·kommen*   to come by,
  pass by
vorbei sein*   to be over, finished
(sich) **vor·bereiten** (**auf** + *acc.*)   to
  prepare (for)
die **Vorbereitung, -en**   preparation
die **Vorbeugung, -en**   prevention
das **Vorbild, -er**   model
voreilig   premature(ly)
die **Vorfahren**   ancestors
die **Vorfahrt**   right of way
vor·gehen*   to proceed; **der
  Reihe nach ~**   to proceed one
  after the other

der/die **Vorgesetzte, -n (ein
  Vorgesetzter)**   superior,
  person in authority
vorgestern   the day before
  yesterday
vor·haben*   to plan (to), intend (to)
der **Vorhang, -̈e**   curtain
vorher   ahead (of time), in
  advance; before, previously
vorhergehend   preceding; **das ~e
  Wort** antecedent
vorhersehbar   predictable
vor·kommen* (**in** + *dat.*)   to
  appear (in); **Das kommt mir . . .
  vor.** That seems . . . to me.
das **(flache) Vorland**   tidal flats
die **Vorlesung, -en**   lecture, class
  (university); **~sverzeichnis**
  course catalog
die **Vorliebe, -n**   liking,
  enthusiasm (for s.th.)
der **Vormittag, -e**   (mid)-
  morning; **heute ~** this (mid)-
  morning
der **Vorname, -ns, -n**   first name
vornehm   sophisticated
der **Vorort, -e**   suburb
die **Vorschau**   preview
der **Vorschlag, -̈e**   suggestion
vorschlagen*   to suggest
die **Vorsicht: ~!**   Careful!
vorsichtig   cautious
der/die **Vorsitzende, - (ein
  Vorsitzender)**   leader, head
  (of an organization)
die **Vorspeise, -n**   appetizer, hors
  d'oeuvre
vorspielen   to play in front of (an
  audience)
vor·stellen   to introduce; **Darf
  ich ~?** May I introduce?
sich **vor·stellen**   to imagine; **ich
  stelle mir vor, dass . . .** I imagine
  that . . .
die **Vorstellung, -en**
  performance; idea
vor·tanzen   to dance in front of
  (an audience)
der **Vorteil, -e**   advantage
vorteilhaft   advantageous
der **Vortrag, -̈e**   talk, speech,
  lecture
vor·tragen*   to recite
vorübergehend   temporary,
  temporarily
das **Vorurteil, -e**   prejudice
die **Vorwahl, -en**   area code
vor·wärmen   to preheat

der **Vorwurf, -̈e**   accusation;
  jemandem **einen Vorwurf
  machen** (**für** + *acc.*) to accuse
vor·ziehen*   to prefer

die **Waage, -n**   scale, Libra
das **Wachs**   wax
**wachsen (wächst), wuchs,
  ist gewachsen**   to grow;
  zusammen·wachsen*   to grow
  together
der **Wächter, -**   guardian
die **Waffe, -n**   weapon
die **Waffel, -n**   waffle
wagen   to dare
der **Wagen, -**   car; railroad car
die **Wahl**   choice, selection
wählen   to choose; elect; select
das **Wahlfach, -̈er**   elective (subject)
das **Wahlrecht**   right to vote
der **Wahlzettel, -**   election ballot
der **Wahnsinn**   insanity; **(Das ist
  ja) ~!** (That's) crazy/awesome/
  unbelievable!
wahnsinnig   crazy, crazily
während (+ *gen.*)   during; while
  (*conj.*)
wahr   true; **Das kann doch nicht
  ~ sein!** That can't be true!; **nicht
  ~?** isn't it?, doesn't he, etc.
wahrlich (*poetic*)   truly
wahr·nehmen*   to notice, to realize
der **Wahrsager**   fortune teller
wahrscheinlich   probable,
  probably
die **Währung, -en**   currency; **die
  ~sunion** currency union
das **Wahrzeichen, -**   landmark;
  symbol
der **Wald, -̈er**   forest, woods
der **Walzer, -**   waltz
die **Wand, -̈e**   wall
die **Wanderausstellung, -en**
  traveling exhibitions
der **Wanderer, -**   hiker
wandern (ist)   to hike
der **Wanderweg, -e**   (hiking) trail
wann?   when?, at what time?
die **Ware, -n**   goods, wares,
  merchandise
warm   warm(ly)
die **Wärme**   warmth
warnen (**vor** + *dat.*)   to warn
  (against)

warten to wait; **~ auf** (+ *acc.*) to wait for; **Warten Sie!** Wait!

die Wartungskosten (*pl.*) maintenance costs

warum? why?

was? what?; **~ für (ein)?** what kind of (a)?; **~ für ein(e) . . . !** What a . . . !

das Waschbecken, - sink

die Wäsche laundry; **~ waschen*** to do the laundry

die Waschecke, -n corner reserved for washing

(sich) waschen (wäscht), wusch, gewaschen to wash (o.s.)

der Waschlappen, - washcloth (*fig., coll.* wimp)

die Waschmaschine, -n washing machine

das Waschmittel, - (washing) detergent

das Wasser water

die Wasserleitung, -en aqueduct

der Wassermann, ¨er Aquarius

das Watt(enmeer) tidal flats

die Webseite, -n Web page

die Website, -s Web site

der Wechsel change

wechseln to change, switch

der Wechselkurs, -e exchange rate

wechseln to (ex)change

die Wechselstube, -n exchange bureau

weder . . . noch neither . . . nor

weg away, gone

der Weg, -e way, path, trail; route; **nach dem ~ fragen** to ask for directions; **einen ~ einschlagen / den Weg (nach . . .) einschlagen** to take a turn (toward . . .); **den Weg versperren** to block the path

wegen (+ *gen.* or *dat.*) because of

weg·werfen* to throw away

der Wehrdienst military service

die Wehrpflicht mandatory military service

weh·tun* to hurt; **Mir tut (der Hals) weh.** My (throat) hurts. I have a sore throat.

sich wehren to defend oneself

weich soft

weichen, wich, ist gewichen to give way to

die Weide, -n willow

(das) Weihnachten: Frohe/ Fröhliche ~! Merry Christmas!; **zu ~** at / for Christmas

weil (*conj.*) because

die Weile: eine ~ for a while

weilen (*poetic*) to stay, be

der Wein, -e wine; **herber ~** dry wine; **Qualitäts~** quality wine; **Qualitäts~ mit Prädikat** superior wine; **Tafel~** table wine

das Weinanbaugebiet, -e vinyard

der Weinberg, -e vineyard

weinen to cry, weep

weinrot wine-red

die Weinstube, -n wine cellar, tavern

die Weintraube, -n grape

weise wise

die Weise: auf diese ~ (in) this way

der Weise (ein Weiser) / die Weise, -n, -n wise man / woman

weisen, wies, gewiesen to point; **in die Zukunft ~** to point to the future

weiß white

weit far

die Weite distance; wide-open space(s)

weiter: und so ~ (usw.) and so on (etc.); **~ draußen** farther out; **Wie gehts ~?** How does it go on? What comes next?

weiter- additional

Weiteres additional words and phrases

weiter·fahren* (ist) to drive on, keep on driving; to continue the trip

weiter·geben* to pass on

weiter·gehen* (ist) to continue, go on

weiterhin still; as always

welch- which; **Welche Farbe hat... ?** What color is . . . ?

die Welle, -n wave

die Welt, -en world; **aus aller ~** from all over the world

weltberühmt world-famous

der Weltkrieg, -e world war

das Weltkulturerbe world heritage

der Weltschmerz world-weariness

weltoffen cosmopolitan

wem? (to) whom?

wen? whom?

die Wende turn(ing)

wenden to turn

wenig- little (not much), few; **immer ~er** fewer and fewer

wenigstens at least

wenn (*conj.*) if, (when)ever; **selbst ~** even if

wer? who?; who(so)ever

die Werbeanzeige, -n advertisement

die Werbung advertisement; advertising, marketing

werden (wird), wurde, ist geworden to become, get; **es wird dunkel** it's getting dark; **Ich will . . . ~.** I want to be a . . . .; **Was willst du ([ein]mal) ~?** What do you want to be (one day)?;

werfen, (wirft), warf, geworfen to throw; **weg·~** to throw away

die Werft, -en shipyard

das Werk, -e work; piece of music

der Wert, -e value; worth; **auf etwas ~ legen** to insist on s.th.; **Darauf lege ich viel ~.** That is very important to me.

wertvoll valuable

das Wesen essence; realm (when combined with another noun, e.g., **Verlagswesen**)

wesentlich important

wessen? (+ *gen.*) whose?

der Wessi, -s (nickname) West German

die Weste, -n vest

der Westen West Germany; the West; **im ~** in the west

westlich von west of

die Westmächte (*pl.*) western Allies

der Wettbewerb, -e contest

das Wetter weather

wichtig important

wickeln (**in** + *acc.*) to wrap (into)

der Widder, - ram; Aries

widerstehen* (+ *dat.*) to withstand

der Widerspruch, ¨e objection; contradiction; **ohne Widerspruch** without objection

widerwillig unwillingly, unenthusiastically, reluctantly

wie? how?; like, as; **so . . . ~** as . . . as; **~ bitte?** What did you say, please?; **~ gesagt** as I (you, etc.) said; **~ lange?** how long?; **~ sagt man . . . ?** How does one say . . . ?

wieder again; **Da sieht mans mal ~!** That just goes to show you.; **immer ~** again and again, time and again; **schon ~** already again

der **Wiederaufbau** rebuilding, reconstruction

wieder auf·bauen to rebuild

wieder·erwacht renewed

die **Wiedergeburt** rebirth

wiederholen to repeat

die **Wiederholung, -en** repetition, review

der **Wiederholungskurs, -e** refresher course

wieder·hören to hear again; **Auf Wiederhören!** Goodbye. (on the phone)

wieder·kehren to return

wieder·sehen* to see again; **Auf Wiedersehen!** Goodbye

wieder·vereinigen to reunite

die **Wiedervereinigung** reunification

wiegen, wog, gewogen to weigh; **Lass es ~!** Have it weighed.

der **Wiener, -** the Viennese

die **Wiese, -n** meadow

Wieso (denn)? How come? Why?

wie viel? how much?

wie viele? how many?

wild wild(ly)

der **Wille, -ns, -n** will; **Wo ein ~ ist, ist auch ein Weg.** Where there's a will, there's a way.; **böser Wille** malice; **Es war kein böser Wille.** No bad intention.

willkommen sein* to be welcome

willkürlich at random

die **Wimper, -n** eyelash

der **Wind, -e** wind

windig windy

die **Windmühle, -n** wind mill

das **Windrad, ¨er** propellor

windsurfen gehen* to go wind surfing

winken to wave (at s.o.)

der **Winter, -** winter; **im ~** in (the) winter

das **Winzerfest, -e** wine festival

der **Wipfel, -** tree top

wirken to appear; to work

wirklich real, genuine; really, indeed

die **Wirklichkeit** reality; **in Wirklichkeit** in fact, in reality

die **Wirtschaft** economy

wirtschaftlich economical(ly)

die **Wirtschaftskrise, -n** economic crisis

der **Wirtschaftsraum, ¨e** business market

die **Wirtschaftswissenschaft** economics; economic science

das **Wirtschaftswunder** economic boom (*lit.* miracle)

wissen (weiß), wusste, gewusst to know (a fact); **Ich weiß (nicht).** I (don't) know.; **soviel ich weiß** as far as I know

das **Wissen** knowledge

die **Wissenschaft, -en** science, academic discipline; scholarship; **Natur~** natural science(s)

der **Wissenschaftler, -** scientist, scholar

wissenschaftlich scientific(ally), scholarly

der **Witz, -e** joke; **einen ~ reißen** to crack a joke; **Mach (doch) keine ~e!** Stop joking!

witzig witty, funny

wo? where?

woanders somewhere else

wobei where

die **Woche, -n** week; **diese ~** this week; **zwei ~n** for two weeks

das **Wochenende, -n** weekend; **am ~** on the weekend; **(Ein) schönes ~!** Have a nice weekend!

wochenlang for weeks

wöchentlich weekly

-wöchig weeks long

woher? from where?

wohin? where to?

das **wo-Kompositum, Komposita** *wo*-compound

wohl well; flavoring particle expressing probability; **sich ~ fühlen** to feel good, be comfortable

das **Wohlbefinden** well-being

wohlriechend fragrant

der **Wohlstand** affluence, wealth

die **Wohnanlage, -n** housing development

die **Wohngemeinschaft, -en = WG, -s** group sharing a place to live

wohnen to live, reside

der **Wohnort, -e** place of residence, hometown

das **Wohnsilo, -s** (*coll.*) (high-rise) apartment (cluster)

der **Wohnsitz, -e** residence

die **Wohnung, -en** apartment

der **Wohnwagen, -** camper

das **Wohnzimmer, -** living room

der **Wolf, ¨e** wolf

die **Wolke, -n** cloud

der **Wolkenkratzer, -** skyscraper

die **Wolle** wool

wollen (will), wollte, gewollt to want to

der **Wollhändler, -** wool merchant

das **Wort, -e** (connected) word; **mit anderen ~en** in other words

das **Wort, ¨er** (individual) word; **vorhergehende ~** antecedent; **zusammengesetzte ~** compound noun

das **Wörtchen, -** little word

das **Wörterbuch, ¨er** dictionary

der **Wortschatz** vocabulary

das **Wunder, -** wonder, miracle

wunderbar wonderful(ly)

sich **wundern** to be surprised; **~ Sie sich nicht!** Don't be surprised.

wunderschön very beautiful

der **Wunsch, ¨e** wish; **~traum, ¨e** ideal dream

(sich) **wünschen** to wish

die **Wurst, ¨e** sausage; **Das ist (mir) doch ~!** I don't care.

das **Würstchen, -** wiener, hot dog

die **Wurzel, -n** root; **~ schlagen** to put down roots

würzen to season

wütend furious, enraged; angrily, in a rage

zaghaft cautious(ly)

die **Zahl, -en** number

zählen to count

zahlreich numerous

der **Zahn, ¨e** tooth; **sich die Zähne an etwa ausbeißen** to try hard but fail; **sich die Zähne putzen** to brush ones teeth

der **Zahnarzt, ¨e / die Zahnärztin, -nen** dentist

die **Zahnbürste, -n** toothbrush

die **Zahnmedizin** dentistry

die **Zahnpasta, -pasten** tooth paste

die **Zahnradbahn, -en** cog railway

die **Zange, -n** pliers

zart tender

zärtlich affectionate(ly)

die **Zärtlichkeit** affection

der **Zauber** magic (power)

der **Zauberspruch, ¨e** magic spell

der **Zaun, ¨e** fence

z.B. (zum Beispiel) e.g. (for example)

die **Zehe, -n** toe

das **Zeichen, -** signal, sign, indication

der **Zeichentrickfilm, -e** cartoon, animated film

die **Zeichnung, -en** drawing

der **Zeigefinger, -** index finger

zeigen to show; **Zeig mal!** Show me (us, etc.)!

die **Zeile, -n** line

die **Zeit, -en** time; tense; ; **. . . aller Zeiten** . . . of all times; **die gute alte ~** the good old days; **Zeit raubend** time-consuming

die **Zeitform, -en** tense

der **Zeitgenosse, -n / die Zeitgenossin, -nen** contemporary

zeitgenössisch contemporary

zeitlos timeless

die **Zeitschrift, -en** magazine

die **Zeitung, -en** newspaper; **Wochen~** weekly newspaper

der **Zeitvertreib, -e** pastime

die **Zelle, -n** cell, booth

das **Zelt, -e** tent

zensieren to censor

zentral central(ly)

die **Zentralheizung** central heat

das **Zentrum, Zentren** center; **im ~** downtown

zerbersten to burst, explode

zerbomben to destroy by bombing

zerbrechen* to break

zerdrücken to mash

zerfallen* to decay

zermorschen to rot

zerreißen* to tear apart

zerschlagen* to break, smash

zersplittern to split apart

zerstören to destroy

zerstört destroyed

die **Zerstörung** destruction

das **Zerwürfnis, se** disagreement

zerwuscheln to bunch up, to mess up

das **Zeugnis, -se** report card

die **Ziege, -n** goat

ziehen, zog, gezogen to pull; to raise (vegetables, etc.)

ziehen, zog, ist gezogen to move (relocate)

das **Ziel, -e** goal, objective; target; destination

ziemlich quite, fairly

die **Ziffer, -n** number

der **Zigarettenstummel, -** cigarette butt

die **Zigeuner, -** gypsy

das **Zimmer, -** room

der **Zimmerkollege, -n, -n / die Zimmerkollegin, -nen** roommate

die **Zimmervermittlung** room-referral agency

zischen to fizz, to hiss

das **Zitat, -e** quote

die **Zitrone, -n** lemon

die **Zitronenlimonade** carbonated lemonade

der **Zitronensaft, ¨e** lemonade

zittern to tremble, shake

zittrig shaky

der **Zivildienst** alternative to military service, e.g., in hospitals

der **Zoll** customs; toll

die **Zone, -n** zone, area

der **Zoo, -s** zoo

der **Zorn** anger

zu- closed

zu (+ *dat.*) to, in the direction of, at, for (purpose); too; closed; (+ *inf.*) to; **~ mir** to my place

zu·bleiben* (ist) to stay closed

der **Zucker** sugar; **der Kandiszucker** rock sugar

zu·decken to cover

zudem moreover

zuerst (at) first

der **Zufall, ¨e** coincidence; **So ein ~!** What a coincidence!

zufrieden satisfied, content; with satisfaction

der **Zug, ¨e** train; procession; **mit dem ~ fahren*** to go by train

die **Zugabe, -n** encore

zugestehen, gestand zu, zugestanden to allow

zugrunde gehen* to perish

zu·halten* to hold closed

das **Zuhause** home

zu·hören to listen; **Hören Sie gut zu!** Listen well/carefully.

der **Zuhörer, -** listener

die **Zukunft** future

zukunftsorientiert future-oriented

zuletzt last (of all); finally

zu·machen to close

zunehmend increasing(ly)

die **Zunge, -n** tongue

der **Zungenbrecher, -** tongue twister

zurecht·weisen* to correct

zurück- back

zurück·bleiben* to stay behind

zurück·bringen* to bring back

zurück·fliegen* to fly back

zurück·geben* to give back, return

zurück·halten* to hold back

zurückhaltend reserved(ly), cautious(ly)

zurück·kommen* to come back, return

zurück·nehmen* to take back

zurück·sehen* to look back

zurück·treten* to resign

zurück·weichen* to withdraw

sich zurück·ziehen* to withdraw

zusammen together; **alle ~** all together; **~gewürfelt** thrown together

zusammen·arbeiten to work together, cooperate

der **Zusammenbruch** collapse

zusammen·fassen to summarize

die **Zusammenfassung, -en** summary

die **Zusammengehörigkeit** affiliation; solidarity

sich zusammen·schließen* to unite, form a union

zusammen·wachsen* to grow together

das **Zusatzeinkommen, -** side income

der **Zuschauer, -** viewer, spectator; (*pl.*) audience

zu·schließen* to lock

zu·sehen* to watch; see to it

der **Zuspruch, ¨e** affirmation

der **Zustand, ¨e** conditions

zu·stimmen to agree

die **Zutat, -en** ingredient

zu·treffen* (auf + *acc.*) to be true for (s.o. / s.th)

zuverlässig reliable, reliably

die **Zuverlässigkeit** reliability

zuvor previously; **wie nie ~** as never before

die **Zuwanderung** immigration

etwas **zuwege bringen** to accomplish s.th.

jemandem etwas **zuweisen** to assign s.th. to s.o.

der **Zweifel, -** doubt

der **Zweite Weltkrieg** World War II

die **Zwiebel, -n** onion

der **Zwilling, -e** twin; Gemini

zwingen to force

zwischen (+ *acc./dat.*) between; **in~** in the meantime; **~durch** in between

die **Zwischenlandung, -en** stopover

die **Zwischenzeit** time in between; **in der ~** in the meantime, meanwhile

Index

Credits

Text Credits

Chapter 1 **p. 5:** ICH HAB NOCH EINEN KOFFER I BERLIN. Words by ALDO VON PINELLI. Music by RALPH MARIA SIEGEL. (c) 1953 (renewed) RALPH MARIA SIGEL EDITION and HAMPSHIRE HOUSE PUB. CO. All Rights Administered by CHAPPELL & CO., GMBH. All Rights Reserved. Used by Permission permission of Alfred Publishing Co., Inc. **pp. 13–14:** Daniel Haaksman in Spiegel Online www.spiegel.de. Reprinted by permission. **pp. 31–32:** Wladimir Kaminer, Russendisko © 2000 Manhattan publishing house, München, in der Verlagsgruppe Random House GmbH

Chapter 2 **pp. 62–65:** „Absternde Gemuetlichkeit. Zwoelf Geschichten aus der Mitte der Welt" by Herbert Rosendorfer. © 1996, 1999 by Verlag Kiepenheuer & Witsch GmbH & Co. KG, Köln

Chapter 3 **pp. 73–74:** Reprinted by permission of the estate of Guenter Gaus. **pp. 82–83:** Reprinted with the permission of The Gruene Kraft. **pp. 95–98:** Hesse, Hermann. „Freunde. Die Erzaehlungen" © 1973 by Suhrkamp. Reprinted with friendly permission by Suhrkamp Verlag, Germany.

Chapter 4 **pp. 107–108:** Christoph Amend and Stephan Lebert. Copyright © 2003 Tagesspiegel, Berlin. Reprinted with permission. **p. 113:** Christoph Amend and Stephan Lebert. Copyright © 2003 Tagesspiegel, Berlin. Reprinted with permission. **pp. 128–130:** Florian Illies, Generation Golf. © Argon Verlag GmbH, Berlin, 2000. All rights reserved S. Fischer Verlag Gmbh, Frankfurt am Main.

Chapter 5 **pp. 155–157:** „Schliesst euch an!" by Ulrich Schwarz. Reprinted with the permission of Spiegel-Verlag.

Chapter 6 **pp. 183–185:** „Leben in Deutschland", by Theo Sommer, Die Zeit. Reprinted by permission of Die Zeit on behalf of Theo Sommer.

Chapter 7 **pp. 192–193:** „Werke. Interviews 1. 1961–1978" by Heinrich Böll, published by Bernd Balzer. © 1979 by Verlag Kiepenheuer & Witsch GmbH & Co. KG, Köln. **p. 202:** „Stolz" by Wise Guys. Reprinted with the permission of Pavement Records. Copyright © 2001 by Edition Wise Guys / Pavement Musikverlag **pp. 213–214:** „Endlich locker sehen" by Kerstin Holzer and Marco Wisniewski, Focus 12/2001. Reprinted with the permission of Focus.

Chapter 8 **p. 237:** Reprinted with the permission of the author. **pp. 243–245:** Erich Kästner „Gesammelte Schriften", Band 5: Vermischte Beiträge Atrium Verlag Zürich 1959. Reprinted by permission. **p. 247:** „Ein Lesebuch" Suhrkamp Verlag Frankfurt am Main 1972

Chapter 9 **pp. 252–253:** Reprinted with the permission of Salzburger Nachrichten.

Chapter 10 **p. 283:** Sigmund Freud, Vorlesungen zur Einfuehrung in die Psychoanalyse. © 1940 Imago Publishing, London.; **pp. 302–305:** Bernhard, Thomas. „Wittgensteins Neffe. Eine Freundschaft." © 1987 by Suhrkamp Verlag. Reprinted with friendly permission by Suhrkamp Verlag, Germany.;

Chapter 11 **p. 312:** „Max Frisch an Friedrich Dürrenmatt" from Max Frisch/Friedrich Duerrenmatt Briefwechsel. Copyright © 1998 Diogenes Verlag AG Zuerich.; **pp. 342–343:** Friedrich Dürrenmatt: Schriftsteller und Maler. Ausstellungskatalog. Diogenes Verlag Zürich 1994 Die Entstehung eines Stücks.; **pp. 345:** Friedrich Duerrenmatt Gespraeche 1961–1990. Herausgegeben von Heinz Ludwig Arnold. Ein Gespraech mit Friedrich Duerrenmatt von Christoph Geiser. Ein Gespraech mit Friedrich Duerrenmatt von Peter Andre Bloch und Rudolf Bussmann. Copyright © 1996 Diogenes Verlag AG Zuerich.;

Chapter 12 **pp. 354–355:** „Gedanken über die Dauer des Exils" by Bertolt Brecht. Reprinted with friendly permission by Suhrkamp Verlag, Germany.; **pp. 378–380:** VEB Hinstorff Verlag Rostock 1986

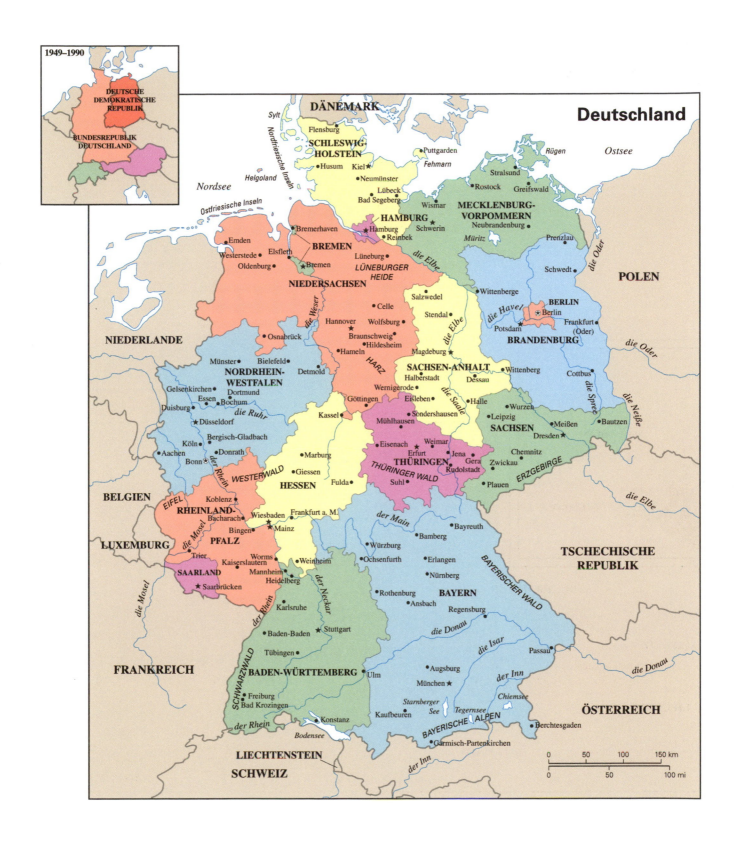

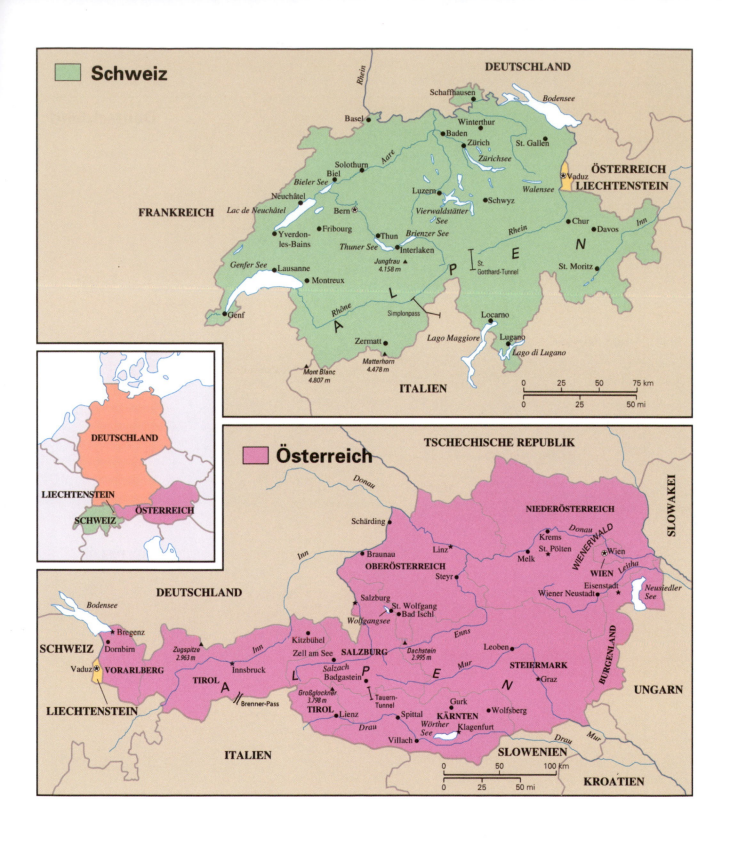